高等学校法学专业学习辅导与习题集系列

国际公法学
学习指南与习题集

何志鹏　孙　璐　王彦志　姚　莹　编著

中国教育出版传媒集团

高等教育出版社·北京

内容简介

本书参照马工程《国际公法学》教材的体例结构,通过明晰学习目标、勾画知识结构图、解析重点难点和进行习题自测,帮助学生加深对国际公法学知识的理解,并检验学习效果。各章均包括如下内容:(1)学习目标。将本章的知识点按其重要程度分为理解、熟悉、掌握三个层次,以便学生有针对性地学习。(2)知识结构图。将本章的重要知识点以结构图或知识树的形式表现出来,以便读者对本章的知识结构有整体和局部的了解。(3)重点难点解析。归纳本章重点难点,以便学生理解、掌握和记忆。(4)习题自测。通过单项选择、多项选择、不定项选择、名词解释、案例分析、法条解析等题型对学生掌握重要知识点的情况进行考查。考虑到学生法律职业资格考试(前统一司法考试)和考研的需要,特别选录了部分司法考试、法律职业资格考试真题及各校考研真题。

图书在版编目(CIP)数据

《国际公法学》学习指南与习题集/何志鹏等编著
. --北京:高等教育出版社,2019.2(2024.12重印)
ISBN 978-7-04-051164-2

Ⅰ.①国… Ⅱ.①何… Ⅲ.①国际公法-高等学校-教学参考资料 Ⅳ.①D99

中国版本图书馆 CIP 数据核字(2019)第 009637 号

策划编辑	姜 洁	责任编辑	姜 洁	封面设计	王 鹏	版式设计	童 丹
责任校对	刘 莉	责任印制	存 怡				

出版发行	高等教育出版社	网 址	http://www.hep.edu.cn
社 址	北京市西城区德外大街4号		http://www.hep.com.cn
邮政编码	100120	网上订购	http://www.hepmall.com.cn
印 刷	肥城新华印刷有限公司		http://www.hepmall.com
开 本	787mm×1092mm 1/16		http://www.hepmall.cn
印 张	26.75		
字 数	650 千字	版 次	2019 年 2 月第 1 版
购书热线	010-58581118	印 次	2024 年 12 月第 3 次印刷
咨询电话	400-810-0598	定 价	56.80 元

本书如有缺页、倒页、脱页等质量问题,请到所购图书销售部门联系调换
版权所有 侵权必究
物 料 号 51164-A0

目　　录

绪　论

第一部分　学习目标

（一）熟悉

1. 国际法许多方面的特殊性为何不能否定其存在？

2. 国际法学研究的对象是什么？

3. 学习和研究国际法，为什么应以马克思主义唯物史观和辩证法为理论指针？如何从唯物史观和辩证法角度总体上看待国际法？

4. 列宁的国际法立场可以概括为哪几个方面？

5. 如何理解中国对于国际法的认识和贡献？

（二）掌握

1. 国际法的重要性体现在哪些方面？

2. 国内大多数国际法教科书将其范围概括为哪两大部分？各自主要包括什么内容？

3. 从专业素养、知识面、具体方法等角度，如何学习和研究国际法？

4. 马克思、恩格斯对于国际法理论与实践的发展所作出的贡献可概括为哪些方面？

5. 改革开放以来中国国际法学的繁荣和发展表现在哪些方面？

6. 21 世纪，中国的国际法学应朝着哪些方向发展？

（三）理解

1. 长期以来国际法的作用被忽略的原因。

2. 国内外国际法教科书对于国际法研究范围和内容的阐述，有哪几种大的划分方法？

3. 关于国际法的研究方法，学者们在实践中常从哪些角度来概括？

4. 中国近代国际法学的形成与发展有哪些明显的特点？

5. 新中国成立后至"文化大革命"开始，中国国际法学的发展呈现出什么特点？

6. "文化大革命"期间中国国际法学总体呈现什么状态，有哪一个特例？

（四）难点

1. 改革开放以来中国特色的国际法理论有哪些？

2. 如何理解"和谐世界""国际关系民主化、法治化、合理化""正确义利观""人类命运共同体""全球治理体制变革"等新理念？

第二部分　知识结构图

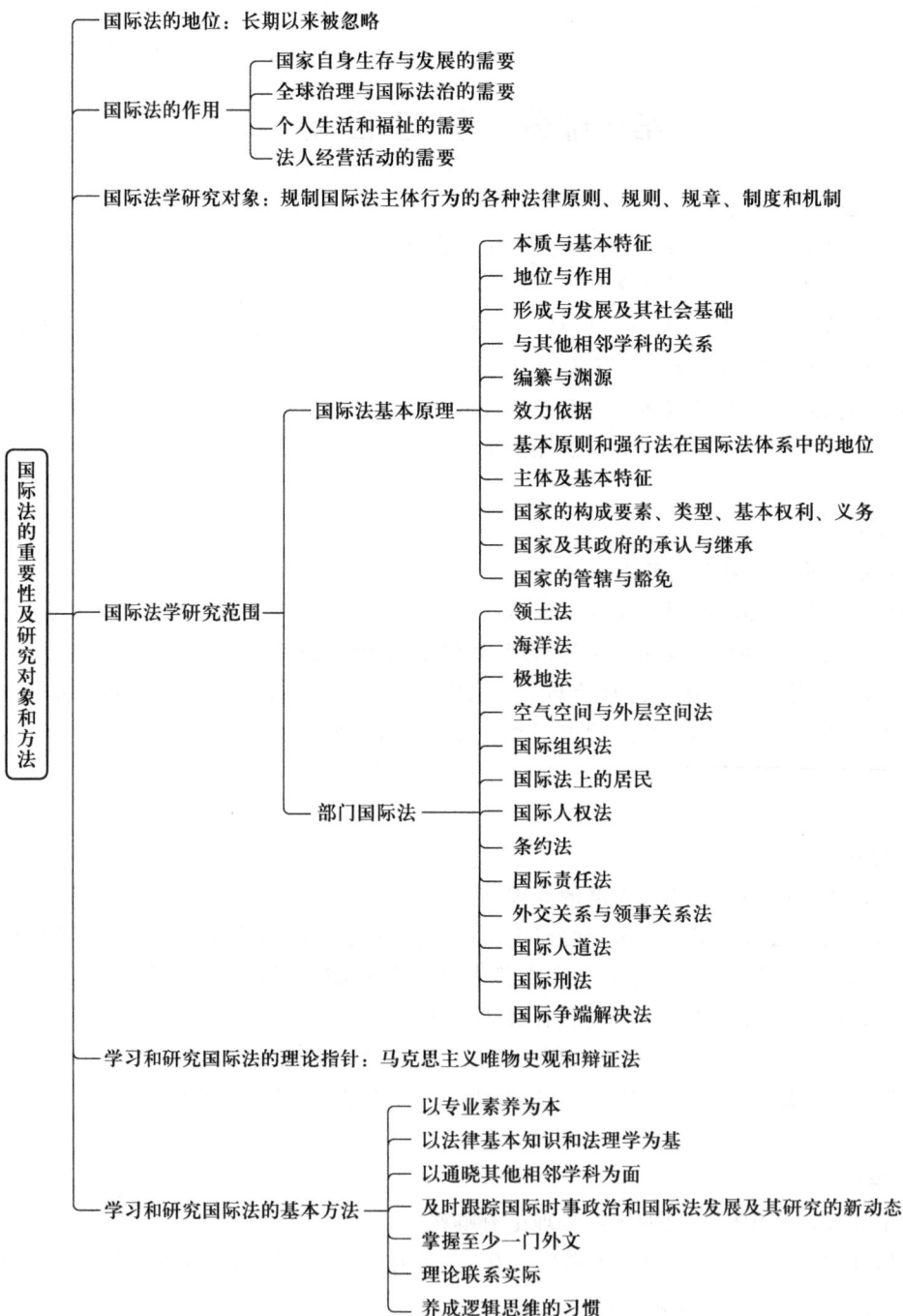

国际法的重要性及研究对象和方法
- 国际法的地位：长期以来被忽略
- 国际法的作用
  - 国家自身生存与发展的需要
  - 全球治理与国际法治的需要
  - 个人生活和福祉的需要
  - 法人经营活动的需要
- 国际法学研究对象：规制国际法主体行为的各种法律原则、规则、规章、制度和机制
- 国际法学研究范围
  - 国际法基本原理
    - 本质与基本特征
    - 地位与作用
    - 形成与发展及其社会基础
    - 与其他相邻学科的关系
    - 编纂与渊源
    - 效力依据
    - 基本原则和强行法在国际法体系中的地位
    - 主体及基本特征
    - 国家的构成要素、类型、基本权利、义务
    - 国家及其政府的承认与继承
    - 国家的管辖与豁免
  - 部门国际法
    - 领土法
    - 海洋法
    - 极地法
    - 空气空间与外层空间法
    - 国际组织法
    - 国际法上的居民
    - 国际人权法
    - 条约法
    - 国际责任法
    - 外交关系与领事关系法
    - 国际人道法
    - 国际刑法
    - 国际争端解决法
- 学习和研究国际法的理论指针：马克思主义唯物史观和辩证法
- 学习和研究国际法的基本方法
  - 以专业素养为本
  - 以法律基本知识和法理学为基
  - 以通晓其他相邻学科为面
  - 及时跟踪国际时事政治和国际法发展及其研究的新动态
  - 掌握至少一门外文
  - 理论联系实际
  - 养成逻辑思维的习惯

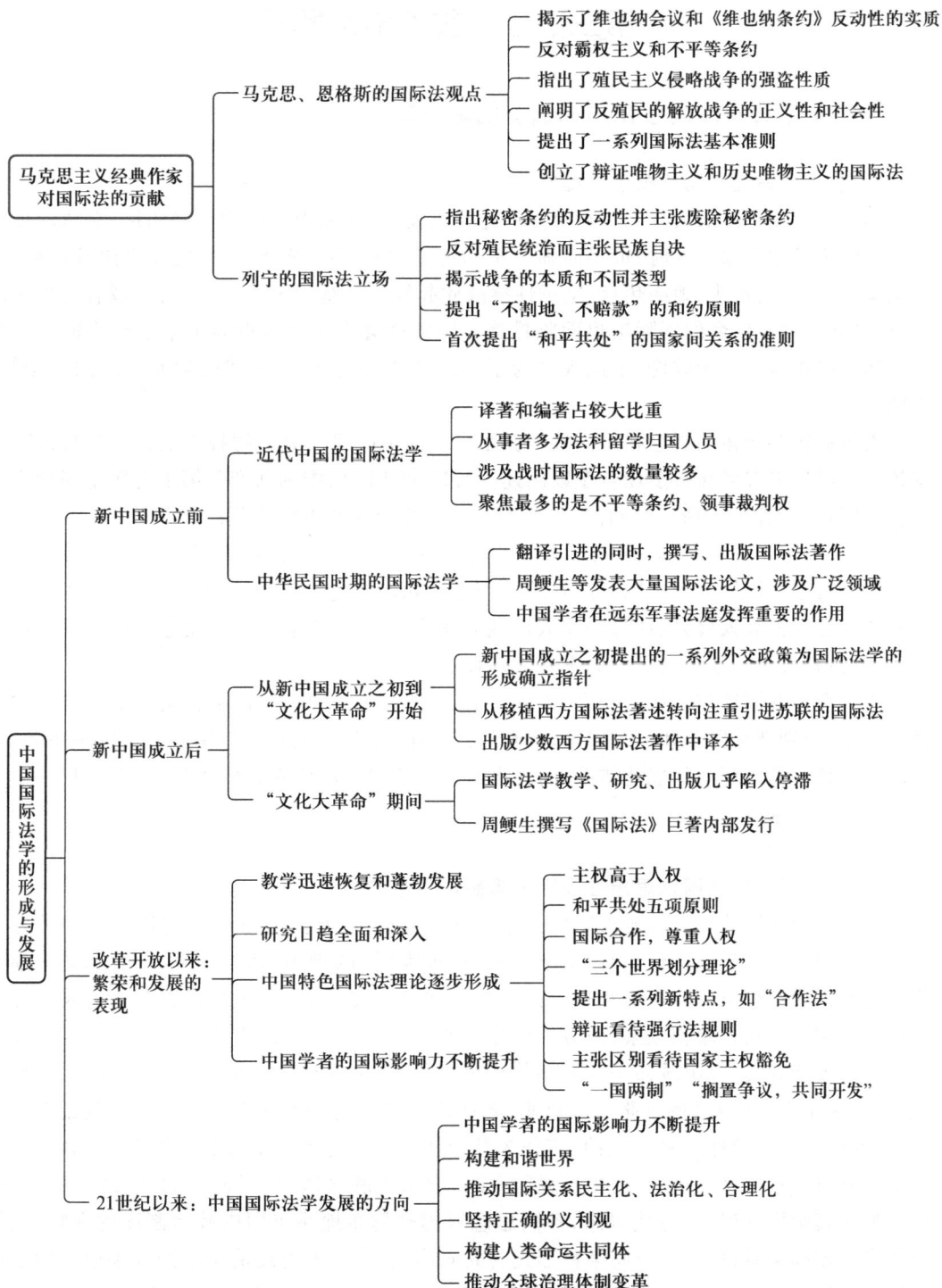

马克思主义经典作家对国际法的贡献
- 马克思、恩格斯的国际法观点
  - 揭示了维也纳会议和《维也纳条约》反动性的实质
  - 反对霸权主义和不平等条约
  - 指出了殖民主义侵略战争的强盗性质
  - 阐明了反殖民的解放战争的正义性和社会性
  - 提出了一系列国际法基本准则
  - 创立了辩证唯物主义和历史唯物主义的国际法
- 列宁的国际法立场
  - 指出秘密条约的反动性并主张废除秘密条约
  - 反对殖民统治而主张民族自决
  - 揭示战争的本质和不同类型
  - 提出"不割地、不赔款"的和约原则
  - 首次提出"和平共处"的国家间关系的准则

中国国际法学的形成与发展
- 新中国成立前
  - 近代中国的国际法学
    - 译著和编著占较大比重
    - 从事者多为法科留学归国人员
    - 涉及战时国际法的数量较多
    - 聚焦最多的是不平等条约、领事裁判权
  - 中华民国时期的国际法学
    - 翻译引进的同时，撰写、出版国际法著作
    - 周鲠生等发表大量国际法论文，涉及广泛领域
    - 中国学者在远东军事法庭发挥重要的作用
- 新中国成立后
  - 从新中国成立之初到"文化大革命"开始
    - 新中国成立之初提出的一系列外交政策为国际法学的形成确立指针
    - 从移植西方国际法著述转向注重引进苏联的国际法
    - 出版少数西方国际法著作中译本
  - "文化大革命"期间
    - 国际法学教学、研究、出版几乎陷入停滞
    - 周鲠生撰写《国际法》巨著内部发行
- 改革开放以来：繁荣和发展的表现
  - 教学迅速恢复和蓬勃发展
  - 研究日趋全面和深入
  - 中国特色国际法理论逐步形成
    - 主权高于人权
    - 和平共处五项原则
    - 国际合作，尊重人权
    - "三个世界划分理论"
    - 提出一系列新特点，如"合作法"
    - 辩证看待强行法规则
    - 主张区别看待国家主权豁免
    - "一国两制""搁置争议，共同开发"
  - 中国学者的国际影响力不断提升
- 21世纪以来：中国国际法学发展的方向
  - 中国学者的国际影响力不断提升
  - 构建和谐世界
  - 推动国际关系民主化、法治化、合理化
  - 坚持正确的义利观
  - 构建人类命运共同体
  - 推动全球治理体制变革

第三部分　重点难点解析

人类命运共同体概念在国际法上的地位和意义

（一）人类命运共同体概念的提出

当今世界正在经历大变局。世界多极化深入发展，国际力量对比更趋均衡，全球治理体系变革的呼声日益高涨。同时，世界面临一系列传统和非传统安全威胁，发展鸿沟日益突出，单边主义、保护主义抬头，地缘热点、全球性挑战此起彼伏。基于多边主义的，承载着维护国际和平、促进共同发展使命的国际法也面临挑战。国际社会都在探索世界未来发展方向。构建人类命运共同体就是中国政府、中国人民为了应对这些挑战、回答上述问题而贡献的中国智慧、中国方案。

人类命运共同体的观念在中国共产党第十八次全国代表大会的报告上初步呈现，此后，中国领导人习近平曾经在很多场合予以阐述。2017 年 10 月，中国共产党第十九次全国代表大会报告将"推动构建人类命运共同体"作为新时代坚持和发展中国特色社会主义的十四点基本方略之一，并界定了人类命运共同体的基本内涵。这次大会修改的《中国共产党章程》使得推动构建人类命运共同体成为中国共产党的一项重要执政理念。2018 年 3 月，推动构建人类命运共同体的思想被载入修订后的《中华人民共和国宪法》，这既是中国对改进全球治理的庄严政治承诺，也是尊重和维护国际法的重要法律宣示。

人类命运共同体包括持久和平、普遍安全、共同繁荣、开放包容、清洁美丽五个方面的世界秩序愿景，分别涉及国际和平与安全、国际经济合作、文明交流和环境保护等国际关系领域，不仅印证着现有的国际法律规范体系，而且也对未来的国际法体系指明了发展方向，提出了一系列具体制度要求。

（二）人类命运共同体思想在国际法思想谱系中的位置

人类命运共同体思想有着深厚的东西方文化基础，继承和发展了人类追求更加美好社会的思想精华。中国传统文化素有"天下一家，世界大同"的理想，建立天下大同、和谐幸福的理想社会是古代思想家一直探索和追寻的目标。在其他文明中，也存在着类似的追求美好社会的思想和实践。从古希腊以来，西方哲学家一直在探索不同形式的共同体。亚里士多德基于古希腊的政治现实，提出城邦是众多团体中地位最高、内涵最丰富的团体，并就如何在城邦实现"最高幸福"提出自己的主张。霍布斯、洛克、康德等启蒙思想家基于其所处时代正在发生的资产阶级革命，将理性、"社会契约"等作为共同体正当性的基础和国家制度学说的核心。马克思基于其对资本主义的批判，提出超越国家的"自由人联合体"的最高理想，实现"每个人的自由个性及其全面发展"。近代以来，各国思想家越来越多地跳出国内政治制度的视野，开始系统思考国家间关系，探索国家间某种形式的共同体，试图将人类政治文明的成果由一国之内扩展到国际社会。从 1815 年的"欧洲协调"，到海牙和平会议，再到第一次世界大战之后的国联、第二次世界大战之后的联合国、国际制度、国际机制，以及欧洲、东盟、非洲、拉美等区域共同体实践等，这些理论和实践为实现国家间和平、发展做出了重要探索。人类命运共同体思想传承了人类追求美好社会的思想精髓,以国家间关系为根本出发点,既有利于完善现有国际法体系,又有利于强化"德"的因素,探索构建相互尊重、公平正义、合作共赢的新型国际关系、全球伙伴关系,实现各国人民的最大福祉。

人类命运共同体思想具有深厚的国际法基础。国际法是调整国际关系的规则系统,其核心宗旨是为国家间交往构建一定的秩序,并推动构建某种形式的共同体。从国际法的发展历程看,从古罗马时代的万民法,到中世纪的正义战争理论和战争法规则,再到格老秀斯提出的"海洋自由论",自然法传统试图勾勒出国家在国际交往中的自然权利与自然义务,构建最低限度的秩序。从《威斯特伐利亚条约》划定边界、确认主权并形成体系性的实证国际法,成长为当代由规范、组织与进程构成的国际法系统,以底线结构为基础,逐步支撑起服务各国共同利益的更高秩序。人类命运共同体思想有利于将自然法和实在法思想融会贯通,使国际法从关注双边、区域共同利益转向关注人类共同体利益,突出了人类共同体利益对于人类未来发展的重要性。第二次世界大战结束以来,在人权、环境、海洋、外空、极地、网络等领域确立了强行法、对世义务、人类共同继承财产、人类共同关切事项、共同但有区别责任的国际法理念、原则,确立了集体安全机制、和平解决国际争端机制及各类国际合作协调机制等国际法制度,人类命运共同体思想在既存的国际法规则中已初现端倪,其未来的建设和发展也需要借助国际法来持续推进。

人类命运共同体思想为国际法的发展提出了新的价值追求。传统国际法始于欧洲,以欧洲文明为中心和适用范围,而排除对其他类型文明的适用。其他文明在西方枪炮政策下先后被动接受殖民者强加的所谓"国际法",殖民地国家在国际法上没有发言权。第二次世界大战后随着非殖民化运动推进,发展中国家纷纷实现民族独立,呼吁建立国际政治经济新秩序,在国际法上的影响力显著提升。但是,冷战期间以及冷战之后较长一段时期,大国特别是西方大国维持了在国际法解释或适用方面的主导地位,形成了西方所宣称的基于规则的"自由主义国际秩序"。当前,发展中国家,特别是新兴经济体在国际政治中的地位和影响力显著提升,国际力量对比更趋均衡,国际社会对推进全球治理体系变革的呼声日益高涨。通过广大发展中国家的努力,现行国际法体系在公正性、民主性、文化多元性方面的短板被揭示出来,应对新的全球挑战方面的不足也日益凸显。人类命运共同体思想顺应了这一潮流,为现有的以西方文明和利益为基础的国际法贡献了更多的发展中国家观念和公平正义元素,将推动国际法向更加公正合理的方向发展。

人类命运共同体思想为国际法的发展提供了新的动力。当前,世界正处于大发展大变革大调整时期,国际社会面临治理赤字、信任赤字和发展赤字的共同挑战,应对新的全球性挑战的需要日益迫切。国际法的发展既受国家实践的驱动,也受到先进理念的引领。国际和平的现实需要和平解决争端、禁止使用武力的理念,推动形成了国际仲裁和司法机制、集体安全机制等国际法制度;预防人道主义灾难、惩罚国际犯罪的需要和加强人权保护的理念推动形成了国际人权条约、宣言、人权保护国际机制以及国际刑事司法机制等;保护环境的现实需要和可持续发展理念推动产生了一系列环境条约。在西方保护主义、民粹主义上升的背景下,人类命运共同体思想将世界各国人民引领到一个地球、一个家园、一个未来、共同命运的认知之下,必将为国际法的发展提供理念引领,推动国际法的发展,更好应对国际社会面临的共同挑战。人类命运共同体思想秉持共商共建共享的全球治理观,以"一带一路"为构建人类命运共同体的重要实践平台,倡导国际关系法治化、民主化,支持扩大发展中国家在国际事务中的代表性和发言权,从而为国际法发展提供了新的动力。

人类命运共同体思想体现了中国对国际法的庄严承诺。中国共产党始终把为人类做出新的更大贡献作为自己的使命,它领导的新中国政府和中国人民始终有兼济天下的襟怀,有世界人民大团结的愿望。1949年成立之时,新中国被西方大国排除在主流世界体系之外,中国提出的和平共处五项原则立足于构建相互尊重、平等互利的国际关系;1971年中国恢复在联合国的合法席位,特别是改革开放后中国加快融入以联合国系统为中心的现代国际体系,多边合作和国际法实践日益丰富;在中国逐渐走近世界舞台中央的新时代,对和平共处五项原则重大发展的人类命运共同体思想,是对多边体系和国际法规则的维护和促进。新中国成立以来的历部宪法都明确,中国将为世界和平和人类进步的崇高目的而努力。人类命运共同体思想是对中国历次宪法所明确的对外关系原则的继承和发展,是新时代中国对外关系的根本遵循,也是中国在国际事务新格局里为世界贡献的公共产品。

(三) 人类命运共同体思想在现阶段的基本国际法内涵

人类命运共同体思想的内涵,是建设"持久和平、普遍安全、共同繁荣、开放包容、清洁美丽的世界"。这与中国政府在国内推行的"五位一体"总体布局(经济建设、政治建设、文化建设、社会建设、生态文明建设)一脉相承,对应五大领域的国际法体系,包括国际和平、安全、经济、文化、生态。这五个方面是有机统一的整体,成为人类命运共同体思想的五大国际法体系支柱。

第一,持久和平。实现持久和平是国际社会的共同追求,也是国际法发展的原动力。欧洲大陆拿破仑战争结束后,为维护和平,1815年欧洲大国建立"欧洲协调"制度,维持了欧洲近百年的和平。1899年第一次海牙和平会议和1907年第二次海牙和平会议确立了和平解决国家间争端的基本原则,特别是逐渐确立了国际仲裁、司法等和平解决国际争端的基本方式。第一次世界大战后,1928年美国、法国共同签订《巴黎非战公约》,明确表达了世界各国力求避免战争的共同愿望,在和平解决争端原则之外,增加了禁止使用武力原则。这些思想、制度和原则在1945年的《联合国宪章》中得到了充分的体现。宪章体系对第二次世界大战后的国际和平做出了重要贡献,但和平的威胁依然存在,如地缘热点此起彼伏,局部和小型冲突从未间断,一些大国绕开宪章框架单方面使用武力。

要实现持久和平,首先要坚持维护《联合国宪章》的宗旨和原则。首先,集体安全机制是维护持久和平的基础。这一机制要有效发挥作用,离不开安理会,特别是常任理事国的团结。这就需要大国、特别是常任理事国为维护世界和平发挥更为重要的作用,共同维护安理会在维护世界和平与安全方面的权威。其次,要坚持主权平等。主权平等原则是被写入宪章的国际关系基本准则,也是国际法的前提和基础。但是国际社会不平等的思想根深蒂固。一些国家罔顾其他国家主权,粗暴干涉他国内政,甚至采取军事行动推翻他国政权,加剧地区局势动荡。最后,要构建全球伙伴关系。冷战以来建立的各种军事同盟,具有鲜明的对抗性,是建立在武力威慑基础上的脆弱平衡,将加剧军备竞赛。一旦军事实力失去平衡,国际社会将再次面临战争的威胁。要摒弃这一冷战思维,坚持"结伴不结盟",通过扩大同各国的利益交汇点,发展全球伙伴关系,实现更为稳固的平衡。

为实现持久和平,应当考虑如何有效发挥全球性集体安全机制的作用,也就是如何维护和发展国际法,使联合国安理会更能够有效促进世界和平,避免全球和区域性的武装冲突;同时也应注意发挥区域组织的作用,避免冷战形势的再度复活。

第二,普遍安全。国泰民安是人民最基本、最普遍的愿望,对各国而言,维护国家安全是头等大事。不干涉内政原则、禁止使用武力原则是实现各国安全的重要基础,宪章集体安全机制是实现各国安全的重要保障。为增强人民的安全感,国际社会在联合国宪章的集体安全机制之外建立了世界卫生组织等应对专门挑战的国际机构,签订了《制止恐怖主义爆炸事件的国际公约》《制止向恐怖主义提供资助的国际公约》等一系列国际条约,也建立了区域性安全合作机制。现有的国际法机制对于维护各国安全总体发挥了积极作用,但受多种因素的影响,对一些国家及其人民而言,安全依然遥不可及。这些因素包括但不限于冷战期间建立的军事同盟;核武器、大规模杀伤性武器、智能性武器的发展和扩散;恐怖主义、难民问题、跨国犯罪等非传统安全挑战。

实现普遍安全既要坚持和强化现有的以联合国宪章为基础的安全框架,也要不断发展和完善国际规则、国际机制,应对新的安全挑战。更为重要的是,要切实摒弃冷战思维,强化国际互信与合作。在这方面,上海合作组织是国际安全合作的成功范例。上海合作组织不针对第三方,不对任何第三方构成安全威胁,不以意识形态为基础,在本质上不同于冷战期间结成的军事同盟;上海合作组织以加强成员国之间的互信为根本出发点,以应对恐怖主义、跨国犯罪等共同挑战为抓手,不断深化成员国安全合作;2001年该组织成立以来,成员国合作逐步从安全向其他领域拓展,这成为宪章安全机制的有益补充。从国际法角度看,上海合作组织的实践证明,坚持宪章框架,坚持主权平等和不干涉内政,通过弘扬"互信、互利、平等、协商、尊重多样文明、谋求共同发展"的"上海精神",对于构建地区安全秩序、应对共同安全挑战是切实可行的。

为确立普遍安全,不仅应慎重考虑如何面对核武器和化学武器、生物武器等大规模杀伤性武器的问题,在强化原有的武器国际法律机制的基础上,慎重而踏实地进行国际立法;同时也要在非传统安全,特别是网络安全、信息安全、粮食安全、健康安全等方面,一方面保证主权,另一方面维护共同的关切和利益,形成良好的国际法规范和运作机制。

第三,共同繁荣。实现繁荣是提升人民满足感的重要保障,也是各国政府对人民的责任。中国古代思想家管子确立了"仓廪实而知礼节"的观念,亚当·斯密等近代西方思想家则进一步论证,自由贸易不仅是增加国民财富、增进人民福祉的最佳选择,而且是实现和平的重要保障。罗尔斯等当代哲学家同样阐明,自由贸易将提升人民的满足感,有助于消除战争危险。第二次世界大战之前,美国的斯姆特—霍利法案开启了美欧之间恶性关税较量,贸易战加剧了全球经济衰退,为全球战争埋下了经济种子,在如何实现经济繁荣方面为世界各国留下了深刻的教训。

第二次世界大战之后,人们认识到了维护自由贸易秩序和国际收支平衡的重要意义,《关税与贸易总协定》《国际货币基金协定》《国际复兴开发银行协定》等全球性经济条约迅速签署并生效,欧洲、南美、东南亚、西非等区域也形成了经济合作的安排。经过实践试错和规范升级,上述国际经济机构和法律体制不断完善,为推进国际贸易、保证全球经济稳定、维护经济发展与社会繁荣做出了重要贡献。

当前,全球化面临一系列的新挑战。一是全球经济危机导致一些国家保护主义、民粹主义情绪上升,形成"逆全球化"势头;二是地区发展严重失衡,财富鸿沟、数字鸿沟明显,致使一些发展中国家排斥全球化。对此,维护以世界贸易组织为基础的多边贸易体系,需要各国更加旗帜鲜明地反对贸易保护主义,反对任何违反现行国际经济法律规范的单边贸易措施,反对以邻为壑的零和博弈、负和博弈,秉持推动全球经济健康稳定发展的负责任态度,坚持"把蛋糕做大",同时强化现有国际合作机制,切实解决发展不平衡问题,推动各国更为均衡地分享全球化的收益。同时,要坚持共商共建共享,推进全球经济治理体系变革。增加发展中国家在全球经济治理体系中的话语权,使全球经济治理体系更加平衡地反映大多数国家的意愿和利益。

实现共同繁荣需要共同努力。应当积极寻求全球经济发展的有效方式,既防止逆全球化所反映的经济民族主义、重商主义的风潮,也避免国际社会的贸易与货币战争,以合作的态度促进全球经济的高质量回升、健康持续发展。应认真评估全球性经济贸易体系,特别是世界贸易组织所面临的问题和有可能突破的方案,同时也考虑区域贸易安排,特别是"一带一路"倡议可能带来的机遇。

第四,开放包容。文明多样与文化宽容是人类总结历史发展教训而得出的相处原则。发生在欧洲的宗教战争、纳粹德国对犹太人的种族屠杀、冷战期间及之后发生的以改变他国政权为目的的干涉等,这些悲剧性的事实都告诉我们追求确立所谓"正统"、排斥异己,终将带来灾难。开放包容是具有典型中国特色的思想成果。不仅在思想观念上,中国思想家长期倡导"和而不同",而且在实践上,中国自身的历史就是一个民族融合的历史。在国际事务上,中国于1955年明确提出了"求同存异"的思想。开放包容的思想展现了中国文化自身的自信,也是对国际关系理论独特的中国贡献。

国际法是人类文明成果的重要组成部分。不容否认,现有的国际法体系,包括以《联合国宪章》为基础的国际政治秩序,领土规范、外交规范、条约规范、经济贸易规范,以及人权条约、武装冲突法条约等,都在很大程度上与西方文明密切相关。随着发展中国家在国际舞台上发挥更为重要的作用,东方文明、非洲文明等不同地区的文明也日益深刻影响国际法的发展,推动现有国际体系的变革。

从国际法角度认识开放包容,首先,需要克服偏执的"西方文明优越论",尊重各国国际法主张的差异性。各国基于各自的国情、历史和文化传承,对国际法的解释、适用和发展有不同主张。要坚持通过对话化解分歧,形成最大公约数,而不是党同伐异,或将自己的理解强加于人。

其次,要坚持包容的人权发展理念。人权保障并非只有一种途径,各国都可以根据自己的国情和人民的需要,找到适合自己的人权保障模式。东西方在人权保护方面的理念和实践存在差异,这是不争的事实。不少发展中国家强调包括生存权、发展权在内的社会权利;一些西方国家强调选举权等政治权利,以政治权利为由,抨击其他国家的人权体制、政治体制,甚至以粗暴手段干涉他国自主选择的人权发展道路和模式。不少发展中国家强调人权的相对性,主张人权观念、制度发展要量体裁衣,而一些西方国家强调人权的普适性,将西方的标准奉为普世标准。东西方不同的人权发展理念不可能"东风压倒西风"或"西风压倒东风",要在相互尊重的前提下平等对话,通过合作共同促进各国人权发展。

国际社会真正的开放包容应当从破除傲慢与偏见开始。其中,特别需要对西方长期存在的、偏执的国际法文化和人权等观念进行矫正,各国应当认识到,人权并非仅仅在西方国家才存在,而且在其他文化传统和政治体制的国家也仍然有可能存在并得到良好的保护。

第五,清洁美丽。人类对环境问题的认识经历了漫长的发展过程。中国古代有着深厚的珍视环境资源的思想传统,在孔子"仁"的思想之中,就包括对于野生动物生命的关爱。而在《国语》《礼记》《孟子》《管子》等典籍之中,都表达了合理利用生物资源、尽力对生物资源进行可持续利用、把生物资源与农业生产协调考虑的观点,并提出了掠夺性开发不是经济社会发展的长久之计的理念。在西方,从赫拉克利特到斯宾诺莎,很多思想家都有对自然界、自然环境予以重视的观点。马克思和恩格斯则特别强调,人是自然界的一部分,是自然界的产物,是在他们的环境中并且和这个环境一起发展起来的。20世纪中叶以来,环境伦理走向世界,《寂静的春天》(蕾切尔·卡逊)、《哲学走向荒野》(霍尔姆斯·罗尔斯顿)等洋溢着环保思想的著作风靡一时。

随着人类发展进入新阶段,环境因素不仅日益成为人类自身发展的基础性条件,也成为人民幸福感的重要指标。环境问题的产生是因为人类对自然的破坏性开发和利用,超越了环境的自我净化能力和资源的再生增值能力,危及人类社会生存和发展的基础。在以竞争为本质的国际关系中,实现发展是各国赢得竞争优势的基础,环境问题被边缘化,被视为阻碍发展的因素;随着冷战结束、国际合作的发展,环境问题的重要性日益受到重视,环境问题逐渐被纳入主流,成为各国发展规划的一部分,可持续发展、绿色发展成为潮流。从1972年联合国人类环境会议及其《斯德哥尔摩宣言》开始,国际社会试图通过法律手段关注和解决环境问题。在污染防治、气候变化、生物多样性保护和危险物质管控等领域,涵盖全球性、区域性和双边环境条约的国际环境法体系初步形成,并确立了可持续发展、尊重国家主权和不损害境外环境、国际合作、共同但有区别责任、风险预防和损害预防等基本原则。

将"清洁美丽"作为构建人类命运共同体的独立的支柱,反映了对国际关系的新认知。这一维度将生态环境与经济发展平衡考虑,突出反映了中国新的世界观。这意味着国与国之间有必要超越建立在现实主义基础上的零和博弈的竞争,以及以实现本国利益为目标的合作,而是构建更高层次的、"你中有我、我中有你"、追求国际社会整体利益的命运共同体。共同环境利益的实现特别有赖于各国之间的信息交流、资料共享、资金援助、技术转让等全球合作。

这一新的世界观必然对国际法的发展产生深远影响。首先,清洁美丽强调国际合作应对环境挑战。现有的涉及环境保护的原则、规则均强调国际合作,但一些国家对其他国家的荒漠化、生物多样性保护等环境挑战采取"漠不关心""只取不予""多取少予"的态度,一些国家以环境保护为借口行贸易保护之实,一些国家对气候变化导致的国际社会共同环境挑战采取不负责任的态度或者试图"搭便车"。国际法仍需继续强化国际合作的规则和机制,为应对全球环境挑战提供更为有效的制度保障。其次,清洁美丽强调更为综合的环境治理。当前,环境与贸易、发展、人权、移民、安全等议题的交叉关联度不断上升,呈现跨领域交融态势。国际环境法将在各具体领域不断做深做实,这也需要不断改进现有的气候变化、生物多样性保护等专门的国际环境条约,提高这些条约在各具体领域的协调能力。最后,清洁美丽强调在全球环境治理方面的大国担当。当前的气候变化等全球性环境挑战都与发达国家的历史责任密不可分,"共同但有区别的责任"原则业已成为全球环境治理领域普遍认可的基本原则。与发达国家相比,发展中国家距离"清洁美丽"的目标仍有很大差距。这既有各国环境治理意识和能力差异的现实因素,也有发达国家对发展中国家长期掠夺这一历史因素。发达国家应继续在应对全球环境挑战方面承担更多责任,同时在资金、技术、能力建设等方面为发展中国家提供更多支持。此外,发展中国家也应各尽所能,包括加强南南合作,为应对全球环境挑战做出更大贡献。

不同层次的国际行为体就如何形成良好的国内生态环境和全球生态环境已经形成了很多国际法律制度。这些法律不仅存在于全球层面,也存在于区域层面;不仅体现为硬法,也体现为软法。当前需要做的首先是将这些规范有效地实施,进而,要考虑如何使这些规范彼此协调、契合,形成良好的全球环境治理规范体系。

(四) 小结

人类命运共同体思想既表达了中国为世界的前途与命运规划的理想和目标,也构成了指导新时代中国外交的旗帜和方针。这一思想必将深刻影响新时代中国国际法理论和实践。随着人类命运共同体思想日益深入人心,国际社会也将更加深入地思考如何通过规则、制度,为实现持久和平、普遍安全、共同繁荣、开放包容、清洁美丽的共同愿景提供有力支撑。中国将身体力行,承担与自己国情相适应的国际责任,推动人类命运共同体的构建,推动国际关系法治化发展,为世界和平、人类共同发展作出更大贡献。

第四部分　习题自测

(一) 填空题

1. 国际法,作为国际社会成员必须遵守的行为规范,在_____、_____和_____等方面发挥着不可或缺的重要作用。

2. 当今和未来的法治中国建设以及中国治理体系和治理能力的现代化必须融入_____和_____的进程之中。

3. 一个国家的治国理政,离不开依照国际法建立的国际_____、_____和_____秩序。

4. 国际法学研究的对象主要是_____,而国际法学研究的范围主要是围绕这些对象而展开和确定的。

5. 恩格斯曾撰写《波河与莱茵河》一文,对"中欧大国"鼓吹的所谓_____进行了驳斥。

6. 在 19 世纪,西方国家及其国际法学者极力主张和推行国际法只有在所谓的_____之间才适用,而不属于其他国家或民族。

7. 列宁深刻地揭露了帝国主义战争的_____、_____和_____三个基本特点。

8. 近代中国国际法学的发展是从_____到_____的发展道路。

9. 中国近代国际法著述中聚焦较多的国际法问题是_____和_____,体现了中国国际法学术界呼吁国家主权完整和民族平等的正义和爱国情怀。

10. 新中国成立之初提出的一系列_____为我国在新时代国际法学的形成确立了指导方针。_____对我国 20 世纪 50 年代的外交政策和国际法学产生了较大影响。

（二）单项选择题

11. 第一部具备中国特色的国际法著作是(　　)。

A. 周鲠生,《国际法(上、下册)》　　　　　　B. 王铁崖,《国际法》

C. 李浩培,《国际私法总论》　　　　　　　　D. 崔书琴,《国际法》

12. 1980 年,我国首部全国统编《国际法》教材出版发行,这本教材的主编是(　　)。

A. 周鲠生　　　　　B. 李浩培　　　　　C. 王铁崖　　　　　D. 史久镛

13. 历史上第一位中国籍国际法院院长是(　　)。

A. 王铁崖　　　　　B. 史久镛　　　　　C. 倪征燠　　　　　D. 李浩培

14. 世界贸易组织上诉机构首位中国籍成员是(　　)。

A. 张月姣　　　　　B. 薛捍勤　　　　　C. 刘大群　　　　　D. 邵天任

15. 中国近代国际法著述中聚焦较多的国际法问题主要是(　　)。

A. 不平等条约和领事裁判权　　　　　　　　B. 战争法和领事裁判权

C. 不平等条约和战争权　　　　　　　　　　D. 不平等条约和国家独立

16. 以下关于周鲠生先生的论述,不准确的是(　　)。

A. 周鲠生先生所著的《国际法大纲》(商务印书馆 1929 年出版),适当借鉴西方国际法学,结合中国的国情,基本构建了中国国际法学的体系,是当时中国著名大学国际法教学的教科书

B. 周鲠生先生在新中国成立后,单就不平等条约问题就曾经撰写了《不平等条约十讲》的专论

C. 周鲠生先生提出国民外交理论,认为一国的外交政策应受国民直接的或间接的(经国民代表机关)支配

D. 周鲠生教授先后发表过大量论文著述,其中在其原著《国际法大纲》的基础上写成的《国际法》是世界国际法学中自成一派的法学著作,在我国国际法学界具有权威地位

17. 以下未参加远东军事法庭的中国国际法学者是 (　　)。

A. 梅汝璈　　　　　B. 向哲浚　　　　　C. 倪征燠　　　　　D. 顾维钧

（三）多项选择题

18. 关于马克思、恩格斯的国际法观点,下列叙述正确的是(　　)。

A. 马克思、恩格斯曾就国际法理论发表过专论

B. 国际法思想是马克思、恩格斯法律思想的组成部分

C. 马克思、恩格斯的国际法思想并没受到传统国际法理论的影响

D. 马克思、恩格斯的国际法观点集中体现在对民族解放运动等的研究中

19. 国际法是法人经营活动的需要,体现在(　　)。

A. 企业的经营活动必须以国际法建立的国际和平与安全的政治秩序为前提

B. 国际经济和商贸规则和诚信大都以国际法的形式表现出来

C. 国际法为解决跨国争端提供机制、规则和程序

D. 企业和跨国公司的经营活动还必须承担一定的社会责任

20. 在马克思和恩格斯看来,1815 年会议及《维也纳条约》实际上(　　)。

A. 重建欧洲持久的和平

B. 恢复了欧洲的专制制度

C. 阻碍了欧洲的进步发展和被压迫民族的解放

D. 是人类历史上推动国际法发展的里程碑

21. 马克思和恩格斯的哪些文章抨击了不平等条约？（　　　　）

A.《与波斯签订的条约》　　　　　　B.《波斯与中国》

C.《英法等国的真实面目》　　　　　D.《中国和英国的条约》

22. 诚如王铁崖先生所评价的，周鲠生先生的国际法教学和研究的突出特点是（　　　　）。

A. 理论联系实际

B. 注重国际法技术层面

C. 在国际法的教学和研究中重视外交史和国际政治问题

D. 理论探讨深入

23. 2014 年 6 月 28 日，习近平在纪念和平共处五项原则发表 60 周年纪念大会上发表的主旨讲话中，根据当今和未来国际关系发展的需要，提出的基本原则是（　　　　）。

A. 各国应共同推动国际关系多元化　　B. 各国应共同推动国际关系民主化

C. 各国应共同推动国际关系法治化　　D. 各国应共同推动国际关系合理化

24. 习近平先后在 2013 年和 2014 年我国外交工作会议上发表的重要讲话中都提出和强调坚持正确义利观的思想，具体包括（　　　　）。

A. "义"指义务，"利"指权利

B. 坚持履行做负责任大国的承诺，从世界和平与发展的大义出发，以更加积极的姿态参与国际事务

C. 构建发展中国家命运共同体，进一步增加对发展中国家特别是对最不发达国家的援助，帮助它们实现自主发展和可持续发展

D. 坚持与邻为善、以邻为伴，同周边国家和睦相处、守望相助，聚焦发展合作

（四）简答题

25. 简述国际法基本原理研究的内容。

26. 简述部门国际法（制度）研究的内容。

27. 简述马克思、恩格斯对国际法理论与实践的贡献。

28. 简述马克思、恩格斯提出的国际法基本准则。

29. 简述列宁的国际法立场。

30. 简述改革开放以来中国特色的国际法理论。

31. 简述"和谐世界"的内涵。

（五）论述题

32. 试论国际法的地位和重要性。

33. 试论你对学习、研究国际法的方法的认识。

34. 阐述不同历史时期中国国际法学的特点。

第一章　国际法的性质与发展

第一部分　学 习 目 标

（一）熟悉

1. 国际公法与国际私法以及国际经济法的关系。
2. 国际法与国际关系的相互关系。
3. 国际法与国际礼让的区别。
4. 国际法从国家之间的法律到整个国际社会的法律的发展过程。
5. 国际法适用的地域范围。
6. 《威斯特伐利亚和约》如何标志着近代国际法的形成？
7. 法国大革命与拿破仑战争如何促进了近代国际法的发展？
8. 近代中国首次接触和引入国际法的历史进程。
9. 近代国际法在中国适用的事例（条约）和其不平等性的表现。
10. 20 世纪上半叶中国废除不平等条约的努力。

（二）掌握

1. 狭义的和广义的国际法的概念分别是什么？
2. 国际法与国际关系、国际政治的共同基本要素和联结纽带。
3. 认定国际法是法律的依据是什么？
4. 国际法与国内法相比有哪些基本特征？
5. 我国关于国际法效力根据的理论，即"各国意志的协调"为什么较科学？
6. "欧洲协作时期"对于国际法的创造性发展主要表现在哪些方面？
7. 现代国际法的发展主要体现在哪些方面？
8. 新中国成立尤其是改革开放以来对国际法的发展所做出的贡献主要表现在哪几个方面？

（三）理解

1. 国际法概念的历史由来，以及它与"万民法""万国法"的关系。
2. "一般国际法""特殊国际法""区域国际法"的划分依据。
3. 国际法与国际政治的关系。
4. 对国际法的法律性持否定看法的人的理论何在？
5. 一些具有代表性的国际法学派关于国际法效力根据的主张。
6. 国际法适用在时间上的效力。
7. 国际法在一些文明古国存在的形式、特征、表现，在中世纪各时期存在的状态、表现。

8. 现代国际法起始的标志(三种学说)。

9. 中国古代春秋战国时期即存在国际法的遗迹,漫长的封建时期为何缺乏国际法存在的社会基础?

(四) 难点

1. 国际经济法与国际公法在什么意义和范围内存在重叠关系?

2. 国际法的法律性的体现。

3. 国际法的本质(平等者之间的法律)在国际法各项特征上的表现。

4. 自然法学派和实在法学派在国际法效力根据各理论中的体现、其飞跃性的意义、各自的局限性。

5. 21 世纪以来的当代国际法存在哪些新的挑战和趋势?

6. 从和平共处五项原则、国权高于人权等原则的提出和香港、澳门问题以"一国两制"模式的解决角度,理解新中国对于国际法的创造性贡献。

第二部分　知识结构图

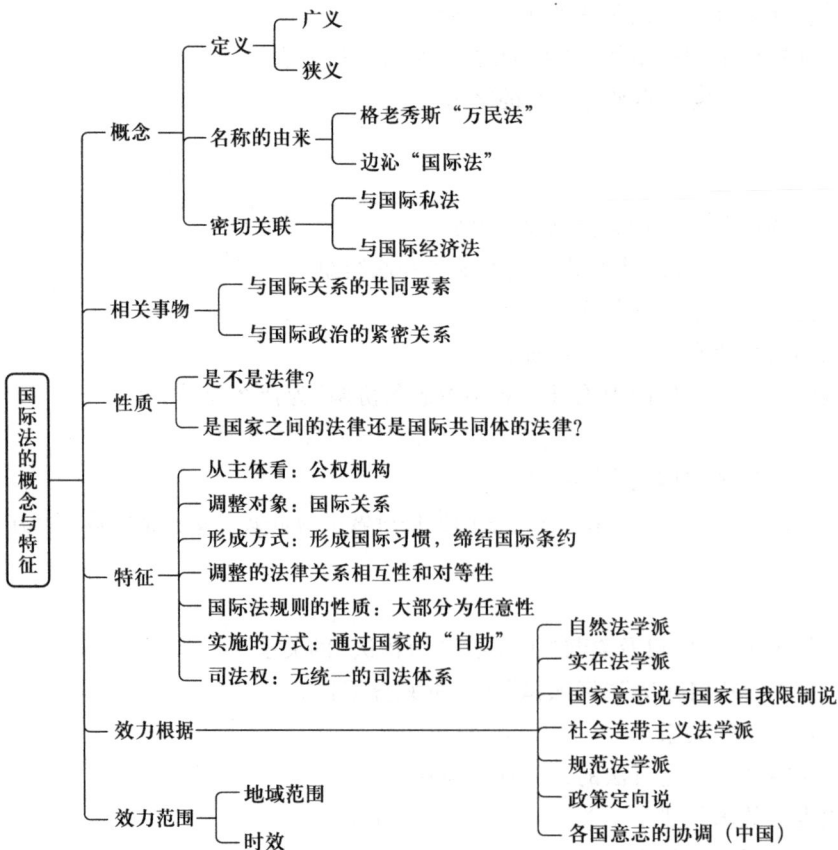

```
                    ┌ 定义 ──────┬ 广义
                    │            └ 狭义
                    │                      ┌ 格老秀斯"万民法"
            ┌ 概念 ─┼ 名称的由来 ─┤
            │       │                      └ 边沁"国际法"
            │       │            ┌ 与国际私法
            │       └ 密切关联 ──┤
            │                    └ 与国际经济法
            │
            │       ┌ 与国际关系的共同要素
            ┌ 相关事物 ─┤
            │       └ 与国际政治的紧密关系
            │
            │       ┌ 是不是法律?
国  ┌ 性质 ─┤
际  │       └ 是国家之间的法律还是国际共同体的法律?
法
的          ┌ 从主体看:公权机构
概          │ 调整对象:国际关系
念          │ 形成方式:形成国际习惯,缔结国际条约
与  ┌ 特征 ─┤ 调整的法律关系相互性和对等性
特          │ 国际法规则的性质:大部分为任意性
征          │ 实施的方式:通过国家的"自助"
            └ 司法权:无统一的司法体系
                                        ┌ 自然法学派
                                        │ 实在法学派
                                        │ 国家意志说与国家自我限制说
            ┌ 效力根据 ──────────────────┤ 社会连带主义法学派
            │                           │ 规范法学派
            │                           │ 政策定向说
            │                           └ 各国意志的协调(中国)
            │       ┌ 地域范围
            └ 效力范围 ─┤
                    └ 时效
```

国际法的发展
- 古代：文明古国存在一定形式的国际法
  - 古埃及
  - 古印度
  - 古希腊
  - 古罗马
- 中世纪
  - 从古代到中世纪过渡期：停滞
  - 早期：停滞
  - 后期
    - 设立常驻使团
    - 通过订立条约划分海外领域
  - "西班牙时代"
    - 确立海洋自由原则
    - 签订条约划分海域
- 近代
  - 《威斯特伐利亚和约》标志近代国际法的形成
  - 法国大革命和拿破仑战争：促进了近代国际法的发展
  - 从维也纳工会到"一战"前的"欧洲协作"时期
    - 开创定期多变会议制度
    - 促进外交制度的法典化
    - 国际条约数量，种类增多
    - 明确禁止奴隶买卖
    - 推动国际河流制度建立
    - 战争法等的编纂
- 现代
  - 主体数量剧增，类型多元
  - 客体和领域不断扩展
  - 国际社会日益组织化
  - 更具时代进步性
  - 强制力进一步加强
- 当代：挑战和趋势
  - 适用的领域或空间进一步拓展
  - "对一切义务"概念的形成
  - 人本化趋势的突出
  - 常设国际刑事法院的建立

中国与国际法
- 古代
  - 春秋战国："礼、信、敬、义"
  - 秦以来封建时期：国际法没有存在的社会基础
- 近代
  - 与荷兰交往
  - "尼布楚条约"
  - 林则徐禁烟
  - 译《万国公法》
  - 不平等条约
- 20世纪上半叶：废除不平等条约的努力
- 新中国成立尤其改革开放以来，对国际法发展的贡献
  - 坚持公平、正义、进步的方向
  - 提出国际关系基本准则
  - 促进和平、发展、人权、法治
  - 参与国际立法和决策
  - 主张和平

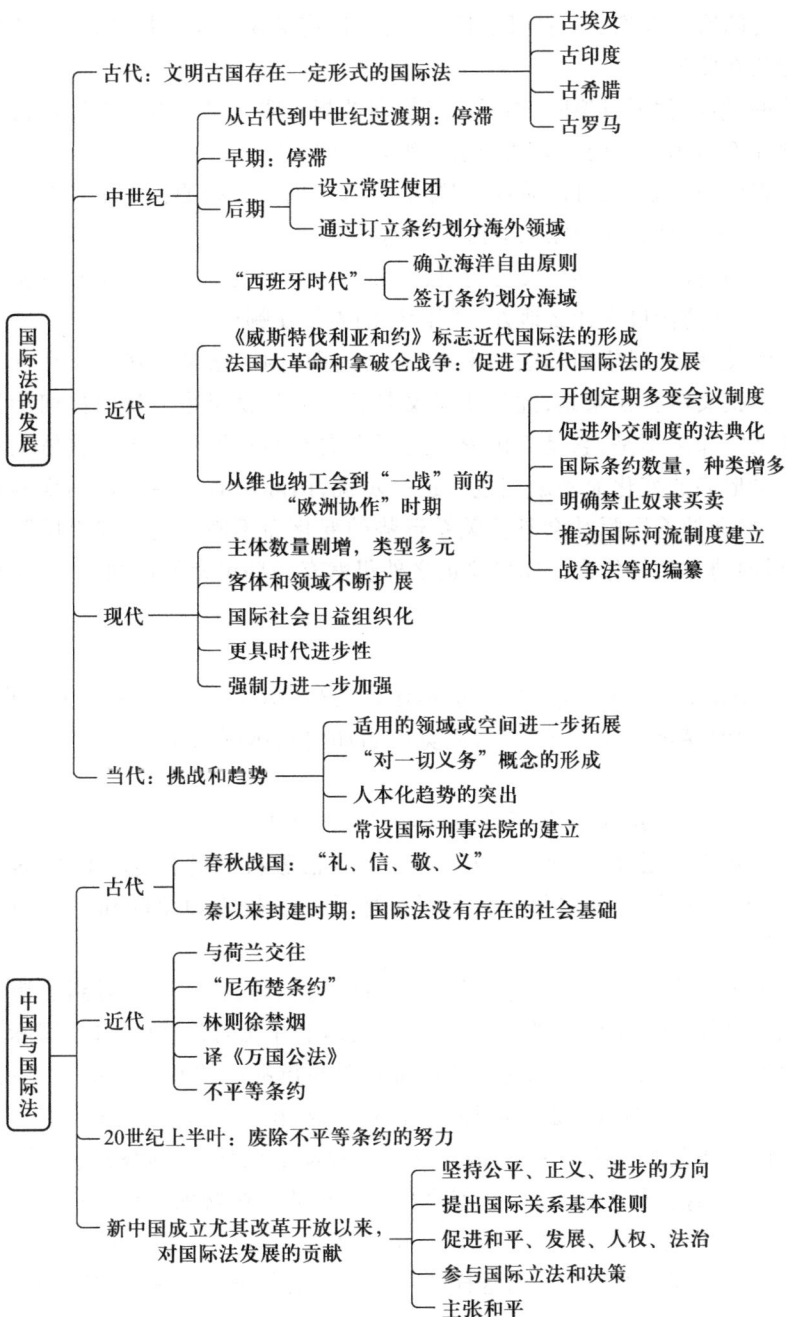

第三部分　重点难点解析

国际法是什么？

"国际法是什么？"这样一个表面上简单而通俗的问题，背后却又隐藏着诸多的机锋。它甚

至涵盖了国际法自始至终的所有理论、所有实践、所有争论、所有共识。略作展开,可以说国际法诸领域诸环节的问题均在此列。

当我们分析强行法的时候,就可以追问,国际法是横向的规则吗? 可以有超越国家协议的效力吗? 在国际社会存在着超越国家同意而使国家必须认可的规则吗?

当我们讨论保护的责任的时候,就可以质疑,国际法是基于国家主权原则之上的吗? 如果是,这个主权的墙有多高? 国际社会与国家如何形成互动?

当我们研讨国际法与国内法的关系时,又会问道,国际法是一个与国内法完全独立甚至对称的体系吗? 如果不是,二者的接口在什么地方? 国际法的界限在哪里?

当我们回顾国际法的发展,并展望国际法的未来,又会追问,国际法是自然正义在国际关系上的表现吗? 存在自然正义吗? 如果是,此种正义又是什么? 从哪里来? 我们如何能得到这种自然正义的真实含义? 如果不是,它是由国家实力所左右和塑造的吗? 还是整体上都必然随着国际社会具体关系形势的变化而不断演进? 进一步说,国际法有一些固定不变的原则吗? 整体上都是,还是必然会随着国际社会具体关系形势的变化而不断演进? 如果国际法是在演进的,那么演进背后的动力又是什么? 如果演进之外仍然有一些恒常的原则,那么这些原则又是什么?

如此种种,不一而足。

当我们问及"国际法是什么"或者使用"国际法本体论"这一概念,主要从两个方面理解:第一,国际法的内涵应当如何界定? 或者换言之,究竟应当如何给国际法下一个定义? 第二,国际法究竟是不是法律?

针对第一个问题,可以给出的界定是:国际法是国际关系的规则。

采用这种界定的方式并非独创,但是确实不多。很多国际法教科书仍然会从主体、客体或者形式的角度来进行界定,而我们的界定却仅仅是对客体的一个较为抽象的和具有弹性的界定。

当人们用主体来界定国际法的时候,虽然听起来并无问题,但是,在实践中遇到了诸多的麻烦。在没有国际组织的时候,说国际法是"国家间的法"大体上并无问题,但是自从国际组织出现,国际法就不再纯然是国家之间的法,而且,还要面对那些叛乱团体和其他准国家机构。与此同时,随着跨国公司的地位在国际关系中的提升,它和国家、国际组织之间都可能会产生一些超越纯粹意义上的国内法关系的法律关系,因而在一定程度上也具有国际法主体的资格。这样一来,如果按照主体的方式进行界定,国际法就会出现一个非常啰唆的概念——国际法主要是调整国家之间、国家与国际组织之间、国际组织之间、国家与跨国公司之间等,一系列说不穷尽又理不清楚的法律关系的规则的总体。而这样的一个界定的科学性会随着这个列举的逐渐增长而衰减。

国际法的主体的范围在逐渐扩大,但又不是说所有属于这个范围之内的行为体之间的所有关系都为国际法所调整。这样一来,从主体的角度来进行界定就会变得很不科学。例如,跨越国境的公司之间、个人之间的关系,就经常不是国际公法关系,而是国际私法关系。

如果从客体的角度来进行界定,同样面临着类似的风险,也就是说国际法处理的问题的范围在逐渐扩张。在第二次世界大战之前,国际法主要处理国家之间的领土、战争、使节、条约的关系。但是在第二次世界大战之后,国际法对人权问题的关注和对经济问题的渗透使得传统的客体范围迅速扩大。而 20 世纪 70 年代以后环境问题的出现,20 世纪 90 年代以后网络问题的出现,进一步拓展了国际法处理的事务的空间。

所以,我们几乎很难找到国际法处理的问题的边界。因此,如果我们说"国际法是处理领土、领空、海洋、极地、网络、环境、经济交往、人权保护、外交、条约、武力使用等事务的法律规则的总体",这个界定既显示不出其科学性,同时,本身也显得过于冗长,没有抓住国际法这个规范系统的特征。

如果从渊源的角度来界定,同样面临着一些困难:第一个困难:国际法的渊源实际上也处在一个不断变化的过程中,而且在外延上处于不能完全确定的状态。例如,虽然我们都认为条约习惯可以作为国际法的渊源,但是条约和习惯之外的表现形式就经常存在着问题。如所谓的一般法律原则,究竟是一种习惯,还是隐含在条约之中,还是在条约和习惯之外呢?所谓的软法究竟属于一种法,还是属于一种法律的预备阶段?第二个困难:对于条约和习惯自身都包含着哪些特别状况,也还有诸多可以探究的空间。例如,那些规定着私人之间交往规范的条约究竟是否属于国际法?如《联合国国际货物销售合同公约》《海牙规则》《维斯比规则》《汉堡规则》和《鹿特丹规则》等。

而国际关系是一个相对抽象而灵活、随社会境况发展而不断变化着外延的概念。

由于法律是社会关系的规则,它的调整对象就是某一特别领域的社会关系。而国际法作为法律的一个方面、一个部类,自然也就调整某一类型的社会关系,这种类型的社会关系就是国际关系。因此这种对国际法的界定方式与法理学对法学的界定方式是契合的。

而由于国际关系自身的内容在经历着不断的变化,人们对于国际关系的标准的认定也随之有所不同。这种与时代共发展的状况,自然决定了国际法所涉及的主体、客体、形式等各个方面都会经历不断的变化。如果我们把国际法的概念,与国际关系的概念结合起来,则在概念界定的这一阶段就无需对国际法的各个具体方面进行逐一细致的考察,而只要将国际法的界定与国际关系的界定挂起钩来就可以了。

国际关系之区分于国内关系,在于它具有跨国的性质。也就是相关的利益不止于一国境内,而具有跨国的因素。

国际关系区分于跨国私人关系(这种跨国私人关系在很大程度上是国际私法的调整对象)则在于,其涉及的利益被界定为国家利益。究竟什么是国家利益?它表面上可能是一个较为抽象的概念,而且也很可能是一个较为主观的概念。一个人、一个公司的利益在大多数时候不会被视为国家利益,但是一群人一群公司的利益就有可能被视为国家利益,而且在某些特别的时候,即使是单个个人、单个公司的利益诉求也可能会被视为国家利益。

针对第二个问题,可以简单地说,问题不在于国际法,而在于提问方式和思维定式。

(一)对于国际法是否为法律的质疑

自霍布斯和普芬道夫时代开始,就有关于国际法是不是法律的争论,并在 19 世纪被奥斯丁颇具影响的理论强化。其关注的核心是:国际法究竟是不是具有我们所理解的法律的功能?它是具有法律性质的规范,还是仅仅是一些国家可以自由忽略的原则的集合?他们注意到,国际法缺乏惩罚措施,即使违背了国际法规范也可以安然无事,这一点是与国内法最大的不同之处。

19 世纪的英国法理学者奥斯丁认为,"正当意义的法律"应当是实证法,是主权者的命令,只有这样的界定才是适当的法理学事项(appropriate matter of jurisprudence)。主权者是在独立政治社会中获得成员服从、而不需要服从他人的人。国际法不符合此种实证法检验的要求,所以不是命令,不是适当意义上的法律。奥斯丁因为国际法不适于其理论,所以他认为国际法不是真正的法律。但反对者提出:问题可能在于,似乎没有任何法律符合他的理论。在美国之类的联邦国家,立法权被宪法分给了联邦和各州,任何一个都没有最高的立法权。即使在英国,女王在议会具有最高的立法权,但立法权不是唯一的法律渊源,而且也不是最古老的。很容易论证的是,根据其理论必然推出:主权者拥有最高权力,自身不受其所制定的法律的约束。进而,这一含义改换之后,主权就不仅用于描述一国内部的高等级主体和低等级主体的内部主权,也会用于描述一国自身与其他国家之间的关系,即外部主权。国家可以对其自己的臣民为所欲为,但这并不意味着其可以对于其他国家为所欲为,无论是以法律的名义还是强权政治的方式。初看来,国际法缺乏有效的立法者,总体上胜任的司法机构和强有力的执法机构。但无论理论上如何模糊,它都被法律人践行了几个世纪。国际法在真实世界中被确立、实施,并且作为司法的依据。

(二)对提问的反思:没有正确界定?

在追问和争辩国际法是不是法的时候,也许关键之处并不在于答案,而在于问题本身。一些学者指出,关于国际法是不是法的问题纯然是一个词语的问题,不值得讨论;或者认为国际法是否是法律的讨论是一个虚假的问题。

第一,关于国际法与法律的关系,问题在于:什么是法律? 这恰恰是一个最难回答的问题。关于法律的一般概念及其在社会中的地位,在世界上存在诸多的争议。现在的比较研究已经对此作出了充分的证明。法律的内涵与作用与历史和文化的多样性有关,例如,英国、美国和英联邦国家具有盎格鲁·撒克逊普通法传统;欧洲大陆则以罗马法为基础形成了民法传统;伊斯兰国家的法律观念更多地具有政教合一的特色,并不区分国家社会与信仰;马克思主义的法律观念建立在阶级斗争塑造社会历史的基础上;亚非诸国还有特别的法律传统。这些不同的文化历史传统导致了不同的法律观念和方法,这也就影响了对国际法的地位与解读的一致性。甚至,如果以法国法的模式观察英国法,英国法也可能不是法律;以英国法的模式观察中国法,中国法也可能不是法律。但是这种情况并没有发生,是因为人们都预先假定这个问题是不需要怀疑的,我们需要先承认不同法域具有不同的法律形式和运作模式,再来考察这些法律有何不同。

第二,批评国际法、怀疑国际法的法律性,大多基于国际法没有立法机关,没有惩罚措施和执行机制。这种观点在很大程度上没有认识到国内法律体系与国际法律体系在历史、结构和功能上的差异,而这恰恰是讨论问题的起点。法律往往指国内法,一些人认为只有国内法才是法律。马克思与恩格斯在《共产党宣言》里所评价的法律也仍然是国内法,而不包括国际法。与国内法相比,用国内法的视角和前设去看待和思考国际法的问题,并假定国际法应当与国内法等同。二者有相似之处,但也有很多差异。在国内民主社会,立法者以立法的方式制定并实施政治决策,以立法的方式将政治影响转化为法律。而司法体系则通过法庭中的决定影响社会利益的分配。如果我们以国内法的模式去界定和理解法律,那么在很多时候,国际法就不是法律。但是这样一来,法理学也就成了"国内法的法理学",而不再是一种通行的法理学。

从这个意义上看,有的学者认为,讨论法律的定义,只是文字上的争论,而没有实际意义。"国际法真的是法吗?"可能确实是一个没有准确界定的问题。

(三)通过规范运作来观察规范性质

有的学者认为,那些关于国际法性质的讨论实际上是将国际法是不是"法"与国际法是否有效、是否被妥善实施相混淆。但是,对于法律的认识,如果仅仅从其外在形式和具体内容去进行判断,而不考虑其运行方式,实际上是不可能的。而且容易出现错误。个人或学术组织的立法建议,无论其形式上多么完整,内容上多么严肃、严谨,措辞多么正式,终究不是法律。必须与规范的制定方式、实施方式结合起来,才能够说明其是否为法律。所以,中国同行的"法"的界定方式是"国家制定或认可的、国家强制力保障实施的、规定权利和义务的行为规范",这是从规范的形成方式、规范的运作模式、规范的具体内容和规范的指向上对法律予以界定。从这个意义上讲,法律之所以为法律,区别于技术规程、礼仪规则、道德规范,在于其与公权力的结合,在于其与公权力结合的时候所形成的一套程序和模式,更在于其内容的指向。当然,有必要区分法律的"理想状态"与"实际状态"。正是因为理想状态或者标准意义上的法律都是以公权力为后盾的,那些没有公权力为后盾的规范才被称为"民间法"或"软法"。这恰恰反衬出一般意义上的法律是"官方法"和"硬法"。法律有其边缘和灰色地带,但此种边缘的存在才进一步地确认了正式的法律的标准。不过,绝不能因为"理想状态"的法律存在,就把其实际状态抛掷一边。正如物理学中的理想状态恰恰是为了给实际状态定一个基准一样。由此,对于"国际法是什么"这一问题的回答,不应该也不可能脱离国际法在现实社会中的运作与功能而进行抽象的分析,从概念到概念的分析是不会有太大裨益的。它不是一个可以不顾实践的纯粹理论问题。只有对于国际法在理论中和现实世界中的存在有清楚的认识,才有利于理解其性质。

(四)对于国际法现阶段性质的初步展开

在国际法的内涵和性质问题上,如果我们纠缠于国际法是不是法,那么可能很难得出一个有效的答案。因为这一问题的解析取决于我们如何界定法律。正如奥斯丁、凯尔森、哈特对于法律进行了不同的界定,因而学者对于国际法的属性给出了不同的解读。怀疑国际法的法律性质的困境在于,如果认定国际法不是法律,就需要为那些当前被称为"国际法"的规则确立一个新的名称,这个任务比认为国际法是法律的难度更大。而且,词语使用的一个最重要规则就是约定俗成,既然数百年来,各国都认为国际法是法律,那么就没有必要对这个问题作更多的讨论。因此,没有理由假定为国家对外关系所涉及的法律体系肯定会与处理国家内部关系的体系一致,也没有理由假定国际法体系一定要遵循国内法发展的历史轨迹。也就是说,我们需要跳出以一国的法律特征来判断国际法的狭隘立场才能更妥当地理解国际法。因而,认为国际法属于广泛意义上的法律,并充分认识到其与较为成熟和发达的法律存在着一定的差异,应当是认识这一问题的基础。进而,将问题转到国际法这种规范究竟具有哪些特质,似乎是一个更佳的选择。也就是说,比较恰当的问题应当是:国际法是什么法?

1. 国际法是分散的国际社会中的平位法

国际社会是分散的,没有一个居于各国之上的世界政府,导致了国际法是"国家间的法"

(international law, law among nations),而不是"国家上的法"(supra-national law, law beyond nations)。这是我们理解国际法性质的根本出发点。由于国际社会总体上是分散、非中心体系的,所以国际法也没有一套清晰而公认的位阶体系。虽然有学者讨论了国际法的位阶问题,但是国际法律秩序的整体位阶显然尚未形成,当国际法的领域扩大,就出现了"国际法不成体系"的问题。这种分散在立法时期即已显露出来,在国际法的领域,双边、区域、全球的法律体系并存。总体上看,没有任何一个体系优于另外的体系,各个体系是平行存在的。国际社会是一个无政府社会,这一点为所有的国际关系学者所认可。这也就意味着它没有完全呈现出一种中央化的统一的秩序。因而在绝大多数时候,也就不会有普遍认可和施行的国际法。而且,国际法规范基本上属于特别的法律,"一般法"处于缺位的状态。国际法只约束同意该规则的国家,国际法在实际中主要采取条约与习惯的形式,条约基于国际之间的明示同意,习惯则基于国家以行动的方式表达的同意。

虽然当代国际法在这一点上有所突破,例如,《联合国宪章》的第 2 条第 6 款规定了其原则宗旨的重要性,《维也纳条约法公约》第 53 条规定了强制性规范的优先性,但这些条款与安排不仅数量少,而且自身就是分散的,未能形成一个体系。与此同时,虽然当今国际社会从道德价值上肯定强行法(jus cogens)的概念,但由于政治立场的差异,对强行法的具体外延却没有形成一个公认的范围。而且,被认定的强行法存在多项例外,在法律解释和实施上存在着诸多技术与政治问题。例如,大国对于公认规范的违背而未能承担责任,使得所谓的强行法也变成了"强权之下行使的法"。也就意味着所谓普适的国际法,在当今世界仍然主要处在一种梦想和幻象的阶段。国际法是不成体系的,这种不成体系的现状恰好说明了,国际法自身与国际社会一样处于不成熟的初级阶段。正如摩根索正确地指出的,国际社会没有统一的主权者,也就意味着没有统一的立法者、执法者和司法机构。

国际法规则本身是模糊的,很多规范本身措辞就颇为含混,一项规则存在着诸多的例外和条件,有着多种解释的可能,而且可能出现前后对立的主张。所以,在国际的视野内,并没有形成一个"国际宪政体系"。理想的法治环境之中应当存在的所谓法律成熟标志的国际法的位阶没有建立起来,国际法仍然是高度分散的、特别的、法律杂合的群体。

2. 国际法是具有平等法律地位的国家之间的协定法

从立法层面上看,国内法是外在于主体的、给定的法律;国际法则是主体之间的、议定的法律。国际法不存在一套体系化的立法机构和立法程序,而是主要靠国家的协商和同意。这一点与宪政机制比较成熟的国家差距甚大。虽然国内立法也存在代议机关和包括行政机构及其部门、地方国家机关在内的授权立法者,甚至有的学者还提出了民间法的概念,但是议会或者类似立法机关的立法权或者许可权受到了普遍的认可和尊重。与此相对,国际法几乎没有外在于主体的"制定法",而只有主体间根据其政治意愿、利益追求、道德准则而形成的"协定法"。国际法主要表现为条约和习惯。条约是国家之间关于权利和义务的书面约定,而习惯是一国或者数国在某一国际事务上被接受为法律的惯常做法。虽然此外还有一些渊源,如一般法律原则,作为渊源辅助证据的国内、国际司法判例,以及权威公法学家学说,但无论哪一种,都离不开国家的同意或认可。条约是国家之间通过一系列的谈判、磋商程序而确定的规范,特别要求意思表示的契合。

国际法在订立的过程中体现出各国国家利益的追求,其中也可能包括道德的追求与呼吁,在不违背国家利益的时候,各国可能都表示赞同。国际法能否订立,取决于国家之间力量的博弈,由于国际法的规范是不同利益取向的国家之间讨价还价的结果,具体规则标尺可能充满矛盾。因而,国际法这种表面上高度技术化、甚至措辞庄严的文本,背后是国家之间无数次争论与妥协的结果。所有的法律都是政治过程的结果,但国际法的政治博弈特征更加明显;所有的法律都可以理解为最低限度的道德,但国际法的道德性显得更加脆弱。

国家可以以自己的意志决定认可并履行某一条约的义务,或者处于一个条约之外,或者退出条约。条约法对于条约形式中的签字、批准、接受、加入等条件的要求,以及对于强迫、错误等意思表示不真实所致的无效的做法,就足以说明国家接受的意义。而习惯法中的一贯反对者原则(persistent objector rule)同样表明了在国际规范方面国家意志的重要意义。这种情形实际上说明了,国际规范不是来自于国家之上,而是来自于国家之间;不是来自于一个上位者给定的立法,而是来自于两个以上平等的国家的协商。因而,国际法更多地像国内社会的契约,而不是国内社会广泛存在的、外在地约束平等主体的立法。这一点是由国际社会的无政府体系所决定的,是由国际共同体所共同确认的主权平等原则所引致的。虽然很多时候,单方行为也能确立国际法的规范,如国家发布地图、宣布开始或者结束军事演习、核武器试验,采取引渡或庇护措施,但是如果利益相关方表示反对,则其规范效力是可疑的。

3. 国际法是以国家自愿接受为主要实施方式的弱法

从法律实施过程的角度看,国内法的实施与监督具有国家强制力的保障,存在着主体之上的外在压力;而国际法主要是国家自愿履行的、契约式的法律,监督机制具有软弱性,主要靠主体间性来约束国家。也就是国家之间的舆论、国际合作的机会与可能成为国家守法的基础。国际法的力量取决于国家之间的相互制约,而不是组织性的上位力量的强制制约。

国际法的体系是平位的(horizontal),运作方式也是不同的。它基于互惠原则、共同同意或者协商一致,而非命令、服从和强制实施。所以,我们可以论断:国内法体系中基本上已经形成了主体遵行法律的文化和环境,而国际法尚未形成此种文化和环境。这一情况在守法阶段就十分明显:大多数国际法是靠国家自觉、自主、自愿履行的,因此法律的遵行具有强烈的国家利益取向的选择性。从法治的理想看,法律应当被广泛、平等地遵从和施行,但是在国际法上,这个理想很难实现。国家在国际法面前会进行复杂的利益考量。首先,国家要考虑的是:遵从与否是否会威胁到该国的存续与安全? 这是国家对国际法态度的首要考虑因素和基本出发点。①其次,在没有安全之虞的情况下,国家会考虑遵从与否是否为国家带来利益? 这种利益即可能是经济上的,也可能是合作机会上的。理性的国家会进行一种损益衡量、比较,其计算结果会作为决策参考。最后,如果既没有安全威胁,也没有明显的利益,国家会考虑遵从规范是否会体现国家的社会性。国家在遵从国际法的各种考虑中所形成的排序,就是一个从政治到伦理的次序,因而国际法所确立起的秩序也就不能得到完全实现。

从执法的环节上看,国际法自身并无强制机构和措施,远不如国内法律体系一样设置了一套复杂周密而有力的法律执行与监督体系。即使是法治不够完善的国家,也有大量的政府部门负责法律的运行,而绝大多数的国际条约都不存在这种执行和监督的体制。

---

① 例如,中国清政府对 1842 年《南京条约》以后的各项条约的遵从态度,就是出于对威胁的恐惧。

20 世纪中期以后,在人权、贸易、裁军、核武器等领域初步形成了一些监督国际法运行的机制,这对于国际法而言已经是值得称道的突破了,不过虽然是这样的突破,但还存在着多种局限:首先,所有这些监督机制都不是普遍适用的,而是以条约为基础的。绝大多数的人权机构都被称为条约机构(treaty based bodies),对于条约之外的国家无约束力。加入了这些条约的国家也可能以保留的方式排除掉某些执行措施。《欧洲人权公约》《美洲人权公约》和《非洲人权与人民权宪章》所构建的区域机制在这一点上更加明显。人权监督机构中涉及范围最广的应属联合国,它建立起了基于《联合国宪章》而采取行动的机构,这些机构被称为宪章机构(charter based bodies),2005 年以后成立的人权理事会所形成的"普遍定期审议机制"具有更大的适用范围。但其参加仍以联合国的会员国为限,理论上仍然是非普遍的。WTO 的贸易政策审议机制(TPRM)就更是一个成员之间的体制,而裁军、核武器的问题均不例外。这就意味着,没有国家的认可,此种执法机制是不会涉及这个国家的。其次,这些体制对参与其中的国家的约束力并不强,其制裁能力比较弱。虽然这些条约确立了报告、审议、核查等机制,但是对于存在问题的国家并没有确立明晰的法律责任,国家仍然在自身名誉的范围内考量对条约的接受、对法律的遵从,这就揭示了这种以审议报告为模式的国际法监督机制的局限性和脆弱性。而关于国际人权的国家间指控或个人申诉机制受制于国家的认可,现在认可的国家数量并不多。弗里德曼认为,在一个"合作的国际法"体系中,也就是国家共同参加以通过国际组织或安排推进共同利益的机制,可能以"排除利益"为方式予以制裁。例如,世界银行可以采取不再给予发展援助的方式制裁一国歧视外国投资者或者征收其投资不予补偿的行为。所以国家遵从国际法主要是一种横向的力量,也就是国家之间的相互制约、主体间性,而未能建立起一种垂直的力量,没有建立起强有力的超国家体制以约束国家。

虽然 19 世纪以后兴起了国际仲裁,20 世纪更出现了一系列的常设和临时国际审判机构,21 世纪建立了具有一定强制性的国际刑事法院,但本质上这些进步并没有从根本上改变国际法靠各国自愿遵守的状况,并没有对国际法的软弱特性带来质的变革。不仅仲裁必须以当事国的同意提交为前提,常设国际法院和国际法院的管辖权也是建立在自愿的基础上的;而且国际法院具有明显的大国倾向。几个特别的刑事司法机构都带有明显的选择性和倾向性,与其说是国际法自身的强制性,毋宁说是胜利国、大国意志和愿望的体现;国际刑事法院则至今仍未得到中、美、俄等大国的认可和接受。国际投资争端解决中心(ICSID)的仲裁开启了一个新的模式,但是其对于投资者权利的重视使得人们对其公正性产生怀疑。作为欧洲联盟司法机构的欧洲法院(ECJ)和作为《欧洲人权公约》司法机构的欧洲人权法院(ECHR)虽然相对成熟,但是局限于地区,所以不可能作为普遍机制。

国际法没有强制的司法或者仲裁救济体制,国家在遇到其他国家违背了对其所具有的国际法义务的时候,其所能采取的措施最具效果的就是自助(self-help)。自助可能以反措施(countermeasure)为形式,也可能以反报(retorsion)为形式。传统上的平时封锁和干涉行为已经被认为缺乏合法性,但是自卫仍然被国际法所明确接受。通过国际共同体有组织地实施的制裁,最主要的方式就是通过联合国的制裁。其范围是有限的,而且在安理会的框架下运行,受制于大国的否决权。

这种运行体制的缺陷必然带来国际法约束力的不足:很多违法的行为明显存在,却没有受到惩罚,而且很可能也受不到惩罚。一些大国明显违背了国际社会的规范,却依然我行我素。值得关注的是,国际法院成立初期处理了阿尔巴尼亚与英国之间的"科孚海峡案",阿尔巴尼亚没有履行判决,其负面影响是巨大的。国内法院适用国际法是国际法实施的有效方式,例如,关于国家及其财产豁免、外交豁免的问题经常通过国内法院判定,而且当国际习惯和一些具有现实执行性的条约被接受为国内法的一部分的时候,这些规范也会被国内法院适用。但是,并非所有的国际法规范都有可能在国内司法体系中适用,如关于武力使用的合法性就很难在国内法院审理。一国法院在何种情况下会适用国际法,对于这一点没有共同的标准。

4. 国际法是以大国意志为核心的不对称的法

从法律实施结果的角度看,国际法的分散、协定、弱法特征,导致大国与小国在国际法面前存在着明显的差异,这就是大国与小国之间在国际法面前的不对称性。国际法的运行所具有的高度不对称性,使得很多国家对法律的公正性持怀疑态度,有的国家则恃其强大的力量对于国际法不予理睬。从世界各国在对待反对恐怖主义、保护世界环境的国际法律文件的不同态度上可以看到这一点;而2011年西方大国针对利比亚政府的颠覆,就更明确地体现出了政治目标在国际法实施结果上的决定性意义,2012年西方各国针对叙利亚的问题仍然采取打压政府而支持反对派的方式,使国际法的不对称性昭然若揭。

在这样一个总体格局仍然是无政府的世界之上,大小国家均希望国际法维护其利益,但是具体的态度和立场是不同的。大国更希望一个没有严格国际法的世界,不希望总是被既存的国际法所约束。如果不是这样的话,大国可能会采取在立法环节影响法律的方式,如果自己的利益未被充分重视和保护,则采取忽视法律和违背法律的方式。大国以更大的影响力按照自己的意志塑造国际法,在国际法真正呈现出来之时,如果未能完全符合其意愿,它会选择不参与此项规则。因而此项规则无法对其产生约束,如美国不批准《经济、社会及文化权利国际公约》不参与《京都议定书》。即使加入了某项国际规则,也可以按照自己的意志与利益去解释规则,为自身违背规则的行为做辩护。美国在2003年对伊拉克使用武力时提出的"预防性自卫"(或称"先发制人的自卫")就属于这一模式。如果违背了规则,辩护又不太容易,则设法从程序上为自己开脱或者拖延相关程序,以保证相关利益。在国际法院审理尼加拉瓜诉美国关于武力和准武力措施的案件中,美国提出的管辖权异议就属于开脱。就连被学界和实务界看好的WTO争端解决机制也存在着这样的问题,一些大国明显违背自由贸易的规范,奉行保护主义,虽然判定其违背WTO规范,却不能追溯性地采取措施,因而导致大国的贸易保护目标得以实现。小国则更希望国际法内容清晰,程序明确,希望国际法可以平等地约束各个国家。小国也希望扩大呼声,在国际立法环节努力使法律维护和表达其利益,并以法律为依据要求其权益。因为自身无力与大国抗衡,只有团结一致,方能在国际立法上取得一些对其有利的进展。但这些规范能否真正发挥作用,在很大程度上取决于大国的意愿。也就是说,小国在法律没有充分表达其利益的时候,也很难明显地违背法律规范。更为严重的是,有时候,小国即使没有违背国际法也可能会招致祸患,甚至灭顶之灾。英美诸国对于伊拉克是否存在的大规模杀伤性武器所进行的核查以及此后的武力打击就说明了这一点。

第四部分　习题自测

(一) 单项选择题

1. 第一部有完整体系的国际法著作是《战争与和平法》，其作者是(　　)。

A. 边沁　　　　　　　B. 苏文　　　　　　C. 格劳秀斯　　　D. 孟德斯鸠

2. 国际法在西方文献中曾先后使用过"万国法""国家间的法"等名称，首次使用"国际法"的学者是(　　)。

A. 边沁　　　　　　　B. 苏文　　　　　　C. 惠顿　　　　　D. 格劳秀斯

3. 下列关于国际法特征的说法中不正确的有(　　)。

A. 国际法是通过特定的权威机关强制各国执行的

B. 国际法的制定者主要是国家

C. 国际法是有拘束力的，对国家或其他国际人格者是有强制性的

D. 国际法的主体主要是国家

4. 现代国际法形成的标志是(　　)。

A. 1789 年法国大革命　　　　　　　　B. 俄国十月革命

C. 资产阶级革命　　　　　　　　　　　D. 第二次世界大战结束

5. 中国春秋战国时期出现的诸侯国之间的交往规则是(　　)。

A. 世界最早的国际法

B. 一些国际法因素的萌芽，与现代国际法没有直接的联系

C. 中国国内法涉外的因素

D. 中国国际法的起源

6. 以下关于国际法效力根据的表述中正确的是哪一项？(　　)

A. 国际法效力的根据是社会连带关系的事实，并由统治阶级把这种连带关系的事实制定成条约或法律的形式

B. 国际法效力的根据是现实的国家意志

C. 国际法效力的根据是体现各国的协调意志的协议

D. 国际法效力的根据是自然人和国家意志的合一

7. 以下关于国际法的特点的描述错误的是(　　)。

A. 国际法的主体包括国家、准国家和国际组织

B. 国际法以平等互助为基础

C. 国际法独立于国际政治并不明显受国际政治的影响

D. 国际法可以称为"不可裁判的法""外交法"

8. 国际法的阶级性体现为(　　)。

A. 各国统治阶级之间的协议意志　　　　B. 各国统治阶级的意志

C. 各国政府的共同意志　　　　　　　　D. 各国统治者的一致理想

9. 规范法学派的代表人物为(　　)。

A. 宾刻舒克　　　　B. 劳特派特　　　　C. 格劳秀斯　　　D. 凯尔森

10. 实在法学派认为国际法的效力根据是(　　　)。

A. 自然理性　　　　　　B. 人类的法律良知　C. 最高规范　　　　D. 国家的同意

11. 国际法的效力根据是指国际法何以对国家及其他国际法主体有拘束力。不同学派对此有不同解释,其中自然法学派认为国际法的效力依据是(　　　)。

A. 人类法　　　　　　　　　　　　B. "协定必须遵守"这一基本规范

C. 自然法　　　　　　　　　　　　D. 国家权力和对外政策

12. 在国际法上,社会连带学说的创始人是(　　　)。

A. 美国的庞得　　　　　　　　　　B. 奥地利学者凯尔森

C. 法国的狄骥　　　　　　　　　　D. 英国学者奥本海

(二)多项选择题

13. 由于对国际法效力根据的不同认识,产生了各种不同的国际法学派,主要有(　　　)。

A. 自然法学派　　　　　B. 实在法学派　　　C. 格劳秀斯法学派　D. 苏联法学派

14. 国际法直接调整的法律关系包括(　　　)。

A. 国家间的关系

B. 国家与跨国公司的关系

C. 国家与国际组织的关系

D. 国家与外国人的关系

15. 对国际法的效力根据,格劳秀斯认为(　　　)。

A. 只有自然法在支配国家之间的关系

B. 自然国际法的根源在于人类理性

C. 国际法的"万国法"从所有国家的意志得到它的拘束力

D. 国际法的效力根据是体现于习惯或条约的国家的共同意志

16. 对国际法的效力根据的不同认识形成了不同学派,其中 17 至 19 世纪,欧洲主要的学派有(　　　)。

A. 自然法学派　　　　　　B. 实在法学派　　　C. 折中学派　　　　　D. 规范法学派

17. 关于国际法的特征的描述正确的是(　　　)。

A. 国际法是平等者之间的法律,以主权者"平等协作"为基础

B. 国际法通常称为"软法"

C. 国际法以"势力均衡"为基础

D. 国际法通常称为"外交法"或"不可裁判的法"

18. 威斯特伐利亚和会标志着(　　　)。

A. 国际社会的团结　　　　　　　　B. 独立主权国家的产生

C. 国家主权平等原则的确立　　　　D. 近代国际法的产生

E. 罗马教皇势力的加强

19. 现代国际法中形成了一些较为系统的部门法,例如,有(　　　)。

A. 海洋法　　　　　　B. 条约法　　　　　C. 国际组织法　　　D. 外交法

20. 关于中国与国际法的关系,下列说法正确的有(　　　　　)。

A. 中国古代是否存在国际法,是一个有争论的问题。先秦时期实际存在一些国际法的遗迹

B. 尽管 1662 至 1690 年间中国与荷兰、俄罗斯交往曾涉及国际法,但国际法正式引入中国,始于 1840 年的鸦片战争

C. 1864 年《万国公法》出版,这是清政府聘请美国传教士翻译的外国国际法著作

D. 20 世纪 20 至 40 年代,国民政府曾经努力废除不平等条约、订立新约

E. 中华人民共和国对于国际法发展做出了重要贡献

21. 按照其调整的国际关系的不同范围,国际法可以分为(　　　　　)。

A. 一般国际法　　　　B. 区域国际法　　　　C. 特殊国际法　　　　D. 抽象国际法

22. 现代国际法已经得到迅速发展,出现了许多新的分支,包括(　　　　　)。

A. 跨国公司法　　　　B. 国际环境法　　　　C. 涉外经济法　　　　D. 外层空间法

23. 国际法是一个特殊的法律体系,它的强制力是通过(　　　　)来实现的。

A. 国家单独采取强制措施　　　　　　　　B. 国家集体采取强制措施

C. 国际法院采取强制措施　　　　　　　　D. 国际警察采取强制措施

(三) 名词解释

24. 万民法

25. 国际法

(四) 简答题

26. 简述国际法的特征。

(五) 论述题

27. 试述国际法的性质和作用。

28. 国际法是不是法律?试分析之。

第二章 国际法的渊源

第一部分 学习目标

（一）熟悉

1. 国际法渊源与国内法渊源在本质上区别何在？

2. 条约如何发展成为当代国际法最主要的渊源？

3. 同样作为国际法渊源，国际习惯与国际条约的关系体现在哪些方面？

4. 作为国际法渊源，一般法律原则的地位为什么是辅助性的？

5. 从规则文本的角度，国际判例作为国际法渊源之一的地位如何？

6. 权威公法学家的学说在国际法渊源中的地位如何？

7. 国际组织无约束力的文件，作为国际法渊源的价值为何大于公法学家学说？

8. 国家的单方行为在哪些情况下，在什么意义上可以形成或发展国际法？

9. 当不同的国际法渊源之间发生冲突时，可用哪几个法律普遍规则帮助解决？

10. 非官方编纂和官方编纂各自的含义、大致历史、代表性成果是什么？

（二）掌握

1. 国际法渊源的内涵。

2. 《国际法院规约》第 38 条所列举的国际法渊源有哪几种？

3. 国际条约的概念、其约束力的来源是什么？

4. 国际习惯的内涵与基本要素。

5. 作为国际法渊源的一般法律原则一般包含哪些方面？

6. 国际组织有约束力的决议，虽未经国际法院规约列举，为什么构成国际法渊源？

7. 国际强行法的含义与特征。

8. 国际强行法主要体现在哪几个层面？ 每一个层面主要包含哪些规则？

9. 国际法编纂的含义。

10. 从形式和主体的角度看，国际法的编纂可以分成哪几种类型？

（三）理解

1. 可以从哪些角度理解国际法渊源的含义？

2. 绝大多数条约是特别法还是普遍法，为什么？

3. 对于作为国际习惯构成要素之一的一般实践，有哪几项要求？

4. 一般法律原则作为国际法渊源存在的意义是什么？

5. 在现实的法律实践中，国际判例法为何具有日益重要的作用？

6. 从国际法院、国际仲裁机构、英美等国国内法院裁决实践看,国际法学家观点的作用何在?

7. 在国际法不同渊源之间为什么不存在一个明确的位阶体系?

8. 国际强行法观念起源于什么?

9. 国际法编纂的意义、作用是什么?

10. 在联合国框架下,国际法委员会、联大第六委员会等机构对国际法编纂的贡献有哪些?

（四）难点

1. 如何理解《国际法院规约》第 38 条关于渊源之列举的意义、作用和局限性?

2. 试从反对者原则和速成习惯国际法主张角度谈国际习惯在法律确信方面的问题。

3. 如何理解《国际法院规约》第 38 条第 2 款"公允及善良原则"?

4. 结合规约规定和现实发展,分析国际判例、公法学家学说、国际组织决议、国家单方行为在国际法渊源中所占的地位。

5. 从理论和实践理解国际强行法的适用情况。

第二部分 知识结构图

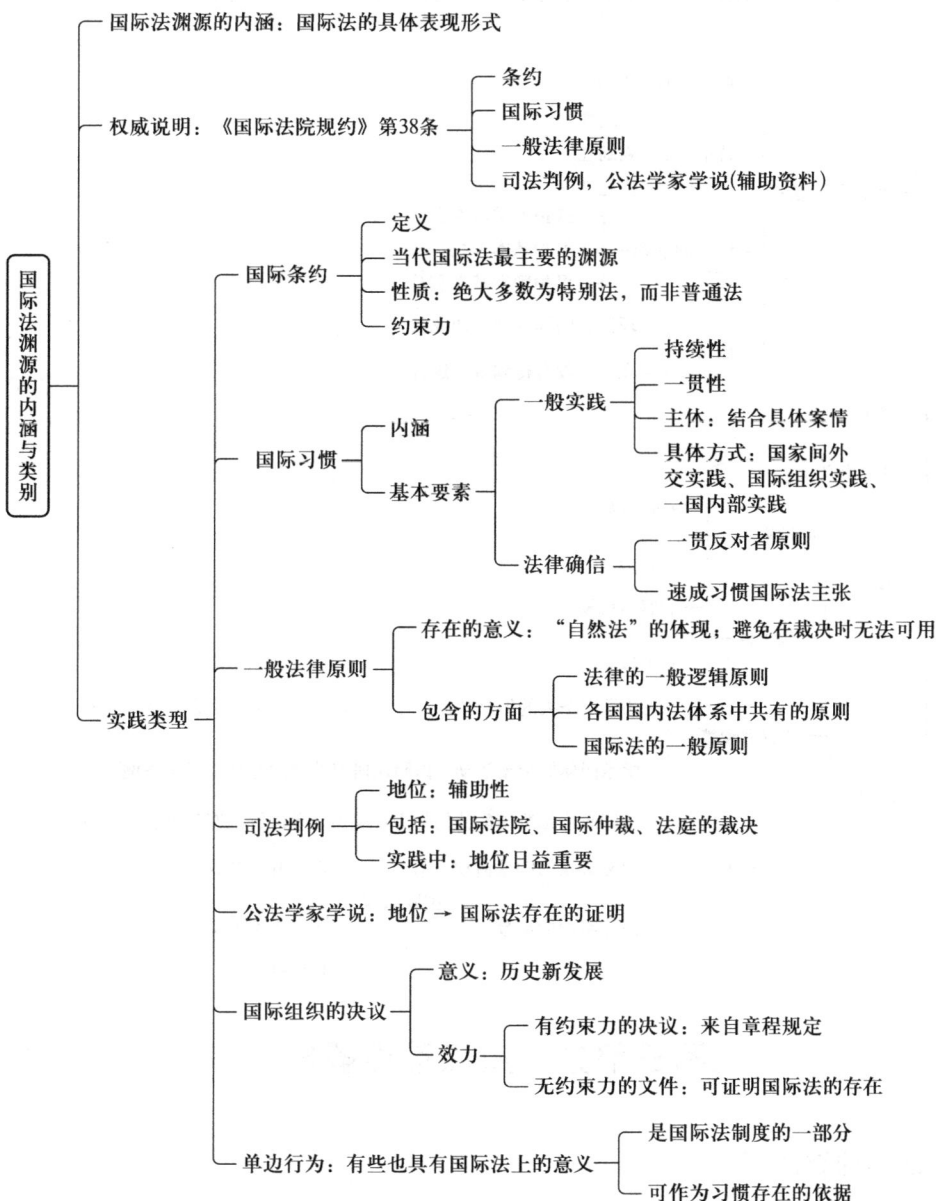

国际法渊源的内涵与类别
- 国际法渊源的内涵：国际法的具体表现形式
- 权威说明：《国际法院规约》第38条
  - 条约
  - 国际习惯
  - 一般法律原则
  - 司法判例，公法学家学说(辅助资料)
- 实践类型
  - 国际条约
    - 定义
    - 当代国际法最主要的渊源
    - 性质：绝大多数为特别法，而非普通法
    - 约束力
  - 国际习惯
    - 内涵
    - 基本要素
      - 一般实践
        - 持续性
        - 一贯性
        - 主体：结合具体案情
        - 具体方式：国家间外交实践、国际组织实践、一国内部实践
      - 法律确信
        - 一贯反对者原则
        - 速成习惯国际法主张
  - 一般法律原则
    - 存在的意义："自然法"的体现：避免在裁决时无法可用
    - 包含的方面
      - 法律的一般逻辑原则
      - 各国国内法体系中共有的原则
      - 国际法的一般原则
  - 司法判例
    - 地位：辅助性
    - 包括：国际法院、国际仲裁、法庭的裁决
    - 实践中：地位日益重要
  - 公法学家学说：地位 → 国际法存在的证明
  - 国际组织的决议
    - 意义：历史新发展
    - 效力
      - 有约束力的决议：来自章程规定
      - 无约束力的文件：可证明国际法的存在
  - 单边行为：有些也具有国际法上的意义
    - 是国际法制度的一部分
    - 可作为习惯存在的依据

```
                   ┌─ 位阶的含义
     国际法渊源      ├─ 关于渊源位阶的国际法规则：尚不存在
     的位阶与强  ────┤
     行法          │─ 渊源之间冲突的解决：世界法律发展过程中形成的普遍规则，如"后法优于先法"
                   │                ┌─ 内涵
                   │                │─ 观念的起源与发展
                   │                │           ┌─ 普遍性
                   │                │─ 特征 ─────┤─ 强制性
                   │                │           └─ 优先性
                   └─ 国际强行法 ───┤                 ┌─ 维护人类基本安全
                                    │─ 包含的规则 ─────┤─ 保护基本人权
                                    │                 └─ 保护国家基本利益
                                    │           ┌─ 理论：国际社会一切成员
                                    └─ 适用 ─────┤
                                                └─ 现实：没有得到很好遵行

              ┌─ 含义
              │─ 社会意义
              │                    ┌─ 按形式 ──┬─ 全面编纂
              │                    │           └─ 个别编纂
              │─ 类型 ─────────────┤
     国际法   │                    └─ 按主体 ──┬─ 非官方编纂
     的编纂 ──┤                                └─ 官方编纂
              │                    ┌─ 非官方编纂 ──┬─ 法学家个人的编纂活动：A.格雷古瓦尔《国际法宣言草案》
              │                    │               └─ 学术团体的编纂活动：国际法研究院《国际仲裁程序条例》
              └─ 历史 ─────────────┤
                                   └─ 官方编纂 ──┬─ 各国政府编纂国际法的努力：美国《美国野战军管理会》
                                                 │─ 国际会议的编纂活动：第一、二次海牙和平会议
                                                 │                       ┌─ 国际联盟
                                                 └─ 国际组织的编纂 ───────┤            ┌─ 国际法委员会
                                                                          └─ 联合国 ───┤
                                                                                       └─ 其他机构
```

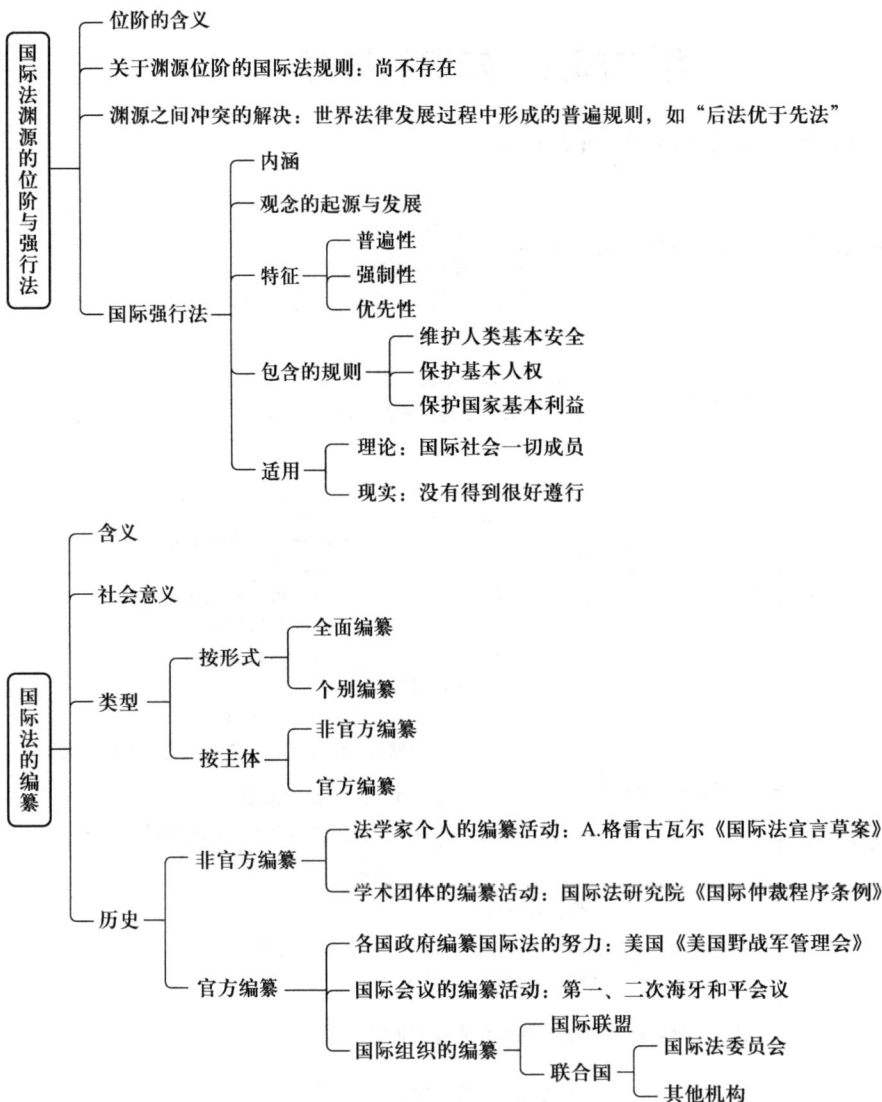

第三部分 重点难点解析

国际法中的软法

（一）关于国际软法地位的困惑

千变万化的社会实践、丰富多彩的社会生活总会使旧的论断被重视、新的问题出现。一些原有的矛盾会在发展中缓解甚至消失，一些新的领域和现象则要求人们予以关注、提出认知的态度和解决的方案。国内事务如此，国际事务亦然。2017 年初，美国新当选总统特朗普刚刚赴任，就对于美国曾经大力主导的《跨太平洋伙伴关系协定》（TPP）提出了否定意见，并明确态度：美国不会加入这一体系。如果进一步回顾此前英国退出欧盟的全民公决，再考虑 2008 年以后席卷全球

的金融危机所导致的国际经济增长乏力、国际社会组织化面临的危机,我们就不难判断:世界进入了一个新的逆全球化的潮流之中。在这种逆全球化的状态下,国际组织的生成和发展、多边国际条约的签署和批准都会受到较大的阻力。2004年联合国主持制定、2005年开放签署的《联合国国家及其财产管辖豁免公约》,以及2008年通过、2009年开放签署的《联合国全程或者部分海上国际货物运输合同公约》(《鹿特丹规则》),所遇到的状况就是典型的例证。《联合国国家及其财产管辖豁免公约》以30个国家批准或加入为生效条件,至2017年3月,有21个国家批准或加入;而《鹿特丹规则》要求20个国家批准或加入才生效,至2017年3月,仅有3个国家(刚果、西班牙、多哥)批准。在这种全球化速度放缓甚至直接倒退的状态下,国际法将如何存续和发展是一个非常值得关注的问题。此时,值得关注的是这样一种趋势:在具有全球约束力的多边条约受到很大阻力的时候,以软法为代表的国际法新形式却有可能获得生命力,并进而对全球治理起到重要的作用。软法就是20世纪中叶以来在社会发展的进程中,突破原有的规范体系而在国际关系与国际法领域产生的新事物。正如中国学者罗豪才教授所揭示的,"软法"这一术语最早出现在国际法领域。以1948年《世界人权宣言》为代表,过去的70年来,国际社会中那些不具有公众认可的法律约束力的组织与会议文件在国际社会起着越来越重要的作用。当前,在国际法体系与进程中,软法广泛地存在并发挥着积极的作用。其中,已经引起深入关注的领域包括国际经济格局塑造中的软法,这里既有传统的发展中国家斗争和努力采用的联大决议问题,也有新世纪跨政府组织的崛起而形成的规则。同样引起关注的还包括环境领域的软法、国际金融领域的软法以及与环境和金融相联系的碳交易或者以环境评价为基础的金融贷款规范。同样具有重要地位的还有食品安全领域的软法、人权领域的软法、劳工领域的软法、社会保障领域的软法、外空软法、国际商事交往领域的软法、国际体育领域的软法和欧盟软法等。国际软法的发展不仅激起了人们对其效力与功能方面问题深入探讨的兴趣,也促使人们从国际关系的角度思考问题。西方学者对于国际软法的讨论已经比较深入,而中国的相关研究则仍处于较为初步的状态:对于国内软法的讨论较为热烈,对于国际软法的研讨则相对粗疏。法律实证主义、现实主义、批判法学、全球行政法等理论流派对于国际软法的范围、作用和法律属性依然存在着诸多争论和问题,其中最具有理论挑战性的一个就是:如何理解软法在国际法渊源体系中的地位?进而言之,就是:软法是否具有法律的地位?那些号召性、倡导性的宣言,即使具有一定的法律效果,能否在条约、习惯、一般法律原则之外构成一种独立的或者特别的(sui generis)国际法渊源?这些问题要求对国际软法的内涵与地位问题进一步研讨,以扫清国际软法的基本理论障碍,更为有效地认识国际法治的结构与进程。

(二) 国际关系中软法的存在形式

"软法"不是一个独立和自足的概念,必须与"硬法"这一概念相对应才能界定。那些具有约束力的规则被称为"硬法",反之,不具有约束力的规则就被称为"软法"。"软法是全部或者部分在设计上不具有约束力的国际立法。"软法涵盖的范围很广,凡不属于生效的公约、条约、议定书范畴的书面文件,无论其名称为何,均可被归入软法中,它涵盖但并不限于联合国大会的决议、实践准则、联合声明和宣言等。对于软法的范围,学界有着不同的理解。概括论之,国际法律秩序中的软法可能表现为以下几种形式:

1. 两个以上国家作出的政治宣言

有些时候,国家之间可能通过会谈或者会议的过程,形成一些宣言类的文件,这些文件仅表达对一项或一些国际事务的政治立场或者看法,它们显然不属于条约,而仅具有表达意愿和宣示的意义。如果此种宣言涉及国家的行为方式或者权利义务,则可能具有软法的地位。例如,西方国家最常提到的欧洲安全与合作会议赫尔辛基会议《最后文件》(Helsinki Final Act,或称 Helsinki Accords),就是这样一份软法,很多参加国都依据这一文件主张其他国家的行为模式违背了许诺。此外,2000 年 7 月 18 日中俄两国元首签署的《中华人民共和国和俄罗斯联邦北京宣言》,2001 年 6 月 15 日哈萨克斯坦共和国、中华人民共和国、吉尔吉斯共和国、俄罗斯联邦、塔吉克斯坦共和国和乌兹别克斯坦共和国签署的《"上海合作组织"成立宣言》;2011 年 4 月 14 日金砖国家领导人第三次会晤发表的《三亚宣言》;2000 年 6 月朝韩双方签署的"6·15"共同宣言、2007 年 10 月朝韩首脑会晤签署的"10·4"宣言都属此类。这些规范尽管并未规定明确的义务,但却为未来国际关系发展确立了时间表和路线图。

需要注意的是,那些会明确地订立彼此的权利义务的国际会谈或者会议宣言,属于条约的范畴。而且,即使是条约的"软条款"也不应认为属于软法。有的学者认为,就国际规范而言,无论其表面约束力如何,只要在内容上模糊不清、没有给相关的行为体设定明确的权利义务,就属于软法。显然,并非所有的国际条约中的内容均可实施,有些条文仅仅是宣示性的,仅仅表达国际社会的意愿和价值指向。根据这样的论断,国际条约中的某些条文如果不具有明确的权利义务指向,例如,1945 年《联合国宪章》的引言、1978 年《关于国家在条约方面的继承的维也纳公约》的序言、1930 年《关于国际法冲突的若干问题的公约》的序言、1952 年《妇女政治权利公约》的序言、1966 年《公民权利和政治权利国际公约》和《经济、社会及文化权利国际公约》的序言、1961 年《维也纳外交关系公约》序言、1963 年《维也纳领事关系公约》序言、1969 年《联合国特别使团公约》序言、1969 年《维也纳条约法公约》序言,某些框架公约(如《联合国气候变化框架公约》),某些倡导国家采取措施逐渐达到目标的条款(如 1972 年《保护世界文化和自然遗产公约》、《经济、社会及文化权利国际公约》第 2 条),也会被列入软法的范畴之内。1963 年 8 月 5 日苏联、美国和英国三国签署的《禁止在大气层、外层空间和水下进行核武器试验条约》第 4 条第 2 款规定,"各缔约国如断定与本条约内容有关的非常事件危及本国的最高利益,有权退出条约,以行使其国家主权。它应在三个月之前将退约一事通知所有的缔约国"。这些条文都表达了国际社会在一些事项上的关切和认识,却不具有约束力,所以被认为是脆弱的软法。在这些学者看来,软法可能成为有约束力条约的一部分,只是成员国不期望此种条文具有约束力。反对者则表示,由于时代发展,原有的比较清晰的规范也会变得模糊;原有比较模糊的规范则可能因为实践的摸索或者人们认识一致而变得清晰,所以用此种标准确立软法并无合理性。条约的序言在解释条约的目的时具有不可或缺的意义。由此,此类学者认为,只有在性质上不具有约束力的国际文件(non-binding international instruments)才属于软法规范;也就是国家或者国际组织同意作出的并不具有法律约束效力的陈述、文件、宣言和行动准则。笔者认为,追求条文的完全清楚明确基本是不可能的,如果以模糊性为标准来区分软法,则软法的范围更加广阔、边界更难区分,所以,有约束力的条约中相对模糊的条款应视为有待于在具体争议中澄清的硬法。

2. 政府间国际组织作出的建议和决议

在讨论政府间国际组织的建议和决议之时,首先必须明确的是,有些国际组织决议是直接具有法律约束力的,明显就是"硬法"。例如,根据《联合国宪章》第 24、25 条和第七章的规定,联合国安理会在和平与安全领域针对侵略、武力使用方面的问题作出的决议,就是具有约束力的。苏联国际法学家童金主编的《国际法》认为,那些关乎国际组织程序的规则和要求缴纳会费的决议,具有约束力,但不构成普遍国际法的渊源,而仅仅是国际组织法的渊源。如果不过多地对国际法的"普遍性渊源"做出期待的话,那么只要是对于相关行为体(如成员国、组织机关和机构)具有约束力的规范就属于国际法的渊源,而无论其约束成员的多寡。而欧洲联盟的组织机构本身就具有立法权,因而理事会、委员会等机构可以针对其成员国直接作出具有约束力的条例(regulation)等立法文件,而且此种立法是具有直接适用和优先适用地位的;国际货币基金组织可以针对汇率的问题作出具有约束力的决议;世界卫生组织的大会可以通过有关卫生、建议、疾病名词等的规章;国际民航组织的理事会也可以就航空和航行人员的资格认证作出有约束力的决议。需要明确的是,并非所有的国际组织决议都属于软法。

在上述决议之外,绝大多数国际组织所制定的法律文件是不具有约束力的。如189个国家在2000年9月联合国首脑会议上签署《联合国千年宣言》所确立的联合国千年发展目标(Millennium Development Goals, MDGs),虽然是国际社会正式作出的、旨在将全球贫困水平在2015年之前降低一半(以1990年的水平为标准)的行动计划承诺,它们也仅仅是国际组织提出的一些建议、倡议,其名称及表现形式多种多样,均有宣示性和倡导性,但没有要求国家必须采取某种行动的约束力。在不具有约束力,却具有说服力、影响力的国际文件中,联合国大会的决议占据很大部分。根据《联合国宪章》,联大除了针对审议预算、分配会费问题(第17条)、接纳会员国、停止会员国的权利和特权、将会员国除名(第4—6条)问题可以作出有约束力的决议外,对于绝大多数问题只能提出建议(第10—14条)。但这显然仅仅是当初的意愿。由于联大代表了国际民主的发展方向,而安理会限于理事国的数量和否决权,民主程度远远低于联大,处理问题事项的范围非常有限,所以联大在很多问题上发挥了积极的作用。不过,并非所有的联大决议都能构成软法,因为很多决议仅仅是政治妥协,出现之初就无意建立任何具有约束力的规范;有些决议,如建议研究癌症的原因,与国际法无明显关系。其他国际组织的决议亦应作如是观。

值得说明的是,虽然已经确定的习惯国际法规范的约束力是很清楚的,但尚未获得清晰和明确的形式的习惯与软法之间的边界却并不清晰。正如马尔科姆·肖所指出的,国际文件的题目并不重要,重要的是国家在相关文件中所体现的意图。因而,只有那些根据组织规程不具有约束力的国际组织决议、建议才属于软法的范围,而不论其名称如何。

3. 以技术规程、示范法等方式出现的行为准则

在很多时候,有些政府间国际组织和非政府组织可能会确立一系列的示范法、技术规程等行为准则(code of conduct),以树立较好的行为典范和关系模式,对于相关的行为体提出期待和意愿,推荐国际关系的行为体遵守。此种方式主要体现在针对跨国公司、针对国家的人权、环境等行动的领域,例如,经济合作与发展组织(简称经合组织,OECD)1976年制订的《经济合作与发展组织跨国企业准则》是试图确立全球性跨国公司行为规范的重要努力,该准则2001年由经合组织修订。1984年联合国也公布了《跨国公司行动守则草案》。在反腐败方面,联合国预防犯罪和刑事司法处1990年8月编写、并由当年在古巴召开的第八届联合国预防犯罪和罪犯待遇大会审查通过的《反腐败的实际措施》手册,就要求各国政府完善政府机制,加强廉政建设。并提出了公职人员全面公布个人财产、定期提供简要报告;设立专门的反贪污腐败机构

并提高其专业化程度;考虑反腐败责任管辖权的专属问题,政府部门确立专责分工、鼓励对贪污舞弊行为的举报,保证信息通畅;要保证公职人员的工资收入能够维持家庭的生活等建议和意见。这些行为准则也是不具有强制约束力的,而仅仅是一种导向性的文件。从1975年的《对国外银行机构监督的原则》,1997年的《银行业有效监管核心原则》,2004年的《巴塞尔协议Ⅱ》,到2010年的《巴塞尔协议Ⅲ》,巴塞尔协议确立了金融监管的核心原则。此外,一些国际性金融监管组织,如国际证券委员会组织、保险业国际监管组织、设在国际清算银行的支付与清算体系委员会以及国际货币基金组织等,都采取了加强合作的行动来解决具体的跨国金融监管问题。虽然这些行为准则并没有确立清晰的法律义务,却显然有利于唤起各个国家和民众对于相关领域的重视,有利于促进各国的国内立法,也有利于对于相关行为体的正当性进行衡量。

有的学者将针对某些法律实践作出的专家报告(如国际法委员会针对国家责任所作出的特别报告员报告)和针对具体国际情势问题作出的专家报告(如针对某一国的人权状况作出的调查报告)也视为软法。这种观点值得进一步考量,因为前者可以归入一种新的"权威公法学家学说",而后者的立场中立性、专业性等方面还有待于进一步讨论。

综上分析,凡是在目的和性质上能够看出没有实施意愿、没有实施资格、没有实施可能的国际规范性文件均属软法。(1)没有实施意愿,是指在文件中能够推断出仅仅是作为建议、倡导而存在的规范,而无意于对国家赋予权利、确立义务或者形成责任。如联合国1948年的《世界人权宣言》、1970年的《国际法原则宣言》。(2)没有实施的资格,是指无论其措辞如何,从文件的制定者的身份上就可以推断出,该组织机构并无确立具有实施力的国际法规范的职权。联合国大会对于很多事项作出的决议、联合国人权机构作出的人权条约一般性建议、一般性评论均属此类。(3)没有实施可能,是指从规范的内容和可以作为支撑体系的国际法运行结构上,该文件无法作为配置资源、确立权利义务以及责任的基础。(4)规范性文件,国际文件必须是规范性的,也就是以确立行为模式、权利义务为表现形式,纯粹的报告不能作为软法。迪纳·谢尔顿(Dinah Shelton)将软法分为"初级软法"和"次级软法"。初级软法是包括未能被条约的方式通过的规范性文本,以国际社会的整体或者采纳该文本的国际组织机构的全体成员为对象,此种文件可以宣布新的规范,经常意图作为以后条约的前身或者可以重申或进一步引申以往在具有或不具有约束力的文本中确立的规范。次级软法则是监督机构的建议和一般评论,法院和委员会的司法或者准司法实践,特别报告员的决定,以及其他特别机构和国际组织的政治机构实施初级规范的决议。此种次级软法的大多数由条约所衍生的机构作出,其存在和权限来自于条约,适用该条约包含的规范。谢尔顿的这种区分模式对于理解和应用软法规则具有很大的启示作用。可以推理,国际软法即使没有非常明晰的位阶,彼此之间的差异也应当是可以分辨的:有些更为正式、更有影响;有些则相对初级,更为局限。

(三) 问题的分析:软法在国际法治中的存在根源

软法在过去的半个多世纪大量出现,显示了国际法的不断演进,是国际法进程的重要方面。不仅国家,而且非国家行为体也通过创制软法而加入国际立法的进程之中。19世纪中叶之前,国际法以习惯为主要渊源,19世纪中叶以后,条约的分量越来越大。20世纪中叶以后,人们发现国际法发展的一个矛盾:传统国际法的形成进程远远不能满足日益加速的国际社会生活步伐和日益增长的国际社会生活领域的要求。习惯的形成需要相当长的时间和相当多的实践作为基础,而条约、特别是多边条约,则可能旷日持久,而且很有可能中途失败,不见结果。这种矛盾产生了两个现象:一个被称为"速成习惯国际法",另一个则是"软法"。

1. 国际立法的高成本和低效率是软法勃兴的生态环境

国际关系处于非中央化状态,没有世界政府,也就不存在超国家的立法、执法、司法体系。而国家之间的关注领域、利益取向、发展能力存在着巨大区别,彼此协商很难有效达成一致。此时,形成新的具有约束力的国际法律文件(条约或者公约)需要巨大的谈判成本,而且很可能劳而无功。即使在非常紧迫的事务领域举行的国际会议、国际谈判都面临巨大困难,不易形成具有约束力的法律,诸多结果文件仅仅是原则、模糊的表述,无法形成约束力。例如,国际社会现在虽然已经共同认识到恐怖主义是一个严重的问题,但是,因为国家之间在恐怖主义的界定和范围上很难达成一致,仅仅在空中劫持、人质、资金方面形成了一些公约,而未能形成普遍的反恐公约。同样,尽管国际社会都认为侵略是一个需要禁止和全面反对的国际罪行,但国际社会仅仅通过了没有约束力的第 3341 号联大决议,在《国际刑事法院规约》的框架下确立侵略罪的概念受到了很多大国、特别是安理会常任理事国的抵制。

与此同时,国际社会确立具有约束力的条约还受制于缔约国的因素。因为条约类似于国内法上的合同,对于非缔约方是不具有约束力的。对于参加条约谈判的国家而言,如果一项条约不能够充分表达本国的意愿或者违背本国的利益,不签署、不批准往往是一个常见的选择。①所以,很多多边条约面临着签署和批准数量不足、因而长期难以生效的问题。此种情况在很大程度上限制了在全球范围内形成具有约束力的文件的可能性。

比起正式国际立法行动的缓慢步调,人类面临的科技、环境等领域的风险却纷至沓来,要求国际社会积极应对。国际社会的行为体转而采取更为可行的方式寻求解决方案。因而,当前国际规范的确立并非总是订立条约,很多时候是订立软法,通过非约束性的机制来达到各个政府的目标。例如,在外空领域,国际社会难于形成共同一致的条约,所以首先形成一系列外空软法来凝聚共识,并且在很大程度上解决了问题。即使没有形成条约,也决不意味着这些国际文件是没有意义的。在人权领域,《世界人权宣言》被视为"国际人权法案"的基石之一;很多领域的人权都是从"宣言"类的软法文件起步的。

2. 国际治理的多样化和组织化是软法发展的内生动力

没有国际组织、非政府组织等非国家行为体,就不会有这么多软法规则的出现。这些新的行为体的兴起催生了多样化的、富有想象力的国际法立法和执法的新方式。国际组织成为新的立法形式的舞台。在政府不愿意就条约达成协议的时候,国际组织准备了准法律文本,意图并且实际上也影响着国家的行为。在这里,值得注意的是,在很多时候,国际组织确立的这些文件并不是为了约束国家或者其他行为体,而是为了影响这些行为体的行为方式和考虑因素。安顿和谢尔顿认为,现在的国际实践高度依赖于国际组织的各种实践,它们可以推动新的法律规则的发展,特别是通过采纳不具有约束力的文本,成员国由此表达对于产生新规范的赞许。不具约束力的规则特别在一般国际法和国际环境法领域对于国际法的形成具有重要的作用。这种不具约束力的规范文本也就是国际社会越来越关注的软法。类似地,非政府组织对于软

---

① 　例如,美国就没有批准《联合国海洋法公约》《经济、社会及文化权利国际公约》《儿童权利公约》等国际法文件。

法的产生也发挥了积极的推动作用。

现代国际实践在很大程度上依赖于国际组织的多样化行为,它们通过形成不具有约束力的文本对国际法新规范的发展作出贡献,成员国对这些文本所包含的新规范表达支持和肯定。这些属于软法的文本,无论被称为行为准则、建议、指南、决议,还是原则宣言,都是经过成员国认真谈判商讨而取得的成果,代表了其所支持的行为模式和权利义务配置方式。

国际组织、区域机构、跨国公司、非政府组织的立法活动和设立标准的活动产生了很多软法。在人权领域,国际组织通过了大量的软法,发展起国际法的新形式。在金融领域,软法也存在着诸多优点,为很多金融机构所乐于遵守。

(四)问题的深化:软法在国际法治体系中的作用

如果不是囿于传统的实证主义追求纯粹法学观念,而是以事实和经验作为分析的基础,就不难看出,软法是国家、国际组织、个人在日常的交往中必须参考的。当国家之间不愿意签订有约束力的条约或者签订条约的程序成本过大时,国际社会就很可能通过各种软法的形式表达其愿意接受的理念,作为指导方针及意欲达到的目标,或者在其能力可及时逐渐接受的规范。基于一份法律文件没有法律约束力即认为其没有价值、对国家行为没有影响,这显然是不符合国际社会的实际情况的。虽然有些国家仅仅因为这些文件的非约束性而反对他们,但很多国家持完全相反的观点。如果考察发达国家和发展中国家在那些关于国际经济新秩序的国际软法上的态度,就不难理解这一点。从这个意义上看,软法的作用是非常重要的。它对于国际社会行为体的未来行为形成了期待。英国国际法学者阿兰·波义尔提出,由于一些条约的规范不够清晰,产生了"硬法不硬"的问题,与此相应,很多非约束性文件记载了国家之间在彼此关系上的政策目标,对于国家行为具有指导意义。赖斯曼教授也指出,由于所谓的"硬法"很可能被认为是无效的,反过来,所谓的"软法"也很有可能体现出法律规范所具有的所有特点。援引这些术语就像试图寻求其基本区分一样模糊。

1. 软法对既有国际法渊源的塑造作用

作为一个系统和进程,国际法显然在很大程度上、很多领域和方面受益于软法。王铁崖先生主编的《国际法》认为,联合国大会的决议具有作为国际法补助资料的地位。在实践中,联大决议一方面可以作为一般法律原则的基础,另一方面可以作为国际习惯中法律确信的证据,或者针对某些具体规则提供权威的解释。从软法推进国际法的作用上看,至少可以根据学者的总结理出以下几个方面:

第一,软法对于成文国际法的引领作用。软法推动着国际立法的发展,这些不具有约束力的国际组织决议、示范法、行为准则等文件有可能成为硬法的前奏,转化为条约。软法作为具有约束力国际规范的基础或起点,能够辅助国际决策者确立国际法的实质规范,成为日后拟订和谈判条约的基础。国际会议的结论,即使没有形成所有国家一致同意的多边条约,记录的成果也会显示出该领域国际立法的状态。例如,国际法上的风险预防原则(precautionary principle)在未被广泛地接受为国际习惯的情况下,就影响了国际法院的判决,促进相关国际条约的形成,并被很多国家的国内立法所接受。软法还可能被纳入有约束力的条约中的成员国不期望具有约束力的条文之中,特别在条约序言中阐述,如《马拉喀什建立世界贸易组织协定》序言就表达了可持续发展、发展权等源于软法的理念。

第二,软法对于成文国际法的补充作用。软法可能成为国家进行的实践的一部分,从而可能构成现有已生效条约等成文国际法的解释依据,有助于解释国际法的目标和方向,填补既有条约生效后的空白,阐明某项国际法原则的具体含义和内容。在多边国际条约文件没有获得足够数量的国家批准之时,因为其表达了对既有原则的编纂,也依然具有广泛影响。有些联大决议则被认为是对于《联合国宪章》原则的权威解释与适用。一些条约机制可能采用非经表决的软法模式进行修订,并进而给条约的当事国确立义务。例如,《联合国海洋法公约》就采用了没有正式反对即为通过的方式解决其相关部分的实施协议(*modus operandi*)。软法可能以其他方式辅助国际法的发展与实施。主张软法文件的规范效力可以确认国际社会在传统上所接受的那些渊源所具有的排他地位,同时体现出在这些规范中国家具有的重要意义;还能够揭示出这些传统渊源在为现代国际法确立变革与发展的机制方面的不足。

第三,软法对于不成文国际法的证明作用。从联合国大会决议的角度看,因为其表达了多数成员的接受态度,所以构成了国际条约所必需的"法律确信"(*opinio juris*)的证据。特别值得关注的是,1960 年 12 月 14 日联合国大会通过的《给予殖民地国家和人民独立宣言》(第 1514 号决议)、《各国探索和利用外层空间活动的法律原则宣言》(第 1962 号决议)、《联合国土著人民权利宣言》(第 61/295 号决议)等,都表达了各国的认同与支持态度。联合大会 1992 年 12 月 14 日通过的 47/68 号决议《关于在外层空间使用核动力源的原则》、外空委员会于 2009 年 5 月 19 日通过的《外层空间核动力源应用安全框架》(A/AC.105/934)就属于这样的例子。所有的这些文件,与其他相关证据结合使用,证明着相关领域、相关规范的存在。

第四,软法对于新的不成文国际法的发展与塑造作用。软法通过促进"国家实践"或者"法律确信"而创制新的习惯国际法。根据国际法院在尼加拉瓜诉美国关于军事行动和准军事行动案件中的立场,可以从国家在联大决议通过过程中的态度来推断国家对于习惯国际法的"法律确信"。正如国际法院在"核武器案"的咨询意见中表达的:

> 本院注意到,联合国大会的决议即使不具有约束力,有时也会具有规范性价值。在某些情况下,它们可以提供重要的证据,由此确认存在一项规则或者产生了某种法律确信。要确定某项联大决议是否确实如此,有必要考察其内容和通过决议时的条件,还需要就其规范特征考察是否存在法律确信。或者,一系列决议可以体现确立一项新的规则所需的法律确信逐渐进化的过程。

习惯国际法是由国家实践演变而来的,包括联大决议在内的软法文件宣示一项原则是国际法的时候,即使不能真的使这项规范成为法律,也证明了各个国家的基本立场。如果决议被全体一致或者包括世界主要大国在内的绝大多数国家赞成而通过,这种宣示国际法的行为就可能最终确立国际法。当然,国际法院在核武器案咨询意见中更加明确地表述道:"考察一项联大决议是否已经具备了法律认同的地位,既要看这一决议的内容与通过的条件,也要看其在规范特点方面是否存在着此种法律认同。"正是基于很多决议的通过都存在着很多不容忽视的反对和弃权,而且联大决议的立场也并不是持续的,所以法院认为并不存在禁止使用核武器的真正法律认同。

沙夫尔和波莱克很好地总结了不同理论对于软法与硬法关系的看法:法律实证主义论断软法与硬法是二元并立的存在,但他们更喜欢硬法,因为硬法具有正式的、有约束力的义务,而软法则不具有正式、有约束力的义务,却可以逐渐形成具有约束力的硬法。对于理性主义者而言,国家在不同的语境之下选择不同的规范形式,而软法与硬法由于存在差异,彼此之间具有相互依存性:软法可以建立在硬法的基础上,硬法也可以建立在软法的基础上。建构主义者则认为国家利益是通过国家之间互动的社会过程形成的,在这个进程中,软法和硬法均有助益。建构主义者更欣赏软法,因为它们萌生了共同的规范和共同目标及身份的感觉,又不致发生潜在的诉讼争议。

2. 软法对于国际治理精神的推动作用

从软法在当代国际关系中所起的效果以及对国家和其他行为体的行为产生影响上看,虽然当今的世界仍然是一个无政府的社会,但是国际软法在国际关系中却具有广泛的功能。国际法的形式化使其面临诸多问题,软法作为去形式化(deformalization)的方式,在 20 世纪后半叶的世界政治中,地位不断凸现。软法不具约束力,却具有不可忽视的法律效果。这些行动指针提供了行为的判断标准,在劝导国家和非国家行为体规制其行为上具有越来越明显的效果。

首先,软法规范主要存在和作用于国际关系中与国家的底线需求、核心利益及基本关切距离较远的"软领域"。因而,一般地说,在经济、环境、人权等低政治领域的软法对于国际关系行为体的塑造具有较大的作用,而在武力使用、国土安全等高政治领域,软法很难被接受。软法的功能取决于国际关系与世界政治的基本格局。这是因为,高政治领域国家的利益考量非常严格,即使有效的国际法规范也可能被拒斥;而在低政治领域,国家更愿意通过合作的方式获得更多的利益,或者通过遵从一些共同的观念来表达自身的社会化程度,从而增加自身的声誉和地位,减小参与国际交往合作的成本。在这些领域,国际软法代表了伦理、政治与技术之间不断互动的过程,用法律语言和推理技术使国际关系的行为体得以用彼此都能理解的形式确立权利义务、解决争端。因而软法和硬法一样,构成了国际关系的基础。例如,联合国大会所确认的纽伦堡审判原则,就提供了国际刑法进步的基石。如果采用哈贝马斯(Jürgen Habermas)的沟通理性理论,现在的国际会议更多寻求的是"共识"(consensus,或曰协商一致),而非同意(consent,一致同意为 unanimity)作为确立其义务的基础。而"包括国际软法在内的法律观念、法律意识等国际文化结构不仅外在地制约国家行为,而且内在地建构国家身份和国家利益"。这就可以解释为什么 20 世纪 60 至 70 年代关于建立国际经济新秩序的软法不仅受到了发达国家的强烈抵制,而且在冷战结束后迅速地被甚嚣尘上的新自由主义所掩盖,很难发挥预期的效力。大国不愿意接受这些对其利益有明显影响的规范的约束,所以极力主张其不具有约束力,而发展中小国面对势力不均衡的冷战后格局,根本没有力量与这些大国抗衡。

其次,软法规范主要呈现出对于国际社会成员的"软规制(soft regulation)",为其设定"软责任(soft responsibility)"。虽然国际软法是不具有约束力的国际法规范,并没有构成对国家或其他行为体的硬性控制,没有执行机构,没有确立调查等监督机制,没有成员国报告的要求,不具有可诉性,但是其内在理性符合了行为体稳定的社会秩序、正常跨国交往、生产交易安全,以及公共伦理的行为方式的需求,为国际社会的行为体设定"最佳实践"模式,从而,国际组织、国家乃至跨国公司都可能愿意遵守这些规则,将这些规则作为其行为正当性的基础。其中,人权软法主要约束国家和国家的代理人在国家之间的关系、特别是针对个人的、非互惠的单方承诺;环境软法则更多是针对可能造成污染的企业,而非国家自身;经济软法不仅试图确立国家行为方式的基本原则,而且力图构建具体的行为模式和指导方针。其中既包括国际商会订立国际投资法典的系列努力,促进和保护私人外国投资国际协会、世界政府议会集团建议的规则;也包括 UNCTAD 区域性的投资法典方案。这些行动指针提供了行为的判断标准,在劝导国家和非国家行为体规制其行为上具有越来越明显的效果。软法形成了软义务(soft obligation),政府机构和私人行为体很可能根据这些准法律技术要求和政策协议进行立法和设计管理措施。基于此种情况,有研究指出,软法虽然不具有约束力,没有构成国际法的法律系统的一部分,但也是影响国家行为的重要社会手段,对于塑造国际秩序、指引国际行为、理顺国际关系、坚持社会价值至关重要,是全球时代社会治理的重要手段。软法规则深刻影响着国家的行为,国家经常将非条约义务看成更为简单、更加灵活的未来关系的基础。法律的作用不仅包含着强制的部分,还包含劝告(persuasion)和引导(acculturation)的部分,软法在后两方面的作用更为明显,基于这些作用,有学者认为软法与硬法在国际治理中同样有效。

最后,国家或者其他行为体主张软法,这往往有助于提升其"软实力(soft power)"。由于规范本身所具有的实体道德性和程序合理性,在市场驱动力量的指引之下,会提升规范本身的影响,同时也提升倡导此种规范的国家、国际组织、非政府组织的社会声望、国际形象和制度文化力量。因而,国际软法作为社会治理、全球治理的一种方式,能够及时有效地回应国际法的发展,在国际关系中体现出越来越大的作用。国际社会采用软法的方式确立了一系列跨国公司的行为规范,如 OECD1976 年的《跨国公司指南》、ILO《有关多国公司和社会政策之原则的三方宣言》、1990 年《联合国跨国公司行为守则》,为指引跨国公司的良好行为作出了重要的努力。这些规范不仅在政府间的关系上具有约束作用,而且公司也倾向于自愿接受这些准则,从而提升公司的声誉和社会影响力。在欧盟的框架下,软法提供了理事会、委员会立法之外的治理途径,成为欧盟推动成员国自主改革,协调相关措施的开放手段。有研究认为,软法对于相应的机构而言,能够强化这些制度的管理和协调能力;而软法转化成为硬法之后,又会显著提高这些规则的执行力。这些显然都在为相关行为体的发展提供制度和文化方面的影响。

软法所属领域繁多,表现方式也非常复杂,所以对于其产生的具体法律效果很难一概而论。总体而言,虽然硬法有增加许诺的可信度、拓展规范所涉及的政治战略范围等明显优点,有利于解决国际关系契约化所带来的不确定性问题,但由于硬法限制行为体的行为甚至损害行为体的主权,交易成本巨大,所以在义务、明确性、代表性上弱化的软法就有可能有不可忽视的弥补作用。

(五) 软法在国际法渊源中的地位

国际法的渊源,即国际法律规范的具体表现形式,也就是试图证明或否证一项主张、立场、做法的时候所依据的文件、观点和实践。如果说,所有的法律疑问的讨论都是要追求一种合理性论证的话,那么国际法渊源的问题,实际上就是整个国际法理论与实践的基石性问题。探讨软法在国际法渊源中的地位,就是要分析,软法可否以及在何种程度上可以作为提出一种主张的法律依据。国际软法经常作为习惯的证据,也经常与条约相互补充、共同适用。进一步的问题是,那些号召性、倡导性的宣言,即使具有一定的法律效果,是否能够在条约、习惯、一般法律原则之外构成一种独立的或者特别的国际法渊源呢?

1. 关于"软法"术语适当性的争论

在软法是否具有国际法渊源地位这一问题上,有的人直接对"软法"这个概念提出异议。

认为法律就是硬法,就是具有约束力的。不可能既是软的,又是法律。所以他们认为软法这个词汇可能具有误导性,并反对在此种语境下采用"法"这个概念,至少不能用于那些类似《联合国宪章》前言的一般性的、宽泛的原则。扬·克拉贝尔(Jan Klabbers)认为,软法的概念没有实际的意义,让人误以为法律的约束形式分为不同阶次的。还有很多学者对于软法属于法律提出质疑。杜佩(Pierre-Marie Dupuy)认为,软法是一个有益的范畴,在一定意义上确实是有效的,但不适合放在正式渊源的学说之中。迪克森认为,当用"软法"这一术语来描述那些可能发展为国际法规范却还没有达到这一程度的价值、指导方针、观念和建议的时候,它并不是真正的法律,而仅仅是未来法(de lege ferenda)原则的另一种称呼,或者说,将来有可能具有约束力。只有后续跟进的条约、习惯或其他立法行为,方能使之成为法律。

需要指出的是,在法律的研究中,不仅要警惕过于乐观的浪漫主义,也要避免因循守旧的教条主义。所有的法律都有约束力,所有具备约束力的都是法律,这诚然是一个完美的逻辑论断,但却不符合社会实践。"实践是检验真理的唯一标准",在现实和理论之间存在矛盾的时候,理论必须基于现实进行修改,而不是否认现实,继续坚持本来就是作为现实映像的思维而产生的理论;当学理概念和原则不能解释现实生活的鲜活实践时,唯一理智的选择显然是理论调整、理论变革、理论创新,而绝不应当像唐代的李白讽刺的儒生一样,对社会现实视而不见,守在理论的象牙塔里孤芳自赏,而针对实践中出现的问题却难以给出有效的解决方案。无论是国内法,还是国际法,规范体系都不是一种"非黑即白"的状态,边界经常是模糊的,确实有很多规则是在灰色的中间状态的。从国内法的意义上看,能够配置权利义务的并不仅仅是严格意义上的法律,还包括在社会中具有实际指导意义的规则。正如纽黑文学派(New Haven School,或称"政策定向学说")所指出的,在社会中起作用的往往并不总是书面的、有约束力的法律,还有很多在社会上具有效力但没有被视为法律的行为准则。在很多国家,有些法律得到了严格的执行和遵守,有些法律经常被遗忘;有些不是法律的规范在社会中具有重要的指导意义,有些规范的要求则被"认认真真地走过场"。因此,国内规范与国际规范一样,不仅在约束力上分为不同的阶次,而且"法律"与"非法律"的界限远不是明晰清楚的,存在着巨大的"灰色地带"。因而,国际法规范的约束力所处的复杂境况是必须面对和接受的事实,还需要给出解释、提出进一步的发展方向与道路。

2. 软法归属于国际法的可能性

关于软法是否属于法律的问题,必须看到,很多学者从严格的定义上论证,认定软法不是法律。马尔科姆·肖在其《国际法》中明确提出,软法并不是法律,即使在环境和经济领域,在发展和确立准则方面很重要、很有影响,但无论如何,它们在性质上不是法律规范。贾兵兵也提出,"'软法'并不是法,也不是指通常意义上创造法律的一种途径……'软法'并不是一个恰当的表述方式。一个规则要么是法律,要么不是法律。'软法'这种似是而非的表述方式没有准确地反映出国际法具有法律拘束力的性质"。这种论断的基础是:(1)以《国际法院规约》确立的列表为基础,软法不在列表之中;(2)如果认为法律是具有约束力的规范,软法不具有此种约束力。笔者认为,对于上述的论断,需要在基础上进行反思:

第一,中外学者在分析国际法渊源之时,每以《国际法院规约》第38条为起点,并认可其代表性和权威性。这确实是研讨国际法渊源问题的起点,但仍不能认为其涵盖了国际法的所有表现形式。诚然,它确立了条约、习惯、一般法律原则作为国际法渊源的地位,并将司法判决和权威公法学家学说作为辅助渊源,这些至今没有改变;然而国际法的渊源却不能停留在这一文本阶段。其原因包括：与不断发展的国内法一样，国际法作为一种相对初级的法律规范体系，不仅在内容上经常变化，而且在形式上也不断拓展。《国际法院规约》作为一份 1945 年通过的文件，当然不能期望它跟得上不断进步的时代发展潮流。例如，国际组织具有约束力的决议（如安理会决议、欧盟立法）不属于任何一种既有渊源，但其法律效力得到了广泛认可。如果考虑到《国际法院规约》几乎原封不动地继承了 1919 年的《常设国际法院规约》，至今已近百年，国际法在这百年间取得了重大的进步，这种时代差异就会更加明显。如果把这一规约的规定看成是关于国际法的唯一有效表述，显然是不合适的。事实上，在国际法院的内部，已经形成了一种判例法的传统，而且这些判例在国际法院的外部也受到了广泛的关注和高度的认同。虽然这种传统并不符合《国际法院规约》第 51 条所确立的规则，但是时代的实践发展超越了纸面的规则。这充分证明了英国学者罗萨琳·希金斯对于国际法性质的认定：国际法是一套体系和进程，而不是一个规则集合。也正是在国际法院这种实践的基础上，1998 年通过的《国际刑事法院规约》超越了《国际法院规约》，规定了判例的渊源地位。换言之，《国际法院规约》并不是一个关于国际法渊源的封闭列表。因而，分析软法是否属于法律的问题，无须囿于《国际法院规约》的列举。

　　第二，如果现有的、被认为属于国际法的规范都是有约束力的，而软法只有劝导的意义，则软法显然不是法。那么是否可以确立所有被认可的国家法规范都有约束力这样的论断呢？无论是从历史上看，还是从现实来看，这一点都非常难。在相当长的时间之内，由于没有执法机构，国际法规范都建立在舆论的基础上，就一国而言，能否依靠国际法维护权利、落实义务，主要看这一国的力量和相对国的利益需求。中国曾经被迫签署却不愿履行的《南京条约》就是一个突出的例子；而《马关条约》之后"三国干涉还辽"也说明条约的效力在很大程度上取决于相关国家的力量和利益，中日之间的《民四条约》也是在中国人民的强烈反对下在"二十一条"的基础上反复磋商而形成的。这些例子充分说明，人类长期所处的环境是在无政府前提下国际关系的自助系统。正是由于这种弱点，19 世纪的法学家奥斯丁认为国际法仅仅是实证道德；20 世纪上半叶的法学家凯尔森也只能从自助的角度非常勉强地证明国际法的强制性。就现在而言，国际法也并没有普遍地形成有效的约束机制。不仅很多国际条约和习惯在实践中被忽视或者背弃，而且被一些学者称为"国际社会宪法"的《联合国宪章》也被违背。有些学者认为，国内法也经常被违背，所以并不能说国际法被违背就说明了国际法没有约束力。此种观点当然有道理，但问题在于，违背国内法经常会引致法律责任，而明目张胆地违背国际法却未被追究责任的现象则为数众多。20 世纪，虽然国际法取得了进步，国际司法制度建立起来并日益成熟，但是国际司法制度仍然处于边缘，这也是不争的事实。从国家之间诉讼的层面看，国际法院的诉讼管辖权仍然建立在国家同意的前提之下，没有国家的事先概括或者特别同意，国际法院无权管辖相关的争议。而国际仲裁方面的国家主导性就更加明显。国际海洋法庭的情况也并不好。就对国家所从事的国际犯罪追究个人刑事责任而言，迄今为止的国际刑事司法机制面临的最大诟病还是如何确保其公正性的问题。无论是第一次世界大战结束之后的莱比锡审判，还是第二次世界大战之后的纽伦堡审判、东京审判，都难以逃离战胜者对战败者的审判（victor's justice）、强者对弱者的审判的质疑；即使是基于联合国安理会决议成立的南斯拉夫特别刑事法庭，也还是存在着这方面的问题。2002 年成立的国际刑事法院试图在这一方面有所超越，但问题在于，世界主要国家对于《建立国际刑事法院罗马规约》的不赞同态度，使得原初试图建立一个全球性的、公允追究国际刑事责任的司法机构的意图基本落空。因而，综合看来,这些事实都表明了国际刑事司法的初级性,主权国家出于民族主义或者类似的考虑架空了相关国际法的落实机制。在私人与国家之间的诉讼问题上,《解决国家和他国国民之间投资争议的公约》及依此设立的国际投资争端解决中心(简称 ICSID)确立了一个很好的典范,使得作为投资者的个人有机会与国家共同进行查清事实、确认法律、总结观点的争端解决工作,较为平等地解决纠纷。但是此种活动迄今为止仅限于投资领域,而且 ICSID 自身也由于在一些案件中过于倾向投资者而受到一些国家的抵制。在绝大多数其他领域,个人要求国家负责的途径都非常有限,国际法庭在多数情况下付诸阙如,在行为国本国很难获得支持,在受害者所在的国家则很容易碰到国家豁免的问题。当前的国际法体系仍然对国家的主权行为赋予豁免,任何国家都不得以国内司法程序管辖国家的主权行为和执行外国的国家财产。这也就意味着凡国家采取的行为,如果国家不愿意主动承担责任的话,其他行为体便不能要求、更不能强制其承担责任。综合分析,国家承担其国际法律责任的基础仍然主要是外来的安全威胁压力(而非单纯的制度压力)、基于利益的计算及自身的意愿,国际法尚未形成广泛的制度认同和规范信仰。国家责任制度的初级性和国家责任追究机制的欠缺使得国际法义务的落实严重缺失。从而也就可以顺利地推出,当前的国际法并非都如一些善良的人们乐观地设想的那样具有较强、较普遍的约束力。相比较而言,国际软法文件除了在形式上不具有约束力之外,在实际的效果上与"硬法"并没有实质的区别。国家等行为体遵循着这些规则,将相应的规则转化为国内立法,并在国际争端出现时援引这些规则,一些国际法庭也适用这些规则来说明国际法的规则。

如果前面的两项理由可以确立的话,国际法中"法"的概念必须超越原有的理解,无论这种理解是基于国内法的模型所作的类推,还是基于法律的理想定义所作的演绎,抑或是基于规范所作的归类,"软法不是法"这样一个很多学者认可的推断都是存在问题的,或者说必须超越对法律、国际法原有的僵化的概念与类型的理解,提出更广泛、更符合国际关系现实的认识。

3. 超越国际法渊源认知的二分法格局

根据传统的法理学,一种规则究竟在国际法渊源体系中具有什么样的地位,我们只需回答"是"或"不是",其假设则是国际法的渊源有着清晰的边界范围和标准尺度,一加衡量,即可作出判断。不过,这种非黑即白的二分法思维方式仅仅是一种纯逻辑的设想,如果与现实相结合,就不难发现,国际法渊源并不是边界分明、非此即彼的二分法格局。如果将国内法的渊源与国际法的渊源进行比较,就能分辨二者明显的差异:

领域	问题	第一步追问	对第一步追问的回答	第二步追问	对该问题的探寻与定性
国内法	行为、状态的合法性	行为或状态的依据是什么?	约定或习惯	此项约定、习惯是否合法有效?	首先根据国内法认定约定、习惯的有效性;
			国内法规则		意思自治受制于强行法(公共秩序)
国际法			约定或习惯	国际法原则、规范由什么证明?	约定、习惯本身系国际法,一般认定为有效;
			国际法原则、规范		理论上存在约束约定效力的强行法,但未形成普遍实践;
					对于原则的证成,需借助于较为宽泛的文件来源

据上表所示,国际法注重当事国约定的义务,以及约定外权利义务的依据,并且经常对行为的正当性寻求实证法层面的解释,而不再追问当事国约定背后的因素,所以很多时候不平等条约也被履行。被称为强行法的规范本身含义并不明确,应用率也很低;而国内法的这一层面并不是司法程序的重点,而是考虑国家的法律是否赋予了当事人意思自治的权利。没有这种权利的时候,国家确立的规则直接判定当事人的行为模式。故而,国内法的主要存在空间与功能即是判定允诺的存在,允诺与行为的合法性,习惯的可执行性。所以国内法大多表现为正式的规则,内容很明确。与此相对,国际法大多表现为国家的同意,范围广阔,内容却并不一定清晰。

因此,有必要动态地理解国际法的存在和发展,而不是静态地分析哪些是法律,哪些不是法律;有必要更进一步地理解国际法律事务的"不确定性"(*non liquet*),而不是认为国际法上的所有问题都已经有了明确的答案。在国际法的体系与进程中,起作用的不仅是那些可以直接用做判案依据的适用性规则,还有一些可以证成规范和原则正当性的指导性规则。就很多国际法的渊源而言,要查明的是主张、行为的依据,即说法和做法的正当性。在此项查明的过程中,可以作为论证基础的依据就会很宽泛,既包括正式的约定,可以认定的习惯;也包括公认的原则、学者的学说,当然也就不能排除软法文件。在国际社会法律不能形成体系的情况下,尤其需要多方资源证明或驳斥一个观点、一种立场、一类行为。即使是国际法院自身,也经常会超越《国际法院规约》,反复去引证先前的判词,形成事实上的判例法。在这个时候,渊源经常表现出由强到弱的"阶梯性",有些是很强的、直接的根据(形式渊源),有些是较弱的、具有辅助性的根据(辅助渊源),它们共同为法律论证服务。

认识软法在国际法中的地位,有必要超越二分法的国际法渊源观,认识到国际软法恰恰属于国际法规范的"灰色地带"。例如,关于"保护的责任",迄今未能形成"硬法",但是很多国家、国际组织和学者都试图以此说明和判定 2011 年针对利比亚进行的武力打击的合法性。类似地,尽管在国际法院关于核武器使用合法性一案的咨询意见中,没有提及软法文件,但在很多法官的个别意见和反对意见中,都多处援引了软法。而在国际法院近期处理的一些案件中,软法已经直接进入判决和咨询意见。

另外,如果我们细读《国际法院规约》第 38 条,就很容易在逻辑上做出这样的推论:如果权威公法学家的学说都可以被作为确认规则的参考(第 1 款 d 项),那么国际软法这种经过国际组织认真研讨、国际会议反复推敲、国际专家长期锤炼的规则,应当拥有更高的地位。也就是说,无论从软法立场的代表性、形成过程的严肃性来探讨,还是从其内容的缜密性来分析,其价值都不应低于公法学家的学说。所以,在渊源资格上,至少应当将软法置于国际法的"补助资料"之列。也就是说,它有资格成为一种辅助渊源。其未能被载入《国际法院规约》的唯一理由,就是从时代的角度看,软法产生于第二次世界大战以后的国际关系实践,而《国际法院规约》反映的则是第二次世界大战以前的国际法事实。

4. 软法在国际法渊源体系中的独立性

软法是否具有独立的国际法渊源的地位,既与上述问题有联系,也有区别。其联系之处在于,如果软法不属于法律,自然无需讨论其是否属于独立渊源的问题;其区别在于,即使软法属于法律,它也可能从属于某一种既有的渊源,而不具有独立性。

认定软法在国际法规范体系中的位置,不仅要注重逻辑,更要注重经验。从逻辑上说,要讨论软法可否像条约、习惯、一般法律原则一样构成独立的国际法渊源,首先要讨论传统认可的国际法渊源的列举是否逻辑周延。如果以往的列举已穷尽了国际法表现形式的所有方面,则软法必须归入原有的渊源框架之中,而没有成为国际法新的渊源的机会;反之,如果原有列举并非穷尽,而软法又不在原有列表之中,则软法可以成为一种独立的渊源。

如果试图对于法律的表现形式做出一种周延的分类,则可以根据表现形式将其划分为成文规范和不成文规范,也可以从具体职能角度将其分为概念、原则和规则。从这个标准审视《国际法院规约》第38条所列举的条约、习惯、一般法律原则,就不难发现,该条关于国际法表现形式的标准无法无死角地覆盖成文法和不成文法,存在着逻辑不周延之处。

第一,条约不能涵盖所有的成文规范,不能排除其他成文规范的地位。条约是国际社会公认的国际法主体(主要是国家和国际组织,在一定情况下包括争取独立的民族和叛乱团体)之间确立权利义务、意思表示一致的书面形式,固然可以作为追寻和认定这些国际法主体权利义务的依据,但是能够确立权利义务的书面文件却绝不限于条约这一种形式。国际组织机构自身订立成文规范(而非签订条约)来约束国家或其他国际法行为体,确立权利和义务的情况屡见不鲜,而且被国际法理论、司法和执法实践所确认。此外,在条约和国际组织确立的法律规范之外是否还存在着其他的形式,尚有待于实践的进一步证明。但至少在逻辑上,这两种形式仍然不全面,为另外的国际法成文形式留下了开放的空间。

第二,不成文法也不仅限于习惯。虽然迄今为止的国际司法实践认定的不成文规范均体现为习惯,但一般法律原则和衡量问题时采用的公允及善良原则也同样是不成文法。《国际法院规约》第38条在列举条约和习惯之后提出了法律原则这一形式,虽然在实践上并无困难,但在逻辑上却存在重叠的现实和空白的可能。重叠的现实,是指很多条约中明显地确立了一些原则(特别是《联合国宪章》第2条);很多国际习惯也可能确立了一些法律原则,这种条约和习惯中的原则地位,及其与其他载体中存在的原则(特别是非约束性规范文件所阐述的原则)的关系,显然构成重叠。空白的可能,是指从逻辑上看,法律原则与法律概念、法律规则形成一个完整的法律体系。既然提出了法律原则,就应列举法律概念和法律规则,要考虑条约和习惯之外的法律规则和法律概念的可能性。《国际法院规约》自身很难解决这些问题。当然,可以理解《国际法院规约》的起草者的目的,即担心在处理案件的时候,如果没有条约和习惯作为依据的话,法院很可能会因无法可依而不能判断,留下很多悬案,这显然不利于国际社会秩序的稳定和国际法的权威;所以《国际法院规约》的起草者以法律原则作为进一步的依据支撑。进而言之,法律原则的存在,也可能为条约和习惯这两种实证法之外援引可以归结为自然法的尺度,给法官处理问题以更大的灵活度。然而,无论这种安排的理由、正当性如何充分,逻辑上的不妥当、不周密却是一个不得不面对的问题。

也就是说,《国际法院规约》以及其他现有正式国际法律文献所确立的国际法渊源类型,在逻辑上并不是一个严密的、封闭的集合,存在着其他渊源类型的可能性。这至少就为包括"软法"在内的成文规范作为国际法的渊源留下了空间。伊恩·布朗利认为,国际法的创制并不存在于像国内一样的以宪法为基础的立法机制之中,所以,国际法很难像国内法一样确立"形式渊源"的概念,进而,国际法院的判决、获得一致支持的关于法律问题的联大决议,意图编纂或发展国际法规范的重要多边公约均在一定程度上具有意义。从这个意义上讲,只要是国家一般同意或者接受就可以创制普遍适用的规则。有的学者提出,与其二元性地区分硬法和软法,不如从义务性、准确性、代表性三个维度或者指标来分析国家在具体语境下所发展出来的规则。既然从经验上看,在现实的国际交往体系中,软法确实是独立地起着论证作用的,那么,软法就不仅是国际条约的"先遣团""预备队"和习惯法一般实践和法律确信的证据,还有可能脱离条约和习惯的体系,独立地说明某种行为与主张的合法性。虽然用软法来支撑一项主张的观点是允许反驳的,但是由于法律观点的确立就在于依据的正当性和逻辑的妥洽,所以,由软法支撑的观点显然优于没有依据的论断。因而,软法成为国际法的一种单独的类型是具有可能性的。

5. 软法推进国际法规范体系的拓展

由前述可知,如果断定软法是"未来法",仅仅对国际造法具有推动作用,则其对于国际行为体的影响力要大为降低。如果认为软法是习惯的证据,则可能因为习惯构成的其他证据和条件而被反驳,如"一贯反对者"原则。国内社会的很多实践都证明,能够带来社会秩序的并不仅仅是正式法律规范。类似地,软法在国际社会的运行中令人无法忽视,并且发挥着法律所具备的指引和评价功能。早在 1947 年,美国法学家菲利普·杰赛普就提出,美洲国家间会议所通过的"宣言"的形式与某些国际公约同样具有效果。包括了代表对于相关事务的结论,这些宣言不需要批准,也不具有条约的地位,但是它们却构成了其所宣称的法律规则确实存在的、颇具说服力的证据。在人权领域,国际人权条约机构的一般性建议、一般性评论,以及针对个人来文、国家间申诉所作出的准裁决性意见,实际上都具有不容忽视的规范性。而联合国及下属的各理事会、条约机构的决议,以及区域性组织的决议,当然也有很强的规范性。美洲国家间法院在关于《美洲人权与义务宣言》的解释中认为:《美洲人权与义务宣言》是与《美洲国家组织宪章》相联系的、确立相关国家所具有的国际义务的渊源。该宣言不是条约,却不能认为其没有法律效果。从而,即使美国并非美洲人权法院的参加方,也仍有义务遵从该宣言。从技术标准的角度看,软法的实施是为了交流和交易的便利。例如,关于时区、格林尼治天文台作为零度经线划分地、格林尼治标准时的规范,并没有形成有约束力的国际公约,但是这种软法却得到了普遍的接受。奥努夫曾撰文对于占据软法最主要部分的联合国大会的决议是否构成国际法渊源的新发展进行了分析。全体成员或者绝大多数成员通过的联大决议被视为具有有限的"准立法"效力。类似地,国际海事组织(International Maritime Organization, IMO)、世界卫生组织(World Health Organization, WHO)、国际原子能机构(International Atomic Energy Agency, IAEA)、联合国粮食及农业组织(粮农组织,Food and Agriculture Organization of the United Nations, FAO)、食品法典委员会(Codex Alimentarius)等机构所确立的技术标准不仅可能被国际行为体所接受,也可能被国际法院和其他国际司法机构所接受,因此这些国际组织决议具有了立法的效力。在很多时候,软法都有助于国际行为体寻求利益、解决争端。哥伦比亚、哥斯达黎加、厄瓜多尔、墨西哥、尼加拉瓜、巴拿马、瓦努阿图、委内瑞拉、美国就曾达成不具约束力的协定,以解决捕捞海豚的问题。①国际司法机构顾及软法、提及软法的行为是否意味着软法已经获得"国际法渊源"的地位

---

① *La Jolla Agreement for the Reduction of Dolphin Mortality in the Eastern Pacific Ocean*(《拉霍亚降低东太平洋海豚死亡率协定》),April, 1992.

呢? 通过考察既有的国际司法文件,不难看出,法官们援引这些软法文件的目标都是为其观点寻找根据,也就是说,这里的软法符合人们对于国际法渊源的界定。正是在这个意义上,沙夫尔和波莱克认为,软法和硬法不仅可能相互补充、相互转化,也可能相互冲突和竞争。

从这个意义上看,软法在多个维度推动着国际法的发展。软法的存在不仅限于推进和完善既有的渊源,也就是《国际法院规约》第 38 条第 1 款前三项所列举的条约、习惯和一般法律原则,而且还在传统的渊源之外开辟了新的规范形式。因而,如果国际法的渊源仅限于条约和习惯,则当然可以排除软法,而将之列入另外一个范畴。但如果司法判决、公法学家学说都可以被视为是国际法渊源(至少是辅助渊源),则软法的效力肯定比这二者更加明确和具体。认可软法在国际法规范系统中的地位和作用,只是对国际社会中运行的现实所进行的描述,而非构想。根据布鲁内(Jutta Brunnée)和图普(Stephen J. Toope)的观点,软规范在某些时候拥有比正式法律渊源更强的义务效果,他们所提出的互动国际法理论将其解释为,当规则的产生是基于国家之间的共享知识,而且符合合法性的条件时,就会形成国家等行为体对这些规则的忠诚。正如波义尔提出的,不认可软法在国际法中的地位,往往是因为这些人对于条约等国际法规范的约束力有着过高的评价。

(六) 对于国际软法地位的归结

基于前述分析可见,软法不仅对既有国际法渊源形式具有推动作用,而且同样可以成为一种新的渊源。国际法始终是国家之间确立的规范准则,其核心在于国家及其他行为体的认可和遵循。如果软法自身可以确认国家的认可、可以确认其规范性,则并没有使其成为独立的国际法渊源的实质阻碍。当前多种形式的国际软法,包括国际组织决议、首脑会议的结果文件、条约机构监督履行义务的建议、双边、多边备忘录,行政性的政治协定,指南、行为准则等一系列的国际书面文件都构成了国际社会对于国际权利义务的配置原则、规范、标准和国际行为体期待行为的陈述,从这个意义上讲,它们可以构成国际法的一种新的表现形式,为拓展国际法的范围、发展国际法的规范开辟了道路,特别是为超越现有的规则体系去寻求"历史性权利"(如中国在南海)或者"公平与正义的规则"(如中国等发展中国家对于国际经济体制)提供了可能。当然,这种发展也并非没有困惑,它对本来就处于困窘状态中的国际法进一步增加了效力与边界的问题,如果说"国际法越来越多地被视为法律和非法律的统一体",就会导致法与非法、法律的功能等讨论变得更加缺乏共同认可的前提和基础。在未来的国际法发展进程中,无论是在理论上,还是在实践中,都可能面临着适用规则进一步模糊和规范性质认识进一步多样化的风险。

现有的法律文件,特别是《国际法院规约》对于国际法渊源的规定,既没有禁止也没有排除国际法渊源的其他可能。在实践中,国际组织有约束力的立法已经取得了公认的地位和实际上的作用,所以软法也具有其独立存在的可能和进一步发展完善的空间。认可位于灰色地带的软法具有一定的指引、协调、权衡作用,因而可以成为国际法的一种独立表现形式(尽管可能是不成熟的表现形式),这不仅符合实践的情况,也符合国际社会更准确地认识相关决议、宣言、行动纲领、行动标准、君子协定等文件地位的需要,更有助于在时代发展的背景下不断更新国际法体系的知识与观念,并由此推进国际法理论与实践的发展。随着国际社会的治理模式越来越完善,随着国际法治越来越健全,国际软法很可能显示出更为强大的生命力,对全球治理做出更多有益的贡献。

第四部分　习 题 自 测

(一) 填空题

1. 关于国际法渊源的规定,主要依据《＿＿＿＿＿＿＿＿》第 38 条第 1 款。

2. 国际法的渊源主要有＿＿＿＿＿＿＿＿和＿＿＿＿＿＿＿＿。

3. 政府间开展国际法的编纂始于＿＿＿＿世纪。

(二) 单项选择题

4. 国际法渊源是指(　　)。

A. 国际法的表现形式

B. 国际法发展的过程

C. 国际法的历史来源与国际交往基础

D. 国家立法的草案

5. (　　)所提出的七项原则标志着国际法基本原则体系趋于完善。

A. 联合国大会　　　　 B.《联合国宪章》　 C. 安全理事会　　　 D. 亚非会议

6. 下列哪项不是国际强行法的特征?(　　)

A. 国际社会全体接受　 B. 公认为不许损抑　 C. 条约抵触无效　 D. 不得随意更改

7. 在国际法历史上,最古老的国际法渊源是(　　)。

A. 国际习惯　　　　 B. 国际条约　　　　 C. 一般法律原则　 D. 国际法院判例

8. 当国家参加的国际条约与《联合国宪章》规定的会员国义务发生冲突时,(　　)。

A. 国际条约的义务应优先履行　　　　 B.《联合国宪章》的义务应优先履行

C. 适用"后法优于先法"原则　　　　 D. 适用"先法优于后法"原则

9. 下列不属于国际法中一般法律原则核心的是(　　)。

A. 民族自决原则　　　　　　　　 B. 诚实履行国际义务原则

C. 有罪不罚原则　　　　　　　　 D. 和平解决国际争端原则

10. 一般认为对国际法渊源作了权威性说明的国际文件是(　　)。

A.《国际联盟盟约》　　　　　　　 B.《联合国宪章》

C.《国际法院规约》　　　　　　　 D.《维也纳条约法公约》

11. 被作为联合国宪章所载国际法基本原则之首的原则是(　　)。

A. 和平解决国际争端原则　　　　　 B. 和平共处五项原则

C. 国家主权平等原则　　　　　　　 D. 不干涉别国内政原则

12. 国际法院的判决(　　)。

A. 作为国际法渊源对一切国家有拘束力　 B. 就本案对争端当事国有拘束力

C. 对普通法系国家有拘束力　　　　　 D. 是否有拘束力由各国自行确定

（三）多项选择题

13. 和平共处原则的含义是（　　　　）。

A. 仅指社会制度相同国家和平共处

B. 仅指社会制度不同国家和平共处

C. 指多种不同制度国家和平共处

D. 包括社会主义国家与资本主义国家和平共处

14. 国际法的渊源主要是（　　　　）。

A. 国内立法　　　　　B. 国际习惯　　　　　C. 一般法律原则

D. 法院判例　　　　　E. 国际条约

15. 国际法上的一般法律原则包括是（　　　　）。

A. 特别法优于普通法原则　　　　　B. 国际法优于国内法原则

C. 后法优于先法原则　　　　　D. 主权独立原则

E. 禁止使用武力及以武力相威胁原则

16. 平等互利原则要求（　　　　）。

A. 各国平等相处，互相尊重

B. 国家之间不应谋求任何特权

C. 都有自由竞争的权利

D. 相互给予同等的权利而不问是否获得同等的利益

17. 国际法是一个特殊的法律体系，它的强制力是通过（　　　　）来实现的。

A. 国家单独采取强制措施　　　　　B. 国家集体采取强制措施

C. 国际法院采取强制措施　　　　　D. 国际警察采取强制措施

18. 司法判例和权威最高公法学家的学说可以作为确定法律原则的辅助资料的原因是（　　　　）。

A. 它是某些规则存在的证据　　　　　B. 它是国际惯例存在的法律证据

C. 它的法理具有权威影响　　　　　D. 它是确认法律原则的补充资料

19. 根据我国目前的法律和相关实践，对于国际条约在我国法律制度中的地位，下列哪些判断是错误的？（　　　　）

A. 凡是我国缔结或参加的条约，都可以在国内作为国内法直接适用

B. 在民法涉及的范围内，我国为当事国的条约规定与国内法的规定不同时，适用条约的规定，但我国缔结该条约时作出保留的条款除外

C. 我国作为当事国的任何条约的规定，若与国内法的规定冲突时，在国内法院都直接并优先适用这些国际条约的规定，但我国缔结该条约时作出保留的条款除外

D. 在民法涉及的范围内，在国际上所有已生效的民商事方面的国际条约的规定，如与我国国内法的规定冲突时，都优先适用国际条约的规定

20. 一般认为，国际习惯必须具备的两个要件是：（　　　　）。

A. 各国重复的类似行为，即长期的实践、反复的采用，成为通例

B. 通例已被各国接受为法律

C. 通例已被国际法委员会承认为法律

D. 通例已被国际法院采用

21. 联合国国际法院裁判各项争端应适用(　　　　　)。

A. 国际公约或条约

B. 国际习惯

C. 一般法律原则

D. 司法判例及最高公法学家的学说,作为补助资料者

E. 国际组织决议

22. 下列关于国际组织决议的说法错误的是(　　　　　)。

A. 根据《国际法院规约》的规定,国际组织决议属于国际法渊源

B. 联合国大会的决议是国际法的渊源,具有法律约束力

C. 国际组织的决议不属于国际法的渊源。

D. 国际组织的决议对国际组织成员国具有法律约束力。

23. 从事国际法编纂的有(　　　　　)。

A. 各国政府　　　　　　　　　　B. 国际外交会议

C. 联合国国际法委员会　　　　　D. 安全理事会

24. 以下确立国际法原则的辅助资料有(　　　　　)。

A. 国际法院的司法判例　　　　　B. 国际仲裁机构的裁决

C. 权威公法学家的学说　　　　　D. 国际组织的决议

(四) 名词解释

25. 国际习惯

26. 国际惯例

27. 强行法

28. 国际法的编纂

29. 法律确信

(五) 简答题

30. 简述作为国际法渊源的一般法律原则。

31. 简要回答国际法的基本原则。

32. 简述国际强行法的含义和意义。

(六) 论述题

33. 为何条约原则上只约束缔约国,习惯在国际法规则上却可拘束所有国家?

34. 怎样理解禁止非法使用武力或以武力相威胁原则?

(七) 案例分析

35. A 国是一个发展中国家。该国由于军事政变而陷入内战。B 国以保卫边境安全为由出兵支持 A 国反政府武装。在 B 国支持和直接参与下,反政府武装控制了 A 国领土一半的地

区,并宣布成立临时中央政府。B 国还在 A 国的几个重要港口布设水雷,出动飞机袭击 A 国的港口和石油设施。

根据以上案情,分析 B 国的行为违反了哪些国际法原则?

第三章 国际法与国内法的关系

（一）熟悉

1. 关于国际法与国内法的关系，"一元论"共同的基本见解有哪些方面？

2. "二元论"的主要观点有哪些方面？

3. 对于国内法与习惯国际法的不明显的冲突，一般如何解决？

4. 对于条约与国内法不甚明显的冲突，一般如何处理？

5. 习惯国际法在中国的适用方式是什么？

6. 国内私法对国际法实体规则的影响体现在哪些方面？

7. 国内公法对国际法实体规则的影响体现在哪些方面？

（二）掌握

1. 关于国际法与国内法的关系，主要有哪几种学说，各自大致的主张是什么？

2. 关于习惯国际法如何在国内生效，大多数国家占主导地位的理论和实践是什么？

3. 在国际法上对一国有效的条约，通过哪两种方式之一在国内法律体现中生效？这两种方式的各自含义是什么？

4. 当习惯国际法与国内立法存在明显冲突时，各国采取的立场有哪两大类？

5. 在国际条约与国内法的效力关系上，各国采取的做法一般有哪几种？

6. 中国具体以什么方式适用国际条约？其中对于"自身可执行"与"非自身可执行"的条约或条款，分别以哪些形式来适用？

7. 当习惯国际法或国际条约与中国法冲突时，一般如何解决？

（三）理解

1. "一元论"中国内法优先说的主要理由有哪些？

2. "一元论"中国际法优先说的主要理由有哪些？

3. 欧盟法与其成员国国内法的关系如何？有何特殊性？

4. 关于国际法在中国的适用，总的原则是什么？体现在哪里？

5. 从联合国际法院、国际刑事法院的程序规则看，国内法对国际法程序规则的影响有哪些？

（四）难点

1. 从历史发展的角度分析评价"一元论"（尤其是国际法优先说）"二元论""协调论"。

2. 在国际条约以"并入"方式被纳入国内法律体系时,"自身可执行"与"非自身可执行"的条约条款的区分的历史、类型、标准是什么?

3. 使国内法(包括宪法)优先于或同等于国际条约的做法,符合《维也纳条约法》第 26 条、第 27 条"条约必须遵守"的规定吗? 以美国"与台湾关系法"为例说明。

第二部分　知识结构图

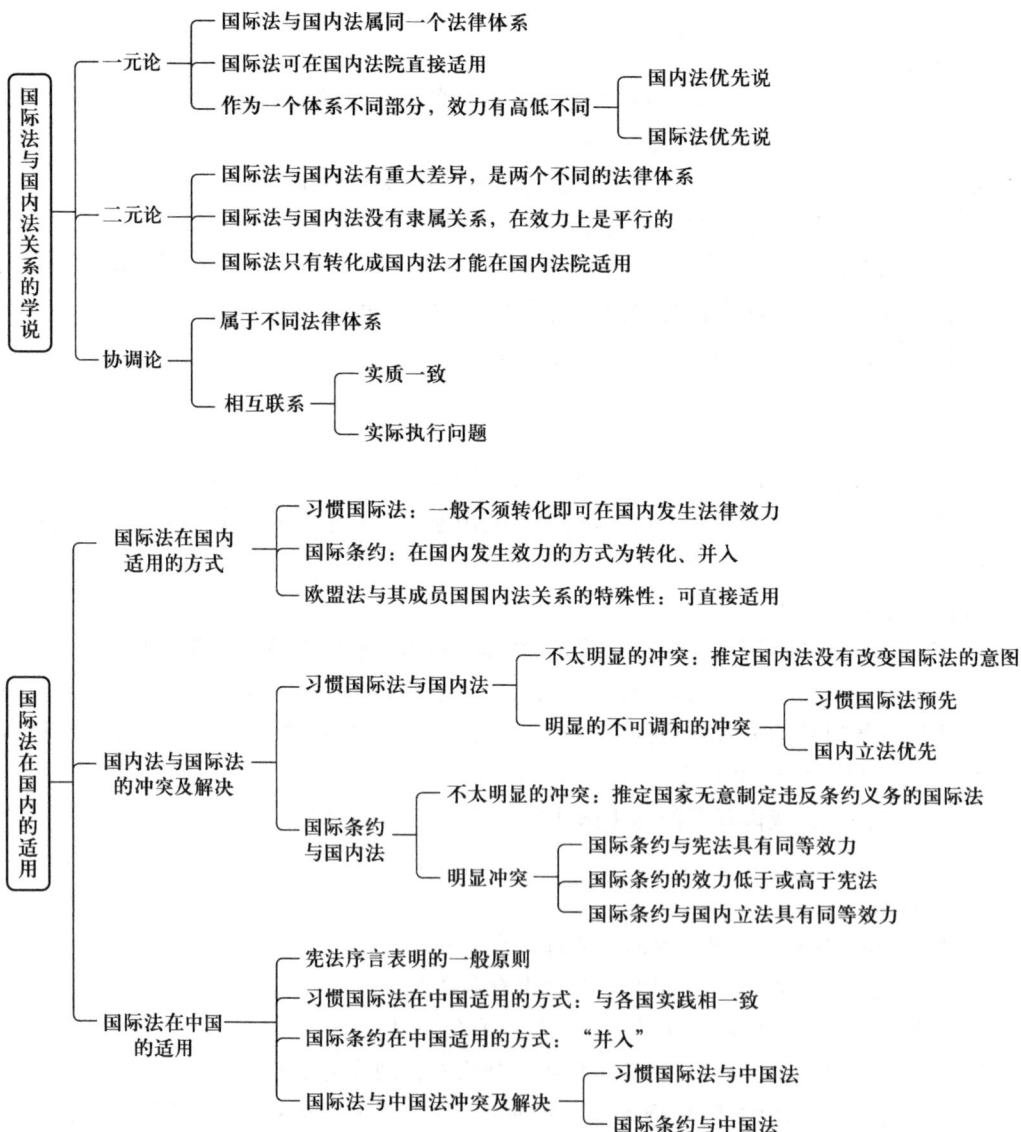

国际法与国内法关系的学说
- 一元论
  - 国际法与国内法属同一个法律体系
  - 国际法可在国内法院直接适用
  - 作为一个体系不同部分,效力有高低不同
    - 国内法优先说
    - 国际法优先说
- 二元论
  - 国际法与国内法有重大差异,是两个不同的法律体系
  - 国际法与国内法没有隶属关系,在效力上是平行的
  - 国际法只有转化成国内法才能在国内法院适用
- 协调论
  - 属于不同法律体系
  - 相互联系
    - 实质一致
    - 实际执行问题

国际法在国内的适用
- 国际法在国内适用的方式
  - 习惯国际法:一般不须转化即可在国内发生法律效力
  - 国际条约:在国内发生效力的方式为转化、并入
  - 欧盟法与其成员国内法关系的特殊性:可直接适用
- 国内法与国际法的冲突及解决
  - 习惯国际法与国内法
    - 不太明显的冲突:推定国内法没有改变国际法的意图
    - 明显的不可调和的冲突
      - 习惯国际法预先
      - 国内立法优先
  - 国际条约与国内法
    - 不太明显的冲突:推定国家无意制定违反条约义务的国际法
    - 明显冲突
      - 国际条约与宪法具有同等效力
      - 国际条约的效力低于或高于宪法
      - 国际条约与国内立法具有同等效力
- 国际法在中国的适用
  - 宪法序言表明的一般原则
  - 习惯国际法在中国适用的方式:与各国实践相一致
  - 国际条约在中国适用的方式:"并入"
  - 国际法与中国法冲突及解决
    - 习惯国际法与中国法
    - 国际条约与中国法

```
                                         ┌─ 自然人、法人的主体制度──主体制度
                        ┌─ 国内私法对国际法实体规则的影响 ┼─ 所有权制度──领土主权制度
        ┌─ 国内法对国际法      │                └─ 契约法──条约制度
        │  实体规则的影响  ┤
国       │                └─ 国内公法对国际法实体规则的影响 ┬─ 人权理念
内       ┤                                    └─ 不干涉内政等国际法原则
法       │
对       │
国       │                ┌─ 国内法对联合国国际法院的程序规则的影响:绝大部分来自
际       └─ 国内法对国际法     ┤
法          程序规则的影响   └─ 国内法对国际刑事法院的程序规则的影响:直接来自
的
影
响
```

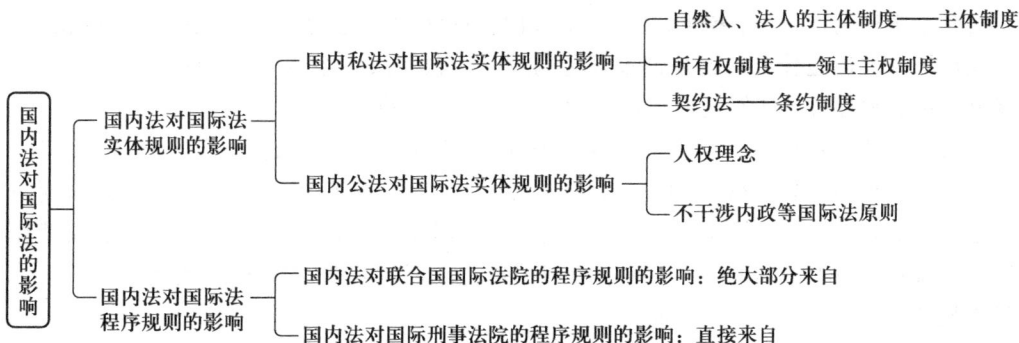

第三部分　重点难点解析

一、国际法与国内法关系的再认识①

　　国际法与国内法的关系问题,是国际法学界长期以来争议颇多、众说纷纭的重大理论问题,同时也是涉及各国立法的重要实践问题。围绕着这一问题,学术界有一元论与二元论的长久论战,各国有参差不一的立法实践。久负盛名的美籍奥地利法学家汉斯·凯尔森(Hans Kelsen,1881—1973)首倡的"纯粹法学"(pure theory of law,又称规范法学、维也纳法学),是现代西方法律哲学(法理学)中分析实证主义法学的一个主要流派。他在继承和发展19世纪英国奥斯丁的分析法学的基础上,以新康德主义为哲学基础,全面阐述了纯粹法学关于法、国家以及国际法的基本概念和原理。并由此回答了国际法与国内法的关系问题,形成了独具特色的国际法学思想。这一思想集中体现在其代表作《法与国家的一般理论》和《国际法原理》之中。分析和评价凯尔森的国际法学思想,对于进一步把握国际法与国内法的关系有着重要的理论和实践意义。

(一)法律规范体系的金字塔结构:国际法的效力等级

　　凯尔森"纯粹法理论"的"纯粹性"集中表现在其关于法学研究对象的理论之中。他声称,纯粹法学研究的对象是关于"实在法(positive law)的一般理论",所谓实在法就是指某一"共同体的法律,如美国法、法国法、墨西哥法、国际法",而"法的一般理论的主题就是法律规范及其要素和相互关系,作为一个整体的法律秩序及其结构,不同法律秩序之间的关系,以及最后法在多数实在法律秩序中的统一"。因此,纯粹法学旨在从结构上分析实在法,而不是从心理上或经济上解释它的条件,也不是从道德上或政治上对它的目的进行评价。在凯尔森看来,真正科学的法学,只能是客观地把实在法规范作为唯一的研究对象,而排除任何社会学、政治学、伦理学、心理学的因素,尤其排除价值判断因素。因为这些学科都具有反规范的倾向,是与法学研究不相容的东西。

---

　　①　节选自陶凯元:《国际法与国内法关系的再认识——凯尔森国际法学思想述评》,《暨南学报(哲学社会科学)》1999年第1期,脚注省略。

　　由此基本理论出发,凯尔森认为,一个共同体的法律规范的总和构成一个法律秩序,或称法律规范体系。但是什么东西使许多规范构成一个秩序或体系呢?什么时候某一规范属于这一规范体系和秩序呢?这便是由规范效力的根据或理由决定的。

　　效力是规范的特征。一个规范的效力来自另一个更高的规范,而不是来自事实。"不能从一个更高规范中得来自己效力的规范,我们称之为'基础'规范(basic norm)。可以从同一个基础规范中追溯自己效力的所有规范组成一个规范体系,或一个秩序。这一基础规范,就如一个共同的源泉那样,构成了组成一个秩序的不同规范之间的纽带。"而基础规范是一个效力自明的最终规范。

　　根据基础规范的性质,可以区分两种不同类型的规范体系,一类是静态规范体系,其效力的根据是,它的所有特殊规范以及基础规范的内容具有一种自明的效力,即可以通过智力活动,通过从一般到特殊的逻辑推理而引出效力。道德规范和自然法就属此类。另一类是实在法所属的动态规范体系,其效力的根据不是通过逻辑推理的智力活动从基础规范中推论出来的,而是通过一种特殊的意志行为创立的,即每一特殊规范是由另一更高的规范,最终由基础规范规定的方式所创立的。基础规范仅仅建立一定的权威,这个权威可以依次把创造规范的权力授予某些其他的权威。一个动态体系的诸规范,只能由那些曾由更高规范授权或委托创造规范的那些个人通过意志行为而被创造出来。因此,一个动态的规范体系体现为一个以基本规范作为顶峰的、层层委托、层层授权的规范等级体系,从而也就构成了规范秩序的统一化。由于一个规范体系中的所有规范,除基础规范外,都是从一个更高规范中取得效力的,也即由另一规范授权或委托创立的,所以,这些规范也就有高级规范和低级规范之分。其中,决定另一个规范的创造的那个规范是高级规范(superior norm),根据这种调整而被创造出来的规范是低级规范(inferior norm)。除了基础规范是最高规范以及处于规范体系最低层次的最低规范外,其他处于中间层次的规范都既是高级规范又是低级规范。而这些规范又有一般规范(如立法和习惯法)和个别规范(即法院和行政机关对一般规范的适用,如判决)之分。关键是,凯尔森所讲的"基础规范"具体指的是什么?按照他的解释,"基础规范并不是由造法机关用法律程序创造的。它并不是像实在法律规范那样由一个法律行为以一定方式创造的,所以才有效力。它之所以有效力是因为它是被预定为有效力的;而它之所以是被预定为有效力的,是因为如果没有这一预定,个人的行为就无法被解释为一个法律行为,尤其是创造规范的行为"。

　　凯尔森对法律规范体系的研究,颇具特色:

　　第一,他认为法律规范体系的建立是一个立法程序。在他所确定的法律体系中,从杜撰出来的"基础规范"到宪法规范,再到较低层次的一般规范,进而到最低层次的个别规范,都是程序的委托关系。

　　第二,他用逻辑方法推导低层次的法律规范的合法性,也就是说,上、下级各层次规范间的关系是外延上的蕴含关系;下级规范只要在上级规范中找到根据,便是合法的。

　　第三,在他看来,国内法和国际法属于同一法律规范体系,整个法律规范体系是有高低等级层次之分的,是一种所谓金字塔式的规范体系结构。在金字塔的顶端,是一个"被预定的""基础规范",即"约定必须遵守"。这是国际法的效力的根据,也是整个法律规范体系的根据。因此,国际法在整个法律规范体系中,处于效力等级最高的优越地位。

（二）普遍法律秩序的一元论属性：国际法的驾凌地位

与其法律规范体系金字塔结构的理论相呼应，凯尔森主张国际法和国内法的一元论（monistic），认为国际法和世界各国国内法组成一个普遍的法律秩序。在这一普遍法律秩序中，国际法驾凌于国内法之上。

凯尔森对普遍法律秩序一元论属性的认定，首先是以他对国际法的法律性质的认识为根据的。他认为，国际法的确不同于国内法，国际法是一种原始性、分权化的法律，它不像国内法那样，由一个中央机关创立和适用；同时，大部分国际法规范是不完全的，要由国内法规范来补充。但国际法从性质上来说，是与国内法一样意义上的法律，因为它具有法律的主要特征——强制性。战争和报复便是国际法对于不法行为实行制裁的两种形式。

其次，凯尔森从国际法的作用与主要职能方面进一步论证了国际法与国内法在法律秩序中的一元论属性。他认为"国际法律秩序决定了各国国内法律秩序的属地的、属人的和属时的效力范围"，"国际法律秩序使各国国内法律秩序在它们自己的本来可以由国家任意加以调整的事项方面服从一定的调整，从而就限制了它们的属事效力范围"。

所以，凯尔森主张，国际法和国内法是统一的，具有一元论的属性。但就二者的相互关系而论，只可能是两种类型：一种是驾凌关系，即国际法驾凌于国内法之上，或相反，国内法驾凌于国际法之上；另一种是平等关系。但平等关系所带来的同等地位就必然要求有一个高于二者之上的第三个秩序。由于第三个秩序是不存在的，故国际法与国内法必然处于上下级关系，而不属于平等关系。

凯尔森对二元论或多元论（因为国内法律秩序不是一个，而是有许多个）的主张进行了批驳。认为因其主张国际法经一国国内法承认后对该国有效，结果实质上也变成了一元论，即主张国内法驾凌于国际法之上。但这种一元论与纯粹法学所主张的一元论是完全对立的，纯粹法学主张的是国际法驾凌于国内法之上，国内法受国际法的"委托"。在凯尔森看来，主张国内法驾凌于国际法之上或国际法驾凌于国内法之上，这两种观点分歧的关键在于对主权问题的看法。前者的结论是，国家具有主权，本国法律秩序是最高法律秩序，在它之上并不存在任何秩序。反之，后者当然反对国家主权观念。

所以，国家是否为主权者，正像是"国内法驾凌于国际法之上"还是"国际法驾凌于国内法之上"的问题一样，并不是一个能否加以观察的事实，而只是一个法学上的假设。国家并非"是"或"不是"主权者，它只能被预先假定为"是"或"不是"主权者，而这种假定要依我们研究法律现象的前提为转移。"如果我们接受国际法的首要地位的假设，那么国家便'不是'主权者。在这种假设下，国家只有在下述相对意义上才能被宣称为主权者，即：除国际法律秩序以外，别无其他秩序驾于国内法律秩序之上，以致国家只直接受国际法的支配。另一方面，如果我们接受国内法的首要地位的假设，那么，国家便'是'原先的绝对意义上的主权者，驾于包括国际法在内的任何其他秩序之上。"

凯尔森还认为，上述两种观点的对立，体现了两种截然不同的哲学观。国内法首要地位的假设代表了主观论哲学。它从哲学家本人的"自我"出发，将世界解释为主体的意志和观念。这种哲学宣称"自我"的主权，无法将另一个主体（"非我"，或另一个"自我"的"彼"）理解为一个平等的存在。因此，"自我"的主权和"非我"的主权是冲突的。其最终结局便是唯我论。与此哲学相适应，国内法首要地位的学说是国家的主权论。它将理论家的本国解释为法律世界的中心。

无法理解其他国家和他本国是平等的,即其他国家也是主权的法律存在。相反,国际法首要地位的假设代表的是客观论哲学。它从客观世界出发,认为在这一世界中,"自我"和"非我"被作为组成部分而存在,而且无论"自我"还是"非我"都不是整体的主权中心。"自我"和"非我"被认为是平等的存在。凯尔森由此得出结论:只有在我们把国际法的首要地位当作我们解释法律现象的根据时,一切国家平等的观念才能加以保持。各国只有在它们不被预定为主权者时,才能被认为是平等的。

最后,凯尔森认为,上述两种对立的观点和学说分别代表了两种不同的政治倾向:"一个抱有民族主义与帝国主义政治态度的人,将自然地倾向于接受国内法的首要地位的假设。一个对国际主义与和平主义抱有同情的人,将倾向于接受国际法的首要地位的假设。"并断言"国际法的进化将导致一个世界国家的建立"。

(三)对国际法与国内法关系的再认识

凯尔森的国际法学思想,构成其整个"纯粹法理论"的一个重要的组成部分,既有合理和理想化的一面,又有谬误和远离现实的一面。

第一,凯尔森的"纯粹法学"重视对法律规范及其相互关系的研究,揭示了各种不同法律规范之间的等级层次关系,这对后来的法理学家颇具有启发作用。他的纯粹法学是以哈特(H. L. A. Hart,1907—1992)为代表的新分析法学的重要渊源。但另一方面,凯尔森分析法学过于强调纯粹公式,忽视了创造、适用和遵守法的人的因素;没有探讨法的社会目的和社会效果。他仅从逻辑上分析实在法规范,反对研究法律和经济、政治、道德及心理等因素的关系,特别要求同体现政治的正义理论和自然法学说划清界限。同时,他仅研究规定人们"应当如何行为"的法律规范,而不研究人们"实际上如何行为"的事实。从而使得这种法学所研究的仿佛是与外在世界绝缘的、处于真空中的法律。这不仅不能说明法现象,反而曲解了法现象。正因如此,纯粹法学受到了众多学者的批评,被认为是"所有现代学说中最有意识地和最完全地脱离社会实践的"。

第二,凯尔森对国际法法律性质的认识,与国际法否定论者相比,有了突破性的进步。国际法法律效力否定论者的代表,17 世纪的普芬多夫(S. Puffendorf,1632—1694)到 19 世纪的奥斯丁(J. Austin,1790—1859)都否认国际法是法。前者从自然法的角度否认作为一种法律的国际法的存在,认为一切国际间的协议或"相互义务"都可能被个别国家随意解除,因而不构成国际法。后者则从实在法的角度否认国际法的法律性,认为法律是掌握主权的"上级"所颁布的一种"命令",如不服从即以"制裁"作为威胁,但国际法并非如此。故国际法只是一种道德体系,而不是法。凯尔森则明确指出,国际法不是道德,而是与国内法一样意义上的法律,因为它具有法律的主要特征——强制性。战争和报复便是国际法对于不法行为实行制裁的两种形式。这种见解对后来的学者有重要的指导作用,新分析法学派的代表哈特在此基础上对国际法的法律性质作出了更深层次的分析。但是,凯尔森却未能对国际法的本质和效力根据作出彻底的解释。按照他的理解,国际法的本质和效力根据来自法律秩序的"基础规范"——"约定必须遵守"。但这一"基础规范"的效力又来自哪里呢? 它是由什么决定的呢? 凯尔森对这一问题的回答只能是一个遁辞:它之所以有效是一个"预先的假定"。由此可见,脱离现实的、纯粹凭逻辑推理和判断对法律规范进行论证,最终导致凯尔森步入理论误区而不能自圆其说。

第三,凯尔森揭示了国际法与国内法内在的密切联系,认为国际法不可能超脱国内法而单独存在,这无疑有其积极意义。但另一方面,他却因此而走向极端,认为国际法与国内法同属一个法律体系,且国际法的效力是最高的,国际法驾凌于国内法之上,国际法的发展会导致世界国家的建立等。这种观点没有意识到国际法与国内法存在和发展的不同的社会基础,而是简单地将国际法与国内法按相似的两类法统一在一个体系中,并分为不同的等级层次。这是完全将国内法的模式生硬地套用到国际法与国内法的关系之中(视国内法为地方法,国际法为国家法),进而否定作为国家根本属性和国际法基础的国家主权。意图以"世界法"代替国际法,以"世界政府"代替主权国家。诚然,现代国际社会组织化趋势的日益加强,各国法律趋同化速度加快,使得凯尔森的这种假定显得有一定的根据。但在主权国家林立的国际社会,要达到类似国家内部的集中统治是十分困难的,因而世界国家的观念显得过于理想化而远离现实。凯尔森的理论也就成为荒谬而与国际社会的实践格格不入了。凯尔森国际法学思想的谬误和远离现实之处,既受限于其认识论,同时也打上了深刻的时代烙印。

第四,应该认识到,国际法和国内法是两个不同的、独立的法律体系,其产生和发展的社会基础、调整对象、效力根据、法律渊源、实施措施等均不同。但这两个法律体系也并不是彼此孤立的,它们之间有着互相渗透和互相补充的密切联系。国家在制定国内法时要考虑到国际法的要求,而在参与制订国际法时要考虑到国内法的立场。国际法与国内法发生联系的根本因素和纽带,主要来自下列几个方面:

其一,国家是国际法与国内法发生联系的最重要的动力。虽然国内法和国际法的产生及形成,各有截然不同的程序,但是都以国家的存在及其意志活动为前提。国家既是国内法的制定者,又是参与制定国际法的主体。因此,能为国家所接受的国际法规范必然与其国内法规范具有内在的联系。

其二,国家的对内职能及政策,同国家的对外职能及政策,虽然分属两个不同领域,但却彼此密切相关。这一客观事实,加强了国内法和国际法在实践中的联系,必然使两者在付诸实施过程中相互发挥作用。

其三,适用国内法的国内社会和适用国际法的国际社会,虽各有特点,然而却具有千丝万缕的关系。从纵向关系来考察,国内社会及其法律制度形成在前,国际社会及其法律制度发展在后,这种历史联系使国际法承袭了一部分国内法的有益经验及一般性规则。从横向关系来考察,国内事务与国际事务,彼此交叉,相互渗透,这种现实情况,对国际法与国内法在适用范围上无疑产生重要影响。国家间交往越频繁,国际社会和国内社会的联系就越紧密,国际法与国内法的关系也就越复杂。

二、国际法与国内法关系的新动向[①]

如果以第二次世界大战结束后联合国的成立为界限,国际法与国内法之间的关系产生了显著的变化。这种变化的最大特征就是出现了可以独立履行自身职能、监督国际法实施的国际性组织,如联合国;一些国家以自愿限制本国主权为代价来结成新的超国家性的国家联盟,

---

①　节选自莫纪宏:《论国际法与国内法关系的新动向》,《世界经济与政治》2001 年第 4 期,脚注省略。

如欧盟;在经济全球化思想指导下的全球性经济组织的产生,如世界贸易组织等。此外,人权保护开始由民族国家走向世界,各种国际性人权公约的出现,使缔约国承担了前所未有的保障人权的政治责任,关于国际法与国内法关系的传统法理已经不能很好地维护现代国际法的权威和有效地敦促缔约国履行国际法下的必要义务。因此,国际法与国内法的关系呈现出多元化的趋势,其中,最重要的变化就是,缔约国在履行国际法下的义务时,其本国的主权不可能完全不受国际法的影响,国家主权学说不得不为了应对国际法领域出现的新问题而作适应性的调整。

(一) 独立的国际组织在监督国际法实施中的影响

1. 联合国

联合国是根据 1945 年在旧金山会议签订的《联合国宪章》成立的一个世界性国际组织。《联合国宪章》的宗旨在于维持国际和平与安全,发展各国之间的友好关系,促进有关经济、社会及文化方面的国际合作,构成协调各国行动的中心。联合国为了实现宪章所规定的宗旨,设有 6 个主要机关:大会、安全理事会、经济及社会理事会、托管理事会、国际法院和秘书处。根据《联合国宪章》的规定,凡联合国成员国必须承担《联合国宪章》下的责任,这就意味着联合国自身的各种机关在不需要成员国同意的情况下,可以采取"为执行其职务和达成其宗旨所必需的"措施。这样的措施很显然超越了成员国本国主权控制的范围,通常会对有关的成员国主权产生一定程度的影响。如国际法院作出的判决,有关的当事国不得以维护本国的司法主权为由拒绝执行;联合国为了维护地区和平及安全向若干冲突地区派遣联合国维持和平部队等。这些行动都是《联合国宪章》所允许的,成员国不能随意拒绝。

因此,联合国的产生使得国际社会的事务不再仅仅依赖于不同国家之间的双边和多边合作,联合国自身作为独立于一切国家组织之外的国际性组织,通过联合国大会和联合国机构的活动以及有关的国际法文件,在许多国际问题领域具有较大的影响力。国际法成为可以脱离成员国的具体操作而独立发挥重要作用的国际法律文件。

2. 欧盟法院

欧盟法院自 1952 年成立起就设在卢森堡,迄今为止已经受理了 8600 件案件,到 1978 年为止,每年一般受理 200 件案件,其中 1985 年一年就受理了 400 件左右的案件。为了提高法院的工作效率,根据理事会在 1988 年 10 月 24 日所作出的决定,通过了《理事会关于建立欧洲共同体第一审法院的决定》。1989 年建立了第一审法院。第一审法院主要处理由个人提起上诉的案件,以此来减轻法院的负担,使法院的精力集中在对欧盟法律的解释和适用上。

欧盟法院制度是根据欧盟条约所建立起来的重要制度。一方面,法院有义务在欧盟各个不同的机构之间保持平衡;另一方面,又有责任在欧盟与欧盟成员国之间保持平衡。在履行其司法审查权的过程中,它通常需要解决具有宪法性质的问题以及具有重要经济意义的问题。

欧盟法院最重要的贡献就在于它确立了两项法治原则,即欧盟法律在欧盟成员国中具有直接的法律效力;欧盟法律具有高于欧盟成员国国内法的效力。欧盟的出现,对传统的国际法与国内法之间的关系提出了严峻的挑战,目前,欧盟国家法学界普遍用"超国家组织"来形容欧盟。可以说,欧盟法律制度的产生以及在促进欧洲统一中所发挥的作用已经完全无法用传统的国际法和宪法理论来解释国内法与国际法之间的关系,简单的"一元论"和"二元论"显然不能很好地解释欧盟法律制度的发展历史以及目前存在于欧盟组织与欧盟成员国之间的关系,所以必须对此进行全新的释义。

3. 世界贸易组织

1995 年元旦诞生的世界贸易组织(WTO)是一个负责多边贸易体制顺利运行的国际组织。它的前身是《关税与贸易总协定》。WTO 的成立,改变了 GATT 的"弱法"状况。第一,WTO 统一了规则的解释权,WTO 协定第 9 条第 2 款规定:"部长会议和总理事会具有通过对本协定和多边贸易协议解释的专门权力"。第二,WTO 建立了专家组来解决各种纠纷,专家组依据 WTO 规则独立审判,不受成员国的影响,因此,参加 WTO 的国家一旦涉诉,本国的司法主权不能在WTO 下的专家组中产生绝对性的影响,这就完全改变了传统的国际法"弱法"模式。WTO 谅解中又对不执行专家组裁决的情形作出严格的规定,允许"交叉报复",即"中止履行减让"或其他义务的报复行动,不限于引起争端的协议或部门,如用"中止"服务贸易领域的"义务"来报复货物贸易领域的争端。总之,WTO 规则以及为了保证 WTO 规则得以实施的"专家组"对WTO 成员方之间贸易纠纷的仲裁权力,远远地超越了以主权为核心的传统的国际法理论对国际法与国内法关系的解释。也就是说,要完全将国际法与国内法隔离开来,由主权国家自由地处理与自己有关的国际事务似乎面临越来越多的挑战。

(二)国际人权公约给国际法与国内法关系的传统法理带来的影响

1. 国际人权公约下缔约国义务的特征

二战后出现了一个划时代的历史事件,《世界人权宣言》于 1948 年 12 月 10 日由联合国大会第 217 号 A(3) 决议通过。此后,一系列国际人权公约产生并相继生效,其中主要有《公民权利和政治权利国际公约》《经济、社会及文化权利国际公约》《禁止酷刑国际公约》《消除一切形式种族歧视国际公约》《消除对妇女一切形式歧视公约》《儿童权利国际公约》等。国际人权文件的出现使得缔约国承担了与传统国际法下完全不同的责任,不以获取对等的利益为前提,而以缔约国自愿地履行国际人权公约下的义务为特征的国际人权法应运而生。例如,所有批准或加入《公民权利和政治权利国际公约》的国家都承担就它们为实施该公约所确立的各项权利而采取的措施,以及将在享有这些权利方面所取得的进展向人权事务委员会提出报告的责任。委员会还制订出一般规则以协助各国政府编写报告。第一次报告须在该公约对有关国家生效后 1 年内提交。每 5 年须提交有关进一步情况的报告。委员会对缔约国提交的报告进行评议,提出一般性建议、评论和意见,并予以公开出版。为了进一步保证该公约的实施,该公约任择议定书还建立了个人申诉制度。20 世纪 80 年代后期,社会公众越来越认识到人权事务委员会在该公约任择议定书下所承担的工作的意义。委员会收到个人申诉他们权利受到侵犯的来文数量成倍增长。相对于传统的国际条约而言,缔约国不仅不可能通过批准或加入国际人权公约获得互惠性的国家利益,而且还必须主动地接受来自国际社会的监督,特别是对于批准了公约任择议定书的国家更是如此,必须无条件允许人权公约的实施机构就有关问题到本国进行调查。这样履行公约义务的方式很显然不能受到缔约国主权理论的完全保护和控制。与此同时,于 1950 年诞生的《欧洲人权公约》由于建立了履行公约的欧洲人权委员会和欧洲人权法院,从而改变了传统国际法下缔约国在解释公约方面享有充分平等的自主权的状况,缔约国必须无条件地接受公约下的义务以及服从欧洲人权委员会和欧洲人权法院的管辖,即便是缔约国依国内法享有司法主权也不得妨碍欧洲人权委员会和欧洲人权法院的管辖权,否则只有退出公约。

2. 各国履行人权公约的态度

对于来自国际人权公约不同于传统的国际条约的"强约束力",世界各国都进行了适应性的政策调整。这种调整表现在两个方面:一是法理重建;二是制度转变。

越来越多的西方学者对于国际人权公约下国家义务的独立性表现出浓厚的兴趣。例如,联合国防止歧视与保护少数者小组委员会前主席、挪威人权研究所前所长 A. 埃德认为,国际人权公约下的义务实质上是针对缔约国政府的,它与现代人权理论相适应,即国家与政府有保障人权实现的义务,这种义务表现在四个层次上:在第一层次上,国家必须保障个人拥有的资源;在第二层次上,国家义务意味着保护行为自由和排他性地使用各种资源的自由;在第三层次上,国家有义务促成借以享有法定权利的机会;在第四层次上,国家有义务直接向每一个人提供依据政治、经济、文化和社会权利享有的各种权利。这就是说,国际人权公约在缔约国的适用主要是约束政府的,而不是对缔约国的公民产生责任要求,由此产生了为了保障公民权利,政府权力自愿接受国际人权公约约束的"权利优先论"。在此,传统的主权理论得到了进一步扩展,也就是说,笼统地将国家主权视为"国家权力"的集合只会导致国家权力随意侵犯公民权利,而以公民权利为核心来构造国家主权理论,就可以发现,只要符合保障本国公民权利要求,即便是政府承担了大量的国际法义务,也不能说国家主权就当然受到了侵犯。国家主权应当视为国家权力与公民权利之间互动的产物。当然,所谓"人道主义干涉"原则抛开了本国政府对公民权利的保护,是不得人心的。

与关于国际法与国内法关系的法理转向相适应,一些国家在批准或加入国际人权公约时,也从本国的实际情况出发,确立了国际人权公约在国内法中的至高无上的地位。这种地位分两种情形。一种是国内法不得与本国批准的国际人权公约相抵触,如 1987 年公布的《荷兰王国宪法》第 94 条规定:"王国的现行法令法规,如果与具有普遍效力的条约规定,或国际机构决定相抵触,不得施行。"从现代宪政原则出发,严格地说,在荷兰王国存在成文宪法典的情况下,从逻辑上来看,不可能确认条约具有高于宪法的法律效力,除非承认这种一经批准后的条约或协定自身构成了国内宪法的一部分内容,否则,条约高于宪法的观点不可能在宪法理论上得到自圆其说的解释。

不过,对于采取不成文宪法的国家来说,由于宪法性法律的制定程序与普通法律一致,而如果批准条约采取全民公决等方式进行,则在法理上可能存在条约的效力优于宪法性法律的情形,这样的情形在法理上也能够成立。因为在不成文宪法制度下,实行议会中心主义,宪法性法律由议会制定,是人民主权的间接体现。而一旦批准条约,特别是重要的条约,采取全民公决方式,从法理上可以以"直接民主高于间接民主"来确立条约高于宪法的合理性。但是,在实践中,采取不成文宪法的国家,如英国,批准条约仍然是由议会来决定,而且还必须经过"转化"方式,所以,并没有真正地产生合理的"条约优于宪法"的情形。值得指出的是,英国在1971 年加入欧共体之前就《欧洲共同体法(草案)》进行了全民投票,然后公布此法律。这种尝试使《欧洲共同体法》的实际法律地位高于其他的宪法性法律。虽然荷兰王国宪法规定,条约或协定在某些情况下有优于宪法的效力,但这样的规定不符合现代宪政的基本原则,其主要的意义只在强调荷兰政府对履行条约所规定义务的高度责任感。

另一种重要情形是,有的国家在批准国际人权公约时,给予了国际人权公约与国内宪法一样的地位,这样就从法理上将国际人权公约中所保护的普遍人权与本国宪法所保护的宪法权利放在同等重要的地位。将条约与宪法视为具有同等地位,一般必须具备两个条件:一是批准条约的程序与制定或修改宪法的程序必须保持一致;二是批准的条约如果与宪法不一致,那么被批准的条约必须视为对宪法的修改。很显然,此种批准条约的行为实质上构成了修改宪法的活动。目前,采取这一制度的国家很少,只有奥地利采用了这一制度。根据 1983 年修订后的《奥地利联邦宪法性法律》第 44 条第 1 款的规定,除非至少有半数议员出席并获得 2/3 多数,国民议会不得通过任何宪法性法律或者是普通法所包含的宪法条款。第 50 条规定,凡内容涉及修改或增补法律的政治性国家条约,未经国民议会批准不得签订。如果上述政治性国家条约对宪法进行修改,则必须适用第 44 条第 1 款所规定的程序。而由此被批准的政治性国家条约应当被明确规定为"对宪法的修改"。可见,在奥地利,批准政治性的国际条约实质上属于一种修改国内宪法的活动。在这种情况下,条约与宪法的地位是相等的。相应地,我们可以断定,凡经奥地利议会批准的国际人权公约与奥地利宪法具有同等法律效力。与奥地利近似的情形是瑞典。例如,1994 年瑞典基本法之一《政府组织法》第 10 章第 5 条规定,议会赋予欧洲共同体制定决定的权利,只要这种权利旨在保护与《政府组织法》和《欧洲人权公约》所保护的自由和权利相一致的自由和权利。议会作出这样的授权应当以与通过基本法一样的方式即出席和参加投票议员的 3/4 为基础。据此,凡欧洲共同体所作出的各项保护自由和权利的决定,在瑞典都当然具有宪法权利的特性。值得注意的是,在瑞典参加的另一个国际组织,即欧洲理事会中,瑞典政府也承担了接受欧洲人权法院裁决效力的法律义务。在过去的几十年中,瑞典政府总共在欧洲人权法院输了 20 件官司。其中最有影响的一起案件涉及公平审判的问题。欧洲人权法院作出的改正判决迫使瑞典议会于 1988 年制定了《行政决定司法审查法》,该法律允许公民在受到政府或公共团体侵犯而在法律上没有其他救济途径时,可以向行政法院提起诉讼,这一判决很好地推动了瑞典国内的司法改革。不过,瑞典基本法并没有给予欧洲理事会与欧洲共同体在其国内法上一样的法律地位,只有欧洲共同体(即欧盟)法律才在其国内享有与宪法一样的法律地位。

为了突出国际人权公约在本国法律体系中的地位,一些国家虽然没有给予国际人权公约以宪法一样的地位,但是,却将国际人权公约置于宪法之下普通法律之上。例如,法国议会所批准的国际人权公约必须经过宪法委员会事先的合宪审查,而宪法委员会的地位要高于议会。再如,1999 年 5 月 21 日挪威议会通过了《提高人权在挪威法律中的地位的法律》,该法律明确规定《欧洲人权公约》以及第一、四、六、七任择议定书,《公民权利和政治权利国际公约》第一、二任择议定书和《经济、社会及文化权利公约》将作为挪威法律的一部分直接发生法律效力。那么,除了上述国际人权公约的内容被视为挪威法律的一部分之外,有关国际人权公约的监督执行机制是否也对挪威产生直接的法律效力呢?对于这个问题好像挪威专家还没有来得及作详细解释。不过,只要挪威宪法不作修改,就无法在法理上肯定这样的监督执行机制对挪威具有直接的法律效力。但很有意思的是,在对待国际人权公约的态度上,各国政府的立场都是比较开放的,很少有忽视国际人权公约的现象发生。各国政府履行国际人权公约下的义务的态度是积极、主动的,并没有完全受制于传统国家主权理论的限制。

第四部分　习 题 自 测

（一）填空题

1. 对于国际法和国内法关系的学说，有代表性的是一元论和二元论。一元论的学说又分成两派，一派强调＿＿＿＿＿＿，另一派强调＿＿＿＿＿＿。

2. 一元论的国际法优先说的主要倡导者是社会连带法学派的代表人物＿＿＿＿＿＿和＿＿＿＿＿＿，以及规范法学派的代表人物＿＿＿＿＿＿和＿＿＿＿＿＿等。这些学者大都有自然法学说的倾向。

（二）单项选择题

3. 二元论的代表人物是（　　　　）。

A. 耶利内克　　　　　　B. 狄骥　　　　　　C. 奥本海　　　　　　D. 凯尔森

4. 规范学派主张（　　　　）。

A. 国内法优先说　　　　　　　　　　B. 国际法优先说

C. 国际法与国内法平行说　　　　　　D. 国际法与国内法相互转化说

5. 在我国目前的实践中，中国参加的条约的规定与国内法的规定相抵触时，（　　　　）。

A. 在一切范围内，都适用条约的规定

B. 在民商事范围内，一般适用条约的规定

C. 由全国人大确定所应适用的规范性法律文件

D. 由最高人民法院作出裁定，确定所应适用的法律

6. A 国所批准的条约，还必须经 A 国国会将条约的内容制定为法律，A 国法院才能适用条约的规定。这种国际条约的适用方式是（　　　　）。

A. 直接适用　　　　B. 自动执行　　　　C. 转化　　　　D. 条约的遵守

7. 英国法院只适用国内法，若国内法与国际法有抵触，对由此而产生的行为，国家（　　　　）。

A. 应承担国家责任　　　　　　　　B. 没有国家责任

C. 只要表示道歉即可　　　　　　　D. 有自由裁量权

8. 甲乙两国于 1996 年签订投资保护条约，该条约至今有效。2004 年甲国政府依本国立法机构于 2003 年通过的一项法律，取消了乙国公民在甲国的某些投资优惠，而这些优惠恰恰是甲国按照前述条约应给予乙国公民的。针对甲国的上述做法，根据国际法的有关规则，下列哪一项判断是正确的？（　　　　）

A. 甲国立法机构无权通过与上述条约不一致的立法

B. 甲国政府的上述做法，将会引起国际法上的国家责任

C. 甲国政府的上述做法如果是严格按照国内法做的，则甲国不承担国际法上的国家责任

D. 甲国如果是三权分立的国家，那么甲国的行为是否引起国际法上的国家责任则无定论

（三）多项选择题

9. 以下属于一元论的观点是（　　　　　　）。

A. 国际法和国内法归根结底都调整个人行为

B. 不论是国际法还是国内法,法律本质上是不顾法律主体的意志而具有拘束力的命令

C. 国际法和国内法是一个法律概念的两种表现

D. 只有各国对于某种更高程度的法律秩序的关系都是平等的,才能设想许多主权国家的独立和平等

10. 主张国际法优先说的学者有(　　　　　)。

A. 凯尔森　　　　　B. 菲德罗斯　　　　C. 劳特派特

D. 奥本海　　　　　E. 童金

11. 根据我国目前的法律和相关实践,对于国家条约在我国法律制度中的地位,下列哪些判断是错误的?(　　　　　)

A. 凡是我国缔结或参加的条约,都可以在国内作为国内法直接适用

B. 在民法涉及的范围内,我国作为当事国的条约规定与国内法的规定不同时,适用条约的规定,但我国缔结该条约时做出保留的条款除外

C. 我国作为当事国的任何条约的规定,若与国内法的规定冲突时,在国内法院都直接并优先适用这些国际条约的规定,但我国缔结该条约时做出保留的条款除外

D. 在民法涉及的范围内,在国际上所有已生效的民商事方面的国际条约的规定,如与我国国内法的规定冲突时,都优先适用国际条约的规定

12. 关于中国与国际法的关系,下列说法正确的有(　　　　　)。

A. 中国古代是否存在国际法,是一个有争论的问题,先秦实际存在一些国际法的遗迹

B. 尽管 1662—1690 年间中国与荷兰、俄罗斯交往曾涉及国际法,但国际法正式引入中国,始于 1840 年的鸦片战争

C. 1864 年《万国公法》出版,这是清政府聘请美国传教士翻译的外国国际法著作

D. 20 世纪 20—40 年代,国民政府曾经努力废除不平等条约、订立新约

E. 中华人民共和国对国际法的发展作出了重要贡献

13. 关于国际法与国内法的关系以及国际法的特点,不正确的选项有(　　　　　)。

A. 国际法与国内法同处于一个法律体系中,国内法优于国际法

B. 国际法与国内法同处于一个法律体系中,国际法优于国内法

C. 国际法与国内法分处于两个独立的法律体系,国内法必须执行国际法规定的义务

D. 国际法与国内法分处于两个独立的法律体系,不会相互影响

(四) 名词解释

14. 一元论

15. 二元论

(五) 简答题

16. 结合实际谈国际法与国内法的主要联系与区别。

17. 简述国际法优先说。

18. 从国际法与国内法的角度,简述国际法在国际关系中的普遍效力。

19. 简述国际法与国内法关系的理论。

20. 简述条约在国内的适用途径。

（六）论述题

21. 试述国际条约在国内的适用及你对国际条约在我国如何适用的看法。

（七）案例分析

22. A 国是一个联邦制国家,其宪法规定,条约非经将其纳入本国法律的立法或行政行为,不约束国内机关和个人。A 国与 B 国签订了一项通商航海条约,其中第 3 条规定,双方承诺各依本国宪法程序,采取必要立法或其他措施,以实施本条约的规定;第 5 条规定,双方从事邮件运输的船舶享有豁免权。通商航海条约生效后第三年,B 国一艘邮船在 A 国领海内与 A 国一艘渔船相撞,导致渔船沉没和一名船员死亡。邮船到达 A 国 A1 港口后,该港口地方法院扣留了邮船,并对其船长提起刑事诉讼。B 国指责 A 国违反通商航海条约,侵犯了邮船的豁免权,要求立即释放邮船及其船长。A 国法院坚持对案件的管辖权,认为通商航海条约不能适用,因为国会或联邦政府没有颁布实施该条约的法令。A 国政府则称,该国实行三权分立制度,政府不能干预法院的独立审判活动。

根据以上案情,分析 A 国扣留 B 国邮船和起诉船长的做法是否符合国际法。

第四章　国际法基本原则

（一）熟悉

1.《联合国宪章》对国际法基本原则的发展。

2. 和平共处五项原则在国际法基本原则中的地位。

3. 禁止以武力相威胁或使用武力原则的法律效力体现在哪些方面？

4. "保护的责任"概念的含义、实质、后果和产生过程。

5. 善意履行国际义务原则为什么在国际法中具有根本性的基础地位？

6. 民族自决原则通过众多国际法文件以及国际法院裁决，成为一项国际法基本原则的经过。

7. 保护基本人权应遵守联合国宪章宗旨、原则以及国际法，体现在哪些方面？

（二）掌握

1. 国际法基本原则的概念。

2. 国际法基本原则的共同特征。

3.《国际法原则宣言》对国际法基本原则的发展。

4. 和平共处五项原则的基本内容。

5. 国家主权平等原则的含义、内容、地位。

6. 禁止以武力相威胁或使用武力原则的形成过程和具体内容。

7. 和平解决国际争端原则的含义和具体内容。

8. 不干涉内政原则的含义、发展过程和其所包含的具体义务。

9. 善意履行国际义务原则的基本内容和地位。

10. 民族自决原则的具体内容。

11. 国际合作原则的含义。

12. 保护基本人权原则的含义。

（三）理解

1. 国际法基本原则的沿革。

2.《联合国宪章》七原则因何具有普遍的法律意义？

3. 从《联合国宪章》之后联合国内外各种国际文件所列原则与《联合国宪章》七原则的关系，看《联合国宪章》是现代国际法基本原则体系趋于完善的重要标志。

4. 从 20 世纪 70 年代的历史背景理解《国际法原则宣言》的价值和意义。

5. 和平共处五项原则的产生与发展过程、意义以及作用。

6. 国际合作原则发展成为一项国际法基本原则的大致过程。

7. 保护基本人权原则成为一项国际法基本原则的大致经过。

（四）难点

1. 《国际法原则宣言》所载各项宪章原则与《联合国宪章》第 2 条七项原则之间的联系和区别。

2. 从联大决议的法律效力、对现代国际法的实际影响，谈《国际法原则宣言》在国际法原则体系形成中的作用。

3. 国家主权之平等指的是哪些方面的平等？与国家间不同待遇原则是否矛盾？

4. 结合禁止以武力相威胁或使用武力原则的例外情况，谈 21 世纪以来国际关系中单边主义倾向给这一原则带来的挑战。

5. 从"保护的责任"概念，论不干涉内政原则的新挑战。

6. 保护基本人权既是各国主权权力的首要责任，又经由条约、习惯、一般原则等成为国际法为各国设定的义务，如何平衡二者的关系？

7. 结合近年来有关重大事件，论民族自决权的行使与尊重国家主权和领土完整的关系。

第二部分   知识结构图

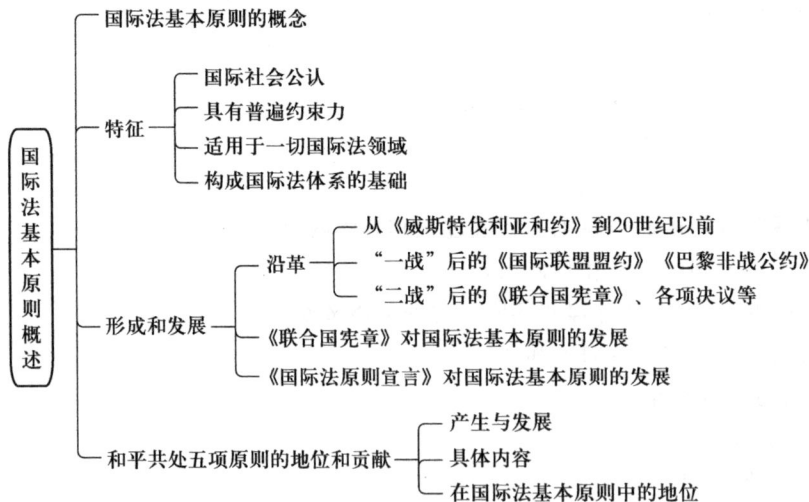

```
                    ┌─ 国际法基本原则的概念
                    │
                    │        ┌─ 国际社会公认
                    │        ├─ 具有普遍约束力
                    ├─ 特征 ─┤
                    │        ├─ 适用于一切国际法领域
  国                │        └─ 构成国际法体系的基础
  际                │
  法                │                 ┌─ 从《威斯特伐利亚和约》到20世纪以前
  基                │          ┌─ 沿革─┼─ "一战"后的《国际联盟盟约》《巴黎非战公约》
  本                │          │      └─ "二战"后的《联合国宪章》、各项决议等
  原 ─ 概           ├─ 形成和发展┤
  则    述          │          ├─《联合国宪章》对国际法基本原则的发展
  概                │          └─《国际法原则宣言》对国际法基本原则的发展
  述                │
                    │                      ┌─ 产生与发展
                    └─ 和平共处五项原则的地位和贡献─┼─ 具体内容
                                           └─ 在国际法基本原则中的地位
```

国际法基本原则的主要内容
- 国际主权平等原则
  - 内容
    - 主权平等
    - 平等权利和责任
    - 要素
  - 地位：核心、基础
- 禁止以武力相威胁或使用武力原则
  - 形成过程
  - 具体内容
  - 例外情况
  - 法律效果
- 和平解决国际争端原则
  - 出处、含义
  - 具体内容
- 不干涉内政原则
  - 含义、出处
  - 具体义务
  - "保护的责任"概念的含义、形成
- 善意履行国际义务原则
  - 基本内容
    - 联合国宪章
    - 国际法原则
    - 国际协定
    - 宪章义务优先
  - 重要性：多项文件
  - 基础地位
    - 国际法是在国家同意基础上形成的
    - 权利义务辩证统一
    - 关乎国际秩序的稳定性
- 民族自决原则
  - 正式载入、逐渐发展、裁决确认
  - 内容
- 国际合作原则
  - 含义
  - 体现的国际文件
  - 合作的领域、方式
- 保护基本人权原则
  - 形成和体现：《联合国宪章》第1条和序言
  - 行使的原则：应遵守《联合国宪章》宗旨、原则和国际法
  - 是各国政府的首要责任、权利和义务
  - 是国际社会优先事项之一

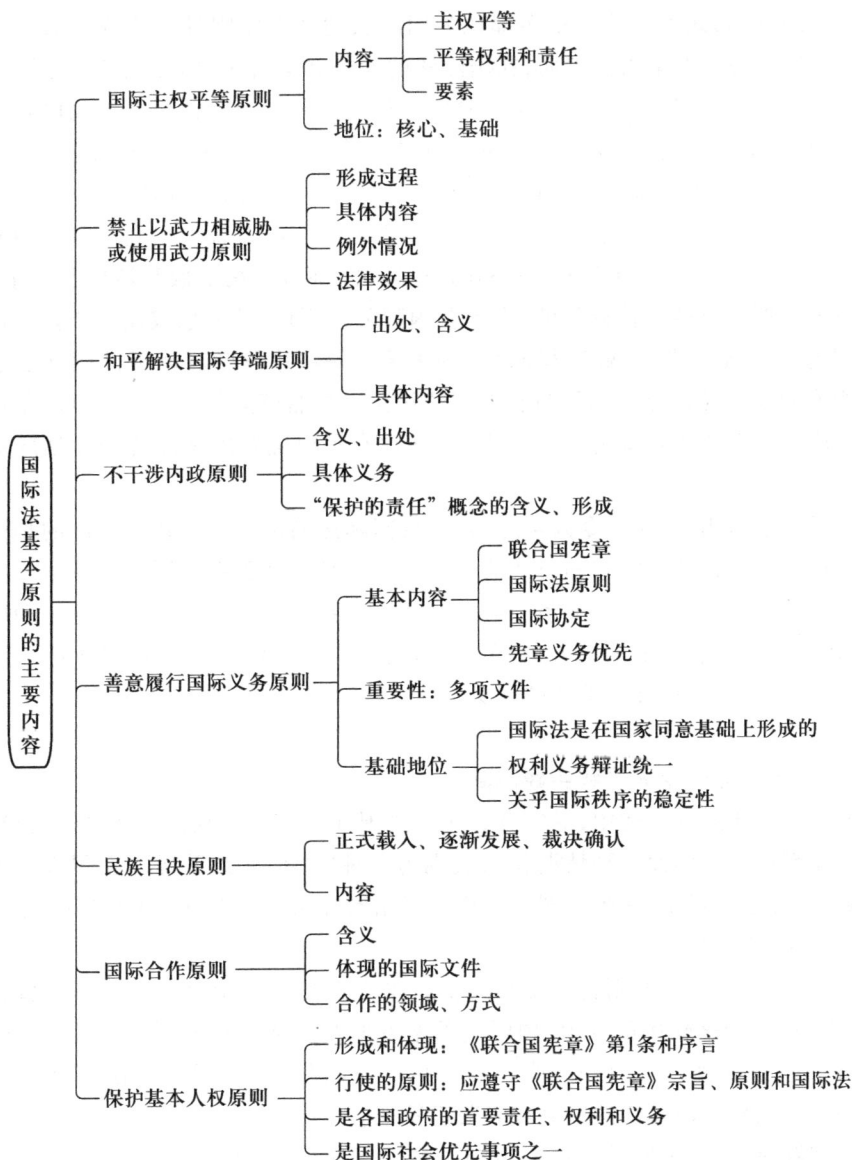

第三部分 重点难点解析

国际法基本原则的地位与作用

（一）关于国际法基本原则的争论与疑问

"国际法基本原则"（fundamental principles of international law）是贯穿于国际法体系的指导性观念，它并不等同于可以被吸收到国际法中的、各国公认的"法律的一般原则"（general principles of law）。很多国际法著作、特别是中国的国际法著作都阐述了国际法基本原则这一概念，有些著作从对应"特殊原则"的角度，将之称为国际法的"一般原则"，有些学者甚至直接对

于这一问题进行专门的阐述,此类论述中很多都认为国际法的基本原则具有普遍的对于国际法的行为体和国际法律事务的约束力。然而,在国际法的操作和运行中,国际法基本原则被真正运用的机会为数甚少。这种实践中的边缘化现象使得很多国际法论著甚至不讨论国际法基本原则的问题。例如,奥本海的《国际法》、马尔科姆·肖的《国际法》、扬·克拉贝尔的《国际法》等重要英语国际法通论性著作都没有讨论这一问题;罗萨琳·希金斯的国际法通论性著作《问题与进程:国际法及其使用》一书讨论了习惯和国际组织的决议,却没有提到国际法的原则(包括基本原则和一般法律原则)。伊恩·布朗利的《国际公法原理》第七版简洁地分析了"国际法的一般原则";詹姆斯·克劳福德修订的《布朗利国际公法原理》第八版仅用一小段讨论了"国际法一般原则"与各国认可的"一般法律原则"的关系。一些中国学者晚近的国际法通论性著作(教材)也没有对国际法的基本原则进行专门的讨论。虽然英国著名学者罗恩菲尔德对国际经济法的阐述从经济学的比较优势原理出发,但并没有提出统领国际经济法律秩序的基本原则。

这种现象提出了一系列相互连接、令人疑惑的问题:国际法的基本原则在国际法的理论格局和实践过程中究竟处于什么地位? 它和公认的国际法渊源是什么关系? 国际法基本原则在国际关系实践中遇到的问题揭示了国际关系的何种特征? 给我们哪些启示? 有关这一问题的关注和深思,特别是提出有说服力的分析和解释,对于理解国际法体系的现状,对于确立国际法有效讨论的基本话语模式,具有极为重要的意义。

(二)国际法基本原则的理论关注和实践疏离

在对国际法所进行的体系性阐述中,经常会有作者对国际法基本原则展开体系性的说明,有些甚至将其置于关键地位。然而这种情况仅仅表现为一种"思想上的重视",在很大程度上没有转化成为实践,在社会实践中,很少有司法机构真正用国际法的基本原则来解决问题。

1. 国际公法领域对国际法基本原则的研讨

在国际法的成长过程中,基本原则曾经受到高度的评价。例如,早在 1955 年,施瓦曾伯格在名为《国际法基本原则》的著作中就认为,国际法的基本原则是从具体原则和规范中提炼出来的、其他原则赖以建立的原则。应具备三个特征:第一,对国际法至关重要;第二,包含较为广泛的国际法规则;第三,构成国际法的基础或者关键特征。

在探讨国际法问题时,很多中国学者高度重视基本原则。例如,王铁崖教授认为,国际法的基本原则是"那些被各国公认的、具有普遍意义的、适用于国际法一切效力范围的、构成国际法的基础的法律原则"。白桂梅教授撰写的《国际法》中阐述道:"任何一个国家的法律体系都有一些比较抽象的原则,这些原则或者规定在基本法中或者在某个具体领域或更加具体的方面的法律当中,它们构成整个法律体系及其部门的基础,起着指导整个社会的作用。"黄瑶教授主编的《国际法》论及:"每一种法律体系都有某些基本原则,这些原则被视为整个法律体系的基础,并对解释、使用和发展各种法律规定起指导作用。国际法也不例外。"杨泽伟教授认为,国际法的基本原则在国际法上具有特殊地位和重要作用,在此基础上引申发展出国际法的整个体系。多数中国学者认同国际法的基本原则具有各国公认、具有普遍约束力、适用于国际法各领域、构成国际法基础这几个特征。著名的国际法理论家和实践者安东尼奥·卡塞斯在其《国际法》中列出了"治理国际关系的基本原则"一章,并阐述了主权平等、不干涉他国内政外交、禁止使用武力和武力威胁、和平解决争端、尊重人权、人民自决六项基本原则,强调其重要性以及原则作为一个整体的意义。英国学者沃恩·娄的《国际法》以高度重视的态度单设了"国际法律体系的基本原则"一章,而且详细列举和解释了 14 项重要原则。学者们在分析国际法基本原则时,都会高度评价《联合国宪章》第 2 条所确立的一系列原则。认为它们"不仅构成现代国际法基本原则的组成部分,而且构成现代国际法基本原则的核心";这些国际法的基本原则"被各国接受",是当代国际法的基石。

2. 国际法其他领域对国际法基本原则的归纳

这种认可基本原则的方式,也被借鉴到了国际法的其他领域。例如,在经济交往领域的国际法基本原则,同样受到了很多学者、特别是中国学者的关注。中国学者陈安教授明确认为,经济主权原则、公平互利原则、全球合作、有约必守原则是国际经济法的重要规范。与陈安教授非常类似,曾华群教授阐述了"经济主权""公平互利""合作发展"三项国际经济法的基本原则;车丕照教授认为国际经济法的基本原则是"特别的国际经济法规则"、体现国际经济法的基本精神、适用于国际经济法的各个分支、具有强行法性质;并具体列举了国家主权、平等互利、信守约定三项。徐冬根教授提出了"经济主权""公平互利""信守约定"几项普遍接受、调整国际关系并构成国际经济法基础的国际经济法的基本原则;张晓东教授也认为在国际经济法中存在着"国家主权和对其自然资源永久主权""公平互利""国际合作""履行国际义务"等几项原则。余劲松、吴志攀主编的《国际经济法》列举了"国家主权""公平互利""国际合作以谋发展"三项原则。与前者只有轻微的表述差异。王传丽主编的《国际经济法》列举了"国家对天然财富与资源的永久主权""经济合作以谋发展""公平互利"三项原则。在分析国际经济行政法的体系的时候,朱淑娣教授提出了国家经济主权与国际经济合作、权利平等保护与正当程序、比例、诚信、公平等主要原则。类似地,德国学者赫德根教授也认为,在国际经济秩序中,无歧视待遇、主权独立与协调、竞争监督、对发展中国家优待被有些学者解释为开放市场、消除国际贸易与支付往来的限制的基本原则,这样的原则能够达到提高就业水平、增加实际收入、优化生产要素的投入使用的目标。类似地,条约法中有善意履约原则,当代领土法中强调实际控制原则,在对国际环境法的阐述中,很多著述也会列举并阐释污染者偿付、风险预防、"共同而有区别的责任"等原则。

3. 国际法实践界对国际法基本原则的疏离

虽然国际法基本原则被众多学者认真讨论,但是国际司法的真正适用却非常少。1928 年常设国际法院曾认为"违背约定导致赔偿义务是国际法的原则,甚至是法律的一般概念"。这仅仅是**提及**国际法的原则,而不是**适用**。在其他的案件中,国际法的原则的提法就非常少见了。1977 年,英国著名法官丹宁勋爵在裁判案件的时候提出了在司法过程中适用国际法基本原则的主张:"所有国家都对其表示同意,所以它是国际法的一部分。"如果考虑这一案件是丹宁勋爵试图推动英国法从绝对豁免走向相对豁免的关键步骤,那么他此时使用国际法的原则来引领实证法发展的目标就非常清晰了。但是,我们也还没有见到此后的英国法院直接采用"国际法的基本原则"判案的例子。

(三)国际法基本原则在国际法渊源体系中的尴尬地位

国际法的基本原则在实践中应用较少的表面原因,可以推至《国际法院规约》,甚至更早的

《常设国际法院规约》。因为规约中列举了"一般法律原则",却没有提及国际法的基本原则。而一般法律原则与国际法基本原则的关系尚无定论,这导致在讨论国际法律关系的时候,很少会考虑到此种尺度。通过对国际法基本原则与《国际法院规约》中一般法律原则的关系的研讨,可以更清晰地了解国际法基本原则所处的尴尬局面。

1. "一般法律原则"的内涵

《国际法院规约》第38条第1款(寅)项规定了国际法院可以采用的一种渊源,即"一般法律原则为文明国家所承认者"。除了该规定所采取的"文明国家"一词与规约中关于"习惯"的条件界定一样饱受批评之外,正如郑斌早在60年前就揭示的,对于该项规定的内涵也存在着很多不同的主张。有人认为仅限于正义和衡平;有人认为包括各个法系的共同原则;有人则认为既包括国际法的原则也包括国内法的原则;《奥本海国际法》的观点是,这一规定意味着国际法院要适用各国管辖体系内的一般原则(主要是私法领域的原则),需要在国际法中有相应的部分。童金等苏联国际法学者认为,在阶级对立的背景下,各国一致认可的法律原则是很难成立的,而且,在《国际法院规约》第38条已经说明法院应适用国际法的情况下,认为这里应当适用国内法,这种观点是存在矛盾的。在法律活动中,最多只有一些法律共设和逻辑的一般原则,如后法优于先法、特别法优于普通法、不得转移大于自身所有的权利等;瑟尔威(Hugh Thirway)认为,一般法律原则包括三个部分:法律的共同逻辑准则、国际法的一般原则和各国国内法的共同原则。另外有些学者列举了四类原则:(1)大多数法律体系的国内法院接受的法谚;(2)法院为正义地解决争议所需要依据的推理原则;(3)现代自然法;(4)衡平法。当然,最后一种说法过于飘忽,很难让人们对"现代自然法"和"衡平法"这类词汇在跨文化的角度上达成共识。所以,笔者还是更倾向于这样的观点:国家在进行国际法律活动的时候,自然会援引到共同认可和适用的法律原则,但也会按照国际关系对于原则的具体要素进行调整。这些原则主要是从世界主要法律体系中推导出来的。由于国际法主要调整平等的国家之间的关系,所以一般法律原则也主要来自、类比于调整平等私人之间关系的民法制度。南斯拉夫特别刑事法庭在塔蒂奇案中,依据《公民权利和政治权利国际公约》第14条第1款、《欧洲人权公约》第6条第1款、《美洲人权公约》第8条第1款判定"依法成立法院"这一基本法律原则,说明国际法庭可以使用的基本原则应不限于国内法,也不限于私法。由此,可以说,克劳福德的观点是比较适合的:对于"国际法的基本原则"究竟属于习惯法,还是各国承认的法律原则,并无一致和明确的论断,严格界定国际法的渊源是不恰当的。

2. "一般法律原则"的功能

《国际法院规约》第38条第1款(寅)项对一般原则的规定,主要目的在于弥补国际法规则不足而可能存在的漏洞,通过给予法院类比国内法寻找依据的方式,来避免法院无法对案件作出判决的情况(non liquet)。在这一框架下的一般法律原则包括禁止权利滥用、权利失效机制、不当得利、无因管理、诚信原则(包括禁止反言原则)。一般法律原则为解决国际继承所产生的贷款偿还责任问题提供了依据。但是,因为法律原则的确定是不需要国家同意的,所以对于当前主要以欧洲法律文明为基础的一般法律原则的归纳和总结,第三世界国家很难满意,他们认为这种方式是一种特权和不平等。中国学者周鲠生教授并不认为"一般法律原则"构成独立的国际法渊源类型。他认为,一般法律原则的含义不明确。如果认为其属于国际法的基本原则,在国际上并不妥恰,因为此类原则应当包含于习惯(周鲠生教授称为"惯例")和条约这两种渊源之中,不能自成一类;如果认为属于国内法的原则,则只有通过条约和习惯证实已被公认,才能成为国际法的原则,所以无法独立。所以,此种原则仅仅是为国际法院确立一个"比照"的标准、"变通"的方式,而非新立渊源。周鲠生教授还特别提出,一般法律原则并不是在实证法之外提供的"自然法"依据,他认为这只是一部分人的主观思想,不符合现代国际法的正确观点。

国际法院虽然在一些判决中提到了一般法律原则,但是从来没有单独、明示地根据一般法律原则来判决案件。布朗利则认为,国际法院即使采用了一般法律原则,也并不明显地贴上这样的标签。有学者分析,没有这么做的原因大概在于一种忧虑:如果一个国家说明其从未接受此种原则,则法院将陷于被动。

3. 国际法基本原则与"一般法律原则"的关系

理论界和实践界对于"一般法律原则"主要而且首要是各国国内法所认可的原则这一点并无异议,但对于其中是否也包含国际法的一般原则,存在不同的意见。因而,本文所讨论的国际法的基本原则与作为国际法渊源的一般法律原则是不完全相同的。劳特派特等学者认为,国际法上可以使用的一般法律原则应当仅仅是各个国内法律体系所能够总结出来的原则,葡萄牙在国际法院审理的"通行权案"中、马耳他在"突尼斯诉利比亚案"中,都通过对各个法律体系的比较分析而试图说明存在着某些基本原则。无论哪一种观点,都不难发现国际法的基本原则与《国际法院规约》所说的"一般法律原则"的区别:一般法律原则立足于国内法,可能(仅仅是可能)包含国际法的部分;但国际法的基本原则仅限于规范国家之间的关系(如主权平等、不使用武力)。

从这个意义上看,关于国际法基本原则的认可,虽然可以尽量贴近《国际法院规约》中"一般法律原则"的措辞,但鉴于"一般法律原则"自身的应用概率不高,而国际法的基本原则与"一般法律原则"还存在着显而易见的范围差异,所以很难通过这一规定来论证国际法基本原则的适用性。这就导致了国际法基本原则在国际法渊源列表体系的"编外"身份和模糊地位,阻碍了对其在理论上的深入研讨和实践中的推广认同。

(四) 国际法基本原则的技术疏离与强行法的出现

在国际法的渊源体系中,强行法(*jus cogens*)与国际法的基本原则具有诸多联系。对这两个概念的联系与差别的分析,有助于我们进一步理解国际法基本原则的地位和作用。

1. 强行法观念的提出

作为一个在国际法上具有学术基础、也受到国际实践关注的概念,强行法是不能以实证规则改变的规范。针对国际法的绝大多数规范都是约定法(任意法)的状况,一些学者提出,应当存在国家不能以主观意愿和约定而予以改变的规则。它首先由学者提出,而后由重要的国际条约(《维也纳条约法公约》第53条)所认可——虽然并没有严格地采用这一词汇,也没有真正的司法支撑,但是国际社会的关注度很高。强行法的功能在条约法领域获得了广泛认可;有些学者则更进一步认为强行法约束所有国家,任何国家不能以约定而排除之;强行法高于其他类别的规则,构成了国际法的位阶。

2. 强行法与国际法基本原则的相似点

国际法的基本原则与强行法之间的相同点和亲缘关系是很容易发现的。这两个概念的出发点都是从国际社会的伦理角度试图维护国际社会的整体利益,或者说,确立国际社会行为体

"对一切的义务"(obligation *erga omnis*),要求所有的国际关系主体都予以遵守。二者同样在国际法形式合法性(legality)之上强调深度的合法性(legitimacy),同样的在技术细节上比较欠缺。强行法除了在来源上看起来更学术化一些外,在功能机制上、在具体主张与法律技术性之间的关系上,与国际法的基本原则并无明显的差异。如果说,国际法的基本原则是通过国际会议、国际文件表达一些政治关切,也就是国际社会的伦理主张的话,强行法无非是从以国际法委员会这一相对专业的机构出发提出的国际社会伦理主张。

故而,国际法上强行法与基本原则在当代国际法律体制中的地位和命运、在国际法运行的实践中必将殊途同归。国际法基本原则已经遇到和将要遇到的问题,强行法正在遇到或者即将遇到。例如,国际法院在意大利诉德国的国家豁免案判决中坚持国家豁免的有关规定,通过将豁免解释为程序规范而绕过了"违背强行法丧失豁免"的主张,等于是给强行法在国际社会的适用作出了极为苛刻的限定,甚至在很多情形下直接隔绝了一些学者所主张的强行法压倒其他规则的强行性。

3. 强行法与国际法基本原则的差异

国际法的基本原则都是强行法吗?从中国学者所主张的国际法的基本原则的特征看,国际法的基本原则符合强行法的要求。有一些国内和苏联学者这样分析国际法基本原则与强行法的关系:基本原则均属于强行法的范畴,但并非所有的强行法都是国际法的基本原则。"无论从条约对缔约国的约束,还是从习惯国际法对各国的约束,或从'强行法'的效力来看,这些基本原则均具有普遍的国际法效力。"一些学者认为,从存在的领域和功能看,国际法的基本原则适用于国际法的各个领域,但强行法可能只存在于个别领域,如禁止奴役、禁止海盗等规则都仅存在于人权和海洋法领域。同样,有些西方学者会认为强行法是国际法基本原则的继承者。但二者无论在内容上还是在功能上都存在很多不同。

但是,关于二者关系的这种论断并不妥当。将所有的国际法基本原则都归于强行法的论断,不仅不符合国际法的实践,而且在法学理论的层面就混淆了原则和规则的差异。首先,二者的功能方式不同。国际法的基本原则更主要的是在立法层面的价值引导和执法、司法层面的价值衡量,而绝不是提供一个泾渭分明的是非、正误的标准。认为原则既然具有宏观指导意义,就必然具有强制约束力,这种观点是一种没有参照执法和司法实践的假想。例如,国家主权平等是国际法的一项基本原则,本身却不是强行法。所以有西方学者提出,只有具有高度规范性的国际法基本原则才能成为强行法。从实践角度分析,最多只能说很多国际法的基本原则和国际强行法是重合的,却不能论断国际法的基本原则都属于强行法。与此形成鲜明对比的是,强行法均属于"规则"领域,至少在设计上,是可以直接适用的。

其次,在起源上,强行法走了一条与国际法的基本原则不同的路径,也就是专业化和技术化的道路。这在很大程度上可以反映出国际法作为一个职业共同体对于专业化、技术化的路径的倾向,以及对于国际法基本原则这种政治性路径的疏离。

最后,二者的功能领域也有很大不同。强行法,从其被普遍接受的用法上看,适用于条约法领域;而国际法的一般原则并不局限于这一领域。强行法广泛应用于国际法律监督、国际司法的主张,仅仅是理想主义国际法学者的一种愿望,而不是真实的情况。与此同时,如果我们去列举国际法基本原则和强行法各自的范围,就会发现,强行法的内容更多来自国际法委员会和学者的枚举,至今尚无公认的列表;而国际法的基本原则则被很多国际法律文件所议定,大体内容比较确定。有些学者试图在国际法的原则领域列举更丰富的表述,这种做法似乎尚未被普遍接受。

(五) 国际法基本原则的道德诉求与政治困境

为什么很多学者会忽视国际法基本原则,不将它视为有效的国际法的一部分呢? 其原因关键在于在国际关系的动态体系中,国际法的基本原则是以政治安排方式出现的道德诉求。而这种诉求遭遇到了以专业技术形式所掩盖的利益倾向的强力阻滞。

1. 以政治决议为表现的道德诉求

《联合国宪章》之后的国际法基本原则大多来自于发展中国家的提倡。原有的国际政治、国际经济规则,很难说具有充分的合理性。如果考虑规范的制定往往都实际上有利于规范的制定者,就不难理解发展中国家在经济、政治、环境上的一系列主张,会更多要求国际法的公平性。对于发展中国家来说,它们不掌握国际事务特别是国际立法的话语权,故而很难通过有效的国际立法程序将它们的主张转化成硬法。它们经常也没有足够的物质实力去通过实践来改变既有的国际规则,确立一种新的习惯国际法。即使它们试图建立起这样的实践,也非常容易被强大的国家所碾压,在技术上予以否证,在实践中设置阻碍,使得相关的尝试走向失败。基于此种背景,发展中国家在国际关系的场域中,就只能寻求通过无约束力的国际组织、国际会议决议的渠道来阐明的立场与诉求。所以,发展中国家的伦理主张通过国际会议非正式决议宣示原则的模式,可以称为"道德驱动的政治"。在过去的半个多世纪,从《联合国宪章》第 2 条、和平共处五项原则,万隆会议十项原则,到 1970 年的《国际法原则宣言》,以及力求建立国际经济新秩序的一系列文件,所有的这些原则都是通过一个政治性的过程来实现的。这样的过程主要体现的是国际关系的行为体,也就是国家的政治意愿。

从这个过程上看,国际法基本原则的形成和运转在很大程度上取决于政治力量,虽然不乏法学家的倡导,但这种政治的底色与当代国际法技术化的主导方向产生了距离。国际法基本原则的确立过程是一个国际造法的过程,然而此种过程确实缺乏法律机制予以保障。上述原则的倡导国、参与协商国的倡导、协商过程,充分体现了这个进程的政治性。虽然很多国内、国际立法也是一个政治过程,但这个过程一般有法律技术人员进行前期的准备,例如,联合国大会开放签署的条约常常是联合国国际法委员会长期研究讨论、经历很多特别报告员的报告,再由联大六委分发各国征求意见,然后提交大会通过。这个过程中法律技术起到了关键而重要的作用。这种政治意愿的表述虽然目的确实在于确立良好的国际秩序,甚至一个法治的国际社会形态,但是这些原则都是没有经过法律技术处理的,所以仅仅停留在表述良好期待的阶段,而未能深入和具体。也就是说,它并没有依法律的形式,确立行为方式与后果,而仅仅表达了一种"理想"或者"适宜"的状态。这种政治意愿的表述更适合作为法律的前期思想观念准备,而远非法律自身。

2. 以专业技术为掩盖的利益倾向

如前所述,当代国际法的技术路线与政治的隔阂是国际法基本原则边缘化的深层原因。有的学者提出,国际法原则往往是习惯法的一部分,体现在编纂国际习惯法的条约之中。在现实的国际法律体系中,这些国际法的基本原则大多以国际法律文件的方式被认可,这些文件,除了《联合国宪章》以外,大多属于非约束性文件(软法)。从这些软法的角度看,很多原则是国际社会(至少是一大批成员)试图确立一种新的习惯国际法(普遍国际法)却没有充分形成的形式。

在政治的场域内,作为一个政治权衡的结果,国际法的基本原则很可能并不讨一些国家的喜欢。如那些倡导国际经济新秩序的国际法基本原则,主要由发展中国家倡导,虽然表达了正确的政治理念,但是触碰了发达国家的利益,所以后者参与程度低,遵守意愿差。对于发达国家而言,在经济上破除原来的规则,去重新确立一套对发展中国家予以倾斜和优惠的规则体系,显然是很难接受的。正如中国加入世界贸易组织的进程所显示的,发达国家不仅希望保持已经形成的贸易体制,而且希望其在原有的基础上给予后来者更多的限制(如中国入世议定书关于特别保障措施、中国援引第20条的限制等)。所以,曾经主导过国际法体制的国家想方设法去维护其在原有体系中的利益,不愿意在规则的革新上付出努力,甚至它们会利用其制度优势阻滞新的规范的产生和固化。为了达到这样的目标,它们采取一种技术主义的路径,即通过实证法上的规则确立、规则证明的方式来为其立场辩护,转而主张关于国际经济新秩序的软法文件、基本原则不具有法律约束力,不能确立权利和义务。同样的情况出现在国际环境领域,发达国家基于历史和现实的原因主张发达国家应在气候变化等环境问题上承担更多的责任,发展中国家则由于历史上污染排放量不多,现实中经济能力有限而承担相对小一些的责任。发达国家则不愿意接受这一主张,从法律技术的角度否证发展中国家的主张。在海洋法、外空法等诸多领域,此种情况均有出现。而国际法的话语霸权在于大国,所以大国不支持的原则,在国际法律体系中被提及、被赞同的机会就少。

进入20世纪90年代以后,世界的冷战格局告一段落,发达大国没有必要再通过表面支持国际经济新秩序方面的国际法基本原则来增加本阵营的实力,所以新自由主义的全球化理念马上占据全球范围内国际法的主导地位,国际经济新秩序的主张几乎迅速土崩瓦解。这就说明,国际法基本原则的前途和命运在很大程度上是由政治力量的意愿和消长决定的。

从动态发展的视角看,由于国际法的专业人员对政治安排不熟悉,政治与法律的语言系统不一致,所以国际法的基本原则在国际法组织化和条约法的技术浪潮之中逐渐边缘化,有些领域的作用甚至消失。随着国际法委员会法律编纂活动的开展、国际海事组织(IMO)、世界卫生组织(WHO)、关税与贸易总协定(GATT)及其后继者世界贸易组织(WTO)等国际组织半个多世纪以来的努力,国际法日益专业化、细节化、技术化,条约的适用、习惯的认定就成为国际法实践的主流问题,相对模糊的基本原则的应用空间就越来越狭小。

3. 国际法基本原则技术支撑欠缺的实施困境

正由于此,《联合国宪章》要求保障第2条的宗旨和原则予以实施,但这仅仅是一种保障的期待,而没有任何有效的法律机制作为后盾。而此外涉及国际法基本原则的文件多属软法,自然也很难有法律机制作为有效的保障。这样一来,国际法基本原则就越来越显得政治化,在国际法日趋专业化的背景下,国际法基本原则的地位被边缘化是完全可以理解的。正是因为这个政治过程缺乏法律技术的充分支撑,所以它更多表现一种利益的导向和权力的博弈,最终的形成原则也停留在权力配置和使用的粗疏层面上。在形成原则的过程中,人们不会去进一步细致地安排法律层面的技术问题,即使政治谈判或会议中有法律的专业人员,他们在政治谈判的环境中也不会完全发挥作为法律专家的作用,而必须服从于政治磋商自身的规律。因此,形成的原则必然是抽象的、粗线条的。这些抽象而粗疏的原则在国际关系的具体运行中会遇到一个很难克服的困境:缺乏精确性。在形成原则的过程中,越是抽象的原则,就越是容易获得国际社会各行为体的肯定和支持;但是由于其缺乏法律规范的必要因素(假定、行为方式、行为后果),就难以在具体争议中实施,也很难在国际案件中适用。反之,如果原则变得很细致、贴近法律实施的需要,则这些原则会变得非常烦冗,不仅会伤害到其自身的清晰程度,也会使得国家之间对这些安排存在很多不同的观点和立场,出现矛盾和冲突;这些原则自身的正当性、甚至其存在也会受到质疑。所以,原则非常容易陷入一个悖论:清晰简洁的原则获得支持的概率高,但适用性差;具体细致的原则法律适用性强,但获得支持的概率就会降低。

例如,自卫是一个获得广泛支持的原则,受到了世界上所有国家的认同。但是,具体到自卫的时机、形式、适度性的判断等一系列值得关注的细节、技术问题,各国的观点可能就很难一致。适度的自卫和过当的自卫之间的界限如何划分,是否存在"先发制人"的自卫,至今也没有达成一致。再如,可持续发展是一个世界各国都认可、支持的原则。关于可持续发展的基本主张,如持续性、代内公平、代际公平等获得了国际社会的普遍认同。但是,到了细节问题,国家之间就可能针锋相对,互不相让。欧盟有没有权利将国际航空纳入欧盟碳排放交易体系并征收航空"碳排放税"?世界各国的碳排放承诺人员是否能达到所有国家都能够认可的程度?对于此类问题,国际社会很难有成型的答案。因此,国际法的基本原则在抽象性、政治性这两个核心特征的影响之下,限制了具体实施的范围和司法适用的机会。

(六)国际法基本原则的未来方向

我们必须明确地认识到国际法是与国内法不同的法律体系,它更像是一个宪法式的法律存在,陈述国际关系妥当存续和顺畅运行的一些基本原则。由此对于国际造法具有重要的推动意义。所有的国际法规范都很难像国内法那样有国家强制力保证实施,而更多是示范、倡导;而且并非所有的国际法问题都会经过司法程序,我们并不能论断,在国际司法环节用到的国际法基本原则为数甚少,所以国际法的基本原则就不具有重要性。尽管有着技术化进程中的系列障碍和不足,国际法的原则仍然具有明显的优势:

1. 国际法的基本原则有利于实践中的价值权衡

法律的原则不是规则,它更注重弹性,简洁明晰地确立一种主张;它并不是直接针对问题而确立是非正误的明晰标准,不试图确立非黑即白(all or nothing)、非此即彼(either...or...)的状态,而是可以对不同的立场、因素进行权衡、比较、取舍、妥协;[①]它更强调陈述得出某种结论的理由,提出对某种决定的支持因素,这正是原则的优势和优越性。在国际法上出现争议的问题,一般都属于法律的重大疑难问题,不是在规则的层面就可以解决的,必须通过原则给出一个相对妥当、各国容易接受的结论。如果是在一个基本法律价值都已经清晰、法官的司法理念相对成熟的国家内,法律的基本原则适用的机会不多。在执法和司法进程中,技术性地适用规则和解释规则就足够了。只有在涉及重大疑难案件的时候才需要在基本原则的层面进行考

---

① 法理学上对于原则具有"权衡"意义的讨论,参见[美]罗纳德·德沃金:《认真对待权利》,信春鹰、吴玉章译,中国大百科全书出版社 1998 年版,第 82~94 页;[美]德沃金:《法律帝国》,李常青译,中国大百科全书出版社 1996 年版,第 176 页以后;[美]迈克尔·D.贝勒斯:《法律的原则:一个规范的分析》,张文显等译,中国大百科全书出版社 1996 年版,第 11~14 页。

查、衡量、取舍、辨析。大多数案件不需要基本原则的介入。但是,在基本法律价值尚不明晰的国家和国际社会,完全指望规则来解决纷争既缺乏规则上的可能性,也缺乏理念上的公正性。例如,国际法院 2010 年针对科索沃单方宣布独立合法性案所作出的咨询意见,认为科索沃单方宣布独立的行为只要不违背现有的国际法规范,即属于合法。但是,这种分析却没有考虑国际法中备受关注、非常重要的国家主权与领土完整原则,这样的咨询意见的正当性就是值得怀疑的。类似地,常设国际法院 1927 年针对“荷花号”案所作的判决,认为国际法没有禁止的就是国家的权利与自由,该判决由于没有认真考虑长期存在的“船旗国”管辖原则,同样也受到了批评,而且其所确立的公海船舶侵权事件管辖规则后来被 1958 年的《公海公约》推翻。可以说,这种由技术性安排来架空、拒斥政治性过程的社会效果并不好,甚至违背了很多国家对于国际法的基本理解。相较而言,国际法院在核武器案的咨询意见中,多次提及国际法的原则,虽然没有给出确定的结论,但是确实现实地考量了国际社会的各种情况,在各种原则之间进行了权衡,这种做法实际上是值得认真考量并予以积极评价的。

如果我们清晰地认识国际法作为系统和进程的发展特征,理解其一直在塑造中的未定传统,就不难认识国际法基本原则的存在是国际法系统中一套重要的平衡与稳定器,促使国际法健康发展。

2. 国际法的基本原则有利于补充国际实证法的空白

国际法是初级法,不仅在立法的方式和程序上存在着诸多不够完善的方面,在法律规范上也存在着很多重叠和空白。对于一系列空白,在出现相关的争端时,国际法的基本原则就具有了被法官(仲裁员或者类似的裁断者)考虑并对案件作出裁决的功能。在涉及具体问题时,与其去寻求更加抽象的、可能存在多种解释的“衡平”和“诚实信用”等原则,不如直接寻求国家主权平等、不得使用武力和武力威胁等实体层面的国际法基本原则。从这个意义上讲,在国际法仍然存在着很多缺漏和不足的现状下,基本原则的存在对于法律欠缺情况下的解释和适用具有重要的帮助作用。在具体的规则不清晰、不明确、阙如的时候,法律争端的当事方通过列举和解释国际法的基本原则,可以寻求本方的法律立场依据;裁断者也可以通过对国际法基本原则的援引,针对具体案件,提供较为公允和适当的解决方案。这一点对于国际法的后发国家尤其重要,因为在技术的层面上,这些国家的能力与国际法发达国家有很大的差距,但是在通过伦理的尺度证明原则的合法性(legitimacy)方面,它们的能力并无明显缺陷,所以更多地在国际法规则不明时使用原则,是提升这些国家国际法能力的有效途径之一。

3. 国际法的基本原则有利于促进国际法的体系化

国际法处于不成体系的碎片化状态。这种碎片化状态不仅由于国际组织结构未能统一化,没有形成一个立法、执法、司法相贯穿的架构体系,更由于国际法律规范自身缺乏明确的相互关系处理的结构性规则。虽然有些学者认为,强行法可以使一些规则归于无效,从而形成一种类似“司法审查”的宪法性体制,但问题在于,不仅强行法的强制性在现实中存在着欠缺,而且强行法使冲突的规则归于无效的主张在实践中的应用也甚少;而且国际社会对于强行法的具体条目远未达成一致。基于这样的情况,笔者认为,能够真正在这个领域发挥作用的就是国际法的基本原则。根据法理学的一般学说,原则之间可能有高低关系,所以有基本原则、一般原则的区分,原则之间是有可能在具体衡量的时候被替代和超越的。例如,“不得使用武力及以武力相威胁”的原则就在特定的情况下被“自卫”和“集体安全”所替代。基本原则可以衡量、比较,然后来对具体的规则进行筛选和排序,只有这样,才能在实践中逐渐形成一个较为完善和明细的法律体系。根据基本原则对国际法的规范进行排序,使之逐渐呈现出一种位阶关系,这是国际法从碎片化走向体系化、从初级法走向高级法的有益路径。

4. 国际法的基本原则有利于指引国际法的大方向

国际法的进步不仅包括前述的权衡价值、补充漏洞、排序规则,还有体系性的发展和进化。这种体系性的发展必须以基本原则为引领和先导,必须建立在价值共识的基础之上。国际法的变化纷繁复杂,但有些基本的问题实际上一直没有变,一些核心的矛盾始终没有变。其中最重要的就是尊重国家的主权与独立,和约束国家的自由与行为之间的平衡。一方面,国家必须建立在尊重国家的人格独立、领土完整的基础之上,否则就失去了其存在的根基;另一方面,必须对国家的行为方式有所约束、行为后果有所评估,否则就失去了其存在的意义。赋权和约束之间的尺度就是国际法的核心命题。要想在这种对立中寻求统一,在这种二元困境中既保证国际法的存在、发挥国际法的作用,又能够有利于国际社会向更加完善的方向发展,就需要国际法的基本原则,在这些原则所确立的国际法价值结构、发展方向和进步目标的基础上,指引国际法的演进,完成从现有法(lex lata)向过程更加科学、内容更加合理的应有法(lex frenda)的发展。此时,长期在国际法体系中处于劣势的国家非常重要,它们能够揭示原有国际法体系的问题和弱点,提出新的国际法原则。在殖民体系走向后殖民体系的进程中,发展中国家倡导人民自决、资源主权的实践已经证实了这一点。在新自由主义遭遇经济危机打击的 21 世纪,发展中国家更有可能为国际法的健康发展提出新的要求。这些要求,或者体现为树立新的基本原则,或者体现为强调某些没有落实的既有原则。无论如何,这种体系性进步一定依赖于基本原则的发展。国际法的基本原则作为预设的前提在指引国际立法和司法论证过程中的指引作用非常重要。

在国际法日益条约化、组织化、司法化的技术浪潮中,能够保证国际法不在细节的丛林中迷失的,能够保证国际法的运作过程不偏离良法和善治轨道的,当属国际法的基本原则和国际强行法这样的伦理尺度。无论理解为自然法在国际场域中的表现,还是理解为政策考量在规范层面的延伸,国际法基本原则与强行法都是不可或缺的。而二者相较,基本原则的重要性更高一些。

由此言之,国际法基本原则的衰落虽然是国际法技术化的一个自然后果,却不是一个值得期许的后果。在实证主义的国际法路径下,国际法可能失去理想、失去方向,难以进步。因而,以中国为代表的国际社会新生力量应当推动国际法基本原则的进一步发展,给国际法原则在国际关系的治理体系、国际法治的建设过程中提供更多的智慧支持和理念引导。

第四部分 习题自测

(一) 单项选择题

1. 最早提出中央集权国家主权学说的是(　　)。

A. 博丹　　　　　　B. 卢梭　　　　　　C. 孟德斯鸠　　　　D. 格劳秀斯

2. 第一次明确表述和确认现代国际法基本原则的文件是(　　)。

A.《马斯特里赫特条约》　　　　　　　B.《非洲统一组织章程》

C.《国际联盟盟约》 D.《国际法原则宣言》

3. 第一个明文规定废除战争作为国家政策的工具,不得使用战争作为解决国际争端方式的条约是( )。

A.《国际联盟盟约》 B.《国际法原则宣言》

C.《巴黎非战公约》 D.《联合国宪章》

4.《联合国宪章》作为当今世界最大的国际组织的法律文件,其本质是( )。

A. "世界宪法"性质的文件 B. 国际法基本原则产生的依据

C. 一个多边性质的国际条约 D. 大国操纵国际政治的产物

5. 和平共处五项原则在现代国际法上的意义之一在于( )。

A. 它是中国单独对现代国际法的贡献

B. 这些原则是中国与其他国家共同提出的新的国际法基本原则

C. 这些原则大多强调"相互"的概念,体现了国家权利和义务相一致的特点

D. 这些原则与《联合国宪章》第 2 条所列各项原则完全一致

6. 善意履行国际义务的原则源于( )。

A. 国际道义 B. 善良原则 C. 主权自限 D. 条约必须遵守

7. 宣布和确认民族自决原则的国际法文件有( )。

A. 1965 年《关于各国内政不容干涉及其独立与主权之保护宣言》

B.《联合国宪章》

C. 1962 年《关于自然资源永久主权的宣言》

D. 1960 年《给予殖民地国家和人民独立宣言》

8. 从国际法角度看,( )是国际法的基础。

A. 核不扩散原则 B. 基本人权原则 C. 国际管辖权原则 D. 国家主权原则

9. 和平共处五项原则是( )倡导的。

A. 中国 B. 中国和印度 C. 中印、中缅 D. 亚非会议

10.《联合国宪章》( )规定了联合国及会员国应遵行的原则。

A. 第 2 条 B. 序言 C. 第 1 条 D. 第五章

（二）多项选择题

11. 国际法上的平等是指( )。

A. 法律上的平等 B. 实质上的平等

C. 形式上的平等 D. 任何国家都不得谋求特权

12. 国家主权具有下列哪些属性? ( )

A. 不可分割

B. 不从属于外来意志且神圣不可侵犯

C. 国际法赋予国家

D. 不断发展变化

13. 下列哪些体现了国际法中的主权平等原则? ( )

A. 各国缔约时的"轮签制"

B. 国际会议排序采取对称、圆桌、抽签或字母排序

C. 外交礼仪待遇和外交代表彼此的平等

D. 国家在外国的司法豁免权

14. 根据《建立新的国际经济秩序宣言》,每个国家享有充分的永久主权对象是（　　　　）。

  A. 领土   B. 全部财富   C. 自然资源   D. 经济活动

15. 联合国通过的关于国际法基本原则的国际文件有（　　　　）。

  A.《国际法原则宣言》

  B.《各国经济权利和义务宪章》

  C.《给予殖民地国家和人民独立宣言》

  D.《关于各国内政不容干涉及其独立与主权之保护宣言》

  E.《联合国海洋法公约》

16. 不得使用威胁或武力侵害任何国家原则是指国家在其国际关系上不得（　　　　　）使用威胁或武力。

  A. 为侵害任何国家领土完整的目的

  B. 为侵害任何国家政治独立的目的

  C. 为任何政治目的

  D. 以与联合国宗旨不符之任何其他方式

  E. 为索取债务

17. 常见的干涉形式有（　　　　　）。

  A. 武装干涉   B. 经济干涉   C. 文化干涉

  D. 军事干涉   E. 电波干涉

18. 下列属于《国际法原则宣言》中七项原则的是（　　　　）。

  A. 互相尊重主权和领土完整   B. 不使用武力威胁或使用武力

  C. 和平解决国际争端   D. 各民族权利平等与自决

19. 国际法基本原则的特征包括下列哪几项?（　　　　　）

  A. 各国公认   B. 经联合国确定

  C. 构成国际法体系的基础   D. 具有强行法性质

  E. 适用于国际法律关系所有领域

20. 下列哪些表述构成国家主权平等原则的要素?（　　　　　）

  A. 各国在法律上平等

  B. 每一国家享有充分主权所固有的权利

  C. 国家不分大小强弱事实上平等

  D. 国家的人格、领土完整与政治独立受到尊重

  E. 各国在国际秩序中应善意履行其国际义务与责任

21. 20 世纪 90 年代以来西方理论界出现的否定和弱化国家主权的思潮包括（　　　　　）。

  A. 有限主权论   B. 相互依存论   C. 主权过时论

  D. 人权高于主权论   E. 联合主权论

（三）简答题

22. 简述不干涉内政原则的意义。

（四）论述题

23. 论述和平共处五项原则在国际法基本原则中的地位。

第五章　国际法的主体

（一）熟悉

1. 20世纪以来尤其是两次世界大战以后,国际关系的复杂性如何推动国际法主体范围的扩大?

2. 国际组织的法律人格已获广泛承认和接受,表现在哪些方面?

3. 按照"固有权利说""授权说"理论,国际组织在什么范围内具有法律人格?

4. 争取独立民族的国际法主体地位的确立,体现在哪些方面?

5. 自然人的国际法主体地位的发展经过。

6. 法人的国际法主体地位问题出现的主要原因。

（二）掌握

1. 国际法主体的概念和构成要件。

2. 国家在现在和将来是否是国际法主体? 居于什么地位?

3. 从其在国际上的权利能力和行为能力来看,国际组织是否有法律人格?

4. 从权利能力和行为能力来分析,争取独立民族是否是国际法主体?

5. 除了实证法学派认为个人绝不可能享有国际法律人格的传统观点之外,现代理论大致有哪三种?

6. 非政府组织应否具有国际法主体地位?

（三）理解

1. 关于国际法主体应具备的条件,国内外学者大致有哪些看法?

2. 关于国际法主体范围的看法,一般与哪几个要素有关?

3. 18世纪以前的早期国际法时期,对于国际法主体范围的理论和实践如何?

4. 18、19世纪的实在法时代,关于国际法主体的理论和制度如何?

5. 国际组织法律人格问题出现的历史背景。

6. 争取独立民族的国际法主体地位的法律基础。

7. 民族自决权作为实在法权利的确立过程。

8. 我国学者对个人国际法主体地位认识的发展过程。

9. 国家与外国公司所签契约的性质以及此时外国公司的国际法主体地位问题。

10. 国际联合企业的国际法主体地位问题。

（四）难点

1. 从国际法基本主体和非基本主体的区分依据,理解国家是最主要的国际法主体。

2. 跨国公司的国际管制和国际法人格问题。

3. 个人在国际法上的地位问题。

第二部分　知识结构图

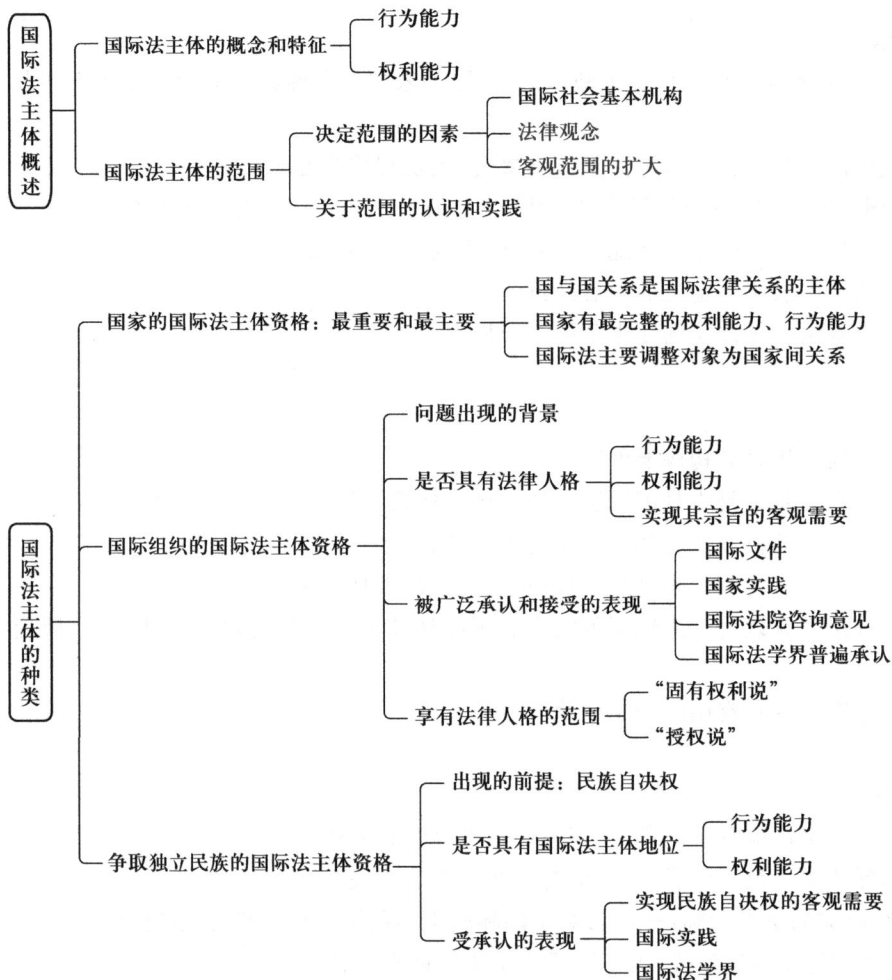

```
                              ┌─ 历史沿革
          ┌─ 自然人作为国际法的主体问题 ─┤        ┌─ 传统说：个人绝不可能
          │                   └─ 不同理论 ─┤─ 激进说：只有个人是国际法律人格者
个人        │                              │─ 折中说：特定场合中个人是主体
的         │                              └─ 保守说：个人主体地位未定论
国         │
际  ───────┤                   ┌─ 一般情形：与自然人相同；折中说；实践更薄弱
法         │                   │        ┌─ 非政府组织的国际法主体地位
地         │                   │        │─ 跨国公司的国际管制
位         └─ 法人作为国际法的主体问题 ─┤        │
问                             └─ 具体争议 ─┤─ 国家与外国公司的"国际契约"性质
题                                      └─ 国际联合企业的国际法主体地位
```

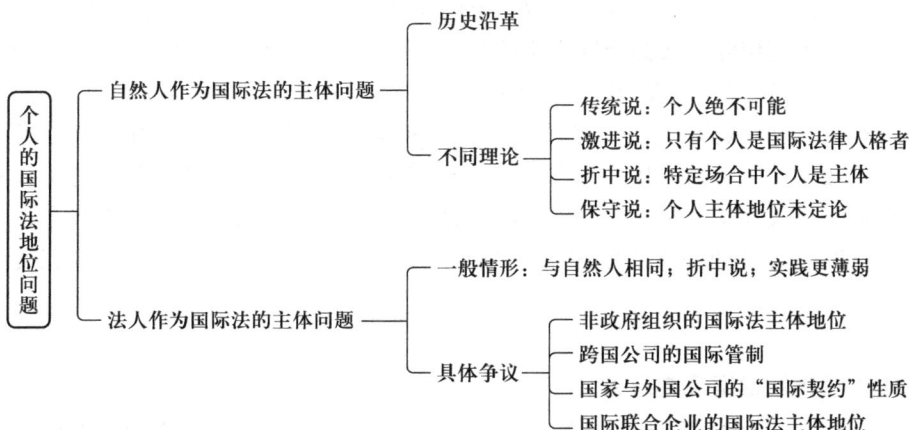

第三部分　重点难点解析

一、国际法主体的界定标准及其内容[①]

（一）问题的提出

在我国国际法学界论及国际法主体问题时,众多学者都有一个一致的认识,即国家、政府间国际组织和争取独立的民族是国际法的主体,个人不是国际法的主体。而支持这一认识的对国际法主体的界定标准通常也从下列三方面加以规定:第一,独立进行国际交往和参加国际关系;第二,直接承受国际法上的权利和义务;第三,进行国际求偿。这里将以有关国际法主体特别是个人的国际法主体资格的学说争论、在执行联合国职务时遭受损害的赔偿案(以下简称联合国损害赔偿案)以及相关国际条约的规定等作为素材,对国际法主体的界定标准及其内容进行考察,以对上述认识的再思考提供一个应有的实证分析的过程,理解该认识的错误所在,并明确对认识国际法主体至关重要的界定标准和国际法主体的具体内容。

（二）有关国际法主体的学说争论

在国际法上,19世纪末随着实在主义法学取代自然主义法学获得统治地位,国家被视为国际法的唯一主体,而个人只被视为国际法的客体。但是,第一次世界大战后兴起的社会连带法学派向实在主义法学提出了挑战,从法的最终目的或内在价值即保护个人的权利和利益的视角,否认国家的国际法主体资格,并认为个人才是国际法的唯一主体。社会连带法学派的这一主张虽然对法的目的或价值与法律主体间的关系方面存在理解上的偏差,即承认保护个人的权利和利益为法的目的或内在价值,并不意味着个人就应该是国际法的唯一主体。但是,由此引发了对国际法主体问题的争论。第二次世界大战前后,这一争论分别以国际法的性质和以规定个人的国际法上的权利义务的实体法规定为其根据展开。从国际法性质的视角认识国际法主体的主要是苏联国际法学者,他们认为国际法是主权国家间的法,国家是国际法的唯一主

[①]　辛崇阳:《对国际法主体的界定标准及其内容的再思考》,《比较法研究》2006年第4期。

体,承认个人的国际法主体资格与以规定主权国家间关系为主的国际法本质相矛盾,而且认为这将破坏国家主权,为使国际法成为帝国主义的"世界政府"的"世界法"和"人道主义干涉"提供理论根据。而从国际法规定个人的国际法上的权利义务的视角认识国际法主体的主要是一些西方国际法学者。他们认为只要国际法(国际条约和国际习惯)使个人享有权利并承担义务,就意味着个人成了国际法的主体。国际法的主体资格并不是以承受者的名义提出权利请求或实施强制,而只要权利义务是为个人创设的且属于个人就足矣。由此可见,上述争论其实是对国际法主体的认识是依据国际法的性质,还是依据一个规定个人国际法上的权利义务的标准之争。

(三)联合国损害赔偿案及其意义

1949 年国际法院的联合国损害赔偿案咨询意见,在确立包括联合国在内的政府间国际组织的国际法主体资格方面是一个极其重要的判例。对于因联合国官员在耶路撒冷的犹太人控制区内遭到暗杀的事件,由联合国大会向国际法院提出的咨询,即联合国代表执行职务时,在涉及国家责任的情况下受到损害,联合国作为一个组织是否有能力对应负责任的法律上或事实上的政府提出国际请求,以便就联合国和受害人或经其授权的人员所受的损害取得应有的赔偿问题上,国际法院就联合国的国际法主体资格问题,在其咨询意见中认为:要确定联合国是否具有提出国际请求的能力,首先必须确定《联合国宪章》是否赋予了联合国以其会员国必须予以尊重的权利,换言之,首先必须确定联合国是否具有国际人格。由于《联合国宪章》对这一问题没有任何明确的规定,因此,必须考虑《联合国宪章》想要赋予联合国哪些特性。法院认为联合国是国家集体活动逐渐增加的产物,为了实现其目的和宗旨,它必须具备国际人格。从《联合国宪章》的规定来看,它并不限于使联合国仅仅成为"协调各国行动"的中心,而是为它建立了机关,设定了具体任务,并规定了它和它的会员国之间的权利义务关系。联合国和有关国家缔结条约和它在广泛领域内负有重要政治使命的事实也证明它和它的会员国具有明显不同的身份。鉴于联合国预期行使和享有且事实上正在行使和享有的职能和权利只能在它具有大部分国际人格和国际行为能力的基础上得到解释,法院得出结论,联合国是一个国际人格者。不过,这并不是说联合国是一个国家,或者说它与国家具有相同的法律人格和权利义务,也不是说它是一个某种意义上的"超国家"。这甚至并不意味着它的所有权利和义务都是国际性的,只是说它是一个国际法主体,能够享有国际法上的权利和承担国际法上的义务,并有能力通过提起国际请求来维护它的权利。

国际法院的该咨询意见除上述在确立包括联合国在内的政府间国际组织的国际法主体资格方面外,实际上在认识国际法主体的界定标准方面同样是一个极其重要的判例。第一,国际法主体不能以国际法的性质为根据来确定。因而,建立在该认识之上的长期统治国际法的"国家是国际法的唯一主体"的主张被宣布终结。此外,一方面使注重实定国际法的发展,承认除国家外政府间国际组织和正在争取独立的民族为国际法主体;另一方面,使无视实定国际法的发展而不承认个人的国际法主体资格的主张陷入了一种不能统一地适用规则的困境。第二,在国际法主体不能以国际法的性质为根据来确定的情况下,联合国损害赔偿案宣示了国际法主体的界定标准。"只是说它是一个国际法主体,能够享有国际法上的权利和承担国际法上的义务,并有能力通过提起国际请求来维护它的权利。"这便是从权利能力和行为能力方面来确定国际法的主体。这也是包括国内法在内的对法律主体的一般界定标准。这一界定标准也否定了上述以国际法是否规定个人的权利义务作为确定个人的国际法主体的标准。实际上规定个人的权利义务的国际条约除规定个人的国际法上的权利义务外,还可能包括一国对另一国承诺的给予该国国民其国内法上的权利义务。这也是该界定标准缺少明确性的原因所在。

据此,联合国损害赔偿案确立了认识国际法主体的视角和界定标准。对于二战后有关国际法主体的学说争论产生了深远的影响。

(四) 关于个人的国际法主体资格

第二次世界大战后有关个人的国际法主体资格的主流学说,建立在联合国损害赔偿案咨询意见的基础之上。第一,从权利能力的视角要求个人享有国际法上的权利并承担国际法上的义务。第二,从行为能力的视角要求个人通过国际程序来维护其权利,并进一步认为如个人违反国际义务则将经由国际程序受到惩处。

在此基础上,该学说对个人在国际性法庭的诉权、向国际组织的请愿权以及惩处个人的国际程序等国际条约进行了归纳。有关规定个人诉权的国际条约主要有《国际劳工组织行政法院规约》《联合国行政法院规约》和《解决国家和他国国民之间投资争议的公约》等;规定个人请愿权的国际条约主要有《欧洲人权公约》《美洲人权公约》《消除一切形式种族歧视公约》和《公民权利和政治权利国际公约任择议定书》等;规定惩处个人的国际条约主要有《伦敦议定书》及其附属《国际军事法庭规约》《远东国际军事法庭规约》和《防止并惩治灭绝种族罪公约》等。

该学说对个人通过国际程序来维护其权利,违反国际义务时通过国际程序施加惩处要件的规定,有效地克服了上述因只规定个人的国际法上的权利义务而导致界定标准丧失明确性的主张的缺陷。而且,以作为实定法的国际条约的规定为依据,该学说在国际法上拥有了坚实的基础。现在的欧洲单一人权法院的个人诉权的规定以及南斯拉夫国际刑事法庭、国际刑事法院有关对因违反国际义务的个人进行惩处的规定同样也为该学说关于认识国际法主体的视角和界定标准提供了恰当的根据。但是,规定这类国际程序的国际条约尚属少数,而且,根据相关国际条约,也只有在条约规定个人承受了国际法上特定的权利和义务,并通过国际程序拥有了一定的实现该权利义务的能力的情况下,个人才是国际法的主体。所以,个人绝非是国家意义上的国际法主体。

(五) 小结

通过以上考察可以看出:"直接承受国际法的权利和义务"和"进行国际求偿"的界定标准,受联合国损害赔偿案咨询意见的影响,是从权利和行为能力的角度认识国际法主体的界定标准的。但是,"独立进行国际交往和参加国际关系"的界定标准却通过"独立",将"直接承受国际法的权利和义务"和"进行国际求偿"限定在了诸如"派遣和接受外交使节,参加国际会议和国际组织,缔结国际条约等"的国际交往和国际关系中。这实际上是对联合国损害赔偿案所示以权利和行为能力为国际法主体的界定标准的修正。而从这一修正中可以看到被联合国损害赔偿案所唾弃的以国际法的性质作为国际法的界定标准的苏联学说的身影。如果不是本末倒置地将国家先验地作为国际法的主体,而后又以国家为根据规定国际法主体的界定标准的话,"独立"便不应涉及个人成为国际法主体的过程阶段,即国家通过同意受某一国际条约的约束,使其国民(或包括其境内的外国人)直接承受国际法上的权利和义务,并拥有通过国际程序实现其权利义务能力的行为不能成为个人不是国际法主体的理由。所以,"独立进行国际交往和参加国际关系"应包括个人直接承受国际法上的权利和义务并通过国际程序拥有一定的实现该权利义务能力所引起的国际交往和国际关系,而决不应是国家间意义上的国际交往和国际关系。否则,该界定标准就不应存在。换句话说,该界定标准只有在解释成与联合国损害赔偿案所示以权利和行为能力为国际法主体的界定标准相一致的情况下才能存在。如此理解,该"界定标准"的设定存在问题,而这又必然将个人排除在国际法主体之外。但是,如上所述,规定国际法主体的根据取代国际法的性质和国际法规定个人的权利义务的标准,出现了一个认识国际法主体的新的界定标准,即直接承受国际法上的权利义务并通过国际程序拥有一定的实现该权利义务的能力。而根据这一标准,除国家外,政府间国际组织、争取独立的民族和个人都应是国际法的主体。个人虽然不是在所有情况下,但在一些情况下成为了国际法的主体,从实定国际法的角度来看这已是不争的事实。但是,最后需注意的是,国际法上的主体是存在依存关系的,即国家是国际法的原始的、基本的主体,而其他主体都是以某种方式依附于国家,也就是我们通常讲到的次要的、派生的主体。政府间国际组织需在国家同意的情况下才能设立,争取独立的民族是向国家过渡的一个特殊阶段,而个人也是在国家通过国际条约同意的情况下,才拥有国际法上的权利和行为能力而成为国际法的主体。

二、当代国际法发展对于国际法主体的影响[①]

当代国际法发展的一个主要特征表现在国际法调整对象和范围的扩大,即国际法适用范围的全球化和主体结构的多样化。近代国际法发源于西方,从这个意义上说它是欧洲文明的产物,主要适用于欧洲国家之间的关系。正如亨金所承认的,近代国际法"反映着它们(指欧洲国家)的基督教资本主义和帝国主义的利益"。国际法长期是以"欧洲中心主义"为指导思想的。因此,在历史上,国际法也曾经被称为"欧洲国际法"或"欧洲公法"。1899 和 1907 年先后在荷兰海牙召开的两次和平会议都号称为世界性国际会议,目的是推动国际法中战争法规的发展和建立和平解决国际争端的原则和制度。但是,参加第一次海牙和平会议的国家只有 26 个,几乎都是欧、美两洲的国家;参加第二次海牙和平会议的国家增加了,总共有 44 个,但其中也只有 5 个亚洲国家,非洲国家一个也没有。这一情况直到 1920 年国际联盟成立时也没有多少改变。可见,传统国际法具有明显的区域性。

第二次世界大战后,国际关系的一个最主要特征是广大新独立国家的兴起。在当今世界近 200 个国家中,战后新独立的国家约 140 个(联合国成立时是 51 个会员国,加上原轴心国的一些国家,当时约 60 个国家)。这些新独立国家特别是包括中国在内的广大亚、非、拉国家过去长期被排除在适用国际法的国际社会之外,现在都成为国际社会的平等成员,参与国际法的制定,接受国际法的调整。国际社会这种结构的变化不但使作为国家的国际法主体有了大量

---

① 节选自江国青:《论国际法的主体结构》,《法学家》2003 年 5 期,脚注省略。

增加,实际上也使国际法适用范围全球化。当代国际法不再仅仅是欧洲国家间的法律,而是世界范围的国际法。国际法的普遍性是当代国际法的一个主要特征。

其次,从主体结构的种类来看,传统国际法只调整国家间关系,国家被认为是国际法的唯一主体,个人只是国际法的客体。这一观念直到第一次世界大战前还是占主流地位的。如《奥本海国际法》的最初三版中一直主张"由于国际法是基于个别国家而非个人的共同同意,国家是唯一的和排他的国际法主体"。第二次世界大战后,以国家作为单一主体的国际社会结构开始发生变化,国际法的调整对象趋于多样化,从而使传统国际法中以主权国家为唯一主体的观念发生了变化。1955 年劳特派特在其修订的奥本海国际法中就明确提出了"国家以外的其他人格者作为国际法主体"的问题。战后其他一些国家的学者,如美国的杰塞普和凯尔森,法国的卢梭、德国的菲德罗斯、苏联的童金等,也都提出了与劳特派特相似的观点。当代国际法理论一般都不再坚持国家是国际法的唯一主体的说法。但对于在国家之外,到底还有哪些"法律人格者"可以作为国际法主体,以及他们在何种程度上可以作为国际法主体等问题,一直存在不同的看法。

有关国际法主体结构的问题在中国国际法学界也是一个讨论较多的问题,各种观点一直在发展和演变之中。周鲠生教授的《国际法》主张只有国家才是国际法主体,并反对个人可以成为国际法主体的学说。但他的著作脱稿于 1964 年,以后作者因健康原因,未再进行修改。1981 年王铁崖教授主编作为高等学校法学试用教材的《国际法》提出,"主权国家是国际法的基本主体",而基本主体之外,还有"其他的国际法主体",如争取独立的民族和政府间国际组织都具有一定的国际法主体资格。但该书也认为,作为自然人的个人和作为法人的公司、企业等,虽然是国内法的主体,但在国际关系中,它们不具有独立参加国际关系和直接承受国际法上权利义务的能力,因而没有资格作为国际法的主体。李浩培教授的观点是,国际法主体是多种多样的,其地位也各不相同。李浩培教授仔细分析了主权国家和其他各种国际法主体的联系与区别,他说:"主权国家是原始的国际法主体,因为国际法正是由于主权国家的产生而产生的,而其他国际法主体可以称为派生的国际法主体,因为这些主体或者由于主权国家缔结条约而产生,如国际组织等,或者由于主权国家的承认而产生,如交战团体和红十字国际委员会等。主权国家是完全的国际法主体,因为国际法全部适用于它们,它们也享有和负担国际法上的全部权利义务,而绝大部分其他国际法主体只是部分的国际法主体,因为按照它们的性质和职能,国际法只是部分适用于它们,它们也只享有和负担国际法上的部分权利义务。而且在这些其他国际法主体中,有些是特别的国际法主体,即只是对承认它们的主权国家是国际法主体,而对其他国家却不是国际法主体。主权国家除了是国际法主体外,也是创立国际法的最重要的主体,而其他国际法主体或者不参加国际法的创立,或者虽然参加国际法的创立(如联合国和一些其他国际组织),然而其所创立的国际法仍然须经主权国家的批准或同意,才能生效。但是,既然它们都是国际人格者,都有国际法上的权利和义务,只是各个国际法主体的权利和义务能力在程度上有所不同而已。"他所提到的其他国际法主体也包括个人。

三、跨国公司的国际法主体资格①

（一）跨国公司国际法主体资格的现状与理论

跨国公司在国际法上的主体资格问题是随着跨国公司的发展壮大及其在国际社会和国际关系中所发挥的作用越来越重要而被提出的。对于跨国公司在国内法上的主体资格并无争议，但对于跨国公司在国际法上的地位则存在着激烈的争论。

正如多数国际法学者不承认个人的国际法主体资格一样，跨国公司的国际法主体资格也未得到国际法学界的普遍承认。我国著名国际法学者王铁崖教授认为，自然人和法人"在国际关系中，它们不具有独立参加国际关系和直接承受国际法上权利义务的能力，因而没有资格成为国际法主体"。余劲松教授是我国最早研究跨国公司问题的学者，他从跨国公司与特许契约、跨国公司与华盛顿公约以及跨国公司与《联合国跨国公司行动守则》的关系等角度，批驳了跨国公司具有国际法主体地位的观点。他认为，在国际上并不存在国际公司法之类的法律，因此，跨国公司是国内法而不是国际法的产物。无论是跨国公司的母公司还是其子公司都必须根据本国或东道国的公司法之类的法律设立，因此跨国公司是国内法人。既然是国内法人，那么它们的权利能力和行为能力只能取决于国内法的规定，而不能超出国内法的规定。同时，由于它们是国内法人，那么根据国际法的管辖权原则，主权国家具有属地优越权和属人优越权，跨国公司必须服从国家的管辖，基于这种管辖就产生了两个重要的后果：其一，跨国公司没有根据自己的意思独立参加国际关系的能力，它们的意志是以国家的意志为转移的，只能在国家的政策和法律允许的范围内参加国际和国内活动；其二，它们也没有直接承担国际权利和义务的能力，它们只有当国际法成为国内法时才能享有该国际法上规定的某种权利。既然跨国公司缺少作为国际法主体的法律能力，那也就不可能是国际法主体了。此外，余劲松教授还认为，尽管国际上存在许多规定个人和公司的行为的国际法规则，但这并不意味着个人和公司就是国际法主体了，一是因为这些规则一般并不赋予个人或公司权利，二是因为即便当条约明确规定个人和公司应承担某些权利和义务时，实际上也是缔约当事国承担的一种义务，即必须通过国内法给予个人或公司以某种权利和义务，国家是这种权利和义务的直接承担者，而个人和公司仅是间接承担者。最后，余劲松教授从理论和实践两方面分析了跨国公司不是国际法主体也不应该成为国际法主体的原因：从理论上看，把跨国公司作为国际法主体，就会破坏整个国际法赖以存在的基础——国家主权，从而也就破坏了整个国际法的结构，把国际法变成所谓"世界法"；从实践上看，把跨国公司作为国际法主体也与建立国际经济新秩序背道而驰，因为建立国际经济新秩序的重要内容之一是，要改变由跨国公司控制发展中国家的经济、严重影响发展中国家经济和政治独立的不正常现象，强调国家对其自然资源的永久主权，强调国家管理外国投资、管理和监督跨国公司的权利。如果把跨国公司作为国际法主体，就会把跨国公司置于与国家平等的地位，这就为跨国公司逃避有关国家管辖、在世界上为所欲为提供了法律依据。李双元教授和黄惠康教授在其所著的《国际法》一书中也认为法人和个人都不具有国际法主体资格，因为法人不具有独立参加国际法律关系的能力，即使有的公司与有关国家签订契

---

① 节选自迟德强：《论跨国公司的国际法主体资格》，《山东社会科学》2013 年第 1 期，脚注省略。

约,并在契约中规定适用国际法,这种契约也只是调整契约双方当事人的关系,而国际条约调整的是国家之间的关系,两者在主体、适用范围以及生效程序上都有所不同,具有性质上的差别。即使在契约中订有适用国际法的条款,只是属于双方当事人的法律选择问题,契约并不因此具有国际条约的性质,公司(主要是跨国公司)也不因此具有国际法主体地位。否认跨国公司国际法主体地位的学者常常引用 1952 年国际法院对英伊石油公司案的审理作为依据。国际法院在该案的判决中指出,伊朗政府与英伊石油公司间签订的特许协议,"只不过是一个政府同一个外国公司之间的协议","其唯一目的是规定伊朗政府同公司之间有关特许协议的关系,绝不是调整两国政府间的关系",不产生国际法上的权利和义务关系。

然而,随着国际社会和国际关系的变化,特别是跨国公司在国际经济、政治舞台上日趋活跃并发挥着越来越重要的作用,国际法学界尤其是西方国际法学界开始有越来越多的学者提出承认跨国公司的国际法主体资格的观点。《奥本海国际法》第 9 版指出:"各类组织之间严格分界的困难在于政府间组织和纯粹私人的国际组织之间还有中间的一类。这类包括公司和财团,它们的结构主要是属于私法组织的……它们还可能在有限程度内被给予某些国际人格的属性。"该版在论述个人的国际法主体资格时,也暗示了私营公司在有限的范围内也是国际法的主体:"而且,在某些领域,从个人(和私营公司及其他法人)在国际上直接与国家建立法律关系,而且作为个人直接具有来自国际法的权利和义务的事实来看,个人作为国际法主体的资格是明显的。"英国著名国际法学者 M. 阿库斯特也认为:"在 20 世纪中,人们越来越趋向于承认个人 —以及公司——具有某种程度的国际人格。"但他同时认为这个问题是极有争议的:"作为结论,个人或公司的国际法律人格仍然是比较少见的和有限的。"美国著名法学家弗里德曼虽反对私人实体具有像国家一样的法律地位,但却提出,当私人国际公司在其他意义上是私法主体时,为了某种目的,它们同时也能具有国际公法地位,如国际仲裁。因为在这种情况下,"为了协议的解释和适用,政府和外国公司是处在平等地位的同一法律基础上的"。我国学者潘抱存也认为,"到了 20 世纪,由于国际经济关系的迅速发展,人们也倾向于认为个人及公司(法人)具有某种程度的国际关系"。我国还有学者从国际法主体的几个构成要件方面分析了跨国公司的国际法主体地位:一是跨国公司越来越多地参与到国际关系中来,由于跨国公司在国际经济、政治关系及部分国际法领域中所发挥的重要作用,在整个国际关系中扮演着非常活跃的角色,把跨国公司长期排除在国际法主体之外,已明显不适应国际社会的发展变化;二是地区性国际司法实践中已开始出现跨国公司直接享受国际法上权利和承担义务的实例,跨国公司在地区性国际组织中已具有与国家近乎同等的法律地位。还有学者从国际环境法的角度主张跨国公司应具有国际法主体的地位:随着经济活动的全球化,作为国际经济关系重要参与者的跨国公司对全球环境的影响越来越大。跨国公司被认为是过去几十年里发生的重大环境事故的罪魁祸首,是全球环境的主要污染者。面对来自各方面的非难和指责,为了极力避免因自己的不负责任的环境行为而使公司的社会形象受损、避免因给有关国家造成环境损害而遭受惩罚或引发法律诉讼并通过清洁生产工艺获得更多的市场机会,一些有远见的跨国公司开始转变对环境问题的态度,实施绿色经营战略。同时,跨国公司也开始通过国际商会和可持续发展世界企业委员会等主要由跨国公司组成的国际机构有组织地开展环境保护活动,并与有关的国际组织建立了紧密的联系。

（二）对跨国公司国际法主体资格的展望

基于准确反映国际社会和国际关系的现实以及着眼于国际法的未来发展,笔者认为应当承认跨国公司在一定范围内的国际法主体地位。

第一,从参与的国际关系看,跨国公司已经越来越多地参与国际关系中来。尽管跨国公司是依据东道国或母国的国内法而设立的,但跨国公司的经营活动并不局限于一国国内。跨国公司作为一个整体,其战略的制订总是着眼于全球范围。跨国公司的组织架构、股权与控制、内部交易、资金技术转移以及与外界的各种关系都体现了跨国公司的全球战略。随着跨国公司实力的增强,跨国公司对国际关系的影响也越来越大。在 20 世纪 60、70 年代,跨国公司曾一度被发展中国家认为是西方发达国家进行新殖民主义统治的工具。一些大型跨国公司的实力甚至超过很多发展中国家的经济实力。跨国公司的投资、贸易、技术转让等活动对国际经济关系的影响也越来越显著。一些跨国公司为了自身的经济利益,利用各种手段参与到国际关系中,甚至不惜对东道国尤其是发展中东道国的内政进行干涉,最著名的例子就是美国联合果品公司于 20 世纪 50 年代初策划推翻危地马拉阿本斯政府、美国国际电话电报公司于 20 世纪 70 年代初在智利参与推翻阿连德总统的社会党政府、英国石油公司于 1953 年帮助推翻伊朗摩萨德政府等。

第二,跨国公司更多地参与到国际法的制定中,国际法也在很多方面体现了跨国公司的意志。尽管国际法是由国家参与制定,体现了国家的意志,但国家意志实际上代表了国内某些阶层或团体、组织的利益,这一点在有关贸易、投资、知识产权的国际条约里表现得尤为突出。例如,TRIPS 协议的制定,很大程度上是美国公司特别是制药行业公司游说的结果,这些公司迫切需要通过阻止便宜的学名药的流通来保护它们的利润。制药公司不仅在美国而且在全球范围内建立了非常先进有效的施加影响网络,它们权力的基础是其不断增长的经济实力,世界前五大制药公司的总市值是所有撒哈拉以南非洲国家 GNP 总和的两倍。辉瑞公司是世界上制药行业中最大的公司之一,被普遍认为是华盛顿最有影响力的行业游说者。仅在 2000 年,该公司就花费了 340 万美元用于直接游说美国政府,其子公司法玛西亚公司则花费了 370 万美元用于游说。辉瑞公司与 WTO 的主要决策者有着密切的联系通道。此外,辉瑞公司还是美国药物研究与制造商协会的重要成员,该协会是美国最有实力的制药业游说组织,辉瑞和美国药物研究与制造商协会紧密地介入了 TRIPS 协议的拟订。正如辉瑞前 CEO,EdmundPratt 所指出的:"我们联合的力量使我们能够建立一种全球私人行业——政府网络,为 TRIPS 协议的内容奠定基础。"因此,TRIPS 协议最明显的赢家被认为是跨国医药公司,它们通过其在华盛顿和日内瓦的影响力左右着 WTO 的政策。GATS 协议的制订也反映了一些在服务业具有优势的跨国公司的利益。例如,西班牙的恩德沙公司是西班牙国内最大的电力企业、世界第三大能源公司,同时也是拉丁美洲最大的私营跨国电力公司,公司业务范围覆盖三大洲 11 个国家,该公司属于西班牙企业联合体,活动遍及金融、天然气、电力和石油行业。该公司在多边自由化谈判中发挥着巨大的影响力,一直在努力推动能源和金融公司的私有化,尤其是在拉美地区。该公司在欧洲能源游说团体中具有重要影响,其 CEO 是欧洲电力协会的副主席,欧洲电力协会是支持自由化游说组织——欧洲服务业论坛中唯一的能源行业的团体,欧洲服务业论坛则在欧洲 GATS 谈判中居于重要地位。再如,美国的 Halliburton 公司是世界第二大石油服务公司,其经营活动涉足石油钻探、石油管道、炼油厂、输出平台的建设和运营。Halliburton 公司从世界贸易组织服务贸易总协定下的服务自由化及美洲自由贸易区中获得了令人瞩目的利润,该公司通过与服务业游说团体——美国服务业联合会之间的联系,对 GATS 的谈判施加影响。前美国副总统切尼曾任该公司的 CEO,该公司是美国贸易代表服务行业咨询委员会中主要的能源行业代表,一直推动着 WTO 服务贸易总协定下的能源服务自由化。该公司的一位董事与安然公司的一位副总裁共同担任美国服务业游说组织——美国服务业联合会的主席。美国服务业联合会的立场实质上就是行业的立场,包括提议建立一个全新的 GATS 类别以包括整个能源行业,从钻探、石油管道到冶炼和电力输送。GATS 在能源服务业的谈判为像 Halliburton 这样的跨国公司进入到任何在谈判中作出承诺的国家的石油行业提供了更广阔的途径。WTO 总干事肯定了美国服务业联合会在"塑造 WTO 的 GATS 协定中所发挥的主要作用",他认为,美国服务业联合会通过其在世界上拥有的广阔的全球网络和影响力,成功地增加和维护了其成员的利益,更为重要的是在国际论坛里塑造美国政策和推进美国利益方面,从而确保了渐进的全球市场自由化。

　　第三,一些直接规范跨国公司活动的国际法规则越来越多,例如,联合国大会通过的《建立国际经济新秩序宣言》《建立新的国际经济秩序的行动纲领》《各国经济权利和义务宪章》等都对跨国公司的活动进行了原则性规定。联合国拟订的《跨国公司行动守则(草案)》则对跨国公司的权利义务作了更为详细的规定。此外,国际劳工组织制订的《关于跨国公司和社会政策的三方原则宣言》、经合组织制订的《跨国公司指南》、联合国贸发组织起草的《限制性商业惯例的公平原则的多边协议》与《联合国国际技术转让行动守则(草案)》等也对跨国公司的行为规范作出了详细的规定。尽管从严格法律意义上讲,以上这些宣言、纲领、守则、指南等并没有对跨国公司构成法律拘束力,但其所包含的一些原则已经或有可能成为国际习惯法,从而对跨国公司的行为构成约束。此外,联合国人权小组委员会于 2003 年 8 月通过的《关于跨国公司和其他工商企业在人权方面的责任准则》则是有关规制跨国公司行为的准则朝着有法律拘束力的方向所迈出的一大步。除了以上所说的这些文件以外,还有一些采用公约形式的文件,特别是国际劳工组织制订的国际劳工公约以及有关环境保护的国际公约均对公司(法人)的行为规范作出规定,这些公约具有国际法上的效力。从以上所述的这些规定跨国公司权利义务的文件来看,跨国公司已经在某些方面成为国际法的主体。

　　第四,跨国公司在国际法庭(仲裁庭)上的出诉权有了较大进展。1965 年由世界银行倡导的在华盛顿缔结的《关于解决各国和其他国家国民之间投资争议的公约》(简称《华盛顿公约》)建立了解决投资争端的国际中心,该中心的管辖权包括缔约国和另一缔约国国民之间因投资而产生的任何法律争端,该争端经双方书面同意提交给中心。公约第 25 条第 2 款对"另一缔约国国民"的含义进行了解释:"另一缔约国国民"系指具有作为争端一方的国家以外的某一缔约国国籍的任何自然人和任何法人,以及受外国控制的任何法人,双方同意为了本公约的目的,应看做是另一缔约国国民。从以上规定可以看出,跨国公司有权根据双方的事先同意将与缔约国的争端提交解决投资争端的国际中心仲裁,以保护其正当权益。赋予跨国公司以诉权的另一个例子是国际海洋法庭。根据《联合国海洋法公约》第 187 条的规定,国际海洋法庭海底争端分庭的管辖权包括:……(c)第 153 条第 2 款(b)项所指的,作为合同当事各方的缔约国、管理局或企业部、国营企业以及自然人或法人之间关于下列事项的争端:对有关合同或工作计划的解释或适用,或合同当事一方在"区域"内活动方面针对另一方或直接影响其合法利益的行为或不行为;(d)管理局同按照第 153 条第 2 款(b)项由国家担保且已妥为履行附件三第 4 条第 6 款和第 13 条第 2 款所指条件的未来承包者之间关于订立合同的拒绝,或谈判合同时发生的法律问题的争端;(e)管理局同缔约国、国营企业或按照第 153 条第 2 款(b)项由缔约国担保的自然人或法人之间关于指控管理局应依附件三第 22 条的规定负担赔偿责任的争端。由此可见,跨国公司(法人)可以成为海底争端分庭的当事方,有权依法提起有关解决争端的诉讼。此外,北美自由贸易协定在处理争端问题上,不仅有一个传统的国家间的争端解决机制,同时还创设了一个允许跨国公司适用法律诉讼程序的解决争端机制。1994 年成立的国际生态仲裁和调解法院,通过三种方式为国际社会解决生态争端提供服务:一是应有关各方的请求,通过对"紧张"势态的生态法律分析,对双方提供法律咨询;二是对争端各方进行调解,即寻找一种使双方都满意的解决争端的妥协方法,一般是达成彼此自愿执行的协议;三是根据双方共同的意愿,进行完全意义上的仲裁诉讼程序,作出双方预先承认对其有约束力的裁决。国家通过其政府或者主管机关、国际和国内政府及非政府组织、企业和其他经济机构、机关和团体,以及个人和人群,都可以到国际生态法院作为争端方或其他有关方,特别是在获取法律咨询方面。如果一个国家的立法不禁止自己的公民或法人向国际组织寻求法律援助,原则上不排除该国任何有关权利主体向国际生态法院求助的可能性。由此可见,(跨国)公司可以通过国际生态法院解决有关生态方面的争端。

第四部分 习题自测

(一) 单项选择题

1. 现代国际法中,国际法主体包括( )。

   A. 主权国家、国际组织和个人　　　　　B. 主权国家、法人和自然人

   C. 主权国家、国际组织和跨国公司　　　D. 主权国家和政府间国际组织

2. 国际组织作为国际法主体不具有以下哪个特性? ( )

   A. 其权利能力和行为能力是其自身固有的

   B. 其权利能力和行为能力是其成员国通过协议赋予的

   C. 国际组织的职权一般通过组织章程明确限定在一定范围内,因而具有有限性

   D. 国际组织是一种有限的、派生的国际法主体

3. 下列各项中属于国际法基本主体的是( )。

   A. 国家　　　　　　　　　　　　　　　B. 政府间国际组织

   C. 争取独立的民族　　　　　　　　　　D. 非政府组织

4. 按照国际法,本质上属于国家主权管辖的事项都是国家内政,这表明( )。

   A. 内政是一个地域上的概念

   B. 一国在本国境内的行为均属于内政

   C. 一国在本国境内的某些行为也可能是违反国际法的

   D. 一国对他国违法行为的干预构成对该国内政的干涉

5. 主权原则是现代国际法的基本原则之一。下列关于主权的判断,正确的是( )。

   A. 现代国际法中,国家拥有主权的含义就是说其任何行为不受任何拘束和限制

B. 当今全球化的时代,国家主权的内涵主要是人权和国际合作

C. 国家主权在国际法上就是指国家在国内的最高权,即使其在国际关系中是不独立的

D. 国家主权的内容包括国家在遭受外来侵略时,可以使用武力进行自卫的权利

6. 国际法中,下列哪一实体能直接作为国际法上承担法律责任的主体?(   )

A. 国家   B. 个人   C. 跨国公司   D. 国有公司

7. 下列关于国际法主体的说法正确的是(   )。

A. 国际法的主体只有国家

B. 国家,国际组织是国际法的基本主体

C. 个人在特殊情况下也可以成为国际法的主体

D. 国际组织是国际法的非基本主体

8. 国际法上所说的一般外国人包括(   )。

A. 外国专家   B. 外交人员   C. 领事官员   D. 到访的外国元首

9. 国家给予外国人国民待遇时,该外国人(   )享受与该国国民相同的待遇。

A. 在一定范围内   B. 在一切方面

C. 在经济和政治方面   D. 在民事权利方面

(二)多项选择题

10. 现代已经达成共识的国际法主体包括(   )。

A. 国家   B. 争取独立的民族

C. 政府间的国际组织   D. 企业法人

11. 下列关于国际法所调整的对象,表述错误的是(   )。

A. 国际法所调整的对象是国际关系,但国际法所调整的国际关系的内容并不是一成不变的

B. 国际法所调整的国际关系就是指国家间的关系

C. 国际组织在国际社会中所发挥的作用愈来愈大,国家和国际组织的关系成为国际关系的一个重要内容

D. 在当今的国际社会,国家与个人间的关系也成为国际关系的基本内容

12. 甲国是一个君主立宪制的国家,其下列行为中,哪些属于国际法上的国家内政范围,外国不得进行干涉?(   )

A. 甲国决定废除君主立宪制,改用共和制作为其基本政治制度

B. 为解决该国存在的种族间的冲突,甲国通过立法决定建立种族隔离区

C. 甲国决定邀请某个外国领导人来访

D. 甲国决定申请参加某个政府间国际组织

13. 国家一般可以对外国人出境规定某些条件,包括(   )。

A. 出境前必须办理出境手续

B. 出境前应依法付清债务和捐税

C. 外国人的任何财产都不能带出境

D. 外国人了结其民事或刑事诉讼后再出境

14. 下列对于国际法主体的认识不正确的是(　　　　)。

A. 国际法的主体长期没有发生任何变化,总是处于单一主体的阶段

B. 国际法主体与国际社会的基本结构及其变化有关

C. 国际法主体与占据主导地位的法律观念和法律理论毫无关联

D. 国际法客体范围的扩大,对国际法主体毫无影响

15. 作为国家基本权利的独立权包含了两个方面的内涵,即(　　　　)。

A. 自主性　　　　　　B. 排他性　　　　C. 平等性　　　　D. 自卫权

(三) 名词解释

16. 国际法的主体

(四) 简答题

17. 为什么说国家是国际法的基本主体?

18. 简述国家主权的内涵。

(五) 论述题

19. 第二次世界大战后,纽伦堡国际军事法庭和远东国际军事法庭对战争犯罪进行了起诉、审判和惩处,确立了个人负国际刑事责任的原则。结合这些实践,谈谈你对个人的国际法主体资格的认识。

第六章　国际法上的国家

（一）熟悉

1. 国家可以按哪些标准分为哪些类型？

2. 永久中立国的含义、存在条件。

3. 与国家基本权利相对应的概念是什么？国家基本义务与国际法基本原则的联系是什么？

4. 属地管辖权的例外情况。

5. 保护性管辖权的含义、行使的限制（途径）。

6. 普遍性管辖权的含义、行使限制、对象种类。

7. 不得援引国家豁免的情况有哪几种？

8. 国家豁免权的放弃指的是什么？分为哪两种形式？所放弃的是管辖豁免还是执行豁免？

9. 国际法上的承认的方式有哪两种？

10. 对新国家的承认会产生哪些方面的法律效果？

11. 政府承认的法律效果包括哪些方面？

12. 条约继承的实质是什么？一般区分哪两类条约来处理？

13. 国家财产继承的含义，区分不动产处理和动产处理的一般原则。

14. 国家档案继承的含义，一般做法。

15. 国家债务继承的含义，随着国家领土变更情况不同的不同处理规则。

16. 政府继承主要涉及什么？一般规则是什么？

（二）掌握

1. 国际法上国家的概念和构成要素。

2. 单一国的概念和特征。

3. 复合国的概念、形式和各自特征。

4. 独立权的含义、特征、体现、内容。

5. 平等权的含义和表现方面。

6. 自卫权的概念、包含内容、行使的条件限制。

7. 属地管辖权的含义。

8. 属人管辖权的含义，"积极国籍原则"与"消极国籍原则"的区分，"主观属地管辖权"与"客观属地管辖权"的区分。

9. 国家豁免的概念、对象主要针对什么？内容主要包括哪几个方面？

10. 国家豁免的主体的含义和种类。

11. 国际法上的承认的概念和特征。

12. 国家承认的概念与特征。

13. 政府承认的概念与一般发生情形。

14. 国际法上的继承的概念和特点。

15. 国家继承的概念、两个必备条约是什么？国家继承的对象主要包括哪两方面的内容？

16. 政府继承的概念是什么？其与国家继承的区别主要表现在哪些方面？

（三）理解

1. 除了联邦和邦联之外,国际社会还有哪些特殊的国家集合体？

2. 附属国的概念及附属国两种类型的各自特征。

3. 国家的基本权利和派生权利的各自含义。

4. 管辖权的含义在不同角度下都分为哪些种类？

5. 属地管辖权的重要性及表现。

6. 国家豁免原则的发展经过:绝对豁免原则与有限豁免原则。

7. 我国在国家豁免主体问题上的一般理论与实践。

8. 根据内容和法律效力可以将国家承认分为哪两种？

9. 关于国家承认的法律性质和作用,"构成说"和"宣告说"两种理论的不同主张是什么？

10. 国家承认通常发生在哪些情况下？与之相应,不恰当的承认包括哪两种？

11. 政府承认的必要条件一般是什么？与之相对的几种主张（"正统主义""托巴主义""威尔逊主义""艾斯特拉达主义"）与干涉别国内政的关系是什么？

12. 随领土变更的情况不同,各类继承国对条约继承的具体情况是什么？

13. 按国家领土变更的情况不同,国家财产继承的不同规则是什么？

14. 新中国成立后,在政府继承方面的具体做法是什么？

（四）难点

1. 永久中立义务包括哪些方面？与国际法主体地位是否相矛盾？

2. 对本国船舶,航空器内人、物、事件行使管辖的依据是否是属地管辖原则？

3. 普遍管辖权概念对传统国际法豁免权理论的冲击。

4. 我国在对外国国家豁免问题上的实践。

5. 政府承认与国家承认的区别和联系。

6. 条约继承中的"疆界不变更原则"。

7. 国家财产继承中的"所涉领土实际生存原则"。

8. 如何评价政府继承问题上的国家连续性原则。

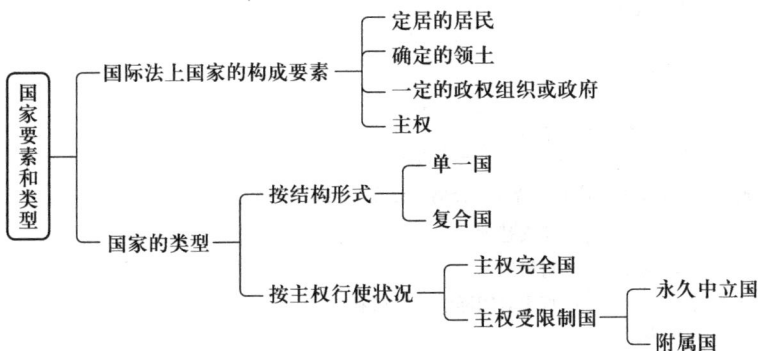

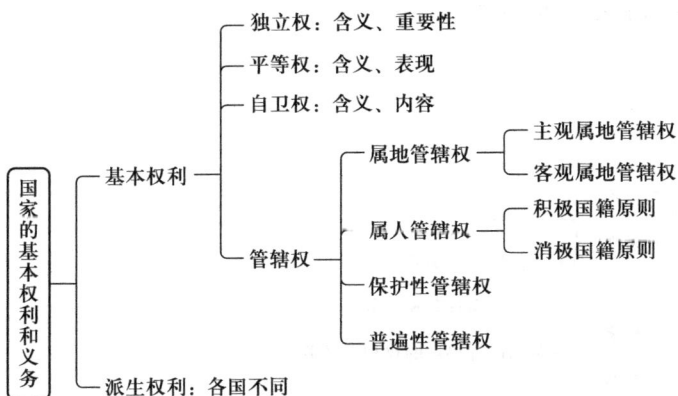

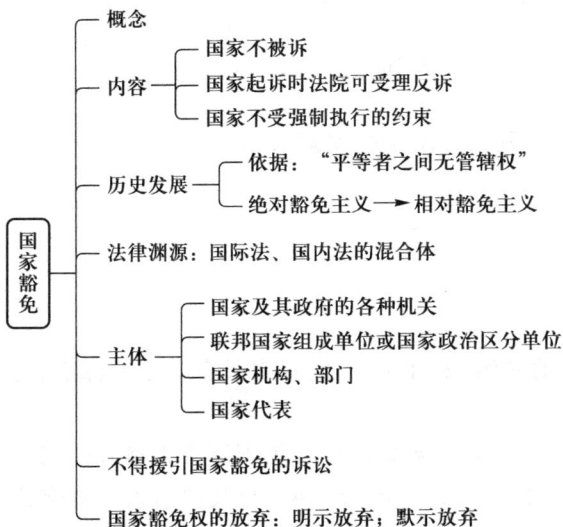

第二部分　知识结构图

国家要素和类型
- 国际法上国家的构成要素
  - 定居的居民
  - 确定的领土
  - 一定的政权组织或政府
  - 主权
- 国家的类型
  - 按结构形式
    - 单一国
    - 复合国
  - 按主权行使状况
    - 主权完全国
    - 主权受限制国
      - 永久中立国
      - 附属国

国家的基本权利和义务
- 基本权利
  - 独立权：含义、重要性
  - 平等权：含义、表现
  - 自卫权：含义、内容
  - 管辖权
    - 属地管辖权
      - 主观属地管辖权
      - 客观属地管辖权
    - 属人管辖权
      - 积极国籍原则
      - 消极国籍原则
    - 保护性管辖权
    - 普遍性管辖权
- 派生权利：各国不同

国家豁免
- 概念
- 内容
  - 国家不被诉
  - 国家起诉时法院可受理反诉
  - 国家不受强制执行的约束
- 历史发展
  - 依据："平等者之间无管辖权"
  - 绝对豁免主义 → 相对豁免主义
- 法律渊源：国际法、国内法的混合体
- 主体
  - 国家及其政府的各种机关
  - 联邦国家组成单位或国家政治区分单位
  - 国家机构、部门
  - 国家代表
- 不得援引国家豁免的诉讼
- 国家豁免权的放弃：明示放弃；默示放弃

```
                ┌ 概念
                │           ┌ 对象：国家和政府
                ├ 特征 ─────┤ 单方面政治行为
                │           └ 产生一定的法律效果
                ├ 方式 ─┬ 明示
        国      │       └ 默示        ┌ 概念
        际      │                     ├ 法律性质和作用 ─┬ 构成说
        法      │                     │                 └ 宣告说
        上  ────┤              ┌ 国家承认 ─┼ 发生的情形：合并、分离、分立、独立
        的      │              │           │          ┌ 建交基础
        承      │              │           └ 效果 ─────┤ 可缔约
        认      │       种类 ──┤                        └ 尊重其国际法上的权利
                └              │           ┌ 概念
                               └ 政府承认 ─┼ 条件：有效通知
                                           └ 法律效果：建交基础

                ┌ 概念
                │       ┌ 主体
                ├ 特点 ─┤ 对象
        国      │       └ 发生原因
        际      │                    ┌ 含义
        法      │                    │       ┌ 合法性
        上  ────┤             ┌ 国家继承 ─┼ 条件 ─┤ 所涉领土有关联
        的      │             │            │       ┌ 条约方面权利和义务
        继      │             │            └ 对象 ─┤ 条约以外事项的权利和义务
        承      │       种类 ─┤             ┌ 含义
                │      (按主体)│             ├ 特点
                └             └ 政府继承 ─┼ 主要涉及对象：条约、财产、债务等
                                           ├ 一般规则
                                           └ 新中国在政府继承方面的实践
```

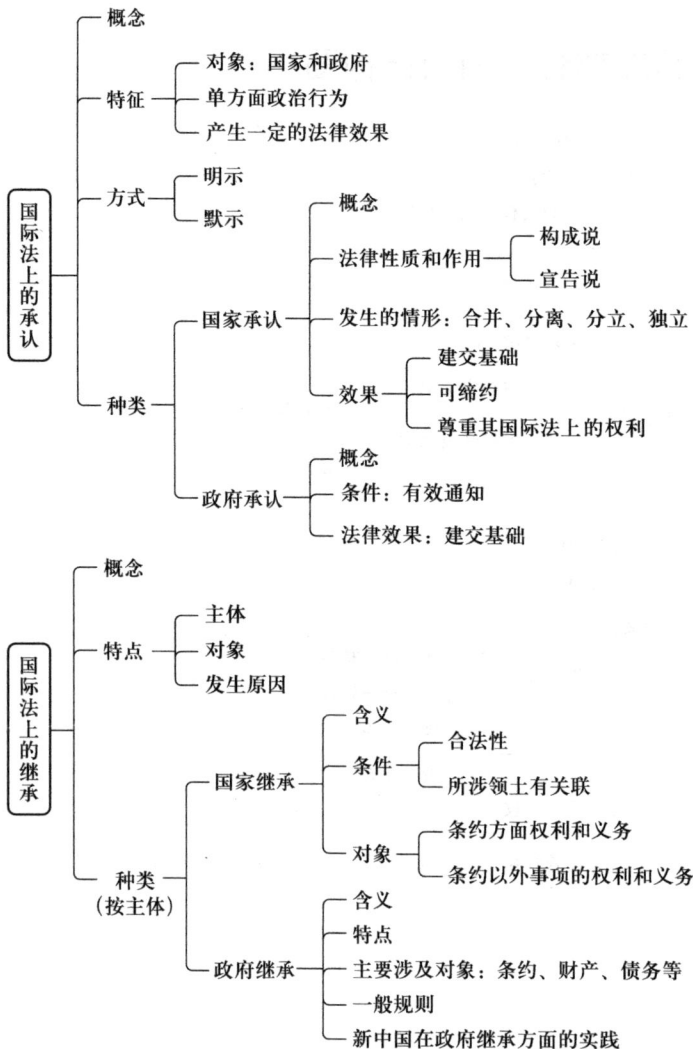

第三部分 重点难点解析

一、国家的要素与类型

（一）国家的要素

国家具有区别于非国家行为体的特定的内涵、属性和特征,只有具备一定的标准、要素和条件的政治实体才可以构成国家。

1933 年《蒙得维的亚国家权利与义务公约》第 1 条规定,"作为国际法人格者的国家应当具备以下条件:(1) 常住的人口;(2) 确定的领土;(3) 政府;(4) 与其他国家从事交往的能力"。该公约是包括美国在内的一些美洲国家之间缔结的,有 20 个签署国,对其中 16 个国家生效,另有 4 个国家没有批准该公约。但是,该公约的表述被认为反映了关于国家构成要素的

公认的习惯国际法。

1. 常住的人口

这是构成国家的自然要求。人口与领土共同构成了国家存在的物质基础,二者一般是不可分离地结合在一起的。构成一个国家的人口在种族、人种、部族、宗教信仰、肤色、语言、历史、文化以及其他方面不必是相同的;人口必须是定居的;人口没有最低数量的要求。

2. 确定的领土

这是构成国家的自然要求。领土包括领陆、领水、领空和底土。领土是人口赖以居住和生活的地方,也是政府控制和行使主权的物质基础。一个国家必须具有固定的领土,但是领土的边界却不必是绝对明确界定的。另外,领土没有最低面积的要求。

3. 政府

国家是一个有组织的政治共同体,作为国家,必须具有一个中央政府作为治理机构对其领土和人口实行有效控制。有效政府只要求存在有效的政府控制,而不考虑一个国家采取何种政治结构和统治形式。有效政府并不是绝对的标准。有些实体在有效政府建立起来之前就已经是国家了,如 1919 年的波兰和 1962 年被允许加入联合国的布隆迪和卢旺达。[①] 一旦一个国家已经建立,即使后来因为内乱、外来侵略或者自然灾难导致秩序崩溃,也不影响其国家资格。

4. 主权或与其他国家从事交往的能力

在国家的四个构成要素中,"与其他国家从事交往的能力"是最重要的也是争议最多的要素,许多国际法学者使用"主权"取代"与其他国家从事交往的能力"这个说法。[②] 当一个已经具备了前三个要素的实体不能与他国建立任何关系或者不享有主权时,它作为国家的资格就是值得怀疑的。之所以国际法强调国家需要具备这个要素是为了区别于国家内部的行政区划或联邦国家的成员。但是历史上存在过的被保护国,其将某些内政或外交职能交给另一国行使的仍被视为国家。

同时,在判断一个新产生的实体是否构成国家时,这些要素的适用往往比较严格,但是,一旦一个国家既已存在,一个或几个要素的不满足或存在严重缺陷并不必然导致其丧失国家资格。布朗利认为,这四个要素只是进一步分析构成国家的法律标准的起点,在具体情形下,这四个要素可能既非全部必要,也非完全充分。[③]

(二) 国家的类型

国际法对国家的形式没有要求,国家的结构和组织形式由国家自己决定,所以按照不同的标准可以把国家分为不同的类型。其中,最主要的分类方式是按照国家的结构形式,把国家分为单一国和复合国,其中复合国又包括联邦和邦联这两种主要形式,以及英联邦和法兰西共同

---

① James Crawford, *Brownlie's Principles of Public International Law*, 8th ed., Oxford: Oxford University Press, 2012, p. 129.

② 参见[英]詹宁斯、瓦茨修订:《奥本海国际法》(第一卷第一分册),王铁崖等译,中国大百科全书出版社 1995 年版,第 92 页。

③ James Crawford, *Brownlie's Principles of Public International Law*, 8th ed., Oxford: Oxford University Press, 2012, p. 128.

体等特殊的国家集合体。按照主权是否受到限制,把国家分为主权完全国家和主权受限制的国家,前者是国家的常态,而后者则是特例。

此外,还有一些特殊国家,如马耳他教团、罗马教廷和梵蒂冈。马耳他教团尽管没有属于自己的领土,也没有永久居住的人口,但教团是一个主权者且在实践中被作为国家来对待。事实上,罗马教廷和梵蒂冈是对同一个实体的不同称谓。1929 年的《拉特兰条约》解决了梵蒂冈的法律地位,即意大利承认梵蒂冈是独立国家,并承认教廷对外拥有主权的特殊性质。如今,罗马教廷已经是众多国际条约的缔约方,并且具备联合国的永久观察员身份。

二、国家的基本权利

国家的基本权利不是国际法赋予的,而是国家固有的。因此,所有主权国家享有的基本权利是没有差别的,从而区别于国家的派生权利。《国家权利与义务宣言》将国家的基本权利概括为四项:独立权、平等权、自卫权和管辖权。这一概括反映了国际法学界在这一问题上的一般看法。

(一) 独立权

独立权具有独立自主和不受干涉两个基本特征,其具体内容包括如下三点:首先,国家有权决定自己的政治制度,自由发展自己的经济、社会和文化;其次,国家自主地行使一切合法权力,任何其他国家或组织不得对其发号施令;最后,国家在其管辖下的领土范围内排他地行使所有国家职能。

独立是国家最显著的特征,因此,独立在很多时候被认为是主权的同义词。因此,国际法上的一些基本原则都是维护国家独立权的,例如,不干涉内政原则、平等原则、不侵犯原则等。

(二) 平等权

国家是主权的,因而是平等的。平等权主要是指国际社会的成员,不论大小、强弱、社会制度和发展水平,都不能在法律上将其置于不利地位,所有国家一律平等。国际法上的许多原则、规则和制度都是保障平等权的,例如,国家主权豁免、各国外交代表的特权与豁免、国际会议或国际组织中的代表权和表决权、条约签字时的"轮署制"等。

这里需要注意的是,平等权主要指法律地位上的平等。事实上,各国在政治、经济等各方面的发展很不平衡,国与国之间的力量对比有时甚至相差悬殊,因此如何保障所有国家在法律地位上的平等,一直是一个需要持续关注的问题。

(三) 自卫权

自卫权是指国家为了维护自己的生存和安全,维护自己的主权和独立,有权采取国际法所允许的一切措施保全自己。广义的自卫权包括两方面内容:国家进行国防建设的权利,以及国家在受到外国武力攻击时实施单独或集体自卫行动的权利。后者又被称为狭义的自卫权,其行使受到严格的条件限制,具体包括:(1) 国家只有在受到武力攻击的情况下才可以行使自卫权;(2) 自卫行动必须在安理会采取维护国际和平与安全的必要措施之前结束;(3) 联合国会员国采取的自卫行动需要向安理会报告;(4) 自卫权行使的武力限度是遵守必要性和相称性原则。

（四）管辖权

管辖或称管辖权是指国家根据国际法规则调整或影响人、物、行为及事项的立法、行政执行及司法裁判的权力。管辖权是国家主权的基本属性和具体体现，反映了国家主权原则、平等原则和不干涉内政等基本原则。国际法上的国家管辖权主要涉及具有国际因素的情形，尤其是发生在或位于国外的人、物、行为以及事项。国际法上的国家管辖权也牵涉到国内法上的国家管辖权，国际法决定国家可以采取各种形式的管辖权的可允许程度，而国内法则规定国家在事实上行使它的管辖权的范围和方式。

在国际法上，管辖权是属地性的，但是这不足以处理现实存在的所有情形，所以，国家行使管辖权的基础有四个，包括：属地管辖权、属人管辖权、保护性管辖权、普遍性管辖权。除非承担了条约上的义务，否则，国际法并不课以国家必须行使管辖权的义务，国际法只是允许国家基于各种理由行使管辖权。

1. 属地管辖权

属地管辖权，又称领域管辖权、属地优越权或属地最高权，是指国家对本国领域内的一切人、物和发生的事件，有行使管辖的权利，除非国际法另有规定，属地管辖权优越于其他三种管辖权。领土主权有两层含义：一是国家对领土的所有权，二是国家对领土的管辖权（属地管辖权）。属地管辖权有三个要点：

（1）属地管辖权行使的范围是领土，包括领陆、领水、领空和底土。从国际法的实践看，一国对其领土范围内的人、物和事项进行管辖，不仅便利，而且能够有效地掌握和控制案件的处理进程。同时，属地管辖能够便利诉讼程序的进行，而且，行使管辖的国家往往是直接受到犯罪行为不利影响的国家。

（2）属地管辖权管辖的对象是领土、人、物、行为或事件。首先，对领土本身的管辖主要是指对领土内一切自然资源的利用、边界的管理、对领空的管辖、对内水领海的管辖等。其次，对人的管辖包括对领土内本国人和外国人的管辖。对外国人的管辖主要涉及出入境管理制度、外国人在境内的居留制度、外国人的待遇、一国对处于本国境内的人是否向他国引渡和给予庇护等。最后，对行为或事件的管辖要求行为或事件本身发生在本国或者行为或事件的后果及于本国。在实践中，属地管辖权又分为主观属地原则（主观属地管辖权）和客观属地原则（客观属地管辖权）。主观属地原则是指对于在本国开始而在国外完成的犯罪行为行使管辖。普遍接受的则是客观属地原则，即只要犯罪的任何一项实质性要素是在法院地国家领土上完成的，该国就具有管辖权。在反垄断法的域外适用中，客观属地原则又被称为"效果原则"。这一原则最早是由美国在反垄断法中采取的，曾经受到许多国家抗议。但是，目前，许多国家的反垄断法都规定了基于效果原则的域外管辖。

（3）"除非国际法另有规定"是对于属地管辖权的限制和例外规定，具体体现主要有：

第一，平等者之间无管辖，属地管辖权不适用于本国境内享有特权与豁免的外国人（如国家元首和外交代表等）和财产（如外国国家、国际组织的财产，使领馆、外交官的财产等）。

第二，领土主权的限制，如共管、租界、国际地役等限制。

第三，在利用边境土地、界水等方面的限制。

第四，领海无害通过权的限制。

第五，一国对本国境内的外国人给予庇护也要受到国际义务的约束，例如，不能给予犯有国际罪行的人以庇护。

第六,本国人不引渡原则也是对属地管辖权的限制。

2. 属人管辖权

属人管辖权,又称国籍管辖权、属人优越权或属人最高权,是指国家对具有其本国国籍的人实行管辖的权利,而无论该人在国内还是在国外。在实践中,属人管辖权主要是基于国籍,但也被扩展到基于居住、忠诚、曾经的国籍、双重国籍等的管辖。

与属人管辖原则(积极国籍原则)相对的是消极国籍原则(又称被动国籍原则),即法院地国家可以基于外国人在国外所为的行为伤害了法院地国家的国民而对该外国人行使管辖权。关于这项原则最主要的案件是1886年的卡汀案。该案涉及一个美国公民在德克萨斯诽谤一个墨西哥人的出版行为。由于墨西哥坚持认为根据被动国籍原则其有权进行管辖,卡汀在墨西哥被捕,并根据墨西哥法律判定犯罪成立。美国对此提出强烈抗议。不过该事件最后不了了之,因为受损害一方撤回了该项指控。[①] 消极/被动国籍原则存在很多争议。但是,在实践中,这一原则被一些国家实践和国际条约所接受。例如,对于国际恐怖主义犯罪,许多国家都支持适用被动国籍原则,1979年《反劫持人质公约》以及其他许多刑事条约关于或起诉或引渡的规定都体现了被动国籍原则。

另外,一项与属人管辖相关的原则是船旗国管辖原则,根据这项原则,船旗国可以对自己在公海上的船舶和公海上空的航空器行使管辖权。船旗国是指船舶国籍的所属国,即船舶在哪个国家登记注册就取得哪个国家的国籍,就悬挂哪个国家的国旗。船旗国管辖原则同样适用于在公海上空飞行的航空器和在外层空间运行的外空物体。从船舶与个人一样享有国籍的角度看,可以把船旗国管辖原则与属人管辖原则联系在一起。

3. 保护性管辖权

保护性管辖权是指国家对于外国人在该国领域外侵害该国的国家或公民的重大利益的犯罪行为行使管辖的权力。几乎所有国家都规定了保护性管辖原则。不过,"重大利益"是很宽泛的,并没有明确的限定,但如果解释得过于宽泛,就可能发生问题。所以,根据保护性管辖权进行司法管辖的对象是外国人在国外从事的犯罪行为,它们一般都是世界各国所公认的犯罪行为,如弑君罪、伪造货币罪、违反移民法罪行等。

保护性管辖权有别于被动国籍原则,前者是基于法院地国家的国家安全和其他关键利益,后者是保护法院地国家国民的利益。在实践中,英国就基于保护性管辖权来管辖公海上的非法移民犯罪行为。

保护性管辖权作为一种处于补充地位的、有限制的管辖权,其行使受到了罪行发生地国属地管辖权的限制,一般通过引渡犯罪嫌疑人、缺席判决或在犯罪嫌疑人进入受害国领土时将其逮捕的方式来实现。

4. 普遍性管辖权

普遍性管辖权是指,对于发生在本国管辖范围以外的某些犯罪行为,即使未必对本国国民、安全或其他关键利益造成损害以及其他损害效果或影响,但因该犯罪行为严重破坏了国际公共秩序,构成了国际法上的严重罪行,因此,不论该犯罪行为发生在哪个国家,也不论该犯罪

---

① Malcolm N. Shaw, *International Law*, 7th ed., Cambridge: Cambridge University Press, 2014, p. 483.

嫌疑人是哪个国家的国民,任何国家都有权对其行使管辖权。

普遍性管辖权不是基于犯罪行为与管辖国之间的属地、属人、安全、效果或其他合理利益等联系因素,而是基于国际社会整体最根本的基础、秩序、安全和人类良知。普遍性管辖权最初基于习惯国际法而适用于海盗罪和奴役罪,后来被扩展到国际法上的其他核心犯罪,包括群体灭绝罪、反人类罪、战争罪和其他违反人道法的犯罪、酷刑罪。此外,还包括劫机罪、恐怖主义犯罪、毒品犯罪、贩卖人口罪等其他一些国际犯罪。普遍性管辖权主要基于习惯国际法和有关的国际条约。此外,普遍性管辖权已经从普遍刑事管辖发展到针对国际法上严重犯罪的普遍民事管辖。

至于如何行使普遍性管辖权,不同国家采取了不同的做法。一般要求被指控的罪犯出现在追诉国领土、悬挂其旗帜的船上或根据该国法律登记的飞机上,或要求对被指控的罪犯实施了其他合法形式的控制。

三、国家豁免

（一）概念、内容与发展

国家及其财产管辖豁免(简称国家豁免),是指一个国家及其财产在其他国家的法院免于管辖的优越权。管辖权有三种类型,即立法管辖权、司法管辖权(包括审判及审前措施)和执行管辖权,而豁免的对象主要是司法管辖权和执行管辖权。但一般认为,拒绝司法管辖豁免也就意味着拒绝立法管辖豁免。

国家豁免的内容包括狭义的管辖豁免、判决前执行豁免和判决后执行豁免。狭义的管辖豁免是指,未经一国同意,不得在另一国法院对该国家提起诉讼或将其财产作为诉讼标的。判决前执行豁免是指,未经一国同意,不得在另一国法院的诉讼中针对该国财产采取判决前的强制措施,如查封和扣押措施,包括诉讼前强制保全措施。判决后执行豁免是指,未经一国同意,不得在另一国法院的诉讼中针对该国财产采取判决后的强制措施,如查封、扣押和执行措施。一国同意接受外国法院管辖并不构成默示同意接受采取强制执行措施。

国家豁免并不意味着一个国家不受他国法律约束,也不意味着一个国家违反了他国法律而不承担任何责任。国家豁免只是一种司法上的程序管辖豁免,而非实体义务和责任的豁免。国家豁免的效果在于,不能在任何国家的国内法院针对其他国家提起诉讼和寻求救济。

19世纪以前,由于国家很少进行商业活动,因此国家的所有行为都享有豁免,这称为"绝对豁免原则"或"绝对豁免主义"。19世纪以后,国家涉足商务、企业的规模逐渐扩大,特别是20世纪后,国家越来越多地参与商业活动,一些国家法院开始对国家商业活动作出反应,采取了"限制豁免原则"或"限制豁免主义"。限制豁免原则将国家行为进行分类:一为"统治权行为",或称"公法行为",享有豁免;一为"管理权行为",或称"私法行为",不享有豁免。

由于对豁免采取的态度不同,国际社会并没有形成豁免领域的普遍性习惯法。迄今为止,关于国家豁免的全面的专门国际公约只有1972年《欧洲国家豁免公约》、1983年《美洲国家管辖豁免公约草案》和2004年《联合国国家及其财产管辖豁免公约》(简称《豁免公约》,目前尚未生效),这三个公约都在不同程度上采纳了限制豁免主义。

（二）国家豁免的主体

国家豁免的主体是"国家"。《豁免公约》第2条规定,国家是指:国家及其政府的各种机关;有权行使主权权力并以该身份行事的联邦国家的组成单位或国家政治区分单位;国家机构、部门或其他实体,但须它们有权行使并且实际在行使国家的主权权力;以国家代表身份行事的国家代表。该公约第16条和第21条对国家拥有或经营的船舶以及特定种类的财产的豁免问题作了特别规定。

各国实践一般都认为,以官方身份从事行为的国家元首享有国家豁免,一国的中央政府享有国家豁免,因为二者都直接代表主权国家。此外,中央政府组成部门也享有国家豁免。至于除此之外的其他实体或个人是否享有国家豁免,各国实践就存在很大差异了。对于国有企业,绝大多数国家都将国有企业与国家本身区别开来,一般都认为,除非国有企业被授权或代表国家行使主权权力,否则,国有企业不享有国家豁免。

(三)国家豁免的放弃

国家放弃豁免的形式包括明示放弃和默示放弃。

明示放弃豁免,是指国家就某类或某项行为通过国际协定、书面合同、在法院发表的声明或在特定诉讼中提出的书面函件所作出的放弃豁免的意思表示。

默示放弃豁免,是指一国通过在外国法院提起诉讼、介入诉讼或采取与案件实体有关的任何其他步骤的行为表明该国放弃豁免。默示放弃的主要形式包括:(1)一国在外国法院出庭应诉进行实体答辩或者抗辩;(2)一国在外国法院作为原告提起诉讼;(3)一国在外国法院就针对自己的诉讼提起反诉;(4)一国介入诉讼或采取与案件实体有关的任何其他步骤;(5)一国介入另一国法院的诉讼中提出诉讼请求,则不得就与该国提出的诉讼请求相同的法律关系或事实所引起的任何反诉援引管辖豁免;(6)一国在另一国法院提起一项诉讼,不得就与本诉相同的法律关系或事实所引起的任何反诉向法院援引管辖豁免;(7)一国在另一国法院对该国提起的诉讼中提出反诉,则不得就本诉向法院援引管辖豁免。

不过,以下情形不得解释为放弃豁免:(1)援引豁免,或对诉讼中有待裁决的财产主张一项权利或利益;(2)一国代表在另一国法院出庭作证;(3)一国未在另一国法院的诉讼中出庭;(4)一国代表在另一国法院要求法院宣布判决无效或仲裁裁决无效;(5)一国在合同中同意适用法院地国家的法律;(6)一国在外国领土范围内从事商业活动或私法性质的行为。

四、国际法上的承认

(一)承认的内涵

1. 概念

就国家和政府的承认而言,承认主要是指现存的国家对新出现的国家或政府表示某种形式的接受并愿意与之进行国际交往的单方政治和法律行为。

2. 特征

承认是一种单方行为。承认与建交往往联系在一起,但是,承认不等于建交,承认是一种单方行为,而建交则是一种双方行为。

承认既是一种法律行为,也是一种政治行为。承认会在现存国家与新国家或政府之间产生国际法和国内法上的人格、地位、权利、义务、特权和责任等一系列法律上的后果,因此,承认是一种法律行为。同时,是否给予承认主要是承认国基于各种政治的、道德的和其他的考虑,因此,承认又是一种政治行为。

承认不是现存国家的一种法律义务,而是一种自由裁量,但承认仍需遵守一定的国际法原则和规则。一个新的国家或政府是通过外来侵略、非法干涉或者其他国际不法行为建立起来的,或者通过种族隔离、群体灭绝等其他违反国际法强行规范的行为建立起来的,现存国家不应予以承认。

承认的主体主要是现存国家,但也包括现存的政府间国际组织,而承认的对象主要包括新国家和新政府。但是,为了特定的目的,也包括对叛乱团体和交战团体的承认,但这不同于对新国家和政府的承认。对于叛乱团体的承认仅表示承认国对叛乱团体的武装斗争保持中立,目的是保护承认国商务或侨民利益,而对于交战团体的承认则表示承认国对交战团体国际地位的确认,主要是导致战争法规的适用。

3. 方式

(1)明示承认和默示承认。明示承认是通过直接的、公开的、明确的、正式的方式表达的承认,通常采用正式的外交照会、函电、声明的方式,通过直接的语言文字明确地表示承认新国家或新政府。默示承认是指通过明示的意思表示以外的其他方式间接地、默示地表达的承认,主要表现为与新国家建立正式的外交关系、与新国家缔结政治性的双边友好条约、支持新国家加入联合国等。

(2)法律承认和事实承认。法律承认是指承认国认可新国家或政府完全满足了有关的法律标准,因此是完全的、充分的、长久的承认。事实承认是指对新国家或政府产生和存在的暂时事实状态的承认,因此是不完全的、不充分的、临时的承认。

(3)过早承认和过迟承认。承认是需要根据具体情况确定时机的,过早承认和过晚承认都是不适时的承认。过早承认或称过急承认是指,在一个新国家通过革命、内战、叛乱等方式从一个现存国家独立、分离出来的情形下,新国家本身还没有真正实现有效控制,就对其予以承认,可能被认为是对现存国家的尊严的冒犯。过晚承认是指在一个新国家符合国际资格标准的事实已经很清楚了之后,很久才予以承认。

(4)单独承认和集体承认。单独承认是指由各个国家单独作出的承认。集体承认是指多个国家集体通过国际会议、国际组织或者多边条约对于新国家或政府予以承认。一个新国家被接纳为联合国成员国并不构成集体承认。

(二)国家承认

1. 概念

国家承认是指现存国家承认新国家具有国际法上的国家资格并愿意与之进行国际交往的政治和法律行为。

2. 国家承认发生的情形

国家承认发生在新国家的产生的情况下。新国家的产生包括许多情形,例如,从殖民统治中独立出来,从现存国家分离出来,由现存两个或两个以上国家合并而来,由现存国家分裂或解体而来。根据人民自决原则,从殖民统治之中独立出来的新国家应该得到支持,这是二战以后大量新国家得以诞生、得到承认并成为联合国成员国的情形。但是,如果因为殖民统治以外的其他原因而从现存国家分离出来或宣布独立,就会涉及国际法上更复杂的政治和法律问题。

3. 国家承认的性质

关于国家承认的性质,也就是承认对于新国家的国际法人格和主体资格具有什么影响,主要有两种学说,即"宣告说"和"构成说"。

"宣告说"认为,新国家的出现是一个客观事实,只要新国家满足了构成国家的四个基本要素,就是一个国际法上的国家,现存国家的承认只是对新国家业已存在的事实予以接受而已。"宣告说"对于新国家有利。在实践中,"宣告说"得到了越来越多的采纳,现已居于主流地位。但"宣告说"也存在一些问题,其中最重要的问题是现存国家的承认虽然不影响新国家的国际法人格本身,但是却影响着新国家在国际法上实际享有和行使人格和能力的范围和程度,也影响着新国家在现存国家国内法上与国际法有关的地位。

"构成说"认为,新国家只有经过现存国家的承认,才符合构成国家的条件和具有国家资格,才能具有国际法上作为国家的法律人格和主体资格。"构成说"对现存国家有利。但是,"构成说"存在很多局限。例如,新国家究竟需要得到多少现存国家的承认才能够被视为真正的国家? 少数国家承认即可? 主要大国承认即可? 多数国家承认才可以? 所有国家承认才可以? 这也是"构成说"不能很好解释的问题。

(三)政府承认

1. 概念

政府承认,是指现存国家承认新政府能够代表其国家并愿意与之进行国际交往的政治和法律行为。

2. 政府承认发生的情形

一般情况下,一个国家的政府通过正常的国内宪法程序的更迭并不涉及现存国家对其承认的问题,只要现存国家承认该新政府所属国家,就意味着承认该新政府。但是,如果一个新政府不是通过正常的宪法程序产生的,而是通过政变、叛乱、革命或其他非正常方式产生的,就可能引起现存国家对其承认与否的问题。对中华人民共和国的承认,就属于政府承认。

3. 政府承认的条件

政府承认不取决于新政府依据其本国国内法所具有的合宪性或合法性,[1]主要是看新政府是否有效控制了其所在国家,[2]也有的国家会基于新政府的产生是否涉嫌群体灭绝等国际法上严重犯罪等其他考虑而决定是否予以承认。目前,许多国家在正常情况下一般采用"只承认国家而不承认政府"的做法,也就是只要承认了该国家,就意味着也承认了该国的政府,而不再另行对其政府予以承认。

(四)承认的效果

1. 承认为建交奠定了基础。承认是建立正式的、全面的外交关系的前提和基础。

---

① 19世纪初期欧洲王朝提出的"正统主义"(Doctrine of Legitimacy)、1907年厄瓜多尔外长提出的"托巴主义"(Tober Doctrine)以及1913年美国总统威尔逊提出的"威尔逊主义"(Wilson Doctrine)都是建立在对他国内部事务进行调查的基础之上,因为不符合国际法,现今已被否定。

② 1930年墨西哥外交部长埃斯特拉达提出,墨西哥政府决定今后在外国发生政变或革命时,将避免决定是否对新政府给予承认,而只决定是否继续交换外交使节。此即所谓"埃斯特拉达主义"(Estrada Doctrine),与有效统治原则的做法相接近。

2. 承认意味着新国家或新政府的法律地位得到了承认和尊重。

3. 对新政府的承认意味着对旧政府承认的撤销。

4. 承认具有追溯力。承认国承认新国家从建立之日起就具有国际法上的国家资格、享有国际法上的权利和特权、承担国际法上的义务和责任,具有在国际法上代表本国的合法身份,在其本国的立法、司法和行政行为在其本国具有法律效力。

5. 承认在承认国国内法上和国内法院会产生法律效果。

(五)不承认及其效果

在国际法上,国家在某些情况下承担了不承认的义务。所谓不承认原则或称不承认主义,是指根据具体条约或一般国际法上所承担的义务,任何国家(或政府间国际组织)不得承认因非法使用武力以及其他违反国际法强行规范的行为而获得的领土、建立的国家或政府以及其他情势为合法。不承认原则也得到了非法情势不能产生合法权利这项一般法律原则的支持。不承认的效果主要包括如下几点:

1. 不承认的结果往往是在不承认国和被拒绝承认国之间不能建立外交关系。

2. 仅仅不承认本身并不使新国家或新政府在其自己的国内法律秩序内不成为国家或政府,也不使它的法律在它自己的领土内不成为法律。

3. 不承认一国政府并不影响其国家本身的继续存在,也不影响该国家在国际法上作为国际人格者的存在,但是其行使权利、履行义务和责任的实际能力会受到影响。

4. 不承认一个新国家并不意味着该新国家不受任何国际法约束,也不意味着该新国家不享有任何国际法权利。

5. 不承认新情势往往意味着继续承认旧情势。

6. 不承认在不承认国的国内法院产生一定的法律效果。未得到承认的国家或政府及其财产、政府官员在不承认国的法院不能主张管辖豁免。未得到承认的国家或政府的民商事法律及其域外适用效力以及其涉外民商事判决,在不承认国的法院,可能不会得到承认、适用和执行。

五、国际法上的继承

(一)国家继承

根据 1978 年《关于国家在条约方面的继承的维也纳公约》,国家继承是指"一国对领土的国际关系所负的责任由别国取代"。国家继承的主体是不同国家,即继承国和被继承国。国家继承的对象包括条约和国家财产、国家档案、国家债务等条约以外事项。引起国家继承的原因是领土变更,包括合并、分离、解体、领土部分转移和独立。

国家继承涉及国家主权原则、国际平等原则、不干涉原则等国际法原则和国家利益等复杂的因素。

目前,在国家继承方面,主要是依据习惯国际法。在实践中,国家继承问题一般是通过缔结特别条约的方式解决的。

目前,在国家继承方面主要有两个公约。一个是 1978 年《关于国家在条约方面的继承的维也纳公约》。该公约于 1996 年 11 月 6 日生效。截至 2018 年 8 月 1 日,批准或加入该公约的国家有 22 个,签字但未批准的国家有 19 个。另一个是 1983 年《关于国家在国家财产、档案和债务方面的继承的维也纳公约》,该公约目前尚未生效。截至 2018 年 8 月 1 日,批准或加入该公约的国家有 7 个,签字但未批准的国家有 7 个。这两个公约的内容主要是对习惯国际法的编纂。

1. 条约继承

条约继承是指继承国对被继承国的条约的权利和义务的继承,它解决的是被继承国的条约对继承国是否有效的问题。

被继承国与继承所涉及的领土之间的联系是确定条约是否继承的主要标准,但是还要考虑条约的性质和种类等其他因素。对于和平友好条约、同盟条约、共同防御条约、中立条约等与被继承国的国际人格和身份密不可分的政治性或人身条约,一般不予继承。这类条约随着被继承国人格的消灭而消灭,在部分领土变更的情形下,即使被继承国仍然存在,这类条约也不在继承之列。关于边界、边境、河流、湖泊、交通等方面的处分性或非人身条约一般都应被继承,除非条约对继承国或其全部领土的适用不符合条约的目的和宗旨或者将根本改变条约的适用条件。对于国际人权条约,因其旨在保护人权和基本自由的特殊性质,继承国在所涉领土范围内应该继续受被继承国人权条约义务的约束,但是,这方面的实践仍在讨论和发展之中。

(1)关于边界和领土的条约。国家继承本身不影响条约划定的边界或条约规定的同边界制度有关的权利和义务,也不影响条约为了任何外国领土或为了几个国家或所有国家规定的有关任何领土的使用或使用限制方面的义务和权利。

(2)与新独立国家有关的条约。从原宗主国独立出来的新独立国家不受原宗主国一切条约的约束,新独立国家有权决定是否继承现存条约。新独立国家可以通过发出继承通知的方式成为多边条约的当事国,可以通过双边协商同意或者默示行为同意双边条约继续有效。在实践中,新独立国家与原宗主国往往通过签订"移交协定"的方式来解决条约继承问题。

(3)涉及领土合并、割让和分离的条约。对于合并,除非另有协议,否则,在国家继承之日对于其中原来任何一国有效的任何条约,对继承国继续有效,对于仅适用于原来任何一国部分领土的条约,仍应继续适用于继承国的该部分领土。对于割让,自国家继承之日起,被继承国条约对所涉该部分领土停止生效,继承国条约对该部分领土开始生效。对于分离,在国家继承之日对被继承国全部领土有效的任何条约,对于分离后的继承国继续有效,在国家继承之日仅对被继承国部分领土有效的条约,只对该部分领土分离后所属的继承国有效。

2. 关于国家财产的继承

国家财产是指在国家继承之日按照被继承国国内法的规定为该国所拥有的财产、权利和利益。国家财产继承的基本标准是被继承的财产应与领土有关联。由此引申出两项规则:一是财产一般随领土一并转移而转属或分别转属继承国;二是所涉领土的实际生存原则。前者主要是针对继承发生时位于所涉领土内的被继承国财产而言,特别是针对不动产。后者主要是针对位于所涉领土以外的财产而言,主要是针对动产。凡是与所涉领土生存或活动有关的国家动产,不论其所处地理位置,都应转属继承国。

国家财产继承的一般原则包括:一旦被继承国财产转属继承国,被继承国就丧失对该国家财产的权利,继承国取得对该国家财产的权利;国家财产从被继承国转属继承国时一般不予补偿;被继承国应采取一切措施保护国家财产不受损害或破坏;国家继承对第三国财产不发生影响。

(1)在转让或交换领土的情况下,首先应由继承国和被继承国通过协议解决财产继承问题,如无协议,位于继承所涉领土内的被继承国的国家不动产应转属继承国,与继承所涉领土的活动有关的被继承国的国家动产也应转属继承国。

(2)在国家合并的情况下,被继承国的国家财产应转属继承国。

(3)在国家分离的情况下,除被继承国和继承国另有协议外,位于继承所涉领土内的被继承国的国家不动产应转属继承国,与继承所涉领土的活动有关的被继承国的国家动产也应转属继承国,除此之外的被继承国的国家动产应按照公平的比例转属继承国。

(4)在国家解体的情况下,除位于被继承国领土外的国家不动产应按照公平比例转属各继承国以外,其继承规则与国家分离的情况相同。

(5)在产生新独立国家的情况下,位于继承所涉领土内的被继承国的国家不动产应转属继承国,属于继承所涉领土但位于该领土之外,而在领土附属期间已成为被继承国国家财产的不动产应转属继承国,除此以外,位于继承所涉及领土之外的被继承国的国家不动产,附属领土曾为其创造作出贡献者,应按照附属领土所作贡献的比例转属继承国,与继承所涉领土的活动有关的被继承国国家动产应转属继承国,属于继承所涉领土并在领土附属期间成为被继承国国家财产的动产应转属继承国,除此以外的被继承国的国家动产,附属领土曾为其创造作出贡献者,应按照附属领土所作贡献的比例转属继承国。

3. 关于国家档案的继承

国家档案作为国家的重要财富,需要保持完整性,一般不可分割。但国家档案可以复制以供使用。在国际实践中,关于国家档案的继承,除了产生新独立国家的情况外,通常通过有关国家间协议来解决。如没有协议,一般将所涉领土有关的档案转属继承国。对于新独立国家,原属于所涉领土的档案,在领土附属期间被作为被继承国国家档案的应转属继承国;被继承国国家档案中与所涉领土有关的部分的转属或复制,应由被继承国和继承国通过协议来解决。

4. 关于国家债务的继承

国家实践中,国家继承的债务包括国家整体所负的债务或称国债,也包括以国家的名义承担而事实上仅用于国内某个地方的债务或称地方化债务。国家对外国法人或自然人所负之债或国家的地方当局自己承担的对他国所负之债,不属于国家继承的范围。另外,所谓的"恶债",即违反国际法基本原则或违背继承国根本利益所负之债,如征服债务或战争债务等,原则上也不应继承。

在部分领土移交的情形下,除非另有协议,被继承国的国家债务应按照公平的比例转属继承国,同时应特别考虑到转属继承国的与国家债务有关的财产、权利和利益。在产生新独立国家的情形下,除非另有协议,继承国为新独立国家时,被继承国的任何国家债务均不应转属新独立国家。在国家合并情形下,被继承国的国家债务应转属继承国。在国家分离情形下,除非另有协议,被继承国的国家债务应按照公平的比例转属继承国,同时应特别考虑转属继承国的与国家债务有关的财产、权利和利益。在国家解体的情形下,除非另有协议,被继承国的国家债务应按照公平的比例转属各继承国,同时应特别考虑转属继承国的与国家债务有关的财产、权利和利益。

(二) 政府继承

1. 政府继承的概念与原则

政府继承是指在因革命或政变而导致政权更迭时,旧政府在国际法上的权利和义务转移给新政府的情况。在正常的政府更迭的情况下,新政府自然应该继承旧政府在国际法上的权利和义务,新政府不能拒绝承担旧政府在国际法上的义务,否则国际关系将会受到严重损害,因为作为国际法人格者的是国家而不是政府。在因革命或政变导致政权更迭时,作为国际人格者的国家虽然没有改变,但是新政府与旧政府往往是根本对立的,这会导致该国家对外政策的根本变化,从而引起政府继承问题。

政府继承的基本原则包括三个方面:一是对于一切不平等的掠夺性的秘密条约以及与新政府所代表的国家利益根本对立的条约,不应继承;二是新政府可无条件地废除旧政府的一切恶债;三是除此以外,新政府应继承旧政府其他条约权利和义务以及其他一切财产、权益和义务。

2. 中华人民共和国政府继承的实践

中国从晚清政府到中华民国政府、从中华民国政府到中华人民共和国政府都属于革命性质的政权更迭,都涉及政府继承问题。

(1) 中国近代以来晚清政府对外受到武力或胁迫,签订了一系列不平等条约。一战期间和同盟国胜利后,北洋军阀政府曾经努力废除不平等条约,但没有取得多大的成果。二战期间,国民党政府通过外交努力先后废除了一系列不平等条约,并重订了一系列新条约,终于瓦解了中国的不平等条约制度。1949年中华人民共和国政府成立以后,对于国民党政府对外订立的条约,根据其内容分别予以承认、废除、修改或重订。

(2) 国家财产方面,新中国政府有权继承1949年以前中国政府在中国境内外的一切财产。自中华人民共和国成立之日起,对当时属于中国所有的财产,包括动产和不动产,无论在何地,也不论财产所在地的国家是否承认中华人民共和国政府,一律归新中国政府所有。

(3) 在国家债务上,中华人民共和国政府对旧中国历届政府留下来的债务,根据其性质和情况,分别处理。外国政府为援助旧政府进行内战、镇压革命而借给旧中国的债务,属于恶债,对此一律拒绝继承。对于合法的债务,中国新政府与有关国家友好协商,进行清理,公平合理地解决。

(4) 在国际组织的代表权方面,从1949年10月1日起,中华人民共和国中央人民政府是中国的唯一合法政府,理应取代已丧失代表中国及中国人民资格的"中华民国"政府,继承中国在一切国际组织的代表权。在联合国系统,1971年10月15日,第26届联合国大会以压倒多数通过第2758号决议,决定立即恢复中华人民共和国在联合国的席位和一切合法权利,台湾当局被驱逐出联合国。之后,联合国系统的所有机构,包括联合国的各专门机构,分别通过正式决议,恢复中华人民共和国的合法席位,驱逐了台湾当局的代表。至此,中华人民共和国政府在所有重要的政府间国际组织中的代表权终得以恢复。

六、知识点延伸

(一) 管辖冲突与合作

国家的立法、执法和司法管辖具有多种不同的理由和基础,基于不同理由的管辖主张通常会涉及其他国家的权利。包括刑事领域在内,不能假定个人或公司在不同国家之间只能被管辖一次,不同国家之间多重管辖并存的情形经常发生。在这种情形下,并不存在某个唯一的"自然的"管辖者,不同国家在行使管辖方面会产生冲突,对于多重法律适用于同一交往关系的现象,只能尽量减少而不可能彻底避免和消除。

所谓管辖冲突,是指对于同一人、物或事项,基于相同或不同的管辖原则,不同国家对其都享有并行使管辖权而产生的冲突。管辖冲突的特点是不同国家对同一人、物或事项都具有并主张行使管辖权,而且一国行使管辖权对他国行使管辖权造成了妨碍或损害,从而导致不同国家之间管辖权力的冲突。管辖冲突的产生原因主要是同一人、物或事项往往与不同国家具有各种相同或不同的联系因素,与之具有联系因素的不同国家都具有并主张行使各自的管辖权。

多重管辖导致的管辖冲突往往对其他国家的管辖权力造成侵害或对其利益造成损害,同时,还有可能对作为多重管辖对象的人、物或事项的权利或利益造成侵害或损害。因此,有必要采取措施缓解和减少管辖冲突,这主要包括管辖协议和管辖让步两种基本方式。

第一,通过管辖协议缓解或减少管辖冲突。好处在于,它体现了国际法上的国家主权原则和平等互利原则,而且通过国际条约划分管辖权对有关国家具有约束力和确定性。

第二,通过管辖让步缓解或减少管辖冲突。如果无法达成管辖协议,次优选择就是有关国家单边作出管辖让步。管辖让步并不是指有关的国家均放弃管辖,而是在两个或两个以上的国家对同一国际经济交往的当事人的行为均有管辖权的情况下,承认某一国家的管辖权的优先地位,而由其他国家放弃管辖权。管辖让步也包括一国并不放弃自己的管辖权,将有关的人、物或事项完全交给他国管辖,而是在行使自己的管辖权时适当考虑其他有关国家的管辖权和合理利益。

(二) 中国对国家豁免的立场

迄今为止,中国对国家豁免的立场和实践一直坚持绝对豁免主义。在实践中,对于在美国法院针对中国国家及其财产的几起起诉案件表达了中国的绝对豁免主义立场,例如,1979年湖广铁路债券案、2005年莫里斯诉中华人民共和国案、2005年仰融等诉辽宁省政府案等。在晚近的刚果金案中,我国外交部驻香港特别行政区特派员公署重申了我国政府明确的和一贯的原则立场。

我国参与2004年《联合国国家及其财产管辖豁免公约》的谈判并签署该公约,表明我国对国际社会协调努力的支持,但迄今为止尚未批准该公约,该公约本身也未生效,在签署该公约后我国坚持绝对豁免的立场并没有发生变化,也从未适用或认可所谓的"限制豁免"原则或理论。

(三) 香港是否可以采取与中央政府不同的国家豁免原则

2011年8月26日第十一届全国人民代表大会常务委员会第二十二次会议通过了《全国人

民代表大会常务委员会关于〈中华人民共和国香港特别行政区基本法〉第十三条第一款和第十九条的解释》,其中指出:"国防、外交等国家行为"包括中央人民政府决定国家豁免规则或政策的行为;管理与香港特别行政区有关的外交事务属于中央人民政府的权力,中央人民政府有权决定在香港特别行政区适用的国家豁免规则或政策;香港特别行政区,包括香港特别行政区法院,有责任适用或实施中央人民政府决定采取的国家豁免规则或政策,不得偏离上述规则或政策,也不得采取与上述规则或政策不同的规则;采用为香港特别行政区法律的香港原有法律中有关国家豁免的规则,从 1997 年 7 月 1 日起,在适用时,须作出必要的变更、适应、限制或例外,以符合中央人民政府决定采取的国家豁免规则或政策。

(四)国际组织成员资格的继承

国际组织成员资格的继承,主要依据新国家和旧国家的关系是人格的改变还是人格的延续,并应根据具体的实际情况而定。在国家合并的情形下,如果以前的两个或两个以上的国家都是某一国际组织的成员国,则合并后的新国家就取而代之成为该国际组织的成员国。在国家解体的情形下,如果原来国家已经完全消亡,则其国际组织的成员资格也随之消灭,如果某个现存国家被认定为是原来国家的延续,则该现存国家继承原来国家在国际组织中的成员资格,而其他新国家则必须重新向国际组织申请成员资格。

(五)与国家继承有关的国籍问题

一般的法律规则包括:所涉自然人有权选择自己的国籍;国籍随同继承所涉领土一同变更;所涉国家应制定或适用有关的法律以使所涉自然人取得国籍;应采取一切适当措施防止受到影响的所涉自然人成为无国籍人。最好的方式是有关各国签订协议并制定或适用有关的国内法,妥善解决国家继承所涉自然人的国籍问题。

第四部分　习题自测

(一)填空题

1. 国家的基本要素是＿＿＿＿＿＿、＿＿＿＿＿＿、＿＿＿＿＿＿和＿＿＿＿＿＿。

2. 国际法主体的三个条件是＿＿＿＿＿＿＿＿、＿＿＿＿＿＿＿＿、＿＿＿＿＿＿＿＿。

3. 国家的管辖权包括四种类型,即属地管辖权、＿＿＿＿＿＿、＿＿＿＿＿＿和普遍管辖权。

4. 国家主权豁免主要表现在司法豁免方面,司法豁免包括＿＿＿＿＿＿、＿＿＿＿＿＿和执行豁免。

(二)单项选择题

5. 在国际法中,引起国家继承的原因是(　　)。

A. 政府更迭　　　　　　　　　B. 国家的领土变更

C. 外交关系的建立　　　　　　D. 条约或财产的变更

6. 下列情况产生政府承认问题的是(　　)。

A. 一国被外国占领,该国政府流亡国外

B. 正常的王位继承

C. 通过宪法程序产生的新政府

D. 发生政变,原政府被推翻建立了新政府

7. 一国对另一国叛乱团体的承认表明(   )。

A. 该叛乱团体获得了交战团体的地位

B. 该国在一定范围内对武装斗争保持中立

C. 该国对武装斗争保持中立

D. 发生武装斗争的国家在国际法上的代表权处于未定状态

8. 国际法上的"史汀生不承认主义"是针对(   )。

A. 1920 年的捷克斯洛伐克   B. 1932 年的伪"满洲国"

C. 1960 年的塞内加尔共和国   D. 1971 年的孟加拉国

9. 新中国成立后,对旧中国与外国签订的条约的态度是(   )。

A. 一律承认

B. 一律废除

C. 对中国赋予权利的继承,对中国附加义务的废除

D. 根据条约的性质,分别予以承认、废除、修订或重订

10. 外国人在我国领域外对我国国家或公民犯罪,可根据(   )原则适用中国刑法。

A. 属地管辖权   B. 属人管辖权   C. 保护性管辖权   D. 普遍性管辖权

11. 在国际法上,永久中立国承担永久中立义务的结果使其在与战争有关的国际活动方面受到了一定的限制,下列哪一项表明了这种限制?(   )

A. 中立义务是对国家自卫权的限制

B. 永久中立国的国家主权受到限制

C. 永久中立国部分丧失了国家主权

D. 永久中立国是一种自愿的限制

12. 国际法中,下列哪一实体能直接作为国际法上承担法律责任的主体?(   )

A. 国家   B. 个人   C. 跨国公司   D. 国有公司

13. 依照国际法,下列关于国家领土的表述中哪一选项是错误的?(   )

A. 国家领土指国际法主权支配和管辖下的地球表面的特定部分

B. 国家领土由领陆、领水、领空和底土四部分构成

C. 领水可以包括内水和领海,因此,内陆国也有领水,但不拥有领海

D. 国家领土指国家主权支配和管辖下的地球的特定部分及附属的特定上空

14. 根据国际法有关规则和中国法律,下列哪一选项正确地反映了琼州海峡的法律地位?(   )

A. 中国的内峡   B. 中国的领峡   C. 国际航行海峡   D. 岛屿水道

15. 在国际法上,属于一国领土组成部分的领空与各国自由利用的外层空间具有不同的法律地位。关于目前领空和外空的界限,下列哪一表述是正确的?(   )

A. 领空与外空的界限由卡曼管辖线划定

B. 领空的外部界限是地球大气层的外缘

C. 外空的最低界限是人造卫星飞行环形轨道能够达到的距离地球表面的最近点

D. 领空和外空的界限尚未确定

（三）多项选择题

16. 下列选项中已经被广泛承认的国际法主体是（　　　　　）。

A. 国家
B. 国际组织
C. 个人
D. 争取独立反对殖民统治的民族

17. 历史上可以取得领土的方式有（　　　　　）。

A. 先占
B. 时效
C. 割让

D. 添附
E. 征服

18. 划界过程中产生的法律文件内容不一致时，应当（　　　　　）。

A. 界桩位置与议定书和附图不符时，以议定书及附图为准

B. 附图与议定书的规定不符时，以议定书的规定为准

C. 界桩位置与议定书和附图不符时，以界桩实际位置为准

D. 议定书与条约不符时，以条约为准

19. 下列选项中属于国家领土的组成部分的是（　　　　　）。

A. 领陆
B. 领水
C. 领空
D. 地图

20. 按照承认对象的不同，国际法上承认的种类有（　　　　　）。

A. 国家承认
B. 政府承认

C. 交战团体和叛乱团体的承认
D. 国际组织的承认

21. 现代国际法承认的领土取得方式有（　　　　　）。

A. 添附
B. 全民公投
C. 割让
D. 征服

22. 在新国家产生之后，新国家必须对下列哪些条约予以继承？（　　　　　）

A. 所有债务条约

B. 所有政治条约

C. 所有关于领土边界的条约

D. 为了国家公共利益借款签署的条约

23. 国家对其领土享有主权，但是同时也可能存在着对主权的限制，下列选项中属于这种限制的是（　　　　　）。

A. 共管
B. 租借
C. 国际地役
D. 建交

24. 衡量国际法主体的资格时，必须满足的三个要件是（　　　　　）。

A. 独立参加国际关系的能力

B. 直接承受国际法上的权利和义务的能力

C. 独立进行国际求偿的能力

D. 有效管理国内事务的能力

25. 下列选项中不属于国家豁免的法律依据的是（　　　　　）。

A. 平等者之间无管辖权
B. 条约必须信守

C. 国家自卫权　　　　　　　　　　D. 国际强行法

26. 下列选项中属于国家领土中内水的涵盖范围的是(　　　　　)。

A. 内河　　　　　B. 界河　　　　　C. 多国河流　　　　　D. 国际河流

27. 自卫权的行使需要满足一定的条件,下列选项中表述正确的是(　　　　　)。

A. 受到武力攻击

B. 在安理会采取必要办法以维持国际和平与安全之前

C. 向安理会报告

D. 遵守必要性和比例原则

28. 普遍管辖权针对的犯罪行为并非无限,下列选项中可以纳入普遍管辖权的犯罪有
(　　　　　)。

A. 战争罪　　　　B. 种族灭绝罪　　　　C. 反人类罪　　　　D. 海盗罪

29. 下列国家中(　　　　　)不是国际社会承认的永久中立国?

A. 瑞士　　　　　B. 瑞典　　　　　C. 美国　　　　　D. 荷兰

30. 下列关于国家承认的说法正确的是(　　　　　)。

A. 国家承认的新国家必须具备国际法意义上的国家的要素,符合公认的国际法原则

B. 国家承认是既有国家确认某一实体作为国际法意义上的国家而存在,并表示愿意将其视为国家而与其交往的行为

C. 既有国家对新国家的承认必须受国际法的制约

D. 承认是国家的单方行为

(四)简答题

31. 根据国际法的相关要求,国家的基本要素是什么?

32. 简述国家管辖权。

33. 简述国家及其财产豁免。

(五)案例分析

34. 甲国人 A 在甲国与乙国某公司从事进出口贸易,诈骗了乙国某公司上千万美元的资产,逃往丁国。在潜逃过程中,A 对丙国船舶实施了海盗行为。现在,乙国和丙国分别向丁国提出了引渡请求,甲国向丁国派遣警察欲缉拿 A 归案。

问:(1)哪国具有对 A 的管辖权?

(2)甲国是否有权派遣警察将 A 缉拿归案?

第七章　国际组织法

第一部分　学习目标

（一）熟悉

1. 国际组织通常可按哪些标准划分为哪些类型？

2. 国际组织法的渊源分为哪两大类？

3. 国际组织的章程的概念和意义。

4. 国际组织的成员资格，按其不同类型取得的条件及程序一般是怎样的？

5. 国际组织的审议机关的概念、一般名称、主要职能。

6. 国际组织的执行机关的概念、一般名称、主要职能。

7. 国际组织的行政机关的概念、一般名称、主要职能。

8. 联合国宪章的主要内容、性质、特点。

9. 联合国会员国发展的趋势和特点。

10. 从基本文件、成员资格、组织机构、表决方式等方面了解专门性国际组织的基本体制。

（二）掌握

1. 国际法意义上国际组织的定义。

2. 从国际法的角度看，国际组织的主要特征是什么？

3. 国际组织法的概念。

4. 国际组织的一般法律制度主要包括哪几方面内容？

5. 国际组织的成员资格可按哪些标准进行哪些分类？

6. 国际组织的机关都可按什么标准分类？其中按职能范围分为哪三种？

7. 国际组织的议事规则的含义和主要内容。

8. 联合国的宗旨和活动原则主要包括。

9. 联合国设有哪六个主要机关？各自的主要职权是什么？

10. 联合国专门机构的概念和特征。

11. 区域性国际组织的基本特征。

12. 中国在联合国的作用和地位的增强表现在哪些方面？

（三）理解

1. 国际组织的概念及其重要性的历史发展。

2. 国际组织法的内容体系可按哪些标准来划分？

3. 国际组织成员资格的丧失主要有哪几种情况？

4. 国际组织会议制度的大体内容。

5. 国际组织表决程序通常涉及的两方面内容。

6. 国际组织协商一致的决策程序的形成、优势、应用。

7. 联合国建立的大致经过。

8. 联合国会员资格的取得、丧失及权利中止的条件和程序。

9. 专门性国际组织依不同标准的不同分类及其与一般综合性国际组织的关系。

10. 区域性国际组织的建立与发展概况。

11. 中国参与国际机构的历史演进,尤其是新中国恢复在联合国等国际组织中的代表权或成员资格的大致经过。

12. 中国与联合国各专门机构及其他专门性国际组织的关系。

13. 以欧盟、上海合作组织、亚太经合组织为例,看中国与区域性国际组织的关系。

(四) 难点

1. 现代国际社会是否存在真正意义上的超国家组织?

2. 关于国际组织投票权的分配制:从一国一票制到加权表决制。

3. 关于国际组织决议的通过规则:从全体一致到多数表决(简单—特定多数制)。

4. 从五大国在安理会的"双重否决权"看其表决权的实质("大国一致"原则)。

5. 从区域性国际组织与全球性国际组织的法律关系角度,说明国际组织理论与实践中的区域主义与普遍主义是否矛盾。

第二部分 知识结构图

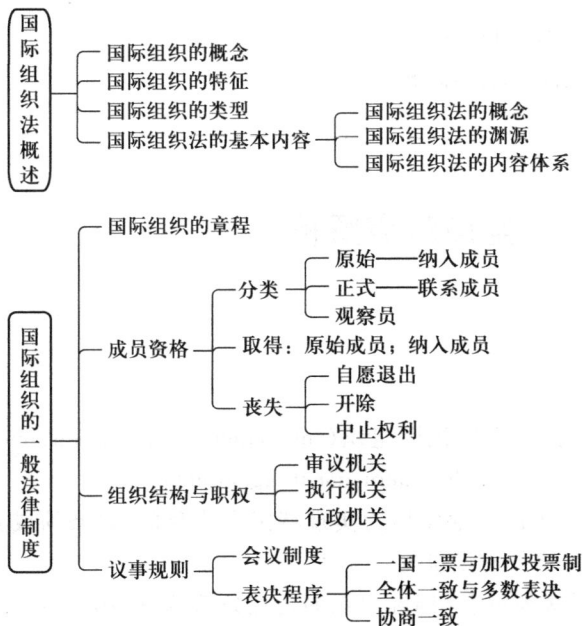

国际组织法概述
- 国际组织的概念
- 国际组织的特征
- 国际组织的类型
- 国际组织法的基本内容
  - 国际组织法的概念
  - 国际组织法的渊源
  - 国际组织法的内容体系

国际组织的一般法律制度
- 国际组织的章程
- 成员资格
  - 分类
    - 原始——纳入成员
    - 正式——联系成员
    - 观察员
  - 取得:原始成员;纳入成员
  - 丧失
    - 自愿退出
    - 开除
    - 中止权利
- 组织结构与职权
  - 审议机关
  - 执行机关
  - 行政机关
- 议事规则
  - 会议制度
  - 表决程序
    - 一国一票与加权投票制
    - 全体一致与多数表决
    - 协商一致

```
                    ┌─ 联合国概述 ─┬─ 建立过程
                    │             └─《联合国宪章》
           ┌────────┤
           │        ├─ 宗旨与原则 ─┬─ 宗旨
           │        │             └─ 活动原则
           │        │
  联合      │        │             ┌─ 会员资格的取得：创始；纳入
  合国      │        ├─ 会员国 ────┼─ 会员资格的丧失
  国及      │        │             ├─ 权利的中止
  及其      │        │             └─ 发展的特点和趋势：稳定、普遍性、数量增长、机构和力量对比变化
  法律      │        │
  律制      │        └─ 主要机关及职权：大会；安理会；经社理事会；托管理事会；国际法院；秘书处
  制度      │
```

```
                    ┌─ 概述
                    │                              ┌─ 基本文件
  专门性国际组织  ─┼─ 专门性国际组织的基本体制 ──┼─ 成员资格
  及其法律制度     │                              ├─ 组织结构
                    │                              └─ 表示方式
                    │             ┌─ 突出地位
                    └─ 联合国专门机构 ─┼─ 概念
                                  └─ 特征
```

```
                    ┌─ 区域性国际组织的建立与发展
  区域性国际组织  ─┼─ 区域性国际组织的基本特征
  及其法律制度     │
                    └─ 区域性国际组织与全球性国际组织的法律关系：区域主义—普遍主义
```

```
           ┌─ 中国与联合国 ───┬─ 中国在联合国的代表权问题
  中国      │                 └─ 中国在联合国的作用与地位
  国与      │
  与国      ├─ 中国与专门性国际组织 ─┬─ 中国与联合国专门机构
  国际      │                       └─ 中国与其他专门性国际组织
  际组      │
  组织      └─ 中国与区域性国际组织
```

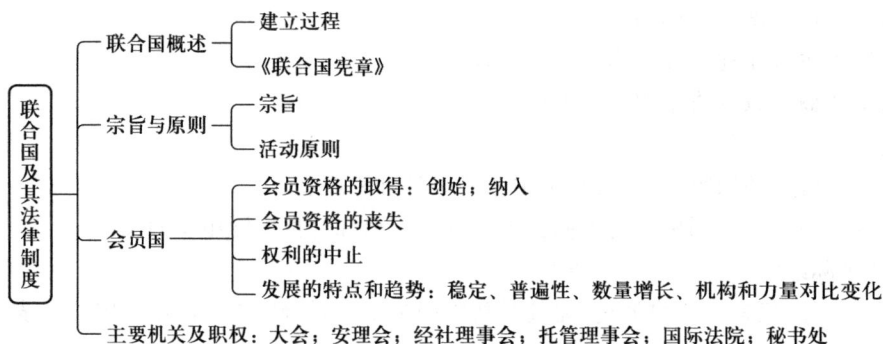

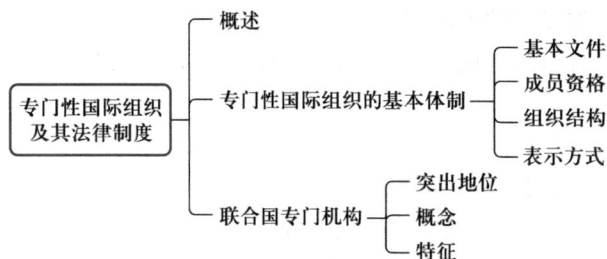

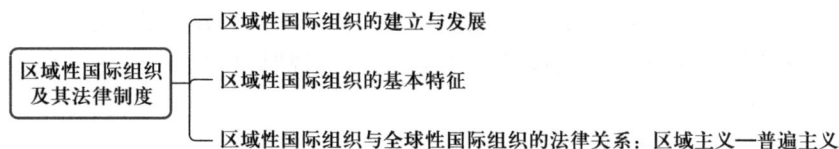

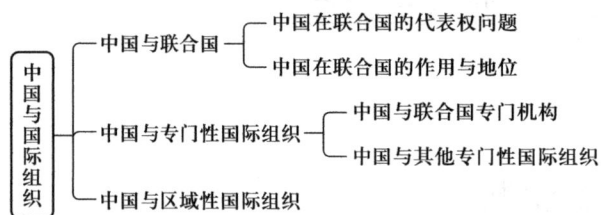

第三部分　重点难点解析

一、国际组织的概念

1. 国际组织概念的表述

在国际法上,通常所说的国际组织就是政府间国际组织(international organization, international institution, inter-governmental organization, public international organization)。

国际组织是指国家以及这些国家所认可的其他实体为实现特定合作目的,以条约或其他国际法文件的形式建立的具有国际法律人格的常设机构。

这个定义来自于 2011 年联合国国际法委员会《国际组织的责任条款草案》第 2 条。该条规定:"为本条款草案的目的,国际组织是指根据条约或其他受国际法调整的文件所建立,并具

有自己的国际法律人格的组织。国际组织的成员除了国家也可以包括其他实体"。

2. 国际组织概念的解析

这个概念强调了国际组织的三个基本要素:依据条约或其他国际法文件设立;具有独立的国际法律人格;具有常设的组织机构。

《国际组织的责任条款草案》第 2 条是在国际责任的语境下给国际组织下的定义。实际上,这也是目前国际法学界普遍认可的国际组织定义。国际组织承担国际责任的前提是,国际组织必须具有独立的国际法律人格。在国际法上,国际组织只有具有独立的国际法律人格,才能具有独立的国际权利能力和国际行为能力,才能以自己的名义独立从事国际交往,独立承担国际责任。

但是,有些国际组织并不具有独立的国际法律人格,但这并不能否认其国际组织的事实。例如,亚太经合组织(APEC)有自己的目标和宗旨,有自己的组织结构(非正式领导人峰会、部长会议、高官会议等)和决策程序(协商一致),有自己的常设秘书处。虽然 APCE 秘书处具有法律能力,但 APEC 本身却没有自身的法律人格,没有具有法律约束力的条约赋予 APEC 以正式的法律人格。

3. 判断国际组织的标准

判断一个国际组织是不是本章所定义的严格国际法意义上的国际组织,就是看该国际组织得以建立的章程性文件是不是具有法律约束力的国际条约等国际法文件,看该章程性文件是不是明示或默示赋予了该国际组织以独立的国际法律人格。

4. 成员国主权与国际组织的自主性

一方面,即使国际组织具有独立的国际法律人格,甚至有的国际组织还具有一定的超国家因素,国际组织本质上仍然是国家间协议的产物,国际组织主要还是成员国集体的代理人,而不是凌驾于主权国家之上的世界国家或世界政府,成员国集体才是国际组织的主人,国际组织实质上是成员国集体限制主权权力、让渡主权权力的产物,成员国仍然保留退出国际组织的主权权力。

但是,另一方面,也要注意国际组织的自主性,国际组织具有自身独立的国际法律人格,国际组织的立法、执法和司法活动越来越多地影响成员国及其国民的权利和利益。因此,不仅要从国际法角度,要从各国与国际(全球)宪法、各国与国际(全球)行政法角度,还要从正当性(legitimacy)角度,来分析和评价国际组织及其立法、执法和司法的权力和能力。

二、国际组织的特征与解析

第一,国际组织的主要参加者是国家或其政府。但这并不排除欧洲共同体(欧洲联盟)、中国台北、中国香港、中国澳门等非国家实体也可以作为国际组织的成员方。

第二,国际组织是根据国家间协议而建立的。这种国家间协议通常表现为正式的条约,少数国际组织是根据成员国各自的平行决议设立的,也有的国际组织是根据另一国际组织的决议设立的。

第三,国际组织具有特定的目的、宗旨和职能。这是国际组织与主权国家的重要区别,主权国家的权力和能力是一般性的,而国际组织的权力和能力则是职能性的和专门性的。

第四,国际组织具有常设机构。这是国际组织与国际会议等临时性国际合作的重要区别。常设机构能够保证国际组织长期连续运作。

三、国际组织的类型与解析

（一）本书对国际组织类型的划分

1. 根据国际组织成员的性质，可以分为政府间组织与非政府间组织。
2. 根据国际组织的地域特点，可以分为全球性组织与区域性组织。
3. 根据对成员资格规定的条件，可以分为开放性组织与封闭性组织。
4. 按国际组织宗旨和职能范围，可以分为一般性组织与专门性组织。
5. 根据国际组织的一体化程度，可以分为国家间组织与超国家组织。

（二）国际组织的其他划分

除了以上划分标准之外，还可以从其他角度对国际组织作出划分：

1. 根据国际组织的自主行动能力，可以分为自主性组织和辅助性组织。例如，国际货币基金组织、国际复兴开发银行就具有提供国际贷款的自主行动能力，而世界贸易组织则是典型的成员国驱动型的国际组织。

2. 根据国际组织的成立和运作基础，可以分为事实上的组织和法律上的组织。例如，关税及贸易总协定（GATT）就是事实上的国际组织，而世界贸易组织则是法律上的国际组织。

3. 根据国际组织设立的基础性文件的法律性质，可以分为正式的"硬"组织和非正式的"软"组织。例如，欧洲安全合作组织（OSCE）就是典型的软组织。

（三）关于超国家组织

超国家组织，是指具有一定的针对成员国及其国民的直接的立法、执法和司法权力的国际组织。其超国家因素主要体现为：组织的决定能有效约束成员国政府；作出决定的机关并不应完全受制于所有成员方的合作；有权制定直接约束成员国居民的规则；有实施其决定的权力；有一定的自主财政。

四、国际组织法的基本内容

教材从不同角度对国际组织法的基本内容作出了划分，其中最有意义的是国际组织的机构法和实体法的划分。

（一）国际组织的机构法和实体法

国际组织的机构法，是指解决国际组织的设立、机构、人员、财政等共性问题的规则。它是国际组织法的独特内容，也是国际组织法的核心内容。

国际组织的实体法，是调整国际组织及其成员国在各个具体领域的行为的规则。它构成了各个国际法分支领域的主要内容，因此本书主要在国际法的各个分支领域予以论述，而不在国际组织法本身之中予以论述。

（二）国际组织的机构法的主要内容

国际组织机构法的主要内容就是国际组织法本身的主要内容，主要包括国际组织的章程、法律地位、成员制度、组织结构、职能范围、成员国的权利与义务、国际组织的责任、争端解决、财政制度、总部问题、特权与豁免、议事程序与规则等内容,主要涉及国际组织法中具有共性的问题和规则。

国际组织法的理论与实践就是围绕这些问题展开的。对于这些具体丰富的理论与实践问题,大家可以通过阅读有关国际组织法的专门教材来学习。

五、国际组织的组织结构与职权及其解析

国际组织的"三分结构"需要重点掌握。最好结合联合国、国际货币基金组织、世界贸易组织等典型的重要国际组织,对照这些国际组织的章程性文件来学习、理解和掌握。

（一）国际组织的组织结构与职权

1. 审议机关

（1）审议机关是指国际组织的决策或最高权力机关,一般称之为"大会""代表大会"或"全体会议"等。

（2）审议机关由所有成员国派代表参加。

（3）审议机关的主要职能是制定方针政策、审查预算、接纳新成员、选举行政首长、选举执行机关成员并审议其报告、制定及修订有关约章、就有关事项提出建议或作出决定、实行内部监督等。

（4）审议机关不是一个常设机关,一般每年召开一次例会,但也有规定更长时间召开一次例会的。

2. 执行机关

（1）国际组织均设有一个执行机关,一般称理事会或执行局等。

（2）执行机关的主要职能是执行最高权力机关的决定,处理本组织管辖范围内的事项,提出建议、计划和工作方案并付诸实施等。

（3）执行机关一般由最高权力机关推选少数成员国的代表组成。

（4）执行机关一般是常设机构,经常举行会议。

（5）审议机关休会期间,一般由执行机关行使职权。

3. 行政机关

（1）秘书处是国际组织负责处理日常行政事务的机关,通常称为"秘书处""国际局"等。

（2）国际组织的秘书处,一般由一个称为秘书长或总干事的主要行政长官和其他工作人员组成。

（3）秘书处的任务,主要是负责处理组织中的各种经常性的行政工作,协调组织中各常设机关的活动并为其提供各种服务,具有财政、会务、调研、技术、情报、对外代表本组织等多方面的职能。

（4）秘书处工作人员不是各成员国的代表,而是一批以个人资格任职的国际文职人员,只对本组织负责。

（二）关于国际组织秘书处人员及其任职的国际性质

国际组织的秘书处和国际组织的审议机关、执行机关存在重要的不同。审议机关和执行

机关的成员一般是各成员国的代表,是代表各自国家的;而国际组织的秘书处的主要行政长官和其他工作人员,则是一批以个人资格任职的国际文职人员(国际公务员),他们不是代表各成员国的,而是代表国际组织的。

国际组织为了保证秘书处的独立性与工作效率,一般都要求秘书长和所有职员,应以"国际官员"的身份为本组织整体执行职务,只对本组织负责。各成员国也应尊重秘书处工作人员所负责任的国际性质,不在其履行职责时设法施加影响。

六、国际组织的表决程序

国际组织的表决程序,是指国际组织在的投票权分配和表决规则。最好是结合联合国、国际货币基金组织、世界贸易组织等重要的国际组织,对照这些国际组织的章程性文件来学习、理解和掌握这部分内容。

(一)国际组织的投票权分配制度和表决制度的基本内容

1. 国际组织的投票权分配制度

(1)一国一票制。一国一票制是指实行一国一票制的投票权分配制度,它体现了国家主权平等原则,是绝大多数国际组织所采用的投票权分配制度。

(2)加权投票制(weighted voting)。加权投票制是指按照各成员国实力的大小、责任和贡献的多少而分配投票权的制度。

2. 国际组织的表决制度

(1)全体一致规则。全体一致(unanimity)规则采取一国一票,并要求议案经所有成员一致同意方可通过。

(2)多数表决规则。多数表决制,采用一国一票,要求议案经成员中多数同意票即可通过。多数通过制又分为简单多数(simple majority)通过、特定多数(qualified majority)通过、多数加特定成员通过三种。

(3)加权表决制。加权表决制是指在加权分配投票权的基础上,以加权票的简单多数或者特定多数通过有关决议或议案的表决方式。

(4)协商一致规则。协商一致(consensus)是指在成员国间进行广泛协商的基础上达成一致共识,不经正式投票表决,只要没有正式反对意见就得以通过的决策方法。

(二)国际组织的投票权分配制度和表决制度的解析

1. 要注意区分国际组织投票权分配制度和表决制度。前者是后者的基础。

2. 要注意不同表决制度各自的优点和局限。

(1)一国一票和一致同意规则。优点:充分尊重了国家的主权和平等。局限:全体一致规则常常不利于国际组织决议的通过和执行,严重影响了国际合作的效能,因此,全体一致规则在现代国际组织实践中只是一种例外。

(2)多数表决制。优点:使成员关系更为紧密,既兼顾了多数成员的利益,也提高了国际组织的决策效率,因此,多数表决制是现代国际组织最广泛采用的主流表决方式。局限:不能完全反映所有成员的平等意志和利益。

（3）加权投票制。优点:如果一个国家在国际组织中具有比其他国家更大的利害关系，那么,赋予这些国家以更多的投票权就具有合理性。局限:享有更多投票权的国家在国际组织的决策中可能片面追求和维护其自身的狭隘利益,从而不利于全球政治经济秩序持续健康发展。

（4）协商一致。优点:可以通过避免易于引发对抗的生硬投票方式作出基本上能为大家接受的决议,因此该表决制度在现代国际组织的法律与实践中比较流行。局限:协商一致的决策程序需要在相关成员之间做大量协商工作,又允许有关各方对决议提出保留,或发表自行解释的声明,甚至表示反对意见,从而影响决议的全面实施和决策效率。

3. 国际组织表决制的复合结构。在现实中,多数国际组织都是根据所要议决的事项的重要程度,将全体一致规则、多数同意规则、协商一致规则结合起来使用。这样就有助于综合各种不同表决制度优点。

七、《联合国宪章》

《联合国宪章》是整个国际法中最经典、最重要的文献,因此,应该重点掌握。

《联合国宪章》由序文和 19 章组成,共 111 条。《联合国宪章》的主要内容包括:联合国的宗旨与原则,联合国的会员国,联合国主要机关的组织、职权、活动程序与主要工作,以及联合国组织的地位与宪章的修正等条款。

对于《联合国宪章》的重要内容,尤其是宗旨与原则、联合国大会、安全理事会、争端之和平解决、对于和平之威胁和平之破坏及侵略行为之应付办法等章节需重点掌握。最好结合有关联合国的案例,参考对《联合国宪章》的权威的评注性著作来学习。

八、联合国的宗旨与原则

应该结合《联合国宪章》第 1 条和第 2 条,记忆和掌握联合国的宗旨与原则的具体内容。

（一）联合国的宗旨

1. 维持国际和平与安全。
2. 发展各国间的友好关系。
3. 促进国际合作。
4. 协调各国行动。

（二）联合国的原则

《联合国宪章》第 2 条规定了联合国本身及其成员国应遵循的七项原则:主权平等原则,善意履行宪章义务原则,和平解决国际争端原则,禁止使用武力或以武力相威胁原则,集体协助原则,保证非成员国遵守宪章原则以及不干涉内政原则。

这些原则构成了现代国际关系的基本准则和现代国际法的基本原则。

九、联合国大会

联合国大会的组成、职权、表决程序,是国家统一法律职业资格考试经常考察的重要知识点,应重点掌握。

(一)联合国大会的组成、职权和表决程序的基本内容

1. 大会的组成

大会由联合国全体成员国组成。大会在每年九月份的第三个星期二举行常会,还可根据安理会或过半数成员国的请求,召开特别会议或紧急特别会议。

2. 大会的职权

大会具有广泛的职权,它可以讨论宪章范围内的任何问题或事项。《联合国宪章》第10~17条规定了大会在国际、组织监督和内部行政三个方面的职权,教材详细列举了这三方面具体职权的内容。这些职权内容需重点掌握。

3. 大会的表决程序

大会实行一国一票制,各成员国不论大小,在大会享有一个投票权。对于"重要问题"的决议,须由会员国以2/3的多数来决定。对于"其他问题",只要求会员国以简单多数来决定。大会关于所有问题的表决,其"多数"均以"出席并投票"的成员国计算,因此不包括"缺席"和"不参加投票"者在内,投弃权票的会员国应被认为没有参加投票。

(二)注意大会与安理会在维护国际和平与安全方面的职权的关系

1. 大会职权主要是审议性的;安理会职权主要是执行性的。

2. 除《联合国宪章》第12条的规定(安理会正在处理者)外,大会得向联合国会员国或安全理事会或兼向两者,提出对各该问题或事项之建议。

3. 大会得考虑关于维持国际和平及安全之合作之普通原则,包括军缩及军备管制之原则;并得向会员国或安全理事会或兼向两者提出对于该项原则之建议。

4. 大会得讨论联合国任何会员国或安全理事会或非联合国会员国依第35条第2项之规定,向大会所提关于维持国际和平及安全之任何问题;除第12条所规定的外,并得向会员国或安全理事会或兼向两者提出对于各该项问题之建议。凡对于需要行动之各该项问题,应由大会于讨论前或讨论后提交安全理事会。

5. 大会对于足以危及国际和平与安全之情势,得提请安全理事会注意。

6. 当安全理事会对于任何争端或情势,正在执行本宪章所授予该会之职务时,大会非经安全理事会请求,对于该项争端或情势,不得提出任何建议。

7. 大会对于其认为足以妨害国际公共福利或友好关系之任何情势,不论其起源如何,包括由违反本宪章所载联合国之宗旨及原则而起之情势,得建议和平调整办法,但以不违背第12条之规定为限。

(三)注意区分联合国大会决议的法律效力

根据《联合国宪章》,大会在国际方面的职权及其通过的决议是建议性质的,其中政治方面的讨论和建议权还受到安理会职能的制约;但是,大会在组织监督和内部行政方面的职权则对成员国具有法律约束力。

十、联合国安全理事会

联合国安理会的组成、职权和表决程序是重要内容,也是国家统一法律职业资格考试经常考察的重要知识点,应重点掌握。

《联合国宪章》在第六章、第七章、第八章、第十二章中具体规定了安理会的职权,其中,第六章和第七章尤其重要。安理会的职权主要包括和平解决争端方面的职权、维持和平与制止侵略方面的职权和其他方面的职权。

(一)安理会的组成

安理会目前由中、法、俄、英、美5个常任理事国和10个非常任理事国组成。应该记住和掌握安理会五大常任理事国都是哪些国家。

(二)安理会的职权

《联合国宪章》授予安全理事会的主要责任是维持国际和平与安全。安理会是维持国际和平与安全的主要机关,是联合国组织体系中唯一有权根据宪章规定采取执行行动来维持国际和平与安全的机关,其有关决议对成员国具有约束力,所有成员国都有义务按照宪章的规定执行安理会的决定。

根据宪章的规定,安理会应断定任何对和平的威胁、破坏和平的行为或侵略行为是否存在;可促请有关当事国遵行安理会认为必要或适当的临时措施,以防止情势恶化;可建议或决定采取不牵涉到使用武力的措施(包括经济制裁、停止交通电信和断绝外交关系等),并促请成员国执行此等措施;如认为上述措施不够用,可采取必要的武力行动(包括成员国的空、海、陆军示威,封锁或其他军事行动),以维持和恢复国际和平与安全。在极少数情况下,安理会授权成员国使用包括集体军事行动在内的"一切必要手段",以实施其决定,为此安理会可组织并使用联合国部队。

关于安理会在维持和平与制止侵略方面的职权,建议结合具体情势下安理会有关决议的内容及其实施来学习、理解和掌握。①

(三)安理会的表决程序

关于安理会的表决程序,需要理解、熟悉和重点掌握安理会表决程序中的常任理事国"双重否决权"和"大国一致原则"。

1. 非程序性事项的表决

关于程序事项以外的一切事项的决定,应以9个理事国的可决票决定之,其中应包括全体常任理事国的同意票在内。这就意味着,常任理事国享有否决权。

但是,对于《联合国宪章》第六章及第八章第52条第3项规定的和平解决争端方面的决定,任何常任理事国或非常任理事国为争端当事国时,均不得投票。

不过,对于《联合国宪章》第七章、第八章第53条等,规定的对于和平之威胁和平之破坏及

---

① 参见[英]马尔科姆·N.肖:《国际法》(下),白桂梅等译,北京大学出版社2011年版,第980-1006页。

侵略行为之应付办法即采取执行行动的决议,其可以投票,并且常任理事国可以行使否决权。

2. 程序性事项的表决

程序性事项以任何 9 个理事国的可决票决定。这就是说,在程序性事项上,就是特定多数同意规则,常任理事国没有否决权。

3. 某一事项是否属于程序性事项的表决

根据各大国多次磋商得出的解释,关于某一事项是否属于程序性这一先决问题的决定,也必须以 9 个理事国的可决票决定之,其中应包括全体常任理事国的同意票在内。这意味着五大国在安理会享有所谓"双重否决权"。

(四) 安理会的表决程序和常任理事国的"双重否决权"(即"五大国一致"原则)

在安理会表决程序问题上,需要注意常任理事国的"一票否决权"和非常任理事国的"集体否决权"。在非程序性事项上,常任理事国享有特权,每个常任理事国都有一票否决权,只有五个常任理事国都不行使否决权,有关决议才可能通过,这就是"大国一致"原则。常任理事国的"一票否决权"和"大国一致"原则实质上是一种少数抵制或阻止多数的特权,因此,安理会的表决程序是一种"受限制的多数表决制"。但是,另一方面,某项得到 5 个常任理事国一致同意的决定,如果有 7 个非常任理事国反对或弃权,因而不能获得 9 票的多数时,该项决定同样也不能通过,这可以称之为非常任理事国的"集体否决权"。

(五) 安理会表决中的弃权

安理会每个理事国享有一个投票权。安理会的投票一般分为赞成、反对、弃权三种,但现在也有自愿不参加投票的做法。根据联合国在实践中形成的惯例,"弃权"并不对实质问题的决定产生否决效果。如果一常任理事国不支持某项决定,但又无意阻止该决定的通过,则可弃权。这种做法对安理会极其尖锐的表决程序有一种缓冲的作用。不参加投票似乎与缺席一样,然而安理会无所谓缺席,因为它必须在全体理事国到齐后才能开会。

十一、联合国秘书处

联合国秘书长作为本组织的行政首长,对外代表联合国。

关于秘书处,需要掌握秘书处的组成和秘书长的选举、职权和任职性质。

(一) 秘书处的组成和秘书长的选举

秘书处由秘书长 1 人,副秘书长、助理秘书长若干人,以及联合国组织所需要的其他行政人员组成。

秘书处的首脑是秘书长,负责提供通盘行政指导。秘书长的任期为 5 年,连任任期也为 5 年。联合国秘书长是联合国的行政首脑,由大会根据安理会的推荐来委派。根据宪章有关规定的解释,大会有权拒绝安理会推荐的候选人,但是大会无权任命安理会未推荐的人选为秘书长。在安理会的推荐中,常任理事国享有否决权。因此,秘书长的选举不仅是一个法律程序问题,而且带有强烈的政治色彩,向来为各成员国和世界所注意。

（二）秘书处的职权

秘书处的任务是为联合国其他机关服务，并执行这些机关制定的计划和政策。秘书处根据大会、安全理事会和其他机关的指示，从事联合国的事务工作和行政工作。

（三）秘书处的任职性质

秘书长和秘书处职员仅对联合国负责，必须以"国际官员"的地位为联合国整体履行职责。每个工作人员均不得寻求或接受任何政府或联合国以外的任何其他机构的指示，以保证秘书处的纯国际性质。这是为了确保秘书处的独立性和工作效率。

十二、联合国专门机构的概念和特征

关于联合国专门机构的概念和特征，需要掌握联合国专门机构的概念以及联合国与专门机构之间的法律关系。

（一）联合国专门机构的概念

联合国专门机构，是指依据各国政府间协定创立，并以特别协定而同联合国建立关系的，于某一特定业务领域负有广大国际责任的专门性国际组织。

（二）联合国专门机构的特征

1. 它们是政府间组织。构成联合国专门机构的组织必须是"政府间"性质的，而不是民间的或政府之上的组织。

2. 它们是具有独立国际法律人格的组织。联合国专门机构均有各自独立的组织章程、机关体系、运作体制和成员国，它们不是联合国的附属机构。

3. 它们是在某一特定领域负有"广大国际责任"的全球性专门组织，因此不包括各种区域性的专门组织。

4. 它们是同联合国具有特殊法律关系的专门组织。它们根据同联合国的经社理事会签订的关系协定而与联合国建立工作联系。此种关系协定，使各专门机构正式被纳入联合国体系。

十三、联合国与区域办法之间的法律关系

应结合《联合国宪章》第 51 条和《联合国宪章》第八章（区域办法），掌握在维持国际和平与安全方面，联合国与区域办法或区域机构之间的法律关系。

联合国与区域办法之间的法律关系主要包括以下内容：

1. 在维持和平与安全方面，《联合国宪章》不得认为排除区域办法或区域机关、用以应付关于维持国际和平及安全而宜于区域行动之事件者；但以此项办法或机关及其工作与联合国之宗旨及原则符合者为限。

2. 在和平解决国际争端方面，缔结区域办法或设立区域机关之联合国会员国，将地方争端提交安全理事会以前，应依该项区域办法，或由该项区域机关，力求和平解决。安全理事会对于依区域办法或由区域机关而求地方争端之和平解决，不论其系由关系国主动，或由安全理事会提交者，应鼓励其发展。

3. 在采取维持和平的执行行动方面,安全理事会对于职权内之执行行动,在适当情形下,应利用此项区域办法或区域机关。如无安全理事会之授权,不得依区域办法或由区域机关采取任何执行行动。关于为维持国际和平及安全起见,依区域办法或由区域机关已采取或正在考虑之行动,不论何时应向安全理事会充分报告之。

十四、中国与联合国的关系

关于中国与联合国的关系,需要掌握中国在联合国的代表权问题以及中国在联合国的地位和作用。

（一）中国在联合国的代表权问题
需要熟悉中国参与联合国建立、中华人民共和国恢复联合国合法席位的经过。

（二）中国在联合国的作用和地位
需要理解和熟悉中国作为联合国会员国和安理会常任理事国参与联合国事务的主要实践。

十五、知识点延伸

（一）国际组织对国际法发展的影响
国际组织对国际法的制定和实施具有重要的推动作用。

1. 国际组织具有创设国际法的功能[①]

（1）国际组织可以倡议订立多边条约和国际公约。

（2）国际组织可以通过宣言、决议和惯例来阐明和发展习惯国际法。

（3）国际组织可以为国际法的编纂、发展主持制定草案和计划。

（4）国际司法机构的重要判决有助于解释和澄清国际法的有关法律规范。

（5）国际组织的某些机构可以产生有关国际法的重要决议或声明等软法文件。

2. 国际组织可以促进国际法的实施[②]

主要包括如下形式:

（1）和平解决国际争端机制。

（2）制止武装冲突、维护和平的强制执行机制。

（3）多边条约实施中的报告与通知制度。

（4）多边条约实施中的审议与核查制度。

（5）多边条约实施中的监督制度。

（6）多边条约中的缔约国履约能力建设制度。

（二）国际组织的特权与豁免
国际组织的特权与豁免,是国际组织法中最重要的基础法律问题之一,需要重点掌握,最

---

① 参见饶戈平主编:《国际组织法》,北京大学出版社 1996 年版,第 23—24 页。

② 参见饶戈平主编:《国际组织与国际法实施机制的发展》,北京大学出版社 2013 年版,第 13—21 页。

好的方式是结合《联合国特权和豁免公约》等条约和典型案例来学习。

1. 国际组织特权与豁免的概念

国际组织的特权与豁免,是指国际组织、成员国派驻国际组织的代表、国际组织的官员、执行国际组织使命的人员在财产、资产、通信、人身、言论等方面,为了履行国际组织的职能,在有关国家的执法程序和司法程序上,所享有的必要的特权和豁免。

国际组织的特权与豁免的基础则是"职能必要"(functional necessity)。国际组织享有为了实现其目的和宗旨而有效履行其职能所必要的特权与豁免。

2. 国际组织特权与豁免的内容

(1) 国际组织自身的特权与豁免

① 司法程序豁免。国际组织的财产和资产豁免于各种形式的法律程序,包括管辖豁免和执行豁免。

② 国际组织的房舍、财产、资产、档案的特权。国际组织的房舍、财产、资产、档案的特权不受侵犯,豁免于搜查、征用、没收、征收和任何其他方式的干扰,不论是由于执行行为、行政行为、司法行为或立法行为。

③ 国际组织的货币和财政特权。国际组织享有持有款项、黄金、任何货币并可自由移转的特权,国际组织的资产、收入或财产免除直接税,但属于使用公共设施服务的税捐不得免除。

④ 通信自由。国际组织有权使用电码、信使和邮袋,国际组织的官方往来通信不受检查,享有最惠国待遇。

(2) 成员国派驻国际组织的代表的特权与豁免

出席国际组织机关及其召开的会议的各会员国代表,在执行职务期间和往返开会处所的旅程中应享有下列各项特权和豁免:

① 其人身不受逮捕或拘禁,其私人行李不受扣押,其以代表资格发表的口头或书面的言论及其所实施的一切行为,豁免各种法律程序。

② 其一切文书和文件均属不可侵犯。

③ 有使用电码及经由信使或用密封邮袋收发文书或信件的权利。

④ 在他们为执行职务而访问或经过的国家,其本人及配偶免除移民限制、外侨登记或国民服役的义务。

⑤ 关于货币或外汇之限制,享有给予负临时公务使命的外国政府代表的同样的便利。

⑥ 其私人行李享有给予外交使节的同样的豁免和便利,但他们对于运入物品(除为其私人行李的一部分外)无权要求免除关税、消费税或销售税。

⑦ 成员国代表为履行职责而发表的口头或书面的言论和他们所实施的一切行为对法律程序的豁免,在其不再担任组织成员国代表时,此项豁免仍继续享有。

(3) 国际组织职员的特权与豁免

① 其以公务资格发表的口头或书面的言论及所实施的一切行为豁免法律程序。

② 其得自联合国的薪给和报酬免纳税捐。

③ 豁免国民服役的义务。

④ 其本人、连同其配偶及受扶养亲属豁免移民限制和外侨登记。

⑤ 关于外汇便利,享有给予构成驻关系国政府使馆一部分的相当级位官员的同样特权。

⑥ 于发生国际危机时,给予其本人、连同其配偶及受扶养亲属以给予外交使节的同样的遣送返国便利。

⑦ 于初次到达关系国就任时有免纳关税运入家具和用品的权利。

(4) 执行国际组织使命的人员的特权与豁免

为国际组织执行使命的专家在其执行使命期间,包括为执行其使命在旅程中所费的时间内,应给予为独立执行其职务所必需的特权和豁免,尤应给予下列特权和豁免:

① 其人身不受逮捕或拘禁,其私人行李不受扣押。

② 其在执行使命期间发表的口头或书面的言论和他们所实施的行为豁免一切法律程序,此项法律程序的豁免虽在关系人不再受雇为联合国执行使命时仍应继续享有。

③ 其一切文书及文件均属不可侵犯。

④ 为与联合国通信使用电码及经由信使或用密封邮袋收发文书或信件的权利。

⑤ 关于货币或外汇限制享有给予负临时公务使命的外国政府代表的同样便利。

⑥ 其私人行李,享有给予外交使节的同样的豁免和便利。

3. 国际组织管辖豁免与私人救济权

如何协调国际组织管辖豁免与受其损害的私人的救济权? 对此,目前有以下几种解决方式:

(1) 国际组织自身提供有效救济。当国际组织涉及私法性质的争端时,国际组织应为此种争端提供适当的解决方式。

(2) 国际组织享有绝对管辖豁免。国际组织具有绝对的管辖豁免,除非国际组织明示放弃管辖豁免,否则成员国有义务尊重这种绝对管辖豁免。[1]

(3) 合理替代救济理论(alternative remedies theory)或称同等法律保护(equivalent legal protection)理论。只要存在可供选择的替代救济、保护、解决或裁判方式,基于国际组织适当履行正当目标享有管辖豁免而限制私人诉诸法院权就是合比例的。[2]

(三) 联合国在和平解决国际争端中的地位和作用[3]

联合国具有普遍性和广泛的权威性,其在和平解决国际争端中具有特殊的重要地位。

1.《联合国宪章》专门规定了和平解决国际争端的宗旨、原则、具体方法和程序

(1)《联合国宪章》第 1 条规定,"以和平方法且依正义及国际法之原则,调整或解决足以破坏和平之国际争端或情势"。

(2)《联合国宪章》第 2 条规定,"各会员国应以和平方法解决其国际争端,俾免危及国际和平、安全及正义"。

(3)《联合国宪章》第六章(第 33 条)规定,"任何争端之当事国,于争端之继续存在足以危及国际和平与安全之维持时,应尽先以谈判、调查、调停、和解、公断、司法解决、区域机关或

---

① Georges v. United Nations, 84 F. Supp. 3d 246 (S. D. N. Y. , Jan. 9, 2015); Georges v. United Nations, 834 F. 3d 88, 98 (2d Cir. 2016).

② Waite and Kennedy v Germany, 26083/94, ECtHR 1999-I, [1999] ECtHR 13; Stichting Mothers of Srebrenica and Others v. The Netherlands, Appl. No. 65542/12, ECtHR, 11 June 2013.

③ 参见王铁崖主编:《国际法》,法律出版社 1995 年版,第 594-599 页。

区域办法之利用、各该国自行选择之其他和平方法,求得解决"。

2. 联合国大会、安理会、秘书处在和平解决国际争端中分别具有各自的职权

(1) 大会

根据《联合国宪章》第 10 条和第 11 条,大会得讨论本宪章范围内之任何问题或事项,或关于本宪章所规定任何机关之职权。其中就包括了有关和平解决国际争端的问题和职权。

除第 12 条所规定的(安理会正在处理者)外,大会得向联合国会员国或安全理事会或兼向两者,提出对各该问题或事项之建议。

大会得讨论联合国任何会员国或安全理事会或非联合国会员国依第 35 条第 2 项(非会员国作为争端当事国提请注意的争端)之规定向大会所提关于维持国际和平及安全之任何问题;除第 12 条所规定的外,并得向会员国或安全理事会或兼向两者提出对各该项问题之建议。

大会对足以危及国际和平与安全之情势,得提请安全理事会注意。

大会就国际争端或情势所通过的决议,仅具有建议的效果,不具有法律拘束力,但具有政治和道义上的力量。

(2) 安理会

安理会"对维持国际和平与安全负有主要责任",其中就包括负有和平解决国际争端的责任。

安理会在和平解决国际争端方面的具体职责包括:

① 调查。"安全理事会得调查任何争端或可能引起国际摩擦或惹起争端之任何情势,以断定该项争端或情势之继续存在是否足以危及国际和平与安全之维持。"

② 建议适当的争端解决程序或调整方法。于争端之继续存在足以危及国际和平与安全之维持时,安全理事会认为必要时,应促请各当事国应尽先以谈判、调查、调停、和解、公断、司法解决、区域机关或区域办法之利用、各该国自行选择之其他和平方法,求得解决争端。

③ 进行调停、斡旋和调解。

④ 断定存在对和平的威胁、破坏或侵略轻微,并建议应付或解决的办法。

⑤ 鼓励或利用区域机关或区域办法。

(3) 秘书处

秘书长在和平解决国际争端方面具有非常广泛的权力:

① 提请安理会注意其认为可能威胁国际和平与安全的任何事件。

② 呼吁当事国和平解决国际争端,依职权、应安理会或大会请求或者应当事国请求通过斡旋和调停解决争端。

(四) 联合国维持和平与观察员行动①

联合国维持和平与观察员行动,是指在联合国大会或安理会授权下部署维和部队和观察团,承担控制和解决有关国家或地区的军事冲突,或者监督有关国家的选举等民事职能。

联合国维持和平与观察员行动是介于《联合国宪章》第六章(争端之和平解决)和第七章(对于和平之威胁和平之破坏及侵略行为之应付办法)之间的行动,其在《联合国宪章》中并没

---

① 参见[英]马尔科姆·N.肖:《国际法》(下),白桂梅等译,北京大学出版社 2011 年版,第 971—979 页。

有具体的、直接的、明确的法律依据。但是,宪章关于大会、安理会、和平解决国际争端、对于和平之威胁和平之破坏及侵略行为之应付办法等有关章节作为一个整体的法律框架构成了其法律基础。此外,联合国与有关国家签署的维和协定或观察员协定也构成了其进一步的法律基础。

维和与观察员行动同时还受到有关联合国的特权、豁免和责任方面的法律规范的调整,有关人员可以享有特权和豁免,联合国应对维和和观察员行动造成的损害给予赔偿,联合国有权对其人员的损失和伤害主张赔偿。对于维和与观察员行动是否应遵守武装冲突法或国际人道法,目前还有争议。

(五)联合国与专门机构的联系机制

联合国与其专门机构之间联系机制的主要内容包括:互派代表,参加对方组织的会议,但无投票权;会议议程提议;磋商和建议(交流观点,经磋商后提交正式建议);信息交换;在收集、分析、出版、传播统计信息方面进行合作;行政、人事、技术、预算、财务及其他行政事务联络;提供协助;使用联合国护照或通行证。

第四部分　习题自测

(一)填空题

1. 国际组织的概念有广义与狭义之分。狭义的国际组织,即政府间国际组织,也就是指_____为实现共同的目的,根据_____设立的,拥有常设机关并以其名义开展活动的国际性机构。

2. 按照不同的分类标准,国际组织可以分为不同的类型。按宗旨和职能划分,可以分为_____和_____;按成员的构成范围划分,可以分为_____和_____;按成员资格是否对外开放,可以分为_____和_____。

3. 非政府组织是指由_____依法设立的非政府的、非营利的任何国内或国际的团体或组织。国际非政府组织是指在至少_____国家从事活动的非政府组织。

(二)单项选择题

4. 下列哪一个国家不是联合国安全理事会中的常任理事国?(　　　)

A. 中国　　　　　　B. 美国　　　　　　C. 日本　　　　　　D. 法国

5. 人类历史上第一个全球性综合性的国际组织是(　　　)。

A. 联合国　　　　　B. 国际联盟　　　　C. 国际常设法院　　D. 国际货币基金组织

6. 首次正式将"联合国"作为战后国际组织名称的文件是(　　　)。

A.《联合国家共同宣言》

B.《关于普遍安全的宣言》

C.《联合国宪章》

D.《关于建立普遍性国际组织的建议案》

7. 在下列事项中,不属于联合国大会的重要问题是(　　　)。

A. 接纳新会员国 　　　　　　　　B. 托管制度的预算问题的决定

C. 恢复会员国资格 　　　　　　　　D. 会员国除名

8. "加权表决制"作为国际组织表决制度的一种,指的是(　　　)。

A. 一些金融性国际组织会员国除享有同样的表决票外,还可以就其所认缴股份额的多少增加一定票数

B. 该组织的最高权力机关决定某些会员国可以增加一定票数

C. 该组织的行政机关决定某些会员国可以增加一定票数

D. 该组织成员全体一致同意,某些会员国可以增加一定票数

9. 为促进对人权的尊重和保护,联合国大会于2006年通过决议,设立了一个专门负责联合国人权领域工作的大会附属机构。下列选项中正确的是(　　　)。

A. 联合国人权委员会 　　　　　　　B. 联合国人权事务委员会

C. 联合国人权理事会 　　　　　　　D. 联合国人权法院

10. 下列关于联合国大会与安理会在维持国际和平与安全方面关系的说法,正确的是(　　　)。

A. 安理会协助大会进行工作

B. 在采取维和行动问题上,大会可以主动向安理会提出建议

C. 大会协助安理会进行工作

D. 大会有优先权

11. 下列国际组织中属于区域性国际组织的是(　　　)。

A. 阿拉伯国家联盟 　　　　　　　　B. 人权理事会

C. 非殖民化委员会 　　　　　　　　D. 国际劳工组织

12. 以下哪一组织不属于区域性国际组织?(　　　)

A. 阿拉伯国家联盟 　　　　　　　　B. 美洲国家组织

C. 欧洲联盟 　　　　　　　　　　　D. 国际投资争端解决中心

13. 甲、乙两国为陆地邻国。由于边界资源的开采问题,两国产生了激烈的武装冲突,战火有进一步蔓延的趋势。甲、乙均为联合国成员国。针对此事态,如果拟通过联合国安理会采取相关措施以实现停火和稳定局势,那么,根据《联合国宪章》的有关规定,下列哪一选项是正确的?(　　　)

A. 只有甲、乙两国中的任一国把该事项提交安理会后,安理会才有权对该事项进行审议

B. 在对采取措施的决议草案进行表决时,若获得全体理事国中1/2多数的同意,其中包括常任理事国的一致同意,该决议即被通过

C. 在对采取措施的决议草案进行表决时,安理会常任理事国中任何一国投弃权票,不妨碍该决议的通过

D. 只有得到甲、乙两国的分别同意,安理会通过的上述决议才能对其产生拘束力

14.《联合国宪章》的修正案经大会举行的全体会议以2/3多数票通过后,应经(　　　)批准才能生效。

A. 全体会员国

B. 2/3 的会员国

C. 包括安理会全体理事国在内的过半数会员国

D. 包括安理会全体常任理事国在内 2/3 的会员国

15. 经济及社会理事会的主要职权是（　　　）。

A. 维持国际和平与安全　　　　　　　B. 建立国际经济秩序

C. 促进人权的国际保护　　　　　　　D. 促进国际经济及社会的国际合作

16. 联合国人权委员会是（　　　）设立的一个辅助机关。

A. 大会　　　　　　　　　　　　　　B. 安全理事会

C. 经济及社会理事会　　　　　　　　D. 托管理事会

（三）不定项选择题

17. 以下哪些是有关国际组织的国际法律人格的观点？（　　　）

A. 约章授权论　　B. 客观人格说　　C. 主观人格说　　D. 暗含权力论

18. 以下哪些是国际组织在对外关系中所必需的权利能力和行为能力？（　　　）

A. 缔约权　　　　B. 使节权　　　　C. 国际求偿权　　D. 特权与豁免

19. 国际组织享有哪些特权与豁免？（　　　）

A. 司法管辖豁免

B. 判决的执行豁免

C. 组织的房舍、财产和档案不受侵犯

D. 通信自由

E. 货币和财政特权

20. 以下哪些问题需要经过联合国大会 2/3 多数通过？（　　　）

A. 与维持国际和平与安全相关的建议

B. 接纳新会员国

C. 会员国权利中止或开除会籍

D. 实施托管的问题

E. 会员国应缴费用的分摊

21. 以下关于安理会的说法，正确的是（　　　）。

A. 对于程序事项决议的表决任何 9 个同意票即可通过

B. 对于非程序事项的决议表决，要求包括全体常任理事国在内的 9 个同意票

C. 关于和平解决争端的决议，作为争端当事国的理事国不可投票

D. 是联合国在维持国际和平与安全方面负主要责任的机关

22. 联合国接纳新会员国的条件是（　　　）。

A. 爱好和平　　　　　　　　　　　　B. 主权国家

C. 大会推荐　　　　　　　　　　　　D. 接受宪章所载义务

23. 联合国的集体安全制度包括（　　　）。

A. 禁止使用武力

B. 实行单独或集体自卫

C. 授权会员国采取执行行动

D. 授权安理会采取执行行动

E. 建立联合国自己的武装力量

24. 国际法院作为联合国的主要司法机关,其法官的选举(   )。

A. 经安理会同意交大会表决

B. 经安理会和大会并行独立选举产生

C. 安理会的常任理事国享有否决权

D. 安理会的常任理事国不享有否决权

25. 1944 年的布雷顿森林会议成立了(   )。

A. 国际民用航空组织   B. 国际货币基金组织

C. 国际复兴开发银行   D. 国际开发协会

E. 常设仲裁法院

26. 国际组织在对外关系中具有下列哪些权利能力和行为能力?(   )

A. 缔约权   B. 对外交往权

C. 承认与被承认权   D. 国际求偿权

27. 区域性组织在解决争端方面与联合国的关系是(   )。

A. 区域性组织开始解决的争端并不影响安理会职权的执行

B. 区域组织可视情况自行采取行动,无须安理会授权

C. 区域组织采取的任何行动须经安理会授权

D. 区域组织解决争端,必须符合《联合国宪章》

28. 联合国大会在维持国际和平与安全方面采取行动的根据是(   )。

A. 联合国宪章   B. 安理会决议

C. 受害国请求   D. 相关国家的呼吁

29. 下列哪几项属于政府间国际组织的特征?(   )

A. 国际组织具有常设机构

B. 国际组织的宗旨是处理国际间的特定事务

C. 国际组织的成立是通过双边协议

D. 国际组织的成员是国家

30. 区域性国际组织(   )。

A. 是联合国的组成部分

B. 无独立的法律人格

C. 有独立的组织约章及法律地位

D. 被纳入了联合国维持和平的体制

（四）名词解释

31. 政府间国际组织

32. 区域性国际组织

33. 双重否决权

34. 加权表决制

35. 联合国专门机构

（五）简答题

36. 简述国际组织的特征。

37. 简述国际组织对国际法的影响。

38. 简述联合国宪章规定的联合国及其会员国应遵行的原则。

39. 简述国际组织在和平解决国际争端中的作用。

（六）论述题

40. 试述中国和联合国的关系。

（七）案例分析

41. 1956 年 10 月,苏伊士运河战争爆发之后,联合国安理会先后两次审查以色列、英国和法国对埃及的干涉问题,11 月 1 日,安理会通过决议,考虑到其常任理事国之间的意见分歧使它不能履行维持国际和平与安全的主要责任,决定召开大会特别会议以做出适当建议。大会随即请求联合国秘书长提交一份关于建立一支旨在确保和监督停战的联合国国际部队的计划。在此基础上,第一支联合国紧急部队得以建立。1960 年 7 月,刚果内乱爆发之后,安理会于同月 13 日通过决议,授权秘书长在与刚果政府磋商之后,采取必要措施向该政府提供军事援助。在此基础上,建立了称为联合国刚果行动的国际部队。根据大会的一系列决议,上述两支部队的活动费用列入联合国的特别预算,由会员国按大会分配的金额分摊。一些会员国以这两支部队的活动费用不属联合国的普通经费为由拒付其分摊金额。大会于 1961 年 12 月 20 日通过的第 1731(XVI)号决议,请求国际法院就经过大会一系列决议核准的上述两支部队的费用是否构成《联合国宪章》第 17 条第 2 款意义上的“本组织之经费”的问题发表咨询意见。

问:(1) 如何划分联合国大会和安理会在开展维和行动方面的职权?

(2) 联合国会员国对于联合国的费用承担什么义务?

第八章　国际法上的个人

第一部分　学 习 目 标

（一）熟悉

1. 国籍法的含义、主要渊源。

2. 各国国籍立法对因出生而取得国籍的规定、采取的立法原则都有哪些？

3. 关于婚姻对女子国籍的影响,各国法律规定有哪几种原则？

4. 关于收养对被收养国籍的影响,各国法律规定大致有那种做法？

5. 对于外国人入境管理的一般原则。

6. 关于外国人居留事项的国际实践。

7. 关于外国人出境条件的一般规定。

8. 国民待遇的含义、条件。

9. 最惠国待遇的含义、有条约和条件的区分、适用范围,一般不适用的情形。

10. 外交保护的限制条件主要有哪几种？

11. 引渡（引渡的概念、主体、对象）。

12. 从庇护的本质、法律依据、对象、后果等来看庇护的规则。

13. 难民身份的确认条件、排除条件都有哪些？

（二）掌握

1. 国籍的概念。

2. 国籍的法律意义包括哪些方面？

3. 国籍取得的含义、具体方式。

4. 国籍抵触的含义、类型。

5. 国籍积极抵触的含义、具体原因、负面法律效果以及解决途径。

6. 国籍消极抵触的含义、具体原因、负面法律效果以及解决途径。

7. 外国人的概念;其法律地位一般体现在哪里？分哪几个方面？

8. 外国人待遇的含义,各国在实践中给予外国人待遇所采取的几种一般原则。

9. 外交保护的含义、两种一般情况和基础。

10. 庇护的概念、领土庇护和域外庇护的区分。

11. 难民的含义、广义与狭义的区分。

12. 从出入境、居留、待遇方面看难民的法律地位。

（三）理解

1. 国际法上的个人的重要性。

2. 我国国籍法的发展历史、主要原则及规定。

3. 国籍丧失的含义和情形。

4. 国籍恢复的含义和程序。

5. 对外国人的驱逐权的条件及行使。

6. 互惠待遇的含义地位。

7. 差别待遇的含义是什么？包括哪两种情况？

8. 外交保护行使的范围在实践中一般包括哪些事项？

9. 外交保护的具体方式大体上有哪些？

10. 外国人在中国法律地位（不断提升）的表现。

11. 我国关于外国人入境、出境、居留的主要原则和规则。

12. 引渡的历史发展。

13. 中国关于引渡的立法与实践。

14. 我国关于庇护的立场与实践。

15. 国际难民法的产生和历史沿革。

16. 中国在难民保护方面的法律制度、机构和实践。

（四）难点

1. 我国关于港澳永久居民国籍特殊问题的规定。

2. 片面最惠国待遇的评价与分析（与主权、平等的关系）。

3. 普惠制的评价与分析（与主权、平等的关系）。

4. "最低限度国际标准"的评价与分析（与主权、平等的关系）。

5. "卡尔沃主义"及"卡尔沃条款"的意义和局限性。

6. 域外（外交庇护）为什么不能得到国际法的承认？

第二部分　知识结构图

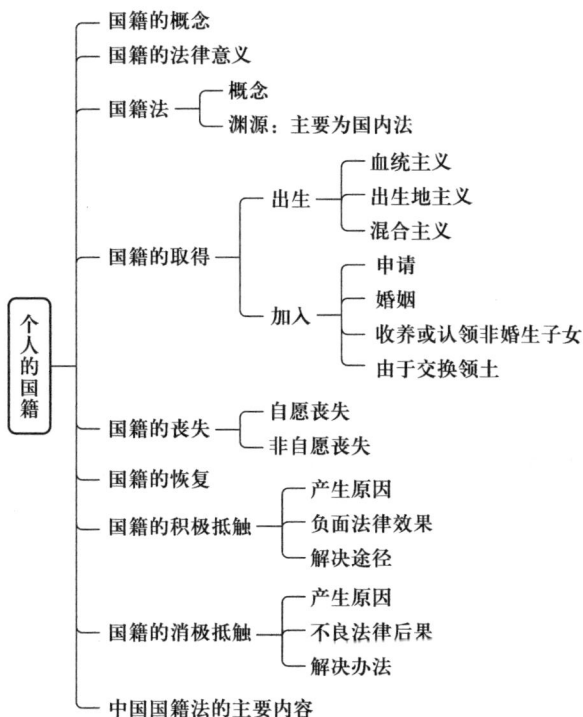

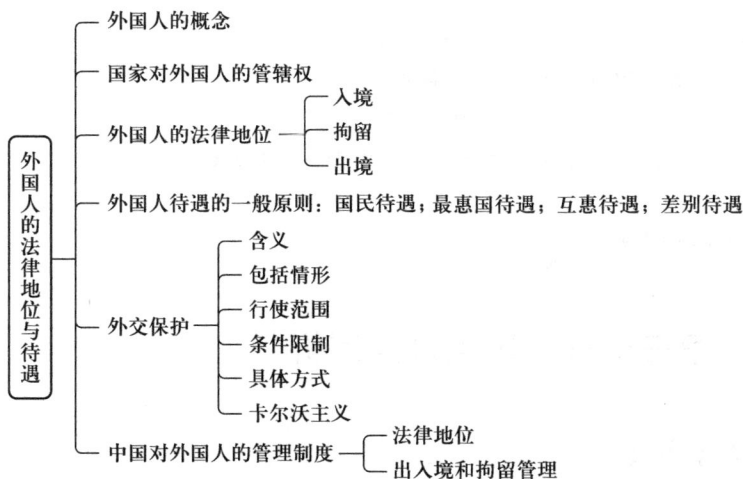

个人的国籍
- 国籍的概念
- 国籍的法律意义
- 国籍法
  - 概念
  - 渊源：主要为国内法
- 国籍的取得
  - 出生
    - 血统主义
    - 出生地主义
    - 混合主义
  - 加入
    - 申请
    - 婚姻
    - 收养或认领非婚生子女
    - 由于交换领土
- 国籍的丧失
  - 自愿丧失
  - 非自愿丧失
- 国籍的恢复
- 国籍的积极抵触
  - 产生原因
  - 负面法律效果
  - 解决途径
- 国籍的消极抵触
  - 产生原因
  - 不良法律后果
  - 解决办法
- 中国国籍法的主要内容

外国人的法律地位与待遇
- 外国人的概念
- 国家对外国人的管辖权
- 外国人的法律地位
  - 入境
  - 拘留
  - 出境
- 外国人待遇的一般原则：国民待遇；最惠国待遇；互惠待遇；差别待遇
- 外交保护
  - 含义
  - 包括情形
  - 行使范围
  - 条件限制
  - 具体方式
  - 卡尔沃主义
- 中国对外国人的管理制度
  - 法律地位
  - 出入境和拘留管理

引渡
- 引渡的概念
- 历史发展
- 引渡的主体
  - 罪犯本人所属国
  - 犯罪行为发生国
  - 受害国
- 引渡的对象
- 引渡的条件
  - 政治犯例外原则
  - 双重犯罪原则
  - 罪名特定原则
- 引渡的程序
- 引渡的后果
  - 审判
  - 转交给第三国
- 中国关于引渡的立法与实践

庇护
- 庇护的概念
- 历史发展
- 类型
  - 领土庇护
  - 域外庇护
- 性质、主要法律依据：主权行为、国内法
- 庇护的对象：限于政治犯
- 庇护的后果
- 中国关于庇护的立场与实践

难民
- 难民的概念：广义、狭义
- 国际难民法
  - 概念
  - 历史
- 难民身份的确定
  - 确定难民身份的主要条件
  - 难民身份的排除条件
  - 难民身份的确认程序
- 难民的法律地位
  - 入境、拘留和出境
    - 边界不拒绝
    - 不驱逐出境
    - 不推回原则
  - 难民的待遇：不低于一般外国人；可享受广泛权利义务
- 中国保护难民的基本立场和实践
  - 难民保护法律制度
  - 难民保护机构、实践

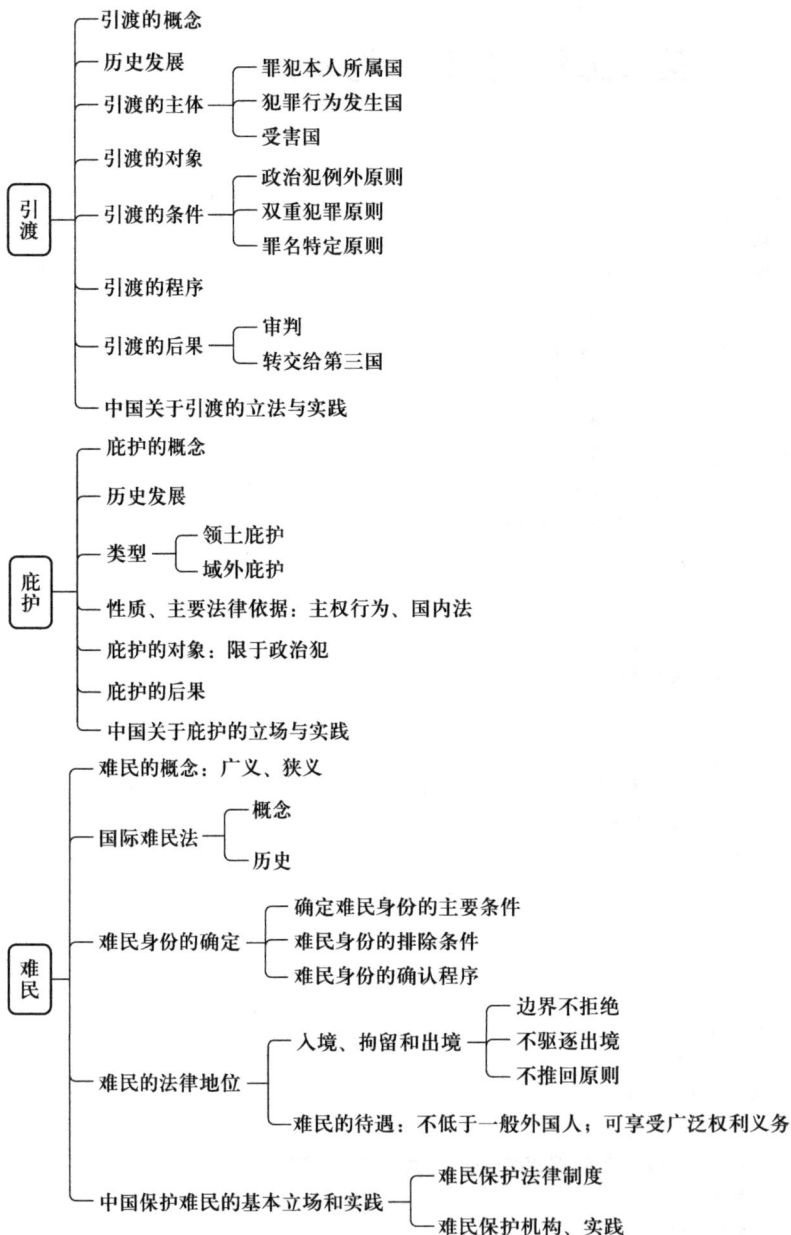

第三部分　重点难点解析

国际法上的个人与人本主义

（一）国际法长期的“国本主义”传统

1. 概述

传统的国际法是“国本主义”的, 这意味着整个的国际法体制以国家为起点, 以国家的独立

和彼此承认、尊重为开展关系的尺度;国际社会以主权国家为交往的基本单位、国际法以主权平等和独立为基本的原则、国际法规范的订立与执行建立在国家利益至上的基础之上。具体而言,表现在如下四个方面:

第一,国家是国际法的基本主体。国际法主要关涉的是国家的权利和义务,国家是国际法的主要法律人格者,也就是国际法的主要主体。

第二,国家利益是国际法服务的目标。国家之内的人的利益、地位、要求被"国家"这一笼统的、全局性的概念所笼罩,国际法在"主权平等"这一基本原则之下,史多考虑的是国家之间的抗衡、斗争或者合作、联盟,除了为数不多的例外,很难看到对人的关注。

第三,国家之间的关系是国际法调整的客体。最初的国际法是调整战争与和平的规范,处理的当然是国家之间的战争问题与和平问题。古往今来国家间的战争连绵不断,在一场场的战争之中,包含了统治者的光荣与梦想,人民的生活却很少被考虑,而且实际上也会一直维持在很低的水平。而作为这种战争和妥协的结果而建立的殖民体系,则是典型的掠夺、压迫、残害多数人而使少数人致富的体系。在国际棋局上,国家是一个个的棋子,国家之间通过联合,成为盟友、列成阵势,与另外的一派作斗争,国家之间考虑的多是从地理上、力量上或者意识形态上为友或者为敌,至于国内的人民想法如何、会处于何种位置,则经常不予考虑。个人就如组成棋子的微粒,他们如何运动与棋子的位置、棋局的状态没有什么关系。

第四,国家主权是国际法存在与发展的基石。迄今为止,整个国际法建立在国家主权的基础之上,以国家主权为基石原则、以主权国家为基本主体,国际法服从并且服务于主权国家,实现着主权国家的意图和利益。以此为基础进行分析,可以说,传统的国际法是建立在主权本位之上的。

2. 国本主义国际法的缺陷和问题

在以战争与和平作为国际法主导动机的时代,主权不可能不被置于最高的地位,这是因为主权实质上是该主权国家之上的人民的利益与权利的最集中的体现,覆巢之下无完卵,皮之不存毛亦亡。所以国际法的存在基础是认定主权的至高性,在维护主权国家利益的基础上分配世界的资源。但国本主义存在着很多问题。

首先,国家之间以"国家利益"或者"民族主义"为理由的争斗,实际上在很多时候并没有为人民谋求到福利。国际社会在"主权"代表者的活动之下演出了一幕幕危害人民利益的丑剧,国家主权成了这些活动的笼罩物。以往的国本主义主要涉及国家之间对资源、权力的争夺,国家就像一个放大的个人,经常考虑的是如何获得更多的利益,但是这种利益是否真的成为该人民的利益,还是仅仅进入到某些既得利益阶层的口袋,却是很难论定的。

其次,主权至上在实践中成了一堵墙,国家经常利用这堵墙不准许他人批评、估价(不干涉内政),或者构筑高规模的壁垒,阻止外国的商品、服务、甚至思想进入本国。实际上这堵墙对侵害他国利益的行为难以抵御,对正当的评论与指责却屡屡见效。强国主张主权仅仅是在国内实施反动政策的借口,绝对主权和理论导致了法西斯主义,同时也陷入了因主权而推理出的战争合法化而侵犯他国主权的矛盾之中。

再次,国本主义意味着享有主权的国家彼此在法律地位上平等,国家独立自主地处理本国的事务,是国际社会的最高原则。所以,实际上国际法最具有约束的规范仅仅是"约定必须信守"。即使对于这一规范也并不总能有效遵行,因为享有主权的国家不仅可以缔结条约,也可废除条约,从这一点可以看出,以国家主权为本位的国际法是约定法,是协调法,是弱法。它靠明示或者默示的约定来确立相关的规范,其目标仅限于协调不同主权国家之间的关系,而国家则可以选择接受协调或者不接受协调,在极端的情况下还会背弃约定。所以,国际法不会具有强制约束力。

最后,在全球化的背景下,国家之间互相依存而导致的主权合作、主权让渡对传统的主权观念带来了严峻的挑战。这也对国家主权继续作为国际法的主导范式提出了质疑。在实践中,国本主义导致了一些难以弥合的问题。主权给予国家,国家是由历史自然或者人为形成的社会群体集合。人与人之间的利害关系一般以国家的疆界作为分野,这一点在人们的远途交往不多、跨国界关系不密切的情况下是可以接受的,不存在什么重大的分歧和问题;但是,在全球化这一概念所代表的跨国影响日益增加的情况下,国家的疆界就很难说明问题了。而国本主义仍然以一国的疆界作为出发点和终极目标,试图寻求独立于他国利益之外的本国利益,这实际上是很难做到的,而且很可能会达到有害的后果。环境问题、资源问题都是全人类、全球性的问题,试图短期转嫁风险的这种以邻为壑的态度与做法,不仅因为不道德而引起其他国家的敌对态度,而且也会导致为害的国家最终受害。

3. 国际事务的拓展需要超越国本主义

在以往的国际社会中,国际事务可以归结为主权问题,而现在的国际事务远远超过了主权的范畴。20世纪以来,国家越来越多地介入经济生活,特别是第二次世界大战以后,国际社会开始将战争非法化,也就是主动地采取武力或者以武力相威胁被视为违反国际法的行径。经济成为国际关系的主要方面,而经济生活的影响是局部的,私人性的,并不完全是主权者的问题。国家将更多的精力投入到经济、社会、环境、人权、文化等领域,国际政治不再事关国际战争,而是关乎国家的经济等方面的利益,这就使得国际法走出了战争与和平的二元结构,在和平法的一元结构之下拓展与延续。在和平的环境下,主权问题虽然仍具有重要的意义,但是很多主权之外的事务进入到国际关系的视域之中,其中包括超越主权范围的全球环境问题、公共健康问题,与主权相交叉的经济利益问题、发展问题、人权问题,这些问题不完全等同于国家利益,也就不能用主权的范畴进行涵盖。但是在国际法的体系中的重要性却在与日俱增,忽视这些领域的国际法的观点是不全面的。这些事务在国际关系中的重要性上升是国际法新的发展方向,这在传统的国本主义之下难以给出一个令人信服的解释。

(二) 国际法"人本主义"的理论与实践背景

人类文明的进程,如果说大体上有什么规律可循的话,就是人们对于玄奥的理论越来越趋向于疏离,而对于贴近个人生活的问题越来越关注。人越来越被放到关注的前台和中心,人的幸福、健康与发展始终是人类社会的制度规划、工作努力的终极目标。

1. 现代社会的人本主义

人本主义意味着关心人的价值和尊严,重视人的处境与感受,处理对于人类的生存与发展具有意义的问题,反对那些贬低人性、忽视人的存在与价值的观念、制度和实践。在社会生活中,人本主义意味着,人、人的存在状态、人的感受与愿望是人类社会的一切思想、行动、制度体系的原因、起点、目标和评价标准。包括法律在内的社会生活各个领域都应当为人的幸福而努力,只不过在某些时候表现得不太明显,但人类社会发展的总体脉络体现出这样一个趋势。实际上,在各大文明的发展史上,都产生了人道主义的思想,比如中国古代儒家思想的"仁者爱人"、墨家思想的"兼爱非攻",古印度的佛教中的"慈悲为怀"、古埃及所注重的人与自然相和谐的精神无不闪耀着人本主义的光辉。但是,人本主义最主要的源泉是西方的人道主义传统和现代的存在主义思想。古希腊与罗马的哲学、文学与科学,逐渐褪去了关于世界的神话,把世界放到人思想与视线的对面进行审视;基督教神学虽然没有在这一基础上进步,但是对人的心灵进行了深入的剖析,使人们寻求一种内在安宁(信)、不灭的希望(望)和彼此的关怀(爱)。这种对人的关怀和重视在以往可能体现为非理性的、不自觉的关注,在文艺复兴、宗教改革和罗马法复兴三大运动中,人道主义得到了初步的发展,对人的关爱开始进入了自觉阶段;文艺复兴和宗教改革的潮流使人们摆脱了禁欲主义的束缚,上承希腊、罗马文化,寻找人自身的价值,并通过经济活动谋求自身的幸福;资产阶级革命则在更大程度上宣称了人的自由、平等观念,并试图从制度上践行这种观念。20 世纪以后出现的存在主义哲学则从根本上否定了以往形而上学对于抽象的理念的崇拜,直接将人类的生活置于最崇高的位置。特别是 20 世纪开始的世界性战争及作为其结局的和平局面为普遍追求人类幸福奠定了基础,这种国际关系的模式以及国际法的状态使得人们可以更大范围的关注、承认和实现人的权利和愿望。当今的全球化时代比以往的时代更有可能推进人本主义。随着人类认识能力的提高,社会整体意识越来越趋向于摆脱神本主义、越来越关注世俗的生活,越来越关注普通人的感受。

马克思、恩格斯在《共产党宣言》中曾精辟地指出:"资产阶级除非使生产工具,从而使生产关系、从而使全部社会关系不断革命化,否则就不能生存下去……生产的不断变革,一切社会关系不停的动荡,永远的不安定和变动,这就是资产阶级时代不同于过去一切时代的地方。一切固定的古老的关系以及与之相适应的被尊崇的观念和见解都被消除了,一切新形成的关系等不到固定下来就陈旧了。""使全部社会关系不断革命"的资产阶级自身,提出了反国家中心主义、行市民(公民)中心主义的要求。这种要求自然也反映到了资本主义国家的法治实践与法学中,形成了区别于近代资产阶级法学力主之国家中心主义的市民(公民)中心主义。批判国家中心主义,努力弘扬市民(公民)中心主义,以人民的根本利益为最高利益,使法学从义务本位之学转变到权利本位之学,从依法行政——依法治民之学转变到重在依法治吏之学,从国权本位之学转变到人权本位之学。

在法理学领域,学者们倡导以权利本位替代以往的阶级斗争本位,认为法学应当是权利本位之学,而不应当是义务本位之学,或者权利义务共同本位之学,也不应当是权力本位之学。在国际政治学的领域,有学者指出:世界经济和政治秩序的一种范式转变正在出现,这一过程的一个重要因素是这样一个事实:世界市场作为一个等级和需求的结构,在所有以前帝国主义宗主国的区域和地区变得愈加重要和具有决定性,世界市场开始呈现为能够规范全球流通网络工具的中心环节。市场的发展导致了国际社会中国家神圣性的消解,市民、公民、人民的要求、愿望、权利受到了空前的尊重和体现。现代社会,经济信息的国际化与主权国家体制产生了相克性,所以需要一种文明相容(也就是跨文化的包容、谅解与沟通)的人权观。很多学者从理论上主张人权的普遍性,但是在现实中却存在着大量的问题:社会发展水平的地理差异使得实现普遍人权存在着基础上的障碍,民族国家的主权主张又使得实现普遍人权存在着制度上的壁垒。国际法发展到了以和平与发展为主旋律的阶段,与以战争及媾和为主要内容的阶段有明显的不同。在和平时期,虽然国家之间的关系仍然复杂,国家之间的利益纷争仍然存在,有时甚至表现得还很尖锐,但总体上看,已经不是你死我活、你有我无的关系,而可能转化为共赢、共荣的局面。现在,人权已经成为全球道德语言的中心并且被具有不同宗教传统与文化的人们所论证、完善和支持。人权的理念与制度跨越了欧、亚、非、美、澳各大洲的地理界限;超越了社会制度与意识形态的界限;超越了社会发展水平的界限,也超越了宗教传统的界限。

从这个时代背景推演,国际法可以也应当更多地重视人、关注人,应当建立起一种人本主义的国际法观。虽然在极个别的情况下,这种发展也有一些令人忧虑的地方,但是,在绝大多数情况下,这意味着国际法的进步。联合国在多次国际会议上都曾指出:人是发展的中心。这一朴素的命题实际上意味着:人类社会一切制度、一切努力的最终目标,既不是抽象的原则,也不是抽象的共同体,而是且仅仅是人自身。这种观念有着深刻的哲学基础,①同时又是最基本的常识。这种观念实际上是在反对形形色色的神本主义论调和形而上学的国家理论。没有人就无所谓环境,就无所谓可持续发展;没有人就没有国家、没有国际关系,也就没有国际法。所以,国际法应当是以人为基础、为人服务的。因此,现在国际法不应当忽视人的地位、人的生存发展状况、人在法律关系中的行为。美国国际法学者路易斯·亨金就质疑以往关注国家的国际法观念体系,而对于国际人权法的发展深表欣慰。这些理论铺垫意味着国际法的人本主义方向是具备可能性的。

2. 全球时代对国际法的人本主义要求

晚近的国际法体现出了国际社会组织化、国际法全球化、领域扩张化、法律规范刑事化等特征。国际法的全球化包含着三个方面的含义:第一,国际法适用于整个国际社会。虽然一个历史时期内曾经有过国际法是所有国家都应当遵从的规范的说法,但那一时代由于对“国家”这一概念的内涵界定过于狭窄而难以使大多数殖民地、半殖民地国家接受,所以国际法一般都是“欧洲国际法”“美洲国际法”“西方国际法”“社会主义阵营的国际法”。冷战结束后,国际法的全球化变得不再是幻想。国际社会可以进行更具有深度和广度的合作,这种状况使得原来预期为世界各国所共同接受的国际法体制真正得以运行。第二,由于科学技术的发展,人类的内部距离变得越来越近,很多问题也是整个国际社会共同面临、而不是一两个国家所单独面对或者可以单独解决的。其中最引人注目的包括环境问题、恐怖主义问题、核不扩散问题等。在这一背景下,国际社会已经有可能对一些问题达成一致,遵从同样的原则和规范。第三,由于国际法向国内法渗透而导致的法律趋同化。法律是社会关系的调节器。它既是社会生活的调整工具,也为社会生活所决定、反映着社会生活的内容。在全球化的时代,社会生活具有趋同化的势头,相应地,法律规范的内容也会趋同化。这一点,在经济领域的规范上体现得最为明显。商事规范的趋同化实际上在欧洲中世纪晚期就已经起步了,正是那个时代的商人法奠定了后世各国商法和国际商法的基础。现代的新商人法成为世界商业界的共同行为准则。20世纪中叶以后,诸国之间为了促进贸易、降低关税壁垒和剪除非关税壁垒而进行的多种努力,导致了全球性和区域性贸易体系的出现,经济领域国际法大规模兴起,这些规范均要求成员国采

---

① 例如,早在古希腊时期,普罗泰格拉就曾指出:人是万物的尺度,是存在的东西存在的尺度,是不存在的东西不存在的尺度。中国古代的儒家和墨家也是尊重人、关心人的(“仁者·爱人”、“兼爱”“非攻”莫不是此种思想的体现);20世纪以后的哲学超越庞大而纯粹的本体论(在笔者看来也就是纯粹的智力游戏),而是向人的存在靠拢,这种新的哲学转向不能不说是一种对人关注的回归。印度经济学家阿马蒂亚·森的名作《作为自由的发展》(中译本译为《以自由看待发展》)更进一步说明了人在整个发展体系中的核心地位。

取相应的措施以便利贸易与投资的往来。所以,各国在经济领域的立法开始向统一标准看齐,这一标准就是 GATT/WTO 体系所形成和发展的贸易自由化体系。

全球化时代所面临的全球性问题使人们更需要寻求一种新的决策和解决问题的方式,全球化时代的交通通信设施也使人们更有可能为这些问题寻找新的决策和解决方式。这就使得国际法受到了前所未有的挑战。全球化时代的国际关系出现了很多新的表象,其中比较重要的就是从传统的民族主义取向到现代的跨国主义的取向,从传统的民族国家的结构,到国家之间的国际组织、国家之外的非政府组织、大型企业进行组合的新结构。① 此种情况导致了国家行为方式的转变以及国际法运作方式的转换。传统的国际关系是以国家实力为基础的,国际法仅仅是强权政治的一个看起来比较体面的外套,而全球化时代的国际法应当更多地注重规范的作用,使国际关系在一套理性的规范之下进行运作,或者可以换一种说法:传统的国际法是国家之间创立的一种装饰品,而全球化时代的国际法应当视为国家和人民创立的一套值得信赖的行为准则。

(三) 国际法的人本主义图景

人本主义的国际法意味着国际法注重人的利益需求、为人的幸福而服务,首先而且主要是一种精神实质、价值追求。个人本位在国际法里并不是一个完全陌生的概念。人们一般认为,国际法源于古罗马的万民法(*jus gentium*),这种万民法不仅把国家作为其调整对象,而且将人民作为其调整对象。以后长期采用的万国法(*jus inter gens*, law of nations)同样也包含着处置私人权利义务的内涵。这虽然并不完全说明国际法的发展轨迹,但是似乎给了我们一个线索,即国际法在最初的阶段是关注国家之内作为芸芸众生的个体人的。当然,一个值得留意的现象就是:随着教权的衰微,现代欧洲兴起的民族国家十分强调主权的重要性,因而形成了以国家为基本主体、甚至是唯一主体的国际法,普通个人几乎一直作为国际法的客体而出现。现代国际法中个人的地位显著提高,国际法在很多方面涉及个人的地位,相关的规范和操作层出不穷。20 世纪以后,人的地位开始上升,人的权利受到了尊重,人的发展状况受到了关注,所以,个人的国际法地位在近世的国际法中得到了越来越多的关注。主要可以从以下几个方面进行分析:

1. 关于个人作为国际法主体的问题

讨论国际法的人本主义,就不可能忽视一个长期以来备受国际法学界关注的问题:个人能否成为国际法主体的问题。关于个人的国际法地位、特别是作为国际法主体的讨论,对清楚地认识国际法上个人的地位与作用有着十分关键的作用。目前,学者关于个人在国际法上地位的观点有三类:一是坚定地认为个人是国际法主体,而且只有个人才是国际法的主体;二是认为个人不是国际法的主体;三是承认个人在一定范围内是国际法主体。

第一,个人系国际法唯一主体的主张。认为个人是国际法的唯一主体,这很显然是一种比较极端的主张,所以这派学者大多不是从规则角度去证明,而是试图直接从学理上解释。第一次世界大战前后,以狄骥(Leon Duguit)和塞尔(Georges Scelle)为代表的社会连带学派学者认为,国家是一个抽象的概念,有关行为只能通过具体的个人表现出来,所以国际法调整的所谓

① 参见[美]约翰·罗尔克编著:《世界舞台上的国际政治》,宋伟等译,北京大学出版社 2005 年版。

国家的行为,归根结底都是那些以国家机关的代表身份而活动的个人的行为;国家的权利和义务必须落实到人的身上才能体现出来,所以国家的权利和义务只是组成国家的那些自然人的权利和义务。狄骥认为,国家是由个人构成的;国家既不是国际法的主体,也不是国内法的主体,国家不具有人格,不享有任何权利。一切法律规范的最后目的总是个人,是为建立个人生存的秩序;国家如同其他社会团体一样,其本身不是存在的目的,而只是组成人们之间的一种社会连带关系的手段。国际法的规范也像其他法律一样,包含的是对个人建立的规则,而其根据在于不同国家的个人相互间存在的连带关系。所以,不是适用于作为抽象人格者的国家,而是适用于个人。也就是说,国际法的主体不是国家,而是组成国家的那些个人,唯有以这个条件才能给国际法一个坚固的基础。塞尔则认为,法律的主体总是个人,而且,R2P体现了国际法向国内事务的渗透,体现了对于各国境内的人道问题国家的行为总是通过个人的行为表现出来的,所以国际法所调整的国家行为,实际上是以国家机关的代表身份活动的个人的行为;任何一道单方的意志的宣布,一项条约,乃至一个人们说是引起国家责任的不法行为,总是出自赋有代表权能的个人或政府人员的行为,而绝不是所谓国家那个拟制体的行为。国家的权利和义务总是通过个人来承受的,所以国家的权利义务也是组成国家的那些个人的权利义务。追随这一理论的学者还有荷兰的克拉贝(Hugo Krabbe)、希腊的波利提斯(Nicolas Politis)等。

纯粹法学派代表凯尔森认为,国家纯粹(这当然不是纯粹法意义上的纯粹)是技术概念,以包含一个既定领土范围之内的人。国家的概念用于以技术的语言,表达个人以其所归属的人类群体的名义,被要求做某种行为或者接受某种利益的法律状况。国际法表面上赋予国家的权利和义务实际上都会最终落实到个人那里。根据凯尔森的观点,国内法与国际法并无实质不同,都是约束个人的法律体系,只不过国际法采取了"国家"这样一个技术手段。

第二,个人成为国际法部分主体的主张。大多数西方学者认为,除了国家等国际法主体之外,个人在一定限度内、一定范围内可以构成国际法的主体,这一点也得到了亚洲学者的赞同。例如,杰塞普认为,国际法应当被界定为国家之间关系适用的法律以及私人与国家之间关系适用的法律。在这一前提下,国际法也可以适用于一些私人之间的关系,只要这些关系涉及国际社会的关注点。菲德罗斯认为,国际条约不仅使国家享受权利、承担义务,还能使个人享受权利和承担义务;即使是国际习惯法的个别规范也直接拘束个人。"我们在若干国际社会中找到这类法规。它们由国际社会的机关发布,并且使个人直接享受权利和负担义务……例如,国际法院的业务规定使该法院的法官和书记官享受权利和承担义务,联合国大会按照《联合国宪章》第101条发布的职员法规是联合国的职员享受权利和负担义务。"虽然有反驳者认为,此种权利义务并不是直接赋予个人的,而仅仅是赋予相应的职位,但很明显的是,职位本身是不能行动的,必须与人结合起来。

认为个人是国际法主体的基本理由包括:(1)审判战争罪犯的原则表明,战争罪犯是战争法上的主体,战争法直接地为个人设定义务,又直接地规定对战争罪犯的惩罚。审判战争罪犯与惩罚海盗或运送战时禁制品的商船不同,对战争罪犯的惩罚不需要国内法的依据。(2)个人获准成为国际诉讼当事方,他们就有主动开启诉讼程序,实现国际法赋予他们的权利和承担国际法施与的义务的能力,这种能力是一种完全的国际诉讼能力,当然包括独立的国际求偿能力,个人因而成为国际法主体。有学者以ICSID公约规定法人在其与国家的争端中,可以提起仲裁程序并且这种争端可以适用国际法解决为由,主张法人的国际法主体资格。个人排除国家的干预而直接在国际法庭上享有诉讼的权利,是个人作为国际法主体的突出表现。(3)国际法中有一些关涉个人的规范。如前所述,保障基本人权的国际法规范规定了许许多多的个人权利。承认个人是国际法主体的学者认为,个人至少能够直接享有其中的一部分权利,虽然只有通过国家批准或加入条约,个人才能享有条约上规定的个人权利;但是,已经成为国际习惯法的那些人权事项,就无法用条约理论加以解释。外交特权与豁免的规范与习惯。很多学者通过大量国际条约和国际习惯法保障个人的人权来证明个人应当成为国际法的主体。与此同时,战争或武装冲突法中的国际人道主义法,也是直接适用于武装部队人员以及平民的,并同样适用于国内武装冲突,而且不以武装冲突各方都参加有关条约为条件。(4)以跨国公司为代表的法人的地位和作用在国际法上的发展使人们很难否认其对国际法的订立和运行所起到的重要作用。

李浩培教授认为,国际法是发展的,国际法的学说也应当依据法律体制的发展而发展。个人有被国际社会承认为部分国际法主体的趋向。国家被赋予国际法上的权利和义务仅仅是因为"传统上不甚合适",或者说习惯上难以接受,而没有什么实质性障碍。习惯是可以改变的,个人在理论上并不是不能成为国际法的主体。第九版《奥本海国际法》则进一步指出,"国家可以授予而且有时也的确授予个人——不论是本国人还是外国人——以严格意义上的国际权利,即个人不须国内立法的干预,即可取得,并且可以用他们自己的名义在国际法庭上享有请求执行的权利,而且在某些领域,从个人(和私营公司及其他法人)在国际上直接与国家建立法律关系,而且作为个人直接具有来自国际法的权利和义务的事实来看,个人作为国际法主体的资格是明显的。作为实在法的一个问题,认为国家是国际法的唯一主体的看法已经不能再维持了,人们愈加倾向于认为个人在有限的范围内也是国际法的主体。"《斯塔克国际法》第 11 版指出:现代实践使得个人直接享有国际法上的权利、承担国际法上的义务的事例增多,而个人除了通过国家之外别无方法请求权利的传统已经缓和,个人的利益、基本权利和自由成为国际法的基本关注对象。

当然,大多数承认个人是国际法主体的学者,都认为个人仅在一定范围内或一定条件下才是国际法主体,而不是和国家相提并论的国际法主体;并且不否认国家对个人的管辖和保护的权利。

第三,反对个人成为国际法主体的主张。有些学者坚持认为,个人不应享有国际法主体的地位。其主要理由是:个人没有创立国际习惯法和缔结国际条约的资格,也没有实施国际习惯法和国际条约的能力,他们是由国家排他性地控制的,个人不能直接地承受一般国际法上的义务,也不能直接享有国际法上的权利。

在反对个人是国际法主体的学者看来,国家仅为抽象主体的理由缺乏说服力。作为私人主体的个人和作为公法主体代表的个人存在着差异:法官作出的裁决不是以其个人的身份和名义,而是以国家体制中的一个分子的名义和身份;人们到法院去起诉并不是因为对某一法官具有信赖,而是对于国家的司法体系的信赖。以个人作为公法主体的代表而认为国家虚无这种理由显然是不能成立的。

而针对类似特权与豁免、惩处个人犯罪和保护基本人权的规范,反对者认为,从外交特权与豁免的角度认定个人所享有的国际法地位的观点是靠不住的。外交特权与豁免实际上是赋予国家代表的,实际上赋予的仍然是一种身份,而不是个人;《维也纳外交关系公约》序言中明确认定:"确认此等特权与豁免之目的不在于给予个人以利益而在于确保代表国家之使馆能有效执行职务。"在涉及外交特权与豁免的放弃时,也直接将放弃这一权利的主体指向国家,该公约第 32 条第 1 款规定,"外交代表及依第 37 条享有豁免之人对管辖之豁免得由派遣国抛弃之"。反对个人成为国际法主体的学者还认为,惩处的犯罪行为,如种族灭绝、贩卖奴隶、贩卖毒品、海盗和国际战犯,这方面的国际法权利义务仍然根据条约给予国家,个人因犯有国际罪行而承担刑事责任,仅仅是作为国际法惩治的对象,是国际法的客体。

反对个人成为国际法主体的学者进一步认为,个人虽然被国际人权公约赋予一些权利,但是那仅仅意味着,每一个国家向其他的缔约国保证,承担将此种权利和义务通过自身的法律转交给个人的职责。这些权利根本上是由国家保障的,个人之所以享有国际法的保护,是缔约国间以条约的形式赋予个人以权利的结果,即国家间自愿协议的结果;国际人权条约不是直接地规范个人的行为,而是为其缔约国设定义务,即通过各自的国内法来实现公约所规定的个人的基本权利和自由。也就是说,国际法仅给国家施加了义务,而并不意味着个人具有直接享有国际法上权利的能力。

同样,类似 ICSID 这种处理个人与国家之间争端的仲裁法庭的权利主体,不是享有直接应诉权的个人,而是他们背后的国家,因为个人不能直接得到这种仲裁裁决的赔偿。虽然《国家与他国国民投资争端公约》授予投资者直接在仲裁法庭对东道国提起申诉,但依据该公约,仲裁法庭在双方未选择法律的情况下适用东道国的法律;而且东道国不履行裁决,该外国国民是无能为力的,还有赖于本国的外交保护;所以安齐洛蒂等学者认为这种仲裁法庭也不是真正的法庭,而是相关国家的共同机关。仲裁机构将国际法适用于法人与东道国政府的合同或合同双方在协议中选择适用国际法规则,与国际习惯或条约本身直接规定法人的行为是不同的。国际法院在 1952 年"英伊石油公司案"中认为,外国公司与东道国政府的协议只是国内法上的合同,而不是条约,因为公司一方不是国际法主体。对于跨国公司是国际法主体的主张,第三世界国家的学者担心这会将跨国公司提升到与国家平等的地位,助长其势力的扩大,结果更加难以控制。而且,个人在国际法庭或争端解决机构有权提起相应程序的权利的现象还不普遍,还未形成习惯国际法,联合国国际法院的诉讼主体至今仍然限于国家。并且,私人向国际司法或者准司法机构提交申诉、请求实现权利仅是例外,而且仅仅是一个程序性的授权,相应的国际机构即使作出了有利于私人的裁决,也没有实质性的权利或权力去执行之。

对于欧共体条约关于个人或公司诉讼权的规定,否定个人成为国际法主体的学者认为这不是个人或公司国际法主体的适当事例,因为欧共体法(即现在的欧盟法)不是国际法,而是国际法和联邦法之间的混合物。

所以,王铁崖教授十分明确地认为,个人不是国际法的主体。支持这种观点的学者认为:"无论是个人或与个人有同等地位的法人,都是处于他们所属国家的主权管辖之下,既不能独立参加国际关系,也没有直接承受国际法上权利和义务的能力,因此不具备国际法主体的资格。"邵津教授认为,"国际法在极为有限的范围内给予个人以某种权利和义务,这与国家和国际组织在国际关系中大量活动中所表现出来的权利能力和行为能力相比,只是少数的例外情况。充其量,只能说个人有某种国际法地位,但……不能认为是国际法的主体。"汪瑄教授也认为,个人不能成为国际法的主体。

第四,个人在国际法上应有的地位。必须承认,国际法的法律人格者长期以来确实只有国家。虽然传统的自然法学派认为,个人是真正、彻底、唯一的法律人格者,所有法律、包括国际法均应如此;但是19世纪兴起的实证法学派则认为,在国际法上,只有国家才是有资格的主体。虽然国际社会对海盗行为存在着各国均有权处置的惯例,但是占据主流的观点是个人并不因此而具有国际法主体的地位。不过,这也说明传统国际法仍然存在关于个人的规则,除了惩罚海盗的规则外,比较引人注目的还包括关于外交使节的特权与豁免的规则,以及一些专门保护个人的国际约定。有学者分析,认为国内法的体系原因致使国际法不能作用于个人或者公司的深层的背后的理由,是对接纳个人作为国际人格者将削弱有关国民的国内法的忧虑。

如果回顾国际法的发展史,就会发现国际法的主体经过了一个逐渐发展和扩大的过程。在相当长的时间之内,只有国家才是国际法的主体。在相当长的历史时期内,国际社会上唯有享有主权的国家才是国际法的主体,而不享有主权的组织、机构和个人不能成为国际法的主体。在前国际法时代(也就是虽然有国家之间的关系,却不存在有意识的国际法规范和理论的时代),国家之间的征战、媾和,民族利益、国家利益具有至高无上性,对于国家的完整、尊严、利益的崇尚既是合理的,也是必要的。在国际法出现之后,上述情况仍然在继续。威斯特伐利亚体系确认了国家及其主权在国际社会的独立与至高地位,而日俄战争、德法战争等一系列战争也都是在证明国家的地位与作用。这一点在国际法的早期时代是可以接受的,而且也是理所当然的。国家之外的人格者还没有发展到能够在国际论坛上商讨问题、提供建议的程度,所以不存在国际交往的动机和可能。主权意味着进入到国际社会中进行交往的能力,也就是能够充分控制国内及对外事项的能力。

在国际法上,国家早已注意到了个人的地位,并且在立法和司法的程序中有所体现。除了前面已经提到的例证之外,还包括1815年维也纳和会上对贩奴制度的正式谴责、对国际河流自由通行权的承认;常设国际法院在"但泽法院管辖问题"(1928)的咨询意见中明确承认:赋予个人以国际法上的权利,目的是便利各国人民之间的来往,有利于保护处于别一国或另几个缔约国的本国公民的正当权益。如有关外国人待遇的一般原则、实施有关本国侨民的外交保护制度。而且"承认个人在条约上享有一定权利并不会削弱国家对个人的最终控制和保护"。在国际商事领域,存在一系列为了个人而确立规范的条约,如1924年的《海牙规则》、1968年的《维斯比规则》以及1978年的《汉堡规则》规定的都是个人之间的权利义务;1980年《联合国国际货物销售合同公约》规定的也是私人之间的权利义务。这意味着,私人不再是完全任由国家摆布的客体,而是具有了与国家对抗(虽然是很小规模、很小程度、很窄范围的对抗)的可能,只不过国际社会没有充分地注意到这一点。在全球化如火如荼发展的20世纪后半期,作为商事行为主体的个人受到了国际社会前所未有的关注。全球性贸易协定和区域性贸易协定在很大程度上受新自由主义的推动,重视给予私人营业者以较为充分的竞争自由,保护这些营业者的营业权、有体物权和知识产权。

后来,随着国际关系局势的发展,国际组织大量涌现,以国际联盟、特别是第二次世界大战以后兴起的联合国为代表的国际组织在国际法上的地位越来越凸显,引导、参与、主持国际法的订立、编纂、解释和执行,协调国家之间的关系,处理全球性的问题。这种重要的地位致使国际法学者对于国际组织的国际法主体地位持肯定的态度;在民族解放逐渐发展、国际社会越来越对脱离殖民统治和剥削压迫的民族给予关注之时,争取独立的民族、交战团体被视为类似国家,具有一定的国际法主体地位。在这种状况下,人们对于国际法的体系也进行了重新定位。

国际法虽然习惯上被认为是调整国家之间或者类似国家的行为者之间关系的法律,但个人在国际法上的地位问题实际上是值得重新审视的。一直引人争论但是没有清晰界定的问题是:个人是不是国际法的主体?在全球化的顺流与逆流交替进行、全球治理潮起潮落反复显现的背景下,需要对国家的合法性重新考量,对个人在国际法上的地位进行重新观察和梳理。这不仅有利于我们清楚定位国际法的存在与目标,而且有利于我们妥善应用国际法、推进国际法的发展。对于个人的国际法主体地位问题,大概比较模棱两可的观点更能说明情况:个人在国际法上的地位是没有定论的问题。关键在于哪种观点更符合国际法的实际,在理论上和实践上更为有益。国际法的主体包含哪些,不是由学者们的定义或观点决定的,而是由国际关系的现实和国际法决定的。然而,不能忽视的是,现代的观点已经不再是将国际法局限于"国家间的法",而是采取了更为宽泛的定义。例如,《布莱克法律词典》从第 7 版开始将国际法定义成"处理国家之间关系的法律原则,更晚近的,则为国际关系的法,不仅包括国家,也包括国际组织、跨国公司、非政府组织,甚至个人(比如在人权领域以及战争犯罪的情况下)等参加者"。很多国际法学教材也对国际法的界定采取了传统和现代的两分法。这意味着,即使不考虑国际法上个人的主体地位,个人的利益、要求仍然是必须考虑的问题。

2. 个人在国际法上的权利能力

个人在现代国际法上的权利能力主要包含国际法赋予个人的权利和施以个人义务两个方面。

在国际法赋予个人权利方面,首先体现在国家承担对个人进行保护的义务上。具体包括:(1) 对于某些本国人在本国的保护(包括对于劳工、少数民族、对于非自治领土的居民的保护,以及对于在战争和武装冲突中的交战人员的保护等),例如,第二次世界大战后,根据《联合国宪章》第 87 条(丑)和 1947 年《托管理事会程序规则》第 76 至 93 条,承认托管领土的居民有请愿权;(2) 对于本国人在外国的保护,如使领馆对于侨民的保护、使领馆对于母国驻所在国企业的保护以及外交保护;(3) 对于外国人在本国的保护,包括对于外国人给予国民待遇或者最惠国待遇、对于难民和无国籍人的保护、领土庇护等;(4) 对于外国人在外国的保护,如外交庇护或者军舰庇护。与此同时,一些国际法规范还规定了对有关人员的国际性保护。

在国际法律规范中,越来越多的规范直接针对个人。根据 1907 年中美洲五国在华盛顿签署的中美洲法院公约,缔约国国民可以在该法院向其他缔约国提起诉讼,而不需要本国的支持,这一法院在 1908—1918 年之间存续。第一次世界大战以后,1919 年缔结的《凡尔赛和约》第 297 条规定,成立混合仲裁法庭,该庭可以处理同盟国或者协约国国民在战争期间在原敌国境内受到的财产损失的起诉请求。根据 1922 年德国与波兰签订的《关于上西里西亚的条约》第 5、57、58 条的规定,在该地境内居住过的个人,在既得权和选择国籍条款上受到有关国家侵害时,可以向上西里西亚仲裁法庭或者国籍问题调停委员会直接针对侵犯国提起申诉。人权事务以往主要是国内法上的问题,国际法很少涉及;而 19 世纪末期以后国际法的发展,特别是第二次世界大战之后,人权受到了国际社会和国际法的广泛关注。从最初关心少数者的地位开始,经过曲折的发展过程,国际人权法现已成为国际法中最引人注目的新分支。联合国体系内的人权宣言、人权公约以及以此为基础的人权机构，形成了较为完整的全球性人权保护体制。根据《联合国宪章》第87条（丑）和1947年《托管理事会程序规则》第76至93条，承认托管领土居民有请愿权。1950年欧洲《保护人权和基本自由公约》，人权委员会自1955年开始可以直接受理个人的申诉；1998年修改公约而重组的欧洲人权法院，可以直接受理个人对国家侵犯人权的诉讼。1966年制定、1976年生效的《公民权利与政治权利国际公约任择议定书》规定，个人可以向人权委员会申请救济；1969年的《美洲人权公约》也规定了个人申诉国家的制度；根据1951年《欧洲煤钢共同体条约》成立的欧洲法院，在1958年之后成为欧洲共同体的司法机关，承认个人和企业具有起诉权。国际人权法的发展也在传统的国内人权之上发展出了新的人权范畴，包括反人类罪、灭种罪、民族自决权、发展权等。人可能触犯的战争罪、反和平罪、反人类罪（灭种罪）在一系列国际审判庭上被重申，尤其进入到《国际法院规约》之中。正如学者指出的，关键并不在于对这些人进行审判，这种审判国内的法庭也做得到，而在于追究这些人法律责任的依据是国际法。

国际法赋予个人权利，还体现在对人权的全球性承认。《联合国宪章》在第1条第3款、第13条第1款、第55条、第62条和第76条中宣布了尊重人权的基本原则，1948年12月10日联大通过的《世界人权宣言》比较详细地列举了需要保护的个人权利。随着国际人权法的发展，许多关于人权和基本自由的条约规定直接适用于个人。与此同时，个人在经济领域的活动受到了国际法的重视。1982年《联合国海洋法公约》第153条规定了国际海底区域的"平行开发制度"，为此，公约第187条规定，允许个人和国家一道参加国际海底区域的勘探开发活动。在区域的层面上，各个欧洲共同体以及欧洲联盟的运行提供了条约规定可以直接适用于个人的范例。以《建立欧洲共同体条约》为代表的条约体系直接规定了很多个人的权利以及国家对此承担的义务；很多以这一条约和其他条约为基础而制定的次级立法对此进行了更为详尽的规定。

国际法赋予个人权利，还体现在各国引入国际法方面。从法律体制上分析，许多国家的法律体系将国际法视为国内法的一部分。因此，个人可以援引条约中"明确的无条件的不需国内立法或其他补充立法"的规范作为主张权利的根据；国家也可以将个人视为是直接被条约明文规定赋予国际权利和义务，这种权利无须事先在国内法中加以规定，就可以有效地存在，并且是可以执行的。

在国际法施予个人义务方面，有一些国际组织和国际条约直接规定了个人的义务。例如，在联合国的专门机构中，国际原子能机构规定了对原子能进行管制的计划，这一计划不仅适用于国家，也同样适用于个人。欧洲联盟在经济领域的一系列指令和条例（特别是在反垄断领域）更加详尽地规定了个人的行为模式。在其他的义务方面，与国际法对个人权利的规定基本重合。

值得注意的是国际法对于个人追究刑事责任的规范和实践。第二次世界大战以前，有关国际条约就规定，针对海盗行为、奴隶买卖、贩卖人口、非法毒品交易、恐怖主义行为等，无论哪一国家和国际法庭都可以行使刑事管辖权（普遍管辖，如任何国家的军舰都可以在公海上拿捕海盗船），予以惩治，而罪犯所属国负有不得干涉的义务。这表明国际法对个人行为的一种禁止，也就是规定了个人的义务。在战争法中，战时中立国的私人与交战国通商自由，但不得运送禁制品，否则，交战国可以拿获，这也是国际法对个人权利和义务的规定。

第二次世界大战以后,对于种族灭绝罪、战争罪等国际罪行,确定了国际刑事责任。战犯的所属国有义务拿捕和审判战犯,有关国家有权利根据条约要求惩处战犯,战犯的本国有义务承认或不干涉这种处罚,必要时应当予以协助。在违反了国际法所规定的国家义务时,不仅追究国家的法律责任,而且要处罚在实际上违反国际法规则的个人。针对战争罪犯而成立的纽伦堡国际军事法庭与远东国际军事法庭,确立了国际法上关于违反国际法的犯罪行为的个人应该承担个人责任的原则。这一点被 1948 年订立的《防止及惩治灭绝种族罪公约》所肯定,1973 年的《禁止并惩治种族隔离罪行公约》规定种族隔离也是一项会引致个人刑事责任的国际犯罪(第 4、5 条)。作为现代战争法基础规范的 1949 年的日内瓦四公约及其附件议定书也规定了个人的刑事责任。《前南斯拉夫问题国际法庭规约》第 7 条第 1 款和《卢旺达问题国际法庭规约》第 6 条第 1 款都明确规定,凡计划、教唆、命令、犯有或协助或煽动他人计划、准备或进行规约所涉犯罪的个人,应该为其犯罪行为承担个人责任。1998 年在罗马通过的《国际刑事法院规约》第 25 条明确规定,法院对实施了法院管辖权范围内的国际犯罪的自然人有管辖权;犯罪的个人根据规约的规定承担个人责任,并受到处罚。王虎华教授更明确地认为,国家不能承担国际刑事责任,只有个人才能是此种责任的承担者。

3. 个人在国际法上的行为能力

在国际法规范规定了个人的权利、义务和责任的同时,人本主义在国际法的运作过程中也初露端倪。具体表现为:

首先,立法过程中公民的广泛参与。当前,非政府组织(NGOs)比较多地参与国际立法的程序,采取的方式包括在国际立法论坛上发表见解、通过游行示威的方式为国际立法施加压力、对于拟议的国际立法提出批评、建议,等等。

其次,法律执行中 NGOs 的地位。国际法运作的最大问题在于实施困难,国家参与了条约,如果缺乏有效的监督执行程序,条约的规定基本形同虚设,一些国际知识产权的条约就是这样。有鉴于此,很多非政府组织为了推进国际立法的实施,通过各种方式对国家和其他行为者进行监督。包括:观察、收集并公布信息(如大赦国际),或者直接采取行动(国际红十字委员会、绿色和平组织)。

最后,司法过程中个人和 NGOs 的参与。现在很多国际裁判机构都允许非政府组织进行参与,他们一般的身份是法庭之友,提供专家意见或者其他证据。这就意味着,除了起诉、受诉之外,个人还有更为广泛的国际法律功能。个人在国际机构中具有提起诉讼或其他程序的权利。不仅在制裁国际犯罪中体现出个人可以作为被告被起诉,而且,在某些场合,个人可以以原告的身份起诉。例如,第一次世界大战后根据《凡尔赛和约》设立的混合仲裁法庭允许少数国民以当事人资格出席法庭。根据 1907 年 2 月 21 日哥斯达黎加、危地马拉、洪都拉斯、萨尔瓦多、尼加拉瓜 5 国签署的《建立中美洲国际法庭公约》,个人即使在未得到其本国支持的情况下,也可以在该法院对其他缔约国提起诉讼。同年缔结的《海牙第十二公约》曾设想建立一个中立国个人向交战方提起赔偿诉讼的国际捕获法庭,个人与国家一样被赋予了直接在捕获法庭提起诉讼的权利,但后来该公约并未得到有关国家的批准。1919 年《凡尔赛和约》(第 279 条)成立的混合仲裁庭承认同盟国与协约国的国民对"一战"中在原来敌国境内遭受的财产损失有起诉权;在 1954 年英美法德诸国缔结的条约基础上成立的在德国的财产、权利和利益仲裁委员会,受理个人之间的案件;1966 年制定、1976 年生效的《公民权利和政治权利国际公约任择议定书》也规定了个人向人权事务委员会申请救济的途径；根据1965年《国家与他国国民投资争端公约》，外国投资者（既包括他国自然人，也包括他国法人）可以在该公约所设的国际投资争端解决中心（ICSID）对作为公约缔约国的东道国提起求偿程序，在双方未选择法律的情况下，有关合同争议可以适用国际法来解决；1982年《联合国海洋法公约》规定的解决争端的法律方法，包括仲裁和司法解决，允许个人和法人与有关缔约国以平等的地位参与争端解决程序。此外，联合国的行政法院、国际劳工组织的行政法院受理联合国及其专门机构的公务人员涉及其所处机构对其处分的诉讼。

与此同时，有些国家将一部分权利交给了一体化国际组织，这些国家以条约形式赋予个人向国际行政和司法机构申诉、诉讼的权利，这是由于该国际组织深刻影响着缔约国个人的权利而设立的一种救济手段。这方面以欧盟法院的实践最典型，《建立欧洲共同体条约》规定了个人或公司在某些情况下可以直接在欧洲法院起诉的权利；在欧洲理事会，依据1950年《欧洲人权公约》设立的欧洲人权委员会规定自1955年起，成员国国内的个人可以请求救济，经《欧洲人权公约》第十一议定书修改（1998年生效），个人可以直接向欧洲人权法院提起申诉；直接引用国际条约，保护自己的人权。与欧洲人权法院类似，《关于建立非洲人权法院的议定书》第6条第1款规定，个人和非政府组织可以以第三人的身份参加人权诉讼；个人在面临紧急案件或严重案件以及当人权遭到蓄意侵害时可直接向人权法院提起诉讼。议定书第25条第2款规定，个人和非政府组织还可以以"法庭之友"的身份针对有关案件的事实情况为法院提供书面的或口头的证据或陈述，法院应参考这些证据或陈述，对案件依法作出合理的判决。在实践操作中，WTO也曾请私人专家担任"法庭之友"，提供有关的专家证据。

4. 人的存在与发展在国际法价值体系中越来越受到重视

特别值得注意的是，法国大革命时期的理想在第二次世界大战结束重构国际法律秩序的时候进入到了国际规范层面。第一，人民成为国际法的基础。建立新的国际秩序的《联合国宪章》，在其序言的开始就提到了"我联合国人民"，而不是"我联合国家"，这就意味着，人的地位已经在国际法的层面上被认识了。第二，人的利益与发展成为国际法的目的。从环境法发展而来的"可持续发展"的理念现在已经成为整个国际法的价值目标，而可持续发展的概念，根据这一领域的权威文献——布伦特兰委员会的报告《我们共同的未来》，指的是"既满足当代人的需求又不危害后代人满足其需求的发展"，根据联合国的文件，人类的环境保护和可持续发展始终以人为核心。第三，大量的国际法律制度以人的利益为目标。人权法与人道法的发展，充分体现了国际法对于人的生命、生活与发展的关注，人权法、人道主义法的国际法的规范体制显然是以人的存续和发展作为核心的。国际法的其他领域也同样具有人文关怀和人道情怀。国家责任实质上是对国家的一种约束，在国家出现对他国、他国人民的不当行为时，可以根据国际法使其对个人的利益负责。海洋法中的"人类共同遗产"（而不是各国共同财产）、学者们所主张的国际经济法的人权考虑都是以对人的关怀为基础的概念。第四，可以归入到强行法中的国际法规范都是以人为基础的，而不是以国家为基础的。第五，国际社会的立法越来越讲究"透明度"，国际法对于国家立法更加要求透明度，透明度要求实际上是对人民的一种透明，是对人民利益的尊重，是对人民表达意见的权利的尊重。

国际法关心人并不一定要把人当作其主体，或者说，把个人作为国际法的主体并不是唯一的出路。国际社会可以在立法模式上更符合人的要求、在立法精神上更关注人民、在立法内容上更体现人权,在法律操作的过程中不是拘泥于成规定说,或者考虑国家之间政治力量的角逐、军事力量的平衡,而是更多地从人的幸福与发展的角度出发,去解决问题。这一点在国际经济法律体制中要求更为明确。一些学者主张在国际经济贸易领域要保护人权,笔者反对那些以人权为借口实际上仍然是保护主义(也就是保护本国商人的主张)的做法,但是欢迎那些真正的以保护消费者权利和劳动者权利为目标的国内和国际行动。这也就意味着,未来的国内法、国际法,以及边际比较模糊的跨越国境的法律或者类法律规范应当更多注重普通民众的权利,将这些弱势群体放到主体的地位上以对其做更多的考虑。这需要在法律裁判机制中更多地考虑人权的要求,如国际法院、欧洲人权法院、WTO 的争端解决机制应当考虑如何促进普通民众的利益,而不仅仅是考虑抽象的国家利益(实际上往往仅是促动国家立法的集团的利益)。与此同时,有必要改革豁免制度、进一步深化国家责任制度,以有利于个人利益的最大化。当然,更重要的是健全国际人权法治,这是国际社会更为真诚的建立一套使人民良好生存和发展的机制。国际法有可能在充分考虑人的基础上发展。

从实践上看,现代国际法,特别是 20 世纪后半期以降的国际法对作为个体的人的状况与地位的关注已经达到了相当显著的程度。人们乐观地估计,"随着国际社会的发达,最终个人的地位会变得最为重要,逐渐地国际法会直接适用于个人"。

过去的半个世纪以来,国际法开始关涉其他的法律人格者。包括个人在内的主体在国际法上的地位受到了重新审视。第二次世界大战以后,东京审判和纽伦堡审判为国际法直接适用于个人打开了一个值得关注的渠道。由于国际关系和国际法的新发展,个人在国际法上的地位无论是从数量上讲,还是从质量上讲,都有大幅度的提高。国际法开始向个人独立地给予国家管辖之外的义务。所以,现在私人所处的国际状况要比作一个单纯的判断复杂得多。多数人认为,在国家之外,公司、组织和个人也有可能成为国际法的主体。在这方面,一些国际习惯规则向个人施加义务,一些国际条约赋予了个人以权利,并且在国际层面上给了个人主张权利的程序。当然,这方面的规则还不健全,国家的位置还依然非常重要。学者安东尼奥·卡西斯阐述得比较明确:

> 总体看来,在现代国际法上个人具有国际法律地位,他们具有来自于习惯国际法的义务,而且,存在着保障这些个人利益的程序上的权利,当然不是针对所有的国家,而仅仅针对一些签署了条约的国家,或者通过了赋予相应权利决议的国际组织。很显然,个人的国际法地位是很独特的:他们在国际社会中具有不平衡的位置,就其义务而言,他们与国际共同体的所有其他成员联系在一起,相对地,他们不具有与其共同体所有其他成员相联系的权利。简言之,所有的国家愿意要求个人尊重一些基本价值,但是这些国家不太愿意让私人和他们一道操作国际事务,更不必说授予其在国际机构中起诉国家的权力。为了区别个人与国家在国际法上的地位,可以说,国家享有完全的国际法律人格,而个人在国际法上仅拥有有限的出现资格。进而言之,与国家不同,私人拥有与国家不同的权利和义务群,也就是有限的法律能力(在某种程度上,他们可以和其他的非国家国际法主体相提并论,如叛乱团体、国际组织、民族解放运动)。[1]

---

[1]　Antonio Cassese,*International Law*,2nd ed.,Oxford:Oxford University Press,2005,p.150.

第四部分　习题自测

（一）单项选择题

1. 甲国公民詹某在乙国合法拥有一房屋,乙国某公司欲租用该房屋,被詹某拒绝。该公司遂强行占用该房屋,并将詹某打伤。根据国际法上的有关规则,下列救济方式哪一项是正确的?(　　)

A. 詹某应该向乙国提出外交保护

B. 詹某可以将此事诉诸乙国行政及司法当局

C. 詹某应向甲国驻乙国的外交团提出外交保护的请求

D. 甲国可以立即行使外交保护权

2. 甲国人詹某,多次在公海对乙国商船从事海盗活动,造成多人死亡。同时詹某曾在丙国实施抢劫,并将丙国一公民杀死。后詹某逃匿于丁国。如果甲、乙、丙、丁四国间没有任何引渡或司法协助方面的多边或双边协议,根据国际法的有关规则,下列哪项判断是正确的?(　　)

A. 丁国有义务将詹某引渡给乙国

B. 丁国有义务将詹某引渡给丙国

C. 丁国有权拿捕詹某并独自对其进行审判

D. 甲国有权派出警察到丁国缉拿詹某归案

3. 下列关于外交保护的说法哪一项是正确的?(　　)

A. 国家的外交保护只能应公民的请求而行使

B. 甲国国民在乙国受到侵害的同时具有乙国的国籍,甲国不能对其进行外交保护

C. 甲国国民在乙国受到当地歹徒的抢劫,甲国可直接对其行使外交保护

D. 甲国国民受到乙国不法侵害后,无须在乙国国内寻求司法或行政方面的救济,甲国可以直接提起外交保护

4. 甲国人兰某和乙国人纳某在甲国长期从事跨国人口和毒品贩卖活动,事发后兰某逃往乙国境内,纳某逃入乙国驻甲国领事馆中。兰某以其曾经从事反对甲国政府的政治活动为由,要求乙国提供庇护。甲、乙两国之间没有关于引渡和庇护的任何条约。根据国际法的有关规则和制度,下列哪一项判断是正确的?(　　)

A. 由于兰某曾从事反对甲国政府的活动,因而乙国必须对兰某提供庇护

B. 由于纳某是乙国人,因而乙国领事馆有权拒绝把纳某交给甲国

C. 根据《维也纳领事关系公约》的规定,乙国领馆可以行使领事裁判权,即对纳某进行审判并作出判决后,交由甲国执行

D. 乙国可以对兰某涉嫌犯罪的行为在乙国法院提起诉讼,但乙国没有把兰某交给甲国审判的义务

5. 中国公民陆某 2001 年通过其在甲国的亲戚代为申请甲国国籍,2002 年获甲国批准。2004 年 5 月,陆某在中国因违法行为被刑事拘留。此时,陆某提出他是甲国公民,要求我有关部门通知甲国驻华领事。经查,根据甲国法律,陆某持有的甲国护照真实有效;陆某本人到案发时从未离开中国,也从未申请退出中国国籍。根据中国国籍法有关规定,下列哪一项判断是

正确的?(　　　)

　　A. 陆某仍是中国人

　　B. 陆某是中国境内的外国人

　　C. 陆某是中国法律承认的具有双重国籍的人

　　D. 陆某的国籍状态不确定

　　6. 父母无国籍或国籍不明,定居在中国,本人出生在中国的,(　　　)。

　　A. 不具有任何国家的国籍

　　B. 等查明其父母的国籍后再确定其国籍

　　C. 具有中国国籍

　　D. 如申请加入中国国籍,则具有中国国籍

　　7. 甲国公民在乙国抢劫丙国公民并将其杀死,后逃入丁国,如甲、乙、丙三国均向丁国要求引渡。下列选项正确的是(　　　)。

　　A. 丁国应将其引渡给甲国

　　B. 丁国应将其引渡给乙国

　　C. 丁国应将其引渡给丙国

　　D. 由丁国自己决定将其引渡给哪个国家

　　8. 戴某为某省政府的处级干部。两年前,戴父在甲国定居,并获甲国国籍。2006 年 7 月,戴父去世。根据有效遗嘱,戴某赴甲国继承了戴父在甲国的一座楼房。根据甲国法律,取得该不动产后,戴某可以获得甲国的国籍,但必须首先放弃中国国籍。于是戴某当时就在甲国填写了有关表格,声明退出中国国籍。其后,戴某返回国内继续工作。针对以上事实,根据我国《国籍法》的规定,下列哪项判断是正确的?(　　　)

　　A. 戴某现在已自动丧失了中国国籍

　　B. 戴某现在只要在中国特定媒体上刊登相关声明,即退出中国国籍

　　C. 戴某现在只要向中国有关部门申请退出中国国籍,就应当得到批准

　　D. 戴某现在不能退出中国国籍

　　9. 中国人高某在甲国探亲期间加入甲国国籍,回中国后健康不佳,也未申请退出中国国籍。后甲国因高某在该国的犯罪行为,向中国提出了引渡高某的请求,乙国针对高某在乙国实施的伤害乙国公民的行为,也向中国提出了引渡请求。依我国相关法律规定,下列哪一选项是正确的?(　　　)

　　A. 如依中国法律和甲国法律均构成犯罪,即可准予引渡

　　B. 中国应按照收到引渡请求的先后确定引渡的优先顺序

　　C. 由于高某健康不佳,中国可以拒绝引渡

　　D. 中国应当拒绝引渡

　　10. 被引渡者通常是(　　　)。

　　A. 请求国公民

　　B. 被请求国公民

　　C. 无国籍人

　　D. 请求国和被请求国以外的公民

11. 中国人姜某(女)与甲国人惠特尼婚后在甲国定居,后姜某在甲国生下一女。根据我国国籍法,下列哪一选项是正确的?( )

A. 如姜某之女出生时未获其他国家国籍,可以获得中国国籍

B. 姜某之女一出生就无条件获得中国国籍

C. 如姜某之女出生时已获得甲国国籍,她也可以同时获得中国国籍

D. 姜某之女出生地在甲国,因而不能获得中国国籍

(二) 多项选择题

12. 下列有关外国人进入一国境内的说法正确的是( )。

A. 国家有权决定准许或拒绝外国人入境

B. 两国可以在互惠的基础上达成协议对双方国家公民互免签证

C. 外国人一般要持有有效护照并经过入境国的签证手续

D. 外国人一般要持有护照但无须签证手续即可入境

13. 合法进入一国境内的外国人,按照国际实践一般享有( )。

A. 继承权　　　　B. 选举权　　　　C. 财产权　　　　D. 诉讼权

14. 不适用最惠国待遇的情形包括( )。

A. 给予邻国的利益和特惠

B. 关税同盟内的优惠

C. 自由贸易区和优惠贸易区内部的优惠

D. 经济共同体内的优惠

15. 一国行使外交保护的条件包括( )。

A. 一国公民在外国所受到的损害是由该外国的国际不法行为所致

B. 必须已经用尽当地救济

C. 受害人在受害行为发生时到外交保护结束时连续拥有保护国的国籍

D. 必须由受害人首先提出外交保护请求

16. 外国向中国提出的引渡请求必须同时符合下列哪些条件才能引渡?( )

A. 引渡请求所指的行为,依我国法律和请求国法律都构成犯罪

B. 为了提起刑事诉讼而请求引渡的,引渡请求所指控的犯罪必须依双方的法律均可判处1年以上有期徒刑或更重的刑罚

C. 引渡请求所指的行为只要依我国法律构成犯罪的即可引渡

D. 我国可以基于法定情况拒绝引渡

17. 依据国际法,犯有以下哪些罪行的人不能请求或享受庇护的权利?( )

A. 海盗罪　　　　　　　　　　B. 非法贩运麻醉药品和精神药物

C. 政治犯　　　　　　　　　　D. 劫持航空器

18. 某国公民李某曾在国外多次进行贩毒活动,并曾被其所属国通缉。某日,李某到我国境内旅游被拘捕,李某以非中华人民共和国公民,也未在中华人民共和国境内犯过罪为由提出抗议。我国依法可以对李某采取下列措施:( )。

A. 遣送所属国　　　　　　　　B. 驱逐出境

C. 由我国司法机关审判   D. 通报其所属国实行引渡

19. 甲国人彼得拟申请赴中国旅游。依我国相关法律规定,下列哪些选项是正确的?（   ）

A. 甲国人彼得应向中国公安部门提出入境申请

B. 受理彼得入境申请的中国有关机关没有义务必须批准入境

C. 如彼得获准入境后发现适合他的工作,可以留在中国工作

D. 如彼得获准入境后前往不对外国人开放的地区旅行,必须向当地公安机关申请旅行证件

20. 一国提供外交保护必须具备的条件包括:（   ）。

A. 被保护者必须具有保护国的国籍

B. 保护国必须得到被保护者的同意

C. 在所在国已经用尽当地救济

D. 所在国表示接受保护国的外交保护

E. 被保护者的配偶为无国籍人

21. 甲国人艾某在甲国打工时因不满雇主詹某,炸毁了詹某的厂房和住所,逃至乙国。艾某的行为根据甲国刑法,有可能被判处死刑。甲、乙两国之间没有任何涉及刑事司法协助方面的双边或多边条约。基于以上情况,根据国际法,下列判断何者为正确?（   ）

A. 如果甲国向乙国提出引渡请求,则乙国有义务将艾某引渡给甲国

B. 如果艾某向乙国提出庇护请求,则乙国有义务对艾某进行庇护

C. 乙国可以既不对艾某进行庇护,也不将其引渡给甲国

D. 甲国可以在乙国法院对艾某提起刑事诉讼

22. 中国某国有企业在甲国设有办事处,甲国人员贾某为该办事处雇员。贾某利用职务之便,将办事处公款 1 000 万美元窃为己有进行挥霍。此间,贾某从未到过中国,目前其在甲国。中国与甲国之间没有任何司法协助方面的协定,但中国与乙国间有引渡协定。根据国际法及中国有关法律,下列哪些判断是错误的?（   ）

A. 中国对贾某的上述侵占公款案没有管辖权

B. 乙国向甲国就贾某伪钞案请求引渡,如获成功,贾某被引渡到乙国后,乙国可以不经甲国同意,径直将贾某转引渡给中国

C. 中国对贾某的上述侵占公款案有管辖权,可以自行派公务人员赴甲国缉拿贾某归案

D. 中国法院可以对贾某首先作出缺席判决,然后申请甲国对该判决予以执行

（三）名词解释

23. 最惠国待遇与国民待遇

24. 双重犯罪原则

25. 国籍的抵触

26. 庇护与域外庇护

（四）简答题

27. 简述外交保护的前提条件。

28. 简述我国《国籍法》的制度。

29. 简述外交保护的具体方式。

（五）论述题

30. 试述确定外国人待遇的原则。

31. 试述我国《引渡法》的主要制度。

32. 在外交保护问题上，为何外国人用尽当地救济后，本国才可提出外交保护？

33. 试述或引渡或起诉原则。

34. 试述跨国公司在国际法上的地位。

（六）案例分析

35. 甲出生在香港，其父母是中国人。中国恢复对香港行使主权后，他继续持"英国国民（海外）护照"在 A 国所建立的商业基地从事商业活动。一天，A 国数十人洗劫了甲所经营的商店，焚烧了他的库房，并将他本人打成重伤。中国驻 A 国大使馆要求 A 国尽快查清此事件，依法惩处相关肇事者，采取有效措施防止此类事件再次发生。A 国拒绝中国大使馆的要求，并称中国的行为是对其内政的干涉，因为甲不是中国人。

根据以上案情，分析 A 国的主张是否正确。为什么？

36. 中国公民甲原是中国某银行的地方支行行长。他曾数度非法将总额为 3.65 亿美元的公款转移到 A 国，存入 A 国 A1 银行的私人账户，而后潜逃该国。中国某中级人民检察院签发逮捕令，并经公安部通过国际刑警组织发出红色通缉令。当得知甲藏匿于 A 国后，中国向 A 国请求引渡，并要求 A 国对甲先行采取强制措施。A 国以双方没有引渡条约、其国内法中没有贪污罪罪名和规定死刑不引渡为由拒绝引渡。与此同时，甲在 A 国申请政治避难，诉称他在国内时因为与其上级领导在管理方面的意见不合而不得晋升。A 国同意了申请，给予他庇护。其后，由于甲卷入 A 国在野党政治献金丑闻，又由于 A 国与中国都参加了《联合国反腐败公约》的谈判，并最后签署了该公约，所以在双方对引渡甲的磋商中，A 国暗示，如果中国保证不判处甲死刑，可予考虑。

根据以上案情，回答下列问题：

（1）A 国拒绝引渡和庇护的做法是否正确？为什么？

（2）在 A 国态度趋于积极的情况下，中国应该如何做？

第九章　国际人权法

第一部分　学习目标

（一）熟悉

1. 国际人权文件的主要内容。

2. 从被保护的权利和被保护的人来看，国际人权法保护的对象包括什么？

3. 国际人权法保护的权利主要有哪些？

4. 联合国人权理事会的设立、组织、目的和其普遍定期审查制度的主要原则及工作方法。

5. 联合国人权高级专员的设立概况和主要职责。

6. 国际人权条约机构的组成、性质、特点。

7. 国际人权条约机构的个人来文制度的可受理性标准、受理程序及后果。

8.《巴黎原则》在国家人权机构的权限与职责、组成、独立性、多元化保障、工作方法等方面的大体规定。

（二）掌握

1. 国际人权法的概念。

2. 国际人权法的渊源有什么特点？

3. 国际人权法保护的权利一般可按哪些标准分为哪些类型？

4. 国际人权条约机构保护人权的制度主要有哪几个？

5. 国际人权条约机构的报告制度的主要内容和意义。

6. 作为国际人权保护的国内监督机制，国家人权机构的概念是什么？

7. 国家人权机构可按哪些标准分成哪些类型？

（三）理解

1. 国际人权法的特殊性表现在哪几个方面？

2. 人权（问题）进入国际法领域的肇始和原因。

3. “二战”前的人权国际保护主要涉及哪几个方面？

4. 和平和安全权作为一项人权的历史发展。

5. 发展权的概念的提出背景和发展经过。

6. 环境权的概念和历史发展。

7. 国际人权条约机构的国家对国家指控制度的性质和适用。

8. 国家人权机构的认证制度的大致内容。

（四）难点

1. 人权是否存在等级？

2. 从历史发展的角度看待禁止歧视原则。

3. 发展权从内容来看，是经济权利还是政治权利？从性质来看，是集体权利还是个人权利？

第二部分　知识结构图

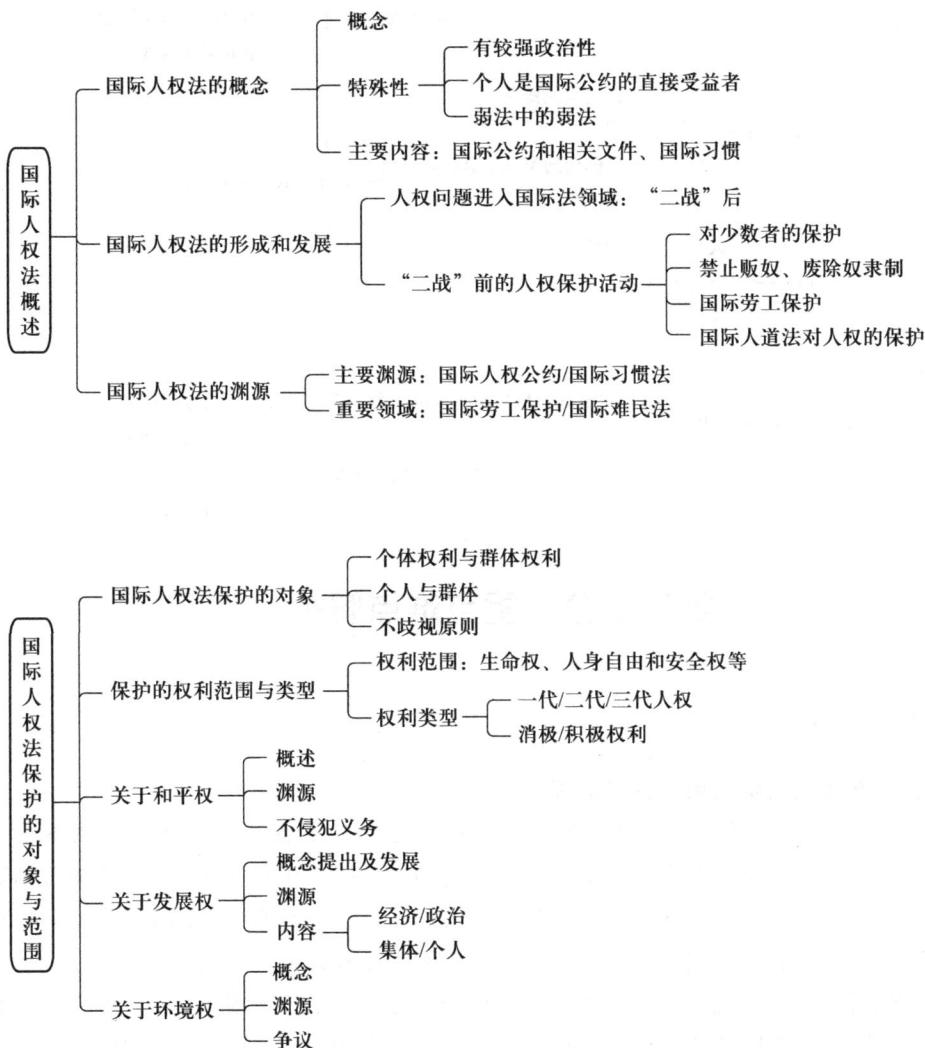

国际人权法概述
- 国际人权法的概念
  - 概念
  - 特殊性
    - 有较强政治性
    - 个人是国际公约的直接受益者
    - 弱法中的弱法
  - 主要内容：国际公约和相关文件、国际习惯
- 国际人权法的形成和发展
  - 人权问题进入国际法领域："二战"后
  - "二战"前的人权保护活动
    - 对少数者的保护
    - 禁止贩奴、废除奴隶制
    - 国际劳工保护
    - 国际人道法对人权的保护
- 国际人权法的渊源
  - 主要渊源：国际人权公约/国际习惯法
  - 重要领域：国际劳工保护/国际难民法

国际人权法保护的对象与范围
- 国际人权法保护的对象
  - 个体权利与群体权利
  - 个人与群体
  - 不歧视原则
- 保护的权利范围与类型
  - 权利范围：生命权、人身自由和安全权等
  - 权利类型
    - 一代/二代/三代人权
    - 消极/积极权利
- 关于和平权
  - 概述
  - 渊源
  - 不侵犯义务
- 关于发展权
  - 概念提出及发展
  - 渊源
  - 内容
    - 经济/政治
    - 集体/个人
- 关于环境权
  - 概念
  - 渊源
  - 争议

国际人权保护的监督机制
├─ 国际监督机制
│　├─ 联合国体系内人权保护机构
│　│　├─ 人权理事会
│　│　│　├─ 建立
│　│　│　├─ 组成
│　│　│　├─ 活动
│　│　│　└─ 制度：普遍定期审查
│　│　├─ 人权高级专员
│　│　│　├─ 选派
│　│　│　└─ 职责
│　│　└─ 其他机构：妇女署、难民署等
│　└─ 国际人权条约机构
│　　├─ 概述
│　　│　├─ 组成
│　　│　└─ 特点
│　　└─ 保护人权的制度
│　　　├─ 报告制度
│　　　├─ 国对国的指控制度
│　　　└─ 个人来文制度
└─ 国内监督机制
　├─ 国家人权机构的概念
　├─ 巴黎原则
　└─ 国家人权机构的类型及其认证
　　├─ 类型
　　└─ 认证：ICC认证工作

中国关于人权问题的基本立场与实践
├─ 基本立场
│　├─ 人权具有普遍性
│　├─ 尊重主权
│　└─ 反对霸权
└─ 积极践行人权保护的努力与成就
　├─ 对国际人权事业的贡献：参加联合国人权活动与工作等
　└─ 在国内履行国际人权公约义务情况
　　├─ 建立健全法治
　　├─ 人权教育
　　└─ 人权研究

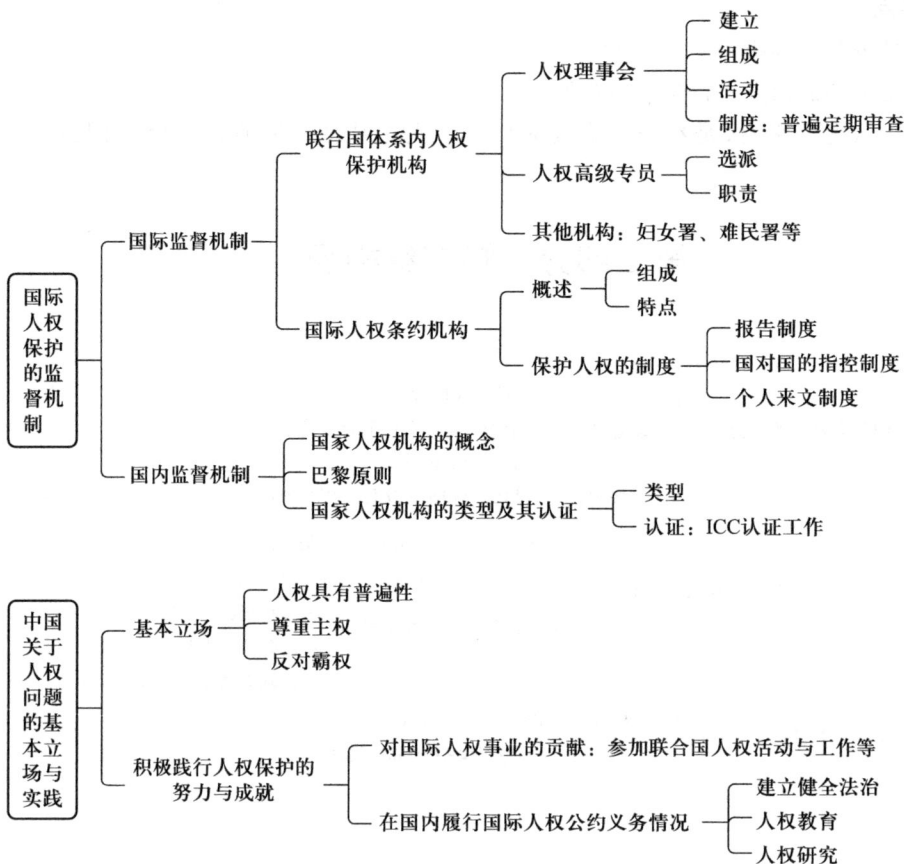

第三部分　重点难点解析

国际法中的人权

（一）人权在国际法中的重要性日益提升

人权是人追求幸福生活的一种制度性表达。国际法在 20 世纪以后经历朝向人本主义的转折,而这一转折是与人权的上升紧密地联系在一起的。国际法上的人权本位,意味着国际法以人权的观念为基础,国际法的规范体系现出对人权的承认和尊重,整个国际法的运作过程中人的知情权、建议权和参与权,国际法以维护和实现人权为最高价值目标。也就是说,国际法规则的订立过程、国际法规范的具体内容、国际法规范的解释和适用、依据国际法规范而解决争端、建构国际法律秩序的全过程,都彰显出尊重人权、保障人权、实现人权的目标。在全球化的背景下,个人的权利越来越受到国际法的重视。

国际法在 20 世纪经历了一个转折期,而这一转折是与人权的上升紧密地联系在一起的。在 20 世纪以前相当长的时期内,人权问题主要是国内法关注的事项;唯一的例外是所谓的"人道主义干涉",而对于此种干涉最克制的评价也必须说是"目的可疑的"。20 世纪以后,人的地位开始

上升,人的权利受到的尊重,人的发展状况受到了关注,所以,个人的国际法地位在近世的国际法中得到了越来越多的关注。在全球化的背景下,个人的权利越来越受到国际法的重视。

人权本位的直接表现是国际人权法的发展和全球化的人权。第一次世界大战以后,人们对少数者的关注逐渐增加,国际法开始关注人的问题,但是直到第二次世界大战以后,大量的人权文件才开始出现并建立起了监督机构和实施制度。在《国际联盟盟约》中,虽然有国家试图讨论人权的问题,但是最终未能成功。在其序言中所开列的主要的目标仍在于"维持各国间公开、公正、荣誉之邦交,严格遵守国际公法之规定,以为今后各国政府间行为之规范;在有组织之民族间彼此关系中维持争议并恪遵条约上之一切义务";但值得注意的是,《盟约》第22、23条仍然从人民福利、民族独立、男女平等、通商自由的角度对人的基本权利给予关注。国际劳工组织的一系列文件则出于人道的目的从提高工人劳动条件的角度提升人权。《国际劳工组织章程》指出,"现有的劳动条件使大量的工人遭受不公正、苦难和贫困","任何一国不采用合乎人道的劳动条件,会成为其他国家愿意改善其本国状况者的障碍"。通过国际劳工公约和无法律约束力的建议书,呼吁国际合作,改善劳动者的人权。第二次世界大战以后,由于人权在很多地域受到了前所未有的摧残和破坏,人权成了国际社会呼吁新的秩序的基础,人权成了国家的义务和国际社会合作的目标。

而在国际法中体现人权,最关键的环节是第二次世界大战以后。1945年4-6月召开的联合国制宪会议将国际合作和保护人权推向了第一个高潮,而后东京、纽伦堡审判为世界人权铺平了道路。从《联合国宪章》宣示的基本人权信念,到《世界人权宣言》列举的基本人权框架,再到联合国国际人权两公约以及相继签署的其他相关公约,国际社会大范围地、普遍地开始关注人权问题。不仅在联合国的框架下人权得到了空前的承认和关注,各区域的国际人权合作也体现出强劲的态势。这种区域性的人权保护机制不仅体现在欧洲理事会和美洲国家间组织、非洲统一组织(后来的非洲联盟)这类原本宗旨中就包括保护人权的国际组织,也包括以经济合作为目的的组织。例如,从欧洲共同体到欧洲联盟,人权的地位稳步上升,特别是并入欧洲理事会的相关文件,使得人权保护成为欧洲联盟的一个重要部分。因而,可以说,从第二次世界大战结束开始,国际人权的规定及其实施发展到了一个崭新的阶段。

2000年9月联合国大会通过的《千年宣言》更多地意识到了人权的重要意义,并且作为新世纪的发展目标而加以强调。例如,其中提到"我们将不遗余力,促进民主和加强法治,并尊重一切国际公认的人权和基本自由,包括发展权"。具体的目标包括全面遵守和维护《世界人权宣言》、力争在所有国家充分保护和促进所有人的公民、政治、经济、社会和文化权利、加强所有国家的能力,以履行民主的原则与实践,尊重包括少数人权利在内的各项人权、打击一切形式的对妇女的暴力行为,并执行《消除对妇女一切形式歧视公约》、采取措施以确保尊重和保护移徙者、移民工人及其家属的人权,消除许多社会中日益增加的种族主义行为和排外行动,并增进所有社会中人与人之间的和谐与容忍、作出集体努力,以促进更具包容性的政治进程,让我们所有国家的全体公民都能够真正参与、确保新闻媒体有发挥其重要作用的自由,也确保公众有获取信息的权利、扩大对处于复杂紧急状态下的平民的保护,更多地分担负担,为难民收容国提供援助;协助所有难民和流离失所者安全返回;鼓励全面执行《儿童权利公约》及其《关于儿童卷入武装冲突问题的任择议定书和《关于买卖儿童、儿童卖淫和儿童色情制品的任择议定书》。在联合国大会第56届会议上,第三委员会提交了名为《人权问题:人权问题,包括增进人权和基本自由切实享受的各种途径》的报告(A/56/583/Add.2),报告对于发展权、人权教育等问题进行了深入的探讨。第五十九届联大秘书长的报告《大自由:实现人人共享的发展、安全和人权》的附件"联合国人权事务高级专员提出的行动计划",特别提到:"以人权本位方针处理各种问题(和平与安全,包括反恐举措、发展和人道主义工作)。"

人权本位还间接地表现在环境、可持续发展、经济、空间法、海洋法等领域。环境领域的一切努力都是为了人类的利益而进行的、可持续发展的核心在于人类,和平地利用空间和海洋,使之为人类服务,在这些领域都不难理解人权的地位。从经济的领域看,以从关税与贸易总协定到世界贸易组织为主导的国际经济自由化体制一方面推崇人的自由、特别是从事跨国贸易活动的自由,另一方面也相对忽视了一些人权,特别是消费者、劳动者的权利,这一点受到了人们的诟病。例如,有学者指出,WTO 的法律体系,尤其是 GATT1947 第 20 条,发达国家可能采取双重标准、实用主义和例外的非善意动机,实现大国人口政策和人权保护的极端自利。WTO 理论基础,与帝国主义的人口理论作为帝国主义的发动战争的借口一样,如出一辙。WTO 的理论基础实际是人口和种族优先论在贸易实践中的体现,据此,发达国家不仅在行动上实践着人口和种族优先论,而且通过立法力求特权法定。中国入世有利于促进与西方国家的人权合作与沟通。中国应当在 WTO 的环境中做好中国人口问题和人权保障的战略准备。现在 WTO 正在进行的多哈回合试图并入劳工标准等问题,这种做法虽然被很多发展中国家坚决反对,认为这是将与贸易无关的问题连接到贸易领域,但实际上对这样的问题应当谨慎对待、认真考虑。WTO 在环境领域开始正面解决作为消费者和劳动者的环境权、在公共健康领域通过形成一系列的例外规范来协调公共健康与知识产权的关系,特别是与一些国际组织进行了一些联合报告,探究贸易与人权的问题。正是基于此,国际经济法学者彼德斯曼教授才认为,冷战之后,国际法领域出现了"人权革命"。

国际强行法的出现意味着主权本位开始向人权本位转移。国际强行法,顾名思义,是指国家在国际社会存续的范围中必须遵守的法律,无论其有条约加以约束还是没有。国际强行法的内容虽然至今尚无定论,但是一般认为种族灭绝、种族隔离、武装侵略均属于违背国际强行法的行为。一个在法律理论和实践上值得讨论的问题是:国际人权条约上所载的人权是否能够具有在任何一个国家均能被接受的效果?从条约法的理论上讲,参加国际条约的国家有义务受条约的约束,但是对于没有加入到这些条约的国家而言,问题就显得比较麻烦:没有加入联合国的国家需要接受联合国的人权宣言吗?没有成为人权条约缔约方的国家需要保护人权吗?进一步说,人权在当今的国际社会能否被提高到一个与主权本位相对应的国际法新范式的水平?对此,很多国际法学者认为,保护基本人权是任何一个主权国家应尽的职责,这一职责是社会进步到现阶段的必然后果,不应因为条约的存在与否,国家承认、加入与否而有所差异。换言之,保护基本人权被认为是国际习惯法的一部分,联合国的实践是在认可或者宣示这些已经存在的人权规范。从这些可以看出,国际强行法突破了国家主权的界限,对于主权者的行为加以规制,而且国家之间不能以条约的方式改变和违背国际强行法。这种情况使国际法超越了约定法和协调法,具有了强法的特征,而这一特征来自于人们对人权的普遍尊重和信仰。

与此同时,民族自决权作为对人权的充实和对主权的制衡在新的国际政治秩序中起着重要的作用;对于一些主权问题也从人权的角度进行认识,特别是发展权、和平权、环境权这些新生人权对国际社会的法治化和健康发展有着十分重要的意义。有的学者指出,以人为本的核心在于人权本位,那么,当今社会的人权本位则重在以发展权为本。发展权要求人所存在的社会形式的理性化与文明化。为此,必须实现人类生产方式的根本转变,改变重物轻人的观点,实现从以物为本向以人为本的变革;同时还必须实现人类生活方式的根本转变,将自由、平等、正义、民主和法治的理念融入人们的日常生活,使人权意识和法治精神成为人类的主流意识,使法治成为人类的生活方式。联合国人权高专办将设立一个单位,负责千年发展目标和人权本位方针方面的工作,特别是就千年发展目标所载的人权承诺提供咨询和评估。

国际法以人权为本位,并不意味着国际法的任何制度、任何行为都已经达到了以人权为出发点和基本目标的程度,毋宁说,人权本位是为国际法及其相关研究树立了一个价值标准、营造了一套目标体系,是国际法更多地关注人、考虑人、尊重人,不仅更好地落实和执行现有的人权保护规范与措施,更要在人本主义的基础上构建国际法治的未来。

(二) 国际法中的人权与主权

1. 人权与主权的关系

无论如何,人权与主权的关系都是在国内法和国际法上备受关注的问题。而且关于人权与主权的关系,有着不同的观念。有的学者认为,基于社会契约的理念,主权来自于人权,主权在民;国家对内主权不能以牺牲本国人民的基本人权为代价。否则,国家就背离了为人民谋利的基本宗旨。一系列国际文件也在试图理清二者之间的关系,尊重人权是顺应国际潮流的,是承认本国人民内心愿望的表现。《国际人权宣言》制定的目标是:任何人在任何地方都享有人权。 些判例则在试图冲破主权一统天下的局面,实现人权与主权的统一和谐发展。

正如直接民主在一个大规模的社会中不可能实行,国际社会也不可能以个人出面进行活动的方式形成秩序。国际社会欲超越当前这种在很大程度上属于无政府主义的非法治现状,并不是通过解散民族国家,从个人开始;而是通过改良国家、改革国家政权的操作模式、改善国家之间的关系。这就意味着,国家(政府)及其主权在现代社会仍然必要,但是,国家的主权既不是君权神授、也不是来自社会契约,而是来自于人民源于习惯、源于一个有效的治理方式的服从,这也就意味着,政府主要作为人民的代表者与引领者,其主权也是一种引领与代表的资格。从国际法的角度讲,个人的法律地位仍然是从国家引申出来的,而不是反之。《阿库斯特现代国际法导论》中的叙述值得原文照引:

> 总之,应当指出,私人与公司(而且,当然还有国际组织)国际法律人格不仅并不常见,而且十分有限。更值得注意的是,这些人格都是次生的,也就是说,只有国家能够授予这些人格:是国家建立起了国际组织,是国家订立条约、接受习惯规则给予个人和公司以国际权利,只有国家(或者由国家建立起来的国际组织)才能与个人或者公司签订适用国际法的契约。因而,如果有的国家认为个人是国际法的主体而另外一些国家不同意的时候,双方都可能是对的:如果第一类国家授予了个人以国际法上的权利,则对于这些国家而言个人是国际法的主体;第二类的国家可以为了操作上的目的通过拒绝给予个人具有国际法上效力的权利而防止其取得国际法上的人格。[1]

---

[1] Peter Malanczuk, *Akehurst's Modern Introduction to International Law*, 7th ed., London: Routledge, 1997, pp. 103-104.

因此,在这个时候以及以后的相当长时间内,都不可能超越民族国家进入"后民族结构",而只能在民族国家的国际社会框架之下寻求新的、更符合人民利益的法治体系。

人权本位是主权本位的拓展、升华与超越,而不是对主权本位的销蚀、否定和放弃。人权本位是在新的国际关系背景下国际法律体制所追求的新境界,但是这种新的境界是历史的延续,而不是割断。从外延上讲,人权本位不是替代了主权本位,而是包容着主权本位;从精神上讲,人权本位不但不是对主权本位的反动,而且是从一个新的视角对主权本位进行的巩固与强化。人权本位与主权本位的联系至少体现在如下几个方面:

人权本位廓清了对主权的认识。主权在相当长的历史时期处于一种被误解的状态。君权神授理论在中世纪之前的西方和封建社会的东方占据主导地位,国家主权被神圣化、神秘化、个人化。在这一理论宣传的背景之下,主权被推到了至高无上的地位,使统治者在主权的伞盖之下任意胡为,民众则在主权的压制之下追求生存。社会契约理论在质疑君权神授理论方面起到了重要的作用,但其对历史真实的忽视和对逻辑推理的漠视使得这一理论更多是在信仰和宣传的意义上得到认同,对于主权从何而来、主权是什么,却没有一个清晰的回答。从人权的角度透视主权,我们可以把"君权神授"和"社会契约"等加在主权之上的不实界定和理解都祛除,进而得到一个更为明朗的认识:从来源上讲,主权是从人们原始社会以来的社会生活习惯而形成的;从本质上讲,主权是代表和引领人民采取行动的资格。这一点,干预和国家主权委员会 2001 年的报告《保护的责任》诠释得很清楚:在国际环境已经发生变化的情况下,"国家主权意味着责任,保护本国人民的首要责任是国家本身的职责",主权在一国领域之内就应当"尊重国内所有人的尊严和基本权利"。也就是说,主权意味着对人平等尊严和价值的承认、对独立身份和自由的保护、对他们设计和决定自己命运的权利的一种肯定。

人权,在现代的意义上,包含着一些国家的权利。也就是说,人权与主权这两个概念所包含的因子之间存在着交集。第一代人权关注人的政治权利与公民权,第二代人权关注人的经济社会文化权利,第三代人权在很大意义上属于群体,是集体可以享有的权利。国家是现阶段以及以后相当长的历史时期内非常重要的"集体"形式,是利益、思想感情、法律规范和其他文化划分的主要单位。所以这些集体性质的人权很多时候都可以理解为整个国家的人权,其中包括国家的环境权、发展权,从这个意义上看,人权本位同时也意味着承认、尊重和保障国家主权的某些权能。

无论是国内法上的人权,还是国际法上的人权,权利保护责任的核心承担者均为国家。这就意味着,国家行使主权应当为实现人权而服务。更高水平地保护主权、更高水平地实现人权是主权运作的重要目标之一。人权本位的主旨是更加充分地保证与实现人权,这隐含着需要国家利用自身的条件与优势达到提升每个国家、也就是世界的每一个部分、也就意味着全球的人权水平的目的。在主要由主权国家组成的国际社会中,保护主权仍然主要是国家政府通过国内法来完成的。而且,在国际人权法的发展中,人权的概念与内涵是深深植根于国内法的规定与实践的。今天的国际人权条约,也需要各国通过国内法来实施;虽然一些规范被宣称属于国际强行法,但是其范围殊难确定。① 所以,人权本位并不是排斥国家主权的功能、抵制主权国家的运作,而是为国家行使其主权指明了一个更为具体的方向,一条更为清晰的道路。与此同

---

① 参见王铁崖主编:《国际法》,法律出版社 1995 年版,第 203 页。

时,尽管国际社会开始转入人权本位,也并不意味着可以任性地采取措施,不适度地"保护"人权,尤其是采取单边措施,或者抛弃国际社会公认的规范与程序准则来充当"人权卫士",这种做法最终可能被证明既不符合国际秩序的要求,也违背了维护人权的初衷(无论是否有此初衷)。如果以人权为借口而动用武力、发动战争,那不仅不是在保护人权,而且是在侵犯人权,其后果只能导致人权状况的进一步恶化。以恶治恶绝不是善,只能是更多的恶。

在国际法上主张与贯彻人权本位,是为了在法律的内容与法律的运作方面更好地实现法律以人为本的精神。而国家作为国际法的主要立法参与者,需要通过行使主权而使这一目的真正实现。国际社会的主要参与者是国家,对于这一点,即使最极端的个人主义者也不会否定。国家通过其代表在国际事务中作出行为、享有权利、承担义务、根据有关程序定立规范,虽然我们主张国际立法中应充分考虑人权,但国际立法显然不能采取普选的方式(实际上一般国家的国内立法也难以实现),所以必须主要通过国家行使主权来进行国际立法;[①]而在法律执行的过程中,国家也一直处于核心的地位。

无论是主权本位,还是人权本位,在国际法中都面临着同样的问题,即霸权主义。霸权主义不仅是对国家主权的侵犯,同样也是对人权的破坏。例如,民族自决权具有比较戏剧性的命运。最初提出民族自决权的是刚刚建立起来的苏联,继而美国也表示赞同;在第二次世界大战之后的岁月里,这一权利被载入到《联合国宪章》。但是,实际上,第二次世界大战以后的世界并不是一个各民族平等的世界,甚至根本没有试图建立起这样一个世界,在很多大国那里,世界应当是以往势力范围体制的延续,各个弱小民族的命运应当由大国来决定,这些小国就应当俯首听命,而不是"自决"。而在战争中备受压迫和破坏的亚非国家盼望自决,所以才有了1955年的亚非会议(万隆会议)对民族自决原则的支持与关注,其关于民族自决权的规定后来成为国际人权两公约的共同内容。美国是一个对别人主张"人权高于主权"而对自己主张"主权高于人权"的典型国家。美国评价别国的人权政策、干涉别国的人权政策,但是拒绝参加很多国际人权条约,不愿意自己的人权事务受到别国的评价与干涉。

2. 人权本位与"国际社会本位"的关系

在理论界,一些学者鉴于现代经济全球化的表象,基于国际关系迅速发展的情况,以及跨国民商交往大量存在而且日趋丰富繁多的现实,认为人类社会已经进入到了一个前所未有的全球时代,人类存在着共同的利益,所以已经有必要拆除国家之间的壁垒,废除主权这一字眼,追求人类社会的共同未来。人权本位,与学者所提倡的"国际社会本位"或者全球时代的共同价值有着明显的区别。其主要区别体现在以下几个方面:

第一,人权本位是以人权为核心的,而人权是一个既具有道德属性又具有制度属性的概念。从道德上讲,人权代表了人类对幸福生活的追求,是善的一种形式;从制度上讲,人权代表着一个社会体制对人的需求的满足程度,这决定于这个社会的政治、经济等资源的水平和分配方式,以及文化传统。作为一个具有道德属性和制度属性双重内涵的概念,人权既具有理想的内涵,可以指引人类的追求;也具有现实的内涵,可以对现实进行处理。人权是可以评价和衡

---

① 在这方面,非政府组织的重要作用值得重视:现代国际立法中非政府组织的参与程度越来越深、越来越广,这是全球化时代的一个新现象。参见刘超:《非政府组织的勃兴与国际法律秩序的变塑》,《现代法学》2004年第4期;孙洁婉:《非政府组织与联合国发展活动》,《政法论坛》2004年第1期;鄂晓梅:《国际非政府组织对国际法的影响》,《政法论坛》2001年第3期;赵黎青:《非政府组织与联合国体系》,《欧洲》1999年第5期。

量的,同时又是可以操作的。依据人权的特质,它也是一个发展的概念,它会随着社会的不断进步而具有新的内涵。而所谓的"国际社会本位",则仅具有道德属性,而不具有制度属性。作为具有道德属性的概念,国际社会的共同价值确实可以号召国家、国际组织、乃至于普通民众为了一个目标而努力。但是由于它不具有制度上的内涵,所以其内容缺乏可操作性,用这个模糊的概念来作为国际法律秩序建构的基础,显然是不恰当的。

第二,人权本位所依赖的人权是一个既强调普遍性同时也强调特殊性的概念。作为人类对幸福生活的需求与社会可供资源的契合的一种制度安排,人权在不同的地域、不同的时代都会有所不同。人权的差异形式是非常重要的特征。只是到了人类经济、政治文化等各方面的社会生活开始进行跨国界的影响和作用的全球时代,人权才有可能超越国家的疆域,呈现出全球化的趋势。进而言之,人权的全球性仍然是有限的,国家之间、次于国家和超越国家的区域之间的差异,一直是客观现实。因而,人权本位仅仅意味着国际法在整体上以人权为基础、以人权为目标,但是人权有限的普遍性与人权基于时间、空间、经济与社会发展水平、历史传统的特殊性并不能被否定。以人权为本位的国际法实际上是一个承认差异的国际法体制,是在文明之间存在差异的基础上寻求共性、为了人类的共同幸福而进行努力的价值体系和制度构想。这一体制和构想,最简单地说,就是力求最大限度地实现人的权利和幸福,无论是在国家的层面上,还是在次国家、超国家的层面上;并力求实现某些共同标准。而所谓的国际社会本位,则片面考虑"国际社会的共同利益",试图使人类社会的制度都服务于这一共同利益。这一观点虽然是为了克服国家中心主义条块分割的弊端,但是过激地寻求天下大同,忽视国家之间的地域差异性,这不符合国际社会的现实状况,并有可能误导国家的决策以及人民的行为。

第三,人权本位要求整个国际法以尊重人性、保障人权作为立基之本与服务目标,最终落实到人的身上,实际上是人本主义在国际法上的体现。国际法最终应当为了人的存在、利益与发展服务,这是现代人类认识发展的一个重要体现:即摒弃空洞虚无的原则和口号,将思维和制度直接针对实际的人。这样一来,人可以通过自身的状况来检验这种制度,通过考察人的物质与精神生活水平来评价人权本位在国际法上的落实与体现,并对未来的发展提供建议。而由于没有人能够作为国际社会的代言人,所以国际社会本位没有一个明确的主体,这样,也就无法验证一套制度是否真的有利于国际社会。进一步说,国际社会本位更类似于一个宣传口号,它的内涵有待界定,它的外延并不明确。如果空谈国际社会本位,很可能与主权本位一样,使得整个制度体系为一些虚无缥缈的目的服务。它不仅缺乏清晰的指引标准和可操作的评价尺度,而且很可能成为一些别有用心的政客进行不正当活动的托词,在一个空洞含混的词汇之下牺牲了人的实际利益。这会导致比较危险的社会局面和社会秩序,最终用来反对人,不利于人的幸福生活和发展。

所以,如果现实地看待今天的国际关系与国际法律秩序,我们就会发现,国际社会本位的观念的提出为时尚早,在全世界形成共同体系、追求统一秩序的时代还远未来临。不可否认的是,在世界上确实存在一些共同的价值(如承认基本人权)与共同的问题(如环境的恶化与资源的短缺),因而在根本上讲,人类的利益也是同一的,但绝没有达到各国以同一步调、统一规范解决统一问题的境地,更不必说拆除国家之间的疆界,统一治理。当前,国家之间仍然存在着局部利益上的矛盾与冲突,在发展的顺位、价值观念方面仍然存在着很多差异(当然,不是最根本的),超越国家的全球意识也仅仅是少数思想者的前瞻性思维。很多以全球主义之名而行的战略与政策,实际上仅仅是在追求少数国家的局部利益。而且,尤其值得警惕的是,即使在人类面临共同困境与危险的时刻,仍然不能轻信那些以全球领导者的姿态发出的声音,因为这些国家很可能假借这一标志来达到损人利己的目的;最主要的可能就是在资源接近枯竭之时利用他人的资源追求自身的发展,在环境恶化之际毁损他国的环境保持本国的环境质量。

正如主权本位并不等同于国家之间各自为政、彼此孤立一样,人权本位也远不意味着世界大同、天下一家。换句话说,人权本位并不等于国际社会本位。人权本位仍然是以国家为基础的,虽然一些领域、一些场合对国家提出了义务要求,在一些事项上号召并要求国际合作,在一些问题上同意对国家进行法律制裁,但这并不是某些学者所称的"国际社会本位"。国际社会本位并不是人权本位的当然结果。而且,就当前的国际社会发展趋势而言,国际社会本位还是相当遥远的事。

第四部分 习题自测

(一)填空题

1. _____是负责监督联合国托管制度下的领土的管理机构。《联合国宪章》第76条规定托管制度的基本目的是_____,增进托管领土居民之政治、经济、社会、教育之进展并增进其趋向自治或独立之逐渐发展,以及"不分种族、性别、语言或宗教,提倡全体人类之人权及基本自由之尊重,并激发世界人民互相维系之意识"。

2. _____是联合国的行政管理机构。_____为本组织的行政首长,由联合国大会根据的_____推荐而任命,任期_____年,可连选连任。秘书处和秘书长具有多方面的职权,在人权方面的职权主要是:秘书长可以出席联合国主要机构涉及人权问题的会议,可以秘书长的身份发表意见,受托执行有关人权方面的职务;在世界任何地区发生严重侵犯人权的事件以至危及国际和平与安全时,可以将此类事件提请安全理事会注意。

3. 世界卫生组织的宗旨是使_____,还帮助各国通过为个人、家庭和社区提供服务,建立卫生保健机构和查询系统以及提供常用药、其他物资和设备,加强其卫生保健系统。

(二)单项选择题

4. 我国政府主张,人权在本质上是( )。
A. 国际法管辖的问题 B. 国内法管辖的问题
C. 国际法和国内法管辖的问题 D. 权利本身的问题

5. 人民充分享有一切基本人权的先决条件是( )。
A. 自决权 B. 发展权 C. 平等权 D. 生存权

6. 被称为第一人权或首要人权的权利是( )。
A. 自决权 B. 发展权 C. 生存权 D. 平等权

7. 国际人权法是在( )时期全面形成和发展起来的?
A. 法国资产阶级大革命 B. 第一次世界大战
C. 第二次世界大战 D. 美国独立战争

8. 人权条约中关于国际人权保护的个人申诉制度是指( )。

A. 个人直接到国际法院对国家提出申诉

B. 个人直接向国际人权机构对国家提出书面申诉

C. 个人由国家代表到国际法院对另一国提出申诉

D. 个人由国家代表在国际人权机构对另一国提出书面控诉

9. 联合国人权理事会隶属于(   )。

A. 联合国秘书处   B. 联合国安理会   C. 联合国大会   D. 联合国经社理事会

10. 首次以公约形式系统地具体载明了妇女权利,被视为"国际妇女权利法案"的是(   )。

A. 1967 年《消除对妇女歧视宣言》

B. 1979 年《消除对妇女一切形式歧视公约》

C. 1952 年《妇女政治权利公约》

D. 1998 年《消除对妇女的暴力行为的预防犯罪和刑事司法措施》

11. 最早的区域性人权公约是(   )。

A. 《欧洲人权公约》   B. 《美洲人权公约》

C. 《非洲人权和人民权利宪章》   D. 《亚洲人权宣言》

12. 第一个单独采用任择议定书形式规定个人申诉制度的人权条约是(   )。

A. 1999 年《消除对妇女一切形式歧视公约任择议定书》

B. 2002 年《禁止酷刑和其他残忍、不人道或有辱人格的待遇或处罚公约任择议定书》

C. 1966 年《公民权利和政治权利国际公约任择议定书》

D. 1989 年《旨在废除死刑的〈公民权利和政治权利国际公约〉第二任择议定书》

13. 第一个设立调查程序的人权条约是(   )。

A. 《保护所有移徙工人及其家庭成员权利国际公约》

B. 《消除对妇女一切形式歧视公约任择议定书》

C. 《禁止酷刑和其他残忍、不人道或有辱人格的待遇或处罚公约任择议定书》

D. 《禁止酷刑和其他残忍、不人道或有辱人格的待遇或处罚公约》

14. 人权问题是(   )管辖事项。

A. 国内   B. 国际

C. 本质上属于国内   D. 没有政府机构

15. 发展权是(   )人权。

A. 个人   B. 集体   C. 个人、集体   D. 经济活动的

16. 国际人权法中被称为"国际人道法的部分"是指(   )。

A. 保护人的基本权利的原则和制度

B. 保护人的基本自由的原则和制度

C. 战争和武装冲突期间保护平民以及战争受难者的原则、规则和制度

D. 战争法中调整交战国与非交战国之间关系的原则、规则和制度

（三）多项选择题

17. 第三代人权即"集体人权"或"新一代人权"是指(   )。

A. 生存权   B. 发展权   C. 环境权   D. 自决权

18. 下列关于国际人权法说法正确的有( )。

A. 国际人权法所规定人权的享受者主要是个人

B. 国家并不像在其他国际条约中那样成为国际法权利的直接受益者,而主要是义务承担者

C. 个人只是国际人权公约的缔约国之间的权利和义务的"偶然受益者"

D. 国家根据国际人权法不享有权利,只承担义务

19. 根据 1948 年《防止及惩治灭绝种族罪公约》,下列构成灭绝种族的行为有( )。

A. 致使某一团体的成员在身体上或精神上遭受严重伤害

B. 故意使某一团体处于某种生活状况下,以毁灭其全部或局部的生命

C. 强制施行办法,意图防止某一团体内的生育

D. 强迫转移某一团体的儿童至另一团体

20. 根据 1951 年《关于难民地位的公约》及其 1967 年议定书,下列属于难民权利的有( )。

A. 不被驱逐出境或送回至其生命或自由因为政治原因而受威胁的领土边界

B. 在宗教自由、出席法院、初等教育等方面享有国民待遇

C. 在结社权利、以工资受偿的雇佣等方面享有国民待遇

D. 在自营职业、自由职业等方面享有不低于一般外国人在同样情况下所享有的待遇

21. 根据 1984 年《禁止酷刑和其他残忍、不人道或有辱人格的待遇或处罚公约》,下列哪些行为是酷刑行为?( )

A. 由公职人员为了向某人或第三者取得情报或供状,蓄意使某人在肉体或精神上遭受剧烈疼痛或痛苦的任何行为

B. 以官方身份行使职权的人为了向某人或第三者取得情报或供状,蓄意使某人在肉体或精神上遭受剧烈疼痛或痛苦的任何行为

C. 纯因法律制裁使人在肉体或精神上遭受剧烈疼痛或痛苦的行为

D. 法律制裁所固有或附带的使人在肉体或精神上遭受剧烈疼痛或痛苦的行为

22. 依《联合国宪章》设立的一般性人权机构有( )。

A. 联合国大会

B. 联合国大会第三委员会

C. 经济及社会理事会

D. 国际法院

23. 按照《公民权利和政治权利国际公约》,属于缔约国行使克减权条件的是( )。

A. 社会紧急状态威胁到国家的生存

B. 必须经正式宣布

C. 克减的程度以危急情势所绝对必要为限

D. 克减措施不得与它根据国际法所负的其他义务相抵触,并不得包含纯粹基于种族、肤色、性别、语言、宗教或社会出身的理由的歧视

24. 国际人权公约包括( )。

A.《世界人权宣言》

B.《经济、社会及文化权利国际公约》

C.《公民权利和政治权利国际公约》

D.《发展权宣言》

E.《关于难民地位的公约》

25. 确立民族自决权的主要国际文件是(   )。

A.《联合国宪章》

B.《关于人民和民族权的决议》

C.《给予殖民地国家和人民独立宣言》

D.《国际法原则宣言》

E.《新几内亚领土托管协定》

26. 集体人权主要包括(   )。

A. 生存权   B. 安全权   C. 自由权

D. 自决权   E. 发展权

27. 下列选项中属于个人的经济、社会权利的是(   )。

A. 财产权   B. 休息权   C. 社会保障权

D. 法律人格权   E. 受教育权

28. 中国批准并已生效的国际人权保护公约包括(   )。

A.《消除对妇女一切形式歧视公约》

B.《经济、社会及文化权利国际公约》

C.《消除一切形式种族歧视公约》

D.《公民权利和政治权利国际公约》

E.《禁止酷刑和其他残忍、不人道或有辱人格的待遇或处罚公约》

29. 国际人权保护条约的实施机制主要包括(   )。

A. 报告及其审查制度   B."1503 程序"   C. 缔约国来文及和解制度

D. 个人申诉制度   E. 人权法院的诉讼制度

(四) 不定项选择题

30.《发展权宣言》指出,发展权(   )。

A. 是个人人权   B. 是集体人权

C. 不应当理解为个人人权   D. 既是个人人权,也是集体人权

31. 下列哪些人权机构是根据国际人权公约设立的? (   )

A. 人权事务委员会

B. 防止歧视及保护少数小组委员会

C. 消除对妇女歧视委员会

D. 禁止酷刑委员会

32. 按照《公民权利和政治权利国际公约》,下列哪些属于不得克减的权利? (   )

A. 健康权

B. 免于酷刑、残忍和不人道待遇以及奴役和强迫劳动的自由

C. 免于因债务而被监禁的自由

D. 禁止刑法的溯及效力

33. 为促进对人权的尊重和保护,联合国大会 2006 年通过决议,设立了一个专门负责联合国人权领域工作的大会附属机构。下列哪些选项是正确的?（　　　）

A. 联合国人权委员会　　　　　　　B. 联合国人权事务委员会

C. 联合国人权理事会　　　　　　　D. 联合国人权法院

（五）名词解释

34. 国际法上的人权

35. 集体人权

36. 普遍定期审议

37. 《消除一切形式种族歧视国际公约》对"种族歧视"的定义

（六）简答题

38. 简述联合国人权系统及其特点。

39. 简述人权的国际保护实施机制。

40. 简述人权理事会的职权。

41. 简述不可克减条款。

（七）论述题

42. 国际人权公约规定的主要是人权,而人权的权利主体主要是个人,所以,个人是国际人权法的主体。这种说法正确与否？请说明理由。

43. 结合实际,分析国际人权保护与国家主权、不干涉内政原则的关系。

44. 试述人权条约在我国国内法中的地位。

（八）案例分析

45. B1 是生活在 A 国 A1 省西北部的一个土著部族。A 国成立后,其政府与 B1 部族酋长签订协定,宣布 B1 部族的传统生活和游牧区为保留地,并承认他们有权维持其传统语言、文化和生活方式。A 国批准 1966 年《公民权利和政治权利国际公约》及其第一任择议定书后,颁布了《文化促进法》,制订了在保留地区推广官方语言的计划。在这一计划的安排下,越来越多的土著后裔将官方语言作为主要语言,其传统语言有被淡忘之势。与此同时,B1 保留地经勘探发现巨大油气田。A1 省政府向中央政府请求征用保留地用于油气开发,得到允许。于是,B1 部族酋长致函人权事务委员会,指控 A 国政府违反了根据《公民权利和政治权利国际公约》第 1 条所承担的义务,剥夺了该部族的自决权和享受其固有文化、使用其固有语言的权利。人权事务委员会将来文通知了 A 国政府。

假设你是 A 国政府的法律顾问,根据以上案情提出法律意见。

46. A 国是《公民权利和政治权利国际公约》（以下简称《公约》）的缔约国。B 国公民 B1 因在 A 国涉嫌参与绑架活动而被该国 A1 区警察枪杀。B1 的妻子代表 B1 向人权事务委员会提起申诉。申诉书称,由于在此事件中,A1 区当局认定警察的枪杀行为无罪,因而严重违反了正义原则,是一个确立警察谋杀平民可以不受惩罚的恶例,也违反了《公约》第 6 条、第 7 条、第 9 条、第 14 条和第 17 条的规定。人权事务委员会经审议认为,警察枪杀嫌疑人的行为是有预谋的行为,这种行为违反了《公约》第 6 条第 1 款的规定。

根据以上案情,回答下列问题:

(1)本案中当事人请求权利救济的方式是什么?

(2)人权事务委员会在本案中管辖的依据是什么?

第十章　国家领土法

（一）熟悉

1. 国家的领水包括哪两大部分？其中内水又分哪几种情形？
2. 国际河流制度的形成和主要内容。
3. 添附的含义及两种情形是什么？是否为取得领土的合法方式？
4. 民族自决作为现代国际关系中变更领土的方式，其含义和方式是什么？
5. 全民公决作为现代国际关系中变更领土的方式，其含义、历史和条件是什么？
6. 共管的含义。
7. 租借的含义和合法性。
8. 势力范围的含义、历史和合法性。
9. 国际地役的含义、历史和合法性。
10. 北极理事会的组成和活动概况。

（二）掌握

1. 国家领土的概念和重要性。
2. 国家领土的构成。
3. 传统国际法取得领土的方式包括哪几种？
4. "先占"作为传统国际法取得领土的方式，其含义、条件及存在意义是什么？
5. "时效"作为传统国际法取得领土的方式，其含义、条件及存在意义是什么？
6. 现代国际法上产生的新的领土变更方式有哪几种？
7. 领土争端的解决方式主要有哪两种？
8. 领土主权的含义是什么？主要包括哪些内容？
9. 国家在行使领土主权时通常受到哪两种限制？各自主要包括哪些内容？
10. 边界的概念、形成、划分方法。
11. 从《南极条约》的主要内容看南极的法律地位。

（三）理解

1. 内河、界河、多国河流、国际河流的概念。
2. 割让的含义、分类、各种类别合法性分析。
3. 征服的含义、特点、条件和合法性。
4. 领土争端的主要表现、产生原因。

5. 边境制度的概念、主要内容。

6. 从地理、历史、条约、立法看中国边界的现状。

7. 南极协商会议制度的概括和成就。

8. 中国加入《南极公约》及进行南极科学考察活动的大体情况。

9. 北极的地理状况及一些北冰洋沿岸国对北极地区领土权利主张所依据的"扇形原则"。

10. 近年有关北极地区主权和资源归属的争论的原因和表现。

11. 中国赴北极进行科学考察活动的概况和未来指导方针。

（四）难点

1. 国际法上"国际地役"与国内法上地役的比较。

2. 评价一些国家对南极的领土要求。

3. 从关于在北极的科研行为规范和环保责任的一些国际公约，看北极的法律地位（在国际法上）。

4. 关于北极沿岸国对"东北航道""西北航道"主权主张的争论。

第二部分　知识结构图

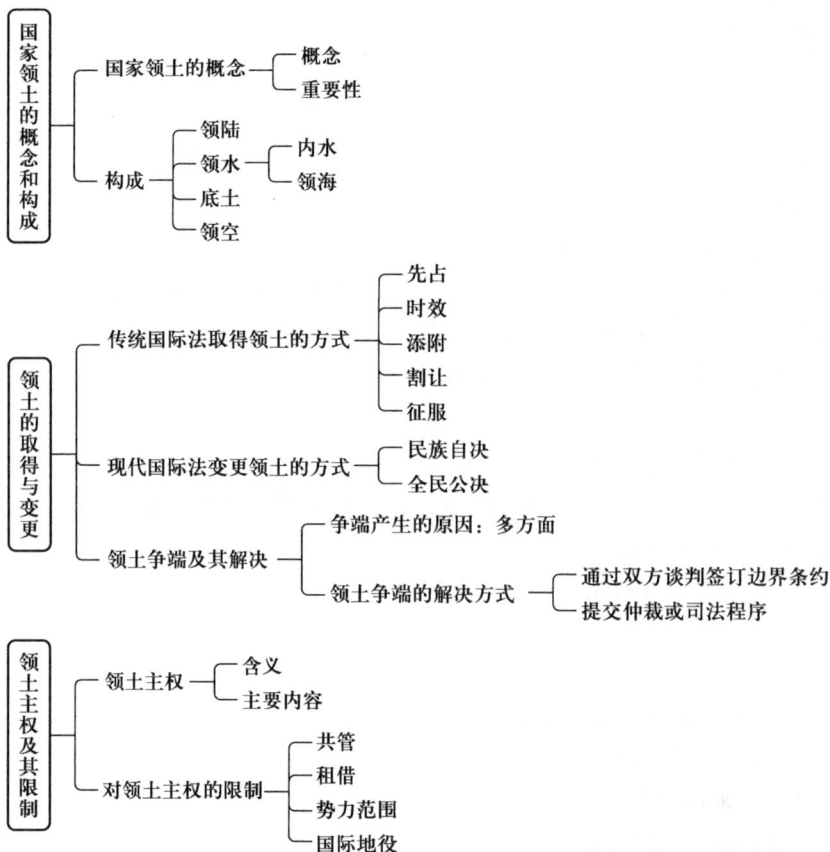

边界和边境制度
- 边界的形成与划分
  - 边界的含义
  - 边界的形成
    - 传统边界线
    - 条约边界线
  - 边界的划分方法
    - 自然划界法
    - 几何学划界法
    - 天文学划界法
- 边境制度
  - 含义
  - 主要内容
    - 标志
    - 居民
    - 界河
    - 争端
- 中国的边界现状
  - 概况
  - 陆地
  - 海洋

南极和北极
- 南极的法律地位
  - 概况
  - 《南极条约》的主要内容
  - 我国的活动
- 北极的法律地位
  - 概况
  - 有关国际条约
  - 北极理事会
  - 主权和资源归属的争论
  - 我国的活动

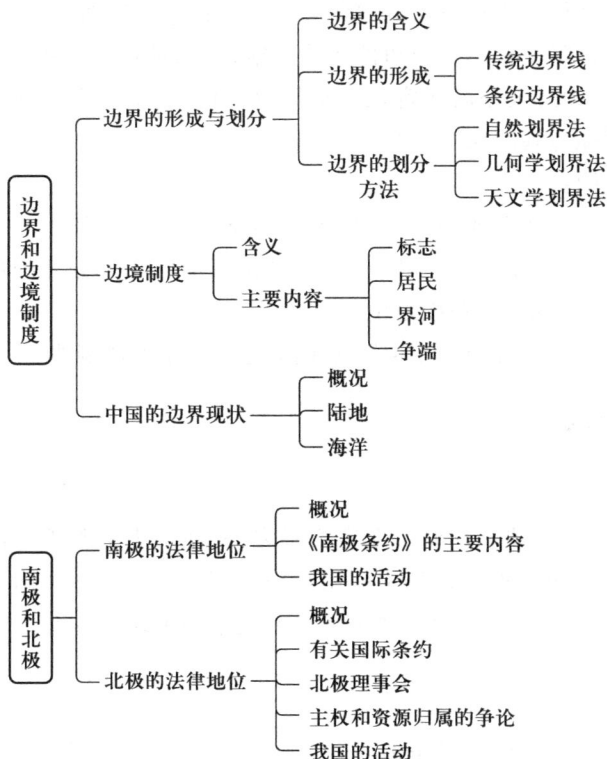

第三部分　重点难点解析

一、国家领土的组成部分及其在国际法上的地位

国家领土是指隶属于国家主权的地球表面的特定部分,包括国家主权管辖下的领陆、领水和领陆、领水下的底土以及领陆和领水之上的领空,是一个立体的概念。

领陆指国家主权管辖下的地球表面的陆地部分,包括岛屿。领陆是国家领土最基本的部分,是领土其他部分的依附。世界上不存在没有领陆的国家。领陆因调整边界、买卖、交换或其他原因发生变更,附属于领陆的领水、领空及底土都会随之变化。

领水是国家主权管辖下的全部水域,包括内水和领海。内水包括国家领陆内的水域(或称内陆水)和沿国家海岸的内海(领海基线向陆地一侧的海域,又称为内海水)。内水和领海同为国家领土的组成部分,但二者的法律地位有所不同。内水的法律地位与领陆完全相同,国家原则上可以无条件地对其内水行使主权,而领海则不然,国家在领海上行使主权需要受到一定的限制,即外国船舶未经允许不得进入内水,但可以在领海中享有无害通过权。

领空是领陆和领水上方一定高度的空间。领空是一国领土不可分割的组成部分,完全受国家主权的支配。领空的最高高度是一个迄今为止尚未解决的问题,这涉及国家的领土主权管辖的空间范围,并且与国家安全利益密切相关,其极限由空气空间和外层空间之间的界限决定。

底土是领陆和领水下面的部分,包括地下水和一切自然资源。普遍接受的规则是,底土属于在其表面领土上拥有主权的国家,受国家主权的完全和排他的管辖,国家对底土及其中的自然资源拥有完全主权。至于地下层的深度,至今尚无定论。从理论上讲,底土一直延伸到地心。大部分学者主张,以现代科学技术能达到的深度为准。

在解释领土构成时,需要作三点说明:

第一,并非任何国家的领土都包括以上几个部分,有的国家,如内陆国,没有领海。

第二,就地理构成而言,国家领土不一定是连成一片的,有的国家可能由几个分开的部分组成,有时还存在"飞地",即该领土处于他国领土包围之中。

第三,领土的特征之一就是固定性,因此"虚拟领土说"[①]在国际法上是站不住脚的。

二、传统国际法取得领土的方式

(一)先占

先占是一种古老的领土取得方式,属于领土的原始取得方式之一,在历史上曾被广泛应用,特别是曾被殖民主义国家在扩张海外殖民地的过程中使用甚至滥用。先占是一个国家的占领行为,通过这种行为,该国有意识地取得当时不在其他国家主权之下的土地的主权。

先占需要满足以下几个条件:

1. 先占的客体必须是无主地

所谓"无主地"是指不属于任何国家的土地,这种土地或者完全没有人居住,或者虽然有土著居民,但该土著社会不被认为是一个国家;一块土地曾经一度属于一个国家而后来被放弃,它就成为其他国家占领的客体。国际法院在1975年"西撒哈拉案"的咨询意见中指出,凡在社会上和政治上有组织的部落或民族居住的土地,不能被认为是无主地,不能成为以先占方式取得领土主权的对象。[②] 显然这一意见是对"欧洲中心主义"的反对,也是对传统国际法有关"土著社会不被认为是一个国家"的否定,在现代国际法上被广泛应用。

2. 先占的主体必须是国家

先占应以国家的名义实施,先占行为必须是一种国家行为,即必须是为国家而实行的。私人行为如果得到国家事先的授权或事后的追认也可以被认为是国家的行为。

3. 先占必须是有效的占领

先占无论在其通常含义上,还是在其法律意义上,经常是以发现为其先导的。15世纪和16世纪的国际法认为,发现可以构成一个完整的权源。但现代国际法认为,发现只是领土主权产生过程的一个步骤,它只能创造初始权源。要使该权源变得完整,一国需要进行有效占领。有效占领包括两个要素:(1)先占国必须明确表示将某个无主地置于其主权之下,这种意思表示可以在国家的公开声明或国家的外交文件中作出;(2)先占国在无主地上实行有效的占领

---

① "虚拟领土说"是指在领陆、领水、领空和底土之外,将国家在国外设立的使馆、国家在公海上或在外国领海内和内水的飞机、军舰和其他国家运输工具等都视为国家的"虚拟领土"或"国家领土的浮动部分"。这一说法出现在〔英〕劳特派特修订:《奥本海国际法》(上卷第二分册),王铁崖、陈体强译,商务印书馆1989年版,第8~9页。但在詹宁斯和瓦茨修订的版本上已经没有"虚拟领土"的提法。

② Western Sahara, *International Court of Justice Reports 1975*, pp. 12, 39.

和行政管理,即国家对无主地行使主权,并要求这种主权的行使在发生争端时能保持。

随着国际社会的发展,先占作为国家取得领土的方式已经成为历史。但是,国际司法机构在裁决此类领土争端时,大多根据有效占领原则来解决领土归属问题。

(二) 时效

时效是指在足够长的一个时期内对一块土地连续地和不受干扰地行使主权,以致在历史发展的影响下造成一种一般信念,认为事物现状是符合国际秩序的,因而取得该土地的主权。根据传统国际法,时效需满足以下条件:

第一,国家占有他国领土,这是与先占的最主要区别,先占的对象必须是无主地。

第二,国家对他国领土的占有没有受到干扰,即他国对这一占有予以默认或不提出抗议。

第三,国家对他国领土的占有需要持续一定的时期。但是传统国际法并未回答时效所需要的时间的长短。奥本海认为应该依据不同的情况而定,[①]只要时间长到足以造成一种信念或错觉,认为一国占有他国领土的行为是合乎国际秩序的。

但是时效基于非法占有并且没有确定的期限,因而作为一种领土取得方式,时效取得一直都是有争议的。我国的主流观点认为,不正当或非法侵占他国领土,不论经历多久,不管受害者是否反抗或抗议,都不应被认为是合法的。

(三) 添附

添附是指因自然或人为原因而使国家领土得到扩大。

自然添附,是指由于泥沙逐渐被水流冲击而形成三角洲,或者由于领海内出现了新生岛屿,使沿海国的领土增加。例如,1986 年 1 月海底火山爆发之后,在太平洋上出现了一个岛屿。英国政府指出:"我们的理解是,该岛屿出现在日本硫磺岛的领海内。因此我们认为它是日本领土。"[②]

人为添附,是指沿着河流或者沿着海岸线建筑堤堰、防波堤,或者围海造田、营造人工岛屿,从而使领土增加。但是人为添附不能损害他国的利益。例如,在界河内,一国未经对岸国家的同意,不应在界河本国一侧筑堤或围河造田,因为这样势必会影响界河的分界线。

不论是自然或是人为的添附,只要不直接影响他国利益,都是领土的合法取得,历来被国际法所承认。

(四) 割让

割让是指国家将自己的领土依条约的规定转让给他国,从而使对方国家取得领土主权。每一个国家原则上可以把它的领土的一部分割让给另一个国家,甚至可以割让它的全部领土而与另一个国家完全合并。割让的构成必须有转移主权的意思。取得治理权,即使是排他性的,而没有割让主权的意思,则不足以构成割让。领土的某些部分,如河流和领海,是土地不可

① L. Oppenheim, R. Jennings and A. Watts (eds.), *Oppenheim's International Law*, 9th ed., London: Longman, 1992, pp. 707-708.

② Malcolm Shaw, *International Law*, 7th ed., Cambridge: Cambridge University Press, 2014, p. 498.

分割的附属部分,所以这些部分不能离开土地而单独割让。

割让最为显著的特征是领土的转移以条约为依据,所以不同于征服。由于条约的签订往往处于不同的情势之下,因此传统国际法把割让分为强制性割让和非强制性割让两类。

1. 强制性割让

强制性割让是建立在不平等条约基础之上的割让行为。由于传统国际法承认战争的合法性,因此强制性割让曾经是领土主权变更中最常见的方式。例如,普法战争后,根据《法兰克福和约》,1871 年法国把阿尔萨斯和洛林割让给普鲁士;甲午战争后,日本通过 1895 年《马关条约》强迫中国将台湾及其附属岛屿割让给日本;日俄战争结束后,沙皇俄国根据 1905 年《朴次茅斯和约》将库页岛南部割让给日本。由于现代国际法已经废止将战争作为推行国家政策的工具,因此强制性割让已经为现代国际法所禁止。

2. 非强制性割让

非强制割让是在平等自愿的基础上,国家自愿地通过条约将部分领土转移给他国。例如,奥地利在 1866 年对普鲁士和意大利的战争中,将威尼斯作为赠与割让给法国;几个星期后,法国又将威尼斯割让给意大利。非强制性割让完全出于国家的自愿,因而完全是合法的。

不论割让的动机和目的是什么,也不论是否有补偿以及补偿的多少,被割让的领土连同与该领土有关的一切地方性国际义务都转移于新的主权者;同时,新主权者不能在该领土上获得比其前任主权者更多的权利。

(五)征服

征服是指一国直接以武力占有他国领土的全部或一部分,并将其纳入自己的版图从而取得该土地的主权。

征服与割让的不同之处是:征服无须缔结条约,而将战时所占领的敌国领土,在战时或战后宣布予以兼并;如果战后缔结条约,则征服转变为割让。

依据传统国际法,有效的征服须满足两个条件:第一,征服国有兼并战败国领土的正式表示,如宣告;第二,战败国放弃收复失地的企图,或战败国及其盟国表示屈服并放弃一切抵抗。

征服是以战争的合法性为基础的,它显然被现代国际法所废弃。

三、现代国际法变更领土的方式

(一)民族自决

民族自决是指一个殖民地或其他非自治领土从殖民地或宗主国脱离出来,成立独立国家或加入其他国家而发生的领土变更。民族自决的形式多种多样,包括政治斗争、公民投票、宪政发展,甚至是武装斗争。根据现代国际法的基本原则,民族自决已经成为现代领土取得和变更的一种方式。

现今国际社会已经不存在真正意义上的殖民地或托管领土,传统意义上的民族自决原则的适用空间几乎不复存在,因此有观点主张将这一原则适用于其他情况。2008 年 2 月 17 日科索沃以行使人民自决权为由宣布独立,引发国际社会巨大反响。2010 年 7 月 22 日,国际法院应联合国大会的请求对科索沃单方面宣布独立的声明是否符合国际法发表了咨询意见,意见认为科索沃独立并不违反普遍国际法。① 这一意见不得不让人追问两个问题:(1)根据国际法上的自决原则,其他国家有没有义务承认科索沃的独立?(2)根据国际法上的尊重国家独立与领土完整的主权原则,科索沃独立是否侵犯了塞尔维亚的领土完整?从国际法院的咨询意见中,尚无法确认这两个问题的答案,国际社会也没有形成统一的看法。

中国针对科索沃独立问题向国际法院提交了书面意见,其中强调了三点:(1)联合国安理会的1244号决议仍然有效;(2)主权原则对国际法至关重要;(3)人民自决权原则有其特定的内涵和适用范围,它伴随着非殖民化运动,仅适用于殖民统治和外国占领的情况。中国的意见显然在突出国家主权原则,强调行使人民自决权时不能侵犯一国的领土主权。

(二)全民公决

全民公决,是指由某一领土上的居民自主地参加投票来决定领土的归属。全民公决首次适用于法国大革命初期,现代意义上的全民投票则是从俄国十月革命以后才开始的。由于这种方式考虑到居民的民族成分而变更国家某一部分领土,符合人民自决原则,因此被现代国际法及国家实践所承认。

全民公决作为一种领土变更方式,其合法性取决于当地居民是否能够进行自由投票。如果缺乏自由意志的话,这种投票结果就是非法的和无效的。根据国际实践,作为领土变更方式的全民公决应具备三个条件:第一,有合法和正当的理由;第二,没有外国的干涉、威胁和操纵,当地居民能够自由表达意志;第三,应由联合国监督投票。这三个条件应当同时满足,缺一不可。

克里米亚自治共和国政府于2014年3月16日发起一场公投,由克里米亚选民决定是否从乌克兰独立,并且加入俄罗斯联邦。投票结果显示绝大多数选民表示赞成。3月17日布克里米亚共和国宣布成为一个独立的主权国家,与塞瓦斯托波尔市一起脱离乌克兰。同日,俄罗斯总统普京签署命令承认克里米亚共和国成为一个独立的主权国家。3月18日,俄罗斯签署国际条约接收克里米亚共和国和塞瓦斯托波尔市,并于21日将它们作为联邦主体编入克里米亚联邦管区。应该说,结合上述三个全民公决应具备的条件,我们很难得出结论,说克里米亚公投符合国际法。

2014年3月27日,联合国大会第80次全体会议以压倒性多数通过一项有关乌克兰的领土完整的决议,"特别指出2014年3月16日在克里米亚自治共和国和塞瓦斯托波尔市举行的全民投票一概无效,不能成为改变克里米亚自治共和国或塞瓦斯托波尔市地位的基础","所有国家停止和不要采取旨在部分或全部破坏乌克兰国家统一和领土完整的行动,包括任何通过武力威胁或使用武力或其他非法手段改变乌克兰边界的企图"。② 在193个成员国中,有100票赞成、11票反对和58票弃权。联大决议虽然不具有法律上的约束力,但反映了国际社会多数国家的立场,即克里米亚全民公投并没有得到世界各国的广泛支持。

---

① *Accordance with International Law of the Unilateral Declaration of Independence in Respect of Kosovo*, *International Court of Justice Reports 2010*, p. 43.

② A/RES/68/262,联合国网站。

四、领土主权的性质与限制

（一）领土主权的性质

关于领土主权的性质,过去存在多样的学说,这影响到了对领土主权的表述。学者们在客体说(所有权说)和空间说(权限说)之间出现过争议,争议的实质其实是没有厘清主权与相关概念——如所有权、管辖权,甚至是行政管理权——之间的关系。

有关领土主权的国际法规则根植于罗马法中有关所有权和占有的规定,而对不同领土取得方式的划分则直接源于与财产有关的罗马规则。[①] 领土主权与所有权的概念并不相同,但联系非常紧密。一个不争的事实是,国家对领土的主权包含对领土的所有权,即国家对领土范围内的一切土地和资源享有占有、使用、收益和处分的永久权利。只是,这种所有权与国内法上以公共财产所有权和个人财产所有权为表现形式的财产所有权不同,它可能是绝对的所有权,也可能是有限制的所有权。国际法上的主权包含的内容比国内法上的所有权更为丰富。

主权包含所有一般意义上的国家权利,这些权利是与国家资格相联系的法律权限。然而,管辖权通常是指主权在某些特定领域中的表现形式。这两个概念常常一同使用,但二者的内涵并不完全一致。例如,甲国可能在乙国的边界内驻扎着大量军队,甲国也可能对乙国的一定区域拥有排他性的使用权,并且对其自己的军队享有排他性的管辖权。不过,如果这些权利是在东道国的同意下存在的,那么甲国对乙国的任何领土都不享有主权。主权与管辖权虽然内涵不同,但联系异常紧密。领土管辖权是主权的主要内容和重要标志,国家对其领土范围内的人、事、物享有排他性的管辖权。这种管辖权以领土为基础和范围,所以也被称为属地优越权。

与管辖权相似,行政管理权,相对于主权而言,是一个下位概念,行政管理权是主权的重要内容。用一个例子可以说明二者的关系。四个主要盟国在二战后取得了在德国的最高权力,不过,德国的主体资格并没有丧失。而且,占领的法律依据就是德国的继续存在。这种主权的大量减损是在未取得德国同意的情况下外国取得德国政府权力,因此并不构成主权的转让。习惯法所长期承认的一个类似情形是战争期间对敌国的战时占领。在这种情况下,"主权"的重要特征表现为一个法律人格的继续存在和领土归属于那个法律人格者而不是暂时的持有者。[②]

相互尊重主权及领土完整是国际法的一项基本原则:它一方面表明领土主权不可侵犯;另一方面表明一国领土主权的行使不能损害别国的领土主权。国家在行使领土主权时,应遵守有关国际法规则或条约义务的规定。

（二）对领土主权的限制

国家对其领土具有排他的领土主权,但是国家间可以通过习惯国际法或国际条约对领土主权加以限制。领土主权的限制有两种情况:一种是适用于一切国家或者大多数国家的一般性限制;另一种是适用于特定国家的对其领土主权施加的特殊限制。

[①] Daniel Patrick O'Connell, *International Law*, 2nd ed., Stevens & Sons, 1970, vol. I, pp. 403–404.

[②] James Crawford, *Brownlie's Principles of Public International Law*, 8th ed., Oxford: Oxford University Press, 2012, p. 205.

1. 一般限制

领土主权从来都不是绝对的,而是受到国际法的种种限制。这种限制以平等主权国家之间的对等关系为基础,是各国相互尊重主权的要求或旨在相互和平合作而自愿承担的。例如,外国商船享有的无害通过领海的权利、外交代表在接受国享有外交特权与豁免、国家领土上的活动不能对其他国家的权利和利益造成损害的习惯国际法规则、一国领土不能被用作对邻国进行颠覆活动或实施其他犯罪活动的基地,等等。

2. 特殊限制

（1）共管。

（2）租借。

（3）势力范围。

（4）国际地役。

五、国际地役

国际地役是指一国根据条约,将自己的领土在特定范围内提供给另一国为某种目的而使用。根据这一界定,国际地役的形成需要满足三个条件:第一,国际地役通常通过签订条约或协议的方式确立;第二,国际地役的主体是国家,即有权将国家的部分领土供他国使用的主体只能是国家,任何私人或公司企业无权处置国家领土;第三,国际地役的客体是国家领土,可以是领土的各个组成部分,如陆地、河流等,与领土无关的事项不是国际地役。

国际地役有积极地役和消极地役两种。积极地役是指允许他国在一国领土内作出某种行为,例如,允许他国在其领土内经营铁路、过境、派驻军队以及在领海内捕鱼等。《联合国海洋法公约》第十部分对内陆国拥有出入海洋的权利和过境自由作出了规定。消极地役是指一国为另一国之利益而不在本国领土内作出某种行为,例如,不在本国某些城镇设防,不将某一港口供特定国家舰队使用,一国使自己某些领土非军事化等。

国际地役以国内法上的地役制度为根基,源于罗马法中的物权制度。从政治上说,国际地役的概念不是一个令人高兴的词语。而且,国际地役概念的使用导致了理论上的争论,在实践中也存在不同的解释。但应该肯定,如果国际地役是在平等的基础上为有关国家自愿接受,应为国际法允许。但国际地役是以国家之间的条约为前提,又是以国家领土为客体,因此,领土主权变更后,新的主权者必须考虑情势变更对条约的影响。

六、中国的领土边界问题

（一）中印边界争端

中印边界问题是历史遗留问题,极其复杂。中印边界全长 2 000 千米,分为西段、中段和东段,全线未经划定,只存在传统习惯边界线。历史上,中国和印度是相互遵守传统习惯线、相安无事的友好邻邦。

1910 年,英国和英印政府推行"战略边界"计划,派遣多路远征队非法进入中国进行勘察和武装讨伐,并于 1914 年用秘密换文的方式非法炮制了"麦克马洪线",将中印传统边界从喜马拉雅山南坡脚北移到山脊。

印度独立后试图继承英国殖民遗产并于 20 世纪 50 年代推行"前进政策",通过在地图上改变传统习惯线位置、武装渗透和入侵、恣意挑起流血冲突等手段蚕食中国领土。至 1953 年，印度在中印边界东段大举向非法的"麦克马洪线"推进，完全侵占了传统习惯线以北和非法的"麦克马洪线"以南的中国领土；1954—1958 年，印度除了早已承继英帝国主义对桑、葱莎的侵占以外，在中印边界中段又先后侵占了波林三多、香扎、拉不底、什布奇山口、巨哇、曲惹；1958 年 10 月，印度正式就中国新疆阿克赛钦地区的归属向中国提交备忘录。1962 年，中印边界冲突爆发。

1962 年边界冲突爆发后，中印边界基本上又回到了 1959 年 11 月 7 日前两国在边境上的状态，形成了目前的实际控制线。实际控制线在西段基本同传统习惯线一致，但印度占据着中国主张的巴里加斯地区。在中段，实际控制线也与传统习惯线一致，但印度占据着传统上属于中国的四个地区：一是巨哇、曲惹地区；二是什布奇山口地区；三是桑、葱莎、波林三多地区；四是乌热、香扎、拉不底地区。这四个地区的面积约 2 000 平方千米。在东段，实际控制线与所谓的"麦克马洪线"基本一致。

尽管中国不承认"麦克马洪线"，但为了争取谈判解决中印边界问题，中国没有越过这条线。因此，中印之间的实际控制线与传统习惯线有很大不同，而造成这种差异的根本原因是，印度对英帝国主义对原属于中国领土侵占的继承，以及印度独立后奉行"前进政策"非法将边界推至"麦克马洪线"。

自 20 世纪 50 年代以来，中印关于边界问题的辩争，实际上主要围绕两个方面进行：一是中印边界是否正式地划定过；二是中印边界的传统习惯线在哪里。

中印两国首先需要面对的就是中印边界是否存在争议的问题，即两国的边界是否正式划定。中国认为中印边界全线是没有正式划定的，而印度则认为中印边界不存在问题。尼赫鲁在 1958 年 12 月 14 日给周恩来总理的信中首次就中印边界问题阐述了印度政府的立场，指出两国之间不存在边界争端，认为 1954 年的中印协定解决了两国之间的全部未决问题，认为中印边界不是一个可争论的问题。[①]

中印边界虽未经正式划定过，但是双方都承认有传统习惯线。然而对于传统习惯线具体位置的认知，中印双方却有较大的出入。可以说，从 20 世纪 50 年代到 1962 年中印边界冲突爆发，从 1981 年中印就边界问题启动磋商进程到 2003 年建立特别代表会晤机制，再到涉边磋商机制的逐步深化，中印围绕这一问题的争辩几乎从未中断。

自 1981 年中印就边界问题启动磋商进程以来，两国为解决边界问题先后建立了副部级官员会谈、联合工作小组会谈、中印边界问题外交与军事专家小组会议、特别代表会晤以及中印边境事务磋商和协调工作机制。1993 年签署的《关于在中印边境实际控制线地区保持和平与安宁的协定》和 1996 年签署的《关于在中印边境实际控制线地区军事领域建立信任措施的协定》，也成为中印双方成功维持边境地区长期安定的坚实基础。

目前，尽管中印边界争端悬而未决，但客观地说，自 1962 年中印边界冲突爆发后的 50 多年中，中印边境总体上是和平与稳定的。随着中印涉边机制不断深化，两国解决边界问题的总

---

① 《尼赫鲁总理给周恩来总理的信（1958 年 12 月 14 日）》，参见中华人民共和国外交部编：《中国和印度关于两国在中国西藏地方关系问题、中印边界问题和其他问题往来文件汇编（1950 年 8 月—1960 年 4 月）》，中华人民共和国外交部 1960 年版，第 172~175 页。

体思路基本形成:第一,两国从战略高度出发确立了通过和平途径解决边界问题的大前提;第二,明确了以公平、合理和双方都能接受的积极方式解决分歧的原则;第三,确定了操作性极强的"三步走"路线图;第四,明确了最终一揽子解决而不是分段逐一解决的目标;第五,为营造边界问题解决的氛围,两国同意在边界问题解决前确保边境地区的和平与安宁。

(二)中日钓鱼岛争端

钓鱼岛及其附属岛屿位于中国台湾岛的东北部,是台湾的附属岛屿。其中,钓鱼岛距温州市约356千米、距福州市约385千米、距基隆市约190千米。根据2012年3月3日中国国家海洋局和民政部公布的钓鱼岛及其附属岛屿的标准名称,钓鱼岛及其附属岛屿由钓鱼岛、黄尾屿、赤尾屿、南小岛、北小岛等71个岛屿组成。2012年9月10日,中国政府宣布中华人民共和国钓鱼岛及其附属岛屿的领海基线。中日钓鱼岛争端包括两个问题:钓鱼岛及其附属岛屿的主权归属;在海域划界中应赋予何种效力。

1. 日本的所谓主张

从日本1970年发表的《关于尖阁列岛的领土主权的声明》及1972年发表的《关于尖阁诸岛所有权问题的基本见解》①看,钓鱼岛是无主地,任何国家均未确定钓鱼岛及其附属岛屿的所有权,一直到1895年1月14日日本内阁决定将这些岛屿并入冲绳县之时。因此,日本是以先占的方式取得了钓鱼岛的所有权,1895年4月17日签订的《马关条约》中所涉及岛屿不包括钓鱼岛,这些岛屿不属于日本战后应归还的领土。基于此,1951年的《旧金山和约》未将钓鱼岛包括在根据该条约第2条日本应放弃的领土之中,而是根据第3条置于美国行政管理之下(日本保留岛屿的剩余主权),所以根据1972年《归还冲绳协定》,日本恢复了对这些岛屿的"完全"主权。因此,自1895年以来,日本已经连续地、和平地对钓鱼岛行使权利,应获得钓鱼岛的主权。

2. 中国的主张

2012年9月,中华人民共和国国务院发表《钓鱼岛是中国的固有领土》白皮书,②全面阐述了中国拥有钓鱼岛主权的事实与理由,有力批驳了日本的非法主张,尤其是在2012年9月10日,日本政府宣布"购买"钓鱼岛及附属的南小岛、北小岛,实施所谓"国有化",这是对中国领土主权的严重侵犯,是对历史事实和国际法理的严重践踏。

白皮书首先阐释了钓鱼岛是中国的固有领土的事实与理由:首先,中国最先发现、命名和利用钓鱼岛;其次,中国对钓鱼岛实行了长期管辖;最后,中外地图标绘钓鱼岛属于中国。

白皮书第二部分详细介绍了日本窃取钓鱼岛的经过。日本在明治维新以后加快对外侵略扩张。1879年,日本吞并琉球并改称冲绳县。此后不久,日本便密谋侵占钓鱼岛,并于甲午战争末期将钓鱼岛秘密"编入"版图。日本官方文件显示,日本从1885年开始调查钓鱼岛到1895年正式窃占,始终是秘密进行的,从未公开宣示,因此进一步证明其对钓鱼岛的主权主张不具

---

① 《尖阁諸島の領有権についての基本見解》。根据有关规定,"钓鱼岛""钓鱼岛及其附属岛屿",是我国对相关地理实体使用的标准名称,对所谓的"尖阁列岛""尖阁群岛""尖阁诸岛"之类的日语名称,我国不予认可。本书对文件名未作改动,以保持原貌,特此说明。

② 中华人民共和国国务院新闻办公室:《钓鱼岛是中国的固有领土》,2012年9月。

有国际法规定的效力。随后,日本又迫使中国签订不平等的《马关条约》,割让台湾全岛及包括钓鱼岛在内的所有附属各岛屿。

白皮书第三部分明确指出美日对钓鱼岛私相授受是非法、无效的。"二战"后,根据《开罗宣言》和《波茨坦公告》的相关规定,钓鱼岛回归中国。但 20 世纪 50 年代,美国擅自将钓鱼岛纳入其托管范围,70 年代美国将钓鱼岛"施政权""归还"日本。美日对钓鱼岛进行私相授受,严重侵犯了中国的领土主权,是非法的、无效的,没有也不能改变钓鱼岛属于中国的事实。

1972 年 3 月 8 日,日本外务省发表《关于尖阁诸岛所有权问题的基本见解》,阐述日本政府对钓鱼岛主权归属问题的主张。白皮书第四部分有力驳斥了日本的主张:

(1)钓鱼岛属于中国,根本不是"无主地"。在日本人"发现"钓鱼岛之前,中国已经对钓鱼岛实施了长达数百年的有效管辖,是钓鱼岛无可争辩的主人。如前所述,日本大量官方文件证明,日本完全清楚钓鱼岛早已归属中国,绝非国际法上的无主地。日本所谓依据"先占"原则将钓鱼岛作为"无主地""编入"其版图,是侵占中国领土的非法行为,不具有国际法效力。

(2)无论从地理上还是从中国历史管辖实践看,钓鱼岛一直是中国台湾岛的附属岛屿。日本通过不平等的《马关条约》迫使清朝割让包括钓鱼岛在内的"台湾全岛及所有附属各岛屿"。《开罗宣言》《波茨坦公告》等国际法律文件规定,日本必须无条件归还其窃取的中国领土。上述文件还对日本领土范围作了明确界定,其中根本不包括钓鱼岛。日本试图侵占钓鱼岛,实质上是对《开罗宣言》和《波茨坦公告》等法律文件所确立的战后国际秩序的挑战,严重违背了日本应承担的国际法义务。

(3)美国等国家与日本签订的片面媾和条约即《旧金山和约》所规定的托管范围不涵盖钓鱼岛。美国擅自扩大托管范围,非法将中国领土钓鱼岛纳入其中,后将钓鱼岛"施政权""归还"日本,都没有任何法律依据,在国际法上没有任何效力。对于美日上述非法行径,中国政府和人民历来是明确反对的。

(三)南海诸岛归属争端

南海中分布有许多岛屿、岩礁、沙洲、暗礁、暗沙及浅滩,多是由珊瑚礁石形成的,分布在北纬 3°57′—21°、东经 109°30′—117°50′之间,这些自然地形总称为南海诸岛。其按自然分布情况可分为东沙群岛、西沙群岛、中沙群岛(包括黄岩岛)和南沙群岛四大岛群。

中国是最早发现、命名、开发经营和管辖南海诸岛的国家。20 世纪 70 年代以前,南海周边国家及国际社会从未对中国在南海的领土主权和海洋权益提出过异议,也不存在南海问题。20 世纪 70 年代以后,部分南海周边国家侵占了南沙部分岛礁,引发了与中国的领土主权争端。其中,越南侵占 29 个岛礁,菲律宾侵占 8 个,马来西亚侵占 5 个,文莱对南通礁提出主权要求;中国进驻 10 个岛礁,分别为:渚碧礁、南薰礁、东门礁、赤瓜礁、永暑礁、华阳礁、美济礁、仁爱礁以及台湾当局驻守的太平岛和中州礁。此外,越南还对中国的西沙群岛提出领土要求。南沙群岛的主权归属问题是解决南海全部问题的关键,直接影响到有关国家的海域划界问题。

中国对南海诸岛及其附近海域拥有无可争辩的主权。中国在南海的活动已有 2 000 多年的历史。中国最早发现、命名南海诸岛,最早并持续对南海诸岛行使主权管辖。对此我们有充分的历史和法理依据,国际社会也长期予以承认。"二战"期间,日本发动侵华战争,占领了中国大部分地区,包括南海诸岛。《开罗宣言》《波茨坦公告》及其他国际文件明确规定把被日本窃取的中国领土归还中国,这自然包括了南海诸岛。1946 年 12 月,当时的中国政府指派高级官员赴南沙群岛接收,在岛上举行接收仪式,并立碑纪念,派兵驻守。1947 年,当时的中国政府对南海诸岛进行了重新命名,并于 1948 年在公开发行的官方地图上标绘南海断续线。1949 年 10 月 1 日中华人民共和国成立以来,中国政府一直坚持并采取实际行动积极维护南海诸岛的主权。1958 年《中华人民共和国政府关于领海的声明》和 1992 年《中华人民共和国领海及毗连区法》均明确规定,中华人民共和国的领土包括东沙群岛、西沙群岛、中沙群岛和南沙群岛。上述行动一再重申了中国在南海的领土主权和相关的海洋权益。

2012 年以后,菲律宾针对中国提出了南海仲裁案,中国政府采取了不参与不接受的态度,对仲裁裁决不予承认。

七、南极的法律地位及中国在南极问题上的立场

法律上的南极地区是指南纬 60 度以南的地区,包括南极洲大陆及其沿海岛屿和海域。18 世纪发现南极洲后,8 个国家(阿根廷、澳大利亚、智利、法国、新西兰、挪威、英国和南非)先后对其某些部分提出领土主张。这些主张的依据不尽相同,包括先占原则、相邻原则、扇形原则等。这些领土主张存在相互重叠,引起有关国家的冲突,并且遭到其他一些国家的反对。

为协调各国利益,1959 年,当时进行南极活动的 12 个主要国家签署了《南极条约》,该条约于 1961 年生效。此后各国就保护南极动植物、保护海豹、保护生物资源及保护环境等问题相继缔结了一系列条约。它们构成南极条约体系,规范各国在南极的活动。

根据《南极条约》,目前南极地区法律制度的内容主要包括:

1. 南极只用于和平目的。禁止建立军事设施、进行军事演习和武器试验,禁止核爆炸和放置核废料。但是为科学研究或其他和平目的而使用军事人员或设施不被禁止。

2. 科学考察自由和科学合作。任何国家都有在南极进行科学考察的自由。同时各国应促进考察计划、人员和成果的交换和交流。

3. 冻结对南极的领土要求。包括对南极领土不得提出新的要求或扩大现有的要求;《南极条约》不构成对任何现有的对南极领土主张的支持或否定;条约有效期间进行的任何活动也不构成主张、支持或否定对南极领土的主权要求的基础。

4. 维持南极地区水域的公海制度。任何国家在南极地区根据国际法享有的对公海的权利不受损害或影响。

5. 保护南极环境与资源。南极进行的任何活动不得破坏南极的环境或生态。

6. 建立南极协商会议。南极协商会议由《南极条约》原始缔约国和其他符合条件的加入国组成,一般要求该国在南极建立了常年考察站。会议每两年召开一次,交换有关情报,专门讨论有关南极的共同利益的问题,以及向各国政府提出促进《南极条约》原则和宗旨的相关措施。

由于该条约没有终止的规定,因此就创建了一个持续存在的制度,鉴于该制度包括了所有相关国家,因此,可以认为一个对所有国家都有拘束力的国际制度已经确立。

中国于 1983 年加入《南极条约》,1985 年成为《南极条约》协商会议的协商国,对南极事务拥有决策权,同年,我国在南极建立了第一个常年科学考察站——"长城站"。之后,我国又在南极建立了"中山站""昆仑站"和"泰山站"。

2017 年 5 月 22 日至 6 月 1 日,第四十届南极条约协商会议和第二十届南极环境保护委员会会议在北京召开,这是我国加入《南极条约》以来首次举办该会议。

中国在南极问题上的立场可以概括为以下三点:[①]

第一,坚持以规则为基础,加强保护与利用的法律制度。南极条约体系为南极的保护提供了制度性保障,同时也为各国和平利用南极提供了规则和依据。我们应坚持现有南极条约体系,包括"冻结"南极矿产资源开发等制度,同时因应形势变化,针对南极旅游、生物勘探等新问题和新挑战,探讨制定相应的法律规范和监管机制,不断完善南极治理的法律框架。在此过程中,应充分发挥南极条约协商会议的决策和统筹协调作用,并坚持协商一致原则。同时,应关注南极条约体系框架之外的相关国际规则的制订,加强南极治理机制与其他相关国际机制的协调与互动。

第二,坚持以科研为先导,夯实保护与利用的科学基础。南极区域保护和管理、海洋生物资源养护与利用等方面的措施和计划,如果缺乏充分的科学依据,难以做到合理有效。《南极条约》规定了科学考察自由原则,为人类通过科考活动探索和认知南极提供了制度保障。作为当前各国在南极最主要的活动,南极科学考察为南极保护与利用提供科学依据,深刻影响着南极国际治理决策。各国应着力加强科研规划和能力建设,不断推进南极考察和研究合作,重点关注全球变化的影响和新兴及未知领域的研究,加强对南极变化和发展规律的认识,为南极事务决策提供服务和支持,为更好地保护和利用南极提供坚实的科学基础。

第三,坚持以合作为支撑,实现保护与利用的相互促进。国际合作是南极治理的有效途径。在应对南极旅游、生物勘探等新型活动带来的挑战方面,没有哪一个国家能独自解决,需要各国相互协调、合作应对。我们应继续坚持合作治理的基本模式,依托现有双、多边机制架构和平台,不断加强南极保护与利用方面的合作。同时,应加强信息交流和共享,在南极区域保护和管理、海洋生物资源养护与利用等重大问题上加强立场协调,倾听各利益攸关方的意见,做到更好地保护与利用南极。

八、北极的法律地位及中国在北极问题上的立场

北极地区是指地球北极圈(北纬 66.5°)以北的区域,除了少量岛屿外,并无陆地,气候严寒,战略位置极为重要。

丹麦占有格陵兰以及位于该区域内的附属岛屿,而挪威则主张对斯匹次卑尔根和其他岛屿的主权权利。挪威的所有权是基于先占以及对矿产资源的长期开发,其主权在 1920 年获得9 个国家的承认,但苏联提出抗议。更具有争议的是分别由加拿大和苏联提出的主张。他们采用扇形原则作为在北极地区的权利主张依据,以陆地领土的东西两端的经度子午线为界,向北一直延伸到北极点的扇形区域内的陆地为国家领土。1907 年,加拿大最先提出扇形原则,这一原则在 1926 年得到苏联的支持,但却为其他北极国家,如美国、挪威所反对。一般认为,扇形原则并不能构成领土主权的有效依据。

迄今尚无国际公约确定北极地区的法律地位和制度。但有关北极的法律制度正在形成之

---

① 《外交部副部长张业遂在第 40 届南极条约协商会议"我们的南极:保护与利用"特别会议上的演讲》,中华人民共和国外交部网站。

中。1973年，加拿大、丹麦、挪威、美国和苏联签署了《保护北极熊协定》。1990年，北极地区的国家成立了国际北极科学委员会。同年，加拿大、丹麦、芬兰、冰岛、挪威、瑞典、美国和苏联8个国家共同签订了《八国条约》。该条约主要规定的是各国在北极的科学研究行为规范和环保责任，并没有对各国领土和资源的分配作出界定。1991年，北极国家首脑会议发表了《保护北极环境宣言》，并制定了《北极环境保护战略》。1996年9月，芬兰、瑞典、挪威、丹麦、冰岛、加拿大、美国和俄罗斯8个北极沿岸国家，在加拿大渥太华成立了北极理事会。北极理事会的宗旨是保护北极地区的环境，促进该地区在经济、社会和福利方面的持续发展。2011年5月，北极理事会通过了该机构成立以来第一份具有法律约束力的文件——《北极空中和海上搜救合作协定》，而且还通过了一份规定理事会观察员权限和义务的文件。2013年，北极理事会制定了《北极海洋油污预防与反应合作协定》，中国、意大利、印度、日本、韩国和新加坡成为北极理事会的正式观察员国。

中国重视对北极地区的科学考察和研究。2004年7月，中国第一个北极科学考察站"黄河站"建成并投入使用。鉴于北极地区的重要的地位，2018年1月26日，中国政府发布《中国的北极政策》白皮书，系统阐述了中国在北极的政策与立场。[①]

中国是北极事务的重要利益攸关方。中国在地缘上是"近北极国家"，是陆上最接近北极圈的国家之一。北极的自然状况及其变化对中国的气候系统和生态环境有着直接的影响，进而关系到中国在农业、林业、渔业、海洋等领域的经济利益。

中国的北极政策目标是：认识北极、保护北极、利用北极和参与治理北极，维护各国和国际社会在北极的共同利益，推动北极的可持续发展。为了实现上述政策目标，中国本着"尊重、合作、共赢、可持续"的基本原则参与北极事务。

中国参与北极事务的主要政策主张包括如下五点：

1. 不断深化对北极的探索和认知。北极具有重要的科研价值。探索和认知北极是中国北极活动的优先方向和重点领域。

2. 保护北极生态环境和应对气候变化。中国坚持依据国际法保护北极自然环境，保护北极生态系统，养护北极生物资源，积极参与应对北极环境和气候变化的挑战。

3. 依法合理利用北极资源。北极资源丰富，但生态环境脆弱。中国倡导保护和合理利用北极，鼓励企业利用自身的资金、技术和国内市场优势，通过国际合作开发利用北极资源。中国一贯主张，开发利用北极的活动应遵循《联合国海洋法公约》《斯匹次卑尔根群岛条约》等国际条约和一般国际法，尊重北极国家的相关法律，并在保护北极生态环境、尊重北极土著人的利益和关切的前提下，以可持续的方式进行，主要包括：（1）参与北极航道开发利用；（2）参与油气和矿产等非生物资源的开发利用；（3）参与渔业等生物资源的养护和利用；（4）参与旅游资源开发。

4. 积极参与北极治理和国际合作。中国主张构建和完善北极治理机制，稳步推进北极国际合作。在全球层面，中国积极参与全球环境、气候变化、国际海事、公海渔业管理等领域规则的制定，依法全面履行相关国际义务；在区域层面，中国积极参与政府间北极区域性机制；在多边和双边层面，中国积极推动在北极各领域的务实合作，特别是大力开展在气候变化、科考、环

---

① 《中国的北极政策》，中华人民共和国外交部网站。

保、生态、航道和资源开发、海底光缆建设、人文交流和人才培养等领域的沟通与合作。

5. 促进北极和平与稳定。北极的和平与稳定是各国开展各类北极活动的重要保障,符合包括中国在内的世界各国的根本利益。中国主张和平利用北极,致力于维护和促进北极的和平与稳定,保护北极地区人员和财产安全,保障海上贸易、海上作业和运输安全。中国支持有关各方依据《联合国宪章》《联合国海洋法公约》等国际条约和一般国际法,通过和平方式解决涉北极领土和海洋权益争议,支持有关各方维护北极安全稳定的努力。中国致力于加强与北极国家在海空搜救、海上预警、应急反应、情报交流等方面的国际合作,妥善应对海上事故、环境污染、海上犯罪等安全挑战。

九、知识点延伸

(一)与领土变更相关的其他国际法问题

1. 保持占有原则

保持占有原则最早是适用于拉丁美洲国家间的一项原则,原指西班牙王国在南美洲的行政区划应构成新独立继承国的边界,这样在理论上就排除了任何的主权空隙,否则可能导致敌对和鼓励外来干涉。它更加准确地反映在非洲国家的实践中。非洲统一组织于 1964 年明确宣布,存在于独立日期的殖民地边界构成有形的现实,所有成员国保证尊重此类边界。[1]

国际法院在解决边界争端的案例中对这项原则持肯定态度。其在"边界争端案"中详细讨论了保持占有原则问题。当事双方在将案件提交给法院的协定中规定:应当在尊重"不触动从殖民地时代继承的边界"原则的基础上解决争端。然而,分庭指出,该原则事实上已经发展成为现代习惯国际法的一个一般概念,而且不受人民自决权出现的影响。在非洲,该原则的宗旨是要"防止新国家的独立和稳定受到由于管理当局撤退后质疑边界而引发的自相残杀的威胁"。该原则的适用具有冻结独立之时的领土主权的功效,分庭将其描述为关键日期的"领土照片"。该原则不仅适用于非洲,分庭宣称该原则具有一般适用性,逻辑上与任何地方发生的独立现象都有关系,以保护新国家的独立和稳定。[2]

从新独立国家和国际法庭的实践看,保持占有原则已经成为解决新独立国家之间边界争端比较普遍使用的原则。尽管该原则与人民自决原则不符,但毕竟是新独立的国家自愿接受的避免边界冲突和维护地区稳定的国际法原则。

2. 默认、承认和禁止反言

在领土主权变更没有争议的时候,几乎不会考虑默许、承认和禁止反言等概念。但事实是,国家之间经常会基于不同的领土取得方式或同一领土取得方式而对同一领土主张权利,从而引起领土主权的争议。仅凭一国最初占有了领土的事实尚不足以解决这种争议,这时,利益相关国家及国际社会的其他国家对此所作出的反应或态度就十分重要。

承认是一国接受某一特定局势的积极行为,它的表现形式既可以是公开发表的单边宣言,也可以是能够证明是否存在根据协议进行领土割让的条约。

默认与承认具有同样的效力,只不过默认的表现形式主要是行为,它可以是默许的或暗含

---

① Malcolm N. Shaw, *Title to Territory in Africa*, Oxford: Oxford University Press, 1986, pp. 185–187.

② Frontier Dispute (Burkina Faso/Republic of Mali), *International Court of Justice Reports 1986*, pp. 462–473.

的同意,即当一个国家有义务做出某种行为时,它却沉默了,这种沉默暗示它同意了某种情形或放弃了自己的权利。

承认或默认在实践中会产生禁止反言的效果。禁止反言是指如果一方作出了某种表示或对其表示同意,且另一方在随后的行为中依赖该表示行事从而导致其受损而他方获利,那么作出该表示的一方就不能再改变其立场。禁止反言是一种法律技巧,指国家一旦被认为同意了某一事态,以后就不能改变立场。其本身虽然不能确立权利,但它具有证据效力并经常具有实际的重要性。关于禁止反言的典型案例是"隆端寺案"。该案的核心是泰国面对错误的边界线,在当时和事后很多年中有很多机会对此错误提出异议但却什么也没做,从而表明泰国政府默认了该边界线。虽然禁止反言在该案的处理中发挥了重要作用,但将其作为一个习惯国际法规则是错误的。因为何种程度的沉默能够产生禁止反言的效果并不清楚,主要取决于周边的情况,特别是局势的影响、在此种影响中保持沉默的时间以及国际社会视为合理的维护法律利益的行为种类。

(二) 时际法

在许多领土争端中,争端方的权利都来自于很早以前法律上有重要意义的行为或所缔结的条约。但随着时间的推移,国际法发生了巨大的变化,同一法律行为在几个世纪前是有效的,而经过了几个世纪之后变得无效;条约也可能随着时间的推移而失去了效力。这时就会产生一个依据何时的法律来判断权利来源的合法性或行为的有效性的问题,这就是时际法。

王铁崖先生主编的《中华法学大辞典国际法卷》对时际法作了这样的界定,时际法是指由于时间的演变而产生的不同法律规则中,对某一情形应适用该情形当时有效的法律。[①] 有学者把时际法概括为"法律不溯及既往"的一个实例。对于时际法,胡伯在"帕尔马斯岛仲裁案"中作过经典论述:"当判断在前后相继的历史时期出现的不同法律制度中的哪一个应该适用于一个特殊案件时,应该区别对待权利的产生和权利的持续。作为一个法律原则,权利的产生要符合权利产生时有效的法律,同样的原则要求权利的维持,也就是说权利的持续展示要符合法律在不断的演变过程中的不同要求。"[②]

有学者认为,"权利的产生要符合权利产生时有效的法律"这一论断是基于对稳定性的推测和需求,[③]这是值得肯定的。但是这种学说的扩大适用则招致了批评,因为"权利的持续展示要符合法律在不断的演变过程中的不同要求"这一论断可能挑战许多领土权利继续存在的合法性,并因此带来不稳定因素。[④] 然而正如布朗利教授所言,时际法理论扩展适用的原则,在逻辑上似乎是不可避免的,但时际法原则不能在真空中操作:在实践中,其理论程度将因承认、默许、禁止反言、时效、假定不放弃的规则以及诉讼和证据的一般条件而有所减损。

(三) 关键日期

在任何争端中,总会有一个日期对评估事实具有显著意义。对于这样的一个日期的选择,

---

① 王铁崖主编:《中华法学大辞典:国际法学卷》,中国检察出版社 1996 年版,第 516 页。

② *Island of Palmas(Netherlands/US)*,II UNRIAA,1928,p. 845.

③ Malcolm Shaw,*International Law*,7th ed.,Cambridge:Cambridge University Press,2014,p. 367.

④ Robert Y. Jennings,*General Course on Principles of International Law*,Recueil des Cours,Vol. 121(1967- II),pp. 323-605.

是属于受理争端的法院的权限之内的事项。一般而言,关键日期是指使争端各方的权利明朗化,从而各方在此后的行为都不会改变其法律地位的日期。这个日期可能是某一条约规定发生争议的日期,也可能是领土被占领的日期。在领土争端中,法庭不会考虑关键日期之后发生的行为,除非该行为是在此前存在的行为的自然延续,并且不具有改进提出关键日期一方的法律地位的用意。

（四）划定边界的通常程序

第一,签订边界条约。边界条约也称为母约,它规定边界的位置和基本走向。鉴于边界条约之于国家利益的根本重要性,边界条约与其他国际条约相比具有特殊地位。例如,1969 年《维也纳条约法公约》第 62 条规定,情势变迁不能作为终止或退出边界条约的理由;1978 年《关于国家在条约方面继承的公约》第 11 条规定,国家继承本身不影响条约划定的边界或条约规定的同边界制度有关的义务和权利。

第二,勘界。根据边界条约,由缔约国任命代表组成划界委员会,进行实地勘界,并树立界标。

第三,制定边界文件。双方制定边界文件,包括边界地图、议定书、证书等。这些文件称为子约,经过双方核准后,边界正式划定。边界母约和子约一起构成完整的文件。

如果由于某些原因使边界条约、划界议定书和地图之间出现矛盾,通常遵照下列原则解决:其一,如果议定书和地图同边界条约不符,以边界条约为准;其二,如果界桩与议定书及地图不符,以议定书和地图为准。

第四部分　习题自测

（一）填空题

1. 领水是国家主权管辖下的全部水域,包括_____和_____。

2. 底土是领陆和领水下面的部分,包括_____和_____。

3. 时际法是指由于_____的演变而产生的_____中,对于某一情形应适用该情形_____的法律。

4. 国家对领土的主权包含对领土的_____,即国家对领土范围内的一切土地和资源享有_____、_____和_____的永久权利。

5. 传统国际法上的领土取得与变更方式有_____、_____、_____、_____和_____。

6. 现代国际法所承认的领土变更方式有_____、_____、_____和_____。

7. _____是指如果一方作出了某种表示或对其表示同意,且另一方在随后的行为依赖该表示行事从而导致其受损而他方获利,那么作出该表示的一方就不能再改变其立场。

8. 从国际实践来看,国家边界的形成一般基于两个事实,或是由于_____形成,或是由于_____的划定。

9. _____是一国接受某一特定局势的积极行为,它的表现形式既可以是公开发表单边宣言,也可以是能够证明是否存在根据协议进行领土割让的条约。

(二)单项选择题

10. 下列有关河流的表述中哪项是错误的?(　　)

A. 多国河流指对所有沿岸国家开放航行的河流

B. 国际河流流经的各段分别属于各沿岸国所有

C. 外国商船可以在内河自由航行

D. 所有国家的船舶特别是商船可以在国际河流自由通过

11. 下列有关先占的说法错误的是(　　)。

A. 先占并非一定是国家行为

B. 先占的客体必须是无主地

C. 国际法要求先占的完成必须实现有效占领

D. 先占是国家有意识地取得当时不在任何其他国家主权之下的土地的主权的一种占取行为

12. 国家领土的组成部分有(　　)。

A. 大陆架　　　　　B. 专属经济区　　　　C. 群岛水域　　　　D. 毗连区

13. 1986 年 1 月海底火山爆发之后,在太平洋上出现了一个岛屿。英国政府指出:"我们的理解是,该岛屿出现在日本硫磺岛的领海内。因此我们认为它是日本领土"。这一领土的取得方式是(　　)。

A. 添附　　　　　B. 先占　　　　　C. 时效　　　　　D. 割让

14. 某油田跨越甲乙两国边界,分别位于甲乙两国的底土中。甲乙两国均为联合国成员国,且它们之间没有相关协议。根据有关的国际法规则和国际实践,对于油田归属与开发,下列哪一选项是正确的?(　　)

A. 该油田属于甲乙两国的共有物,其中任何一国无权单独进行勘探和开采

B. 该油田位于甲乙两国各自底土中的部分分属甲国、乙国各自所有

C. 该油田的开发应在联合国托管理事会监督下进行

D. 无论哪一方对该油田进行开发,都必须与另一方分享所获得的收益

15.《南极条约》对缔约国提出的领土主权要求的规定是(　　)。

A. 维持现状　　　　　　　　　　B. 冻结现状

C. 缔约国放弃　　　　　　　　　D. 缔约国相互承认和支持

16. 甲、乙两国是邻国,关系一直紧张。甲国曾多次出动空军,非法轰炸乙国境内的军事目标。"翔飞号"是承担甲、丙两国间航班飞机的民航机,在甲国注册。一日,因天气原因,"翔飞号"在飞往丙国途中偏离航线,误入乙国境内。甲、乙、丙三国都是国际民航组织的成员国,甲、乙之间尚没有双边的航空或航线协定。对此,下列哪一选项是正确的?(　　)

A. "翔飞号"是民航机,在顾及安全的情况下,可以自行飞入乙国邻国

B. 乙国有权要求"翔飞号"立即离开乙领空

C. 乙国无权要求位于其境内的"翔飞号"在其指定安全地点降落

D. 在"翔飞号"载客不明的情况下,乙国有权对其使用武器,将其击落

17. 两国的界河为通航河流,在无相反协议的情况下,其界限应划在( )。

A. 河床中心线

B. 航道中心线

C. 按实际的占有和利用

D. 等距离中心线

18. 下列关于内水的说法错误的是( )。

A. 内水包括国家领陆内的水域(或称内陆水)和沿国家海岸的内海

B. 内水和领海的法律地位相同

C. 内水与领陆的法律地位相同

D. 外国船舶未经允许不得进入内水

19. 以下说法错误的是( )。

A. 承认是一国接受某一特定局势的积极行为

B. 默认与承认具有同样的效力

C. 承认或默认在实践中会产生禁止反言的效果

D. 国际法明确规定了何种程度的沉默能够产生禁止反言的效果

20. 以下关于共管的说法错误的是( )。

A. 共管是指两个或者两个以上国家对同一领土区域共同行使主权

B. 共管可以理解为有关国家对该领土的主权互相限制

C. 共管可以通过协议规定

D. 共管不可以由某一领土人民自由同意而确定

（三）多项选择题

21. 按照不同的标准,边界线可以分为( )。

A. 传统边界线和确定边界线 B. 有形边界线和无形边界线

C. 自然边界线和人为边界线 D. 天文学边界线和几何学边界线

22. 根据国际法,下列哪些选项不能成为先占的对象?( )

A. 国际海底区域

B. 月球和其他星球

C. 大陆架

D. 不属于任何国家的无人居住的荒岛

23. 下列领土变化属于自然添附的是( )。

A. 涨滩

B. 建造人工岛屿

C. 自然出现的新生岛屿

D. 在界河中进行人工填河使领土扩展

24. 根据国际法,下列关于多国河流的表述中哪几项是正确的?( )

A. 多国河流流经沿岸国各段的主权分属各沿岸国

B. 多国河流沿岸的任何国家可以就整条河流的航行制定航行规则

C. 任何国家的船舶都有在多国河流航行的航行权

D. 多国河流沿岸国船舶可以在河中航行

25. 以下说法正确的是(　　　)。

A. 领陆因调整边界、买卖、交换或其他原因发生变更,附属于领陆的领水、领空及底土都会随之变化

B. 内水的法律地位与领陆完全相同

C. 外国船舶未经允许不得进入内水,但可以在领海中享有无害通过权

D. 国家间可以通过习惯国际法或国际条约对领土主权加以若干限制

26. 下列有关国际地役的说法正确的是(　　　)。

A. 有权将国家的部分领土供他国使用的主体只能是国家,任何私人或公司企业无权处置国家领土

B. 国际地役的客体是国家领土

C. 与领土无关的事项不是国际地役

D. 国际地役只包含积极地役

27. 根据传统国际法,时效需满足的条件有(　　　)。

A. 国家占有他国领土

B. 国家对他国领土的占有是没有受到干扰的

C. 国家对他国领土的占有需要持续一定的时期

D. 国家对他国领土的占有至少持续十年

28. 甲河是多国河流,乙河是国际河流。根据国际法相关规则,下列哪些选项是正确的?(　　　)

A. 甲河沿岸国对甲国河流流经本国的河段拥有主权

B. 甲河上游国家对自己享有主权的河段进行改道工程,以解决自身缺水问题

C. 乙河对非沿岸国商船也开放

D. 乙河的国际河流性质决定了其属于人类共同的财产

29. 甲、乙、丙三国均为南极地区相关条约缔约国。甲国在加入条约前,曾对南极地区的某区域提出过领土要求。乙国在成为条约缔结国后,在南极建立了常年考察站。丙国利用自己靠近南极的地理优势,准备在南极大规模开发旅游。根据《南极条约》和相关制度,下列哪些判断是正确的? (　　　)

A. 甲国加入条约意味着其放弃或否定了对南极的领土要求

B. 甲国成为条约缔约国,表明其他缔约国对甲主张南极领土权利的确认

C. 乙国上述在南极地区的活动,并不构成对南极地区提出领土主张的支持和证据

D. 丙国旅游开发不得对南极环境系统造成破坏

30. 根据《南极条约》及有关文件,南极的法律制度包括(　　　)。

A. 冻结领土主权要求

B. 南极应只用于和平目的

C. 可以以先占取得有关土地的主权

D. 定期举行"南极协商会议"

（四）简答题

31. 简述现代领土变更方式。

32. 简述时效和先占制度的不同点。

33. 简述边界标志的维护。

34. 简述国家领土的组成部分及其在国际法上的地位。

35. 简述承认、默认和禁止反言。

（五）案例分析

36. A 国与 B 国隔某海峡相望。两国订立的租借条约规定，B 国将海峡西面的月亮岛永久租给 A 国使用。条约生效后 15 年，B 国发生内战，中央政府被推翻。新政府不满租借条约对其领土主权的限制，要求收回租借地。这遭到 A 国拒绝。与此同时，B 国在海峡东面的太阳岛进行填海工程，这引起 A 国多次抗议。

问：(1) B 国是否有权收回租借地？

(2) B 国是否有权继续进行填海工程？

37. 明月岛是一个不适宜人居住的岩石岛，盛产鸟粪，距离 A 国 147 海里、D 国 365 海里。该岛最早为 B 国一航海家在 16 世纪初发现，其后 C 国一航海家也发现此岛，并称之为"鸟岛"。19 世纪中叶，D 国一名军官乘一艘商船经过此岛时，登上岛屿，宣示 D 国主权，并作了详细地理记录，但没有在岛上留下地理标志。D 国驻 B 国领事馆听取军官的报告后，通知了 B 国政府，并将地图和文字说明公布在 B 国一份全国性报纸上，没有任何国家表示异议。后来，C 国在与 A 国的战后和平条约中将明月岛割让给 A 国。这遭到 D 国强烈抗议。在此后的时间里，D 国一直反对 A 国强化控制该岛的活动。特别是第 50 年当 A 国宣布将明月岛出租给 B 国一家公司开发旅游时，D 国声称将采取一切手段恢复对岛屿的主权。

问：(1) 何谓"先占"？

(2) A 国是否取得明月岛的主权？

38. A 国和 B 国是相邻的两个国家。在一次边界冲突中，A 国占领了 B 国部分领土。两国持续谈判未果，这引起 B 国民众的强烈不满，于是，B 国个别激进分子时常对 A 国平民发动自杀式袭击。为确保安全和防止自杀式袭击，A 国在占领领土上沿边界线修建了一道"隔离墙"，并颁布法律，将逮捕非法穿越"隔离墙"者。A 国还与 C 国签订协议，允许 C 国在"隔离墙"一侧 A 国占领领土上 B 国的一个港口设立海关。

问：A 国的行为是否符合国际法？

39. A 地区政府发起一场公投，让其选民决定是否从 B 国独立，并且加入 C 国联邦。投票结果显示绝大多数选民表示赞成。随后 A 地区宣布成为一个独立的主权国家 A 国，脱离 B 国。同日，C 国总统签署命令承认其成为一个独立的主权国家。次日，C 国签署国际条约接收 A 国，随后将它作为联邦主体编入联邦管区。

问：(1) 全民公投的条件是什么？

(2) 根据以上条件，A 地区政府发起的全民公投符合以上条件吗？

40. 2012 年 9 月 10 日，日本政府宣布"购买"钓鱼岛及其附属岛屿，实施所谓"国有化"。针对日本非法"购岛"闹剧，我国政府多次严正声明，日方对钓鱼岛及其附属岛屿采取任何单方面举措都是非法和无效的,并公布了钓鱼岛及其部分附属岛屿标准名称及地理坐标以宣示主权。

问:(1) 日本政府的"购买"行为符合国际法吗?

(2) 阐述钓鱼岛是中国的固有领土的事实与理由。

第十一章　国际海洋法

第一部分　学习目标

（一）熟悉

1. 20 世纪 90 年代以来国际海洋法的新发展。
2. 领海的法律地位包括哪些方面？
3. 领海主权的行使所受的主要限制。
4. 正常基线、直线基线、混合基线各自的含义和适用。
5. 领海的外部界限的含义，用以确定它的三种方法。
6. 沿海国在专属经济区的权利包括哪几个方面？
7. 大陆架的法律地位。
8. 用于国际航行的海峡的法律地位。
9. 群岛水域的含义及法律地位。
10. 传统公海制度的变化主要表现在哪几个方面？
11. 国际海底区域的法律地位（"人类共同继承财产原则"的含义）。

（二）掌握

1. 国际海洋法的概念、两大类规则、主要内容。
2. 《联合国海洋法公约》的通过、签署情况和地位，及其新确立的海洋法基本制度。
3. 领海的定义、领海主权的含义。
4. 领海基线的含义、种类。
5. （关于领海宽度的理论发展和实践规定）海岸相向或相邻国家间领海界限的划定应遵循什么原则？
6. 毗连区的概念、外部界限、地位、作用。
7. 专属经济区的概念及其形成过程。
8. 大陆架的概念、联合国海洋法公约中大陆架定位的特点。
9. 用于国际航行的海峡的含义。
10. 群岛及群岛国制度的含义和特点。
11. 公海的概念。
12. 公海的法律地位。
13. 公海自由的基本含义和主要内容。
14. 国际海底区域的概念及意义。

（三）理解

1. 海洋的重要性，各国在维护和谐海洋秩序方面应遵行的总原则。

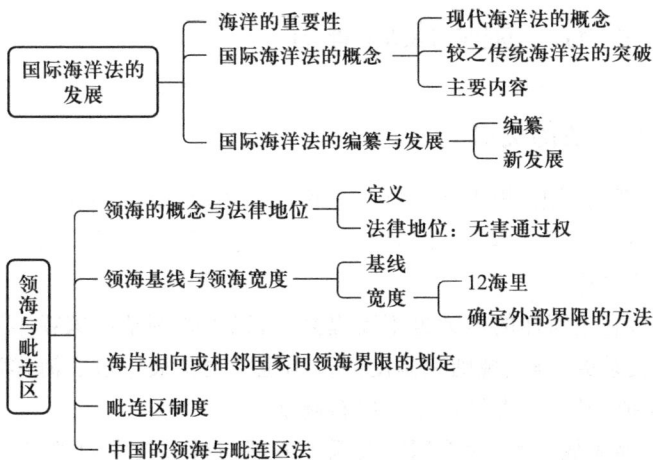

2. 国际海洋法编纂的大致历史。

3. 领海概念的提出和形成。

4. 关于毗连区的国际法规定的沿革。

5. 中国的专属经济区制度。

6. 相邻或相向国家间大陆架划界应遵循哪些原则?

7. 中国的大陆架制度。

8. 过境通行权的含义、行使条件、对应义务。

9. 群岛基线的含义及其划定时的条件限制。

10. 南沙群岛的概况、简史、法律地位。

11. 钓鱼岛的概况、简史、法律地位。

12. 国际海底区域的开发与管理制度的大致内容。

13.《关于执行 1982 年 12 月 10 日〈联合国海洋法公约〉第十一部分的协定》的通过情况和大致内容。

(四) 难点

1. 现代海洋法较传统海洋法的突破。

2. 无害通过权的含义和主要内容。

3. 在就领海使用直线基线时应注意的几点。

4. 与公海和领海相比较,专属经济区的法律地位如何?

5. 宽大陆架国家超过 200 海里的外大陆架,应以什么方式划分大陆架外缘?

6. 等距原则是否适用于相邻或相向国家间大陆架划界(为什么应适用自然延伸原则和公平原则)?

7. 公海自由是绝对的自由吗?

第二部分 知识结构图

国际海洋法的发展
- 海洋的重要性
- 国际海洋法的概念
  - 现代海洋法的概念
  - 较之传统海洋法的突破
  - 主要内容
- 国际海洋法的编纂与发展
  - 编纂
  - 新发展

领海与毗连区
- 领海的概念与法律地位
  - 定义
  - 法律地位:无害通过权
- 领海基线与领海宽度
  - 基线
  - 宽度
    - 12海里
    - 确定外部界限的方法
- 海岸相向或相邻国家间领海界限的划定
- 毗连区制度
- 中国的领海与毗连区法

```
专属经济区 ┬ 概念的形成
          ├ 法律地位
          ├ 专属经济区的法律制度：沿海国的权利
          └ 中国的专属经济区制度

大陆架制度 ┬ 大陆架的概念
          ├ 法律地位
          ├ 相邻或相向国家间大陆架的划界问题 ┬ 等距规则
          │                                ├ 自然延伸原则
          │                                └ 公平原则
          └ 中国的大陆架制度

用于国际航行的海峡及群岛水域 ┬ 用于国际通行的海峡与过境通行制度 ┬ 用于国际航行的海峡
                          │                             └ 过境通行制度
                          ├ 群岛与群岛国 ┬ 群岛与群岛国制度 ┬ 群岛
                          │            │                ├ 群岛国
                          │            │                └ 群岛国制度
                          │            └ 群岛水域及法律地位 ┬ 群岛基线
                          │                               ├ 群岛水域
                          │                               ├ 群岛国主权
                          │                               └ 其他国家的权利
                          └ 南海诸岛与钓鱼岛的法律地位

公海 ┬ 公海的概念与法律地位 ┬ 概念
     │                    └ 法律地位
     └ 公海的法律制度 ┬ 公海自由的含义
                     └ 公海自由的具体内容

国际海底区域制度 ┬ 国际海底区域的概念及含义 ┬ 概念
                │                        └ 提出
                ├ 国际海底区域的法律地位："人类共同继承财产原则"
                ├ 国际海底区域的开发与管理制度：平行开发制度
                └ 关于执行《联合国海洋法公约》第十一部分的协定
```

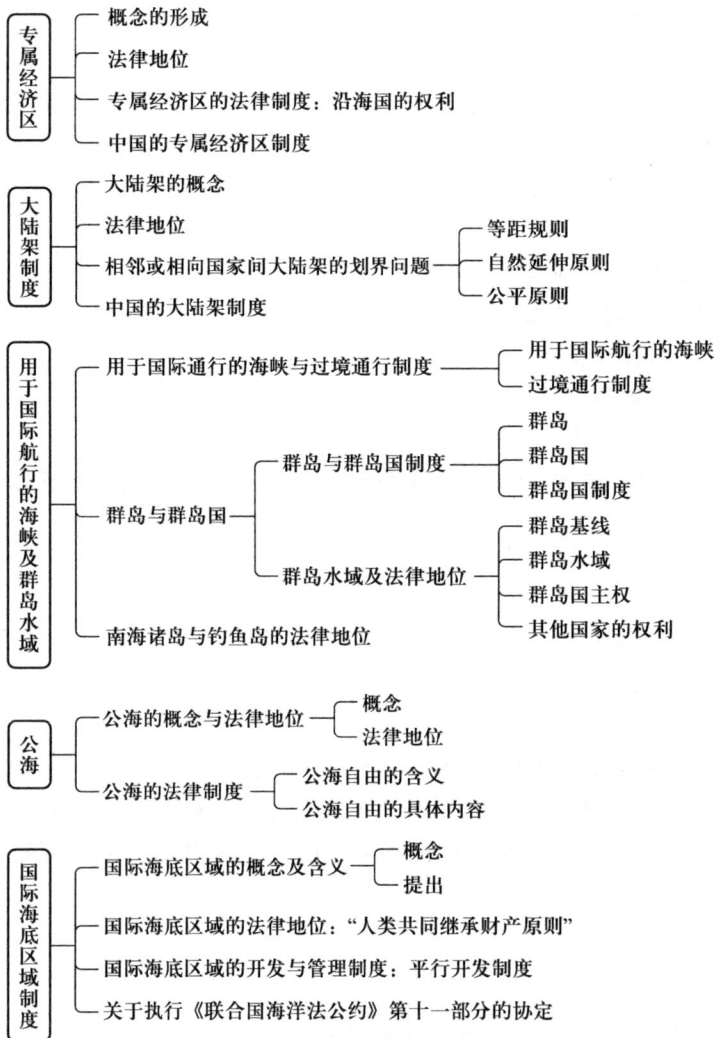

第三部分　重点难点解析

一、现代海洋法较之传统海洋法的突破

国际法是调整国际法主体间关系的原则、规则和制度的总称。作为国际法分支的海洋法，是确定各种海域的法律地位，并调整国际法主体、主要是国家在不同海域从事各种行为所形成的相互间关系的原则、规则和制度的总称。

随着生产力的发展，人类开发与利用海洋的能力也不断提高，所以主要调整国家在不同海域从事各种行为，所形成的相互间关系的原则、规则和制度的范围也随之扩展。过去海洋法主要由领海制度与公海制度两部分组成，其后又发展出了一些新制度。

进入 20 世纪，特别是第二次世界大战之后，随着国际关系的发展与科学技术的进步，海洋法有了重大发展，产生了许多新概念和新制度。一些国家创设了新制度，例如大陆架制度。

1945 年,美国总统杜鲁门发表关于大陆架的总统声明,指出,在公海下但与美国海岸毗连的大陆架应归美国管辖和控制。这一举动引发连锁反应,各国也效法美国发表了大陆架声明。另外,一些国家主张宽领海,例如,智利和秘鲁于 1947 年宣布 200 海里的领海。这一系列国家行为,使得国家海洋利益面临重新分配的境况。

面对海洋法领域出现的新问题、新制度,加之传统的海洋法以习惯法规则为主要表现形式,国际社会意识到对海洋法进行编纂的必要性。联合国的主要任务之一就是逐渐发展与编纂国际法,因此,在联合国的组织下,先后召开了三次海洋法会议,对海洋法进行了系统的编纂。

作为第三次海洋法会议的成果,1982 年通过的《联合国海洋法公约》(本章简称《公约》)所确立的海洋法基本制度是对传统海洋法的重大发展与突破,标志着完整的现代海洋法体系的建立。公约将海洋分为九个不同的海域,分别规定了各个海域的法律地位以及国际法主体在各个海域从事各种行为时应遵循的国际法原则、规则和制度,从而确定了现代海洋法的规范范围。

《公约》所确立的海洋法基本制度主要体现在以下几个方面:

第一,确立了 12 海里领海宽度,并确保其他国家在沿海国领海内的无害通过。20 世纪 60 年代末出现的以 12 海里作为领海宽度的趋势很快开始勃兴,《公约》最终在第 3 条中将 12 海里确定为领海宽度的上限。在这段距离内,沿海国原则上可以实施任何法律法规,或利用及开发任何资源。与此同时,在第 17 条中确定包括沿海国和内陆国在内的一切国家均享有"无害通过权"。

第二,第 15 条解决了邻国或相对国家间领海的界定问题。根据该条,任何国家都无权将本国领海边界扩展至中间线以外,在因历史原因或其他原因使其他领海划定方法具有正当性或必要性时,不适用该条款。

第三,第 33 条为将毗连区由此前的 12 海里延伸至 24 海里提供了可能性,该区域已不再被认为是公海的一部分。

第四,《公约》在第四部分引入了"群岛国"的新概念,该概念的引入受到了国际法院认可适用"直线基线"的启发。此外,一切船只和飞行器均享有"群岛海道通过权"。

第五,《公约》在第五部分提出了一个全新的国际法概念——专属经济区。专属经济区是领海以外毗邻领海的一定宽度的水域,它从领海基线量起不得超过 200 海里。专属经济区是《公约》确立的新区域。它的法律地位既不是领海也不是公海,而是自成一类的海域。沿海国对于专属经济区不拥有领土主权,只享有公约规定的某些主权权利,主要体现在对该区域内以开发自然资源为目的的活动拥有排他性的主权权利。其他国家在沿海国的专属经济区内只享有特定事项的自由,沿海国对该区域内以开发自然资源为目的的活动拥有管辖权,由此对其他国家在该区域的活动构成一定的限制。

第六,建立了基于自然延伸原则的大陆架制度,规定了结合科学标准、地质标准及距离标准确定大陆架外部界限的方法,设立了解决 200 海里外大陆架外部界限的大陆架界限委员会,并对 200 海里外大陆架资源的利益分享问题作了规定。

第七,对国家管辖范围以外的海床洋底建立了专门的国际开发制度,并设立了国际海底管理局以管理作为"人类共同继承财产"的国际海底区域及其资源;各国有义务在合理的条件和基础上,顾及各方合法权益,促进海洋开发技术的发展和转让。

第八,《公约》第 87 条第 1 款列出了一项关于公海自由的非详尽清单,这些自由不仅适用于沿海国,也适用于一切内陆国。同时,《公约》对于公海生物资源的养护和管理作出了专门规定,对于传统的公海自由进行了限制。

第九,由于海洋环境退化已经成为整个国际社会的共同关切,《公约》在其第十二部分明确了关于海洋环境保护与保全的具体规则,其中第 192 条首次以条约形式明确了一切国家"保护和保全海洋环境"的普遍义务。

第十,《公约》所处理的问题十分复杂,实质上涉及所有缔约国的重大利益,更容易引发争议,并且解决这些问题的难度也更大。所以,在《公约》中建立一个有效的争端解决机制被视为是"海洋领域新世界秩序的支柱之一"。"强制性"是争端解决机制最重要的特征。一个强制性的争端解决机制就成为保证所有缔约国适用公约的全面性与统一性的不可或缺的重要工具。

二、基线

基线(baseline)是一国领海与海岸或内水之间的分界线,也是测算领海、毗连区、专属经济区、大陆架宽度的起算线。基线向陆地一面的海域是内水。基线向海一面的海洋因法律地位的不同可分为领海、毗连区、专属经济区、大陆架等海域。国家在不同的海域内有不同的权利,所以如何划定基线对各国是非常重要的。

(一)正常基线

《公约》第 5 条规定,测算领海宽度的正常基线是沿海国官方承认的大比例尺海图所标明的沿岸低潮线。该规定反映了习惯国际法规则。"大比例尺海图"一般是指 1：50 000-1：200 000 之间的海图。正常基线比较适合海岸线比较平直、无明显凸凹情况、海陆界限显而易见的沿海国。

(二)直线基线

当一国海岸线极为曲折并被阻断,或者如果紧接海岸有一系列岛屿,作为一般原则的正常基线将予不适用。为此,《公约》第 7 条第 1 款规定,在海岸线极为曲折的地方,或者如果紧接海岸有一系列岛屿,测算领海宽度的基线的划定可采用连接各适当点的直线基线法。

直线基线的历史没有正常基线的历史长。直线基线是对习惯国际法的发展,其确立过程在国际上曾引发过争论,这里必须要提的案例是 1951 年英挪渔业案。国际法院在判决中支持了挪威的做法,认为挪威的直线基线法并不违反国际法。之后,挪威的做法被各国广泛采纳,逐步形成新的习惯法规则,并最终体现在《公约》中。

《公约》第 7 条还规定了确定直线基线的基本准则:

(1)直线基线的划定不应在任何明显的程度上偏离海岸的一般方向,而且基线内的海域必须充分接近陆地领土,使其受内水制度的支配。

(2)除在低潮高地上筑有永久高于海平面的灯塔或类似设施,或以这种高地作为划定起讫点的基点已获得国际一般承认之外,直线基线的划定不应以低潮高地为起讫点。

（3）在因为海岸特征而采用直线基线法之处,确定特定基线时,对于有关地区所特有的并经长期惯例清楚地证明其为实在而重要的经济利益,可予以考虑。

（4）一国不得采用直线基线制度,致使另一国的领海同公海或专属经济区隔断。

我国的《领海及毗连区法》第3条规定,中华人民共和国领海基线采用直线基线法划定,由各相邻基点之间的直线连线组成。但该法并未提及划定基线应遵循的基本准则和具体方法。我国在1996年批准《公约》时公布了大陆海岸和西沙群岛海岸的77个基点,并于2012年9月10日,公布了钓鱼岛及其附属岛屿的17个领海基点和相应基线。

（三）混合基线

混合基线是正常基线和直线基线两种方法的兼用。《公约》第14条规定,沿海国为适应不同情况,可交替使用以上各条规定的任何方法以确定基线。在实践中,多国采用了混合基线法划定领海基线,如荷兰、瑞典、丹麦、哥伦比亚等。

此外,《公约》还对河口、海湾、港口、泊船处及低潮高地如何划定基线作了规定。

三、领海

领海是邻接沿海国陆地领土或内水以外受国家主权支配和管辖下的一定宽度的海水带,在群岛国的情形下则及于群岛水域以外邻接的一定宽度的海水带。

（一）领海的特征

1. 该海域必须是邻接海岸或内水的海域

这里需要说明以下几点:(1)只能是沿海国拥有领海,而内陆国由于无海岸,则无法拥有领海;(2)领海应与海岸、内水相邻,而不能远离海岸或内水,从而确定了领海的内侧位置。另外,由于群岛国的特殊情况,群岛国的领海是邻接群岛水域的一带海域。

2. 领海受一定宽度的限制

《公约》规定:"每一国家有权确定其领海的宽度,直至从按照本公约确定的基线量起不超过12海里的界限为止。"公约的规定虽未能将领海宽度统一起来,事实上,由于各国的情况不同,也很难有整齐划一的规定,但公约肯定了两点:(1)各国可自行确定其领海宽度;(2)各国确定的领海宽度不得超过12海里。事实上,各国领海宽度差别很大,最少的是3海里,大多数国家是12海里,我国领海宽度也是12海里。

3. 领海海域受国家主权的管辖和支配

领海海域是国家领土的一部分,国家对其拥有排他的管辖权。这种主权不仅包括领海海域,还及于其上空、海床和底土。

（二）领海外部界限的确定

一国的领海宽度确定之后,可以获得一个有关沿海国领海的大致轮廓。如果要确定领海的确切位置和范围,需要确定领海的界限。领海的内部界限就是领海基线,因此,这里只介绍领海外部界限的确定方法。主要包括以下三种方法:

1. 交圆法

如果领海基线采取正常基线,可采用交圆法来确定外部界限。具体而言就是以低潮线上的若干点为圆心,以领海宽度为半径,向海洋方向划出一系列相交的半圆,各焦点之间的半圆连接而成的弧线,就是领海的外部界限。

2. 共同正切法

如果领海基线采取直线基线,可采用共同正切法来确定外部界限。具体而言是以每一个基点为圆心,以领海宽度为半径,向海洋方向划出一系列相交的半圆,然后划出每两个相邻半圆之间的共同正切线,连接各切线的交点而形成的一条折线,就是领海的外部界限。

3. 平行线法

无论领海基线采取正常基线还是直线基线,领海的外部界限都可以用平行线法来确定,即领海的外部界限与领海基线完全平行。

(三)海岸相向或相邻国家间领海界限的划定

《公约》第 15 条规定,如果两国海岸彼此相向或相邻,两国中任何一国在彼此没有相反协议的情形下,均无权将其领海伸延至一条其每一点都同测算两国中每一国领海宽度的基线上最近各点距离相等的中间线以外。但如因历史性所有权或其他特殊情况而有必要按照与上述规定不同的方法划定两国领海的界限,则不适用上述规定。

这一条包含了一项重要规则,即相邻或相向国家间领海的划界要受到官方订立的双边协定的影响,如果没有协定,则适用中间线原则。

(四)领海的法律地位

领海是国家领土的组成部分,国家在领海上享有主权。除了受《公约》和其他国际法规则的限制外,国家对领海行使主权如同对本国陆地领土一样。此项主权及于领海的上空及其海床和底土。但是沿海国的权利受到"无害通过权"的限制。

1. 沿海国享有的权利

(1)沿海国对领海内自然资源的所有权。沿海国对从事开发、利用领海的一切资源,包括水域、海床和底土内的各种资源,均享有排他的权利。任何外国自然人、法人未经沿海国许可,不得在该国领海内从事捕鱼以及其他资源的勘探和开发活动。沿海国可以指定相应的法律和规章,对这些开发利用活动进行管理和控制。

(2)沿海国独占行使沿海航运权。只有本国船舶有权从事本国港口之间的国内航运和贸易,除非与他国订有协议。

(3)沿海国有权在领海内采取国防安全措施,例如,建造防御工事、划定禁航区或水上防卫区、监督无线电使用等。

(4)沿海国有对相关制度的立法权。沿海国在领海内有权制定有关海洋科研、环保、海底电缆铺设、关税、卫生、移民等法律、规章,并具有采取相应措施的权利。

(5)沿海国在领海享有管辖权。根据国家主权原则,国家对领海中航行的外国船舶拥有管辖权。国际实践中,除非特殊情形,国家此时一般不对外国船舶上人员的船上行为行使管辖权。根据《公约》第 27 条和第 28 条的规定,对于通过领海的外国船舶的管辖,沿海国应遵行以下规则：

关于刑事管辖，除以下情况以外，沿海国不对外国船舶上的人员在无害通过期间在船上所犯罪行行使管辖权：① 罪行的后果及于沿海国；② 罪行属于扰乱当地安宁或沿海国良好秩序的性质；③ 经船长或船旗国外交代表或领事官员请求当地政府予以协助；④ 取缔违法贩运麻醉品或精神调理物质所必要。上述各种情况下，如经船长请求，沿海国在采取任何步骤前应通知船旗国的外交代表或领事官员。以上规定不影响沿海国为在驶离内水后通过领海的外国船舶上进行逮捕或调查目的而采取其法律授权的任何步骤的权利。对于来自外国港口，仅通过领海而不进入内水的外国船舶，沿海国不得在该船上对驶入领海前所犯罪行有关的任何人进行逮捕或进行有关的调查。

关于民事管辖：① 沿海国不应为对外国船舶上的人行使管辖权而停止该船航行或改变其航向；② 不得为民事诉讼目的对船舶实施执行或加以逮捕，除非涉及船舶本身在通过领海的航行中，或为该航行的目的而承担的义务或负担的债务；③ 上述规定不妨碍沿海国按照其法律，为任何民事诉讼的目的而对在其领海内停泊或驶离内水后通过领海的外国船舶实施执行或逮捕的权利。

2. 无害通过权

沿海国以外的国家在沿海国的领海享有的唯一的权利就是无害通过权。根据《公约》第18条，无害通过权是指外国船舶在不损害沿海国和平安宁和正常秩序的条件下，拥有无须事先通知或征得沿海国许可而连续不断地通过其领海的航行权利。"无害"是指不损害沿海国和平安宁和正常秩序；"通过"是指为了驶入驶出内水的航行，也可以仅是穿越领海而不驶入内水，但航行必须是连续不停和迅速进行，不得停泊和下锚，除非不可抗力、遇难和救助。

外国商船通过沿海国领海时，有下列行为之一的，即为有害：(1) 对沿海国的主权、领土完整或政治独立进行任何武力威胁或使用武力，或以任何违反联合国宪章所体现的国际法原则的方式进行武力威胁或使用武力；(2) 以任何种类的武器进行任何操练或演习；(3) 任何目的在于搜集情报使沿海国的国防或安全受损害的行为；(4) 任何目的在于影响沿海国防务或安全的宣传行为；(5) 在船上起落或接载任何飞机；(6) 在船上发射降落或接载任何军事装置；(7) 违反沿海国海关卫生财政移民的法律和规章，以及上下任何商品、货币或人员；(8) 任何故意和严重的污染行为；(9) 任何捕鱼活动；(10) 进行研究或测量活动；(11) 任何目的在于干扰沿海国通信系统或其他任何设施或设备的行为；(12) 与通过没有关系的其他任何行动。此外，潜水艇或其他潜水器通过领海须浮出水面并展示其船旗。

沿海国不应对无害通过进行妨碍。根据《公约》第24条和第26条，一国不得强加实际后果等于取消或损害无害通过的要求；不应对各国船舶有所歧视；不得仅以通过领海为由向外国船舶征收费用；对航行危险的情况应妥为公布。同时，沿海国为了维护其秩序及权益，保证无害通过的顺利进行，可以制定有关无害通过的法规；可以规定海道，包括对油轮、核动力船等船舶实行分道航行制；为国家安全在必不可少时可在特定水域暂停无害通过。

对于军用船舶是否享有无害通过权，一直以来存在争议，各国的实践也并不一致。在第三次海洋法会议上，海洋大国一直主张军舰和商船一样，有无害通过权。但是另一些国家，主要是社会主义国家和绝大多数发展中国家，主张军舰经过一国领海要事先通知并获得批准。例如，中国和其他20多个发展中国家一再联合提出提案，建议增加有关要求外国军舰通过领海时应事先获得批准或予以通知的规定。但这些建议未被采纳。最后,《公约》采取了模糊措辞回避了争议的焦点,事实上有利于海洋大国。即第 17 条规定,所有国家,不论为沿海国或内陆国,其船舶均享有无害通过领海的权利。

我国政府在 1958 年的领海声明中指出,一切外国军用船舶未经我国许可,不得进入我国领海。1992 年《领海及毗连区法》第 6 条规定,外国非军用船舶,享有依法无害通过中华人民共和国领海的权利。另外,我国在 1996 年批准《公约》时声明:"公约有关领海内无害通过的规定,不妨碍沿海国按照其法律规章要求外国军舰通过领海必须事先得到该国许可或通知该国的权利。"

四、毗连区

历史上有一些国家主张为了海关、移民、卫生等特定的目的,把沿海国的管辖权扩展到与领海毗邻的公海区域,在这片原本属于公海的海域上行使某些事项的管辖权。沿海国可以在领海以外毗邻领海的区域划定一定宽度的海水带,在此区域中,沿海国对海关、财政、移民和卫生等特定事项行使某种管制权,这个区域称为毗连区,又称特别区或邻接区。按照《公约》的规定,毗连区的宽度从领海基线量起不得超过 24 海里,即如果一国领海宽度为 12 海里,则毗连区的实际宽度不得超过 12 海里。

毗连区不是国家领土,国家对毗连区不享有主权,只是在毗连区范围内行使上述方面的管制,而且国家对毗连区的管制不包括其上空和底土。

国家可以在毗连区内行使为下列事项所必要的管制:一是防止在其领土或领海内违反其海关、财政、移民或卫生的法律或规章的行为;二是惩处在其领土或领海内违反上述法规的行为。

毗连区不是自成一类的海域,具有依附性,其性质取决于其所依附的海域,或为专属经济区或为公海。在国家设立专属经济区后,毗连区首先是专属经济区的一部分,但由于国家可以在毗连区实施上述方面的管制权,毗连区就此有别于专属经济区其他部分的特殊区域。如果国家未宣布专属经济区,则除国家实施上述特定事项管辖权外,毗连区其他制度适用公海制度。

1992 年《中华人民共和国领海及毗连区法》第 4 条和第 13 条对我国的毗连区制度作出了规定:(1) 中华人民共和国毗连区为领海以外邻接领海的一带海域。毗连区的宽度为 12 海里。中华人民共和国毗连区的外部界限为一条其每一点与领海基线的最近点距离等于 24 海里的线。(2) 中华人民共和国有权在毗连区内,为防止和惩处在其陆地领土、内水或者领海内违反有关安全、海关、财政、卫生或者入境出境管理的法律、法规的行为行使管制权。

五、专属经济区

(一) 专属经济区的概念与法律地位

专属经济区是领海以外毗邻领海的一定宽度的水域,它从领海基线量起不得超过 200 海里。

专属经济区是《公约》确立的新区域。它的法律地位既不是领海也不是公海,而是自成一类的海域:不同于领海,沿海国对于专属经济区不拥有领土主权,只享有公约规定的某些主权权利,主要体现在对该区域内以开发自然资源为目的的活动拥有排他性的主权权利;不同于公海,其他国家在沿海国的专属经济区内只享有特定事项的自由,沿海国对该区域内以开发自然资源为目的的活动拥有管辖权,由此对其他国家在该区域的活动构成一定的限制。

专属经济区的制度不影响其上空和底土本身的法律地位。

专属经济区不是本身自然存在权利,需要国家以某种形式宣布设立并说明其宽度。

（二）专属经济区的法律制度

《公约》第五部分用21个条款确定了完整的专属经济区法律制度。沿海国和其他国家在该区域的权利义务构成专属经济区的法律制度。

1. 沿海国的权利与义务

（1）沿海国拥有以勘探、开发、养护和管理海床和底土及其上覆水域自然资源（包括生物资源和非生物资源）为目的的主权权利。

（2）沿海国对建造和使用人工岛屿和设施、海洋科学研究、海洋环境保护等事项拥有管辖权。

（3）为行使上述权利,沿海国可以制定与《公约》规定一致的专属经济区法规,并可采取必要的措施以确保其法规得到遵守,包括登临、检查、逮捕和进行司法程序。在对外国船舶违法行为采取措施时,还应遵行以下规则:对于被捕的船只及其船员,在其提出适当的保证书或担保后,应迅速予以释放;沿海国对在专属经济区内仅违反渔业法规的处罚,如有关国家间无相反的协议,不得包括监禁或任何形式的体罚;在逮捕或扣留外国船只时,沿海国应通过适当途径将所采取的措施和随后进行的处罚迅速通知船旗国。

（4）沿海国在专属经济区内根据本公约行使其权利和履行其义务时,应适当顾及其他国家的权利和义务,并应以符合本公约规定的方式行事。

2. 其他国家的权利与义务

（1）所有国家享有航行和飞越的自由,铺设海底电缆和管道的自由,以及与这些自由有关的海洋其他符合国际法的用途。

（2）征得沿海国同意,其他国家可以在专属经济区内进行科学研究。

（3）内陆国和地理不利国有权在公平的基础上,参与开发同一分区域或区域的沿海国专属经济区内的生物资源的剩余部分。

（4）各国在专属经济区内根据公约行使其权利和履行其义务时,应适当顾及沿海国的权利和义务,并应遵守沿海国按照公约的规定和其他国际法规则所制定的与本部分不相抵触的法律和规章。

六、大陆架

（一）概念与法律地位

依据《公约》第76条的规定,"沿海国的大陆架包括其领海以外依其陆地领土的全部自然延伸,扩展到大陆边缘的海底区域的海床和底土,如果从测算领海宽度的基线量起到大陆边的外缘的距离不到200海里,则扩展到200海里的距离"。国际法上的大陆架概念来自自然地理学上的大陆架概念,两者有联系,但其内容又有区别。地理学上的大陆架仅指邻接陆地、坡度比较平缓的浅海海底部分,而法律上的大陆架概念通常包括陆架、陆坡和陆基这三部分的海床和底土,包含着一个范围更大的海底区域。

同 1958 年《大陆架公约》相比,《公约》中的大陆架概念的外部界限有所变化,但是确定这一概念的基本原则和基本元素并没有改变。其基本原则和主要内容是:

第一,自然延伸原则。大陆架是沿海国陆地领土的全部自然延伸,这同《大陆架公约》所规定的"邻接"标准具有同一意义,都指明了"大陆架"一词的地质学渊源以及它与沿岸国大陆领土的密切关系。

第二,距离原则。大陆架外部界限的距离可扩展到 200 海里。这是对自然延伸原则的一个补充,而与陆架、陆坡、陆基的实际宽度不同,目的是照顾大陆架外部界限不足 200 海里的窄大陆架国家,并与专属经济区的规定相衔接。

第三,大陆架的外部界限终止在大陆边外缘的海底区域的海床和底土,"大陆边包括沿海国陆块没入水中的延伸部分,由陆架、陆坡和陆基的海床和底土构成,它不包括深洋洋底及其洋脊,也不包括其底土"。

第四,由于地质构造特点(地壳运动、海底扩张)的不同,大陆架在世界各个海区乃至各国的情况各异、参差不齐。因此,对于宽大陆架国家超过 200 海里的大陆架应以以下两种方式划分大陆架的外缘:

(1)从大陆架坡脚起向外延伸的距离不超过 60 海里,或每一定点上沉积岩厚度至少为从该点至大陆坡脚最短距离的 1%;(2)大陆架坡脚应定为大陆坡坡底坡度变动最大之点。按照上述方法划定的大陆架外部界限的各定点,不应超过从测算领海宽度的基线量起 350 海里,或不应超过连接 2 500 米深度各点的 2 500 米等深线 100 海里。

沿海国的大陆架如从测算领海宽度的基线量起超过 200 海里,应连接以经纬度坐标标出的各定点划出长度不超过 60 海里的若干直线,划定其大陆架的外部界限。沿海国应将永久标明其大陆架外部界限的海图和有关情报,包括大地基准点,交存于联合国秘书长,秘书长应将这些情报妥为公布。

大陆架不是沿海国领土,但是作为沿海国陆地领土在海面以下的自然延伸,属于国家管辖范围之内的海底区域,国家在此享有某些排他性的主权权利。沿海国对大陆架的主权权利是固有的,"不取决于有效或象征的占领或任何明文公告"。对于大陆架的权利不影响其上覆水域或水域上空的法律地位。

(二)大陆架界限委员会的审议情况

从实践操作的层面来看,宽大陆架的国家可以利用自然延伸主张超过 200 海里的大陆架区域,并对大陆架的自然资源享有主权权利。紧连大陆架的向海区域为国际海底,属于全人类共同继承财产,由所有国家(沿海的和内陆的)共享。因此,为了尽可能多地获得可管辖的向海区域,沿海国需要向大陆架界限委员会提交大陆架外部界限主张的申请,并接受审议。大陆架界限委员会是根据《联合国海洋法公约》设立的三大机构之一,由 21 位地质学、地球物理学或水文学等方面的专家组成。根据《公约》第 76 条第 8 款和附件二第 8 条,该审议流程属于"乒乓步骤",即可重复提交、审议、再提交、再审议,直至主张国与委员会达成共识。

截至 2018 年 3 月 1 日,委员会已收到了各沿海国和地区递交的 78 份大陆架外部界限主张,并已完成了其中 29 个案例的审议。从审理的结果来看,委员会认可的区域面积一般小于沿海国申请的面积,沿海国大多存在过度主张的倾向。从审议的进度来看,委员会将在 2040 年完成 55 份"主张"的审查并给出相应的建议。

2012 年 12 月 14 日,中国常驻联合国代表团代表中国政府,向联合国秘书处提交了东海部分海域 200 海里以外大陆架外部界限划界案。该划界案指出,地貌与地质特征表明东海大陆架是中国陆地领土的自然延伸,冲绳海槽是具有显著隔断特点的重要地理单元,是中国东海大陆架延伸的终止。中国东海大陆架宽度从测算中国领海宽度的基线量起超过 200 海里。划界案同时明确,提交该划界案不影响中国政府以后在东海或其他海域提交其他 200 海里外大陆架划界案。

(三) 大陆架的法律制度

1. 沿海国的权利与义务

(1) 沿海国在 200 海里以内大陆架的权利和义务。沿海国对其大陆架上的全部自然资源享有主权权利。本部分所指的自然资源包括海床和底土的矿物和其他非生物资源,以及属于定居物种的生物。

沿海国为勘探大陆架和开发其自然资源的目的,对大陆架行使主权权利。这种权利是专属性的,任何人未经沿海国明示同意,都不得从事勘探和开发其大陆架的活动。

沿海国有权通过本国立法或规定来确定从事勘探和开发的条件。

在勘探和开发自然资源时,沿海国拥有在其大陆架上建造使用人工岛屿和设施的专属权利和对这些人工设施的专属管辖权。

沿海国在享有权利的同时也要承担相应的义务,即沿海国权利行使不得对其他国家的航行和其他合法权利构成侵害或造成不当干扰。

(2) 沿海国在 200 海里以外大陆架的权利和义务。在生物资源方面,要区分是定居物种还是非定居物种生物资源。对于定居物种生物资源的捕获,沿海国享有专属性权利,而对于非定居物种生物资源,就要适用公海捕鱼自由制度,沿海国无专属性权利。

在非生物资源方面,《公约》第 82 条规定,沿海国开发 200 海里以外大陆架的非生物资源,应通过国际海底管理局并缴纳一定的费用或实物,发展中国家在某些条件下可以免缴。

2. 其他国家的权利与义务

所有国家享有在大陆架上覆水域以及上覆水域上空的航行与飞越自由。此外,所有国家有权在其他国家的大陆架上铺设电缆和管道,但其线路的划定须经沿海国同意,并应顾及现有电缆和管道,不得加以损害(《公约》第 79 条第 1 款、第 3 款和第 5 款)。

(四) 大陆架与专属经济区的关系

大陆架与专属经济区之间的关系,在第三次海洋法会议上曾是一个引起争议的问题。有代表认为专属经济区制度已经吸收了大陆架制度,因此建议取消大陆架制度。但多数与会代表依然肯定大陆架制度作为一个独立的法律制度存在的必要。大陆架与专属经济区既有联系又有区别。

1. 二者的共同点

(1) 沿海国对大陆架和专属经济区都享有主权权利和相关管辖权;(2) 大陆架与专属经济区在 200 海里内地理区域重合;(3)《公约》第 74 条和第 83 条对于专属经济区和大陆架划界问题基本上采取了相同的表述方式。

2. 二者的区别

（1）二者权利来源不同。沿海国对大陆架的权利是固有的,不取决于有效或象征的占领或任何明文公告;而专属经济区不是本身自然存在的权利,需要沿海国以某种形式宣布建立并说明其宽度。

（2）沿海国主张权利的外部界限不同。确定专属经济区的范围只有一个距离标准,即其范围为从领海基线量起不得超过 200 海里。而确定大陆架的范围有两个标准——自然延伸标准和距离标准,即大陆架是其领海以外依其陆地领土的全部自然延伸,扩展到大陆边外缘的海底区域的海床和底土;如果从领海基线量起到大陆边外缘的距离不足 200 海里,则扩展至 200 海里;如果超过 200 海里,则不得超出从领海基线量起 350 海里。

（3）沿海国享有权利的内容不同。沿海国在专属经济区内的权利包括所有的自然资源,即生物资源和非生物资源;而沿海国在大陆架上的权利主要针对非生物资源和定居物种的生物资源。

（五）相邻或相向国家间大陆架的划界问题

确定大陆架划分的原则和标准,是解决相邻或相向国家间大陆架划分问题的首要问题和根本基础。回顾整个大陆架法律制度的历史发展,特别是有关大陆架划界的不同主张,可以看到,有关大陆架划界原则的争论主要集中在自然延伸原则、中间线原则和公平原则在划界理论中居于何种地位的问题。

1. 自然延伸原则

自然延伸原则首先是在 1945 年《杜鲁门公告》中正式提出的;1958 年《大陆架公约》在给大陆架下的定义里,也用"邻接海岸"的说法肯定了大陆架是沿海国陆地领土的自然延伸的自然和法律事实;1969 年国际法院在"北海大陆架案"的判决中,以该原则为"与大陆架有关的所有法律规则中最基本的原则"加以引用;1982 年《公约》关于大陆架的规定,虽然是折中的产物,但也首先肯定了自然延伸原则。从法律上讲,自然延伸原则是国家对大陆架主权权利的根据,从国家主权原则中引申出来,是国家领土主权的一种表现。依据这一原则,相邻或相向国家间的划界应该达到"每一当事国都尽可能地得到凡构成其陆地领土向海洋的自然延伸的一切部分,而不侵犯另一当事国陆地领土的自然延伸"[1]。这是法律上自然延伸原则的实质。

2. 中间线（或等距离线）原则

中间线是指两个或两个以上海岸相向国家进行大陆架划界时,所作的一条其每一点均与测算各国领海宽度的基线的最近点距离相等的界线。《大陆架公约》第 6 条规定,"在无协定的情形下,除根据特殊情况另定疆界外",疆界"是一条其每一点与测算各国领海宽度的基线的最近点距离相等的界线"。一些国家据此认为,此规定表明中间线原则已经成为大陆架划界的习惯国际法和一般国际法规则;而另一些国家认为,公约并没有赋予中间线以一般国际法原则的地位,它仅是一种划界方法,但并不是唯一的划界方法。在 1969 年"北海大陆架案"中,国际法院驳斥了中间线规则已成为一般国际法或习惯国际法规则的论点,认为中间线规则仅对《大陆架公约》缔约国有约束力,并非习惯国际法。1982 年《公约》的相关规定就是在这种情形下所

---

[1]　魏敏主编:《海洋法》,法律出版社 1987 年版,第 168 页。

采取的折中。

3. 公平原则

不仅指大陆架划界必须采用公平的方法,更重要的是要达到公平的结果,这并不意味着有关国家不顾一切情况的平分,而是要维护大陆架同陆地的延伸关系,把属于一国陆地领土的自然延伸的那部分划归给该国,从而使这种自然事实变成法律事实。关于如何在大陆架的划界过程中体现公平原则,国际法院的判决表述为"必须从具体情况出发,并以划界必须符合公平原则这一基本规范来衡量和决定"。所谓"具体情况",一是考虑大陆架是陆地的自然延伸这一基本事实;二是考虑相关的具体条件和因素,如世界各地海域的不同情况、海岸构造和海岸线的比例、岛屿的地位、海底地质和地理构造以及自然资源等。

《公约》第83条关于相邻或相向国家间大陆架界限的划定的主要内容如下:

(1)海岸相向或相邻国家间大陆架的界限,应在《国际法院规约》第38条所指国际法的基础上以协议划定,以便得到公平解决。

(2)有关国家如在合理期间内未能达成任何协议,应诉诸《公约》第十五部分所规定的程序,用它们选择的任何和平方法解决争端。

(3)在达成协议以前,有关各国应基于谅解和合作的精神,尽一切努力作出实际性的临时安排,并在此过渡期间内,不危害或阻碍最后协议的达成。这种安排应不妨害最后界限的划定。

中国一贯主张,关于相邻或相向国家间海洋划界问题,应当由有关各方根据公平、合理原则,顾及一切有关情况通过协商共同确定,使海洋界限的划定能同时照顾到有关各方的合理利益,达到有关各方都满意的目的。

七、中国的专属经济区和大陆架的划界问题

中国大陆海岸线长达1.8万公里,海上相向国家8个,分别是朝鲜、韩国、日本、菲律宾、文莱、马来西亚、印尼、越南,全部与中国存在海域划界争端。

中国在专属经济区和大陆架划界问题上的立场与《公约》第74条和第83条的规定基本一致。《中华人民共和国专属经济区和大陆架法》第2条第3款规定,中华人民共和国与海岸相邻或者相向国家关于专属经济区和大陆架的主张重叠的,在国际法的基础上按照公平原则以协议划定界限。

(一)中国在黄海的划界问题

黄海的划界争议包括中国与朝鲜间领海、专属经济区和大陆架的划定问题,以及中国与韩国专属经济区和大陆架的划定问题。能源问题将对三国之间管辖海域划界起到重要作用。由于中、朝、韩在能源供应上都存在很大的缺口,三国对海上油气资源的需求会使黄海争议更为引人注目。中朝、中韩目前都在积极探索解决问题的途径和方法,但尚未有实质性进展。

在解决海域划界争议之前,各方也在致力于争议海域的共同开发。如中韩两国于2000年8月3日正式签署《中华人民共和国政府和大韩民国政府渔业协定》,在渔业问题上达成了临时安排。另外,两国从1997年2月开始举行海洋法的正式磋商,并已于2015年启动海域划界谈判,以期取得突破。中国主张适用公平原则,韩国主张适用中间线原则作为划界的出发点,

但双方的争议并不是很大。①

中朝于 2005 年 12 月 24 日在北京签署了《中朝政府间关于海上共同开发石油的协定》，着手对两国间的毗邻海域进行共同开发。朝鲜尚未批准《公约》，但其于 1977 年 6 月 21 日宣布建立 200 海里经济区。朝鲜至今尚未宣布大陆架制度，但在专属经济区划界问题上，朝鲜主张以"海域半分原则"划界，并先后非正式地提出"纬度等分线"等具体主张。按照朝鲜提出的纬度等分线，其要求的海域将大大超出了中间线，这是中国所不能接受的。

（二）中国在东海的划界问题

东海划界涉及中日韩三国，其中以中日两国之间的争端更为激烈，争议的焦点集中在东海海域划界与钓鱼岛及其附属岛屿归属及其在划界中的地位。

日本在东海划界问题上的立场主要包括：

第一，海域划界应当坚持等距离/中间线原则。

第二，大陆架制度正在消亡，专属经济区与大陆架应该是单一界限。

第三，钓鱼岛属于日本，该岛有权拥有自己的大陆架，并使用它们作为东海大陆架的划界基点。

第四，海域划界争议应当提交国际法院。

中国在东海划界问题上的主张主要包括：

第一，海域划界应当坚持公平原则和自然延伸原则。东海大陆架是中国陆地领土而非日本岛屿的自然延伸，因为冲绳海槽构成了两国大陆架之间的天然界线。而公平的划界结果就是要实现自然延伸原则。因此，应当以冲绳海槽而不是中间线作为中日两国大陆架的边界。

第二，专属经济区与大陆架是两种不同的制度，划界应当分别进行。

第三，钓鱼岛属于中国，但在东海划界中不应具有划界效力。

第四，海域划界争议应当与相关国家通过谈判协商来解决。2006 年，中国政府依据《公约》第 298 条，向联合国秘书长提交书面声明，对于《公约》第 298 条第 1 款(a)、(b)和(c)项所述的任何争端（即涉及海域划界、领土争端、军事活动等争端），中国政府不接受《公约》第十五部分第二节规定的任何国际司法或仲裁管辖。

中日两国经过艰苦努力，终于在 2008 年 6 月 18 日达成了《中日东海问题原则共识》，取得了重大阶段性成果。然而原则共识仅仅是一个"政治共识"，还需要双方达成具体协议加以落实。但到目前为止，后续工作毫无进展，加之日本右翼上台执政之后在此问题上屡屡挑衅，现实的发展更加不容乐观。

（三）中国在南海的划界问题

基于中国人民和中国政府的长期历史实践及历届中国政府的一贯立场，依据国内法以及国际法，包括 1958 年《中华人民共和国政府关于领海的声明》、1992 年《中华人民共和国领海及毗连区法》、1996 年《中华人民共和国全国人民代表大会常务委员会关于批准〈联合国海洋法公约〉的决定》、1998 年《中华人民共和国专属经济区和大陆架法》和 1982 年《联合国海洋法

---

① 高建军：《中国与国际海洋法——纪念〈联合国海洋法公约〉生效 10 周年》，海洋出版社 2004 年版，第 95 页。

公约》,中国南海诸岛拥有内水、领海、毗连区、专属经济区和大陆架。此外,中国在南海拥有历史性权利。

中国和越南、菲律宾、马来西亚、文莱、印度尼西亚隔海相望,这些南海周边国家对中国而言属于《公约》第 74 条和第 83 条所指"海岸相向或相邻的国家"。中国南海诸岛包括东沙群岛、西沙群岛、中沙群岛和南沙群岛,这些群岛分别由数量不等、大小不一的岛、礁、滩、沙等组成。中国历来以群岛整体主张海洋权利。其中,中国中沙群岛和南沙群岛与菲律宾隔海相望,距离菲律宾群岛海岸均小于 200 海里;南沙群岛与越南、菲律宾、马来西亚、文莱隔海相望,距离三国海岸小于 200 海里;南沙群岛和西沙群岛与越南隔海相望,距离越南海岸小于 200 海里。这显然构成海洋划界地理框架,且由于各方提出的大陆架和专属经济区主张重叠,导致中国与上述南海周边国家在南海存在海洋划界情势。由于中国与越南、菲律宾、马来西亚、文莱存在南海岛礁领土主权争端,有关岛礁领土争端悬而未决,因此,中国尚未与南海周边国家进行海域划界谈判。

中国在南海划界问题上的立场与在东海并无不同,即根据国际法,在公平原则的基础上,由相关各方通过直接谈判来解决划界问题。另外,中国自 1948 年以来,在公开出版的所有地图上,以未定国界线符号标绘南海断续线,[①]因此,南海断续线会在未来的海域划界中产生影响。

八、用于国际航行的海峡和过境通行制度

（一）海峡
海峡是连接两个较大水域、自然的狭长水道或通道。

按照海峡的地理特征,海峡可以分为大陆间的海峡、大陆与岛屿间的海峡以及岛屿间的海峡。

按照海峡两岸是否属于同一国家,海峡可以分为两岸陆地属于同一国家的海峡和两岸陆地属于两个以上国家的海峡。

但是最为常见的一种分类方法是根据海峡同沿岸国的关系来划分,海峡可以分为内海海峡、领海海峡和非领海海峡。海峡位于一国领海基线以内,这种海峡叫做内海海峡,其法律地位等同于内水,例如,我国的琼州海峡。海峡的宽度不超过领海宽度两倍,如果海峡两岸属于同一国家,则这种海峡叫做领海海峡,简称领峡,适用沿岸国的领海制度。如果海峡两岸分属不同国家,则海峡的法律地位通常由沿岸国依据条约解决;如无条约,则海峡分属沿海国领海,一般以海峡中间线为界。海峡宽度超过两岸领海宽度之和,这种海峡叫做非领海海峡。这种海峡在领海外部界限以内,适用领海制度;领海范围外,外国享有自由航行与飞越权,例如,我国的台湾海峡。

（二）用于国际航行的海峡
用于国际航行的海峡,主要是指两端都是公海或专属经济区,而又用于国际航行的海峡。这一概念的提出,最早见于 1949 年国际法院对英国与阿尔巴尼亚的"科孚海峡案"的实质性判决。只具有一般航行价值的海峡的法律地位依附于其所属水域,而用于国际航行的海峡,则具

---

① 参见中国国际法学会:《南海仲裁案裁决之批判》,外文出版社 2018 年版,第 94 页,第 191 段。

有特殊的法律地位和重要的航运价值。

用于国际航行的海峡的法律地位可以表述为:(1)适用过境通行制度;(2)沿海国对此种海峡的水域及其上空、海床和底土行使主权或管辖权,不受过境通行制度的影响;(3)沿海国的主权或管辖权的行使受到本部分和其他国际法规则的限制。

（三）过境通行制度

在联合国第一次海洋法会议到第三次海洋法会议召开前,国际社会采取 12 海里领海宽度的国家越来越多,使得窄于 24 海里、过去用于国际航行的海峡成为沿海国的领海,影响航行,而符合这种条件的海峡在世界上有 116 个,其中经常用于国际航行的就有 30 多个。因此,在第三次海洋法会议上,以美国为代表的海洋大国主张这类海峡适用自由航行制度,而广大发展中国家则坚持这类海峡实施无害通过制度。经过反复协商,《公约》最后采纳了英国提出的折中案文,即过境通行制度。

《公约》第 38 条对过境通行制度加以专门规定。主要内容包括:

第一,所有国家的船舶和飞机,在公海和专属经济区一部分和公海及专属经济区另一部分之间的国际航行海峡中,都享有过境通行的权利。

第二,过境通行是专为连续不停和迅速通过目的而进行的自由航行和飞越,也包括以合法地自海峡沿岸国驶入驶出为目的的通过。

第三,过境通行应毫不迟疑地迅速通过;禁止非法使用武力或以武力相威胁;除因不可抗力或遇难外,不得从事其通过所通常附带发生活动以外的任何活动;不得进行任何研究或测量活动;并应遵守船舶、航空及无线电有关的国际规则,遵守沿岸国有关防止捕鱼、防污、航行安全、海关、财政、移民、卫生等法律和规章。

九、群岛与群岛国

（一）群岛、群岛国与群岛水域

在 1958 年第一次海洋法会议期间,群岛国提出群岛国应作为一个整体划定领海。由于海洋大国的反对,未能就此达成协议。在第三次海洋法会议上,斐济、印尼、毛里求斯、菲律宾等国极力主张建立群岛国制度,经过反复协商,最终《公约》第四部分规定了群岛水域新制度。

群岛国是全部领陆由一个或多个群岛或岛屿组成的国家;而群岛是指一群岛屿,包括若干岛屿的若干部分、相连的水域或其他自然地形,彼此密切相关,以致这种岛屿、水域和其他自然地形在本质上构成一个地理、经济和政治的实体,或在历史上已被视为这种实体。

群岛水域是群岛国的群岛基线所包围的内水之外的海域。群岛国可以连接群岛最外缘各岛和各干礁的最外缘各点构成直线群岛基线。群岛基线的确定需要满足《公约》第 47 条规定的条件:(1)基线应包括主要岛屿和一个区域;(2)基线范围内包括环礁在内的陆地面积与水域面积之比应在 1:1 到 1:9 之间;(3)基线超过 100 海里的线段最多不能超过基线总数的 3%;(4)基线不能明显偏离群岛轮廓;不能将其他国家的领海与公海或专属经济区隔断。

群岛水域的划定不妨碍群岛国可以按照《公约》划定内水,及在基线之外划定领海、毗连区、专属经济区和大陆架的权利。

群岛国对其群岛水域包括其上空和底土拥有主权,同时作为《公约》规定的一个特定区域,群岛国应尊重与其他国家间的现有协定,以及其他有关国家在该区域内的传统合法权益或现有情况。

(二)群岛水域的通行制度

群岛水域的航行分为无害通过和群岛海道通过两种情况:前一种是所有国家的船舶享有通过除群岛国内水以外的群岛水域的无害通过权;后一种是指群岛国可以指定适当的海道和其上的空中通道,以便其他国家的船舶或飞机连续不停地迅速通过或飞越其群岛水域及其邻接的领海。所有国家都享有这种群岛通道通过权。关于群岛国与其他国家在群岛通道航行中的权利义务,应比照适用国际航行海峡的过境通行制度的有关规定。

十、南海诸岛、钓鱼岛的法律地位

《公约》第 46 条(b)项关于群岛的定义反映了习惯国际法。该项规定:"'群岛'是指一群岛屿,包括若干岛屿的若干部分、相连的水域和其他自然地形,彼此密切相关,以致这种岛屿、水域和其他自然地形在本质上构成一个地理、经济和政治的实体,或在历史上已被视为这种实体。"早在 1958 年第一次联合国海洋法会议期间,远海群岛就被称为"远离大陆海岸从而可被视为独立的整体而非大陆海岸一部分的群岛"。远海群岛可分为以下两类:大陆国家的远海群岛和构成群岛国全部或部分领土的群岛。一般认为,大陆国家远海群岛具有三项特征:其一,这类群岛在地理意义上远离大陆海岸;其二,这类群岛并不构成一个独立主权国家的全部领土;其三,这类群岛处于一个独立的大陆国家的主权之下。

1982 年《公约》在群岛作为整体这一基础上确立了群岛国法律制度,在第 46 条(b)项编纂了群岛的概念。在 1982 年《公约》之前,群岛作为整体在习惯国际法上早已确立。例如,在群岛国制度确立前,一些国家依据群岛构成法律上整体的概念将直线基线方法适用于划定领海基线。这一概念当然涵盖大陆国家的远海群岛。诚然,《公约》没有继续走下去,未能对大陆国家的远海群岛制度作出规定。造成这一结果的原因主要是政治上的。但《公约》对此未作规定并不意味着否定群岛作为法律上的一个整体这一概念的普遍意义,或者这一概念不适用于大陆国家的远海群岛,应该说大陆国家的远海群岛制度是《公约》未予调整的事项。

事实上,大陆国家将远海群岛作为整体划定基线,已形成普遍、一致、持续的国家实践,并存在相应的法律确信,足以确立其在习惯国际法上的地位。

1958 年,中国发布《中华人民共和国政府关于领海的声明》,规定采用直线基线方法划定领海,适用于包括东沙群岛、西沙群岛、中沙群岛和南沙群岛在内的中国的一切领土。1992 年《中华人民共和国领海及毗连区法》规定,采用直线基线方法划定领海。1996 年,中国宣布西沙群岛的直线基线,其中最长一段为 68.5 海里。2012 年,中国宣布钓鱼岛及其附属岛屿的直线基线。

南海四组群岛以及钓鱼岛构成"地理、经济和政治上的实体",并在历史上一直被视为整体,符合习惯国际法上群岛概念的要求,构成大陆国家远海群岛。中国对南海四组群岛以及钓鱼岛整体拥有领土主权和海洋权利。[①]

---

① 参见中国国际法学会:《南海仲裁案裁决之批判》,外文出版社 2018 年版,第 235-255 页。

中国政府在 2016 年 7 月 12 日中菲南海仲裁案仲裁庭作出实体裁决后发布声明,重申中国在南海的领土主权和海洋权益,进一步明确了中国对远海群岛的权利。包括:(1)中国对南海诸岛,包括东沙群岛、西沙群岛、中沙群岛和南沙群岛拥有主权;(2)中国南海诸岛拥有内水、领海和毗连区;(3)中国南海诸岛拥有专属经济区和大陆架;(4)中国在南海拥有历史性权利。①

十一、公海上的管辖权

公海不属于任何国家的领土,国家不得对公海本身行使管辖权或在公海范围内行使属地管辖权。国家对公海上有关的船舶、人、物或事件进行管辖是基于国际法中其他管辖规则和相关连接点,其中最主要是船旗国管辖和普遍性管辖两种。

(一)船旗国管辖

船旗国管辖是指国家对公海上悬挂其旗帜的船舶以及船舶上的人、物、事件的管辖。《公约》第 92 条第 1 款规定,除国际条约或本公约明文规定的例外情况,在公海上的船舶受其船旗国的专属管辖。这表明船舶内部事务,一般地应遵行船旗国国内法。对于可能涉及两个或两个以上国家船舶的公海碰船或其他航行事故的刑事管辖,《公约》第 97 条作出三项规定:(1)公海上碰船或其他事故涉及船长或船员的刑事或纪律责任时,对所涉人员的刑事诉讼或纪律程序,仅可以向船旗国或人员国籍国提出;(2)在纪律事项上,船长证书或驾驶执照只有其颁发国家才有权经过正当程序予以撤销,而不论证书持有人的国籍;(3)船旗国以外的任何当局,即使作为一种调查措施,也不得命令逮捕或扣押船舶。

(二)普遍管辖

公海上的普遍管辖权是指各国对发生在公海的、被国际法认为是普遍管辖权对象的特定国际罪行或违反国际法的行为行使的管辖权。这类罪行或不法行为包括:(1)海盗行为;(2)非法广播;(3)贩运奴隶;(4)贩运毒品。

十二、国际海底区域的法律地位及开发制度

(一)国际海底区域的法律地位

国际海底区域,简称"区域",是指国家管辖范围以外的海床、洋底及其底土,即国家领土、专属经济区及大陆架以外的海底及其底土,实际上是在水深 3 000 米以上的深海大洋底。据统计,它的面积约为 2.52 亿平方公里,占整个海洋面积的 65%。"区域"的上覆水域是公海,其上空是公空。"区域"不影响其上覆水域及其水域上空的法律地位。

《公约》关于"区域"的第十一部分中有专门一节规定"支配区域的原则",共 14 条。其主要内容概括如下:

(1)"区域"及其自然资源是人类共同继承财产,任何国家不得对"区域"或其任何部分主

---

① 《中华人民共和国政府关于在南海的领土主权和海洋权益的声明》(2016 年 7 月 12 日),中华人民共和国外交部网站。

张主权或行使主权权利,任何人不能将"区域"或其资源的任何部分据为己有。"区域"内一切资源属于全人类,由国际海底管理局代表全人类加以管理,该管理局在不歧视的基础上,公平分配从"区域"内活动取得的财政及其他经济利益。

(2) 各国对"区域"的一般行为,应按照本部分的规定、《联合国宪章》所载原则以及其他国际法规则,以利维持和平与安全,促进国际合作和相互了解。

(3) "区域"内的活动应为全体人类的利益而进行,不论各国的地理位置如何,也不论是沿海国还是内陆国,并特别考虑到发展中国家和未取得完全独立或其他自治地位的人民利益的需要。

(4) "区域"对所有国家开放,无论是内陆国还是沿海国,各国都可以为和平目的加以利用。区域内的活动应切实保护海洋环境。

(5) "区域"内发现的考古和历史文物,应为全人类的利益予以保存或处置,但应特别顾及来源国,或文化上的发源国,或历史和考古上的来源国的优先权利。

(二) 平行开发制

国际海底开发制度是第三次海洋法会议争论的一个焦点,出现了两种不同的意见:以发展中国家为代表提出的单一开发制,即"区域"的一切勘探和开发活动全部由管理局来控制。这一观点遭到了来自发达国家的强烈反对。发达国家主张由缔约国及其企业开发,管理局只起到登记作用。这一观点也为发展中国家所反对。1976 年,美国国务卿基辛格提出了一个平行开发的原则,即一半交给管理局开发,另一半交给各个国家的企业去开发,但这些企业要向管理局提供基金和技术。这一方案最终被接受。

区域内资源开发采取"平行开发制":一方面由管理局企业部进行;另一方面由缔约国有效控制的自然人或法人与管理局以合作的方式进行。具体做法是:在区域内的一个矿区被勘探后,开发申请者向管理局提供两块价值相当的矿址,管理局选择一块作为"保留区",另一块作为"合同区"与申请者签订合同进行开发。

我国已积极参加了国际海底区域资源的勘探和开发活动,1991 年完成先驱投资者登记工作,成为第五位已登记的先驱投资者。目前已在太平洋、印度洋的海底获准圈定了若干勘探矿区。

十三、《关于执行 1982 年 12 月 10 日〈联合国海洋法公约〉第十一部分的协定》与《联合国海洋法公约》的关系

在第三次海洋法会议期间,对于国际海底开发制度发达国家和发展中国家存在极大的分歧。以美国为首的发达国家因对公约草案规定的国际海底区域制度强烈不满,导致美国在1980 年制定了《深海海底固体矿物资源法》,规定美国政府可以发给其公民勘探或开发深海海底资源的执照,并可以和其他国家彼此承认所发的执照。此后,联邦德国、英国、法国、意大利、比利时、荷兰等国也先后制定了类似的国内法。《公约》最终以压倒性的多数赞成票获得通过。发达国家一直采取不参加条约的态度。

如果不能得到发达国家的支持,公约的普遍代表性和适用性都将大打折扣。更重要的一点是,发展中国家缺少资金和技术,要使即将建立的管理局正常运转,无疑是十分困难的。因此,为了争取发达国家的批准,发展中国家做出了巨大让步,经过艰苦的协商过程,1994 年 7 月 28 日签

订了实质上修正《公约》第十一部分的《关于执行 1982 年 12 月 10 日〈联合国海洋法公约〉第十一部分的协定》(下文简称《执行协定》)。至此,发达国家反对条约的理由几乎全部消失。

《执行协定》已于 1996 年 7 月 28 日生效,截止到 2018 年 8 月 1 日,共有 150 个国家或实体批准了《执行协定》。

虽然《执行协定》并未提及"修改"这一字眼,但由于《执行协定》的目的是解决《公约》第十一部分未解决的问题,以便促进《公约》被普遍接受,《执行协定》实际上构成了对《公约》第十一部分的修改。

但是需要明确的是,《执行协定》并未取代《公约》第十一部分,而是与《公约》第十一部分一起成为同一国际文件来适用。《执行协定》第 2 条规定,"本协定和第十一部分的规定应作单一文书来解释和适用。本协定和第十一部分如有任何不一致的情况,应以本协定的规定为准。《公约》第 309 条至第 319 条应如适用于《公约》一样适用于本协定"。

《执行协定》与《公约》应视为一个整体。《执行协定》第 4 条第 1 款、第 2 款规定:"本协定通过后,任何批准、正式确认或加入《公约》的文书亦应即表示同意接受本协定的拘束。任何国家或实体除非先前已确立或亦同时确立其同意接受《公约》的拘束,否则不可以确立其同意接受本协定的拘束。"

十四、知识点延伸

(一) 内水

内水是指一国领海基线以内的全部水域,包括湖泊、河流、河口、内海、港口、海湾等;对群岛国而言,指群岛水域内的河口、海湾、海港封闭线以内的海域。狭义的内水仅指领海基线所包围的向海岸的那部分海域,通常称为内海水,是海洋法上的概念;广义的内水不仅包括海洋法上的内水,而且也包括领土内的河流、湖泊、运河等陆地内的水域,即包括内陆水和内海水。依据《公约》第 8 条第 1 款的规定,此处仅介绍内海水的相关法律制度。

关于内水的法律地位,我们可以作出如下归纳:

(1) 内水既不属于公海或其他相关海域,也不属于领海,而是附属于沿海国陆地领土的一片海域。实际上,内水在法律上是和国家的陆地相等的,它们完全置于一国领土主权之下。因此,沿海国可以制定与内水有关的法律法规。一切外国船舶未经沿海国允许不得进入其内水,而外国的军用船舶或政府公务船舶必须通过外交途径完成特定的程序,方可进入一国内水。

(2) 沿海国对进入其内水的外国船舶,除享有特权与豁免的船舶,如军用船舶或政府公务船舶以外,可以行使属地管辖权。但一般会有所限制,即通常只有当沿海国的利益受到侵犯的时候才会行使管辖权,而对于纯粹的船舶内部事务,沿海国一般不介入,而由船旗国管辖。

另外,如果某内水在采用正常基线的时候位于基线以外,而在采用直线基线之后又被划入基线之内,这样的海域属于内水,但允许外国船舶无害通过。《公约》第 8 条第 2 款规定,如果按照第 7 条所规定的方法确定直线基线的效果使原来并未认为是内水的区域被包围在内成为内水,则在此种水域内应有本公约所规定的无害通过权。

(二) 临检权

临检权又称登临权,是指一国的军舰、军用飞机或其他得到正式授权、有清楚标志可识别的政府船舶或飞机,对公海上的外国船舶(军舰等享有豁免权的除外),有合理根据认为其从事《公约》所列不法情况时,拥有登船检查及采取相关措施的权利。

这些不法情况包括:(1)该船从事海盗行为;(2)该船从事奴隶贩卖;(3)该船从事未经许可的广播而且军舰的船旗国依据《公约》第109条有管辖权;(4)该船没有国籍;(5)该船虽悬挂外国旗帜或拒不展示其旗帜,而事实上却与该军舰属同一国籍。

若嫌疑经证明无根据,被临检的船舶并未从事涉嫌行为,则对被临检船造成的损失或损害,临检国应承担国际责任。

(三)紧追权

紧追权是沿海国拥有对违反其法规并从该国管辖范围内的海域向公海行驶的外国船舶进行追逐的权利。沿海国行使紧追权应遵循以下规则:

(1)紧追权行使的主体。紧追行为只能由军舰、军用飞机或得到正式授权且有清楚可识别标志的政府船舶或飞机从事。

(2)紧追开始的地点。紧追必须从国家管辖范围内的水域开始,即紧追可以开始于一国内水、领海、毗连区、专属经济区或大陆架。由毗连区开始的紧追限于外国船舶对该区所管辖事项有关法律的违背;由专属经济区内或大陆架上开始的紧追限于船舶对与该区域权利或大陆架权利有关的法规的违反。紧追必须依法进行,包括不得违背其他国际法规则和该国的条约义务。

(3)紧追权的开始。紧追应在被紧追船舶的视听范围内发出视觉或听觉的停止信号后,才可开始。视听信号如鸣警笛、喊话等,但不包括无线电信号。

(4)紧追权必须连续不断地进行。紧追一旦开始就必须连续不断地进行,直至追上并依法采取措施。如果中断,则不能在紧追开始时所在的海域以外的区域继续进行。如果进行紧追的船或飞机由于某种原因而退出紧追时,必须等接替者到达后才可以退出,否则,构成紧追的中断。

(5)紧追权的终止。除了中断的紧追不能继续进行而终止之外,紧追权在被紧追船舶进入其本国或第三国领海时立即终止。

第四部分 习题自测

(一)填空题

1. 目前划定基线的方法主要由三种:_____、_____和_____。

2. 海湾有三种类型:_____、_____和_____。

3. 潜水艇或其他潜水器通过领海须_____并_____。

4. 国际法上的大陆架是指领海以外依其陆地领土的_____,扩展到大陆边缘海底区域的_____。如果从领海基线量起到大陆架边缘的距离不足_____,则扩展至_____;如果超过_____,则不得超出_____,或不超出_____。

5. 国际海底区域内资源开发采取_____:一方面由_____进行,另一方面由缔约国有效控制的自然人或法人与_____以_____的方式进行。

（二）单项选择题

6. 根据相关国际公约,被规定为全人类共同继承财产的区域是(　　)。

A. 南北极
B. 国际海底区域及其资源
C. 外层空间
D. 公海

7. 下列有关公海上的管辖权,哪个选项是正确的?(　　)

A. 船旗国对其在公海上航行的船舶具有专属管辖权
B. 普遍性管辖的对象主要是海盗、贩毒、贩奴、侵害沿岸国等行为
C. 登临权由各国军舰、军用飞机行使
D. 行使紧追权是普遍性管辖的一种方式

8. 以下哪项不属于国际河流航行制度的主要内容?(　　)

A. 一切国家的商船都可以在国际河流上航行,并有平等待遇
B. 沿岸国对本国河段行使管辖权,负责管理和维护自己管辖下的河段,并保留沿岸贸易权
C. 非沿岸国的军舰也同样享有河流上航行的自由
D. 设立国际委员会,制定必要的同意管理规章,以保障河流的航行自由

9. 甲国一企业在某国际海底区域发现了丰富的锰资源,并计划开发利用。根据《联合国海洋法公约》,其开发须满足下列哪一条件才可进行?(　　)

A. 甲国企业须得到联合国秘书长的同意
B. 甲国企业须向国际海底管理局登记
C. 甲国企业须向本主管机关登记,并获批准
D. 甲国企业须向国际海底管理局提供两块商业价值相等的矿址,并与管理局签订合同,开发由管理局选择的作为合同区的一块矿址

10.《联合国海洋法公约》规定,沿海国对专属经济区内自然资源的权利性质是(　　)。

A. 管辖权
B. 占有权
C. 管制权
D. 主权权利

11. 群岛基线是群岛国连接其群岛最外缘各岛和各干礁的最外缘各点划定的直线基线,它应满足一定的要件。下列哪种判断是正确的?(　　)

A. 水域面积和包括环礁在内的陆地面积之比为 1∶1 至 9∶1 之间
B. 基线长度均不超过 100 海里
C. 只要为群岛水域的组成岛屿,即使明显偏离群岛轮廓,也可作为划定群岛基线的起讫点
D. 低潮高地也可作为划定群岛基线的起讫点

12. 根据国际法的规则和我国的有关法律,渤海湾水域的法律地位是(　　)。

A. 中华人民共和国的内水
B. 中华人民共和国的领海
C. 中华人民共和国专属经济区
D. 中华人民共和国大陆架上覆水域

13. M 国在其宣布的专属经济区水域某暗礁上修建了一座人工岛屿。N 国拟铺设一条通过 M 国专属经济区的海底电缆。根据《联合国海洋法公约》,下列哪一选项是正确的?(　　)

A. M 国不能在该暗礁上修建人工岛屿
B. M 国对建造和使用该人工岛屿拥有管辖权
C. M 国对该人工岛屿拥有领土主权

D. N 国不可在 M 国专属经济区内铺设海底电缆

14. 乙国军舰 A 发现甲国渔船在乙国领海走私,立即发出信号开始紧追,渔船随机逃跑。当 A 舰因机械故障被迫返航时,令乙国另一艘军舰 B 在渔船逃跑必经的某公海海域埋伏。A 舰返航半小时后,渔船出现在 B 舰埋伏的海域。依《联合国海洋法公约》及相关国际法规则,下列哪一选项是正确的?(　　　)

A. B 舰不能继续 A 舰的紧追

B. A 舰应从毗连区开始紧追,而不应从领海开始紧追

C. 为了紧追成功,B 舰不必发出信号即可对渔船实施紧追

D. 只要 B 舰发出信号,即可在公海继续对渔船紧追

（三）多项选择题

15. 目前世界上比较重要的国际通洋运河有(　　　　　)。

A. 巴拿马运河　　　　　　　B. 多瑙河

C. 苏伊士运河　　　　　　　D. 基尔运河

16. 沿海国在专属经济区内可以(　　　　　)。

A. 开发利用资源　　　　　　B. 建造国际法允许的人工岛屿和其他设备

C. 主张主权　　　　　　　　D. 铺设海底电缆和管道

17. 军舰在公海上发现其他船舶有下列哪些嫌疑,可行使登临和检查的权力?(　　　　　　)

A. 从事海盗行为　　　　　　B. 从事未经许可的非法广播

C. 无国籍　　　　　　　　　D. 贩毒和贩奴

18. 1958 年日内瓦海洋法四公约调整的海域是(　　　　　)。

A. 领海　　　　　　　　　　B. 毗连区

C. 公海　　　　　　　　　　D. 大陆架

19. 《中华人民共和国领海及毗连区法》规定,对于在我国毗连区内违反下列哪些方面法律和法规的行为,我国有权行使管辖权?(　　　　　)

A. 海关　　　　　　　　　　B. 财政

C. 卫生　　　　　　　　　　D. 出入境管理

20. 1958 年《公海公约》只规定了公海自由中的四项自由,1982 年《联合国海洋法公约》增加为六大自由。这增加的两项自由是(　　　　　)。

A. 飞越自由　　　　　　　　B. 航行自由

C. 科学研究的自由　　　　　D. 建造人工岛屿和设施的自由

21. 军舰在公海上发现其他船舶有(　　　　　)的嫌疑,可行使登临权和检查权。

A. 从事海盗行为　　　　　　B. 使用集装箱运输不便查验

C. 视方便而变换国旗　　　　D. 贩卖毒品

22. 沿海国对于违反其法律的外国船舶的紧追权可由下列哪些船舶和飞机行使?(　　　　　)

A. 军舰　　　　　　　　　　B. 经授权的警察船舶

C. 军用飞机　　　　　　　　D. 经授权的政府公务用船舶

23.《联合国海洋法公约》规定,在一国专属经济区内,其他各国享有的权利和自由包括(　　　)。

A. 航行自由　　　　　　　　　　B. 飞越自由

C. 开发非生物资源　　　　　　　D. 铺设海底电缆和铺设海底管道的自由

24. 下列关于大陆架的说法正确的有(　　　)。

A. 国家对其大陆架的资源具有主权权利及相应的管辖权,但它又不属于国家的领土,国家对其大陆架不具有领土的完整主权,大陆架上仍允许他国保持某些权利,且不影响其上覆水域及其上空的地位

B. 沿海国为勘探大陆架和开发其自然资源的目的对大陆架行使主权权利,但这种权利不是专属的

C. 沿海国的大陆架包括其领海以外依其陆地领土的全部自然延伸,扩展到大陆边外缘的海底区域的海床和底土

D. 大陆架不仅是沿海国陆地领土在其领海之外的延伸,而且是该国管辖范围之内的海底区域

25. 以下哪些海域是我国的内海,我国对其行使完全的、排他的主权?(　　　)

A. 渤海湾　　　　　　　　　　　B. 琼州海峡

C. 台湾海峡　　　　　　　　　　D. 东海

26. 甲国为沿海国,但从未发表过任何关于大陆架的法律或声明,也从未在大陆架上进行过任何活动。现乙国在甲国不知晓的情况下,在甲国毗连区海底进行科研钻探活动。对此,下列判断哪些是错误的?(　　　)

A. 乙国的行动非法,应立即停止并承担相应责任

B. 根据海洋科研自由原则,乙国行为合法

C. 乙国行为合法,因为甲国从来没有提出过有关大陆架的主张

D. 乙国行为合法,因为甲国从未在大陆架上进行任何活动或有效占领

27. A 国甲公司向 B 国乙公司出口一批货物。该批货物由 C 国丙公司"鹏程"号商船承运,运输途中船舶搁浅,为起浮抛弃了部分货物。船舶起浮后继续航行中又因恶劣天气,部分货物被海浪打入海中。到达母港后发现还有部分货物因固有缺陷而损失。"鹏程"号运送该货物的航行要经过 D 国的领海和毗邻区。根据《联合国海洋法公约》,下列选项正确的是(　　　)。

A. "鹏程"号可不经批准穿行 D 国领海,并在期间停泊转运货物

B. "鹏程"号在 D 国毗连区走私货物,D 国海上执法船可行使紧追权

C. "鹏程"号在 D 国毗连区走私货物,D 国海上执法机关可触动飞机行使紧追权

D. D 国海上执法机关对"鹏程"号的紧追权在其进入公海时立即终止

28. A 国船东的货轮"喜悦号"(在 B 国注册)在 C 国港口停泊期间,非 C 国籍船员李某和张某在船舱内因口角引发斗殴。根据国际法相关规则和实践,下列判断哪些是正确的?(　　　)

A. C 国通常根据李某和张某的请求,对该事件进行管辖

B. C 国通常根据该船船长的请求,对该事件进行管辖

C. C 国通常根据 A 国驻 C 国领事的请求,对该事件进行管辖

D. C 国通常根据 B 国驻 C 国领事的请求,对该事件进行管辖

（四）简答题

29. 简述海峡的法律地位。

30. 简述大陆架的法律地位。

31. 简述过境通行制度。

32. 简述国际海底区域的法律地位。

33. 简述《联合国海洋法公约》的主要内容。

34. 简述群岛水域制度。

（五）论述题

35. 试述领海的法律地位。

36. 论述大陆架与专属经济区的关系。

37. 论述公海自由原则。

38. 论述公海上的管辖权。

39. 试根据现有国际法体系,阐述中国所拥有的毗连区、专属经济区及大陆架的权利。

40. 从航行主体、航行方式、航行领域等方面比较无害通过制度与过境通行制度的异同。

（六）案例分析

41. X 海峡位于 B 国南部大陆领土和 C 国北部大陆领土、C 国 X1 岛屿之间,最大宽度不超过 21 海里。两国都主张 12 海里领海。当 A 国两艘军舰通过 X 海峡的北部时,遭到 B 国海岸部队轰击,但未击中。A 国立即向 B 国政府抗议,声称其军舰在海峡中享有无害通过权。B 国政府则称,外国军舰通过其领海必须事先通知并取得许可。为进一步试探 B 国的态度,A 国派遣两艘巡洋舰和两艘驱逐舰组成的舰队驶入 X 海峡北部,两艘驱逐舰触水雷,造成军舰严重受损、许多海军人员伤亡。事件发生后,A 国通知 B 国政府,将在海峡扫雷。这遭到 B 国政府拒绝。随后,A 国海军单方面在海峡进行扫雷活动,引起 B 国政府强烈抗议。

根据以上案情,回答下列问题:

（1）A 国军舰是否享有无害通过权? 为什么?

（2）A 国在 X 海峡北部扫雷是否符合国际法?

42. 一艘 A 国货轮驶离 A 国港口进入公海后,一 A 国船员酗酒后将一 B 国船员杀害。该货轮在通过 C 国领海驶往目的地 D 国港口时,B 国领事请求 C 国协助,将 A 国犯罪嫌疑人逮捕。C 国接受了请求,在通过其领海的 A 国货轮上逮捕了嫌疑人,并将货轮带回其港口进行刑事调查。A 国、B 国和 C 国都是《联合国海洋法公约》的缔约国。

根据以上案情,分析 C 国的做法是否正确?

第十二章 空 间 法

第一部分 学 习 目 标

（一）熟悉

1. 空气空间法的渊源包括哪些？

2. 关于航空自由的国际公约及其主要内容。

3. 关于国际航空运输管理的国际法文件体制及主要内容。

4. 有关的国际公约对危害民用航空安全犯罪的引渡问题是如何规定的？

5. 关于外层空间法律地位的国际法文件和主要内容。

6. 空间物体登记制度的渊源、主要内容。

7. 外层空间法中营救制度的渊源、主要内容。

8. 中国的外层空间立法现状。

（二）掌握

1. 航空法和空间法的概念，二者的区别与联系。

2. 危害民用航空安全的罪行包括哪些？

3. 1963 年《东京条约》、1970 年《海牙公约》以及 1971 年《蒙特利尔公约》，对危害民用航空安全犯罪的刑事管辖权如何规定？

4. 外层空间法的法律渊源包括哪些？

5. 外层空间法的基本原则包括哪些？

6. 外层空间法中责任制度的主要内容。

（三）理解

1. 航空法及空间法的发展由来。

2. 空气空间的法律地位的沿革及大致内容。

3. 国际航空安保法律制度的发展经过。

4. 中国的航空法律制度概况。

5. 外层空间法的历史沿革。

6. 探索与利用月球的法律制度的渊源和大致内容。

7. 卫星直播电视广播制度的渊源和大致内容。

8. 卫星遥感地球法律制度的含义、发展、主要内容。

9. 外层空间使用核动力源的法律制度的渊源、主要内容。

10. 外层空间环境保护问题的提出、法律制度的形成、基本原则。

（四）难点

1. 对于危害民用航空安全犯罪的"或引渡或起诉原则"。
2. 中国空间立法有待发展之处。

第二部分　知识结构图

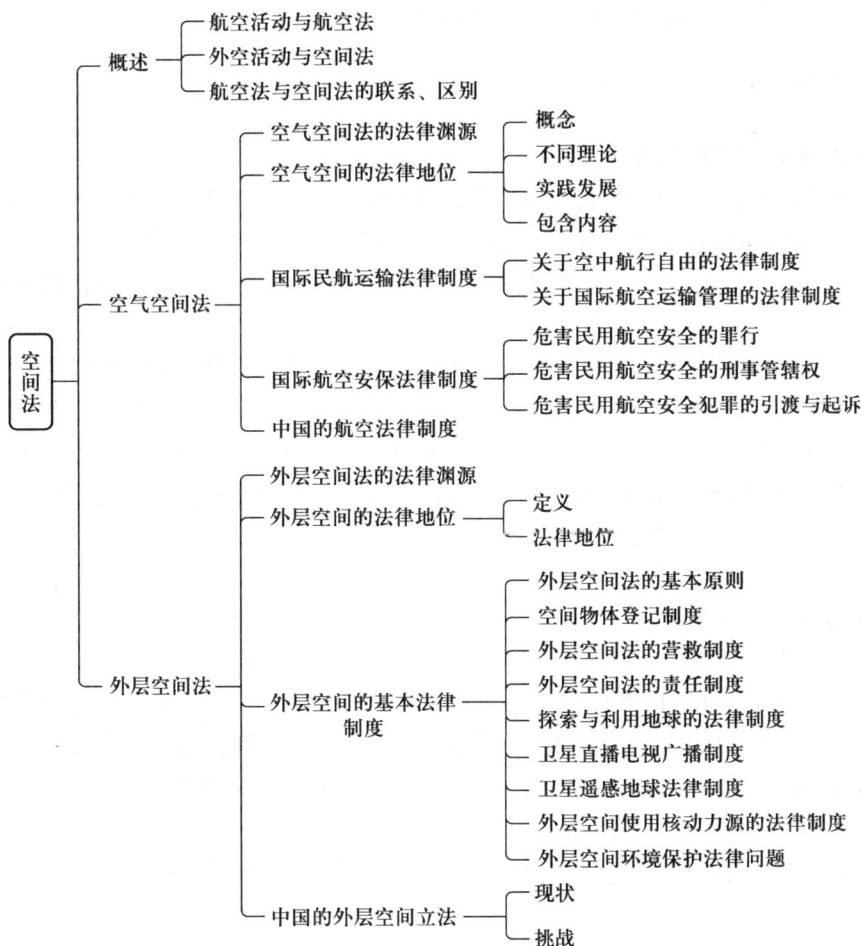

空间法
- 概述
  - 航空活动与航空法
  - 外空活动与空间法
  - 航空法与空间法的联系、区别
- 空气空间法
  - 空气空间法的法律渊源
  - 空气空间的法律地位
    - 概念
    - 不同理论
    - 实践发展
    - 包含内容
  - 国际民航运输法律制度
    - 关于空中航行自由的法律制度
    - 关于国际航空运输管理的法律制度
  - 国际航空安保法律制度
    - 危害民用航空安全的罪行
    - 危害民用航空安全的刑事管辖权
    - 危害民用航空安全犯罪的引渡与起诉
  - 中国的航空法律制度
- 外层空间法
  - 外层空间法的法律渊源
  - 外层空间的法律地位
    - 定义
    - 法律地位
  - 外层空间的基本法律制度
    - 外层空间法的基本原则
    - 空间物体登记制度
    - 外层空间法的营救制度
    - 外层空间法的责任制度
    - 探索与利用地球的法律制度
    - 卫星直播电视广播制度
    - 卫星遥感地球法律制度
    - 外层空间使用核动力源的法律制度
    - 外层空间环境保护法律问题
  - 中国的外层空间立法
    - 现状
    - 挑战

第三部分　重点难点解析

一、国际民用航空法律体系

国际航空法是空气空间法的主要部分,是调整国家之间利用空气空间,进行民用交通航空所产生的各种法律规范的总称。它是随着飞机的发明和民用而产生的。一方面,飞机本身在民用运输中的大量优势体现在长途跨国性的航线上,因此民用航空一开始就伴随着国际合作的需要。另一方面,飞机的高技术特性,使许多技术标准和航行规则具有某种通用性。上述特点使各国在国际民用航空领域迅速达成了一系列条约以规范其相关活动。这些条约构成了现代国际民用航空法律体系。它主要包括三个部分：(1) 围绕 1944 年《国际民用航空公约》(又称《芝加哥公约》)形成的国际民用航空基本制度；(2) 围绕 1929 年《统一国际航空运输的某些规则的公约》(又称《华沙公约》)形成的国际航空民事责任制度；(3) 围绕 1963 年《关于在航空器内犯罪和其他某些行为的公约》(又称《东京公约》)、1970 年《关于制止非法劫持航空器的公约》(又称《海牙公约》)和 1971 年《关于制止危害民用航空安全的非法行为的公约》(又称《蒙特利尔公约》)三个反劫机公约构成的国际航空安保制度。

二、领空主权原则

（一）领空主权原则形成的过程

领空主权原则形成于领空主权说，其与空中自由说①相对，是在 20 世纪飞机发明出来之后提出的，但是领空主权说承认外国飞机在领空有"无害通过权"。到了"二战"之后，各国不再满足于对自己的领空只有不完全的主权，不能接受无害通过权，完全的领空主权理论得到普遍支持。

1919 年在巴黎签订的第一个国际多边航空公约——《巴黎航空公约》明确各国对其领土之上的空气空间享有"完全的和排他的主权"。此后，1944 年《芝加哥公约》也在第 1 条作了同样的规定，这表明：(1) 领空主权是每一个国家享有的，无论其是否是缔约国；领空主权不是国际条约法，而是国际习惯法，具有普遍的法律约束力；(2) 国家享有的领空主权是完全、排他、充分的；(3) 领空主权限于空气空间。

（二）领空主权原则的内容

1. 自保权

外国航空器未经一国许可不得擅自侵入该国领空，否则就构成侵犯国家主权的国际违法行为。对于非法入境的外国民用航空器，地面国根据主权，可以采取符合国际法有关规则的任何适当手段，包括要求其终止此类侵犯立即离境或要求其在指定地点降落等。

2. 管辖权

领空是国家领土的组成部分，外国航空器进入国家领空需经该国许可并遵守领空国的有关法律。

3. 管理权

一国有权完全禁止外国航空器进入其领空，或在一定条件下进入或通过其领空，根据一定条件，相互给予民用航空器以进入或通过其领空的便利。国家对领空享有完全排他的主权，国家有权拒绝他国航空器的通过。但不得危及航空器内人员的生命和航空器的安全，避免使用武器。

4. 支配权

包括对领空资源的占有、使用、处分的权利，具体包含国家有权制定有关规章制度，规范领

---

① 空中自由说的主要代表人物是法国的福希叶，他认为空气和海水一样，既不能衡量也不能占有，因此是人类共有之物，各国可以自由利用。

空资源的开发利用、外国航空器入境离境和在境内飞行的行为,各国可以指定外国航空器降停的设关机场。国家保留国内航线专属权,一国为安全及军事需要有权在其领空中划定某些禁区。

三、国际航空自由

(一) 五大航权

国际航空自由,亦称为"航权"或"空中自由",是指国际航空运输中的过境权利和运输业务权利,也称国际航空运输的业务或空中自由权。它是国家主权权益的一部分,在国际航空运输中交换这些权益时,一般采取对等原则,有时候某一方也会提出较高的交换条件或收取补偿费以适当保护本国航空企业的权益。航权的概念起源于 1944 年芝加哥会议,更为明确的法律根据是 1944 年的《国际航班过境协定》(因只有过境权的两种自由,通称《两大自由协定》)和《国际航空运输协定》(通称《五大自由协定》)。

《国际航空运输协定》规定了五种关于定期国际航班的空中自由,通称为"空中五大自由"或"五大航权"。它们是:

(1) 领空飞越权。在不着陆的情况下,本国航机可以在协议国领空上飞过,前往其他国家目的地。

(2) 技术经停权。即非运输业务性降停的权利。本国航机可以因技术需要(如添加燃料、飞机故障或气象原因备降)在协议国降落、经停,但不得作任何业务性工作,如上下客、货、邮。

(3) 目的地下客和货权。指一个国家或地区的航空公司自其登记国或地区载运客、货、邮至另一协议国或地区并卸下的权利。

(4) 目的地上客和货权。指一个国家或地区的航空公司自另一协议国家或地区载运客、货、邮返回其登记国或地区的权利。

(5) 中间点权或延远权。一个国家或地区的航空公司取得权利,在其登记国或地区以外的两国或地区间载运客货,但其航班的起点与终点必须为其登记国或地区。此种航权比较复杂,要和两个或两个以上的国家进行谈判,涉及多个双边协定,并且在不同的协定中意味着不同种类的航权。前两种自由被称为"过境权",后三种自由被称为"商业性运输业务权"。

(二) 新航权

除上述五大航权外,还有几种较新的航权:

(1) 桥梁权。某国或地区的航空公司在境外两国或地区间载运客货且中经其登记国或地区(此为第三及第四航权的结合)的权利。例如,伦敦—北京—首尔,国航将源自英国的旅客运经北京后再运到韩国。

(2) 完全第三国运输权。某国或地区的航空公司完全在其本国或地区领域以外经营独立的航线,在境外两国或地区间载运客货的权利。例如,由德国汉莎航空公司承运的伦敦—巴黎航线即属于此种航权的体现。

(3) (连续的)国内运输权。某国或地区的航空公司在他国或地区领域内两地间载运客货的权利(境内经营权),此种航权只能是自己国家的一条航线在别国的延长。例如,北京—成都,由日本航空公司承运,作为东京—北京航线的延续。

（4）（非连续的）国内运输权。本国航机可以到协议国作国内航线运营。此种航权是完全在另外一个国家开设的航线,而非国际航线的延续。①

四、国际航空安保法律制度的核心内容

国际航空安保法律制度建立在《东京公约》《海牙公约》《蒙特利尔公约》三个反劫机公约的基础上。

（一）适用范围

在整体上而言,不论是国内航班还是国际航班,只要航空器在飞行中或在公海海面上或在不属于任何国家领土的其他地区地（水）面上,《东京公约》均适用。

《海牙公约》不仅适用于国际航空,而且适用于国内航空。但必须是发生劫机罪行的航空器的起飞地或实际降落地不是航空器登记国的领土。不仅适用于在飞行中的航空器内的罪犯,而且适用于共犯或企图犯罪的人。

《蒙特利尔公约》关于适用范围的规定与《海牙公约》相同。即对国际、国内航班均可适用,但航空器的起飞地和降落地（包括预定降落地和实际降落地）须位于航空器登记国的领土以外,而且罪行应在不属于航空器登记国的其他国家领土上发生。关于破坏航行设施和在机场施行暴力行为的犯罪,只有当航行设施和机场用于国际民用航空时《蒙特利尔公约》才能适用。

（二）适用期间

纵观几个国际公约,关注国际航空安全经历了从"飞行中"到"使用中"的扩展过程。

《东京公约》是国际上第一个试图对航空器内的犯罪问题加以解决的国际公约,其目的是对"正在飞行中"的航空器上的犯罪行使管辖权,犯罪的界定依主权国家法律确定。

《海牙公约》是国际上第一个专门处理空中劫持的国际公约。该公约规定,"凡在飞行中的航空器内的任何人:（甲）用暴力或使用暴力威胁,或用任何其他恐吓方式非法劫持或控制该航空器,或企图从事任何这种行为,或（乙）是从事或企图从事任何这种行为的人的同犯,即是犯有罪行"。这一定义显然扩大了《东京公约》中的相关规定。同时,该公约还扩大了"飞行中"的概念。在该公约中,"飞行中"是指"航空器从装载完毕、机舱外部各门均已关闭时起,直至打开任一机舱门以便卸载时为止"。

《蒙特利尔公约》和《蒙特利尔议定书》再次扩大了危害国际民用航空安全行为的概念。它们将《东京公约》和《海牙公约》所规定的"飞行中"扩大为"使用中"。具体包含:（1）航空器从装载完毕、机舱外部各门均已关闭时起,直至打开任一机舱门以便卸载时为止,应被认为是在飞行中;航空器强迫降落时,在主当局接管对该航空器及其所载人员和财产的责任前,应被认为仍在飞行中。（2）从地面人员或机组为某一特定飞行而对航空器进行飞行前的准备时起,直到降落后 24 小时止,该航空器应被认为是在使用中;在任何情况下,使用的期间应包括

---

① 参见何志鹏等:《国际法原理》,高等教育出版社 2017 年版,第 273~274 页。

本条甲款所规定的航空器是在飞行中的整个时间。

（三）危害国际民用航空安全的行为

《东京公约》规定，它适用于"违反刑法的罪行"和"危害航空器或其所载人员或财产的安全，或危害航空器上的良好秩序和纪律的行为，无论此种行为是否构成罪行"。

《海牙公约》作了较详细的规定：任何人用武力或武力威胁，或用任何其他恐吓方式，非法劫持或控制航空器或从事作任何这种行为而未遂的，或从事上述行为或从事上述行为而未遂的人的从犯，都是犯了劫持航空器的罪行。

《蒙特利尔公约》第1条详细而具体地规定了犯罪的行为方式，弥补了《东京公约》和《海牙公约》的不足：（1）对飞行中的航空器内的人从事暴力行为，如该行为将会危及该航空器的安全；或（2）破坏使用中的航空器或对该航空器造成损坏，使其不能飞行或将会危及其飞行安全；或（3）用任何方法在使用中的航空器内放置或使别人放置一种将会破坏该航空器或对其造成损坏使其不能飞行或对其造成损坏而将会危及其飞行安全的装置或物质；或（4）破坏或损坏航行设备或妨碍其工作，如任何此种行为将会危及飞行中航空器的安全；或（5）传送他明知是虚假的情报，从而危及飞行中的航空器的安全。与此同时，任何人如果企图犯本条第1款所指的任何罪行或是犯有或企图犯任何此种罪行的人的同犯，也视为犯有罪行。

（四）对于危害民航安全罪行的管辖权

根据《东京公约》的规定，拥有对危害民航安全罪行管辖权的主要为登记国。

《海牙公约》规定的管辖权则拓展到：（1）航空器的登记国；（2）如罪犯仍在该航空器内，可以为航空器的降落地国；（3）承租人的主要营业地国或永久居所地所在国（适用在租来时不带机组的航空器）；（4）当被指称的罪犯（嫌疑人）在一国领土内，而发现罪犯的国家未将此人引渡给上述任一国时，该国应采取必要的措施，对罪行实施管辖权。

《蒙特利尔公约》及其补充议定书规定的管辖权与海牙公约基本相同，但增加了罪行发生地国的管辖权。这样，其管辖权就归属于：（1）罪行发生行为地国；（2）罪行针对的航空器的登记国；（3）发生犯罪行为的飞机降落地国；（4）罪行的发现地国；（5）承租人主要营业地国；（6）根据本国法行使管辖权的其他国家。

同时，嫌疑人国籍国或永久居所国根据属人管辖权，罪行后果涉及国，包括受害人国籍国或永久居所国，后果涉及领土、罪行危及其安全的国家根据保护管辖原则和被动人格原则，均有管辖权。

（五）或引渡或起诉的问题

三个公约规定，危害民航安全罪行是一种可引渡的罪行，但引渡是任意性法律规范，各国没有强制引渡的义务，国家可以依据引渡协议或国内法决定是否予以引渡。

《海牙公约》和《蒙特利尔公约》的第7条采用了"或引渡或起诉"的原则。这意味着，如果嫌疑人所在国没有相关协议规定其负有引渡义务，如不将其引渡，则不论罪行是否在其境内发生，一律应将案件提交主管当局以便起诉。该主管当局应按照本国法律，以对待任何严重性质的普通罪行案件的同样方式予以审判。也就是说，对劫机等犯罪不得以政治罪论处。

中国是上述三个公约的缔约国。

五、《中华人民共和国民用航空法》

1995 年 10 月 30 日,第八届全国人大常委会第十六次会议通过了《中华人民共和国民用航空法》,并于 1996 年 3 月 1 日起施行。[①] 该法主要内容有:

(1) 中华人民共和国领陆和领水上空为中国领空,中国享有完全排他的主权。

(2) 经中华人民共和国国务院民用航空主管部门依法进行国籍登记的民用航空器,具有中国国籍;自境外租赁的民用航空器,可以申请登记中国国籍,但是必须先行注销该民用航空器的原国籍登记;民用航空器不得具有双重国籍,未注销外国国籍的民用航空器不得在中国申请国籍登记。

(3) 外国民用航空器根据其国籍登记国政府与中国政府签订的协定、协议,或者经中国国务院民用航空主管部门批准或接受,方可飞入、飞出中国领空和在中国境内飞行降落。对于不符合这一规定,擅自飞入中国领空的外国民用航空器,中国有关机关有权采取必要措施,令其在指定的机场降落。

(4) 外国民用航空器应当按照中国国务院民用航空主管部门批准的班期时刻或者飞行计划飞行;变更班期时刻或飞行计划的,也应当获得中国主管部门批准;因故变更或者取消飞行计划的,其经营人应当及时报告中国主管部门。

(5) 外国民用航空器的经营人,不得经营中国境内两点之间的航空运输。这是国际航空法允许的缔约国保留其"国内运载权"的体现。所谓的国内运载权,是指在一国境内的一个地点用航空器载运旅客、货物和邮件前往该国境内的另一地点的权利。一国的国内载运权只给予本国的航空公司,是保护本国航空权益的重要措施。《国际民用航空公约》承认,这种权利为各国所专有,但要求对外国航空公司不得有任何差别待遇。

六、外层空间法的基本原则

1963 年 12 月 13 日,联合国大会一致通过《外空宣言》,宣布了外空活动应该遵守的八项原则。这八项原则在 1967 年《外空条约》中再次得到确认和发展,这是国际社会第一次用条约的形式确立了外空活动的基本原则,得到国际社会普遍的赞同和遵守,对于外空法的形成和发展具有重要作用。

这八项基本原则包括:(1) 共同利益原则;(2) 自由探索和利用原则;(3) 不得据为己有原则;(4) 遵守国际法原则;(5) 国际责任原则;(6) 国际合作原则;(7) 和平利用原则;(8) 保护外空环境原则。

七、外空物体与宇航员的法律地位

外空物体是指由人类创造的,用以探测和利用外层空间的技术装置和物体,包括人造卫星、宇宙飞船、航天飞机、空间站、月球和其他天体上的建筑物、星际自动装置等,还包括一个外

---

① 2009 年 8 月 27 日第十一届全国人民代表大会常务委员会第十次会议通过《全国人民代表大会常务委员会关于修改部分法律的决定》,对该法与《刑法》《治安管理处罚法》进行了相应修改。

空物体的组成部分以及外空物体的发射载器及其零件。

外空物体的登记国对该物体具有管辖权和所有权;寻获外空物体返还登记国;对于外空物体的互惠开放利用。

对于外空物体的发射当局必须将外空物体在本国和联合国秘书处进行登记,并向联合国秘书处提供物体的基本情况。

《外空条约》规定,宇航员是人类派往外空的使节。在宇航员发生意外、遇难或在另一缔约国境内或公海紧急降落时,各缔约国应提供一切可能的援助。他们降落后,应立即、安全地被送回登记国。

对因意外事故而降落的宇航员,降落地国应立即予以援救并提供一切帮助,宇航员若在公海或不属于任何国家的地方降落,凡力所能及的缔约国应协助寻找和营救。宇航员无论在何地降落或被发现,应保证其安全并立即交还给发射当局。

八、空间物体登记制度

1974 年 11 月 12 日,联合国通过《登记公约》,确立了现行的空间物体登记制度。具体内容包括:

（1）发射国应对其发射的空间物体进行登记,包括将该空间物体载入其所保存的适当内容的国内登记册,同时在切实可行的范围内尽快将有关情报报告联合国秘书长,以便在其保存的总登记册里进行登记。

（2）空间物体若由两个以上发射国发射,应由其共同决定其中的一个国家进行登记。

（3）外空物体的登记国对该外空物体拥有所有权和管辖控制权。

（4）若登记国切实知道其所登记的物体已不复在轨道上存在,也应尽快通知联合国秘书长。

九、营救制度

《外空条约》第 5 条和第 8 条对营救和归还宇航员及返还空间物体进行了原则性规定。1968 年《营救协定》确立了比较完善的空间营救制度,具体内容包括:

（1）各国在获悉或发现航天器上的人员在其管辖区域、公海或不属于国家管辖的任何地方,发生意外、遇难或紧急降落时,应立即通知其发射国及联合国秘书长。

（2）对于获悉或发现在一国领土内的宇航员,领土国应立即采取一切可能的措施,营救宇航员,并给予他们一切必要的帮助。对于获悉或发现宇航员在国家管辖范围以外的区域,必要时凡力所能及的缔约国,均应协助寻找和救援。对于发现的宇航员,应立即安全地交还发射国。

（3）对于发生意外的空间物体应送还其发射国。在一国管辖区域内发现的空间物体或其组成部分,应根据发射国的要求,采取切实的措施对该空间物体进行保护。同时,这种保护行动可以请求发射国的协助,并且发射国应支付他国有关保护和归还行动的费用。

（4）如果一国有理由认为在其境内发现的空间物体具有危险和有害性质,则可通知发射国在该国的领导和监督下,立即采取有效措施,消除这种危险。

十、责任制度

外空物体造成损害的国际责任,是指一国因发射外空物体失败而发生意外事故,或者在外空物体返还地球的过程中造成的对其他地面国的损害而引起的国际责任。1972 年《空间物体造成损失的国际责任公约》(以下简称《责任公约》)是用以调整因外空物体造成损失而产生的国际责任的专门国际法文件。

(一)责任主体

国家对其外空活动承担国际责任,并应保证本国活动的实施符合国际法的规定。不论这种活动是其政府部门或非政府实体从事。非政府实体的外空活动,应得到其国家的批准和连续监督。

《外空条约》规定,凡进行发射或促进把航天物体射入外空(包括月球和其他天体)的缔约国,及为发射航天物体提供领土或设备的缔约国,对该物体及其组成部分在地球、天空或外空使另一缔约国或其自然人或法人受到损害,应负国际责任。各缔约国在从事研究探测外空时,应避免使其遭受有害的污染,避免使地球环境发生不利的变化。1979 年的《月球协定》也有类似的规定。

《责任公约》对空间物体造成损失的赔偿责任制度,作出了具体的规定。根据公约,损害赔偿应由该物体的发射国承担。这里的发射国包括:发射或促使发射空间物体的国家以及从其领土或设施发射空间物体的国家。"发射"包括未成功的发射。两个或两个以上的国家共同发射空间物体时,对所造成的损害应承担共同或单独的责任。

(二)归责原则

(1)发射国的空间实体在地球表面造成损害或对飞行中的飞机造成损害,应负赔偿的绝对责任。

(2)发射国对其空间物体在地球表面以外的其他任何地方,对另一发射国空间实体或所载人员或财产造成损害时,负有赔偿的过错责任,即只有在损害是因为前者或其负责人的过错造成的条件下,该国才负责任。

(3)一发射国的空间实体在地球表面以外的其他地方,对另一发射国的空间实体造成损害,并因此对第三国及其自然人或法人造成损害时,前两国共同和单独对第三国负有绝对责任。其中,若对第三国的地球表面或飞行中的飞机造成损害,前两国负绝对责任。如果对地球表面以外的其他地方的第三国外空物体或所载人员财产造成损害,则前两国依各自的过错承担相应的责任。发射国若能证明损害是因为要求赔偿国方面造成时,应依证明的程度免除绝对责任,但损害若是发射国进行不符合《联合国宪章》《外空条约》和其他国际法规范的活动而造成时,其责任不能免除。

发射国空间物体对于下面两种人员造成的损害不适用《责任公约》:(1)该国的国民;(2)在空间物体从发射至降落的任何阶段内参加操作的或者应发射国的邀请而留在紧接预定发射或回收区的外国公民。

十一、月球开发制度

中国于 1983 年和 1988 年先后加入了《外空条约》《营救协定》《责任公约》《登记公约》，但尚未加入《月球协定》。

根据《外空条约》和《月球协定》所确立的月球开发制度，其主要内容包括：(1) 月球及其资源为全人类的共同财产。(2) 在平等基础上按照国际法进行月球上的一切活动。(3) 月球的探索和利用应为一切国家谋福利。(4) 为和平目的利用月球。(5) 采取措施防止环境遭到破坏。(6) 国际开发制度：其一，有秩序地和安全地开发月球的自然资源；其二，对这些资源进行合理的管理；其三，扩大使用这些资源的机会；其四，所有缔约国应公平分享这些资源所带来的惠益，并应对发展中国家的利益和需要以及各个直接或间接对探索月球做出贡献的国家，给予特别的照顾。

十二、卫星直播电视广播问题

卫星直播电视广播，是指通过卫星将电视广播直接传送到地面电视机，而不需要通过地面电视接收站的电视广播。其涉及的法律问题包括：播出国是否有对他国自由播放电视节目的权利；播出国在未经过地面接收国事先同意的情况下播出电视节目，是否构成对接收国主权的侵犯。

关于卫星直播电视广播问题，至今未能以条约的形式确立其法律制度。1982 年联合国大会通过了《各国利用人造地球卫星进行国际直播电视所应遵守的原则》的决议，该决议所规定的原则包括：(1) 利用卫星进行国际直播电视广播不得侵犯各国主权，包括不得违反不干涉原则，并不得侵犯人人有寻求、接受和传递信息和思想的权利。(2) 卫星直播电视广播活动应遵守国际法。(3) 各国在利用卫星进行国际直播电视广播方面的权利一律平等，并有权享受这种活动带来的利益。(4) 进行卫星直播电视广播应以国际合作为基础。(5) 广播国与接收国应进行协商。(6) 各国应对卫星进行直播电视广播活动承担国际责任。

十三、卫星遥感地球问题

卫星遥感地球，一般以整个地球为对象，会涉及许多国家。卫星遥感技术在给人类的生产和生活带来诸多好处的同时，也带来了一些国际法上的问题，包括：遥感国是否有权在外层空间对他国领土进行遥感活动，是否有权自由处理遥感所获得的信息，遥感国在未取得受遥感国事先同意的情况下从事遥感活动是否构成对受遥感国主权的侵犯。发展中国家强调领土国的权利，认为遥感应取得地面国的事先同意，发达国家则强调自由利用外空原则，认为遥感不应取得地面国的事先同意。

关于卫星遥感地球问题，至今未能以任何条约的形式确立法律制度。1986 年联合国大会通过了《关于从外层空间遥感地球的原则》的决议，该决议所确立的原则主要包括：(1) 遥感活动应为所有国家谋福利和利益，并应特别考虑到发展中国家的需要。(2) 遥感活动应遵守国际法，不得损害受遥感国的合法权利和利益。(3) 进行遥感活动的国家应促进遥感活动方面的国际合作，提供技术援助。(4) 遥感应促进地球自然资源的保护和保护人类免受自然灾害的侵袭。(5) 受遥感国在不歧视的基础上，依照合理费用可取得其管辖下领土的原始数据和经处理过的数据。(6)遥感国应对其活动承担国际责任。

十四、外层空间使用核动力源的问题

自 1978 年苏联核动力卫星"宇宙—954 号"在返回大气层时失事以后,国际社会对在外层空间使用核动力源问题就十分关注,尤其是如何确保在外层空间安全使用核动力源。

1992 年,联合国大会通过《关于在外层空间使用核动力源的原则》的决议。该决议确立了11 项原则,其主要内容包括:(1)在外层空间使用核动力源活动应按照国际法进行。(2)在外层空间使用核动力源应限于非核动力源无法合理执行的航天任务。(3)发射国在发射前应确保进行彻底和全面的安全评价,这一评价应遵守关于安全使用的指导方针和标准。(4)在载有核动力源的空间物体发生故障而产生放射性物质重返地球的危险时,发射国应及时通知有关国家和联合国秘书长。(5)发射国和拥有空间检测、跟踪设施或有关技术能力的其他国家应进行合作,尽早通报载有核动力源的空间物体可能发生故障的有关情报,并向受影响国家提供必要的协助。(6)各国应对本国在外层空间涉及使用核动力源的活动承担国际责任和损害赔偿责任。

联合国外空委科学和技术小组委员会与国际原子能机构于 2009 年联合发布了《外层空间核动力源应用安全框架》,这是一个自愿性的、不具有法律约束力的国际文件,但是为相关国家在外空使用核动力源提供了行动指南,重点是保护地球生物圈中的人与环境,使其免受空间核动力源应用在有关发射、运行和寿终飞行阶段可能带来的危害。

该安全框架提供了三个主要的行动指南:(1)对政府的指南,即对负责授权、批准或执行空间核动力源飞行任务的国家政府和有关国际政府间组织(如区域空间机构)提供指导;(2)管理指南,即对涉及空间核动力源应用的组织提供管理方面的指导;(3)技术指南,即对涉及空间核动力源应用的组织提供技术指导。

十五、中国关于外层空间法的立场实践

中国于 1983 年和 1988 年先后加入了《外空条约》《营救协定》《责任公约》《登记公约》。

中国在 2008 年联合国外空委第 51 届会议上首次提出"和谐外空"是和谐世界重要内容的理念,维护和加强外空法治是建设和谐外空的重要保障。中国认为,现行国际外空法律制度虽然在规范国家空间活动、保障国家空间权益、维护空间秩序和促进空间合作等方面发挥了积极、有效的作用,然而还不足以有效防止外空武器化和外空军备竞赛,不足以规范私营者的空间商业活动,不足以有效控制外空污染和资源浪费。中国主张,应针对上述不足,选择恰当方式,对现行外空法进行补充和整合:

(1)谈判制定相关国际法律文书是防止外空武器化和外空军备竞赛的最佳途径。

(2)制定规范空间商业活动和私人活动的法律制度。

(3)支持在保护空间环境、维护外空资源的可持续利用方面建章立制,赞成从法律编纂和发展的角度,对外空法加以补充和整合,包括制定一部综合的外空法。

迄今为止,在国内立法方面,中国尚未制定综合性外空法律,相关规定散见于数个不同部门的法规中。目前仅有的两部外空专门法规,是由政府主管部门制定的单行管理办法。

2001 年 2 月 8 日,中国国防科学技术工业委员会和外交部发布了《空间物体登记管理办

法》,这是我国第一部规范空间活动的规章,该规章也是《登记公约》在中国国内化的体现。2002年11月21日,中国国防科学技术工业委员会又公布了《民用航天发射许可证管理暂行办法》,该办法建立了对在我国境内非军事用途的航天器进入外层空间的行为的许可证管理体系。

目前中国已经启动了《空间活动管理条例》的拟订工作。[①] 在今后的一个时期,加强外空立法工作将是一项重要任务。为落实《航天发展"十三五"规划》,要加快国家航天政策法规的制定,以指导和规范航天活动,营造依法行政的法律环境。

十六、知识点延伸

(一) 领空的界限问题

1. 领空的水平界限

一国领空从与地球表面平行方向看,止于其领土边界线的上方,即领土边界线向上立体延伸构成领空的水平扩展界限。与领空处于地球大气同一环层,并在各国领空水平界限以外的部分,主要包括专属经济区、公海和南极的上空,对于其整体的法律地位,国际法上还没有一项专门的条约来规定,如《联合国海洋法公约》仅主要规定了专属经济区和公海上空的飞越自由。一般认为,该领空外部分不属于任何国家的主权之下,对所有国家都是开放和自由的。

2. 领空的垂直界限

领空的垂直界限是指领空自地球表面向上扩展的外缘,这是领空与外层空间的界限问题。对此国际社会有多种主张,主要包括空间论和功能论两派。

空间论者认为应该而且也可能划定某一高度为领空和外空的界限。他们提出了包括空气空间或大气层标准、卡曼线、卫星轨道最低点、航空器飞行最高点等划定方法。

功能论不支持划定界限的主张,认为更为重要的是,应从功能上区分航空器或航天器两类不同性质的航行器,以及相应地区分相关的国家活动性质,从而由不同的法律进行规范。他们认为,航空器活动由航空法规范、航天器活动由外空法规范,完善各种具体的规则应是目前解决问题的途径,而不必急于划界。

迄今,国际法尚未就领空与外空的具体界限作出准确的划定。

(二) 防空识别区

防空识别区(Air Defense Identification Zone,ADIZ),是在一国的领陆、内水或领海或者邻接海岸的专属经济区或公海之上建立起来的、在空气空间中要求民用航空器被识别身份的一部分区域。

1950年,美国颁布行政命令,对飞机的自由通行作出了一些限制,要求在美国领土和公海上划界区飞行的所有外国飞机都严格遵守。尽管此种规范违反礼节、不符合当时的国际法,但是许多受到影响的国家都予以遵守。加拿大政府仿效美国,也以法规的方式建立了防空识别区。防空识别区的目的是维护国家安全。所有飞临该区域的飞机在离海岸线很远的地方即被主动识别。为了达此目的,法规要求所有飞机在进入该区域以前将自己的身份通过无线电告知有关国家航空设施。而身份不明的飞机如被雷达网检测到,则被派遣飞机进行拦截,以保证

---

① 参见段洁龙主编:《中国国际法实践与案例》,法律出版社2011年版,第441-443页。

该身份不明的飞机的友好性。

半个多世纪以来,防空识别区已经在加拿大、法国、澳大利亚、韩国、日本、印度尼西亚等20多个国家和地区得到实践。目前并未确立规范防空识别区的设立及其行为的条约。上述单方面的宣告并未受到反对,因此可以认定宣告防空识别区已经成为国际法上的习惯权利。

2013年11月23日,中华人民共和国政府根据1997年3月14日《中华人民共和国国防法》、1995年10月30日《中华人民共和国民用航空法》和2001年7月27日《中华人民共和国飞行基本规则》,宣布划设东海防空识别区。

第四部分 习 题 自 测

(一)填空题

1. 发射国发射空间物体应在_____登记,并向_____报告。

2. 空间物体有两个以上国家发射,应_____其中的一个国家进行登记。

3. 登记国对外空物体拥有_____和_____。

4. 对获悉或发现在一国领土内的宇航员,领土国应尽快报告_____。

5. 《营救协定》和《责任公约》不调整_____的法律关系。

6. 擅自飞入本国领空的外国航空器,国家有权责令_____或命令_____。

7. 对于劫机犯,国际上坚持的通行原则是_____。

(二)单项选择题

8. 下列选项中属于确立一般航空法律制度的条约的是( )。

A. 《巴黎航空公约》　　　　　　B. 1963《东京条约》

C. 1970《海牙公约》　　　　　　D. 《国际航空运输协定》

9. 关于航空法,下列表述错误的是( )。

A. 国家对领空有完全排他的主权

B. 领空是地面国领土的构成部分

C. 外国飞行器在别国领空享有无害通过权

D. 航空法只适用于民航飞行器

10. "二战"后,国际民用航空重建的法律和组织的框架是( )。

A. 《国际民用航空公约》　　　　B. 1919《巴黎公约》

C. 1963《东京条约》　　　　　　D. 1970《海牙公约》

11. 甲、乙两国是邻国,关系一直紧张。甲国曾多次出动空军,非法轰炸乙国境内的军事目标。"飞翔号"是承担甲、丙两国间航班飞行的民航机,在甲国注册。一日,因天气原因,"飞翔号"在飞往丙国途中偏离航线,误入乙国境内。甲乙丙三国都是国际民航组织的成员国,甲乙两国之间并没有双边的航空或航线协定。对此,下列哪一选项是正确的?( )

A. "飞翔号"是民航机,在估计安全的情况下,可以自行飞入乙国领空

B. 乙国有权要求"飞翔号"立即离开乙国领空

C. 乙国无权要求位于其境内的"飞翔号"在其指定安全地点降落

D. 在"飞翔号"载客不明的情形下,乙国有权对其使用武器,将其击落

12. 月球主人公司是甲国人汤姆在甲国注册的公司,专门从事出售月球土地的生意。该公司把月球分为若干部分供购买者选购,并称通过与该公司订立"月球契约",买方就拥有了其购买的月球特定部分的所有权。对此,根据外层空间法的有关规则,下列哪一选项是正确的?(　　　)

A. 该类契约规定的所有权,必须得到甲国家的特别批准方能在国际法上成立

B. 该类契约可以构成甲国国家对月球相关部分主张主权的证据

C. 即使该类契约受甲国国内法保护,该所有权在国际法上也不能成立

D. 该类契约必须在联合国外空委员会登记,以确立购买者在国际法上的所有权

13. 被称为国际民用航空活动的宪章性文件的是(　　　)。

A.《芝加哥公约》　　　　　　　　B.《华沙公约》

C.《蒙特利尔公约》　　　　　　　D.《海牙公约》

14. 根据《中华人民共和国民用航空法》,下列说法错误的是(　　　)。

A. 民用航空器不得具有双重国籍

B. 民用航空器未经批准不得飞出中华人民共和国领空

C. 外国民用航空器的经营人,不得经营中华人民共和国境内两点之间的航空运输

D. 未注销外国国籍的民用航空器可以在中华人民共和国申请国籍登记

15. 被称为"外层空间宪章"的文件是(　　　)。

A.《外层空间宣言》　　　　　　　B.《外层空间条约》

C.《营救协定》　　　　　　　　　D.《空间物体造成损害的国际责任公约》

16. 下列哪种说法是错误的?(　　　)

A. 外层空间是无主物　　　　　　B. 外层空间供各国为和平目的而使用

C. 各国不得在外空主张主权　　　D. 各国不能在外空进行军事演习

17. 甲国发射的空间实体在外空撞击了乙国的空间实体,碰撞后乙国的空间实体的碎片落在丙国的地面上,对丙国造成了损害。对于丙国的损失,根据《空间物体造成损害的国际责任公约》,应当由谁来承担责任?(　　　)

A. 甲国单独承担责任　　　　　　B. 乙国单独承担责任

C. 甲国或乙国都不承担责任　　　D. 两国承担共同责任

（三）多项选择题

18. 甲国发生内战,乙国拟派民航包机将其侨民接回,飞机需要飞越丙国领空。根据国际法相关规则,下列哪些选项是正确的?(　　　　　)

A. 乙国飞机因接其侨民,得自行飞越丙国领空

B. 乙国飞机未经甲国允许,不得飞入甲国领空

C. 乙国飞机未经允许飞越丙国领空,丙国有权要求其在指定地点降落

D. 丙国军机有权在警告后将未经许可飞越丙国领空的乙国飞机击落

19. 乙国与甲国航天企业达成协议,由甲国发射乙国研制的"星球一号"卫星。因发射失败卫星碎片降落到甲国境内,造成人员和财物损失。甲乙两国均为《空间物体造成损害的国际责任公约》缔约国。下列选项正确的是(　　　　　)。

A. 如"星球一号"发射成功,发射国为技术保密可不向联合国办理登记

B. 因"星球一号"由甲国的非政府实体发射,则甲国不承担国际责任

C. "星球一号"对甲国国民的损害不适用《责任公约》

D. 甲国和乙国对"星球一号"碎片造成的飞机损失承担绝对责任

20. 下列属于航空安全的条约的是(　　　　)。

A.《关于在航空器上犯罪和其他某些行为的公约》

B.《关于制止非法劫持航空器的公约》

C.《关于制止危害民用航空安全的非法行为的公约》

D.《蒙特利尔议定书》

21. 下列表述正确的是(　　　　)。

A. 外国飞行器对他国领空享有过境通行权

B. 就国际航行海峡而言,他国飞机享有过境通行权

C. 外国船舶在他国领海上享有无害通过权

D. 外国船舶在他国领海上享有过境通行权

22. 从事外空活动的自由和权利主要包括(　　　　)。

A. 进入自由　　　　　　　　B. 探测自由

C. 科学调查自由　　　　　　D. 利用自由

E. 开发自由

23. 从事外空活动的基本义务和责任包含(　　　　)。

A. 外空活动必须遵守国际法　　B. 必须是为了全人类的福祉

C. 只能用于和平目的　　　　　D. 最大限度公开化义务

24. 下列选项中不是外层空间法的最主要渊源的是(　　　　)。

A. 国际习惯　　　　　　　　B. 国际条约

C. 一般法律原则　　　　　　D. 国际法院判例

25. 甲国一军用飞机由于风暴偏离正常轨道,进入了乙国的领空。针对甲国军用飞机的这一行为的说法,下列哪些选项是正确的?(　　　　)

A. 构成甲国的国家不法行为　　B. 不构成国家不法行为

C. 应由甲国向乙国承担国际责任　　D. 甲国无须承担国际责任

(四) 简答题

26. 简述《月球协定》规定的月球的法律地位和开发利用的有关制度。

27. 简述外层空间的概念和法律地位。

28. 简述外层空间的法律原则。

(五) 案例分析

29. A、B 两国是《联合国海洋法公约》的缔约国,各自宣布了从其领海基线起 200 海里的专属经济区。它们还是《国际民用航空公约》的缔约国。A 国一架高性能军用侦察机在距离 B 国东南海岸 135 公里海域上空抵近侦察飞行,搜集 B 国海岸防御的情报,被 B 国一架军用飞机

跟踪监视。当两架飞机靠近平行向西南方飞行时,A 国军用飞机突然转向,朝东北方飞行,其左机翼撞上 B 国飞机,致使其失控坠海。受损的 A 国飞机进入 B 国领空,并降落最近的一个军用机场。事件发生后,A 国指责 B 国侵犯了它在国际空域的飞行自由,应对事件负责,其飞机进入和降落 B 国是处于紧急情况,无须它同意;降落飞机享有主权豁免,B 国无权扣押和检查。

根据以上案情,分析 A 国主张的合法性。

30. A 国、B 国、C 国和 D 国都是 1970 年《关于制止非法劫持航空器的公约》的缔约国。一架在 A 国登记的民航飞机飞经 B 国领空时,被 C 国反政府游击队的一名成员 C1 劫持,要求 C 国政府释放被关押的 2 名游击队领导人。被劫持飞机降落 D 国后,C1 申请政治避免,得到 D 国允许。

根据以上案情,回答下列问题

(1)本案中哪些国家对 C1 劫持航空器的行为有管辖权?

(2)D 国的做法是否正确? 为什么?

31. A 国人甲向 A 国地方法院、A 国政府和联合国递交一份所有权声明,宣布他是月球的土地所有者,它注册成立“月球大使馆”公司销售月球土地,并在世界多个国家建立了分公司。B 国人乙与甲签订协议,代理销售月球北纬 20°～24°,西经 30°～34°之间的土地,并向 B 国地方政府管理部门登记成立“月球大使馆”分公司,开始销售月球土地。B 国人只要向“月球大使馆”分公司交纳一小笔费用即可取得 A 国总公司颁发的“月球土地所有权证书”。购买者据此可拥有所购买月球土地的所有权、使用权以及土地以上和地下 3 公里以内的矿物产权。B 国是 1979 年《指导各国在月球和其他天体上活动的协定》的缔约国。

根据以上案情,分析 B 国应该如何对待“月球大使馆”分公司及其销售月球土地的行为?

32. A、B 两国共同发射了“天眼号”核动力军用侦察卫星。A 国在本国登记后,迅速向联合国秘书长提供了登记情报。当“天眼号”卫星因为失控而在重返大气层烧毁时,其放射性残片坠落在 C 国西北部 3 万平方公里的无人区内。C 国立即展开行动,搜集并处理放射性碎片两千多片,共耗费 265 万美元。A、B、C 三国都是《空间物体造成损害的国际责任公约》的缔约国。

根据以上案情,回答下列问题:

(1)哪个国家对“天眼号”卫星保持管辖权和控制权?

(2)C 国搜集和处理放射性碎片的费用是否可获得赔偿? 为什么?

(3)C 国如果提出赔偿要求,其解决程序是什么?

(六)论述题

33. 试述控制危害国际航空罪的主要法律措施。

第十三章 国际条约法

第一部分 学习目标

（一）熟悉

1. 条约名称的广义和狭义分别指什么？常见的广义的条约名称有哪些？
2. 缔约权能包括哪两个方面？各自含义是什么？
3. 条约的加入的含义、适用和具体情况。
4. 条约保留的含义是什么？哪几种情况不得提出保留？
5. 对于条约保留的接受或反对,有关国际条约是如何规定的？
6. 条约的暂时适用的含义、做法。
7. 条约的有效期分哪两种？各自条件是什么？
8. 条约适用的时间范围的一般做法。
9. 条约适用的空间范围的一般做法。
10. 条约解释的主体包括哪些？
11. 对于条约解释的几种理论及各自利弊。
12. 全体当事国对条约的修正的主要规则,若干当事国彼此修改条约的条件。
13. 条约终止一般包括哪些情况？

（二）掌握

1. 条约的概念与特征。
2. 国家的缔约能力是怎样的？缔约权如何行使？
3. 国际组织的缔约能力是怎样的？缔约权如何行使？
4. 按照有关公约规定和国际实践,缔约条约的程序一般包括哪几个方面的内容？
5. 条约保留的定义、目的、适用对象。
6. 条约生效的含义及一般方式。
7. "条约必须遵守"原则的意义和含义。
8. 条约的相对效力原则的含义。
9. 条约解释的含义、意义。
10. 条约解释的通则包括哪几条？
11. 条约修订的含义及两种类型。
12. 条约无效的含义,条约自撤销同意时无效的理由,自始无效的理由。
13. 条约终止的含义。

（三）理解

1. 条约可以按哪些标准分成哪些种类？

2. 条约法的编纂概况。

3. 缔结条约的程序中,议定条约的含义和通常做法。

4. 缔结条约的程序中,认证约文的含义和通常做法。

5. 缔结条约的程序中,表示同意受条约拘束的含义和通常做法。

6. 缔结条约的程序中,通知批准、交换或交存批准书的含义和通常做法。

7. 条约的保管机关及登记与公布制度概况。

8. 中国的缔结条约程序法的大致内容。

9. 条约保留的程序有什么要求？

10. 条约在什么条件下可以为第三方创设条件？

11. 条约解释的补充资料包括哪些？

12. 条约的暂停施行的含义及其条件。

（四）难点

1. 保留及反对保留的法律效果如何？

2. 条约冲突时的适用原则。

3. 条约为什么可以为第三方创设义务？

4. 国际强行法规则有无溯及力（在条约效力方面）？

第二部分　知识结构图

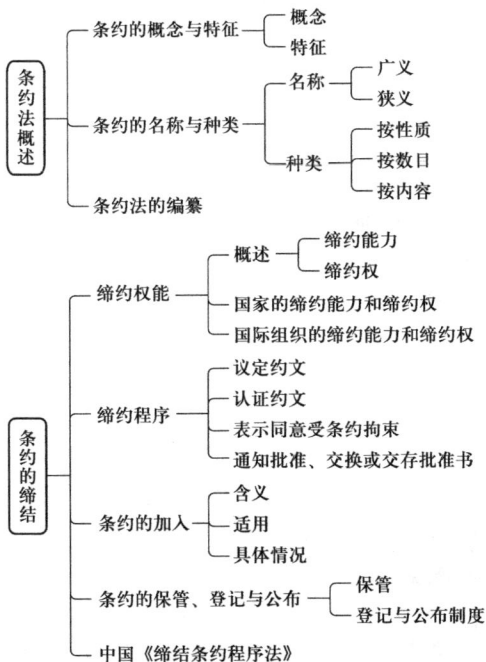

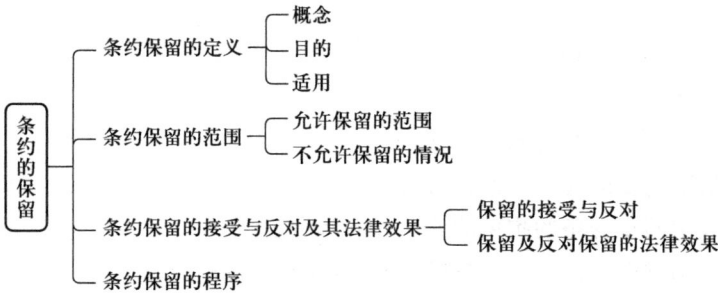

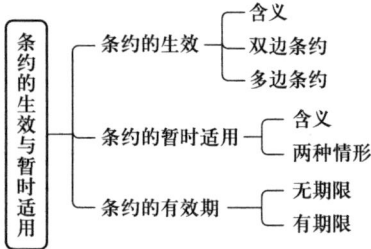

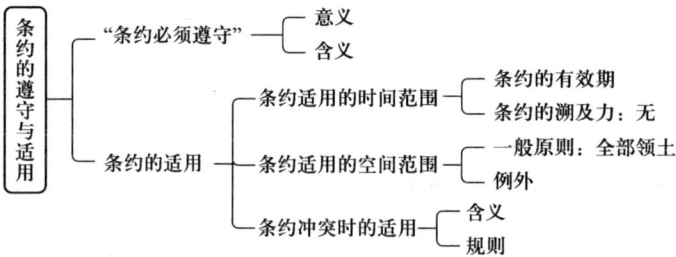

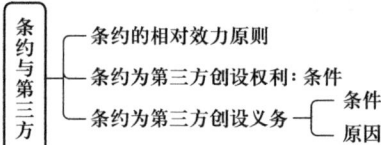

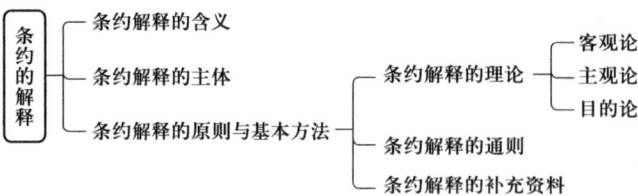

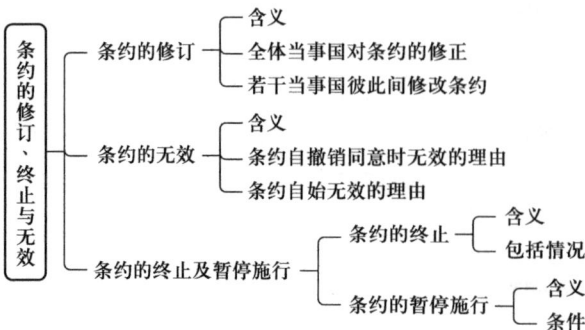

第三部分　重点难点解析

一、条约的概念与特征

条约是国家之间、国际组织之间以及国家与国际组织之间缔结的受国际法支配的书面国际协议。

条约的特征主要是：

（1）由国家、国际组织缔结。条约是国家之间、政府间国际组织之间、国家与政府间国际组织之间缔结的国际协议。此外，如正在争取独立的民族、罗马教廷、交战团体或叛乱团体也可以缔结条约。在一定条件下，国家的特定领土组成单位也可以成为条约缔结的主体，如我国的香港、澳门和台湾地区。

（2）受国际法支配。条约"受国际法支配"首先意味着条约规定了当事方在国际法上具有法律约束力的权利和义务，而不是没有法律拘束力的政治或道义的承诺或声明，也不是受国内法支配的协议。条约的缔结、解释、适用、效力和争端解决等条约事项应当适用国际法。

一项协议是否旨在创设在国际法上具有法律约束力的、以权利义务为内容的国际法律关系，还是只构成不具有法律约束力的单纯政治性的或道德性的或其他非正式的文件？主要是根据协议的具体内容、起草的具体情况来判断缔约方的意图，而非根据当事方的事后主张来判断。

（3）是书面协议。"协议"的内在要求是缔约各方的意思表示一致，两个维也纳条约法公约都规定条约必须是书面形式。但是，这并不是不承认非书面形式的国际协议及其效力。

二、缔约权能

缔约权能包括缔约能力和缔约权两个问题。缔约能力与缔约权是相互联系的。缔约能力是缔约权的前提，无缔约能力的实体就不存在由谁或如何行使缔约权的问题；缔约权是实现缔约能力的条件，缔约能力必须通过具体的职能部门行使缔约权来实现。

缔约能力（capacity to conclude treaties），是指国际法主体作为国际人格者依照国际法所享有的缔结条约的权利能力或法律资格。根据一般国际法，具有国际法主体资格的国家、国际组织以及类似国家的政治实体具有缔约能力。这种能力的有无应根据国际法来确定。每一国家皆有缔结条约之能力，国家的缔约能力是固有的，也是一般的和全面的。国际组织缔结条约的能力依照该组织的规则，国际组织的缔约能力是职能性的和专门性的，国际组织拥有为履行其职能和实现其目的所必要的缔结条约的能力。

缔约权（competence to conclude treaties），是指国际法主体的特定机关或其授权的人代表该主体缔结条约的权限。这种权限的有无应根据缔约方的国内法（主要是指国家的宪法或关于缔结条约的专门法）或内部法（主要是指国际组织的宪章性条约）来确定。

"全权证书"（full powers），是指一国主管当局或国际组织主管机关所颁发的，指派一人或数人代表该国或该组织谈判、议定或认证条约约文，表示该国或该组织同意受条约拘束，或完成有关条约之任何其他行为之文书。如果各方同意,可以互免其缔约代表的全权证书。

根据 1969 年《维也纳条约法公约》第 7 条,下列人员由于所任职务无须出具全权证书,视为代表其国家:(甲)国家元首,政府首长及外交部长,为实施关于缔结条约之一切行为;(乙)使馆馆长,为议定派遣国与驻在国间条约约文;(丙)国家派往国际会议或派驻国际组织或该国际组织一机关之代表,为议定在该会议,组织或机关内议定之条约约文。

三、缔约程序

缔结条约的程序一般包括如下内容:

第一,谈判,是指缔约国谈判代表围绕条约内容进行交涉并达成一致的过程。

第二,约文的议定(adoption),是指缔约国对于谈判草拟的约文表示同意,以示确定了条约的形式和内容。

第三,约文的认证(authentication),即按照一定的方法确定条约作准的文本。条约以下列方式确定作准文本:依约文所载或经参加草拟约文国家和国际组织协议之程序;若无此程序,则由此等国家或国际组织代表在条约约文上或在载有约文之会议最后文件上签署、作待核准之签署或草签。

待核准签署或草签是非正式的或不完全的签署。所谓待核准签署,又称暂签,是指缔约代表在条约约文之后签名,待其所代表的国家或国际组织确认后就具有正式签署效力的一种非正式签署行为。所谓草签,是指谈判代表将其姓名的第一个字母(我国代表一般是用汉字将其姓氏)签在每页约文的下端,以表示其个人认证约文的非正式的签署行为。

第四,签署(signature),是指缔约代表正式代表其所代表的国家或国际组织在条约文本上签署姓名,表示认证约文和有同意受条约拘束意向的缔约行为。

第五,表示同意受条约拘束。国家表示同意受条约拘束的方式可以有签署、交换构成条约的文书、批准、接受、核准或加入或以其所协议的任何其他方式表示。新国家表示同意受条约拘束的方式还有继承。国际组织表示同意受条约拘束的方式与国家相似,相当于国家批准条约的行为,被称为"正式确认"。

签署(signature)是指除具有认证条约约文的意义外,也可以具有表示同意受条约拘束的意义。有下列情形之一时,一国或一国际组织以该国或该组织代表的签署表示同意受条约拘束:(1)条约规定签署有此效果;(2)通过其他方法确定各谈判国和谈判组织或按情况各谈判组织已达成协议签署应有此效果;(3)从该国或该组织代表全权证书可以看出,或于谈判时已表示,该国或该组织有意使签署有此效果。

交换构成条约之文书(exchange of instruments constituting a treaty)。国家或国际组织也可以通过交换构成条约之文书以表示受条约拘束。

批准(ratification),是指缔约国的权力机关(立法机关)对其代表所签署的条约的认可并同意受条约拘束的行为。国际组织的相当于国家批准条约的程序为"正式确认"(act of formal confirmation)。在国际实践中,一些重要的条约签署后还须履行国内法或国际组织内部法上的批准或正式确认程序。

接受(acceptance)或赞同(核准,approval),是指行政机关作出的同意受条约拘束的意思表示。

加入(accession),是指未签署条约的国家或国际组织同意受已签署或已生效的开放性的多边条约的拘束的国际法律行为。传统意义上的加入限于已生效的条约,但现代的实践表明,可以加入已经生效的条约,也可以加入已签署但未生效的条约。

关于批准书、接受书、赞同书或加入书之交换或交存(exchange or deposit)。除条约另有规定外,批准书、接受书、赞同书或加入书依下列方式确定一国承受条约拘束之同意:(甲)由缔约国互相交换;(乙)将文书交存保管机关;或(丙)如经协议,通知缔约国或保管机关。

四、中国《缔结条约程序法》

中国《缔结条约程序法》是国家统一法律资格考试经常考察的重点内容。

1. 我国对外缔结条约的权限分工

我国《宪法》规定:(1)中华人民共和国国务院,即中央人民政府,同外国缔结条约和协定;(2)中华人民共和国全国人民代表大会常务委员会决定同外国缔结的条约和重要协定的批准和废除;(3)中华人民共和国主席根据全国人民代表大会常务委员会的决定,批准和废除同外国缔结的条约和重要协定。

2. 我国对外缔结条约的名义

根据《缔结条约程序法》第4条,中华人民共和国以下列名义同外国缔结条约和协定:(1)中华人民共和国;(2)中华人民共和国政府;(3)中华人民共和国政府部门。

3. 我国对外缔结条约的批准、核准、加入或接受的权限分工

《缔结条约程序法》第7条规定,以下六类条约或重要协定须由全国人民代表大会常务委员会批准:(1)友好合作条约、和平条约等政治条约;(2)有关领土和划定边界的条约、协定;(3)有关司法协助、引渡的条约、协定;(4)同中华人民共和国法律有不同规定的条约、协定;(5)缔约各方议定须经批准的条约、协定;(6)其他须经批准的条约、协定。

根据该法第8条和第12条的规定,除应由全国人大常委会决定批准或加入的条约、协定外,条约的核准、加入或接受由国务院决定。

4. 我国对外缔结条约的委派程序

《缔结条约程序法》第6条规定,谈判和签署条约、协定的代表按照下列程序委派:

(1)以中华人民共和国名义或者中华人民共和国政府名义缔结条约、协定,由外交部或者国务院有关部门报请国务院委派代表。代表的全权证书由国务院总理签署,也可以由外交部长签署。

(2)以中华人民共和国政府部门名义缔结协定,由部门首长委派代表。代表的授权证书由部门首长签署。部门首长签署以本部门名义缔结的协定,各方约定出具全权证书的,全权证书由国务院总理签署,也可以由外交部长签署。

(3)下列人员谈判、签署条约、协定,无须出具全权证书:国务院总理、外交部长;谈判、签署与驻在国缔结条约、协定的中华人民共和国驻该国使馆馆长,但是各方另有约定的除外;谈判、签署以本部门名义缔结协定的中华人民共和国政府部门首长,但是各方另有约定的除外;中华人民共和国派往国际会议或者派驻国际组织,并在该会议或者该组织内参加条约、协定谈判的代表,但是该会议另有约定或者该组织章程另有规定的除外。

需要注意的是,我国无须出具全权证书的人员中,不包括习惯国际法和两个维也纳条约法

公约所包括的国家主席。

五、条约保留

（一）条约保留的概念

条约的保留（reservation）是指一国或一国际组织在签署、批准、正式确认、接受、核准或加入条约，或一国发出继承条约的通知时所作的单方面声明，不论其措辞或名称如何，该国或该组织意图借此排除或更改条约中某些规定对该国或该组织适用时的法律效果。

（二）条约保留的目的及其与其他单方声明的区别

条约保留的目的，是排除或更改条约中某些规定或整个条约的特定方面对提出保留的国家或国际组织适用时的法律效力。条约的保留与"解释性声明"等其他性质的单方声明的根本区别在于，保留具有排除或更改条约中某些规定对该国或该组织适用时的法律效果；其他性质的单方声明则没有这种效果。

（三）条约保留的范围

缔约方只能在允许保留的条约或条款的范围内提出保留。根据两个维也纳条约法公约的规定，以下三种情况不得提出保留：（1）条约禁止保留。（2）条约仅准许特定的保留，而有关保留不在其内。这包括两种情况：一是条约明确规定不得保留的条款，其余条款均可保留。二是条约明确规定可以保留的条款或事项，其余条款或事项均不得保留。（3）该项保留不符合条约的目的与宗旨。

（四）条约保留的接受与反对及其法律效果

条约保留的接受与反对及其法律效果也是国家法律资格考试经常考察的重要内容。

1. 保留的接受与反对

对明文许可保留的条约提出的保留的成立，无须各缔约国和缔约组织事后予以接受，除非条约有相反的规定或者相关保留违背条约的目的和宗旨。

如果从各谈判国和谈判组织或按情况各谈判组织数目有限的事实以及从条约的目的和宗旨可以看出，该条约在全体当事方间全部适用是每一当事方同意受条约拘束的必要条件，保留须经全体当事方接受才能成立。

如果一个条约是一个国际组织的组织约章，除另有规定外，保留须经该组织主管机关接受。

凡不属以上所述情况的，除条约本身另有规定外：如果保留经一缔约国或一缔约组织接受，在与接受保留的国家或组织的关系上，保留国或国际组织即成为该条约的当事方，但以该条约对保留国或国际组织和接受国或国际组织均已生效或开始生效为条件；如果保留经一缔约国或一缔约组织反对，并不妨碍该条约在反对国或国际组织与保留国或国际组织之间生效，除非反对国或国际组织明确地表示了相反的意思；一国或一国际组织表示同意承受条约拘束的行为如附有一项保留，只要至少有一缔约国或一缔约组织接受该项保留，该项保留就发生效力。

2. 保留及反对保留的法律效果

有效成立的保留的效果，只及于保留国或国际组织与其他缔约国或国际组织之间的关系，并不影响其他缔约国或国际组织相互间的关系。

对另一当事方成立的保留，在保留国或国际组织与该另一当事方之间的关系上，依保留的范围排除或更改保留所涉及的条约规定，也就是提出保留的当事方和接受保留的当事方之间适用依照保留的范围修改过的条约；在其他当事方相互之间，则不排除或更改保留所涉及的条约的规定，也就是不受条约的保留的影响。

如果反对保留的国家或国际组织并未反对条约在该国或国际组织与保留国或国际组织之间生效，则在这些国家或国际组织之间仅在保留所排除或修改的范围内不适用保留所涉及的条约规定。

六、条约适用的空间范围

条约适用的空间范围，就是指条约适用的领土范围。

一般情况下，条约适用于当事方的全部领土。除条约表示不同意思，或另经确定外，条约对每一当事方之拘束力及于其全部领土。这是条约领土适用的一个总原则。"全部领土"包括构成国家领土的所有陆地及底土、附属于陆地的领水以及空气空间。如果条约是关于毗连区、专属经济区或大陆架的，或者根据上下文和条约规定的目的有这样的效果者，当然也适用于沿海国的毗连区、专属经济区或大陆架。只要没有相反的规定，应推定条约适用于各该当事国的全部领土。

条约适用于当事方全部领土的例外。一是条约本身规定它适用于特定的地理区域，如特定的岛屿、边界、河流等，或者排除条约适用于某一领土区域。二是经约当事方另行确定，条约适用于特定领土区域或排除适用于特定领土区域。有些条约允许当事方在签署、批准、加入条约时声明适用的领土范围。

根据我国《香港特别行政区基本法》第 153 条和《澳门特别行政区基本法》第 138 条，中华人民共和国缔结的国际协议，中央人民政府可根据香港或澳门特别行政区的情况和需要，在征询香港或澳门特别行政区政府的意见后，决定是否适用于香港或澳门特别行政区。

七、条约冲突

条约的冲突，是指同一条约当事国就同一事项先后所订条约的规定不一致，而无法同时执行这些规定的矛盾状态。

关于应当如何解决相互冲突的条约中哪一条约规定应当优先适用的问题，两个维也纳条约法公约规定了以下规则：

第一，如果条约明文规定，该条约不得违反先订或后订的条约，或不得视为与先订条约或后订条约不符，则该先订条约或后订条约优先。

第二，在条约没有明文规定的情况下，如果先后两个条约的缔约方完全相同，则先约仅在其规定与后约相符的范围内适用，即后订条约优于先订条约。

第三，如果先后两个条约的缔约方不完全相同，在每一方均为前后两个条约的当事方间，适用后订条约优于先订条约的办法；在一方为前后两个条约当事方而一方则仅为其中一个条约当事方间,适用双方均为当事方的条约。

上述各项规则,以不违反《联合国宪章》第 103 条关于《联合国宪章》优先于其他条约的规定为条件。《联合国宪章》第 103 条规定,"联合国会员国在本宪章下之义务与其依任何其他国际协定所负之义务有冲突时,其在本宪章下之义务应居优先"。

八、条约与第三国的关系

条约与第三国的关系就是条约对第三国是否具有法律效力的问题。条约对第三国的效力是指一项条约是否以及在什么情况下对第三国产生拘束力,也就是为第三国创设权利和义务。

(一) 条约的相对效力原则

"条约非经第三国同意,不为该国创设义务或权利。"这是条约与第三国之间关系的一般原则。这一规定反映了习惯国际法。条约基于当事国的同意才能在当事国之间创设国际法上的权利和义务,因此,条约一般只在当事国之间具有约束力,对第三国没有约束力。

(二) 条约经第三国同意而为该第三国创设权利或义务

(1) 条约可以经第三国明示或默示同意而为第三国创设权利。第一,如条约当事国有意以条约之一项规定对一第三国或其所属一组国家或所有国家给予一项权利,而该第三国对此表示同意,则该第三国即因此项规定而享有该项权利。第二,该第三国倘无相反之表示,应推定其表示同意,但条约另有规定者不在此限。第三,对于为第三国创设权利之条约,依条约行使权利之第三国应遵守条约所规定或依照条约所确定之条件行使该项权利。

(2) 条约可以经第三国明示同意而为第三国创设义务。如果条约当事国有意以条约之一项规定作为确立一项义务之方法,且该项义务经一第三国以书面明示接受,则该第三国即因此项规定而负有义务。

(3) 关于取消或变更第三国之义务或权利。第一,使第三国担负义务时,该项义务必须经条约各当事国与该第三国之同意,方得取消或变更,但经确定其另有协议者不在此限。因此,第三国之义务原则上必须经条约各当事国与该第三国都同意,否则不得取消。第二,使第三国享有权利时,倘经确定原意为非经该第三国同意不得取消或变更该项权利,当事国不得取消或变更之。因此,第三国之权利原则上可以经当事国单方面取消,除非另有必须经该第三国同意之特别规定。第三,条约所载规则由于国际习惯而对第三国有拘束力,但这不属于条约与第三国的关系。

《维也纳条约法公约》第 38 条规定,第 34 至第 37 条之规定不妨碍条约所载规则成为对第三国有拘束力之公认国际法习惯规则。这意味着,条约所载规则可以由于国际习惯而对第三国有拘束力。

严格来说,这已经不再是条约对第三国的效力问题了。在这种情形下,条约所载规则之所以对第三国具有拘束力,并不是作为条约义务和条约本身的拘束力,而是因为条约所载规则反映了习惯国际法或者发展成为了习惯国际法,因此,对第三国具有拘束力的是习惯国际法而非条约本身。

（4）战胜国之间的条约为侵略国施加义务,这种义务无须侵略国同意。《维也纳条约法公约》第 75 条规定,"本公约之规定不妨碍因依照联合国宪章对侵略国之侵略行为所采取措施而可能引起之该国任何条约义务。"

九、条约解释的三大学派

条约解释存在三大学派,即主观解释学派、约文解释学派和目的解释学派。

主观解释学派,主张对模棱两可的规定应探寻缔约各方在缔结条约时的主观意图来作出解释。主观解释主要利用条约谈判的准备资料来解释条约。

约文解释学派,又称客观解释学派,主张根据条约约文的字词用语在上下文语境中的通常含义来解释条约。

目的解释学派,主张将条约的目的和宗旨作为最主要的依据来解释条约。目的解释赋予法官和仲裁员很大的裁量权。

《维也纳条约法公约》关于条约解释的规则综合了以上学派所主张的不同方法。在条约解释活动中,各种不同方法的运用具有一定的灵活裁量性质,需要良好的感知和丰富的经验,就此而言,条约解释与其说是一门精确的科学,不如说是一门裁量的艺术。[①]

十、条约解释的基本方法

1969 年《维也纳条约法公约》第 31 条至第 33 条规定了条约解释的基本方法。这是国际法理论与实践最经常用到的。值得注意的是,这里规定的只是一些基本的原则和方法。实际上,条约解释的具体方法有很多,并没有都具体规定在这里。但是,这些具体方法可以说是这些基本原则和方法的具体化。

（一）条约解释的通则

《维也纳条约法公约》第 31 条规定,"条约应依其用语按其上下文并参照条约之目的及宗旨所具有之通常意义,善意解释之"。"就解释条约而言,上下文除指连同弁言及附件在内之约文外,并应包括:（甲）全体当事国间因缔结条约所订与条约有关之任何协定;（乙）一个以上当事国因缔结条约所订并经其他当事国接受为条约有关文书之任何文书。""应与上下文一并考虑者尚有:（甲）当事国嗣后所订关于条约之解释或其规定之适用之任何协定;（乙）嗣后在条约适用方面确定各当事国对条约解释之协定之任何惯例;（丙）适用于当事国间关系之任何有关国际法规则。""倘经确定当事国有此原意,条约用语应使其具有特殊意义。"

其中包含了条约解释的几项通则:

1. 条约善意解释原则。条约善意解释原则是整个条约解释的总的指导原则。善意解释是对整个解释过程作出的要求,用以指导其他各种解释规则,条约解释的各项具体规则都是善意解释的体现。

条约当事国应善意遵守条约,所以应该善意解释条约。善意解释意味着:即使条约用语含义清楚,但如果导致了明显荒谬和不合理的结果,就应该寻找其他解释;解释应该服从缔约方

---

①　参见何志鹏等:《国际法原理》,高等教育出版社 2017 年版,第 369 页。

之间的真实的共同意图；等等。同时，善意解释也包含了一个具体的解释规则，即有效解释规则。

2. 条约用语通常含义解释原则（字面解释原则）。条约应该按照其用语的自然的、通常的含义进行解释，这是条约解释的基本出发点。在一般情况下，条约用语的通常含义被认为反映了当事国的真实的共同意图。因此，除非通常含义解释违反了当事国的共同意图、条约的目的和宗旨或者当事国赋予的特别含义，否则，就应该按照条约用语的通常含义予以解释。

3. 当事人特殊原意优先原则。倘经确定当事国有此原意，条约用语应使其具有特殊意义。这是原旨解释原则在条约解释中的体现。

4. 条约整体解释原则。条约用语应结合上下文进行解释，这体现了整体解释、体系解释的原则。

条约用语本身并不是孤立存在的，而是相互联系的，是在上下文语境中获得其含义的，因此必须在上下文语境中进行解释。

上下文包括条约的序言、正文和附件在内的全部约文。同一条约不同组成部分构成了最基本的上下文。

上下文还包括全体当事国间因缔结条约所订与条约有关之任何协定，以及一个以上当事国因缔结条约所订并经其他当事国接受为条约有关文书之任何文书。

同时，应与上下文一并考虑者尚有：当事国嗣后所订关于条约之解释或其规定之适用之任何协定；嗣后在条约适用方面确定各当事国对条约解释之协定之任何惯例；适用于当事国间关系之任何有关国际法规则。在面对国际法不成体系的情形下，与上下文一并考虑"适用于当事国间关系之任何有关国际法规则"对于维持国际法各个分支领域看似自足的法律体系之间的一致性，这一点具有重要意义，但是，裁判机构应该慎重行事，以免逾越司法功能的边界。

5. 条约目的解释原则。条约用语的解释应参考条约的目的和宗旨。条约一般都规定了整个条约或者条约有关部分的目的和宗旨。条约用语通常含义本身一般就是体现了条约的目的和宗旨。如果条约用语的通常含义可能有分歧，这时应参考条约的目的和宗旨予以确定。在国际组织宪章性条约的解释中，经常诉诸这种灵活的目的解释方法，以确定国际组织为实现其宗旨所必需的权力。此外，在人权条约解释中，也经常诉诸目的解释方法，以实现有效保护人权的宗旨。

（二）解释的补充资料

《维也纳条约法公约》第 32 条规定，为证实由适用第 31 条所得之意义起见，或遇依第 31 条作解释而意义仍属不明或难解，或所获结果显属荒谬或不合理时，为确定其意义起见，得使用解释之补充资料，包括条约之准备工作及缔约之情况在内。

这是历史解释原则、原旨解释原则在条约解释中的体现。从该公约的规定来看，解释的补充资料处于一种从属的地位。

（三）以两种以上文字认证之条约的解释

《维也纳条约法公约》第 33 条规定，"条约约文经以两种以上文字认证作准者，除依条约之规定或当事国之协议遇意义分歧时应以某种约文为根据外，每种文字之约文应同一作准"。

"以认证作准文字以外之他种文字作成之条约译本,仅于条约有此规定或当事国有此协议时,始得视为作准约文。""条约用语推定在各作准约文内意义相同。""除依第一项应以某种约文为根据之情形外,倘比较作准约文后发现意义有差别而非适用第三十一条及第三十二条所能消除时,应采用顾及条约目的及宗旨之最能调和各约文之意义。"

十一、条约的无效

条约的无效,是指条约不符合缔约主体具有缔约能力、条约经自由同意达成意思一致或者条约内容不得违反国际法强行规范中的任何一个要件,而导致条约自始或自撤销同意时无效的情形。条约自撤销同意时无效的原因,涉及缔约各方的利害关系,而条约绝对无效的原因关系到整个国际社会的利益。

(一) 条约自撤销同意时无效的理由

1. 违反一国国内法或一国际组织的规则关于缔约权限的规定。不过,国际法主体在缔结条约时没有义务了解其他国家或组织的国内法或内部法关于缔约权的规定。从现代的缔约实践看,不大可能出现"明显"违反缔约方国内法或国际组织规则的情况,更不可能出现明显违背"具有根本重要性"的规则。所以,违反缔约方的内部规则作为条约无效的理由实际上几乎不可能被援引。

2. 违反关于表示一国或一国际组织同意的权力的特定限制。

3. 错误。一国或一国际组织可援引一项条约内的错误,以主张其受该条约拘束的同意无效,但以此项错误涉及该国或该国际组织在缔结该条约时假定存在且构成其同意受该条约拘束的必要基础的事实或情况为限。但是,如果错误是由该国或该国际组织本身的行动所致,或如当时情况足以使该国或该组织知悉有错误的可能,则不得援引此项理由。

4. 诈欺。"倘一国因另一谈判国之诈欺行为而缔结条约,该国得援引诈欺为理由撤销其承受条约拘束之同意。"诈欺行为包括任何故意的虚假声明、不实的陈述或其他欺诈情形。迄今,并没有基于欺诈而主张条约无效的明显例子。

5. 贿赂。"倘一国同意承受条约拘束之表示系经另一谈判国直接或间接贿赂其代表而取得,该国得援引贿赂为理由撤销其承受条约拘束之同意。"贿赂不仅包括赠送现金或物品,也包括一切不正当利益的提供或约许。也许在缔约程序中并非没有贿赂谈判代表的情形,但是因为贿赂而引起国际争端的事例比较罕见。[①]

(二) 条约自始无效的理由

1. 强迫。以行为或威胁对一国或一国际组织的代表施加强迫而取得的该国或该国际组织同意受条约拘束的表示应无任何法律效果。

2. 以威胁或使用武力对一国或一国际组织施行强迫。违反《联合国宪章》所体现的国际法原则,以威胁或使用武力而获缔结的条约无效。

中国近现代史上的不平等条约就是列强强迫的结果。

---

① 李浩培:《条约法概论》,法律出版社 2003 年版,第 223 页。

传统国际法对以武力手段强迫国家缔结条约的效力问题没有明确的规则,这与当时国际法没有禁止战争行为或武力行为相一致。自1919年《国际联盟盟约》限制国家的战争权、1928年《白里安—凯洛哥公约》禁止以战争为解决国际争端的手段以来,这一状况开始出现了明显变化。1945年《联合国宪章》禁止使用或威胁使用武力,与现代国际法不承认以武力手段缔结的条约的国际法效力是一致的。

3. 与一般国际法强制规范(强行法)相抵触的条约。条约在缔结时与现行的一般国际法强行规则抵触者无效。

十二、条约的终止及暂停施行

条约的终止(termination),是指条约生效以后,由于国际法承认的原因的出现,条约所规定的权利和义务不再拘束原有的当事方。条约终止的后果,是指当事方因条约终止而享有的国际法上的权利或应承担的国际法上的义务。

条约的终止一般包括如下情况:(1)依照条约规定终止或全体当事国同意终止或退出条约。(2)依照当事方的原意或条约的性质默示的权利解除或退出条约。(3)依照条约规定,于多边条约的当事国减少至条约生效所必需的数目以下时终止条约。(4)条约因缔结后订条约而终止。(5)条约因重大违约而终止。(6)因实施条约所必不可少之标的物永久消失或毁坏等意外情况以致不可能履行。(7)情况的基本改变。情况的基本改变(fundamental change of circum-stances)或情势变迁(rebus Sic stantibus),是指当事方以缔约时存在的基本情况为依据作出承受条约拘束之同意,如果这种情况发生缔约时预料不到的基本改变,条约当事方有权单方终止条约。(8)断绝外交或领事关系。(9)爆发战争或武装冲突。(10)新的一般国际法强制规范的产生。遇有新的一般国际法强行规则产生时,与该项规则抵触之任何现行条约因无效而终止。这说明国际强行法规则无溯及力,新产生的强行法规则只能使与其冲突的现行条约终止,不能使与其冲突的现行条约自始无效。

十三、知识点延伸

(一)《缔结条约程序法实施条例(征求意见稿)》

我国《缔结条约程序法》的规定不够全面、具体和明确,目前正在制定《缔结条约程序法实施条例》。2017年3月,我国公布了《缔结条约程序法实施条例(征求意见稿)》(以下简称征求意见稿)。其中对条约的批准和核准作了更加具体的细化表述。

第17条规定,下列条约,应当由外交部或者国务院有关部门会同外交部报请国务院审核,并建议提请全国人民代表大会常务委员会决定批准:(1)友好合作条约、和平条约等政治性条约;(2)有关领土和划定边界的条约,包括划定陆地边界和海域边界的条约;(3)有关司法协助、引渡、被判刑人移管、承认与执行外国法院判决或者仲裁裁决的条约;(4)与中华人民共和国法律有不同规定或者履行条约需要新制定法律的条约;(5)导致中央预算调整的条约;(6)涉及法律规定的税率调整的条约;(7)有关民事基本制度、犯罪和刑罚、诉讼和仲裁制度的条约;(8)有关参加政治、经济、安全等领域重要国际组织的条约;(9)对我国外交、经济、安全等方面的国家利益有重大影响的条约;(10)条约规定或者谈判各方议定需经批准的条约;(11)外交部或者国务院有关部门会商外交部后建议需经批准的条约。

第 18 条规定,下列条约,应当由外交部或者国务院有关部门会同外交部报请国务院核准:(1)有关边界管理和边防事务的条约;(2)有关管制物资贸易或者技术合作的条约;(3)有关军事合作、军工贸易和军控的条约;(4)与中华人民共和国行政法规有不同规定或者履行条约需要新制定行政法规的条约;(5)影响中央预算的条约;(6)涉及行政法规规定的税率调整的条约;(7)涉及扩大重要和关键行业外资准入的条约;(8)对我国外交、经济、安全等方面的国家利益有较大影响的条约;(9)条约规定或者缔约各方议定须经核准的条约;(10)外交部或者国务院有关部门会商外交部后建议需要报请国务院核准的其他条约。

(二)中国的条约保留实践

我国的条约保留实践既具有与其他国家相同的方面也具有一定的特色。

截至 2008 年底,对于已经参加的 340 多项多边条约,我国基于政治制度、外交政策、国家利益、法律规定、履约能力等因素,对不愿意或者不能够履行的条约规定,总计作出了 50 多项保留。

其中,除了条约明确允许的保留之外,主要包括对条约规定的争端解决条款的保留、对人权条款的某些义务条款的保留、对香港和澳门领土适用的保留,此外还包括其他一些基于与国内法抵触或者基于履约技术能力考虑的保留。

在我国的条约保留中,对于争端解决条款的保留主要是排除国际法院等对缔约国之间对条约的解释、适用争端的诉讼或仲裁的强制管辖权,这类保留占了中国条约保留的将近半数。

(三)我国港澳特别行政区政府缔结条约的权限

我国两个特别行政区基本法,规定了中央政府和两个特别行政区政府对外谈判缔结条约的权限。其基本内容包括:

香港、澳门特别行政区政府的代表,可作为中华人民共和国政府代表团的成员,参加由中央人民政府进行的同香港、澳门特别行政区直接有关的外交谈判。

香港、澳门特别行政区可在经济、贸易、金融、航运、通信、旅游、文化、体育等领域分别以"中国香港""中国澳门"的名义,单独地同世界各国、各地区及有关国际组织保持和发展关系,签订和履行有关协议。

中华人民共和国缔结的国际协议,中央人民政府可根据香港、澳门特别行政区的情况和需要,在征询香港、澳门特别行政区政府的意见后,决定是否适用于香港、澳门特别行政区。

中华人民共和国尚未参加但已适用于香港、澳门的国际协议仍可继续适用。中央人民政府根据需要授权或协助香港、澳门特别行政区政府作出适当安排,使其他有关国际协议适用于香港、澳门特别行政区。

(四)"一国两制"与我国条约适用范围的特别问题

对于我国,条约的适用范围涉及"一国两制"多法域的特殊问题。因此,我国香港、澳门两个特别行政区基本法作了相应的规定。

第一,中华人民共和国尚未参加但已适用于香港和澳门的国际协议仍可继续适用。

第二,中央人民政府根据需要授权或协助香港、澳门特别行政区政府作出适当安排,使其他有关国际协议适用于香港、澳门特别行政区。

第三,香港、澳门特别行政区可在经济、贸易、金融、航运、通信、旅游、文化、体育等领域以"中国香港""中国澳门"的名义,单独地同世界各国、各地区及有关国际组织保持和发展关系,签订和履行有关协议。由此,在相关领域,香港、澳门特别行政区就适用各自的有关条约。

第四,中华人民共和国缔结的国际协议,中央人民政府可根据香港特别行政区、澳门特别行政区的情况和需要,在征询香港特别行政区政府、澳门特别行政区政府的意见后,决定是否适用于香港特别行政区。

其一,我国政府的一揽子式解决方式。

对于香港和澳门回归之前我国作为当事方的国际公约是否以及如何适用于两个特别行政区的问题,我国政府不是采取逐一解决的方式而是采取了一揽子的解决方式。

1997 年 6 月 20 日和 1999 年 12 月 13 日,中华人民共和国常驻联合国代表、特命全权大使先后就 1997 年 7 月 1 日后国际公约适用于香港特别行政区和 1999 年 12 月 20 日后国际公约适用于澳门特别行政区事宜照会联合国秘书长,并请联合国秘书长将照会及附件正式记录在案,并通知联合国的其他成员和联合国的专门机构。两个照会的附件列出了中华人民共和国是当事方且 1997 年 7 月 1 日起适用于香港的条约清单、中华人民共和国不是当事方但 1997 年 7 月 1 日后继续适用于香港的条约清单、中华人民共和国是当事方且 1999 年 12 月 20 日起适用于澳门的条约清单、中华人民共和国不是当事方但 1999 年 12 月 20 日后继续适用于澳门的条约清单。1997 年 6 月 20 日的照会同时声明,未列入本照会上述附件的、中华人民共和国是当事方或将成为当事方的其他条约,如决定将适用于香港特别行政区、澳门特别行政区,中华人民共和国政府将另行办理有关手续,为避免疑问,对属于外交、国防类或根据条约的性质和规定必须适用于国家全部领土的条约,中华人民共和国无须办理有关手续。此外,两个照会中还指出,关于中国在 1997 年 7 月 1 日和 1999 年 12 月 13 日以后所采取的条约行为,中国政府确认将具体说明每项条约行为所涉的领土范围。

其二,一揽子式解决方式留下的争议问题。

在实践中,这种解决方式总体上简单有效,但也引起了个别的问题。

一是 1980 年《联合国国际货物销售合同公约》是否适用于香港特别行政区的问题。对此,我国政府并没有严格按照该公约第 93 条的具体规定作出声明,于是,对于香港特别行政区是否属于中国作为该公约缔约方的适用范围,中国内地、中国香港特别行政区以及其他国家和地区受理案件的法院和仲裁庭作出了截然相反的解释。

二是中国缔结的双边投资条约是否适用于中国香港、中国澳门两个特别行政区的问题。一揽子方式解决的是多边公约的适用问题,而没有解决双边条约的适用问题。对于此类问题,迄今只有极个别双边条约作出了具体规定,例如,2006 年中国和俄罗斯双边投资条约议定书规定,"除非缔约双方另行商定,本协定不适用于中华人民共和国香港特别行政区和中华人民共和国澳门特别行政区"。

在实践中,对于中国作为缔约方的双边投资条约是否适用于中国香港投资者和在中国香港的投资,也存在一定的争议。对此,在有关案件中,我国政府、我国特别行政区政府和作为被申请人的东道国都主张,有关的双边投资条约不适用于中国香港、中国澳门两个特别行政区。

但是,目前的仲裁实践则持相反观点。在 Tza Yap Shum v. Peru 案中,仲裁庭认定,中国和秘鲁双边投资条约适用于中国香港投资者(中国香港居民、中国内地居民)在秘鲁的投资。在 Sanum v. Laos 案中,仲裁庭认定中国和老挝双边投资条约适用于在中国澳门设立的 Sanum 公司在老挝的投资,新加坡高等法院推翻了仲裁庭的管辖权裁决,但新加坡上诉法院推翻了新加坡高等法院的裁判,支持了仲裁庭的裁决。[1]

(五)《联合国宪章》对第三国的效力[2]

联合国是维持国际和平与安全、促进国际发展与合作的最普遍的国际组织。《联合国宪章》中存在着条约效力相对原则的若干例外。

1. 联合国组织的客观国际人格对第三国的效力

由于联合国的任务重大,第三国有义务承认联合国的客观国际人格,从而尽管第三国不愿同它发生法律关系,但却由于有义务承认它的法律人格的结果,可能对它发生权利义务关系。

2.《联合国宪章》的规定对第三国的效果

(1)《联合国宪章》对第三国规定的义务。关于《联合国宪章》的基本原则对非成员国的拘束力,《联合国宪章》第 2 条第 6 款规定,本组织在维持国际和平与安全之必要范围内,应保证非联合国成员国遵行第 1 款至第 5 款所述之各项原则。这表明,在牵涉包括第三国在内的整个国际社会的根本利益的情况下,如条约的目的和宗旨是创设国际社会的"公共产品"并为实现条约的目的和宗旨所必需,条约可以例外地为第三国创设某种一般性义务。

(2)《联合国宪章》对第三国规定的权利。例如,《联合国宪章》第 2 条第 6 款、第 32 条、第 35 条、第 50 条都规定了第三国的权利。

(六)对世体制或客观体制[3]

对世(erga omnes)地位或称客观体制(objective regime),是指无需经第三国同意对整个世界普遍有效、对第三国创设权利或义务的地位或体制。

对此,《维也纳条约法公约》没有作出特别规定,但是,该公约第 36 条关于对所有国家创设权利和第 38 条关于习惯国际法规则创设义务的规定,可以作为这种对世地位或客观体制的法律依据。

对世地位或客观体制主要包括三种情形:

第一,规定非军事化、中立化或国际化的条约。例如,关于斯瓦尔巴德群岛或外层空间等一定领土或区域的中立化或非军事化的条约,以及关于南极等特定区域的条约。

第二,创立新国家并对其规定义务的条约。

第三,规定国际交通水道的条约。例如,关于苏伊士运河、土耳其海峡、麦哲伦海峡等国际水道航行自由的条约。

---

① 参见何志鹏等:《国际法原理》,高等教育出版社 2017 年版,第 365~366 页。
② 参见李浩培:《条约法概论》,法律出版社 2003 年版,第 412~416 页。
③ 参见李浩培:《条约法概论》,法律出版社 2003 年版,第 402~412 页。

其中,前两类条约主要是规定第三国义务,后一类条约主要是规定第三国权利。

（七）不平等条约[①]

不平等条约,是指国家间在不平等基础上订立的彼此权利、义务不对等的契约性协定。[②]各国在法律上是平等的,但在政治、经济或军事上往往是不平等的。在现实中,缔约方地位不平等、条约内容不对等的情形并不少见,而且,有时即使形式上是对等的,但实质上也可能是不对等的。不过,条约的订立基础不平等、条约的内容不对等本身并不是条约无效的正当理由。《维也纳条约法公约》也没有将条约不平等作为无效的理由。

在历史上和现实中,不平等条约是个特定的概念。[③] 不平等条约制度的主要特色是武力和不平等。不平等条约是武力所迫订的或是在武力威胁下所订的,目的在于为外国人及其国家勒索权利和特权,公然侵犯一国的主权和独立,而完全否定了平等概念。[④] 不平等条约多数都是强国以威胁或使用武力的方式强迫弱国缔结的,而且,不平等条约往往违反了国家主权原则、平等原则、独立原则等国际法基本原则。这些历史上的不平等条约至少是违反禁止威胁或使用武力这一国际法强行规范的。新政府或新国家往往对历史上的不平等条约采取不承认、修改或废除的立场和实践。

第四部分　习题自测

（一）填空题

1. 目前,在条约法领域,除了习惯以外,条约法的渊源还包括_____《关于国家在条约方面的继承的维也纳公约》和《关于国家和国际组织间和国际组织相互间条约法的维也纳公约》。

2. 我国 1982 年《宪法》规定,_____决定同外国缔结的条约和重要协定的批准和废除;_____代表中华人民共和国,进行国事活动,接受外国使节;_____管理对外事务,同外国缔结条约和协定。

3. 条约的缔结通常包括_____和议定约文、约文的认证、_____、_____和批准书的交换、接受或赞同（核准）、加入等程序环节。其中,有些环节是双边条约和多边条约共有的,有些环节则是多边条约独有的。

4. 条约适用的时间范围涉及_____和_____。

5. 条约当事国应善意遵守条约,所以应该善意解释条约。善意解释包含了一个具体的解释规则,即_____。

6. _____是指意图在全体当事方之间更改条约并使更改后的条约为所有当事国所接受的修订。_____是指意图在部分当事方之间更改条约并使更改后的条约仅在该部分当事方

---

① 参见何志鹏等:《国际法原理》,高等教育出版社 2017 年版,第 382~383 页。

② 参见白桂梅:《国际法》（第二版）,北京大学出版社 2010 年版,第 203 页。

③ 关于不平等条约的概念和评判标准,参见侯中军:《近代中国的不平等条约——关于评判标准的讨论》,上海书店出版社 2012 年版。

④ 参见邓正来编:《王铁崖文选》,中国政法大学出版社 2003 年版,第 255 页。

之间生效的修订。

7. 关于条约修正案的通过,传统的规则是条约的修正必须经过全体缔约方或成员国同意,即_____。但是,当代的实践主要采取_____或_____。

8. 在实践中,关于有权提议修正条约的主体,一般包括_____、_____、_____、国际组织的内部机构。

9. 一般情况下不能以违反国内法,尤其是国内宪法关于_____的规定为由主张条约无效。只有违反之情事_____且涉及其具有基本重要性之国内法之一项规则者,才可以主张条约无效。

10. 关于条约终止和暂停施行的原因,根据《维也纳条约法公约》第 64 条的规定,遇有新_____产生时,任何现有条约之与该项规律抵触者即成为无效而终止。

(二)单项选择题

11. 甲国分立为"东甲"和"西甲",甲国在联合国的席位由"东甲"继承,"西甲"决定加入联合国。"西甲"与乙国(联合国成员)交界处时有冲突发生。根据相关国际法规则,下列哪一选项是正确的?( )

A. 乙国在联大投赞成票支持"西甲"入联,一般构成对"西甲"的承认

B. "西甲"认为甲国与乙国的划界条约对其不产生效力

C. "西甲"入联后,其所签订的国际条约必须在秘书处登记方能生效

D. 经安理会 9 个理事国同意后,"西甲"即可成为联合国的会员国

12. 甲某为 A 国国家总统,乙某为 B 国国家副总统,丙某为 C 国政府总理,丁某为 D 国外交部长。根据条约法公约规定,上述四人在参加国际条约谈判时,哪一个需要出示其所代表国家颁发的全权证书?( )

A. 甲某   B. 乙某

C. 丙某   D. 丁某

13. 根据《维也纳条约法公约》以及《联合国宪章》的有关规定,下列说法正确的是( )。

A. 条约未经登记不得在世界贸易组织争端解决机制处理争议时引用

B. 除条约另有规定外,保留须经接受保留的国家或国际组织的同意才可以撤回

C. 谈判代表一般须持有被授权进行谈判的"全权证书",但是国家元首、政府首脑或外交部正副部长等则无须出示"全权证书"

D. 联合国不把登记作为条约生效的要件

14. 为了发展中哈两国在教育领域的双边合作,进一步提高科研合作的水平和效益,扩大两国在教育领域的交流,中华人民共和国教育部与哈萨克斯坦共和国教育科学部于 2010 年在阿斯塔纳谈判签署了《教育合作协定》,协定第 8 条明确该协定自签署之日起生效,协定一式两份。每份均用中文、哈萨克文和俄文写成,其中俄文文本为作准文本。关于该协定的谈判、签署,根据《中华人民共和国缔结条约程序法》及《维也纳条约法公约》,下列哪项判断是正确的?( )

A. 若中哈两国教育部对该协定中某一条款的理解发生分歧,中方只能以哈萨克文本解释,哈方只能以中方文本解释

B. 若教育部长亲自谈判签署该协定,其全权证书可由外交部长签署

C. 若教育部派出本部门官员谈判签署该协定,该谈判代表的全权证书应由外交部长签署

D. 该协定不能自签署之日起生效,我国对外签订的条约或协定都必须经全国人大常委会批准才能生效

15. 关于条约的缔结程序,下列说法不正确的是(　　)。

A. 条约的缔结通常包括谈判和议定约文、约文的认证、签署、批准和批准书的交换、核准、加入等程序环节

B. 条约缔结程序的环节,有些是双边条约和多边条约共有的,有些则是双边条约独有的

C. 双边条约可以由一方起草条约草案,也可以双方各自起草条约草案

D. 根据国家主权和自由同意原则,签署国没有必须批准条约的义务

16. 条约保留最早出现于 18 世纪末 19 世纪初。在签署 1815 年《维也纳公会最后文件》时,瑞典暨挪威的全权代表罗文汉姆提出了一项正式声明,声称瑞典政府将不会接受有关卢卡地区主权和承认斐迪南四世为西西里国王的第 101、102 和 104 条。关于条约保留,下列说法错误的是(　　)。

A. 条约保留一般发生在多边条约的场合

B. 条约保留的实质是排除或更改条约中某些条款对提出保留的国家的拘束力和效果

C. 判断一项声明是否构成保留,取决于该声明的措辞和名称

D. 除条约另有规定外,保留得随时撤回,无需经业已接受保留的国家同意

17. 在外交实践中,当事国双方通过外交照会,就具体问题达成协议的形式被称为(　　)。

A. 换文　　　　　　　　　　　　　B. 复照

C. 公约　　　　　　　　　　　　　D. 宣言

18.《维也纳条约法公约》对条约保留进行了规定,根据该公约的相关内容,对多边条约提出的保留,必须经(　　)同意,才能在保留国与同意国之间生效。

A. 所有缔约国　　　　　　　　　　B. 两个缔约国

C. 至少一个缔约国　　　　　　　　D. 2/3 以上缔约国

19. 所有船舶在他国领海内享有无害通过权被规定在《联合国海洋法公约》中,在签署该条约时甲国对军舰的无害通过权提出保留,乙国声明反对甲国的保留,丙国表示同意甲国的保留,丁国未作任何表示。已知四国都签署了公约,下列说法错误的是(　　)。

A. 丙国军舰不可以享有在乙国领海的无害通过权

B. 丙国军舰通过丁国领海的时候享有无害通过权

C. 在甲丙之间,如果丙国军舰通过甲国领海,则应征得甲国同意

D. 在甲乙之间,如果乙国并不反对公约在甲乙两国间生效,则保留所涉规定视为不存在

20. 依据《中华人民共和国缔结条约程序法》的规定,下列说法不正确的是(　　)。

A. 全国人大常委会决定同外国缔结条约的批准和废除

B. 全国人大常委会批准同外国缔结的条约和协定

C. 国家主席根据全国人大常委会的决定批准和废除同外国缔结的条约和重要协定

D. 国务院管理对外事务,同外国缔结条约和协定

21. 根据国际法有关规则和我国有关法律,当发生我国缔结且未作保留的条约条款与我国相关国内法规定不一致的情况时,下列哪一选项是正确的? (　　)

A. 如条约属于民事范围,则由全国人民代表大会常务委员会确定何者优先适用

B. 如条约属于民事范围,则优先适用条约的规定

C. 如条约属于民事范围,则由法院根据具体案情,自由裁量,以公平原则确定优先适用

D. 我国缔结的任何未作保留的条约的条款与相关国内法的规定不一致时,都优先适用条约的规定

22. 1950 年,国际社会产生了第一个关于外空活动的《华沙公约》,该公约明确缔约国外空行为致他国地面损害时承担过失责任。甲、乙、丙三国是 1950 年《华沙公约》的缔约国。1967 年,为了严格国家在外空行为中的责任,国际社会又通过了另一个关于外空活动的《危地马拉公约》,该公约要求缔约国外空行为致他国地面损害时承担严格责任。乙、丙、丁三国是 1967 年《危地马拉公约》的缔约国。甲、乙、丙、丁四国相互之间没有其他关于外空活动的双边或多边协议。根据上述案情以及《维也纳条约法公约》的相关规定,请判断下列哪项表述是正确的?(　　)

A. 现乙国在回收一空间物体时导致丙国地面财产损害,乙国应对丙国的损害承担过失责任

B. 现乙国在回收一空间物体时导致甲国地面财产损害,乙国应对甲国的损害承担过失责任

C. 现丙国在回收一空间物体时导致丁国地面财产损害,丙国应对丁国的损失承担过失责任

D. 现丁国在回收一空间物体时导致甲国地面财产损害,丁国应对甲国的损失承担过失责任

23.《气候变化框架公约》和《京都议定书》是两个关于大气环保的国际公约。甲、乙、丙、丁四国都是这两个公约的缔约国,甲乙两国属于公约认定的发达国家,丙丁两国属于公约认定的发展中国家。根据上述两个公约以及国际法的相关规则和实践,下列哪项判断是正确的?(　　)

A. 甲乙丙丁四国都有限制和控制温室气体排放的义务

B. 甲乙丙丁四国都应根据《京都议定书》规定的具体减排目标控制本国温室气体的排放

C. 若一个年度甲国的排量超过其额度,甲国可以向乙丙丁中任一国购买其低于限额部分的排放量

D. 若一个年度甲国的排量超过其额度,可以通过向乙丙丁任一国转让绿色技术以抵消其部分排放量

24.《关于核损害民事责任维也纳公约》于 1963 年通过,该公约生效后于 1997 年根据公约规定的程序进行了修正,形成 1997 年修订本,修订本的主要内容是提高了核损害的赔偿限额。假设甲乙丙三国是《关于核损害民事责任维也纳公约》的原始缔约国,当 1997 年公约修正时,甲乙两国明确表示接受修订本约束,而丙国认为修订本使得核损害赔偿限额过高,与本国利益不符,因此拒绝接受该修订本。在《关于核损害民事责任维也纳公约》1997 年修订本生效后第二年丁国加入了该公约,加入时对其受公约哪个文本约束没有作出任何意思表示。根据《维也纳条约法公约》关于条约修正的规定以及相关司法实践,现在甲乙丙丁四国在履行《关于核损害民事责任维也纳公约》义务时,下列哪项判断是错误的?(　　)

A. 丙国有权拒绝接受《关于核损害民事责任维也纳公约》1997 年修订本

B. 甲乙两国之间应该按照《关于核损害民事责任维也纳公约》1997 年修订本的规定履行相互间的公约义务

C. 乙丁两国之间应该按照《关于核损害民事责任维也纳公约》1997 年修订本的规定履行相互间的公约义务

D. 丙丁两国之间应该按照《关于核损害民事责任维也纳公约》1997 年修订本的规定履行相互间的公约义务

25. 下列选项中不属于多边条约生效方式的是(　　)。

A. 自全体缔约方批准或明确表示接受条约约束之日起生效

B. 自特定数目的缔约方交存批准书之日起或该日后若干日起生效

C. 自特定数目的缔约方交存加入书之日起或该日后若干日起生效

D. 自绝大多数缔约国批准之日起生效

26. 就同一事项,A、B 两公约先后作出不同的规定,甲、乙、丙、丁为 A 公约当事国,而甲、乙两国又为 B 公约的当事国。关于在甲、乙、丙、丁之间适用 A、B 两公约的规定,下列选项不正确的是(　　)。

A. 在甲、乙两国之间适用 B 公约　　　B. 在甲、丙两国之间适用 A 公约

C. 在乙、丁两国之间适用 B 公约　　　D. 在丙、丁两国之间适用 A 公约

27. 有关条约的暂时适用,下列说法不正确的是(　　)。

A. 条约的暂时适用指整个条约于生效前对一国暂时适用,不包括条约中一部分暂时对一国适用

B. 条约的暂时适用一般适用于需要批准才能生效的多边条约

C. 条约的暂时适用与条约的部分“最后条款”提前适用不同

D. 条约对一国的暂时适用主要发生在条约本身规定暂时适用或谈判国以其他方式协议暂时适用的情形

28. 甲、乙、丙三国为某投资公约的缔约国,甲国在参加该公约时提出了保留,乙国接受该保留,丙国反对该保留,后乙丙丁三国又签订了涉及同样事宜的新投资公约。根据《维也纳条约法公约》,下列选项不正确的是(　　)。

A. 因乙、丙、丁三国签订了新公约,导致甲、乙、丙三国原公约失效

B. 乙、丙两国之间应适用新公约

C. 甲、乙两国之间应适用保留修改后的原公约

D. 尽管丙国反对甲国在原公约中的保留,甲、丙两国之间并不因此而不发生条约关系

29. 甲乙两国缔结某条约时,约定甲乙两国文字的文本同样为作准文本,并以第三种文字的文本作为参考文本。条约生效后,两国发现三个文本的某些用语有分歧:依据乙国文字文本进行解释对甲国更加有利,而依据第三种语言文本进行解释,对乙国更有利。根据《维也纳条约法公约》,下列关于该条约的说法正确的是(　　)。

A. 甲乙两国应接受各自语言文本的拘束

B. 甲国可以仅根据乙国文本进行解释适用,因为该文本对其有利且为作准文本

C. 乙国可以根据第三种语言的文本进行解释适用,因为该文本为参考文本,不必考虑甲乙国语言文本

D. 由于三种文本用语有分歧,该条约无效

30. 条约从来都是妥协的产物,缔约谈判经常存在分歧,约文难免会有含糊的文字,正确的解释条约的方法显得尤为重要。其中,权威解释是指具有法定解释权的主体对于条约所作的解释,下列选项中不属于权威解释的是( )。

A. 当事国共同解释
B. 国际组织解释
C. 学理解释
D. 条约监督机构解释

31. 嘉易河是穿越甲、乙、丙三国的一条跨国河流。1982 年甲、乙两国订立条约,对嘉易河的航行事项作出了规定。其中特别规定给予非该河流沿岸国的丁国船舶在嘉易河中航行的权利,且规定该项权利非经丁国同意不得取消。事后,丙国向甲、乙、丁三国发出照会,表示接受该条约中给予丁国在嘉易河上航行权的规定。甲、乙、丙、丁四国都是《维也纳条约法公约》的缔约国。对此,下列哪项判断是正确的? ( )

A. 甲、乙两国可以随时通过修改条约的方式取消给予丁国的上述权利
B. 丙国可以随时以照会的方式,取消其承担的上述义务
C. 丁国不得拒绝接受上述权利
D. 丁国如果没有相反的表示,可以被推定为接受了上述权利

32. 甲、乙、丙三国订有贸易条约。后甲、乙两国又达成了新的贸易条约,其中许多规定与三国前述条约有冲突。新约中规定,旧约被新约取代。甲、乙两国均为《维也纳条约法公约》的缔约国。根据条约法,下列判断哪一项是错误的? ( )

A. 旧约尚未失效
B. 新约不能完全取代旧约
C. 新约须经丙国承认方能生效
D. 丙国与甲乙两国间适用旧约

33. 甲国与乙国签订了《友好通商航海条约》,在条约中规定了如下条款:(1) 甲、乙两国国民有权在丙国境内享有 50%的税收优惠;(2) 丙国国民有权在甲、乙两国境内享有 50%的税收优惠。则有关这两项条款说法正确的是( )。

A. 对于条款(1),丙国可以采用非书面形式接受
B. 对于条款(1),如果丙国接受,丙国必须采用书面形式接受
C. 对于条款(2),如果丙国接受,丙国必须采用书面形式接受
D. 因为条款(2)是为丙国创设一项权利,因此无须得到丙国同意

34. 关于条约修订,下列说法不正确的是( )。

A. 条约修订包括条约修正和条约修改
B. 双边条约的修订可以采取换文、议定书等形式
C. 条约生效前不可以对条约进行修订
D. 条约修改意图在部分当事方之间更改条约

35. 根据《维也纳条约法公约》第 51 条的规定,下列属于使条约无效的情况是( )。

A. 缔约国国内法与条约规定冲突
B. 条约规定涉及第三国利益
C. 一国因另一谈判国的诈欺行为而缔结条约
D. 条约未经批准

36. 关于不平等条约,下列说法错误的是( )。

A. 不平等条约往往违反禁止威胁或使用武力这一国际法强行规范

B. 不平等条约是《维也纳条约法公约》规定的条约无效的理由

C. 不平等条约往往违反国家主权原则、平等原则、独立原则

D. 新政府或新国家对历史上的不平等条约多是采取不承认、修改或废除的立场和实践

37. 甲、乙两国签订了一份关于共同开发海洋资源的条约,该条约在签订时完全符合当时的国际强行法规则,但是在两国缔结条约并开始履行义务 3 个月后,国际社会缔结了一项新的国际强行法规则,而甲、乙两国的条约正好与该规则相抵触,甲、乙两国都是《维也纳条约法公约》的缔约国。关于此种情况,正确的判断是(　　　　　)。

A. 根据"约定必守"的最高规范,由于甲、乙两国的条约缔结于强行法规则之前,条约有效

B. 条约自始无效

C. 条约自与新的强行法规则发生抵触时起失效

D. 失效或继续有效与否由甲、乙两国决定

38. 甲、乙两国缔结双边条约,下列选项不属于条约终止和暂停原因的是(　　　　　)。

A. 战争

B. 当事国一方的一般性违约

C. 条约履行不可能

D. 单方解约和退约

（三）多项选择题

39. 国际组织的章程通常采用的名称有(　　　　　　　)。

A. 宪章

B. 盟约

C. 协定

D. 规约

40. 下列关于条约缔结程序的说法中正确的有(　　　　　　)。

A. 国家表示同意受条约约束的方式可由该条约规定或由有关各方约定,但实践中一般采用的方式包括签署、批准、加入和接受等

B. 条约约文议定后,如果需要经过一段时间才进行签署,通常各方全权代表会先进行草签。草签表明缔约方谈判代表对条约的约文已经认证,但不具备法律效力,仍需等待其本国核准

C. 当使馆馆长参与谈判派遣国和接受国之间的一般条约约文时,需要出示全权证书

D. 中国签订的民商事条约均需全国人民代表大会常务委员会的批准

41. 为了解决国籍冲突问题,几十个国家派代表谈判并缔结了《关于解决国籍冲突若干问题的公约》,公约第 8 条规定不承认双重国籍。甲国在加入该公约时根据公约规定的程序对第 8 条提出了保留。对甲国的保留,乙国表示同意,丙国表示反对,但丙国并不反对条约其他条款在甲丙两国之间的适用。根据《维也纳条约法公约》中关于条约保留的规定和国际法的相关实践,下列说法中哪些是正确的?(　　　　　　)

A. 甲国的保留只能在《关于解决国籍冲突若干问题的公约》尚未生效时作出

B. 在乙丙两国相互之间,不应相互承认对方国民的双重国籍

C. 在甲乙两国之间,应相互承认对方国民的双重国籍

D. 在甲丙两国之间,不应相互承认对方国民的双重国籍

42. 根据《中华人民共和国缔结条约程序法》第 7 条的规定,条约和重要协定的批准由全国人

民代表大会常务委员会决定。下列选项中属于第 7 条规定的条约和重要协定的是（   ）。

A. 缔约各方议定须经批准的条约、协定

B. 有关领土和划定边界的条约、协定

C. 友好合作条约、和平条约等政治性条约

D. 有关司法协助、引渡的条约、协定

43. 根据《维也纳条约法公约》的规定，条约保管机关的主要职务包括（   ）。

A. 保管条约约文之正本及任何送交保管机关之全权证书

B. 准备约文的正式副本及条约所规定的其他语言文本，并将其分送当事国和有权成为条约当事国的国家

C. 接受条约的签署及接受并保管有关条约文书、通知及公文

D. 向联合国秘书处登记条约

44. 根据《维也纳条约法公约》以及《联合国宪章》的有关规定，下列说法正确的是（   ）。

A. 甲乙两国共同制订某双边条约，在谈判过程中，甲国对乙国全权谈判代表史密斯进行贿赂，乙国不得主张史密斯作为其全权代表所签订的该条约无效

B. 甲乙两国签订了一个条约，则除条约表示不同意思，或另经确定外，该条约一旦生效，其对甲乙两国之拘束力均及于全部领土

C. 《联合国宪章》规定，宪章规定的成员国的义务和会员国根据其他条约所负的义务有冲突时，宪章规定的义务居优先地位

D. 任何国家如果签署一项条约，则自签字时起就有义务接受条约的拘束

45. 下列哪几种情况属于条约的冲突？（   ）

A. 一个多边公约的两个当事国之间缔结了一个违反该多边公约的条约

B. 条约与缔约国的国内法冲突

C. 两个国家可能在签订一个条约以后，又就同一事项签订另一新的内容不同的条约

D. 一国已和另一国缔约承担某种义务，后来又与第三国签订与该种义务互不相容的条约

46. 下列选项中属于条约解释补充方法的是（   ）。

A. "后法优于前法"，即在先后有两项规则适用于同一事项时，时间在后的规则优于时间在前的规则

B. "特别法优于一般法"，即在对于特定事项既有一般法又有特别法时，特别法优于一般法

C. "有效性规则"，即条约解释应该使条约的条款有效，而不能使条约的条款无效或无意义，但是不能通过有效性规则来赋予条约条款一种与其字面和精神都相违背的含义

D. "时际法"规则，即条约应参照缔结条约时有效的一般国际规则加以解释，条约的规定通常要在缔结条约时它们的含义的基础上并参照当时的情况加以解释

47. 甲、乙、丙三国是 1950 年某项国际条约的原始缔约国，1980 年该项条约公约依据规定的程序进行了修订，形成 1980 年修订本。甲、乙两国接受了 1980 年修订本，丙国认为修订本的要求过高，拒绝接受修订本。2000 年，丁国加入了该条约，加入时对其受公约哪个文本约束没有作出任何意思表示。根据《维也纳条约法公约》，下列判断正确的有（   ）。

A. 丙国的行为构成退约,表明其退出了该项公约

B. 由于丁国加入时未作任何意思表示,公约 1980 年修订版本将对其适用

C. 丙国有权拒绝接受 1980 年修订本,但其仍然是公约缔约国,受 1950 年文本的约束

D. 丙国和丁国之间应当适用 1980 年修订本

48. 根据 1969 年《维也纳条约法公约》的规定,多边条约可按照条约本身规定的程序进行修正。关于条约的修正,下列哪些判断是正确的?(　　　　)

A. 条约修正后,凡有权成为条约当事国的国家,也应有权成为修正后条约的当事国

B. 修正条约的协定对所有条约当事国具有拘束力

C. 对于修正条约的协定生效后成为当事国的国家,如果该国没有相反的表示,应视为修正后条约的当事国

D. 在接受修正条约拘束与不接受修正条约拘束的国家之间,适用未修正的条约

49. 菲德罗河是一条依次流经甲、乙、丙、丁四国的多国河流。1966 年,甲、乙、丙、丁四国就该河流的航行事项缔结条约,规定缔约国船舶可以在四国境内的该河流中通航。2005 年底,甲国新当选的政府宣布:因乙国政府未能按照条约的规定按时维修其境内航道标志,所以甲国不再受上述条约的拘束,任何外国船舶进入甲国境内的菲德罗河段,均须得到甲国政府的专门批准。自 2006 年起,甲国开始拦截和驱逐未经其批准而驶入甲国河段的乙丙丁国船舶,并发生多起扣船事件。对此,根据国际法的有关规则,下列表述正确的是(　　　　)。

A. 由于乙国未能履行条约义务,因此,甲国有权终止该条约

B. 若乙、丙、丁三国一致同意,可以终止该三国与甲国间的该条约关系

C. 若乙、丙、丁三国一致同意,可以终止该条约

D. 甲、乙两国应分别就其上述未履行义务的行为,承担同等的国家责任

50. 甲、乙两国 2006 年发生边境武装冲突,随即先后宣布与对方进入战争状态。此前,甲、乙两国先后缔结了《和平友好条约》(1960 年)、《边界条约》(1966 年)、《建立外交关系的协定》(1980 年)、《引渡协定》(1982 年)等一系列条约。在此状态下,如果这些条约中不存在相关的特别约定,根据国际法的有关规则,下列哪些选项是正确的?(　　　　)

A. 两国间的《和平友好条约》自动废止

B. 两国间的《边界条约》暂停执行

C. 两国间《建立外交关系的协定》自动废止

D. 两国间的《引渡协定》暂停执行

51. 甲、乙、丙三国为邻国,于 2005 年 5 月缔结筑路条约,规定甲国提供资金 500 万美元,乙国提供人员、技术并施工,在丙国境内分两期修建连接丙国与甲、乙两国的公路。条约规定,该公路归丙国所有,甲、乙、丙三国共同使用并分享 50 年收益。2006 年 7 月一期工程完成。同年 9 月,因百年不遇的洪水和泥石流,竣工地段的地貌完全改变,二期工程已无法按约定继续进行。对这种情况,筑路条约没有相关约定。甲、乙、丙三国均为《维也纳条约法公约》的缔约国。根据国际法的有关规则,下列表述错误的是(　　　　)。

A. 上述情况表明该筑路条约存在缔约错误,因而该条约自始无效

B. 甲、乙、丙三国仍然有继续履行条约的义务

C. 丙国须对甲、乙两国此前投入的资金予以补偿

D. 若该条约终止执行,已经竣工公路的所有权将处于不确定状态

52. 国际人道法中的区分对象原则(区分军事与非军事目标,区分战斗员与平民)是一项已经确立的国际习惯法原则,也体现在 1977 年日内瓦四公约第一附加议定书中。甲乙丙三国中,甲国是该议定书的缔约国,乙国不是,丙国曾是该议定书的缔约国,后退出该议定书。根据国际法的有关原理和规则,下列哪些选项是错误的?(   )

A. 该原则对甲国具有法律拘束力,但对乙国没有法律拘束力

B. 丙国退出该议定书后,该议定书对丙国不再具有法律拘束力

C. 丙国退出该议定书后,该原则对丙国不再具有法律拘束力

D. 该原则对于甲乙丙三国都具有法律拘束力

(四)简答题

53. 如何判断一项协议是否是条约?

54. 简述缔约能力和缔约权的区别。

55. 如何理解不平等条约的效力?

(五)案例分析

56. 假设 A 国元首与 B 国元首谈判签署了一份双边投资条约,其中包含如下规定:本条约旨在促进和保护缔约双方投资流动和投资保护;缔约方应给予缔约另一方投资者的投资以符合习惯国际法最低待遇标准的公平与公正待遇。A 国投资者甲公司在 B 国投资经营矿产资源勘探开发,后来,B 国在没有任何正当理由,也没有遵守任何正当程序的情况下,取消了甲公司的投资许可。甲公司与 B 国磋商谈判未能解决它们之间的投资争端,于是甲公司对 B 国提起了国际仲裁。根据有关条约法公约的规则,请回答以下问题:

(1)在仲裁中,B 国主张,根据 B 国宪法,B 国元首无权对外谈判缔结条约,因此,A、B 两国的双边投资条约是无效的。请问:B 国的主张是否成立?为什么?

(2)在仲裁中,B 国主张,习惯国际法最低待遇标准意义上的公平与公正待遇,是根据 20 世纪 20 年代的国家实践和国际判例确立起来的,因此这里的公平与公正待遇应该是指 20 世纪 20 年代的含义,但是仲裁庭认为,习惯国际法、最低待遇标准、公平与公正待遇不能停留在 20 世纪 20 年代,而应该随着时间的推移而赋予其与时俱进的含义,在 20 世纪 20 年代不被认为是违反习惯国际法最低待遇标准意义上的公平与公正待遇,但在 21 世纪可能是违反了。仲裁庭还认为,既然 A、B 两国双边投资条约是旨在促进和保护投资的,那么就应该采取有利于促进和保护投资的含义来解释公平与公正待遇。仲裁庭还认为,公平与公正待遇首先应该按照这两个词本来应该具有的含义来解释,根据案件事实来判断是否违反了公平与公正待遇,是否公平、公正、合理。请问:仲裁庭在这里都采用了哪些条约解释方法?

第十四章 外交与领事关系法

第一部分 学习目标

（一）熟悉

1. 外交关系的各种类型。
2. 国家的国内外交机关包括哪些？各自外交职权是什么？
3. 使馆馆长分哪几个等级？各自优先地位如何？
4. 从使馆馆长、陆海空武官到其他使馆职员的委派及委派的原则。
5. 特别使团的派遣和组成情况。
6. 外交团的含义、组成、作用。
7. 除外交代表之外，其他使馆人员按不同类型所享有的特权与豁免的主要内容。
8. 特别使团中其他人员的特权与豁免的具体内容。
9. 特别使团及其人员对接受国的义务包括哪些？
10. 领事关系的建立和使馆设立的条件。
11. 领馆人员的类别、委派与承认，及其对接受国的义务。

（二）掌握

1. 外交及外交关系的定义（国际法上）。
2. 国家的外交关系机关的含义及分类。
3. 使馆人员的组成。
4. 特别使团的概念和法律地位。
5. 外交特权与豁免的含义、根据。
6. 使馆的特权与豁免包括哪些内容？
7. 外交代表的特权与豁免具体包括哪些内容？
8. 特别使团的便利，特权与豁免的内容。
9. 特别使团中派遣国代表和外交人员的特权与豁免的具体内容。
10. 使馆及其人员对接受国的义务包括哪些？
11. 应受国际保护人员的定义。
12. 侵害应受国际保护人员的罪行及特征。
13. 什么国家对侵害应受国际保护人员的罪行具有管辖权？
14. 领事职务的主要内容。
15. 领馆的特权与豁免的主要内容。
16. 领馆人员的特权与豁免的主要内容。

（三）理解

1. 外交关系法的编纂的大致历史。

2. 临时外交与使馆制度的产生历史。

3. 使馆的职务主要包括哪几项？

4. 关于"不受欢迎和不能接受的人"的制度。

5. 递交国书制度。

6. 特别使团的职务如何执行？

7. 外交代表的职务可因哪些情况而终止？

8. 外交特权与豁免的开始与终止时间。

9. 使馆人员在第三国的地位如何？

10. 防止和惩处侵害应受国际法保护人员的罪行的国际法制度的产生。

11. 关于侵害应受国际法保护人员的罪行，"或引渡或起诉"原则的含义是什么？

12. 关于侵害应受国际法保护人员的罪行，在预防和惩处方面的国际合作措施包括哪些？

13. 领事制度的产生和发展历史。

14. 领事关系法的编纂概况。

15. 中国的外交特权与豁免条例的大致内容。

16. 中国的领事特权与豁免条例的大致内容。

（四）难点

1. 外交关系和使馆建立的原则和方式。

2. 特别使团与常设使团的比较。

3. 外交代表的刑事管辖豁免，民事及行政管辖豁免都是绝对的吗？

4. 对于领事裁判权的评价。

5. 领事职务与使馆职务的联系及区别。

6. 领事特权与豁免与外交特权与豁免的比较。

第二部分　知识结构图

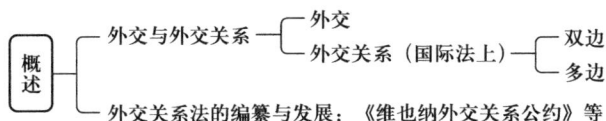

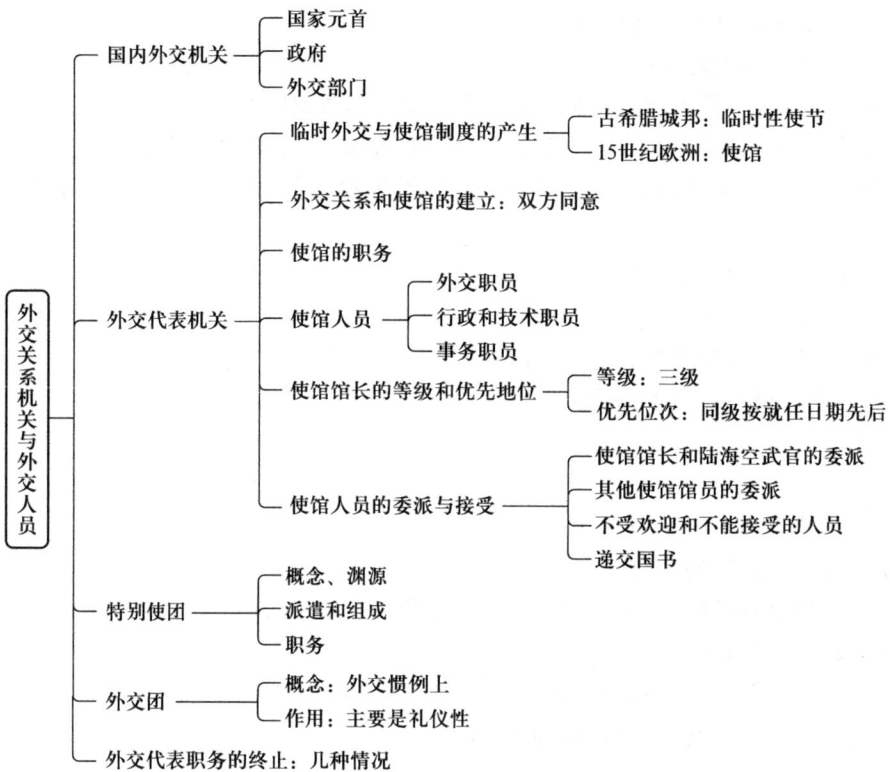

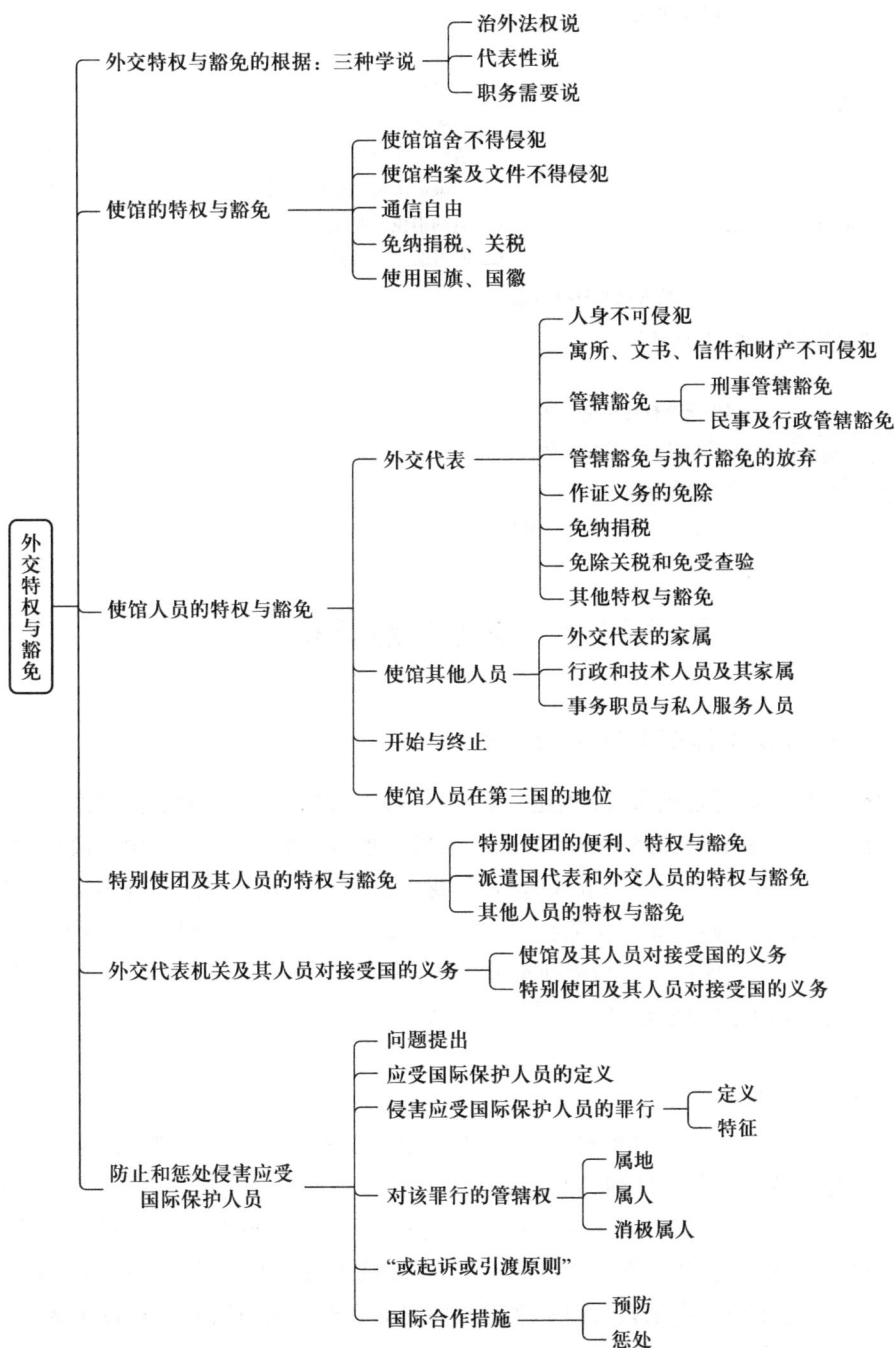

```
              ┌─ 概述 ──────┬─ 领事关系、领事制度的概念、发展
              │            └─ 领事关系法的编纂
              ├─ 领事关系的建立与领馆的设立：通过协议
              ├─ 领事职务
领          ├─ 领馆人员 ──┬─ 类别                    ┌─ 馆舍不可侵犯
事          │            └─ 委派及承认              ├─ 档案及文件不得侵犯
关          │                        ┌─ 领馆的特权与豁免 ─┤─ 通信自由及行动自由
系          │                        │                 ├─ 与派遣国国民通信及联络
法          ├─ 领事特权与豁免 ──────┤                 ├─ 免纳捐税、关税
              │                        │                 └─ 使用国旗、国徽
              │                        └─ 领馆人员的特权与豁免
              └─ 领馆及其人员对接受国的义务
```

```
┌─────────────┐   ┌─《外交特权与豁免条例》
│中国关于外交和领事│ ─┤─《领事特权与豁免条例》
│工作的立法和制度 │   ├─《驻外外交人员法》
└─────────────┘   └─ 有关领事保护与协助工作的法律制度
```

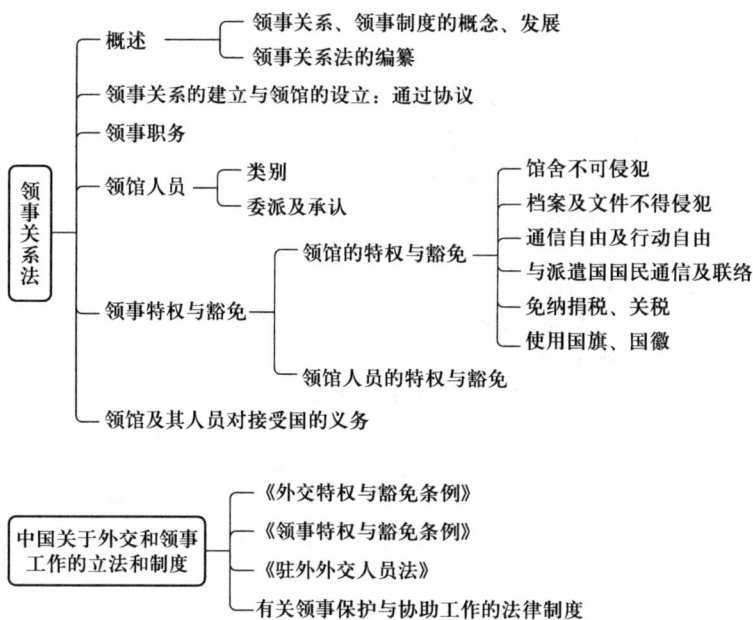

第三部分　重点难点解析

一、外交保护与领事保护的区别与联系[①]

经济全球化是挑战,但更是机遇,21 世纪将是经济全球化的世纪。世界各国的经济发展都离不开经济全球化,中国参与国际经济交往的机会也越来越多。但是,由于各国的政治、经济、文化、历史传统不同,各国的价值观、利益取向不同,我国公民和法人在海外的各种活动可能会遇到一些行政或法律上的障碍。如何保障我国公民、法人在他国的合法权利不受侵害,这便是国际法上的外交保护与领事保护制度所要研究和解决的问题。就外交保护与领事保护制度的区别和联系而言,仍然需要避免混淆其概念和表现形式。

(一) 外交保护的界定与内涵

外交保护,泛指一国通过外交途径对在国外的本国国民的合法权益所进行的保护。国家享有此项权利,这是公认的国际法准则。对国家保护的在外侨民权利的侵害,构成国际侵权行为。各国政府及其驻外机构根据国内法负有保护侨民利益的责任,根据国际法则有保护侨民的权利,遇有侨民权利受到侵害时,不待侨民的申请,有关机关可随时向侨民所在国提出抗议,要求救济或赔偿。外交保护是将私人与国家之间的冲突上升到国家与国家之间的冲突。

可以说,该概念是目前比较全面的关于外交保护特征的表述,它涉及外交保护的诸多方面,例如:(1) 外交保护通过外交途径进行;(2) 外交保护是一项国际习惯法准则;(3) 外交保

[①]　节选自殷敏:《外交保护与领事保护的比较研究》,《国际商务研究》2008 年第 4 期。

护的实施机构是各国政府及其驻外机构;(4)外国人在所在国受到了实际损害,即所在国的行为构成国际侵权;(5)外交保护是国家的权利,并且一旦国家提起,私人与国家之间的争端就上升到国家与国家之间的争端。但其也有明显的不足之处,例如:(1)未强调"用尽当地救济"这一体现国际法上属地管辖权的重要原则;(2)将外交保护的程序仅限定于外交途径,忽视了仲裁与司法等法律程序,而这恰恰又是外交保护的发展趋势。另外,对于外交保护概念的代表性表述还有英国国际法学者阿库斯特,日本学者寺泽一、山本草二,韩国国际法学者柳炳华,中国国际法学者王铁崖等。这些表述虽未穷尽外交保护的所有内容,但均选择某些侧重点反映了外交保护的显著特征,如外交保护的对象、范围、外国人的实际损害、用尽当地救济原则、外交保护的程序、外交保护的法律后果等。

(二)外交保护的具体表现形式

1. 拒绝发给入境签证时的外交交涉

准许或拒绝外国人入境问题是一国主权范围内的事项,是接受国所专有的国内法权力的体现,除非该国加入了有关国际条约。因此,一国或其使节通常不得因接受国拒发给本国国民的入境签证而行使外交保护权,提出国际求偿。但实践中,外交代表也经常会代表本国国民为这类事情与接受国政府交涉。

2. 侨民无辜受到逮捕或拘留时的外交交涉

这是最常发生的情况。根据国际法,侨民应受接受国当地法律的管辖,但往往在很多情况下侨民无辜受到逮捕或拘留,这时,外交使节有权要求了解情况,并给予被捕国民以合法的帮助。

3. 侨民在司法程序中被拒绝司法的外交交涉

如侨民在接受国受到侵害而得不到当地司法保护或在司法程序中受到不公正审判时,接受国的行为就构成拒绝司法。

4. 侨民或法人的财产遭到非法没收

接受国一旦同意外国人拥有财产,那么外国人的财产或财产权就应受到接受国法律的保护。根据国际法的规定,征收有合法与非法之分:合法征收指国际法允许在战时或平时为了公共用途征用和征收财产,并且必须符合诚意原则与不歧视原则,同时给予适当补偿;非法征收是指如果侨民或法人的财产被侨居国无偿征用,此时,外交代表有义务建议他采取侨居国国内法律中的补救方法,以求得一定的补偿。另外,对于非法征收行为,外交代表还有权提出异议,并对本国国民的财产权给予保护。

5. 侨居国不给予侨民足够的保护时的外交交涉

当侨民受到外国私人团伙的殴打,或财产遭到损坏时,外交使节首先要弄清这些行为是否是在接受国警察当局的纵容下发生的,如果不是,当局是否做出了应有的努力,并及时将违法者逮捕,并绳之以法。

(三)领事保护的界定与内涵

领事保护是指一国的领事机关或领事官员,根据本国的国家利益和对外政策,于国际法许可的限度内,在接受国内保护派遣国及其国民的权利和利益的行为。领事保护有狭义和广义两种:狭义的领事保护是指,当派遣国国民(包括法人)的合法权利和利益在领区内受到违反国际法的不法行为损害时,领馆或领事官员同领区当局交涉,以制止此种不法行为,恢复受害人应享有的权利和利益,要求对已受到的损害予以赔偿,这是真正意义上的领事保护;广义的领事保护还包括领馆和领事官员向派遣国国民提供必要的帮助和协助。

领事保护是领事的基本职务,其内容基本等同于领事职务的范围,但领事保护的内容又因时因地而异,导致领事职务的范围也因时因地而异。例如,随着飞机发展成为最重要的交通工具,领事职务必然扩大到空中运输事项。《维也纳领事关系公约》第 5 条列举的领事法所承认的最主要的 13 项领事职务,为世界上绝大多数国家所接受。但公约第 5 条第 13 项和第 73 条的规定又说明:领事职务的范围无法列尽;世界各国可以根据领事关系发展的需要,通过双边领事条约或协定以及领事关系公约作出进一步的规定。代表性的领事关系公约如 1997 年欧洲委员会成员国在巴黎签订的《关于领事职务的欧洲公约》(它是继《维也纳领事关系公约》生效后,世界上第一个专门就领事职务作出广泛而具体规定的地区性领事关系公约),它对领事职务做出更加具体的规定,以避免在实践中可能产生的困难和纠纷。

目前,领事保护的具体内容基本是根据《维也纳领事关系公约》对领事职务范围而规定的,具体包括以下几方面:

第一,增进派遣国与接受国友好合作关系的发展。领事在促进派遣国的权利和利益的同时,也有促进派遣国与接受国友好合作的义务。领事应与领区内有关当局保持密切联系,确保领事职务的正常执行以及特权与豁免的正常享有。

第二,帮助及协助派遣国国民。《维也纳领事关系公约》规定,领事有与派遣国国民通信及会见的自由和权利。

第三,救济并援助派遣国国民在接受国法律规章规定的范围内,当派遣国国民的权利和利益已经或正在受侵害或受损害时,领事有权要求立即停止正在进行的侵害或损害,以及使已经受侵害或受损害的派遣国国民的权利和利益得以相应补救或赔偿。具体情况有:(1)救助因自身原因或不可抗力原因而受损失的派遣国国民。(2)帮助或保护被剥夺人身自由或受惩罚的派遣国国民。(3)帮助或保护因私人或团伙暴力行为受侵害或受损害的派遣国国民。(4)保护或帮助派遣国国民的劳动福利、居留权利,保护派遣国及其国民的财产与财产权等。

(四)领事保护与外交保护(包括一般的外交交涉)的关系

通过上述关于领事保护与外交交涉的形式的列举,不难看出两者在表现形式上有很大的相似甚至重叠之处。但事实上,无论是领事保护还是外交交涉,必要时,它们都可以上升至高级阶段——外交保护。由此可见,可以将领事保护、外交交涉看成是外交保护的一个前期准备阶段,或称为初级阶段。但这样说似乎还不是非常准确,因为外交保护过程中有时也有外交交涉,而不能简单地认为外交交涉是外交保护的初级阶段。到底它们的关系如何呢?对此联合国国际法委员会并未作出明确答复。而迄今为止,理论和实践中都未能有统一标准明确区分外交保护与领事保护。

综上所述,可以认为它们之间的关系是这样的:领事保护是由领事机构进行的,不以用尽当地救济为前提条件;外交交涉中则有一部分属于外交保护的范畴,即如果提出外交交涉时,本国自然人或法人已用尽了当地救济,则属于外交保护中的外交交涉,反之,则是一般的外交交涉;领事保护与一般的外交交涉在用尽当地救济后都有可能上升为外交保护。具体而言,应这样看待两者的关系：

第一，保护的客体相同。主体均是派遣国的驻外机构，其保护的客体一是派遣国国家；二是派遣国国民——具有派遣国国籍的自然人和法人。外交保护与外交交涉的行使主体是该派遣国驻在接受国的外交机构、外交官员或外交代表，或者国家元首、政府首脑、政府对外职能机构、外交部等；而领事保护的行使主体是该派遣国驻接受国的领事机构、领事等。

第二，领事保护是一种特殊的外交保护，是广义外交保护的一种，它最多只能看成是外交保护的预防阶段或准备阶段。根据《维也纳领事关系公约》第 55 条的规定，领事在保护本国国民方面可采取的行动十分有限，该条规定，领事在接受国"负有不干涉该国内政之义务"。著名国际法学者 Shaw 认为，领事可在以下方面发挥特殊作用来协助处于困境的国民，例如，找律师、探监、与地方当局联系，但是他们无法干预司法程序或接受国的内政，也无法提供法律咨询意见或者调查犯罪活动。这就说明领事在保护国民的过程中，代表的是国民的利益，而不是国家的利益。国家利益属于外交部门处理的事项。因此，领事保护不会凌驾于一国的行政管辖或司法管辖之上，而领事在处理纠纷的过程中最多扮演观察员、联络员、协调者的角色，其职责是推动行政、司法解决或当事人和解。

第三，自然人与法人有权放弃领事保护，但不应放弃外交保护。根据国际法原则，外交保护权不是自然人、法人的权利，而是一国对另一国的权利。对于外交交涉而言，它体现了主权国家的立场与态度，是国家公权力的体现，自然人与法人也不应当放弃。领事保护主要涉及对个人权利的保护，其提起必须经所涉个人同意。《维也纳领事关系公约》第 36 条第 1 款规定，只有所涉个人提出请求，才提供领事协助。而在外交保护中，所涉个人不能阻止其国籍国行使外交保护，或者继续进行有关程序。

第四，对"用尽当地救济"的要求不同。国籍国行使外交保护前，自然人或法人必须在接受国尝试所有可能的该国国内行政和司法途径以用尽当地救济。而在用尽当地救济之前，自然人或法人只享有领事保护权，而不能享有外交保护权。在这一阶段，他们有权决定是否放弃领事保护。而对于一般的外交交涉，也不以用尽当地救济为前提条件。这就决定了领事保护没有外交保护正式，同时也更容易被东道国所接受。

第五，领事保护有逐渐发展成为一种特殊的外交保护的趋势。欧洲联盟的有关规定体现了领事保护应被视为一种特殊的外交保护。根据这些规则，欧盟公民有权利在其欧盟成员国国籍国没有派驻代表的第三国境内，享受任何成员国的外交和领事机构将其视同本国国民提供的保护。这表达了对欧盟来说至关重要的不歧视原则。

欧盟内部禁止国籍的歧视，因此规定欧盟公民在欧盟之外都应得到平等的保护。表面上看，这条规定没什么问题，但事实上它却忽略了领事保护和外交保护的根本区别。它的问题主要在于：(1) 违反了条约不能使第三者负担义务或获得利益的原则。《维也纳条约法公约》第 34 条规定："条约非经第三国同意，不为该国创设义务或权利。"欧盟条约、宪章或者宪法的任何规定对不属于欧盟成员国的第三国都不具约束力。第三国没有义务遵守在欧盟范围内有效的条约和公约的规定，而且没有义务——就外交保护而言不可能——接受任何并非一个欧盟公民的国籍国的国家的保护。(2) 欧盟"公民"并不是欧盟所有成员国的国民，即具有欧盟公民身份不意味着满足了提供外交保护的国籍条件。因此，各项声称欧盟所有成员国给予所有欧盟公民外交保护权利的欧盟条约规定是有问题的，除非解释为只适用于领事保护。据称，这确是其本意所在。国际法并不禁止向另一国国民提供领事协助,而领事保护不像行使外交保护那样要求严格适用国籍的标准。因此,不要求通过国籍联系取得法律权益。

从欧盟法的相关规定也可以看出领事保护并非与外交保护毫无关系,恰恰它们在许多行为上是相似甚至相同的,如程序上的交涉、谈判等。所以区分两者的关键不是在于行为范围,而应在于凡是符合行使外交保护条件的一切行为应视为外交保护,而除此以外由领事进行的任何干预行动均应归于领事保护。

基于以上分析,可以认为,领事保护只能作为广义外交保护的一种,是一种特殊的外交保护,它不能适用传统外交保护的规则,也不能适用今后可能要生效的外交保护条款草案的规定。但是对于在今后条件成熟时,是否会出现一部单独的领事保护条例,可以持乐观态度。

二、中国领事保护中的问题与对策[①]

近年来,越来越多的中国企业走出国门参与境外经济活动、对外工程承包、劳务输出和投资贸易,越来越多的中国公民赴海外旅游、留学、考察、访问,出境人数不断增多,人员构成日益复杂。与此同时,海外安全风险日益多元化,传统和非传统安全威胁相互交织,加之自身观念、意识和素质等原因,海外中国企业和公民的生存环境更加复杂,面临的安全形势日趋严峻,海外领事保护案件增多,并呈现出从传统向非传统领域,从偶发、单发向频发、群发发展的态势。目前,中国已成为世界上仅次于美国的第二大海外公民遇险国。2007—2011年,外交部和驻外使领馆会同有关部门受理和处置了各类领保案件近16万起,平均每年4万起,涉及中国公民数百万。总体而言,中国领事保护还存在诸多问题,为此需要制定一系列相关政策,切实加强我国的领事保护。2004年以来,中国领事保护工作步入快车道。加快立法建设,设立专项经费,建立应急和协调机制、预防和预警机制、磋商和交涉机制,大力开展国际警务和执法合作,甚至动用军事力量实施海外保护。领事保护工作更加制度化和规范化,领事保护手段和渠道更加多元和多样化,一套具有中国特色的领事保护制度和体系逐渐成形,并在2004年印度洋海啸救援,2006年4月所罗门群岛和东帝汶骚乱撤侨,2010年菲律宾香港人质事件,2011年初埃及、利比亚撤侨和日本大地震人员撤离,2012年3月刚果(布)军火库爆炸、2013年埃及热气球爆炸事件等重特大领事保护案件中经受了考验,发挥了积极和显著作用。

(一)当前中国领事保护中存在的问题

目前,中国领事保护能力仍落后于形势发展的需要,对于海外中国企业和公民的保护仍处在应急处理、被动应付的水平,前瞻预警、快速反应和统筹协调等方面还有所欠缺,领事保护体制机制仍不够健全和完善,常态化、系统性和联动性有所不足。主要体现在以下几个方面:

1. 领事保护的能力和投入不足

目前,中国在领事保护领域的投入还远远不足,包括人力资源和资金方面的投入。专门或专职从事领事保护的人员数量远不能满足需求,与西方发达国家存在相当差距。资金的配备不到位,经费保障压力大的问题将长期存在。

首先,人力资源匮乏。领事保护需要足够的人手。目前,中国外交部共有干部员工4 000

---

①　节选自杨洋:《中国领事保护中存在的问题及对策》,《国际政治研究》2013年第2期。

多名,其中专职的领事工作人员,包括领事司的 150 多名干部,驻外使领馆负责领事侨务工作的 600 多人,共有 750 人左右。每名驻外领事官员服务大约 18 万海外公民,这个数字是美国的近 30 倍。而美国领事官一个人面对的美国公民是 5 000 人,日本是 1 万人,俄罗斯是 1.3 万人,英国是 2.9 万人。事实上,这 750 人中专司领保工作的人员还不到一半,毕竟领事保护只是领事工作的一部分,除了应对领保案件外,领事官员还要承担签证、公证、认证等多项领事工作。以中国驻东南亚某国使馆为例,全馆有编制 40 人,其中领事部 7 人,仅有 2 人专门负责领事保护工作。而每年赴该国的中国游客超过 120 万人次,在该国的留学生人数近 1 万,长期或短期务工人员无法完全统计,这意味着派驻该国的专职领保干部每人每年要直接面对至少 60 万人次中国公民,其工作强度和实效可想而知。中国目前的领事人员投入和配备,与保护、协助日益庞大的海外群体显然存在巨大差距。

其次,经费保障压力大。领事保护耗费大量的外交资源和人财物力,需要充足的财力保障。特别是领事保护在外交工作中所占比重日益上升的今天,领保官员为了营救受困公民频繁地通信和奔走,为身无分文的公民回国购买机票,使领馆为公民在医院紧急治疗垫付费用,政府为撤侨租用包机等,没有经费的保障一切都无从谈起。尤其一些大规模的撤侨行动,动用部门之广、资源之多、人力之众,堪称前所未有。以利比亚撤侨为例,短短 12 天之内,中国政府协调派出 91 架次民航包机、12 架次军机、5 艘货轮、1 艘护卫舰,租用 35 架次外国包机、11 艘次外籍邮轮和 100 余班次客车,海、陆、空联动,共撤出 35 860 人。作为新中国成立以来最大规模的有组织撤离海外公民行动,虽然官方从未公布,但其耗资巨大不难想象。参与此次利比亚撤离行动的外交官向媒体透露:"租用飞机的钱是一个天文数字。"虽然 2005 年财政部已设立"领事保护专项经费",各部门、各地方或多或少也都有领保预算,但面对日益庞大的领保开支需求,经费保障方面的压力将只增不降。

最后,成本转移可行性小。迄今为止,中国政府未在任何一次撤侨行动中向中国公民收取过任何费用,效法成本转移的可能性很小。与此形成对比的是,一些国家为了缓解高昂的领事保护成本带来的压力,曾经试图将部分成本转移给受益民众。2007 年 7 月,23 名韩国人在阿富汗被塔利班武装劫持,在韩国政府的积极努力下,最终以 2 000 万美元换回 19 名人质性命。据韩联社报道,韩国政府计划在该 19 名人质安全回到韩国后,向人质及教会方面索赔这次领事保护事件过程中所花费的全部费用。在 2006 年黎巴嫩撤侨中,美国政府准备对乘坐飞机和轮船撤离的美国人收取紧急撤离费。在 2011 年初的埃及撤侨行动中,日本动用 3 架包机将滞留在开罗机场的 463 名日本人送到意大利罗马机场,之后这些日本人被要求每人均摊 3.4 万日元(约合 2 700 元人民币)的包机使用费。在利比亚局势紧张之际,加拿大外交部的网站上公开标出了从利比亚撤离的包机票价,每张机票 500 加元。美国国务院和驻外使馆的网站告知公民:根据美国法律,国务院应为处于局势危险的地区的公民安排政府组织的交通工具撤离,但是搭乘该交通工具的公民必须付费。

2. 缺乏有力的法律保障

中国目前在领事保护领域尚没有一部完整和权威的法律或法规,对领事的职责、领事保护的主体和范围、救济途径、经费来源、权责划分等尚没有明确的、具有强制力的约定和规范。驻外使领馆的领事保护行为既缺少法律依据,也缺乏有力的监督和问责,一些领事保护行动本身存在法律上的争议。具体体现为:

首先,缺少统一权威的专门法律。严格来讲,中国目前在领事领域的专门立法只有《中华人民共和国领事特权和豁免条例》,但其规定的主要是外国领事机构和官员在中国的特权和豁免问题。因此,在海外领事保护领域还没有一部权威的专门法规,海外公民和法人权益的保护还没有足够的法律依据和保障,特别是在救济途径和权责划分方面。《中华人民共和国宪法》虽然规定"中华人民共和国保护华侨的正当的权利和利益",但这只是一个原则性规定,并无具体实施细则。《中华人民共和国国籍法》《中华人民共和国外国人入境出境管理法》及部分国家层面的应急预案中也能够散见相关规定,但这些缺乏足够的统一性,且应急预案的法律地位和强制约束力也远远不够。早在 2006 年,十届全国人大四次会议主席团就提出关于制定"保护海外公民安全法"等议案,全国人大外事委员会也建议抓紧制定领事保护条例,外交部领事司于当年成立立法工作小组,开始研究领事保护立法,并于 2009 年推出了《中华人民共和国领事工作条例(征求意见稿)》,对领事职责的范围、履行职责的基本原则、领事保护制度以及领事工作有关事项进行了初步规范和约定。该条例虽已完成征求社会意见程序并处于审议中,但正式出台仍无明确时间。

其次,对使领馆的监督力度有限。领事保护既是国家的权利,也是公民的权利,国家有权对海外公民进行保护,海外公民也有权寻求国籍国的保护。权利和义务是不可分割的。领事保护对外是国家的权利,对内是政府的责任和义务。事实上,不少国家的宪法、法律和规章都规定领事保护是一项个人权利或国家义务。例如,美国法律规定,只要确证拥有美国国籍的公民受到了不公平的待遇,领事应予以保护;英国《训令》规定,外事官员的责任就是注意并采取一切适当的步骤,以保障在其区域内的英国臣民和受英国保护的人的利益;巴西法律规定,给予在国外的巴西公民以向本国领事请求保护的权利;《荷兰宪法》和《外事条例》规定,荷兰人享有领事保护的权利。中国《宪法》明确规定,"中华人民共和国保护华侨的正当的权利和利益"。《中国领事保护和协助指南》(2018 年版)也规定,"中国驻外使领馆依法开展领事保护与协助工作,积极维护中国公民正当与合法权益","对中国公民安全与合法权益受到侵害的,或因不测事件遭遇困难和危险的,中国驻外使领馆依法依规,全力提供保护与协助"。作为政府的海外派驻机构和领事保护的直接实施者,使领馆对领事保护负有不可推卸的责任和义务。但是,使领馆"尽到责任"和"未尽责任"的界限在哪里? 如果没有"尽到责任"会受到怎样的问责? 如何监督使领馆行为确保其不会失职或缺位? 对此,现行法规条文没有给出进一步的解释。而《中国境外领事保护和服务指南》(2003 年版)规定,驻外使、领馆实施领事保护时所进行的外交交涉是外交行为,既可能成功,也可能不成功。公民不能因外交交涉不成功而起诉外交行为,这是世界各国普遍的法律规定。我国《行政诉讼法》第 13 条规定,法院不受理公民、法人或者其他组织对"国防、外交等国家行为"提起的诉讼。《行政复议法》也不适用于外交行为。可见领事保护指南"只是一种没有强制约束力的文件,只能起到指导作用。如果使、领馆不提供领事保护或者提供的领事保护不符合该指南的规定,公民将不能依照该指南提起行政诉讼,而只能以其他的行政法律规定提起诉讼。这样,在缺乏具体规定标准的情况下,行为的性质将会因为标准模糊而难以确定。所以,使、领馆的行为很难通过司法途径进行监督"。事实上,中国曾发生过因领事保护效果未达到预期而被准备起诉的案例。

也有学者指出,"虽然公民不能依据领事保护的效果来提起行政诉讼,但如果使、领馆不提供领事保护或者提供的领事保护不符合领事法规的规定,公民可以依照规定行使其监督、反映或投诉的权利"。现行领事法规对领事保护责任的界定和划分本身尚不明确,加之使领馆远在海外,所受监管有限,所谓的反映或投诉很可能不了了之。虽然外交部本部,如领事保护中心、相关地区业务司局或部纪委等都可以直接受理投诉,对使领馆加以指导、约束和训诫,但这更多是一种内部管理行为,力度和效果可能有限。唯有期待《领事法》或《领事工作条例》早日出台,并在其中加强对领事机构和官员的问责,详细列明违反领事工作职责的各种情形及具体处罚措施,同时规范、细化领事官员提供领事服务的方式、方法,才能有效督促使领馆和领事官员恪尽职守。必须指出的是,公民不能因向使领馆提出非分和无理要求被拒、领事保护未达到自身预期或投诉未果而打击报复、歪曲事实或恶意炒作,否则将承担相关法律责任。

最后,扩大保护对象存在法律争议。根据《中国领事保护和协助指南》(2018 年版),凡是依照《中华人民共和国国籍法》具有中国国籍者,都可以得到中国政府的领事保护。也就是说,只要是中国公民,无论是定居国外的华侨,还是临时出国的旅行者;无论是大陆居民,还是香港、澳门和台湾同胞,都是我们提供领事保护的对象。换句话说,只要是中国公民,就可以得到中国政府保护,也只有是中国公民,才可以得到中国政府保护。随着中国领事保护的快速发展,领事保护的对象随着客观需要不断丰富和扩大。"随着国际人权保护的发展,中国的领事保护也越来越具有人道主义色彩,中国领事保护的对象既包括了华侨,也包括了临时出国的中国公民;既包括了大陆公民,也包括了港、澳、台同胞;既包括了合法的中国移民,也包括了非法移民以及一些在外国犯罪的中国公民,甚至还包括了海外华人和一些外籍人士。"

2006 年所罗门群岛撤侨行动首次将已加入当地国籍的华人也包含在内,此举被一些学者称之为"所罗门模式"。领事保护遵循的首要原则就是国籍原则,且中国不承认双重国籍。这就产生了一个法律问题,在与别国没有互助机制或未得到别国授权的情况下,中国是否有权去保护非本国公民?即便这样做彰显了人本主义和人道精神,但是否违反了国际法和侵犯了别国的主权?但如果面对这些心系祖国、与中国有着千丝万缕联系的海外华人深陷危难却视而不见,又是否有违常伦?为此,中国是否该修改《国籍法》?一系列的问题接踵而至。事实上,过去在东南亚个别国家出现反华排华浪潮时,中国已多次面临这样的尴尬局面,最终只能以"表达严正关切"而无奈收场。

除了海外华人,中国的领事保护对象还扩大到外国人。在利比亚撤侨中,"中方履行国际人道主义义务,在力所能及的情况下帮助 12 个国家撤出了约 2100 名公民。"从国际法角度,外籍人士和已经加入当地国籍的海外华人本质是一样的,都是外国人,不属于中国政府必须保护的对象。在没有收到外国请求和授权或者存在互助机制的情况下,主动履行"国际人道主义义务"可能存在法律上的争议,也可能带来一定负面效果,如挤占本国公民有限的救济资源等。

3. 企业和公民自身守法和安全意识淡薄

第一,企业社会责任感和公民个人素质缺失。有些企业特别是中小和私营企业,不了解国外投资政策、法律制度和商务环境,盲目"走出去"投资经营,导致亏损赔本或发生经济纠纷。一些企业违规经营,忽视对当地环境的保护,不履行社会责任,不注意融入环境和回馈社会,引起当地民众反感和排斥。部分企业管理人员对本地雇员管理方式简单粗暴,差别和歧视性对待,导致劳资关系长期紧张,引发群体性事件。在海外的一些中国公民不注重文明礼仪,不尊重当地宗教风俗习惯,财富外露,不遵守驻在国法律,偷渡、携带违禁品、逾期滞留、非法打工等。一些沿海地区的渔民频繁赴周边国家管理海域或敏感、争议海域捕鱼,遭到相关国家执法人员驱赶或抓扣,造成双方人员伤亡,有的还上升为外交事件,甚至发生因中国渔船在敏感水域穿梭险些引发朝韩军事冲突的情况。非洲国家加纳有上万中国公民涉嫌非法采金,遭加方执法部门暴力抓扣、查抄。欧洲、亚洲、非洲、南美洲部分国家的中国侨民内部犯罪较为突出,严重影响当地治安。中国公民近年在肯尼亚、尼日利亚、马里等国违法经营百货零售业,挤压当地普通商贩生存空间,引发当地人排斥华商的游行和当地政府针对华商的大规模清理执法行动。留学生是出国人员中的一个较为特殊和弱势的群体,他们年轻不谙社会,个别人比阔斗富、生活奢靡,在当地造成恶劣影响。留学生低龄化的趋势更是加大了他们出现意外和受到伤害的可能。

事实上,绝大多数的领事保护案件多是由于企业和公民自身原因造成的,是可以避免的。"2006 年 3 万余起领事保护案件中,50%以上属于违法犯罪案件,如非法移民、非法经商、不遵守当地的法律法规、不遵守当地风俗习惯、从事色情活动、经营活动中的贿赂行为等等"。"发生涉外领事保护案有多方原因,但有一半以上的领事保护事件是由海外公民和企业自己的原因造成的,其中不少事件可以避免。"

第二,民众认识存在误区。随着中国政府对领事保护重视、宣传的扩大和民众法制观念、安全意识的增强,越来越多的公民认识到在海外遇到困难或危险可以向使领馆求助,这本身是一种进步。但一些公民对领事保护存在片面、狭隘甚至错误的认知,对领事保护内容和范围的理解存在盲区和误区,不清楚什么情况下可以寻求领事保护,什么情况下不可以,想当然把使领馆作为一级政府,对驻外机构和领事官员抱有不切实际的期待,一旦自身诉求不能满足便发难或迁怒于使领馆和领事官员。

事实上,领事保护绝非"包治百病"的"灵丹妙药",其自身存在很大局限性,受到诸多条件和因素的制约。一方面,使领馆的领事保护行为受到国际法、双边条约、驻在国和本国法律的共同约束;另一方面,使领馆在他国境内既没有行政权、司法权、管辖权和仲裁权,也不可能采取强制手段,对本国国民实施保护的方式更多只是交涉、联络、督促、协调、协商等,对本国国民相互之间的矛盾纠纷也多只能采取指导、引导、斡旋、安抚、规劝等"软手段"。事件能否得到圆满解决,往往不在使领馆掌控范围之内,更不以当事人个人意志为转移。

4. 多元参与较为薄弱

西方发达国家在领事保护方面普遍建立起了政府、企业、非政府组织和个人多元参与、相互补充的模式,相比之下,中国领事保护的多元参与尚处在初级阶段。

在领事保护的多元参与方面,英美等发达国家走在前列,其做法较为成熟。英国外交部为"囚犯在国外"(Prisoners Abroad)等非政府组织从事与领事保护相关的活动提供资金支持,在非政府组织中设立全职岗位,为领事保护工作服务或派专人为其从事的领事保护相关工作提供指导。日本外务省建立了领事事务顾问制度(Advisors on Consular Affairs),聘请一些来自私人企业的资历较深的公民担任领事顾问。这些顾问对海外某个地方的情况非常熟悉,外务省请他们就如何加强日本在该地区的领事工作提出建议,并在经过专门培训后将他们派到驻外使领馆。顾问们利用自己在私人企业的经验,协助驻外使领馆处理涉及日本国民的重大领事保护问题。为了使德国驻外使领馆与德国企业在安全信息和咨询服务方面开展合作,德国外交部允许外交官到私人公司或私人企业协会任职数年,私人公司代表也可以到外交系统任职。一些国家建立了政府和企业之间的海外安全信息双向交流、共享和协调机制。例如,美国国务院的海外安全咨询委员会、英国的海外企业安全信息服务机构、日本的海外安全公私合作理事会和定期召开的由日本侨民参加的安全咨询和联络会议等。

相比而言,中国民间力量参与有限。长期以来,中国领事保护的主体是外交部和驻外使领馆。随着以"境外中国公民和机构安全保护工作部际联席会议机制"为核心的应急协调机制的建立,商务部、国家旅游局、民航局、发改委、国资委、国务院侨办甚至军方等多个部门和机构、多种力量都参与进来,中国领事保护逐渐由单一向多重转变,多元性逐渐凸显。然而,这些保护主体仍主要停留在官方层面,民间力量的配合和参与十分有限,且带有一定的偶然性和随机性,很难在领事保护行动中看到组织民间力量的身影。相对于主要发达国家政府、企业、非政府组织和个人多元参与、分工明确、交叉配合、相互补充的模式和格局而言,中国领事保护的多元参与尚处在初级阶段。

5. 新媒体带来挑战

新媒体的诞生和发展对外交工作产生了广泛而深远的影响,作为外交工作的窗口,领事工作受新媒体影响更加直接和明显。主要表现在:

第一,借助新媒体反映个人诉求。新媒体不同于传统媒体,对发布内容没有严格的审核监管程序和机制,发稿人可按个人喜好自由发挥和发布。中国公民在海外遭遇侵害,在网络表达中极易本能地夸大个人挫折和困苦,淡化和掩盖自身的过失和错误。这种片面甚至不实的新闻很容易受到网友关注、支持和转发,短期内大面积扩散。个别人甚至发表极端情绪化的言论,在网上攻击政府和使领馆"不作为"。2013 年春节期间,外交部官方微博外交小灵通平均每周接到领保求助信息 10 余起,其中不乏一些"使馆电话无人应答""服务态度差"等表述。

第二,对网络维权依赖度上升。近年来,国内发生一些侵权案件,在通过正常调解和司法程序解决未果的情况下,当事人转而借助媒体和网络进行"维权"并获得成功,这催生了网络维权效应。一些人在境外受到侵害或利益受损,在外国政府主管机构和使领馆无法满足其诉求的情况下,仿效国内做法,把自身遭遇公开到网络上,引发网民热议和媒体炒作,这在一定程度上干扰使领馆正常工作。如果案情敏感、复杂,被炒热升级,引爆国内外民众网络论战,还可能影响两国国民感情和国家关系。

第三,新媒体与领事工作不同步。新媒体即时性、快捷性和现场感强,领事保护案件发生后,当事人或现场民众可使用手机等移动通信设备当场拍照、录像并上网传播,网民可以 24 小时不间断跟踪、转发和评论有关案情进展。而领事官员则难以对案件进行全天候跟踪关注,主要通过举报、反映、新闻报道或驻在国通报获得消息,很难在第一时间掌握案情并赶赴现场,应对处理也需要经过相关程序,这就导致领事保护工作比新媒体始终要"慢一拍"。

(二) 对做好中国领事保护工作的建议

针对当前中国领事保护中存在的问题和不足,中国政府应从能力建设、法制建设入手,把预防性领事保护放在突出位置,积极鼓励和引导各种社会力量参与,着力培养和加强公关意识和能力,不断提高领事保护工作的效率和效力。具体而言,包括以下几个方面:

1. 加强领事保护能力建设

进一步加强领事保护的人力配备,不断强化、优化领事保护干部队伍,努力建设专业化领事保护力量。千方百计拓宽经费来源,为领事保护工作提供有力的资金保障,进一步明确救济原则和成本分担方式,缓解领事保护工作的经济压力。

首先,要加强队伍建设。领事保护能力建设的核心是队伍建设。应该加大对领事保护的政策倾斜和投入,进一步扩充领事保护干部和人员编制,优化、强化机构设置和人员配置,着力打造一支稳定、快速反应、专业甚至是职业化的领事保护力量。

其次,要拓宽经费来源。经费是一切领事工作的物质保证和前提。目前,中央层面已由财政部设立"领事保护专项经费",应当逐年加大划拨力度,努力做到科学分配、合理使用。除中央财政外,地方各级政府也都应设立专项经费或专门预算。应当积极摸索经费保障新思路,千方百计拓宽经费来源和筹措渠道,如采取财政预支补助、高危行业强制保险、渔业部门行业互助等方式,还可以设立领事保护基金,鼓励和吸收慈善捐款,个人、海外华人或国际组织捐赠等民间资金。同时,制订相关法律法规,具体规定领事保护经费的来源、使用范围、支出方式、负责部门和人员等。

再次,要明确救济原则。前面已经提到,领事保护和救济离不了经费的支持和保障,特别是大规模和重大海外保护行动耗资巨大。只有进一步明确经费的出处和来源划分,严格界定救济的原则和范围,让作为"利益攸关方"的政府、派出机构、所属地方和公民个人各自有所担当,并根据具体情况各有侧重,领事保护能力的长远建设和发展才有可能成为现实。

类似撤侨、人质解救、打击跨国犯罪、打击海盗、联合巡逻和执法等国家层面的大型保护行动,从国家义务和承受能力出发,国家负担全部费用无可厚非。而一般性的领事保护和协助案件,尤其是因为公民自身行为不当、法律意识缺失或不顾政府规劝造成的损失和侵害,用于公民食宿、医疗、交通等的基本支出原则上应由个人承担。

最后,还要增加高科技运用。没有科技手段特别是高科技手段支持和辅助的领事保护是落后和原始的。目前,中国对领事保护的科技投入还比较少。一些发达国家已经在利用高科技手段搜集所在国信息或利用全球定位系统(GPS)参与救援行动,这对提高领事保护效率和实效能起到事半功倍的效果。中国要加强对高科技手段运用的重视程度,加快技术手段改革和创新,进一步整合现有信息化项目,推动领事工作由粗放型向现代化、电子化、信息化和精细化发展,加紧搭建"电子领事"工作平台,尽快将"领事保护全球呼叫中心"投入使用,让世界任一角落的同胞都能第一时间与祖国和家人取得联系。

2. 推进法制建设

做好领事保护工作需要加快推进法制建设。

一方面,加快国内领事保护立法进度,为领事保护提供基本的法律依据和支撑。领事保护是一种国家行为,中国领事立法的不完善,已经成为制约领事保护机制运转和能力发挥的重要因素。能否尽快通过相关的领事立法,为领事保护提供法律依据和支撑,是中国能否为海外公民和机构提供有效保护的关键所在。必须依法开展领事保护,使领事保护从政治化管理向法制化管理转变,减少领事保护中的道义性和自发性,增加法律性和义务性。

另一方面,要加强国际司法和领事合作,利用国际条约中一些有利的司法协助条款来最大限度地维护中国的海外合法权益。除国际法、派遣国法律和接受国法律外,领事保护的另一个重要和直接依据是双、多边条约和协定。加强与国际社会和有关国家的领事和司法合作,无疑可以为领事保护提供更多法律依据和制度保障。中国在加快与有关国家谈判争取更多双边司法合作的同时,应加快批准有关国际公约的步伐,本着"以我为主、为我所用"的原则,利用国际条约中的一些有利的司法协助条款来最大限度地维护中国的海外合法权益。加快缔结双边领事条约,为领事保护提供最直接的法律依据。尽快与尚未建立外交关系的国家和地区建立领事关系并设立领馆,也可以效仿欧盟的做法,结合中国实际情况,一定程度上接纳并大胆尝试在区域内建立相互间(第三国)保护机制,借第三国力量代为保护中国海外人员的人身财产安全。

3. 加强预防性领事保护

领事保护工作根本在于预防,为此,要从四个方面着手。

第一,巩固和发展对外友好关系。要从根本上消除和减少海外企业和公民的不确定和不安全因素,很重要的一点就是要继续奉行独立自主的和平外交政策,立足平时,积极巩固、改善和发展与他国关系,扎实推进与他国各领域友好交流与互利合作,大力开展公共外交和民间外交,夯实双边友好的官方和民意基础,为海外企业和公民的生存发展提供良好、友善的环境和土壤。不仅如此,一旦发生安全事件,健康、积极、友好的双边关系,还可以让领事保护行动开展得更加顺利和富有成效。这属于广义的预防性领事保护范畴。值得注意的是,领事保护在接受国境内进行,时常会涉及国际法领域一些很敏感的问题,也难免触及民族情绪、宗教情感等问题,具有高度政治性和敏感性,处理不好可能损害双边关系甚至引发国际争端。因此,在领事保护实践中要坚持原则性和灵活性相结合,既依法行使保护权力,又尊重驻在国的主权和司法,不干涉别国内政,合理平衡好两者的关系。

第二,树立预防为先的观念。预防是最好的保护,要坚持未雨绸缪、超前部署,加强上游和源头治理,按照预防为主、防治并举的原则,从观念上根本扭转重事后处理、轻事前预防的局面,尽可能从源头上减少和消除海外安全事件发生的诱因。

第三,加大领事保护宣传力度。要继续创新宣传教育模式,扩大信息传播渠道,拓展领保宣传覆盖面,以通俗易懂、民众喜闻乐见的方式发布预警,宣传领事保护工作,普及安全知识。载体要更加多元化,除电视、广播、电话、传真、报章杂志、网络等传统媒体外,还可利用电邮、微博、微信、QQ、社交网站、脸谱等新兴媒介;形式要更加多样化,通过名人访谈、专栏文章、专题纪录、案例分析、演讲座谈、公众活动、短信群发、在线交流等方式增加宣传教育的针对性、实用性和趣味性,达到使公众耳闻目睹、耳濡目染、润物无声的效果。继续大力推广中国领事服务网,及时发布、更新国别信息、海外安全动态、各国签证政策调整等信息,可以考虑在领事服务网建立全球领保在线、领事证件等即时应答服务。通过出境口岸、旅行社、航空公司等渠道发放领保宣传材料,提供我驻外使领馆值班或求助电话、人身意外伤害、财物丢失、紧急办理临时旅行证件等方面的提示信息,加强对中国公民出境游的安全引导。继续举办海外安全月、领保进企业、领保进校园等系列专题活动,加强对民众、务工人员和留学生等不同群体的安全教育。

第四,加强对企业和公民的文明守法教育。提高企业和公民的文明守法意识和素质,各个部门应该分工合作、各有侧重、齐抓共管、形成合力。外交部和驻外使领馆应该多做驻外企业和公民工作,向企业人员普及文明守法安全常识,减少出事概率。宣传部门应把加强海外公民文明守法教育列为精神文明建设的重要议程,纳入相关评价指标体系,扎实开展群众性精神文明创建活动,总结推广交流提升公民文明素质的先进经验。各级新闻主管部门应该加强对国内新闻媒体宣传报道工作的指导,妥善引导社会舆论,引导和鼓励新闻媒体通过各种形式向公众灌输文明守法意识。国资委和商务部应该督促中资企业加强企业文化建设,履行社会责任,诚信守法经营,积极融入、回馈当地社会,不断提高属地化经营水平,加强对企业管理人员和外派劳务人员的安全文明守法培训和教育。人力资源和社会保障部门可以将公民文明守法教育纳入职业技能培训规划。教育部门要继续做好出国留学管理工作,引导留学人员加强自我管理,加大行前培训力度。农业、渔业部门应该加强渔政、渔港监督管理,切实做好对沿海渔民的安全文明守法教育和培训。旅游部门应该指导和引领旅游行业精神文明建设和诚信体系建设,强化旅行团领队、导游对出国游客文明守法的宣教和监督力度,倡导文明出行、理性消费。文化部门应该引导好公共文化产品生产和对外传播,积极宣传和倡导中华优秀传统文化和文明礼仪。宗教部门应该做好朝觐人员的文明守法教育,进一步加强朝觐事务的制度建设和管理。侨务部门应该采取多种形式加大对海外侨领、侨社、侨民的文明守法宣传。

4. 扩大领事保护的参与性

领事保护的综合性和复杂性决定了它不能仅仅依靠政府或单一部门来完成,必须建立起政府主导,官民结合,社会力量、企业和个人积极参与的"大领事"格局,同时,在各个国家打造广泛有效实用的领事保护工作网络。

所谓推动建成"大领事"工作格局,是说领事保护是一项系统工程,单靠外交部或任何一个部门单打独斗唱"独角戏"并不现实。必须多打组合拳,进一步健全和完善"五位一体"的领事保护工作机制,强化统一指挥、分级负责、分工明确和相互配合,对内形成由国务院归口统筹、外交部牵头主导、相关部门、地方、企业和个人积极参与,彼此协调、各司其职、各负其责的立体型领事保护体系。

这就要求加大社会力量的引入。积极借鉴发达国家的先进经验,结合中国国情和实际,进一步提高非政府组织、企业和个人参与领事保护的积极性。充分挖掘和合理利用国际红十字会、慈善机构、宗教组织、基金会、志愿者、商会、行业协会、专业安保公司等社会资源,发挥它们各自的渠道和专业优势。加快建立政府部门与企业、个人之间的信息共享机制、海外安全协商机制、人员交流和培训机制。争取建立一个全方位、多元化、广泛参与、形成合力的领事保护机制。

所谓广泛构筑领事保护网络,就是加强对驻在国国情、社情和民情调研,密切跟踪驻在国形势和安全动态,着力研究有关涉领保法律、法规特别是刑法、民法、治安处罚法等部门法规,厘清政府各部门主管范围和负责事项。多做驻在国外交、内政、海关、移民、旅游、警察等部门和地方政府的工作,定期联系、拜访和沟通,密切相互往来,广交深交朋友,争取建立在当地人员联络网、与驻在国有关部门关系网以及与国内有关部门和地方政府的联系网。

5. 加强媒体应对和舆论引导

领事工作关乎中国境外民众切身利益,牵动国内民心,直接关系到民众对外交工作的评价。驻外使领馆特别是领事工作人员要自觉提高大局意识和政治敏感性,强化公共外交意识,掌握必要的媒体公关和危机处理技巧,改进与媒体打交道的水平。此外,要进一步加强对领事工作自身的宣传和报道,增加领事工作透明度和能见度,消除领事工作的神秘感,让公众对领事和领事保护多几分认识和理解。

第四部分 习题自测

(一) 填空题

1. 领事关系与外交关系至少存在以下几方面的差异:(1) 外交关系是一种全面的关系,包括_____等多个方面,而领事关系则主要关涉_____的问题。(2) 外交机构的职务范围为_____而领事机构则限于_____;(3) 外交代表机构全面代表其国家与接受国_____政府进行交往和交涉,而领事机构一般是与相关的_____政府进行交涉。

2. 一国的国内中央外交机关一般包括_____;一国的外交代表机关则分为常驻和临时性两种,常设外交代表机关在传统上指_____,现代也包括_____。临时性外交代表机关一般被称为_____,是执行特定的临时外交任务的外交使团。

3. 根据《维也纳外交关系公约》的规定,使馆人员职务可因下述情况而终止:_____;_____;_____;_____;_____。

(二) 单项选择题

4. 与《维也纳外交关系公约》相比,1986 年颁布的《中华人民共和国外交特权豁免条例》增加了给予外交特权豁免的人员种类。下列何种人是该条例增加的?(   )
   A. 使馆外交人员　　　　　　　　　B. 外交信使
   C. 持有中国外交签证的人员　　　　D. 由中国过境的前往第三国的外交人员

5. 根据《中华人民共和国外交特权与豁免条例》,下列哪类人员不享有外交特权与豁免?(   )
   A. 与外交代表共同生活的配偶　　　B. 与外交代表共同生活的父母
   C. 与外交代表共同生活的未成年子女　D. 使馆的行政技术人员

6. 外交代表在驻在国享有民事案件的管辖豁免权,下列情形中错误的有(   )。
   A. 外交代表在接受国境内的私有不动产诉讼可享有豁免
   B. 外交代表没有提供证词的义务
   C. 外交代表在接受国公务范围以外所从事的专业或商业活动不享有豁免
   D. 外交代表以私人身份继承遗产不享有豁免

7. A 是美国驻印度的外交人员,B 是其妻子,C 是其女儿。A 于 1999 年 10 月在印度突发重病死亡,则(   )。
   A. B 和 C 自 A 死亡之时起就不再享有外交特权与豁免
   B. B 和 C 仍享有外交特权与豁免,直至 B 再婚时止
   C. B 和 C 应享有的外交特权与豁免,至听任其离境的合理期间终了之时为止
   D. B 和 C 自始就没有外交特权与豁免

8. 甲国提名乙担任甲国驻丙国武官,丙国宣布乙为不受欢迎的人。根据《维也纳外交关系公约》的规定,下列表述正确的是(   )。
   A. 丙国宣布乙为不受欢迎的人,不必向甲国解释原因
   B. 丙国宣布乙为不受欢迎的人,必须向甲国解释原因

C. 丙国必须在乙到任前宣布其为不受欢迎的人

D. 丙国在乙到任后就不能再宣布其为不受欢迎的人

9. 根据我国《外交特权与豁免条例》和《领事特权与豁免条例》的规定,享有特权与豁免权的人员家属明确限定为下列选项中的哪项?(　　)

A. 共同生活的配偶及子女

B. 配偶及共同生活的子女

C. 共同生活的配偶及未成年子女

D. 配偶及共同生活的未成年子女

10. A 是甲国驻乙国使馆的一等秘书,一日,A 在乙国商店购买服装时,将一晚礼服窃走,后被发现。对此,(　　)。

A. 无论 A 是否反对,乙国都可以对 A 的行为提起刑事诉讼

B. 因 A 是外交人员,其行为可不受惩处

C. 乙国应通过外交途径与甲国交涉解决此问题

D. 如 A 同意放弃豁免,乙国可以对其提起刑事诉讼

11. 按照领馆特权与豁免的规定,领事馆档案及文件不得侵犯适用于下列哪种情形?(　　)

A. 只在领事馆内　　　　　　　　B. 只在领事馆区内

C. 只在外交邮差手中或外交邮袋里　　D. 无论何时何地

12. 奥普是甲国驻中国使馆的外交秘书,2008 年,奥普与中国人杨坤签订协议,由奥普为杨坤的儿子杨光教授法语。后因奥普履行合同出现问题,杨坤向我国有关法院提起违约之诉。关于本案,根据国际公法和国际私法的相关规则和实践,请判断下列哪项说法是正确的?(　　)

A. 我国法院对本案没有管辖权,因为被告奥普是外交人员,享有司法管辖的绝对豁免权

B. 我国法院对本案有管辖权,法院应当立即受理杨坤的起诉

C. 我国法院对本案有管辖权,但法院决定受理前应报本辖区高级人民法院审查,高院同意受理的,该法院方能受理

D. 我国法院对本案有管辖权,但法院决定受理前应报本辖区高级人民法院审查,高院同意受理的,应当将其审查意见报最高人民法院。在最高人民法院答复前,法院暂不受理

13. 2016 年,甲国国内不幸爆发某种流行传染病。据报,甲国驻乙国大使的官邸发现疑似患者。乙国卫生防疫人员迅速赶到该官邸外,做好处理患者准备工作。甲、乙两国都是《维也纳外交关系公约》的缔约国,且彼此之间没有其他的相关协定。根据该公约,下列哪一选项是正确的?(　　)

A. 由于官邸处于城市居民区,乙国卫生防疫人员可以立即进入官邸调查处理患者

B. 只要患者不是大使本人或其家属,乙国卫生防疫人员就可以进入官邸进行调查和处理工作

C. 如果未得到甲国大使的明确同意,乙国卫生防疫人员不得进入官邸进行调查和处理工作

D. 只要甲国大使没有明确反对,乙国卫生防疫人员就可以进入官邸进行调查和处理工作

14. 甲、乙、丙三国均为《维也纳外交关系公约》缔约国。甲国汤姆长期旅居乙国,结识甲国驻乙国大使馆参赞杰克,两人在乙国与丙国汉斯发生争执并互殴,汉斯被打成重伤。后,杰克将汤姆藏匿于使馆休息室。关于事件的处理,下列哪一选项是正确的?(　　)

A. 杰克的行为已经超出职务范围,乙国可对其进行逮捕

B. 该使馆休息室并非使馆工作专用部分,乙国警察有权进入逮捕汤姆

C. 如该案件在乙国涉及刑事诉讼,杰克无作证义务

D. 因该案发生在乙国,丙国法院无权对此进行管辖

15. 康某是甲国驻华使馆的官员。与康某一起生活的还有其妻,其子(26 岁,已婚)和其女(15 岁)。该三人均具有甲国国籍。一日,四人在某餐厅吃饭,与邻桌发生口角,引发斗殴并致对方重伤。警方赶到时,斗殴已结束。甲国为《维也纳外交关系公约》的缔约国,与我国没有相关的其他协议。根据国际法和我国法律的相关规定,下列哪一选项是正确的?(　　)

A. 警方可直接对康某采取强制措施,包括立即限制其人身自由

B. 警方可直接对其妻依法采取强制措施,包括立即限制其人身自由

C. 警方可直接对其子依法采取强制措施,包括立即限制其人身自由

D. 警方不得对康家的任何人采取任何强制措施,包括立即限制其人身自由

16. 甲、乙两国均为《维也纳领事关系公约》的缔约国,阮某为甲国派驻乙国的领事官员。关于阮某的领事特权与豁免,下列哪一表述是正确的?(　　)

A. 如犯有严重罪行,乙国可将其羁押

B. 不受乙国的司法和行政管辖

C. 在乙国免除作证义务

D. 在乙国免除缴纳遗产税的义务

(三)多项选择题

17. 甲、乙两国都是维也纳外交关系公约的缔约国。赵某为甲国派驻乙国的商务参赞。在乙国任职期间,赵某遇到的下列哪些争议可以由乙国法院管辖?(　　　　)

A. 赵某以使馆的名义,向乙国某公司购买一栋房屋,因欠款而被售房公司起诉

B. 赵某在乙国的叔叔去世,其遗嘱言明由赵某继承一栋位于乙国的楼房,但其叔叔之子对此有异议,而诉诸法院

C. 赵某工作之余,为乙国一学生教授外语并收取酬金,但其未能如约按时辅导该学生,该学生诉诸法院,要求其承担违约责任

D. 赵某与使馆的另一位参赞李某,因国内债务问题发生纠纷,李某试图将此纠纷诉诸乙国法院解决

18. 甲国与乙国在正式建交之前,拟先建立领事关系,甲国派汤姆就任驻乙国领事馆领事,则下列关于汤姆的特权与豁免的说法正确的有(　　　　)。

A. 汤姆自进入接受国国境前往就任之时起享有特权与豁免

B. 如汤姆已在乙国境内,自其就任领馆职务之时起开始享有特权与豁免

C. 汤姆如在任职期间与甲国人艾丽丝结婚,则艾丽丝自双方婚姻缔结时开始享有特权与豁免

D. 乙国发生战乱,则汤姆及其同户口家属的特权与豁免应于汤姆终止其职务时停止

19. 杜某为甲国驻乙国使馆的三等秘书,艾某为丙国驻乙国使馆的随员。杜某在乙国首都实施抢劫,有 1 名乙国人在抢劫中被其杀死。艾某当时恰好目击了该抢劫杀人事件。甲乙丙三国都是《维也纳外交关系公约》的缔约国,且三国之间没有其他双边的涉及外交和领事特权与豁免方面的协定。根据国际法规则,下列判断哪些是错误的?(　　　　)

A. 如杜某本人表示放弃其管辖豁免,则乙国即可以对其提起刑事诉讼,无论使馆是否同意

B. 如艾某本人表示愿意出庭作证,则乙国即可以带其到法庭作证,无论使馆是否同意

C. 乙国向甲国提出请求,要求放弃杜某的豁免,如甲国没有答复,则可以认定甲国已经同意放弃,从而对杜某提起刑事诉讼

D. 如甲国表示放弃杜某的管辖豁免,则乙国可以对杜某径行提起刑事诉讼,而不论杜某本人是否同意

20. 安某和皮某分别是甲国驻乙国使馆的三等秘书和随员。安某多次参加乙国群众举行的反政府集会和游行;皮某则是大量订阅乙国反对党公开出版的刊物并将有关内容向甲国报告。根据国际法的有关规则,下列判断何者为正确?(　　　　)

A. 安某的行为违背了外交人员对驻在国的有关义务规定

B. 皮某的行为违背了外交人员对驻在国的有关义务规定

C. 一旦安某或皮某的行为被确定为违背了相关的义务,其外交特权与豁免即应被剥夺

D. 一旦外交人员的行为被确定为违背了相关的义务,驻在国可以宣布其为"不受欢迎的人",要求其在限定时间内离境

21. 甲国经协商与乙国拟建立大使级外交关系,两国先后向对方国家派遣大使及其他使馆工作人员,已知甲、乙两国均为《维也纳外交关系公约》的缔约国,则下列做法符合该公约的有(　　　　)。

A. 两国互派使馆馆长和武官之前,应先将其拟派人选通知对方国家,并征求对方同意

B. 如甲国认为乙国派往本国的使馆秘书杰克有不轨行为,可以宣布杰克为不受欢迎的人,但出于国际礼让需先向乙国通报杰克的不轨行为

C. 如乙国对甲国拟派往本国的外交官宣布为不受欢迎的人,则乙国可以不给该外交官签证

D. 甲国派往乙国的大使桑尼在进入乙国并将国书副本递交乙国外交部时,即正式成为甲国驻乙国使馆馆长

22. 甲是到澳大利亚投资的英国人,其在澳大利亚的投资全部被国有化且未得到任何补偿,英国欲行使外交保护权。英国行使外交保护权必须具备的前提条件是:(　　　　)。

A. 甲的投资必须来自于英国

B. 甲在英国行使保护权期间不得离开澳大利亚

C. 甲用尽了澳大利亚所能提供的救济手段

D. 甲自始至终拥有英国的国籍

23. 外交人员的派遣,领事先征得接受国同意的人员是(　　　　)。

A. 大使　　　　　　　　　　　　　B. 一秘

C. 参赞
D. 武官

24. 根据《中华人民共和国外交特权与豁免条例》和《中华人民共和国领事特权与豁免条例》,在我国的外交与领事官员在下列各项诉讼中,享有豁免的情形是(   )。

A. 甲国驻华大使在北京为家属购买的住宅的房屋质量纠纷

B. 乙国驻上海总领馆一秘在某超市与中国公民互殴引起的侵权损害赔偿纠纷

C. 丙国驻华使馆三秘在北京驾车撞上一中国公民引起的侵权损害赔偿纠纷

D. 丁国驻华使馆参赞因对一中国公民的评论引起的名誉权纠纷

25. 亚历山大是甲国派驻乙国大使馆的三等秘书,在下列哪些情况下,乙国可以对亚历山大提起诉讼或进行判决?(   )

A. 亚历山大在其妻经营餐馆期间因餐馆资金周转向乙国公民借款 10 万美元到期不还

B. 亚历山大继承其父在乙国的房产

C. 亚历山大在乙国法院对乙国公民提起返还财产的诉讼,该乙国公民对亚历山大提出反诉

D. 亚历山大在所在使馆举行国庆招待会时向乙国某酒厂购买红酒未付款

26. 使馆的职务开始即是外交代表(馆长)开始执行职务,具体是指什么时间?(   )

A. 呈递国书后

B. 向接受国外交部或另经商定的部门通知已到达

C. 馆长到达接受国担任有关职务时起

D. 馆长被任命后

27. 根据 1961 年《维也纳外交关系公约》和 1963 年《维也纳领事关系公约》及相关国际法规则和实践,关于外交人员和领事官员的派遣以及职务的开始和结束,下列哪些判断是正确的?(   )

A. 派遣国派遣武官之前,应先将其拟派人选通知接受国,征得接受国同意后方能派遣

B. 递交国书是接受国确认使馆馆长的身份,接受其履行职务的依据

C. 派遣国在派遣特别使团之前,需要通过外交途径或者其他双方同意或接受的途径取得接受国的同意(使领馆馆长、武官、特别使团、不具有派遣国国籍的人员)

D. 向接受国外交部长递交国书后,领馆馆长方可执行职务(接受国颁发领事证书)

28. 甲乙二国建有外交及领事关系,均为《维也纳外交关系公约》和《维也纳领事关系公约》缔约国。乙国为举办世界杯足球赛进行城市改建,将甲国使馆区域、大使官邸、领馆区域纳入征用规划范围。对此,乙国作出了保障外国使馆、领馆执行职务的合理安排,并对搬迁使领馆给予及时、有效、充分的补偿。根据国际法相关规则,下列哪些判断是正确的?(   )

A. 如甲国使馆拒不搬迁,乙国可采取强制的征用搬迁措施

B. 即使大使官邸不在使馆办公区域内,乙国也不可采取强制征用搬迁措施

C. 在作出上述安排和补偿后,乙国可征用甲国总领馆办公区域

D. 甲国总领馆馆舍在任何情况下均应免受任何方式的征用

29. 2007 年年底,甲国驻乙国总领馆的一只邮袋在乙国入境时,被乙国有关部门怀疑内有违禁品,并试图拆开检查。该邮袋上有领馆专用的明显标志。甲、乙两国均为《维也纳领

事关系公约》的缔约国,但相互之间无其他相关协定。根据公约的规定,下列哪些选项是正确的?(　　　　　)

A. 乙国有关部门有权自行打开该邮袋检查

B. 乙国有关部门若打开该邮袋检查,须在甲国授权代表在场的情况下进行

C. 若甲国拒绝打开该邮袋,则乙国可以对该邮袋采取没收或扣押措施

D. 若甲国拒绝打开该邮袋,则乙国应将该邮袋退回原发送地

30. 经乙国同意,甲国派特别使团与乙国进行特定外交任务谈判,甲国国民贝登和丙国国民奥马均为使团成员,下列哪些选项是正确的?(　　　　　)

A. 甲国对奥马的任命需征得乙国同意,乙国一经同意原则上不可撤销此项同意

B. 甲国特别使团下榻的房舍遇到火灾而无法获得使团团长的明确答复时,乙国可以推定获得同意进入房舍救火

C. 贝登在公务之外开车肇事被诉诸乙国法院,因贝登有豁免权乙国法院无权管辖

D. 特别使团也适用对使馆人员的"不受欢迎的人"制度

(四) 简答题

31. 简述外交人员与领事人员特权与豁免的区别与联系。

第十五章　国际责任法

第一部分　学　习　目　标

（一）熟悉

1. 国际责任制度的意义。
2. 20 世纪以来国际责任制度的新发展主要体现在哪几个方面？
3. "国家行为"及其认定原则。
4. "国际组织的行为"的含义及其认定原则。
5. 国际法不加禁止行为造成损害性后果的国际责任的适用范围。
6. 国际法不加禁止行为造成损害性后果的国际责任的形式、赔偿范围、原则。

（二）掌握

1. 国际责任的概念及特征。
2. 国际不法行为责任的概念及特征。
3. 国际不法行为责任的构成要件的含义、内容。
4. 国际不法行为责任的免责事由主要包括哪几种情况？
5. 国际不法行为的责任形式主要有哪几种？
6. 国际法不加禁止行为造成损害性后果的国际责任的概念及特征。

（三）理解

1. 联合国框架下有关国际责任的编纂活动概况。
2. 限制实施国际不法行为国家的主权，其适用条件、具体方式如何？
3. "补偿"作为一种责任形式，主要包括哪几种形式？其各自含义和适用如何？
4. 国际法不加禁止行为造成损害性后果的国际责任的国际法渊源的发展。
5. 国际法不加禁止行为造成损害性后果的国际责任的构成要件。

（四）难点

1. 国际责任法发展相对缓慢的原因。
2. 国际责任法上"恢复原状"作为一种赔偿形式的含义和适用特点。
3. 国际不法行为的国际责任与国际赔偿责任的区别。

第二部分   知识结构图

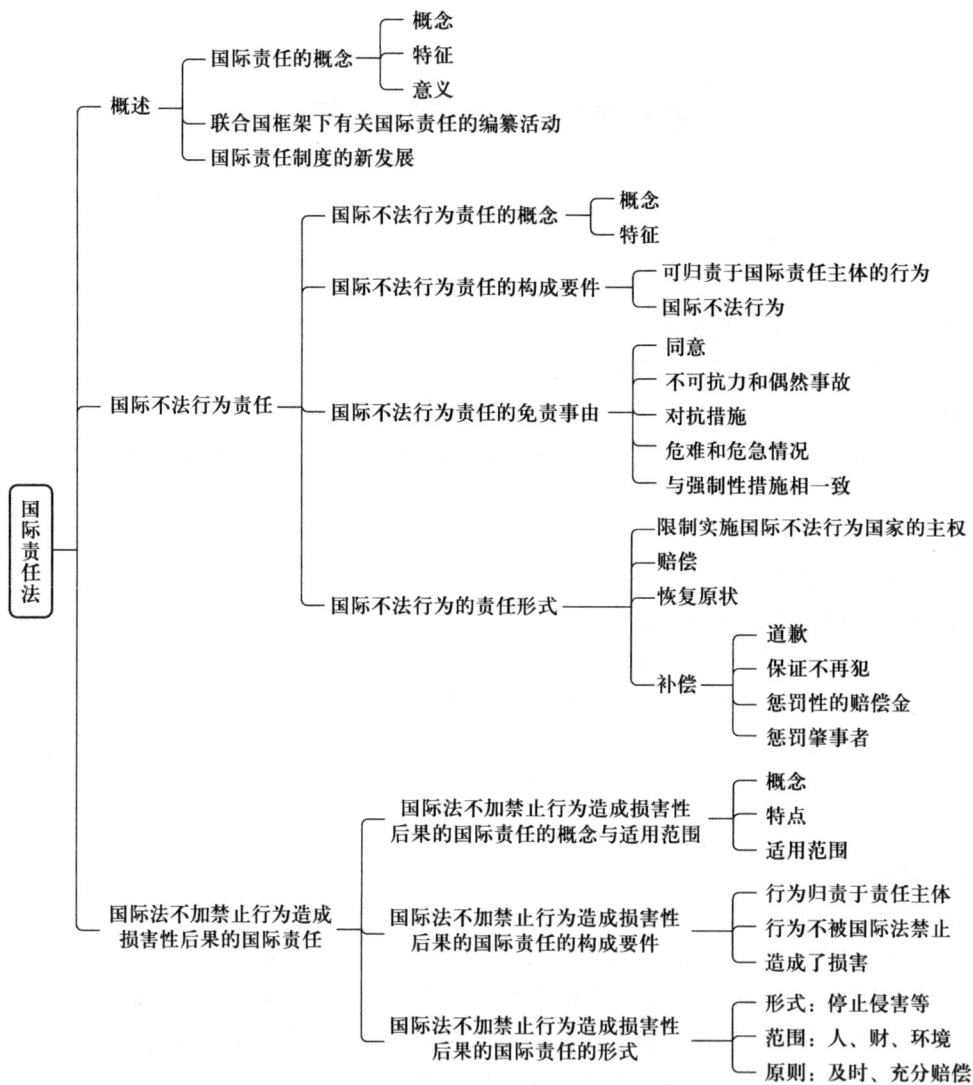

国际责任法

- 概述
  - 国际责任的概念
    - 概念
    - 特征
    - 意义
  - 联合国框架下有关国际责任的编纂活动
  - 国际责任制度的新发展
- 国际不法行为责任
  - 国际不法行为责任的概念
    - 概念
    - 特征
  - 国际不法行为责任的构成要件
    - 可归责于国际责任主体的行为
    - 国际不法行为
  - 国际不法行为责任的免责事由
    - 同意
    - 不可抗力和偶然事故
    - 对抗措施
    - 危难和危急情况
    - 与强制性措施相一致
  - 国际不法行为的责任形式
    - 限制实施国际不法行为国家的主权
    - 赔偿
    - 恢复原状
    - 补偿
      - 道歉
      - 保证不再犯
      - 惩罚性的赔偿金
      - 惩罚肇事者
- 国际法不加禁止行为造成损害性后果的国际责任
  - 国际法不加禁止行为造成损害性后果的国际责任的概念与适用范围
    - 概念
    - 特点
    - 适用范围
  - 国际法不加禁止行为造成损害性后果的国际责任的构成要件
    - 行为归责于责任主体
    - 行为不被国际法禁止
    - 造成了损害
  - 国际法不加禁止行为造成损害性后果的国际责任的形式
    - 形式：停止侵害等
    - 范围：人、财、环境
    - 原则：及时、充分赔偿

第三部分   重点难点解析

一、国际责任的概念

1. 传统的狭义国家责任

传统上的国际责任就是指国家责任,而且最初的国家责任就是指一国违反国际义务在其领土上对外侨人身或财产造成损害所承担的国际法上的责任。但是,这个国际责任的概念太狭窄了,只限于外国人待遇和外交保护领域。

2. 扩展的国家责任

后来的国际责任概念仍然主要是国家责任,但国家责任的概念被界定为一国国际不法行为而引起的责任。

3. 广泛的国际责任

如今,国际责任的主体和国际责任的基础都在发展和变化之中。承担国际责任的主体不限于国家,承担国际责任的基础也不限于国际不法行为。因此,国际责任的概念应该更广泛地界定为,国家、国际组织以及其他国际法主体因国际不法行为、国际法不加禁止但造成损害的行为等,依据国际法应承担的责任。

4. 广义国际责任的特点

(1)国际责任的主体与国际法的主体基本上是一致的。国家、国际组织、民族解放组织等国际法主体可以成为国际责任主体,个人在国际人道法、国际刑法等领域也可以成为国际责任主体。

(2)国际责任实质是一种法律后果。国际责任是依据国际法规定而应承担的法律后果。这种法律后果包含两方面的内容,一方面是受害者享有的权利,另一方面是责任方应承担的义务。

(3)国际责任产生的根据具有多样性。传统的国际法理论认为,国际不法行为是产生国际责任的唯一根据。随着科技的发展,国际法不加禁止行为造成损害后果也产生行为方的国际责任,这是现代国际责任制度的新发展。

(4)国际责任的性质具有特殊性。国际责任不同于国内法上的民事责任和刑事责任,而是自成一类的、具有强制性的法律责任。

二、国际责任的类型

如前所述,国际法上的国际责任不同于国内法上的民事责任、刑事责任或者其他法律责任类型,不应简单类比国内法上的责任类型来理解国际责任。

目前,主要的国际责任类型包括以下三种:(1)国际不法行为责任;(2)国际赔偿责任;(3)国际刑事责任。

三、国际法委员会对国际责任的编纂活动

除了习惯国际法、各种具体的国际条约、一般法律原则等规定之外,关于国际责任的主要法律文件是国际法委员会编纂的有关条款草案。

关于国际法委员会对国际责任的编纂活动,需要掌握以下四个主要草案文件及其主要内容:(1)2001年《国家对国际不法行为的责任条款草案》;(2)2001年《关于预防危险活动越境损害的条款草案》;(3)2006年《关于危险活动造成的跨界损害的损失分配的原则草案》;(4)2011年《国际组织的责任条款草案》。

四、国际责任制度的新发展

20世纪以来,国际责任制度的发展主要表现在以下几个方面:

第一,国际责任的主体呈现多元化的发展趋势。20世纪以前,国际责任的主体仅限于国家。20世纪以后,国际组织成了国际责任的重要主体。"二战"以后,争取独立的民族同样能承担国际责任。个人的有限国际责任主体资格也得到了国际社会的广泛认可。

第二,国际责任制度的适用范围在不断地扩大。国际责任制度不仅适用于一切国际不法行为产生的国际责任,也适用于国际法不加禁止行为造成损害后果所产生的国际责任。

第三,国际责任的归责原则产生了新的变化。过错(违反国际义务)责任原则一直在国际责任领域占主导地位。但是,20世纪60年代以来,国际责任的归责原则引入了严格责任原则。而且,在国际法不加禁止的高度风险活动领域,也在从事后成本(责任)分配转向事前预防措施。

第四,国际责任的形式与实现途径正朝多样化方向发展。在国际责任的形式朝多样化发展的过程中,国际刑事责任形式的发展可能最为显著。在国际责任的实现途径中,国际责任不仅可以通过国际仲裁途径实现,还可通过国际司法机构或外交途径实现,其中包括国家单独或集体乃至通过国际组织做出反应,实现国际责任。而且,通过国内司法机构来实现国际责任的途径也正在尝试之中。

第五,国际责任制度的法律渊源在不断地丰富。传统的国际责任制度主要是以国际习惯作为其法律渊源。以1907年第二次海牙国际和平大会为起点,条约开始成为国际责任制度的主要法律渊源。从联合国关于国家责任条文的编纂实践来看,国际责任制度的法典化趋势已逐步明显。此外,在现代国际责任制度的法律渊源中,国际司法判例具有重要地位。

第六,国际责任制度的法律"硬"性因素在不断地加强。随着国际组织的发展和国际社会的进步,国际责任制度的法律属性已越来越明显,国际责任制度的法律"硬"性因素也在不断加强。

五、国际不法行为责任的概念

国际不法行为的责任,是指国家、国际组织等国际责任主体对其国际不法行为承担的法律后果。

从该定义可以发现,国际不法行为责任具有如下特征:

第一,国际不法行为责任产生的根据是国际不法行为,不包括国际法不加禁止但造成损害性后果的行为。而且,"造成损害"并不是国际不法行为责任概念的必备要素。

第二,国际不法行为责任的主体与国际法的主体基本是一致的,一般不包括个人、法人等私人实体。

第三,国际不法行为责任是一种法律后果,因此,也具有强制性。

六、国际不法行为责任的构成要件

国际责任的构成要件,是指国际责任主体承担国际责任必备的条件,或者说是判断责任主体是否应负国际责任的根据。

《国家对国际不法行为的责任条款草案》规定,"一国的每一国际不法行为引起该国的国际责任","一国国际不法行为在下列情况下发生:(a)由作为或不作为构成的行为依国际法归于该国;并且(b)该行为构成对该国国际义务的违背"。

《国际组织责任条款草案》也做了类似表述,即"国际组织的每一国际不法行为均引起该组织的国际责任","在下述情况下,国际组织的作为或不作为构成国际不法行为:(a)依国际法,该行为可归于该组织;并且(b)该行为构成对该组织国际义务的违反"。

据此,国际不法行为责任包括两个构成要件,一是行为可归责于国际责任的主体,二是该行为构成国际不法行为。

(一)可归责于国际责任主体的行为

1. 可归责于国家的行为

(1)任何国家机关的行为。任何国家机关包括依该国国内法具有此种地位的任何个人或实体,不论行使立法、行政、司法职能,还是任何其他职能,不论在国家组织中具有何种地位,也不论作为该国中央政府机关或一领土单位机关而具有何种特性,其行为应视为国际法所指的国家行为。行使国家权力既包括法律上行使国家权力,也包括事实上行使国家权力。个人行为是指以国家的名义或者代表国家行事的个人的行为,不包括纯粹的私人行为。

(2)行使政府权力要素的个人或实体的行为。虽非前述(1)所指的国家机关,但经该国法律授权而行使政府权力要素的个人或实体,其行为应视为国际法所指的国家行为,但以该个人或实体在特定情况下以此种资格行事者为限。例如,国营实体、准国营实体、甚至私人实体,只要受权行使政府权力即满足下条件。

(3)其他可归责于国家的行为。除了前述情形之外,根据《国家对国际不法行为的责任条款草案》,由另一国交由一国支配的机关的行为,逾越权限或违背指示的行为,受到国家指挥或控制的行为,正式当局不存在或缺席时实施的行为,叛乱运动或其他运动的行为,经一国确认并当作其本身行为的行为,在一定条件下也是可归责于国家的行为。

(4)可归责于一国行为的他国行为。根据《国家对国际不法行为的责任条款草案》,在一定条件下,别国的行为也可能归于本国。这主要包括援助或协助实施国际不法行为、指挥或控制国际不法行为的实施、胁迫另一国实施国际不法行为。但这并不影响接受援助国、被控制国和被胁迫国因实施国际不法行为而应承担的国际责任。

2. 可归责于国际组织的行为

(1)一般情况下可归责于国际组织的行为。在一定条件下,国际组织的机关或代理人的行为、交由国际组织支配的一国机关或另一国际组织的机关或代理人的行为、逾越权限或违背指示、被国际组织承认并当作自身行为的行为、通过向成员发出决定和授权而避免承担国际义务,构成可归责于国际组织的行为。

(2)国际组织对国家或另一国际组织行为的责任。在一定条件下,一国际组织援助或协助国家或另一国际组织实施国际不法行为、指挥和控制国家或另一国际组织实施国际不法行为、胁迫国家或另一国际组织实施国际不法行为,可构成归责于该国际组织的国际不法行为。

(二)国际不法行为

国际不法行为(international wrongful act),是指国际责任主体所做的违背国际义务的行为。所谓违背国际义务,是指国际责任主体的行为不符合国际义务对它的要求,不论该义务来源于习惯国际法、条约还是其他国际法渊源,也不论该国际义务的主题为何。

所谓违背国际义务,是指国家违背了对国家具有约束力的国际义务,以及国际组织违背了对国际组织有约束力的国际义务(其中包括国际组织违反其依组织规则对成员的义务)。

所谓"不论该义务的起源为何",是指"国际义务可由国际法的习惯规则、条约或国际法律秩序内适用的一般原则确定"。

国家责任可能是因违背双边义务或违背对一些国家或整个国际社会所负的义务而产生的。同样,国际组织的国际义务可能是对整个国际社会、一个或数个国家(无论是成员还是非成员)、另一个或另一些国际组织以及任何其他国际法主体承担的义务。

违背国际义务可能涉及轻微地违背和最严重地违背一般国际法的强制规范规定的义务。违背的严重性和所违背义务的强制性问题,可能影响对有责任的国家和在某些情况下对其他国家带来的后果。强制规范对国家施加的义务必定影响到整个国际社会的关键利益,要求的责任制度可能比适用于其他国际不法行为的责任制度更严格。同样的考虑适用于《联合国宪章》引起的义务。

关于"不论该国际义务的主题为何"。一国或一国际组织违背国际义务即是国际不法行为,不论主题为何或所违背义务的内容为何,也不论对不符合要求的行为所作的描述为何。值得注意的是,国际组织的行为违背国际义务包括一国际组织违反其依组织规则对成员的义务的情况。

国际法委员会的两个责任条款草案还对违反国际义务行为在时间上的延续以及复合行为违反义务作出了具体规定。

七、国家的国际罪行和国家的国际刑事责任问题

国际不法行为可分为一般国际不法行为和国际罪行。两者的主要区别就是所违背国际义务的性质的不同,国际罪行所违背的是对于保护国际社会根本利益至关重要的,以致整个国际社会公认违背该项义务是一种罪行的国际义务。

国际法委员会曾经对国家的国际罪行给出了定义。但是,国家的国际罪行在国际实践和理论中一直是一个争议的概念,目前尚无明确的国际法依据来确认这一概念。

国际法委员会 1996 年一读通过的《国家责任条款草案》第 19 条规定,一国违背以下国际义务的行为,构成国际罪行:(1)严重违背对维护国际和平与安全具有根本重要性的国际义务;(2)严重违背对维护各国人民的自决权利具有根本重要性的国际义务;(3)大规模地严重违背对保护人类具有根本重要性的国际义务;(4)严重违背对维护和保护全人类环境具有根本重要性的国际义务。

国际社会对国际罪行的现行法律与实践基础、定义及其法律后果分歧严重,因此,二读通过的《国家责任条款草案》中删除了原来第 19 条关于"国际罪行"的规定。但是,多数意见仍然赞成保留一般国际责任与严重违背国际义务的责任之间的区别。因此,二读通过的《国家责任条款草案》第 40 条规定,"1. 本章适用于一国严重违背依一般国际法强制性规范承担的义务所产生的国际责任。2. 如果这种违约情况是由于责任国严重或系统性违约所引起的,则为严重违约行为"。第 41 条规定了严重违背依本章承担的一项义务的特定后果,"1. 各国应进行合作,通过合法手段制止第 40 条含义范围内的任何严重违背义务行为。2. 任何国家均不得承

认第40条含义范围内的严重违背义务行为所造成的情况为合法,也不得协助或援助保持该情况。3. 本条不妨碍本部分所指的其他后果和本章适用的违背义务行为可能依国际法引起的进一步的这种后果"。

关于国家能否犯国际罪行和国家能否承担国际刑事责任,有两个问题值得思考。[①]

第一,国家能否犯下国际罪行?从理论上说,国家可以犯下国际罪行。虽然国家是个抽象的集体,国家的行为是由行使国家职权或代表国家的具体个人做出的,战争罪、反人类罪等严重国际罪行的行为是由具体个人做出的,但是,如果这些行为是由这些具体个人以国家权力或代表国家犯下的,因此,这些罪行既是这些具体个人的国际罪行,也是有关国家的国际罪行。实际上,国家既然能够从事一般的国际不法行为,也当然可以从事严重违反国际法义务的行为(国际罪行)。

第二,国家能否承担国际刑事责任?从理论上说,国家既然可以犯下国际罪行,当然也能够而且也应该承担国际刑事责任。不过,国家承担国际刑事责任可能涉及比较复杂的现实问题。目前,一般认为只能由具体个人承担国际刑事责任,而不能由国家承担国际刑事责任。不过,实际上,具体从事了国际罪行的个人当然要承担国际刑事责任,而且这种责任并不是有关个人代替国家受罚,而是有关国家承担国际刑事责任的方式之一。问题在于,除了有关个人承担国际刑事责任之外,国家本身是否也应承担国际刑事责任以及应该承担什么形式的国际刑事责任?实际上,"二战"后同盟国对轴心国采取的包括占领领土和限制军备等严重限制主权的制裁措施,可以被认为是国家承担国际刑事责任的方式。其他经济的和非经济的严重限制主权的制裁,也都可以被认为是国家承担国际刑事责任的方式。

八、解除行为不法性的情形

严格来说,解除行为不法性与免责事由不同。前者是解除了行为的不法性,因此也就不存在国际责任问题;后者则是不解除行为不法性而只是在一定条件下不承担国际责任。不过,在有些情形下和实际后果方面,二者差别不大。

国际法委员会两个责任条款草案都规定了解除行为不法性的六种情形,即:同意、自卫、反措施、不可抗力、危难和危急情况。需要注意的是,每种解除行为不法性的情形都包含了非常严格的具体限定和条件,对此,需要结合国际法委员会两个责任条款草案及其评注、国家实践和国际判例来理解和掌握。

(一) 同意(consent)

受害方事前以有效方式表示同意加害方实行某项与其所负义务不符的特定行为时,可以免除加害方因其行为不符合国际义务而应承担的国际责任。

(二) 不可抗力和偶然事故(force majeure)

不可抗力是指由于无力控制、无法预料的外界事件而使义务不可能履行或不可能知道其行为不符合义务的规定的情况。这就表明,一方面,不可抗力必须是无法预料、无力控制的外

---

① 参见白桂梅:《国际法》(第三版),北京大学出版社2015年版,第236~242页。

因造成的。另一方面,不可抗力是指履行义务不可能的情况。

(三)反措施(countermeasure)

反措施,是指国际责任主体针对其他国际法主体的国际不法行为,而采取的相应对抗行为。对抗措施包括一般对抗措施和自卫措施。一般对抗措施是由一般国际不法行为产生的,因此受害方采取的是非武力的措施,如经济制裁、断绝关系等。

(四)危难(distress)

所谓危难,就是指行为人在极端困难的情况下,为拯救其生命或受其监护者的生命,仅能做违背义务的行为,别无他法。

(五)危急情况(necessity)

危急情况是指在遭遇严重迫切危险的情形下,为保护有关国家或国际组织的基本利益,作为对抗某项严重迫切危险的唯一办法所采取的违背国际义务的行为。

(六)与强制性规范相一致

在国际责任领域,如果一项违背条约义务的行为与一般国际强制性规范的规定是一致的,这就可构成该违约行为的免责事由。

九、反措施

反措施是国际责任法的重点内容,应该详细掌握反措施的概念和条件。

反措施(countermeasure)是指,一个国际不法行为受害方针对责任方的国际不法行为所采取的,为了促使责任方停止和赔偿的违背国际义务的措施。

反措施必须符合以下条件:

1. 反措施的目的和限制

(1)一受害国只在为促使一国际不法行为的责任国履行其义务时,即促使其停止尚在继续的国际不法行为并对受害国提供赔偿时,才可对该国采取反措施。反措施应尽可能容许恢复履行有关义务。

(2)反措施只能针对责任国。

(3)反措施具有临时性。反措施限于暂不履行对责任国采取措施的一国的国际义务。在采取反措施时,受害国有效地暂时停止它对责任国承担的一项或几项国际义务。

(4)一旦责任国履行其与国际不法行为有关的义务,即应尽快终止反措施。

2. 反措施必须符合比例(相称)原则

反措施必须和所遭受的损害相称,并应考虑到国际不法行为的严重程度和有关权利。

3. 有些义务不得受反措施影响

反措施不得影响下列义务:(1)《联合国宪章》中规定的不得实行武力威胁或使用武力的义务;(2)保护基本人权的义务;(3)禁止报复的人道主义性质的义务;(4)依一般国际法强制性规范承担的其他义务。

此外,采取反措施的国家仍应履行下列义务:(1)实行它与责任国之间任何可适用的解决争端程序;(2)尊重外交或领事人员、馆舍、档案和文件之不可侵犯性。

4. 反措施受条件限制

一受害国在采取反措施以前应:(1)根据第43条要求责任国按照第二部分的规定履行其义务。(2)将采取反措施的任何决定通知责任国并提议与该国进行谈判,不过,受害国可采取必要的紧急反措施以维护其权利。(3)在下列情况下,除非责任国不秉诚履行争端解决,否则,不得采取反措施,如已采取,务必停止,不得无理拖延:(a)国际不法行为已经停止,并且(b)已将争端提交有权作出对当事国具有约束力之决定的法院或法庭。

十、国际不法行为的责任形式

国际不法行为的国际责任形式(或称国际不法行为的法律后果的形式)包括:限制主权、停止不法行为和保证不再犯、赔偿(包括恢复原状、补偿和抵偿)等。

(一)限制实施国际不法行为国家的主权

限制主权是最严重的国际不法行为责任形式。对于严重国际不法行为,受害方或整个国际社会有权对行为国行使主权的权利予以限制,这是国际不法行为引起的最严重的后果。只有当国际不法行为构成严重国际不法行为,且只有构成侵犯他国主权、独立和领土完整或破坏国际和平与安全的国际不法行为时,如侵略、灭绝种族罪的行为,才可对行为国实施限制主权的惩罚。

限制主权的方式有两种。一是全面限制主权,即对实施严重国际不法行为的责任国在一定时期内实行军事占领或军事控制。二是部分限制主权,即对责任国的某些方面的主权予以限制,如销毁和限制侵略国的核武器和生化武器。

(二)停止和不重复(Cessation and non-repetition)

《国家责任条款草案》第30条规定:

国际不法行为的责任国有义务:(1)在该行为持续时,停止该行为;(2)在必要的情况下,提供不重复该行为的适当承诺和保证。

(三)赔偿(reparation)

赔偿是指责任国有义务对国际不法行为所造成的损害提供充分赔偿,损害包括一国国际不法行为造成的任何损害,无论是物质损害还是精神损害。提供充分赔偿是实施国际不法行为的国家必须承担的一项一般义务,其主要方式有恢复原状、补偿和抵偿。为实现充分赔偿,可以单独或合并采取这些赔偿方式,这一般取决于国际不法行为的性质和程度,以及受害者的要求。赔偿的范围包括不法行为造成的任何损害,无论是物质损害、非物质损害,还是精神损害。赔偿的范围是受限制的。充分赔偿是比例性或补偿性的,不具有惩罚、示范或警戒的性质。

1. 恢复原状(restitution)

恢复原状是指恢复到如不法行为不发生时应有的状态。在实践中,恢复原状一般都是与其他赔偿形式结合使用。在多数情况下,是由金钱赔偿全部或部分替代或补充。

2. 补偿(compensation)

补偿是支付一笔金钱以取代或结合恢复原状,以达到消除非法行为的一切法律或物质后果的一种责任形式。一般来说,等值赔偿适合于赔偿能按金钱估价的损害,其意图是取代受害方由于国际不法行为而被全部或部分剥夺的任何物质或非物质利益,赔偿国际不法行为造成的一切经济上能估价的损害。

《国家责任条款草案》规定,国际不法行为的责任国有义务补偿该行为造成的任何损害,如果这种损害没有以恢复原状的方式得到赔偿;这种补偿应弥补经济上可评估的任何损害,包括可确定的利润损失。

3. 抵偿(satisfaction)

抵偿是对国家的非物质损害或精神损害的赔偿。

《国家责任条款草案》规定,"一国际不法行为的责任国有义务抵偿该行为造成的损失,如果这种损失不能以恢复原状或补偿的方式得到赔偿"。"抵偿可采取承认不法行为、表示遗憾、正式道歉或另一种合适方式"。"抵偿不应与损失不成比例,而且不得采取羞辱责任国的方式。"

十一、国际法不加禁止行为造成损害性后果的责任(国际赔偿责任)

国际法不加禁止行为造成损害性后果的国际责任,也称国际赔偿责任(international liability),又称国际损害行为。

在理解和掌握国际法不加禁止行为造成损害后果的责任(国际赔偿责任)时,需要比较其与国际不法行为责任的区别。

第一,国际损害行为与国际不法行为相比,具有如下特点:(1)其活动是由国家或相关实体在其本国领土或控制范围内从事的,但其危险具有跨国性;(2)其活动通常具有潜在的危险性;(3)活动本身都是现行国际法未加禁止的;(4)受害国有权要求加害国给予合理赔偿。

第二,国际不法行为的国际责任与国际损害责任两者之间的区别十分明显,主要表现在以下几个方面:

(1)国际不法行为责任的性质是不法行为的责任,责任的产生取决于行为的不法性;而国际赔偿责任的产生不仅取决于消极地不履行义务,更取决于跨国损害的事实和结果的存在。

(2)在国际不法行为责任中,如果国家或其他主体能够证明它已采取了可以采取的合理手段来阻止违法义务事实和结果的发生,即使其努力失败,也可免除其责任;但在赔偿责任中,一般而言,只要行为造成了损害性后果,就可能产生赔偿责任。

(3)在国际不法行为责任中,即使行为国对其违背义务的行为采取了补救措施,行为国也不能再实施该行为;而在国际赔偿责任中,只要行为国对其造成的损害给予赔偿,其行动继续进行就不受限制,因为该行为是国际法不加禁止的行为,甚至可以说是合法行为。

(4)从责任主体来看,国际损害责任的主体更具有多元性,不仅包括国家和国际组织,也包括经营人与国家的共同责任及经营人的独立责任。

第三,国际赔偿责任同国际不法行为产生的国际责任相比,具有的法律特征主要表现在:

（1）国际赔偿责任是在从事国际法不加禁止的活动中因造成跨国损害的事实与结果而引起的；（2）国际赔偿责任的承担方式仅有赔偿一种方式，国际责任的其他承担方式（如限制主权等形式）一般不适用于国际赔偿责任；（3）对赔偿责任的追究不仅要求造成损害的行为的存在，更强调该行为导致的实际物质损害。

十二、国际法不加禁止行为造成损害性后果的责任（国际赔偿责任）的适用范围

国际法委员会通过的《关于预防危险活动的越境损害的条款草案》第 1 条规定，"适用于国际法不加禁止的、其有形后果有造成重大跨界损害的危险的活动"；《关于危险活动造成的跨界损害案件中损失分配的原则草案》规定，"适用于国际法未加禁止的危险活动所造成的跨界损害"。

跨境危险活动必须符合以下三个条件：（1）该项活动必须是国际法没有禁止的，也就是说该活动的本身并不违反国际义务；（2）该项活动的后果可能造成跨国损害，这实际上就将行为主要限定在了环境领域，因为只有在环境领域才有可能造成跨国损害；（3）该项活动必须是在本国领土范围内实施的。

结合这三个条件，我们可看出，国际法不加禁止行为造成损害性后果的国际责任主要适用于民用核活动、航空飞行、外空利用、国际河流和共同水域的利用、海洋开发、远洋石油运输等防止环境污染的领域。

十三、国际法不加禁止行为造成损害性后果的国际责任的构成要件

国际法不加禁止行为造成损害性后果的国际责任的构成要件包括两个方面：

1. 行为可归责于责任主体

国际法不加禁止行为造成损害后果的行为主体包括国家、国际组织和作为经营者的个人或法人，这种行为造成跨界损害时，责任主体仍然是国家、国际组织或经营者。

2. 行为虽然是国际法未加禁止的但造成了损害

国际赔偿责任的生效要件只取决于域外损害事实的发生，只要行为造成了损害，行为国就负有赔偿责任；相反，行为虽违背了义务，但并未造成实际损害，受害国并无求偿权。因而，对于国际法未加禁止行为引起的法律后果，必须有损害结果的发生，才能追究其国家责任。在赔偿责任中，只要行为国的行为造成了损害后果，行为国就要承担赔偿责任。[①] 从法律上看，尽管行为国有着行动自由，其具体做法不为法律所禁止，但是它仍然应当为其行为而带来的损害后果予以补偿或赔偿。

此外，过错或过失一般不构成国际法不加禁止行为造成损害性后果的国际责任的构成要件。因为在跨国界的高度危险的活动中，存在国家疆界的障碍，受害者往往难以收集到必要的证据来证明行为者的过失。为维护受害者的利益，对这类活动应适用严格责任原则，只要受害者证明其受到的损害与行为者的行为之间存在因果关系，就可以得到赔偿。但是，有些国际公约却规定了过错作为构成要件，如在发射空间物体造成损害的责任方面，发射国的空间物体在地球表面以外的地方，对另一国的空间物体或其所载的人员或财产造成损害，如果发射国没有

---

① 参见何志鹏等：《国际法原理》，高等教育出版社 2017 年版，第 556~557 页。

过错,就不产生国际责任。

十四、国际法不加禁止行为造成损害性后果的国际责任的形式

国际法不加禁止行为造成损害性后果的国际责任的形式,主要有终止损害行为、道歉、恢复原状、赔偿损失等。

关于赔偿的原则和范围,现行国际法没有明确规定。《关于危险活动造成的跨界损害案件中损失分配的原则草案》规定,赔偿范围包括对人员、财产或环境所造成的重大损害,具体包括:人员死亡或人身伤害;财产的损失或损害,包括构成文化遗产一部分的财产的损失或损害;环境受损而引起的损失或损害;对财产或包括自然资源在内的环境的合理修复措施的费用;合理应对措施的费用。

赔偿的原则是及时、充分赔偿跨界损害原则。该原则要求各国采取一切立法、监管和行政措施无歧视地保证受害人得到及时、充分的赔偿。

十五、知识点延伸

(一) 国家责任的援引①

国家责任的援引,是指哪些主体可以向应当承担责任的主体主张或者追究责任的行为。

第一,援引国家责任首先是受害国的一项权利。受害国即受到国际不法行为损害或影响的国家。受害国可以单独援引国家责任,数个受害国也可以分别援引国家责任。如果同一国际不法行为使数个国家受害,则每一个受害国可自行分别援引对实施了该国际不法行为的国家的责任。如果有数个国家应为同一国际不法行为负责任,每一个国家应分别对它造成的行为负责。但受害国所获补偿以不超过其损失为限。

受害国援引国家责任,必须符合以下条件:(1) 国籍原则,即受害国必须提出受害者与该国具有实质联系的证据,也就是国籍;(2) 用尽当地救济(exhaust local remedies)原则,即受害者应当按照受害地的规则,采取了所有可以采取的行政、司法救济途径,却均没有获得有效救济。

国家援引责任之时,援引责任的国家应将其要求通知责任国,在通知中应具体指明应承担停止侵害和赔偿的责任形式。

第二,在某些情况下,受害国之外的国家,针对其他国家违背对整个国际社会承担的义务而出现的不法行为,也可以援引国家责任。特别是当这种行为影响到了包括该国在内的国家集团的利益之时。

受害国以外的国家要求的权利范围要比受害国要求的权利范围更为有限。2001 年《国家对国际不法行为的责任条款草案》第 42 条规定:一国有权在下列情况下作为受害国援引另一国的责任:(a) 被违背的义务是个别地对它承担的义务;(b) 被违背的义务是对包括该国在内的国家集团或对整个国际社会承担的义务;而(1) 对此义务的违背特别影响该国;或(2) 彻底改变了由于该项义务被违背而受到影响的所有其他国家对进一步履行该项义务的立场。

---

① 参见何志鹏等:《国际法原理》,高等教育出版社 2017 年版,第 550~551 页。

（二）反措施与相关概念

反措施是一种自救措施。反措施是与报复、反报、制裁、自卫等具有一定联系的概念。

报复（reprisal），传统上是指为回应国际不法行为以自救方式采取的，包括强制行动在内的非法行为。根据传统的国际法，报复包括武力和非武力报复。但是，现代国际法总体上禁止以武力相威胁或使用武力，武力报复是非法的。因此，报复一词已限于战时或国际武装冲突时采取的行动，即用作交战国报复的同义语。"反措施"这一术语涵盖的是与武装冲突无关的那一部分报复，或者说，反措施是和平时期以和平方式进行的报复措施。

反措施与反报（retorsion）不同。反报是指针对其他国家或国际组织的不友好、不礼貌的但却并不构成国际不法行为的行为，而采取的不友好、不礼貌但也并不构成国际不法行为的行为。当然，一国或一国际组织也可以针对另一国或另一国际组织的国际不法行为采取反报措施。但是，无论是哪种情形，反报的本质都是，反报措施本身并不违反反报方对受报方所承担的国际义务。而反措施则是违反采取反措施方对国际法不法行为方所承担的国际义务的行为。

反措施与制裁（sanction）也有区别。制裁目前一般是指一个国家集团或由一个国际组织授权针对国际不法行为方采取的经济的、非经济的甚至包括武力的行动。制裁是一种惩罚措施，而反措施则是为了促使责任方遵守其对采取反措施方所承担的义务。

理论上，反措施包括一般反措施和自卫（self-defense）措施。一般的反措施是由一般国际不法行为产生的，因此受害方采取的是非武力的措施，如经济制裁、断绝关系等。而自卫措施是因受武力侵略或武装攻击引起的，因此受害方可采取武力措施。不过，实际上， 般将反措施的概念只限于和平时期的、和平的、非强迫的对抗措施。因此，反措施和自卫应该说是具有相似性的不同概念。

（三）受害国以外国家采取的反措施

受害国以外国家采取的反措施，又称第三方反措施（third-party countermeasure），是指针对国际不法行为责任国违反了其对受害国以外其他国家（第三国）所承担的集体义务或对世义务，受害国以外的国家（第三国）为促使责任国停止国际不法行为并赔偿受害国和受益人，而采取的暂不履行对责任国承担的国际义务的措施。

国际法委员会在《国家责任条款草案》评注中提到："有一个问题是，如果对第三国也负有义务，但第三国本身并未单独受到违背该义务的国际不法行为的损害，则第三国是否可采取反措施？例如，在有关应对整个国际社会承担的义务的案件中，国际法院申明，所有国家均可对遵守该义务一事表示合法的关切。第54条搁置了一个问题：是否任何国家都可采取措施，确保为了普遍利益而不是为其作为受害国本身的单独利益而遵守某项国际义务？虽然第22条并未述及在这种情况下采取的不符合反措施条件的措施，但该条也未排除这种可能性。"

受害国以外国家是否有权采取反措施是一个存在争议的问题。随着国际社会的发展，出现了国际法强制性规范和对整个国际社会的义务等概念，各国所承担的义务不仅是针对一国的义务，而且还包括对集体利益和对整个国际社会的义务，这就成了受害国以外国家有权援引责任，以至有权采取反措施的依据。但是，对受害国以外国家采取反措施必须加以严格限制，否则可能会被大国滥用。[①]

国际法委员会曾经在二读暂时通过的《国家责任条款草案》第 54 条规定了受害国以外国家有权采取反措施,但是,在二读正式通过的《国家责任条款草案》第 54 条将其修改为"受害国以外的国家采取的措施"。其中规定,"本章不妨碍依第 48 条第 1 款有权援引另一国责任的任何国家,对该另一国采取合法措施以确保停止该违背义务行为和使受害国和被违背之该义务的利益人得到赔偿"。做出这种修改的目的是不影响对于受害国以外的其他国家,就违反保护集体利益或整个国际社会整体利益的义务而采取措施,并且将其留待国际法的进一步发展来解决。

(四) 国际赔偿责任的私法化

国际法不加禁止行为造成损害的责任(国际赔偿责任)主体可以分为国家和私人。

第一,以国家作为排他性赔偿责任主体的模式。在编纂国际法不加禁止行为造成损害的责任条款时,国际法委员会最初采取了国家作为国际赔偿责任主体的模式,也就是,只要在其境内的国际法不加禁止的行为造成了他国损害,即使来源国没有任何国际法不法行为,或者说来源国没有任何过错,仍应承担赔偿责任。但是,这种让国家承担国际赔偿责任的模式,没有得到各国的接受;而且,造成跨境损害的活动主体一般都是私人,如果让国家承担赔偿责任,也不符合"污染者付费原则"。

第二,以私人赔偿为主,国家与个人相结合的双重赔偿主体模式。从国际条约所建立的国际法律制度来考察,并结合现有的各种责任归属模式和国际实践的证实,除在外层空间活动方面外,当私人实体开展的危险活动造成的跨界损害的赔偿责任问题时,国际社会仍倾向于将完全的或主要的赔偿责任施加给危险活动的经营者,起源国不承担赔偿责任,或者只承担补充性赔偿责任。国际和国内法律体制普遍通过建立和适用国际私法层面的国际民事赔偿责任制度,为受害者提供赔偿。如此,就将国际公法中的国家责任问题转变为国际私法中的损害赔偿与法律适用问题,因而近些年来国际环境污染损害赔偿呈现出明显的私法化趋势,相对于国家责任,各国和国际社会都更倾向于采用民事责任解决跨国界损害问题,用私法手段解决一些国际环境责任问题已经成为国际环境法发展的一种必然趋势。[②]

(五) 跨界环境污染损害赔偿的赔偿主体及责任分配[③]

根据其责任主体归属的不同,可以将国际赔偿责任划分为国家赔偿责任和国际民事赔偿责任两类。国家赔偿责任是指国家以自己的名义为国际法不加禁止之行为所造成的跨界损害承担的赔偿责任;国际民事赔偿责任是指私人或其他实体为其从事的国际法不加禁止之行为造成的跨界损害承担的赔偿责任。

跨界环境污染损害的赔偿主体及责任分配,主要包括以下几种方式:

1. 将国家作为排他性赔偿主体的规范

这种责任归属安排意味着,不论国家本身是否存在过错,国家都应为因从事国际法不加禁

[①]　参见贺其治:《国家责任法及案例浅析》,法律出版社 2003 年版,第 322~326 页。

[②]　参见何志鹏等:《国际法原理》,高等教育出版社 2017 年版,第 564 页。

[③]　参见何志鹏等:《国际法原理》,高等教育出版社 2017 年版,第 562~566 页。

止的行为而造成的跨界损害承担赔偿责任。

《空间实体损害责任公约》是人类历史上第一个明确规定由国家承担排他性赔偿责任的专门性的国际条约,也是目前独有的一例。根据《空间实体损害责任公约》,对空间物体造成的损害,承担赔偿责任的主体是该空间物体的发射国。

依照条约的规定,发射国这一定义所涵盖的内容是广义的:一是进行发射的缔约国;二是促成把实体射入外层空间(包括月球和其他天体)的缔约国;三是为发射实体提供领土的缔约国;四是为发射实体提供设备的缔约国。

2. 私人或其他实体作为赔偿主体

跨国污染损害的民事赔偿责任主体主要是指危险活动的经营者。

"经营者"是对在危险活动造成的跨界损害发生时,控制或经营该危险活动者的笼统或统一称呼,经营、指挥或者控制的措辞,暗指有权使用、经营、管理、指导、约束或监督,如对活动的技术运作获得了决策权,包括持有开展这种活动的许可证或批准书,或者登记或通知这种活动。因此,承担赔偿责任的经营者既可以是自然人、合伙、法人或其他团体等私法主体,也可以是国家或国家机构等公法主体。

一般而言,承担赔偿责任的经营者不包括在有关时刻工作或控制有关活动的雇员。但是根据部分条约的规定和有关的国内和国际实践,现今国际法对经营者外延的确定有扩大的趋势。例如,《2001年国际燃油污染损害民事责任公约》扩大了船舶所有人的外延,将船舶的登记所有人、光船承租人、船舶经营人和管理人都纳入了船舶所有人的范畴,并且对燃油污染损害承担连带责任,以保证对受害者的赔偿。

为了使赔偿责任归属制度切实起到预防损害的作用,也为了确保对受害者的及时和充分赔偿,现行法律体制和实践有必要将经营者的外延扩大到污染企业的股东、雇员或贷款人。

3. 国家与个人相结合的双重赔偿主体

从国际条约所建立的国际法律制度来考察,并结合现有的各种责任归属模式和国际实践的证实,除在外层空间活动方面,当私人实体开展的危险活动造成了跨界损害的赔偿责任时,国际社会仍倾向于将完全的或主要的赔偿责任施加给危险活动的经营者,起源国不承担赔偿责任,或者只承担补充性赔偿责任。

通过国内法让污染者直接承担责任,是进行损害赔偿的最好办法。但在以下两种情形中,应当强化国家的辅助性赔偿作用:一为当民事责任主体没有能力负全部赔偿责任,致使受害方无法得到充分和及时的赔偿时,国家应当承担对剩余损害的补偿责任;二是当民事赔偿责任人无法确定,或者破产或倒闭或因免责事由而不予赔偿的情况下,国家应当承担对全部损害的补偿责任。

4. 专门性赔偿基金作为赔偿主体

专门性赔偿基金主要是由从危险活动中收益的行业缴纳或者直接由税收建立的一种补充性民事赔偿责任主体。设立专门性赔偿基金的主要目的,就是保证对受害者的充分和及时赔偿。

第四部分　习题自测

(一) 填空题

1. 国际法不加禁止行为的赔偿责任的国际法律责任分为_____、_____和_____

三种。

2. 造成跨界损害的活动所要承担的赔偿义务通常数额会很高,这就有可能在发生损害时,经营者无力赔偿,致使受害人得不到及时和充分的赔偿。为了使受害人能得到赔偿,国际法委员会《关于在危险活动造成跨界损害中的损失分配原则草案》中规定建立＿＿＿＿和＿＿＿＿。

3. 根据责任主体归属的不同,可以将国际赔偿责任划分为＿＿＿＿和＿＿＿＿两类。

(二)单项选择题

4. 国际不当行为是否可归因于国家而构成国家行为,应按照(　　)来判断。

A. 国内法　　　　　　　　　　　B. 国际法

C. 国内法和国际法　　　　　　　D. 道义上的是非

5. 下列行为中,属于国际罪行的是(　　)。

A. 侵害他国侨民的合法权益　　　B. 侮辱他国的外交代表

C. 侮辱他国的国旗　　　　　　　D. 贩卖奴隶

6. 甲国发生的叛乱运动已被甲国政府和国际社会承认为叛乱团体。该叛乱团体在其控制的一些地区,强行掠夺或占用外国侨民和外国国家的财产。根据国际法,下列关于甲国政府是否承担责任的说法哪个是正确的?(　　)

A. 承担直接责任

B. 承担间接责任

C. 甲国政府和叛乱团体共同承担直接责任

D. 不承担责任

7. 1950 年抗美援朝战争中,中国军队进入朝鲜领土的行为不具有不法性,是基于以下哪一解除行为不法性的情形?(　　)

A. 同意　　　　　　　　　　　　B. 反措施

C. 不可抗力　　　　　　　　　　D. 自卫

8. 一国不能援引作为免除其国际责任的理由是(　　)。

A. 同意

B. 不可抗力和偶然事故

C. 对抗措施

D. 国家实行三权分立因而政府不干涉立法和司法机关

9. 甲乙两国于 1996 年签订投资保护条约,该条约至今有效。2004 年甲国政府依本国立法机构于 2003 年通过的一项法律,取消了乙国公民在甲国的某些投资优惠,而这些优惠恰恰是甲国按照前述条约应给予乙国公民的。针对甲国的上述做法,根据国际法的有关规则,下列哪一项判断是正确的?(　　)

A. 甲国立法机构无权通过与上述条约不一致的立法

B. 甲国政府的上述做法,将会引起其国际法上的国家责任

C. 甲国政府的上述做法如果是严格依据其国内法作出的,则甲国不承担国际法上的国家责任

D. 甲国如果是三权分立的国家,则甲国政府的上述行为是否引起国家责任在国际法上尚无定论

10. 国家对国际不当行为承担责任的前提是行为必须是可归因于国家的,下列关于国家行为的说法不正确的是( )。

A. 国家机关的行为应视为国家行为

B. 国家的军事行为应视为国家行为

C. 叛乱运动的机关的行为应视为国家行为

D. 成为一国新政府或导致组成一个新国家的叛乱活动的行为是可归因于国家的行为

11. 以下国家行为属于自卫的是( )。

A. 甲国怀疑乙国欲向其发动武装攻击,采取了"先发制人的武力打击"

B. 甲国对乙国武装攻击已经结束很长时间并已撤出乙国,乙国才开始对甲国进行武装攻击

C. 甲国对乙国进行武装攻击,在占领相当领土后暂停武装攻击,乙国开始对甲国进行武装攻击

D. 甲国对乙国进行小规模的常规武器的武装攻击,乙国对其进行大规模杀伤性武器的攻击

12. 甲国某船运公司的一艘核动力商船在乙国港口停泊时突然发生核泄漏,使乙国港口被污染,造成严重损害后果。甲乙两国都是《关于核损害的民事责任的维也纳公约》及《核动力船舶经营人责任公约》的缔约国,根据上述公约及有关规则确定,乙国此时应得到7 800万美元的赔偿,但船运公司实际赔偿能力最多只能够负担5 000万美元。对此事件,根据国际法上的国家责任制度,甲国国家对乙国承担的义务是( )。

A. 甲国国家应承担全部7 800万美元的赔付

B. 甲国有义务在保证船运公司赔付乙国5 000万美元的同时,由甲国政府先行代为赔付船运公司无力赔付的其余2 800万美元

C. 甲国有义务保证督促船运公司进行赔偿,但以船运公司能够负担的实际赔偿能力为限,即只能赔付5 000万美元,其余2 800万美元可以不予赔付

D. 由于该行为不是甲国国家所从事,故甲国国家不需就此事件承担任何义务

13. 根据现代国际法的理论和实践,下列有关国际刑事责任问题的观点正确的是( )。

A. 因为国家是享有主权的,故国家在国际法上不承担刑事责任

B. 国家应负刑事责任,但个人不负刑事责任。因为这种罪行无论是国家机关还是代表国家的个人所为,由该行为所引起的国际罪行都应仅由国家来承担

C. 国家和国家首脑都应承担国际刑事责任。战争罪行是代表国家的机关所为,国家应承担相应的国际刑事责任;同时国家的职能是通过国家领导人和国家机关的工作人员和行为来实现的,因此,个人也应负国际刑事责任

D. 第二次世界大战后,按照《关于控诉和惩处欧洲轴心国主要战犯的协定》及其附件《欧洲军事法庭宪章》和《远东国际军事法庭宪章》的规定,开创了国际刑事责任的概念,开创了对犯有国际罪行的国家领导人和犯罪团体追究国际刑事责任的趋势

14. 哪一次审判在客观上开创了"国际人道审判"的先河?( )

A. 东京审判　　　　　　　　　　　B. 纽伦堡审判

C. 前南特别刑庭　　　　　　　　　D. 卢旺达特别刑庭

15. 甲乙两国彼此相邻,因为领土问题常年发生冲突。后甲乙两国达成协议将事实真相的调查交由第三方进行。甲乙两国对调查方式订立专门协议,成立调查委员会,并就调查委员会调查的内容、组成、期限、权限等方面作出约定。根据国际法,关于甲乙两国的上述行为下列表述中哪一选项是正确的?(　　　)

A. 调查委员会可以对争端的是非曲直作出判定

B. 甲乙两国对调查委员会的报告必须承认

C. 委员会作出报告的性质由当事国所订的协议确定

D. 甲乙两国的行为属于和解

16. 甲乙两国因历史遗留的民族问题长期关系紧张。2007 年甲国新任领导人试图缓和两国关系,请求丙国予以调停。甲乙丙三国之间没有任何关于争端解决方法方面的专门条约。根据国际法的有关规则和实践,下列哪一项判断是正确的?(　　　)

A. 丙国在这种情况下,有义务充当调停者

B. 如果丙国进行调停,则乙国有义务参与调停活动

C. 如果丙国进行调停,对于调停的结果,一般不负有监督和担保的义务

D. 如果丙国进行调停,则甲国必须接受调停结果

（三）多项选择题

17. 国家应对下列哪些行为承担国家责任?(　　　　　)

A. 国家的政府的行为　　　　　　　B. 政府授权的个人的行为

C. 在政府纵容下的个人所为的行为　D. 政府对于私人行为予以放纵的行为

18. 根据现代国际法理论,下列行为中可归因于国家的行为的是(　　　　　)。

A. 甲国驻乙国大使汤姆以私人身份进行民事活动时侵犯乙国公民罗斯的权利

B. 外国人埃玛在内国的权益被侵害后,内国有关司法机关以外国人不具有内国公民享有的诉权为由,拒绝向埃玛提供司法救济

C. 丙国资助其境内的极端组织使用武力打击丁国边界的村庄

D. 戊国军用飞机在己国领空实施侦查活动

19. 关于国际不当行为责任的免除,下列说法中正确的是(　　　　　)。

A 一国获准在他国专属经济区内捕鱼或开发资源的行为

B. 由外国政府扶植的傀儡政府作出的同意不能产生同意的效力

C. 对抗措施不包括采取相应的非武力的行为方式,如经济制裁、断绝邦交等对抗行为

D. 同意不得带有胁迫、欺诈等因素

20. 国际法不加禁止的行为造成损害性后果,也可在一定情况下免除责任。根据有关国际公约的规定,主要有以下哪些情形?(　　　　　)

A. 因暴乱造成的损害　　　　　　　B. 战争造成的损害

C. 自然灾害引起的损害　　　　　　D. 可以过失免责的情形

21. 下列选项中哪些属于承担国际法律责任的形式?(　　　　　)

A. 1990 年海湾战争结束以后,联合国安理会强制伊拉克无条件销毁全部生化武器

B. 美国对我国驻南联盟使馆遇难家属进行赔偿

C. 有关代表对受害国的国旗或国徽行礼致敬

D. 撤出入侵别国的军队

22. 依据现代国际法的理论,下列关于国际法律责任的观点正确的是( )。

A. 国际法律责任的主体与国际法的主体上是完全相同的

B. 国际法律责任的根据包括国际不当行为和损害行为

C. 国际法不加禁止的行为造成的损害所引起国际法律责任,以赔偿作为承担责任的主要形式

D. 国际不当行为包括国际侵权行为和国际罪行

23. 违背( )具有根本重要性的国际义务的行为,构成国际罪行。

A. 对于维护国际和平与安全   B. 对维护各国人民的自决权利

C. 对于保护人类   D. 对维护和保全人类环境

E. 对别国人民尊严

24. 国际法院在对国家间的争端行使管辖权时,应满足以下哪些条件?( )

A. 争端当事国任一方可将争端提交国际法院,而无须取得对方的同意

B. 争端当事国双方均为《国际法院规约》的当事国,且声明接受国际法院根据《国际法院规约》第 36 条规定的管辖权

C. 争端当事国双方达成协议,同意将问题提交国际法院解决

D. 在争端当事国双方同为当事国的国际条约中规定争端应由国际法院解决

25. 1999 年 5 月 9 日我国驻南联盟大使馆遭到以美国为首的北约的导弹袭击,造成使馆馆舍被毁、三人死亡的严重后果。我国政府为此向美国提出强烈抗议,要求美国政府承担下列何种国家责任?( )

A. 赔偿   B. 道歉

C. 限制主权   D. 保证不再犯

(四) 名词解释

26. 国家责任

(五) 简答题

27. 简述国际赔偿责任的构成要件。

28. 简述国家责任的形式。

第十六章　国际争端解决法

第一部分　学 习 目 标

（一）熟悉

1. 国际争端按自身性质可分为哪些类型？
2. 解决国际争端的方法具体包括哪些？
3. 与谈判相比较,协商具有哪些特点？其作为争端解决方法的地位如何？
4. 现行仲裁制的原则和程序主要包括哪些？
5. 国际法院在裁判时所适用的法律。
6. 国际法院在裁判时所适用的程序。

（二）掌握

1. 国际争端的概念与特征。
2. 作为国际争端的政治解决方法,谈判为何成为首选？
3. 斡旋与调停的含义、特征及区别。
4. 仲裁的概念、特点。
5. 国际法院的管辖权分为哪两种,每种的主要内容。
6. 除常设国际法院和国际法院之外,国际上还有哪几大类司法或准司法机构？

（三）理解

1. 国际争端解决法的产生。
2. 作为解决国际争端的政治方法,调查的含义、特征及其发展。
3. 作为解决国际争端的政治方法,和解的含义、特征及其发展。
4. 利用国际组织的各种政治机制解决争端的发展。
5. 仲裁作为解决国际争端的方法的历史发展。
6. 常设仲裁法院的设立、组成、活动概况。
7. 常设国际法院的建立、活动、成就。
8. 国际法院的设立经过和组织体制。
9. 中国在解决国际争端方面的原则和相关实践。

（四）难点

1. 强制的和平方法确实完全合乎国际法吗？
2. 仲裁与和平解决国际争端的其他方法（政治方法、司法方法）的比较。

3. 国际法院判决的执行。

4. 从中国在仲裁或司法解决国际争端上的立场或做法，谈谈中菲南海争端的解决。

第二部分　知识结构图

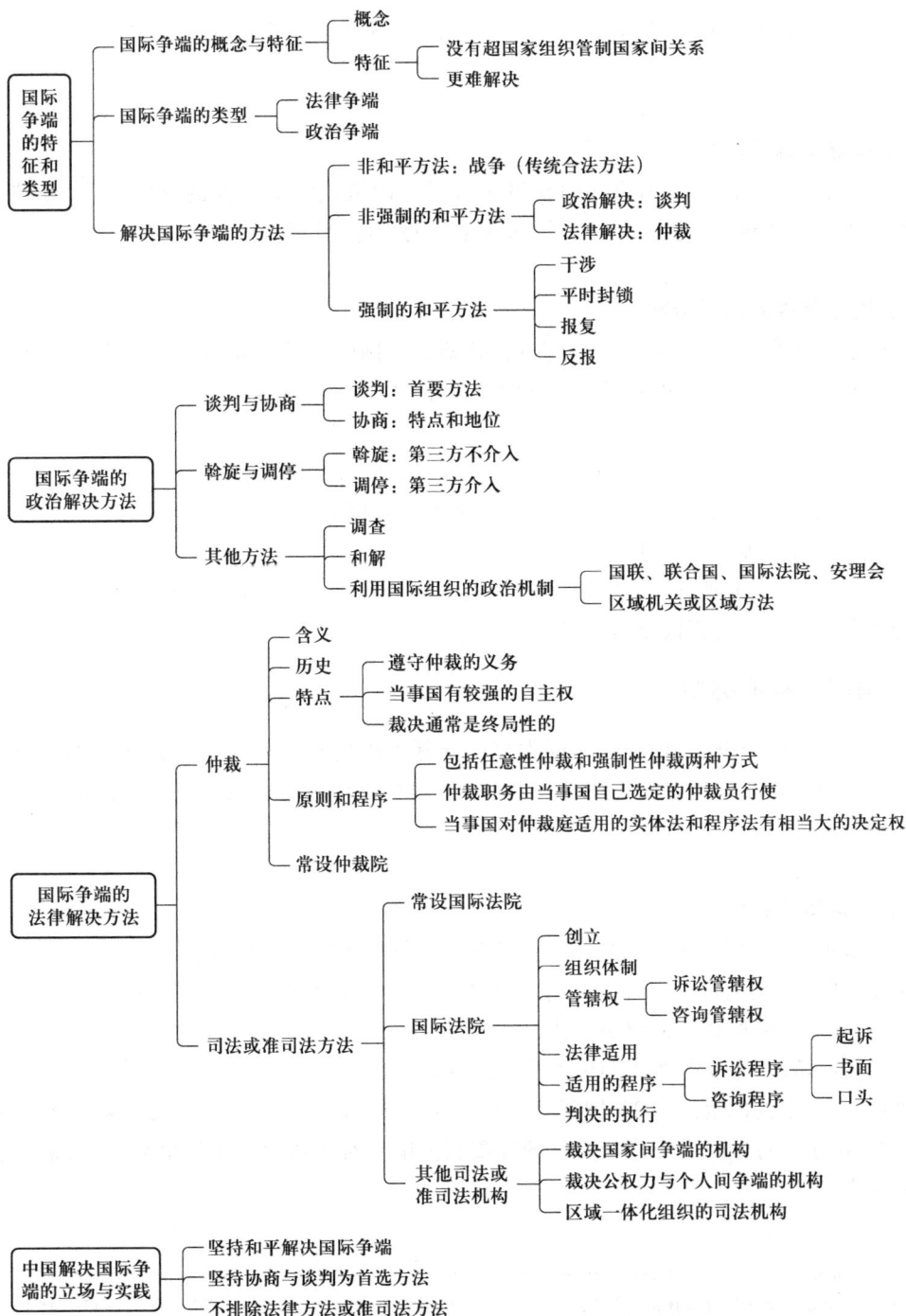

```
                          ┌─概念
          ┌─国际争端的概念与特征─┤      ┌─没有超国家组织管制国家间关系
          │                 └─特征─┤
国际        │                        └─更难解决
争端   ─────┤─国际争端的类型─┬─法律争端
的特        │              └─政治争端
征和        │                   ┌─非和平方法：战争（传统合法方法）
类型        │                   │
          │                   │                ┌─政治解决：谈判
          └─解决国际争端的方法─┼─非强制的和平方法─┤
                              │                └─法律解决：仲裁
                              │                ┌─干涉
                              │                │─平时封锁
                              └─强制的和平方法─┤
                                              │─报复
                                              └─反报
```

```
                     ┌─谈判与协商─┬─谈判：首要方法
                     │          └─协商：特点和地位
国际争端的            │
政治解决方法  ────────┤─斡旋与调停─┬─斡旋：第三方不介入
                     │          └─调停：第三方介入
                     │         ┌─调查
                     └─其他方法─┤─和解
                               │              ┌─国联、联合国、国际法院、安理会
                               └─利用国际组织的政治机制─┤
                                              └─区域机关或区域方法
```

```
                      ┌─含义
                      │─历史
                      │         ┌─遵守仲裁的义务
                      │─特点────┤─当事国有较强的自主权
                      │         └─裁决通常是终局性的
               ┌─仲裁─┤
               │     │           ┌─包括任意性仲裁和强制性仲裁两种方式
               │     │─原则和程序─┤─仲裁职务由当事国自己选定的仲裁员行使
               │     │           └─当事国对仲裁庭适用的实体法和程序法有相当大的决定权
               │     └─常设仲裁院
国际争端的       │
法律解决方法  ───┤                ┌─常设国际法院
               │                │                ┌─创立
               │                │                │─组织体制
               │                │                │─管辖权────┬─诉讼管辖权
               │                │                │           └─咨询管辖权
               │                │─国际法院────────┤─法律适用
               └─司法或准司法方法─┤                │              ┌─诉讼程序──┬─起诉
                                │                │─适用的程序────┤          │─书面
                                │                │              └─咨询程序  └─口头
                                │                └─判决的执行
                                │                ┌─裁决国家间争端的机构
                                └─其他司法或────┤─裁决公权力与个人间争端的机构
                                  准司法机构      └─区域一体化组织的司法机构
```

```
中国解决国际争    ┌─坚持和平解决国际争端
端的立场与实践 ───┤─坚持协商与谈判为首选方法
                └─不排除法律方法或准司法方法
```

第三部分　重点难点解析

一、国际争端的概念

关于国际争端的概念,需要重点理解在什么情况下可以认定有关国际法主体之间存在"争端"。

(一)国际争端的概念

国际争端,主要是指不同国家之间在事实、法律、政策或利益方面的特定矛盾、分歧和争议。国际争端主要体现为一方对另一方诉求或主张的拒绝、反请求或否认。[①]

(二)国际争端的判断标准

从国际法视角来看,"争端"是个特定的法律概念。国际常设法院、国际法院等国际裁判机构都曾经在有关案件中,对"争端"和是否存在"争端"给出判断标准。

1. 什么是"争端"?

例如,在"马弗洛马提斯巴勒斯坦特许权(管辖权)案"中,国际常设法院认为,"争端"是指"关于法律观点或事实的分歧,是两个人关于法律观点或利益的冲突"。

2. 如何判断是否存在"争端"?

国际法院在"西南非洲案"等案件中指出,关于是否存在争端,仅仅声称是不够的,必须证明一方的主张是另一方所积极反对的。[②]

二、国际争端的类型

关于国际争端的类型,需要注意不同类型的国际争端的特点及其解决方法上的特点。划分国际争端类型的核心问题在于,是否一切国际争端都能从法律上加以评论进而通过法律方法予以解决?

(一)国际争端的类型

国际争端可以分为事实性质的争端、法律性质的争端和政治性质的争端。

事实性质的国际争端,主要是指不同国家之间关于某项事实或某项情势的争端。对于事实性质的争端,一般采取调查的解决方式。

法律性质的争端,主要是指不同国家关于国际法上的权利、义务或责任的争端。法律性质的争端包括:(1)条约的解释;(2)国际法上的问题;(3)如经确定足以违反国际义务的事实的存在;(4)由于违背国际义务应予赔偿的性质和范围。对于法律性质的争端,一般采取法律方法予以解决。

---

①　See J. G. Merrills, *International Dispute Settlement*, 5th ed. , Cambridge University Press, 2011, p. 1.

②　参见[英]马尔科姆·N.肖:《国际法》(第六版)(下),白桂梅等译,北京大学出版社 2011 年版,第 843~845 页。

政治性质的争端,主要是指不同国家之间在政治立场或政治利益方面的争端。对于政治性质的争端,一般认为主要应该采取政治的和外交的解决方式。

不过,很少有纯粹的事实争端、法律争端或政治争端,很多国际争端都是错综复杂的,往往都既涉及事实争议,又涉及法律争议,还涉及政治利益,各种因素相互交错。

（二）关于政治争端是否适合通过法律方法解决的问题

关于国际争端的类型划分,最主要的问题就是,政治争端是否适合通过法律方法予以解决?

一种观点认为,政治争端只适合通过政治方法解决,不适合通过法律方法解决。法律争端,法律性较强而关涉利益较小,适合于利用仲裁或国际法庭依现行国际法规则加以裁判解决。而政治争端,涉及重大利益而其法律性较弱或者有关的法律规则不甚明确,适合于政治解决而不适合于司法裁判。

这种观点具有一定合理性。因为在关涉一国重大政治利益的问题上,各国往往不愿意将此种争端交由独立的仲裁庭或者国际法庭,依据可适用的国际法原则与规则予以解决,更愿意将此种争端控制在争端当事国手中,通过争端当事国之间的谈判或协商解决,或者通过其他政治方法解决。这主要是因为,担心第三方裁判结果可能会损害本国重大政治利益,而争端当事国在政治方法解决中具有主导权或最终的控制权。

这种观点也具有局限性。在实践中,有很多国家同意将其领土或边界争端交由仲裁或国际法庭依据国际法原则与规则解决。甚至可以说,如果政治性质的国际争端可以交由仲裁或国际法庭根据合理的国际法原则与规则裁判解决,这将是国际关系文明进步的重要表现。

另一种观点认为,任何争端都可能由法庭按照国际法加以解决。这种观点认为,只要问题是在普遍接受的现状框架内,即依现行国际法规则来决定权利或协调利益,法庭就可以根据案情作出利于原告或被告的裁决。这种观点具有合理性。没有什么问题是绝对只能通过政治方法解决而不能通过法律方法解决的,而只能说政治方法和法律方法各有优点和不足,究竟采取哪种方式解决国际争端,取决于对不同争端解决方式的比较和权衡。

在实证法层面,重要的不是争论哪些是法律争端、哪些是政治争端,而是根据一般或具体的国际法,分析某项国际争端是否落入国际法的调整范围,进而确定该项国际争端是否属于争端各当事国同意接受的争端解决管辖范围。[①]

三、和平解决国际争端的政治方法的优点与局限

1. 优点

政治方法的优点在于,当事国对于争端解决的启动、过程和结果具有主导权或者控制权。例如,谈判是由当事国直接掌控的,而调解的结果对当事国不具有约束力,因此有利于尊重争端当事国的主权、利益和意志。

2. 局限

政治方法的局限在于,如果当事国存在不可克服的重大分歧,政治方法就可能根本不能启

---

① 参见何志鹏等:《国际法原理》,高等教育出版社 2017 年版,第 583~584 页。

动,或者即使启动了,也不可能达成或接受最终的解决结果。

四、和平解决国际争端的法律方法的优点与局限

1. 优点

法律方法的优点在于,一旦当事国同意接受法律解决方法,独立的第三方裁判机构就可以强制管辖,并适用国际法作出对当事国具有法律拘束力的裁判结果,这样可以避免当事国之间的争端解决陷入僵局,可以促进国际争端的解决。

2. 局限

法律方法的局限在于,一旦同意接受第三方独立裁判,当事国就失去了对争端解决过程和结果的主导权和控制权,有时即使裁判机构作出了在法律上具有终局拘束力的裁判结果,也可能不被当事国所执行或者受到当事国的质疑。

五、传统强制的和平解决国际争端方法

尽管传统的强制的非和平解决方法与和平解决方法在第二次世界大战以后或者被禁止了,或者被限制了,但仍然有必要掌握其概念及其在当代的演进和表现。

在传统国际法中,战争是解决争端的合法方法,因为诉诸战争被视为主权国家的自然权利。第二次世界大战以后,曾被作为解决国际争端和推行国家政策的合法手段的战争被彻底废弃,武力或武力威胁也受到了禁止,而和平解决国际争端被确立为国际法的一项基本原则。

战争是非和平的方法,战争以外的都是和平的方法,而和平方法又可分为非强制的和平方法和强制的和平方法。其中,强制的和平方法虽然不直接涉及战争行为而被传统理论视为是"和平性"的,但其中一些方法不仅常有滥用的危险,而且可能涉及武力或武力威胁。

强制的和平方法主要包括:反报、报复、平时封锁、干涉。这些概念与自助(self-help)、自卫(self-defense)、反措施(countermeasure)、制裁(sanction)有时存在一定的交叉。对于这些概念,需要按照教材的论述,准确地掌握其含义。

1. 反报(retorsion)

反报,是一国针对另一国的不礼貌、不友好、不公平的行为还以同样或类似的行为。(1)反报针对的是不友好行为而非不法行为;(2)反报行为本身亦不能超出法律的限度;(3)一国也可以针对另一国违反国际法的行为采取反报措施。

2. 报复(reprisal)

报复又称报仇,是指一国为制止另一国的国际不法行为或寻求补救而采取的强制措施。传统国际法的报复概念与现代国际法的自卫概念比较类似。(1)报复所针对的是他国的国际不法行为而非不友好行为 ;(2)报复只能在向对方提出的合法要求无法满足时才能使用;(3)不应超出所受实际损害的合理限度,也就是要符合比例原则;(4)报复一般是在战时采取的措施,在和平情况下采取的报复措施已经被反措施(countermeasure)的概念所取代,并成为国际责任法的主要内容。

3. 平时封锁(pacific blockade)

平时封锁,是指在和平时期,一国或数国以武力封锁他国的港口或海岸,迫使被封锁国满足其有关争端解决的要求。平时封锁如果是安理会依《联合国宪章》第 42 条而采取的一种集

体安全行动,其合法性不成问题,但如果是争端方的单方行为,那么其合法性就大可推究。

4. 干涉(intervention)

干涉,是指一国用强制性的方法,特别是以武力手段介入或干预他国内部事务或者两国之间的争端的处理,以迫使争端当事国按照干涉国所要求的方式解决争端。干涉,如果是针对一国内政,因其与不干涉内政原则相抵触,当然属于非法和被禁止之列。而在干涉被视为合法的场合,干涉就是国际法所承认的种种强制行为的总称,如由国际组织为实施条约规定所进行的制裁、国家为保护本国公民而进行的自卫或报复等。

六、国际争端解决的政治方法

关于国际争端解决的政治方法,需要掌握各种政治方法的概念和特点。

(一)谈判与协商(磋商)

谈判(negotiation)与协商(consultation)是最基本、运用最为广泛的国际争端解决方法。

1. 协商与谈判的概念

协商与谈判是指当事国通过外交途径直接谈判,对争端的事项进行讨论协商,以求得争端的和平解决。

协商既适用于预防争端也适用于解决争端,协商更体现友好互谅精神,具有更多的自愿和道义成分;谈判只适用于争端发生后,谈判更体现实力因素,具有更多的法律成分。

2. 协商与谈判的特点和局限

(1)特点

当事国就争端事项进行协商或妥协时,以何种形式进行争执以及在什么基础上加以解决,都可灵活自由决定,都具有最大程度的直接控制权。

(2)局限

若争端当事方拒绝相互进行任何交涉,则谈判明显是不可能的;如果双方的立场背道而驰而且没有任何共同利益弥合分歧,则谈判将毫无成效;谈判更可能受到双方实力对比的影响。

(二)斡旋与调停

1. 斡旋与调停的概念

斡旋(good office)和调停(mediation)是指在争端当事国不能通过直接谈判或协商解决争端时,由第三方介入协助和促使当事国谈判解决争端的方法。

斡旋和调停的区别在于介入程度的不同。斡旋,是指第三方不介入具体的争端,主要运用外部手段促成争端当事国从事谈判以解决争端。调停不仅限于促成争端当事国开始谈判,而且积极参与谈判,提出适当的争端解决方案作为谈判的基础,帮助解决争端。

2. 斡旋与调停的特点和局限

(1)特点

斡旋和调停只是帮助促成当事方恢复谈判和达成协议,最终决定权仍然在于当事方本身;斡旋方或调停方提出的建议和意见只具有劝告和建议效果,当事方可以自由决定是否采纳和接受。

（2）局限

斡旋和调停成功与否主要取决于当事方作出必要让步的意愿，如果双方目标截然相反，或者双方都拒绝作出有意义的让步，那么，斡旋和调停就很难取得成功。

（三）调查与调解（和解）

1. 调查与调解的概念

调查（inquiry）是指在仅涉及事实问题的争端中，在未能通过谈判和协商解决争议的情况下，争端当事方同意成立国际调查委员会，通过调查，查明事实，从而促成争端解决。

调解（和解，conciliation），是指把争端提交一个中立的国际和解委员会，由其查明事实并提出报告和建议，促使当事国达成协议，以解决争端。

2. 调查与调解的特点

调查仅限于对事实真相的陈述，不涉及责任归属等任何主观价值判断；调查属任意性质，仅在情况允许时采用，当事国对调查报告并无接受的义务；调查委员会的组成以特别协定确立。

对和解来讲，通过调查弄清事实只是第一步，更重要的是还要在事实的基础上提出报告和建议，积极帮助当事方达成协议；和解报告无法律拘束力，虽然也要尊重事实和力求公允，但并不一定需要以法律为依据。

七、国际（国家间）仲裁的概念和类型

国际仲裁是解决国家间争端的重要方式。

国际（国家间）仲裁（公断），是指争端各当事国自愿将其相互间争端提交经由选定的仲裁员组成的仲裁庭依法裁判并承诺遵守其裁决的国际争端解决方式。

仲裁包括临时仲裁（或称专设仲裁）和常设仲裁。

专设仲裁，是指当事国在发生争端后选任仲裁员、组建仲裁庭、约定仲裁程序裁判案件。

常设仲裁，则是指争端当事国协议选择并利用特定常设仲裁机构的组织、仲裁员名册、仲裁程序等组建仲裁庭裁判案件。

八、国际仲裁的特点

第一，仲裁裁决对当事国具有约束力。除非当事国另有特别约定，或者仲裁裁决具有可撤销或无效的理由，否则，仲裁裁决对当事国就具有法律约束力。一般认为，当事国合意诉诸仲裁解决争端就包含了遵守裁决的法律义务。"诉诸仲裁即承允遵守裁决"是一项久已确立的习惯国际法规则。

第二，当事国在仲裁解决争端中具有相当大的自主权。通过仲裁解决争端是当事国合意选择的，仲裁员的选择和仲裁庭的组成在很大程度上也是当事国自己决定的，当事国还有权约定和选择仲裁程序和仲裁规则。

第三，仲裁裁决通常是终局性的。除非仲裁人有违反仲裁规则、越权、法律适用错误、受贿赂等行为，或者当事国间的仲裁协议对仲裁裁决的可上诉性事先作出了约定。

九、仲裁与调停等政治方法的区别

从解决结果的法律约束力来看,调停的方案、调查委员会的报告及和解委员会的建议对当事国不具有法律约束力;仲裁裁决对当事国有法律拘束力。

从对争端解决过程的控制来看,当事国可以在调查、调停或和解的过程中任意终止其进程;但是,在仲裁程序中,一旦当事国承允仲裁并就仲裁庭组成、法律适用、程序等全部事项达成协议,任何一方都不能单方终止其同意。

十、仲裁与司法方法的异同

1. 二者的相同之处

(1) 二者都属于国际争端的司法解决方式。

(2) 二者都是以争端各当事国同意作为管辖基础。

(3) 二者都是将争端交由第三方依据法律进行裁判。

(4) 二者的裁判结果都对当事国具有法律约束力。

2. 二者的不同之处

(1) 在法律性的程度上,仲裁是准司法性的和准政治性的,其法律性不够严格;而司法方法则是严格法律性的。

(2) 与司法诉讼相比,仲裁一般更具有专业性、技术性、灵活性、效率和保密性。

(3) 在裁判机构的组成上,仲裁庭的组成是临时的和个案的,仲裁员是由当事国选择的;而法院的设置是常设性的,具有完备的组织体制,当事国一般不能选择法官。

(4) 在裁判人员的任职资格上,仲裁员不一定具备法律专家的资格,而可以是具有某种政治和道德权威的人,或者是具有某种专门技术性知识的人;而司法机构的法官一般都具备法律上的任职资格。

(5) 从裁判人员的任职特点来看,仲裁员是个案选任的;而法官则是具有固定任期的。

(6) 从裁判程序和规则来看,仲裁程序和规则一般是由当事国选择和确定的;而司法程序和规则是由条约规定或者法院自己制定的,一般不允许当事国选择,且法院的判决依法律进行。

(7) 从适用的实体法来看,仲裁庭适用的法律一般首先是由争端当事国协议选择的法律;而法院或法庭适用的法律一般是由法院或法庭规约所规定的。

(8) 仲裁裁决一般是终局性的,不允许上诉;而判决在理论上不是终局性的,是可以上诉的,除非法院章程(或规约)明确规定其是终局性的。

十一、任意性仲裁和强制性仲裁的区分

从本质上来说,仲裁都是必须经由当事国合意选择的,在这种意义上,并不存在真正的强制性仲裁。

但是,从争端发生之后是否有义务提交仲裁解决来说,还是可以将仲裁分为任意性仲裁和强制性仲裁。(1) 任意性仲裁,是指争端发生后,当事国签订协议将争端交付仲裁。(2) 强制性仲裁,是指各当事国在争端发生前,先经协议同意将未来可能发生的争端交付仲裁,如发生争端,依一方当事国请求,即可开始仲裁程序的仲裁。通常,当事国只在特定种类的法律争端

上才接受强制仲裁管辖,而且还往往以保留方式对仲裁庭的管辖权加以限制。这些保留把涉及独立、领土完整、荣誉或重大利益等方面的政治争端排除在外。

十二、国际法院与常设国际法院的区别与联系

(一) 区别

常设国际法院是由国际联盟主持设立并提供经费,但是该法院并非国际联盟的组成机构,《常设国际法院规约》也不属于《国际联盟盟约》的一部分,国际联盟的成员国并不自动成为法院规约的缔约国。

国际法院则是联合国的主要司法机构,《国际法院规约》也是《联合国宪章》的组成部分,联合国会员国自动成为法院规约的缔约国。

(二) 联系

常设国际法院和国际法院之间保持了很大程度的连续性,国际法院继承了常设国际法院的驻地、徽章、基本规则和档案。

国际法院的规约实际上与常设国际法院的规约相同,直到1978年国际法院为简化和加速程序通过了一套订正规则为止,两个法院的规则也相同。

国际法院的运作也与常设国际法院解散有序交接。

十三、国际法院法官的产生方式

1. 法官候选人的提名

法官候选人不是由政府直接提名,而是由常设仲裁法院的法学家团体(“各国团体”)提名,没有参加常设仲裁法院的国家,其候选人名单应由以同样方式成立的团体提出。其目标是使提名程序不受政治考虑的影响。每一法学家团体所提候选人人数不得超过4人,其中属于本国国籍者不得超过2人,其余候选人可来自任何国家。

2. 双重选举制度

法官经联合国大会和安理会根据所提名单,分别独立同时秘密投票选举产生,在联合国大会和安理会都获得绝对多数者当选。“绝对多数”是指联合国大会和安理会各自会员国总数的一半加一。“各自总数”是指联合国大会和安理会各自会员国总数,而无论是否投票或者是否被允许投票。目前,安理会会员国是15个,绝对多数是8个,联合国大会会员国是183个,绝对多数是97个。在安理会投票中,常任理事国没有否决权。但在实践中,除了中国在1968年至1984年间没有国际法院法官席位之外,每个安理会常任理事国始终都有国际法院法官席位。不过,2017年11月国际法院法官的选举改变了这种局面。

十四、国际法院的专案法官

国际法院法官组成法庭审理案件时,除了正式法官(regular judge)之外,还包括专案法官(ad hoc judge)。专案法官是指在国际法院审理案件时,如果当事国在法庭中没有本国国籍的法官,则该当事国可以临时选派一名“专案法官”参与组成法庭。

根据《国际法院规约》第31条,关于专案法官的规定如下:(1)法院受理案件,如当事国没

有本国国籍的法官,可为该案件选派一名专案法官,虽然它没有义务这样做;(2)专案法官不必具有(而且往往没有)指派国国籍;(3)专案法官参与案件的裁判时,与其同事立于完全平等地位,拥有投票权;(4)专案法官从法院领取每日执行职务的报酬。

十五、国际法院的对人管辖

"对人管辖"是指谁可以成为国际法院的诉讼当事方。

根据《国际法院规约》第34条的规定,争讼案件的提起,仅限于主权国家,而不包括任何国际组织、私人(自然人和法人)和团体、地方政府及非主权的政治实体或者任何其他主体。在个人、法人等权益受到侵害时,只能通过本国政府才能向国际法院寻求司法救济。

可以在法院进行诉讼的当事国包括:(1)联合国会员国,即《国际法院规约》的当然当事国;(2)非联合国会员国但依宪章第93条之规定而成为规约当事国者;(3)既非联合国会员国亦非规约当事国,但依规约第35条第2款之规定而成为诉讼当事国者。

争端当事国以外的其他第三方参与方也只限于有关国家,任何个人、国际组织或其他主体都不得参加。《国际法院规约》第62条和第63条规定:(1)某一国家如认为某案件之判决可影响属于该国具有法律性质之利益时,得向法院声请参加。此项声请应由法院裁决之。(2)凡协约发生解释问题,而诉讼当事国以外尚有其他国家为该协约之签字国者,应立由书记官长通知各该国家。受前项通知之国家有参加程序之权;但如该国行使此项权利时,判决中之解释对该国具有同样拘束力。

十六、国际法院的对事管辖

"对事管辖"是指什么事项可以成为国际法院管辖的对象。根据《国际法院规约》第36条,国际法院管辖三类案件:

(1)自愿管辖,是指争端发生后,当事国在协商同意下自愿提交的一切案件,这种方式的管辖被称为"自愿管辖"。

(2)协定管辖,是指争端发生前,当事国在现行各种条约、协定中事先约定,遇有条约解释或适用方面的争端时,应提交国际法院。

(3)任择强制管辖,是指国家根据《国际法院规约》第36条第2款的规定,事先声明接受国际法院管辖的一切争端。

十七、国际法院的任择强制管辖

1. 任择强制管辖的法律依据

任择强制管辖,是国家根据《国际法院规约》第36条第2款的规定事先声明接受国际法院管辖的一切争端。该第36条第2款规定:规约当事国可随时声明,对于接受同等义务的其他任何国家,承认国际法院对下列一切法律争端享有强制管辖权:(1)条约的解释;(2)国际法上的任何问题;(3)如经确定即属违反国际义务的任何事实的存在;(4)违反国际义务应作赔偿的性质或范围。

2. 任择强制管辖的任意性和强制性

由于当事国可以任意选择是否发表此种声明,在什么时间以及在何种条件下发表此种声明,说明此种管辖是当事国自愿认可的,所以具有"任意性"。此外,当事国还可以在其声明中表明其保留随后修改或撤回此种声明的权利,以扩大或者限制国际法院强制管辖的范围,或者退出国际法院的强制管辖。

同时,一旦当事国发表了此种声明,法院在该声明的范围内就享有了强制管辖权,当事国不能在预见案件的时候临时反悔,所以它又是"强制的"。故它被称为"任择强制管辖",该条款亦被称为"任择条款"。

3. 任择强制管辖的实践

截至 2018 年 4 月 6 日,根据《国际法院规约》第 36 条第 2 款,声明接受国际法院强制管辖的国家共有 66 个。其中,只有很少的国家在声明中完全采用了第 36 条第 2 款的表述,大多数国家都对第 36 条第 2 款作出了各种限制和保留声明。在安理会常任理事国中,法国和美国都曾接受任择强制管辖,但都在涉案时被国际法院作出不利裁判而撤回了任择强制管辖;俄罗斯(苏联)未接受任择强制管辖;中国中华民国政府曾于 1946 年声明接受任择强制管辖,1972 年中华人民共和国政府撤回了接受声明;目前只有英国接受任择强制管辖。

十八、国际法院的咨询管辖权

1. 咨询管辖权的目的和功能

国际法院咨询管辖权的主要目的和功能在于,国际法院作为联合国的主要司法机关,就有关法律问题提供权威性的参考意见,以便帮助联合国机构更好地遵照宪章进行活动。

2. 咨询管辖的事项

咨询管辖的事项限于"任何法律问题",而不是任何不包含法律问题的单纯事实问题或政治问题。

法律问题可以是一般抽象的法律问题,也可以是具体的法律问题。咨询管辖与诉讼管辖不同,咨询管辖不是解决任何具体的法律争议,因此可以是任何法律问题,例如,一个公约是否可以保留,一个条约的条款解释,等等。

只要是构成了法律问题,就可以成为咨询管辖的对象。即使有政治背景,或者即使涉及要确定有关的事实问题,或者即使是已经不再存在的历史情势,都不影响咨询管辖。

3. 咨询管辖的提出主体

《联合国宪章》第 96 条规定,咨询管辖的提出主体分类两类。

(1)直接基于《联合国宪章》第 96 条第 1 款而享有请求权的主体。联合国大会或安理会对"任何法律问题"得直接请求国际法院发表咨询意见。而且,大会和安理会请求咨询意见的范围是非常广阔的。

(2)需经联合国大会授权的联合国其他机关及各种专门机构。联合国其他机关及各种专门机构,对"其工作范围内的任何法律问题",得随时以大会的授权,请求国际法院发表咨询意见。

"联合国其他机关"既包括联合国的其他主要机关,也包括联合国的辅助机关。联合国的其他主要机关包括联合国经社理事会、联合国托管理事会,但不包括联合国秘书处和秘书长,也不包括国际法院本身。联合国的其他辅助机关可以是联合国大会的辅助机关,也可以是安理会的辅助机关。

任何国家和个人,包括联合国秘书长,都无权请求国际法院发表咨询意见,也无权阻止国际法院发表咨询意见,只有对于咨询问题能提供资料信息的国家有权在咨询案件中出庭。

联合国其他机关及各种专门机构则仅能就其工作范围内的任何法律问题请求法院给出咨询意见。例如,就使用核武器的合法性问题,联合国大会可以提出问题,而世界卫生组织提出此项问题就超出了其自身的职能权限。

4. 咨询管辖的效力

(1)咨询意见对提出请求的机构不具有法律约束力,对受到影响的有关国家更不具有法律约束力。请求机构没有义务必须遵守咨询意见。但是,在实践中,请求机构一般都会遵循咨询意见。此外,根据《联合国宪章》,有关请求机构应善意考虑咨询意见。

(2)咨询意见对于国际法的发展具有重要的意义。

(3)有关国际条约的当事方可以明确规定,就该有关条约规定的事项提起的咨询请求而言,国际法院的咨询意见具有法律约束力。此时,咨询意见就根据该条约规定而对请求主体甚至对有关争端的当事方具有法律约束力,但这不是根据《联合国宪章》和《国际法院规约》而产生的法律约束力,而是根据该国际条约的特别规定产生的法律约束力。

十九、国际法院诉讼管辖和咨询管辖的区别

第一,诉讼案的主体是国家;而咨询案的主体限于联合国机构及联合国专门机构。

第二,法院诉讼管辖的范围较宽泛;而咨询管辖的范围较为特定。

第三,法院对诉讼案的判决有拘束力;而咨询意见仅是权威的法律参考,本身并无拘束力。

二十、对于国际法院管辖权的若干澄清[②]

国际法院没有刑事管辖权,因此无法审判个人(如战犯)。国际法院不是各国司法机构可以上诉的最高法院,不是个人提出最终申诉的法院。也不是任何国际法庭的上诉法院。但是,在其具有管辖权的案件中,国际法院有权就仲裁裁决的效力作出裁定。

二十一、国际法院判决的效力和执行

(一)国际法院判决的效力

第一,法院的判决具有确定性,不得上诉。如果对于判词的意义或范围发生争议,经任何当事国请求,法院应予解释。

第二,法院判决仅对争端当事国具有法律约束力,对非当事国不具有法律约束力。

第三,根据《国际法院规约》第 59 条,法院之裁判除对于当事国及本案外,无拘束力。

第四,根据《联合国宪章》第 94 条第 1 款,联合国每一会员国为任何案件之当事国者,承诺遵行国际法院之判决。

(二)国际法院判决的执行

第一,国际法院判决的执行主要依靠争端当事国的自愿履行,法院无权强制有关争端当事

---

① ②　参见何志鹏等:《国际法原理》,高等教育出版社 2017 年版,第 607 页。

国服从判决。实际上,国际法院判决总体上得到了较好的遵守和自愿执行。

第二,一方不履行国际法院判决义务,另一方有权向安理会提出申诉,安理会认为必要时可以作成建议或决定应采取的办法,确保判决得到遵守。

根据《联合国宪章》第 94 条第 2 款,遇有一方不履行依法院判决应负之义务时,他方得向安全理事会申诉。安全理事会如认为必要时,得作成建议或决定应采办法,以执行判决。

迄今为止,根据《联合国宪章》第 94 条第 2 款向安理会提起申诉的仅有一起案件,即尼加拉瓜案。当时,五个非常任理事国在安理会提出了敦促美国全面立即履行国际法院 1986 年 6 月 27 日尼加拉瓜案判决义务的决议草案,但美国行使了否决权。随后,尼加拉瓜根据《联合国宪章》第 10 条,向联合国大会提起申诉,联合国大会 1986 年 11 月 3 日通过了决议,敦促美国全面立即遵守国际法院判决。

二十二、中国解决国际争端的立场与实践

(一) 中国坚持和平解决国际争端

中国长期坚持和平解决国际争端的立场,反对战争、武力或武力威胁的争端解决方法。

(二) 中国偏好政治解决方法,尤其坚持将协商和谈判作为首选方法

中国因为近代以来的特定历史、现实和意识形态等因素,对于斡旋和调停、调查和和解(调解)、仲裁和司法诉讼等第三方介入解决国际争端和第三方解决国际争端的方法,持有谨慎、警惕、质疑、保留、不信任甚至排斥的态度和立场。

在中国政府看来,由当事方直接协商谈判来解决争端是最简明有效的方法,而第三方介入的效果却常常难以把握。有时第三方介入能推动协商谈判的进程,起到很好的辅助效果。而在另一些场合,第三方的介入反而会使问题复杂化,甚至成为某些霸权国家插足和干涉的机会。比较而言,直接协商谈判最能被中国接受,因为谈判是第三方介入余地最小的解决方法,最能保证当事国的自主权,特别是在关涉领土、安全等敏感政治议题的时候尤其如此。

中国倾向将协商与谈判相区分,并且给协商以更大的认可,因为它更为灵活而且包含更多互谅互让的意涵,在精神上与和平共处五项原则以及中国“和为贵”的传统有更大的契合。

中国对协商和谈判的偏好和对斡旋和调停、调查和和解、仲裁和司法诉讼等第三方介入或第三方裁判方法的谨慎和保留的立场和实践,在毛泽东时代最为典型。在改革开放以后,中国对第三方介入或第三方裁判方法总体上仍持谨慎和保留的立场,但是,随着国力的增长和观念的变化,中国已经开始理性地看待国际法的作用,务实灵活地运用各种争端解决方法,原则上不再否定和排斥包含第三方因素的解决方法,对于斡旋、调停和调查,中国的态度由较为警觉转为基本开放。实践中,中国在处理有关国际争端事务中已经在扮演斡旋人或调停人的角色。

(三) 中国不排除法律和司法解决方法

在改革开放以前,中国政府排斥任何仲裁或司法解决国际争端的想法。在改革开放以后,中国政府对仲裁和司法方法的态度也越来越灵活务实。与上述立场相适应,从 20 世纪 80 年

代初起,中国就全面恢复了在常设国际仲裁院和国际法院的活动。在肯定仲裁和司法方法的积极作用的同时,中国也对仲裁和国际司法的局限性有了客观的评价和认识。

在实践中,这种立场可以解读为:

第一,中国对仲裁或司法解决国际争端持积极和开放的态度,不排除利用任何仲裁庭、国际法院或法庭以及准司法机制解决中国与他国间争端的可能。

第二,对于经济、贸易、文化等领域中法律性较强、不涉及重大主权利益的争端,中国可以接受以仲裁、国际司法或者准司法的方法来解决。为此,中国愿意接受这类国际条约中的"协议管辖条款",也可以在争端发生后与其他当事国签订特别协定,将争端提交某一国际仲裁庭或国际法庭裁决。

第三,仲裁和国际司法方法一般不适用来解决涉及领土归属、国家尊严以及重大主权利益的争端。中国将保留对此类争端的判断,因此不轻易接受有可能损害该判断权的任何仲裁庭或国际法庭的强制管辖权,无论它是任择强制管辖还是协议约定的强制管辖。同时,对于属于此类性质的争端,中国将主要以协商谈判的方法加以解决。

二十三、知识点延伸

(一) 国际仲裁的基础[①]

1. 当事国自愿同意是国际仲裁的基础

国际仲裁的基础是争端当事国之间自愿接受将其争端提交仲裁解决。仲裁的前提是争端各当事国的自愿同意。除非自愿同意接受仲裁解决争端,否则,任何国家都没有义务通过仲裁解决争端。

2. 当事国自愿同意的三种形式

当事国之间的自愿接受主要包括三种形式,即仲裁条约或争端解决条约中的仲裁条款、仲裁条款和专门仲裁协议。

仲裁条约或争端解决条约中的仲裁条款(简称"仲裁条约"),是指缔约国之间就其相互之间可能发生的任何争端或某些争端提交仲裁解决的争端解决条约。实际上,一般很少有专门的仲裁条约,多数都是一般争端解决条约中包含了仲裁条款。仲裁条约只有在其具体表达了一旦发生争端就提交仲裁解决的承诺时,才构成具体明确的仲裁同意,否则,仍需进一步达成具体仲裁协议。

仲裁条款,是指缔约国在各种双边或多边实体条约中规定,将其相互之间的争端提交仲裁解决的条约条款。各国之间在国际交往的各个领域缔结了大量的双边或多边实体条约,这些条约一般都规定了包括仲裁在内的争端解决条款,也就是一般实体条约中的仲裁条款。仲裁条款也只有在其具体表达了一旦发生争端就提交仲裁解决的承诺时,才构成具体明确的仲裁同意,否则,仍需进一步达成具体仲裁协议。

仲裁协议(compromis),又称专案仲裁协议,是指争端各当事国在争端发生之后缔结的,专门就该特定争端约定提交仲裁解决的特别协议。各当事国在争端发生后往往会在政治方法未能解决争端的情况下,专门达成仲裁协议解决争端。专案仲裁协议一般都对仲裁解决的事项、

---

① 参见何志鹏等:《国际法原理》,高等教育出版社 2017 年版,第 593–595 页。

仲裁庭的组成、仲裁员的任命、仲裁地点、仲裁程序、仲裁适用的法律、仲裁裁决的作出、仲裁裁决的遵守和履行等各种事项作出非常具体详细的规定。在实践中,许多争端案件都是通过各当事国在事后达成专案仲裁协议,然后提交仲裁解决。在国家间仲裁中,仲裁协议构成了争端各当事国之间具有国际法约束力的承诺,拒不参加仲裁、拒绝履行仲裁裁决等违反仲裁协议的行为违反国际法。

（二）国家间仲裁与国际商事仲裁的区别

国家间仲裁与国际商事仲裁都具有仲裁的共性,但国家间仲裁也具有自身的特点。

首先,争端当事方的区别。国家间仲裁解决的是国家之间的经济、领土、边界、政治、条约解释和适用等各种纠纷;国际商事仲裁解决的主要是,私人之间国际商事交易纠纷以及私人与国家之间的国际商事交易纠纷,一国与他国国民间投资争端仲裁虽然也曾被归入国际商事仲裁范畴,但其更具有跨国公法争端仲裁的性质。

其次,适用法律的区别。国家间仲裁一般适用的是国际法,包括有关的国际条约,以及习惯国际法等其他可适用的国际法;国际商事仲裁一般适用的主要是国际商事条约、国际商事惯例、各国国内商事法。

最后,仲裁裁决的撤销或无效程序的区别。二者都存在裁决撤销或无效的问题,而且其撤销或无效的各项理由也是相同的。但是,国家间仲裁一般缺少有效的撤销或无效机制;而国际商事仲裁则有纽约公约、ICSID 公约、国内法等撤销或无效机制。

（三）国际法院法官的产生方式

——2017 年 11 月国际法院法官选举

2017 年 11 月 9 日、13 日和 20 日,联合国大会和安理会分别同时投票选举于 2018 年 2 月 6 日开始任期的五位法官,有六位不同国籍的法官候选人。

在 11 月 9 日的选举中,经过联合国大会的五轮投票和安理会的四轮投票,法国籍的 Ronny Abraham、索马里籍的 Abdulqawi Ahmed Yusuf 和巴西籍的 Antônio Augusto Cançado Trindade 获得连任,黎巴嫩籍的 Nawaf Salam 新当选。

11 月 9 日,在联合国大会第六轮投票中,印度籍的 Dalveer Bhandari 获得绝对多数,在安理会第五轮投票中,英国籍的 Christopher Greenwood 获得绝对多数,因为没有任何一位同时在联合国大会和安理会获得绝对多数,联合国大会和安理会在 2017 年 11 月 13 日分别再次进行了五轮选举,结果每轮都是印度籍的 Dalveer Bhandari 在联合国大会获得绝对多数,英国籍的 Christopher Greenwood 在安理会获得绝对多数。

这意味着,第五位法官的选举陷入了僵局。根据《国际法院规约》第 12 条第 1 款,"第三次选举会后,如仍有一席或一席以上尚待补选时,大会或安全理事会得随时声请组织联席会议,其人数为六人,由大会及安全理事会各派三人。此项联席会议就每一悬缺以绝对多数票选定一人提交大会及安全理事会分别请其接受"。

但是,最终没有采取此种方式。联合国大会和安理会决定再次择日进行选举。其间,英国籍的 Christopher Greenwood 退出。2017 年 11 月 20 日,印度籍的 Dalveer Bhandari 在联合国大会和安理会分别获得绝对多数,获得了当选。

第四部分　习题自测

（一）填空题

1. 国际争端主要是指不同国家之间在事实、＿＿＿＿＿＿、政策或利益方面的特定矛盾、分歧和争议。国际争端主要体现为一方对另一方＿＿＿＿＿＿的拒绝、反请求或否认。

2. 传统国际法将国际争端解决方法划分为＿＿＿＿＿＿的方法和＿＿＿＿＿＿的方法。

3. 强制性的方法,是指一国为使另一国同意它所要求的对争端的解决而采取的带有某些强制性的措施,一般由争议的一方采取行为,主要包括＿＿＿＿＿＿、＿＿＿＿＿＿、＿＿＿＿＿＿和干涉。

4. 和平解决国际争端的基本方法可以分为政治方法和法律方法。政治方法包括＿＿＿＿＿＿、调查、调停和＿＿＿＿＿＿等,法律方法包括＿＿＿＿＿＿和司法方法。

5. 法律方法（又称裁判方法或司法方法）,是指当事方将其争端交由＿＿＿＿＿＿仲裁或司法机构依据＿＿＿＿＿＿和事实作出有约束力的裁决和决定。

6. 仲裁,是指争端各当事国＿＿＿＿＿＿将其相互间争端,提交经由选定的仲裁员组成的仲裁庭依法裁判,并承诺遵守其裁决的国际争端解决方式。仲裁包括＿＿＿＿＿＿仲裁和＿＿＿＿＿＿仲裁。

（二）单项选择题

7. 区域性机关若采取执行行动,须经下述哪一国家或机构授权?（　　　）

A. 联合国大会　　　　　　　　　B. 联合国安全理事会

C. 争端当事国　　　　　　　　　D. 第三国

8. 下列国家或机构中,有权向国际法院请求发表咨询意见的是（　　　）。

A. 联合国会员国　　　　　　　　B. 安理会常任理事国

C. 联合国大会　　　　　　　　　D.《国际法院规约》当事国

9. 国际法院判决生效的时间是（　　　）。

A. 自宣读判决之日　　　　　　　B. 自判决送达当事国时

C. 自双方接受判决时　　　　　　D. 自判决公告时

10. 根据《国际法院规约》,在国际法院的诉讼程序中,反诉属于（　　　）。

A. 起诉　　　　　　　　　　　　B. 书面程序

C. 口头程序　　　　　　　　　　D. 附带程序

11. 国际仲裁是和平解决国际争端的法律方法,以下对其效力的表述不正确的是（　　　）。

A. 仲裁裁决对当事人具有法律拘束力

B. 仲裁裁决是终局的,不得上诉

C. 仲裁不属于法律制裁的性质,争端当事国是基于道义上的责任和自觉承担义务而执行仲裁裁决的

D. 争端当事国可以采取反报复和报复等措施使仲裁裁决得到执行

12. 关于1993年6月成立的联合国前南国际法庭,下列表述正确的是（　　　）。

A. 它是联合国大会设立的司法性质的附属机关

B. 它是联合国安理会设立的司法性质的附属机关

C. 它是普遍性的国际刑事司法机构

D. 它是联合国国际法院下属的刑事法庭

13. 甲国是一个香蕉生产大国,其蕉农长期将产品出口乙国。现乙国颁布法令,禁止甲国的香蕉进口。甲国在要求乙国撤销该禁令未果后,宣布对乙国出口到甲国的化工产品加征300%的进口关税。甲乙两国间没有涉及香蕉、化工产品贸易或一般贸易规则的双边或多边条约。对此,下列判断哪个是正确的?(　　　)

A. 乙国的上述做法违背其承担的国际法上的义务

B. 甲国的上述关税措施违背其承担的国际法上的义务

C. 甲国采取的措施属于国际法上的反报措施

D. 甲国采取的措施属于国际法上的报复措施

14. 甲国是联合国的会员国。2006 年,联合国驻甲国的某机构以联合国的名义,与甲政府签订协议,购买了一批办公用品。由于甲国交付延期,双方产生纠纷。根据《联合国宪章》和有关国际法规则,下列哪一选项是正确的?(　　　)

A. 作为政治性国际组织,联合国组织的上述购买行为自始无效

B. 上述以联合国名义进行的行为,应视为联合国所有会员国的共同行为

C. 联合国大会有权就该项纠纷向国际法院提起针对甲国的诉讼,不论甲国是否同意

D. 联合国大会有权就该项纠纷请求国际法院发表咨询意见,不论甲国是否同意

(三) 多项选择题

15. 甲、乙两国因某些领土的归属问题,常年交战,积怨甚深。丙国出面使甲乙两国重开谈判,并为领土的归属问题提出解决方案。但甲国表示反对,丙国在说服未果的情况下,派军舰在甲国近海进行军事示威,以迫使甲国接受其方案。根据国际法,下列哪些判断是正确的?(　　　)

A. 丙国使甲、乙两国重开谈判,并提出解决问题的方案属于斡旋

B. 丙国使甲、乙两国重开谈判,并提出解决问题的方案属于调停

C. 丙国的军事示威行为已构成干涉

D. 丙国的军事示威行为是现代国际法承认的解决争端的方式

16. 仲裁裁决可能因(　　　)而无效。

A. 一方缺席　　　　　　　　　B. 仲裁协议无效

C. 仲裁法庭越权　　　　　　　D. 仲裁员有欺诈行为

E. 首席仲裁员受威胁

17. 仲裁裁决在下述哪些情况下是无效的?(　　　)

A. 仲裁协议无效　　　　　　　B. 仲裁员有欺诈行为

C. 仲裁法庭越权　　　　　　　D. 仲裁裁决理由不成立

18. 国际法院在审理过程中,对当事国提出的(　　　)应首先审理。

A. 初步反对主张　　　　　　　B. 临时保全措施的请求

C. 答辩状　　　　　　　　　　D. 复辩状

E. 诉讼费支付法

19. 对于威胁国际和平及安全的情势,安全理事会有(　　　　　)的责任。

A. 进行调查　　　　　B. 提出建议　　　　　C. 采取执行行动

D. 惩罚侵略者　　　　E. 先派遣维和部队

20. 国际法院的判决作出后,当事国不服,(　　　　　)。

A. 可向联合国大会上诉　　　　　　B. 应向安理会上诉

C. 向法院申请解释或复核　　　　　D. 向安理会申诉

21. 区域国家解决区域性争端的方法是(　　　　　)进行。

A. 按《联合国宪章》

B. 按安理会的决议

C. 按区域性国际组织的区域办法

D. 按区域组织的解决争端程序

E. 按联合国秘书长的指示

22. 国际法院所适用的法律有(　　　　　)。

A. 国际公约或条例

B. 国际习惯

C. 文明各国所承认的一般法律原则

D. 作为确定法律原则补充资料的司法判例及权威最高之公法学家的学说

23. 国际法院审理案件过程中的特别程序包括(　　　　　)。

A. 临时性保全措施　　　　　　　　B. 应诉和答辩

C. 参加　　　　　　　　　　　　　D. 调解

24. 下列关于国际法院的表述,正确的是(　　　　　)。

A. 国际法院是联合国的主要司法机关

B. 国际法院由 15 名法官组成,在 15 名法官中不得有两人为同一国家的国民

C. 法官不代表任何国家,法官不受其本国政府的制约

D. 法官须受联合国某一机关制约

25. 国际法院作为联合国的主要司法机关,其法官的选举(　　　　　)。

A. 由安理会和大会并行独立选举产生

B. 安理会常任理事国享有否决权

C. 安理会常任理事国不享有否决权

D. 由《国际法院规约》当事国投票产生

26. 国际法院法官的任职条件包括(　　　　　)。

A. 品格高尚

B. 在本国具有最高司法职位之任命资格

C. 公认的国际法学家

D. 其人选应来自世界各主要法系的国家

27. 国际法院的诉讼程序应依下列哪些步骤进行?(　　　　　)

A. 起诉   B. 书面程序和口头程序

C. 评议   D. 宣判

28. 安理会根据(   )对侵略者采取武力以外或武力的制裁。

A. 联合国大会的决议   B. 安理会的决议

C. 联合国宪章   D. 受害国的请求

29. 将和解作为解决国际争端的一种重要方法的条约是(   )。

A.《布赖恩和平条约》   B.《维也纳条约法公约》

C.《联合国海洋法条约》   D.《日内瓦和平解决国际争端的总议定书》

30. 国际法院任择性强制管辖的内容包括(   )。

A. 有关条约的解释   B. 任何国际法问题

C. 构成违反国际义务的任何事实   D. 海域划界

（四）名词解释

31. 和平解决国际争端

32. 斡旋

33. 反报

34. 报复

35. 平时封锁

36. 干涉

37. 调查

38. 调解

39. 仲裁条款

40. 任择性强制管辖

41. 临时保全措施

（五）简答题

42. 简述斡旋和调停的区别。

43. 简述仲裁与法院诉讼的异同。

44. 国际法院的诉讼管辖权分为哪几种？

45. 在现代国际法上,和平解决国际争端的方法主要有哪些？

46. 依据《国际法院规约》,简述国际法院裁判争端时的法律适用。

47. 简述国际法院判决的效力。

48. 简述国际法院的管辖权基础。

49. 简述国际法院的咨询管辖。

（六）案例分析

50. 1948 年 10 月 3 日,秘鲁发生一次未遂政变,但政变当天即被镇压。秘鲁总统下令取缔组织政变的"美洲人民革命联盟",并通缉其领导人德·拉·托雷。托雷在事发三个月后,于

1949 年 1 月 3 日到哥伦比亚驻秘鲁首都利马的大使馆请求避难。哥伦比亚大使馆接受他的请求并通知秘鲁政府:哥伦比亚根据 1928 年的《哈瓦那庇护公约》第 2 条给予托雷庇护,并认为根据 1933 年的《美洲国家关于政治庇护公约》(《蒙得维的亚公约》)第 2 条,秘鲁政府应准许托雷安全离开秘鲁。秘鲁政府认为托雷是刑事罪犯,无权获得庇护,更不能获得安全离境的权利。两国在这些问题上不能取得一致的看法。为了明确庇护权的行使问题,两国于 1949 年特别签订《利马协定》,把争端提交国际法院解决。国际法院经过审理后,在 1950 年 11 月 20 日作出判决。

在诉讼过程中,哥伦比亚认为它有权根据《哈瓦那庇护公约》第 2 条给予托雷庇护,该条规定:"在使馆、军舰、军营或军用飞机中,对政治犯所给予的庇护,应在惯例、公约或给予庇护的国家的法律承认为一种权利的范围内,或在人道宽容的范围内,受到尊重。"该条还规定,庇护的给予"必须在紧急情况下"。秘鲁未否定哥伦比亚以使馆进行庇护的权利,但认为托雷不是政治犯而是普通犯罪,而且庇护的给予也非"在紧急情况下"。

哥伦比亚主张自己有权单方面确定托雷的犯罪性质,因为《蒙得维的亚公约》第 2 条规定:"对于罪行是否政治性质的判断权,属于给予庇护的国家。"至于秘鲁不是该公约缔约国的问题,哥伦比亚认为《蒙得维的亚公约》第 2 条的规定是对国际习惯规则的编纂,即使不是普遍或一般国际习惯法,也是拉丁美洲国家间的区域习惯规则——因此对于秘鲁也同样具有拘束力。

国际法院在判决中首先区分了"领域庇护"和"使馆庇护"的概念。对于哥伦比亚"对于罪行是否政治性质的判断权属于给予庇护的国家"是区域习惯规则的观点,国际法院未予认可。法院认为:《蒙得维的亚公约》仅有 11 个国家批准,因此很难说公约的规定有普遍或一般习惯法的效力;即使是在拉美国家之间,有关的庇护实践也是不稳定和前后矛盾的,不能表现为"经接受为法律的"和"前后一致的惯例";而且,因为秘鲁一直反对该规则,该规则也不能拘束秘鲁。

虽然法院不支持哥伦比亚有权单方面判断托雷是否政治犯的主张,但法院也不认可秘鲁"托雷是普通刑事犯罪"的观点。法院认为,托雷被控犯有参与武装叛乱的罪行,那就是政治犯。至于庇护的给予是否"在紧急情况的绝对必要下",法院的观点是,托雷是在叛乱后三个月后请求庇护的,这时已不存在简易军事审判的危险,而是处于正常的司法秩序下了,哥伦比亚这时给予庇护,就不是以庇护对抗专横,而是对抗司法了。因此,法院判定哥伦比亚的庇护是不正当的。

问:(1) 和平解决国际争端的法律方法包括哪些?

(2) 国际法院具有怎样的法律地位?

(3) 国际法院如何组成?

(4) 国际法院的诉讼管辖包括三种型? 本案中法院的管辖属于其中的哪一类?

(5) 国际法院裁判案件时所适用的法源包括哪些?

第十七章 国际刑法

第一部分 学习目标

（一）熟悉

1. 国家主权原则在国际刑法上的体现。
2. 司法公正原则在国际刑法上主要通过什么来体现？
3. 种族灭绝罪的法律渊源、构成要件。
4. 反人道罪的定义、要素、法律渊源。
5. 个人刑事责任的含义、发展。
6. 指挥官责任的含义、形成和发展。

（二）掌握

1. 国际刑法的概念。
2. 国际刑法的特征。
3. 国际刑事司法机构分为几种类型？举例说明各自的组织机构、具体使命。
4. 国际刑法的基本原则包括哪几项？
5. 国际法上最严重的国际罪行包括哪些？各自概念是什么？
6. 国际刑事责任原则包括哪几项？

（三）理解

1. 合法性原则在国际刑法上的体现。
2. 被告人的人权保障原则在国际刑法上的体现。
3. 战争罪的定义、发展、法律渊源。
4. 侵略罪的定义、发展、管辖权。
5. 官方身份不免责的含义、实践。
6. 执行命令引起的刑事责任的发展。

（四）难点

1. 国际刑事法院在管辖权方面的特点（补充性）。
2. 官方身份不免责对国际法豁免原则的冲击。

第二部分　知识结构图

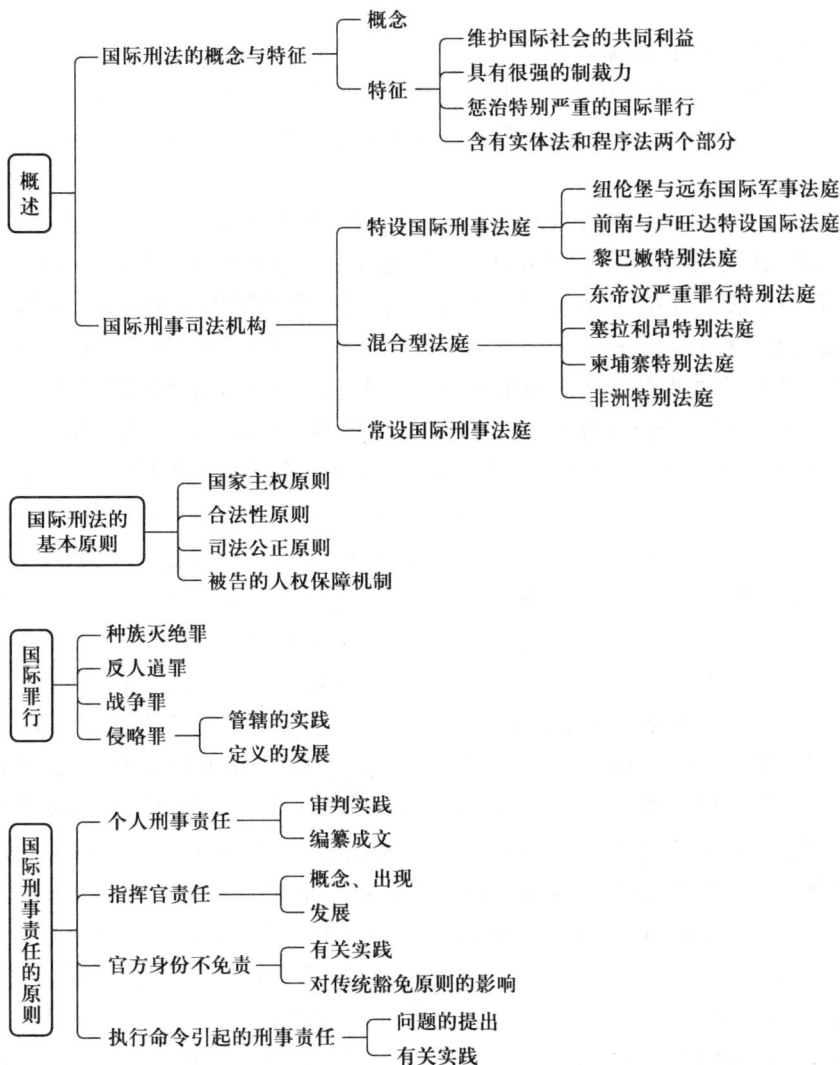

概述
- 国际刑法的概念与特征
  - 概念
  - 特征
    - 维护国际社会的共同利益
    - 具有很强的制裁力
    - 惩治特别严重的国际罪行
    - 含有实体法和程序法两个部分
- 国际刑事司法机构
  - 特设国际刑事法庭
    - 纽伦堡与远东国际军事法庭
    - 前南与卢旺达特设国际法庭
    - 黎巴嫩特别法庭
  - 混合型法庭
    - 东帝汶严重罪行特别法庭
    - 塞拉利昂特别法庭
    - 柬埔寨特别法庭
    - 非洲特别法庭
  - 常设国际刑事法庭

国际刑法的基本原则
- 国家主权原则
- 合法性原则
- 司法公正原则
- 被告的人权保障机制

国际罪行
- 种族灭绝罪
- 反人道罪
- 战争罪
- 侵略罪
  - 管辖的实践
  - 定义的发展

国际刑事责任的原则
- 个人刑事责任
  - 审判实践
  - 编纂成文
- 指挥官责任
  - 概念、出现
  - 发展
- 官方身份不免责
  - 有关实践
  - 对传统豁免原则的影响
- 执行命令引起的刑事责任
  - 问题的提出
  - 有关实践

第三部分　重点难点解析

后冷战时期国际刑法对国际法律秩序的影响①

20世纪90年代初冷战结束后,国际刑法进入了快速发展的阶段,并对后冷战时期国际法

---

① 节选自盛红生:《国际刑法与后冷战国际法律秩序的重构》,《法学论坛》2015年第1期;盛红生:《论国际刑法对后冷战国际法律秩序的影响》,《法学评论》2016年第2期。

律秩序的形成产生了极为深远的影响。毋庸置疑,作为当前全球治理的重大尝试,国际刑法在加强保护人权和推动国际法治建设方面产生了重要的积极作用,但是同样不可否认的是国际刑法的过快发展也产生了一定的消极后果。

(一)后冷战时期国际刑法的迅速发展

以 1991 年底苏联解体和以美苏为首的东西方两大阵营对峙结束为标志,维持了近半个世纪的冷战最终退出国际政治舞台。其后,国际刑法进入了复苏和快速发展的阶段,这主要表现在以下几个方面。

第一,自 1993 年 5 月 25 日联合国安全理事会通过第 827(S/RES 827)(1993)号决议决定设立"前南斯拉夫问题国际刑事法庭"起,国际社会先后建立了一系列国际刑事司法机构(包括前南斯拉夫问题国际刑事法庭、卢旺达问题国际刑事法庭、塞拉利昂特别法院、国际刑事法院、东帝汶混合法庭、柬埔寨法院特别法庭和黎巴嫩问题特别法庭)。甚至连国际法院都开始受理涉及国家刑事责任的案件(如"波黑诉塞尔维亚灭绝种族案")。这充分表明国际刑法的地位显著提升,国际刑法的作用得以全方位体现。最近几年,国际刑法领域里又有以下几项最新进展。国际刑事法院 2014 年 3 月裁定,刚果民主共和国武装组织"刚果爱国者联盟"领导人托马斯·鲁邦加"征募童子军"罪名成立。经过数月量刑,国际刑事法院于 2014 年 7 月 10 日最终判处托马斯·鲁邦加 14 年监禁。2014 年 4 月 25 日,在乌克兰前总统维克多·亚努科维奇被指控犯罪的背景下,国际刑事法院宣布将对其下台前以及被弹劾期间的乌克兰局势进行初步调查,而这被认为是为长期调查所进行的准备。2014 年 4 月 11 日,联合国人权事务高级专员纳瓦尼特姆·皮莱再次呼吁将叙利亚问题提移交国际刑事法院处理,并称叙利亚政府应为侵犯人权承担主要责任。但是叙利亚政府方面驳斥了这些指控,并认为其存在"偏见"。2014 年 4 月 9 日,国际刑事法院第二预审分庭通知联合国安全理事会和《罗马国际刑事法院规约》缔约国大会,称"刚果民主共和国未能与国际刑事法院合作,将 2014 年 2 月 26 日-27 日对刚果民主共和国进行访问的苏丹总统巴希尔逮捕并移送国际刑事法院"。2013 年 10 月 31 日,由联合国支持设立的柬埔寨法院特别法庭(Extraordinary Chambers in the Courts of Cambodia)宣布,该法庭的预审分庭已经完成了为期 10 天的、对两名前红色高棉领袖进行的结案审讯和陈述。柬埔寨法院特别法庭 2013 年 10 月 31 日发布媒体通报称,面临结案审判的两人分别是现年 87 岁、时任红色高棉中央委员会副书记和人民代表大会委员长的农谢(Nuon Chea),以及时任国家主席、现年 82 岁的乔森潘(Khieu Samphan),两人均被指控在 20 世纪 70 年代后期在柬埔寨犯下种族灭绝罪、战争罪及危害人类罪等罪行。2013 年 9 月 26 日,塞拉利昂特别法庭上诉庭裁定,维持此前对利比里亚前总统查尔斯·泰勒作出的 50 年监禁判决。上诉庭法官称,基于泰勒的全部罪行,原先的判决是"公平与合理的","上诉庭确认维持对泰勒 50 年监禁的判罚"。塞拉利昂反政府武装被控在 1991 年至 2002 年间的塞拉利昂内战中杀死了十多万名民众。此前法庭审理认为,泰勒通过向反政府武装"革命联合阵线"提供武器换取钻石资源,并参与了其他一些罪行,因此在 2012 年 4 月宣判泰勒有罪。泰勒随后向法庭提出上诉,而检方也要求将泰勒的刑期增加至 80 年。

第二,经过了 20 多年的发展,国际刑法的理论和实践都有大量积累。这些国际刑事法院(法庭)的基本文件本身已经成为国际刑法渊源的一部分。如今国际刑法学者和学生都言必称

"塔迪奇案"和"俄戴莫维奇案",国际刑事司法机构通过这些案件判决所表达的法律理念和法律技术也对各国国内法施加了影响。

第三,当国际刑事司法机构和国内法院同时对某个案件拥有管辖权时,"国际刑事法庭管辖权优先于国内法院"这一趋势日益明显。当前南斯拉夫问题国际刑事法庭和卢旺达问题国际刑事法庭,与国内法院对某个案件存在并行管辖权时,两个国际刑事法庭都享有"优先管辖权"。虽然国际刑事法院在与国内法院的关系问题上依照其规约坚持所谓"补充性原则",但是在实践中无论是受理具体案件还是处理"情势",都表现出了十分"强势"的管辖冲动和进取做法。国际刑事法院检察官以反人类罪指控肯尼亚现任总统肯雅塔及其副手威廉·鲁托在肯尼亚 2007 年大选后以暴力手段平息骚乱,致死上千人。

2013 年 10 月 12 日,非盟首脑会议在埃塞俄比亚首都亚的斯亚贝巴落幕。非盟轮值主席、埃塞俄比亚总理海尔马里亚姆当天在闭幕式上称,与会领导人一致认定,"针对在任国家元首或政府首脑的指控在其任期内……不应在任何国际法庭启动或继续"。非盟将设立执行理事会联络小组,由包括肯尼亚在内的 5 个成员国组成,就非盟对国际刑事法院所提诉求与联合国安全理事会保持沟通。

第四,在国际政治的作用下,出现了"国际司法干涉"的新现象。而且突破了以往刑事普遍管辖权的范围,一些国家甚至提出了行使"民事普遍管辖权"的主张。

(二) 国际刑法引导国际法律秩序重构的特点

考察从 1993 年 5 月联合国安全理事会通过第 827 号决议设立"前南斯拉大问题国际刑事法庭"至今 20 多年来的国际刑法理论与实践,可以看出,国际刑法在引导后冷战国际法律秩序重构的过程中至少呈现出以下几个特点。

第一,政治问题司法化,突出表现在国际刑法提前介入热点地区问题。以往都是战争结束后才开始调查战争中交战各方是否存在战争罪,但是通过利比亚战争中对卡扎菲的起诉和通缉,以及在埃及动乱过程中国际组织和非政府组织发表声明等方式表现出来的国际社会的关切,特别是叙利亚战争进行之时就有对交战方使用化学武器的行为并构成战争罪的指控,使国际刑法的位置明显"前出",配合了一些大国从政治上对战争的控制和道义制约。近年来,在国际法治和全球治理思潮的影响下,"保护的责任"理论横空出世。这个问题也引起了国内学者的广泛关注,但是"保护"究竟是权利、义务抑或责任,仍存有争议。然而,从 2011 年 2 月起利比亚形势突变,不经意之间成为西方大国利用联合国负起"保护的责任"和进行"司法干预"的试验场。2011 年 3 月 17 日,联合国安全理事会就利比亚问题通过了第 1973 号决议,其中"保护平民"一节称"授权已通知秘书长的以本国名义或通过区域组织或安排和与秘书长合作采取行动的会员国,采取一切必要措施……以便保护阿拉伯利比亚民众国境内可能遭受袭击的平民和平民居住区"。2011 年 3 月 19 日,由法国战机率先向利比亚军事目标开火,多国军事干预利比亚的大幕由此拉开。2011 年 5 月 16 日,设在荷兰海牙的国际刑事法院检察官路易斯·莫雷诺-奥坎波(Luis Moreno-Ocampo)在海牙正式向该法院提出请求,要求对利比亚当局领导人卡扎菲及其子赛义夫(Saif Al Islam Gaddafi)以及利比亚情报部门负责人塞努西(Abdullah Al Sanousi)发出逮捕令。国际刑事法院检察官办公室是依据联合国安理会 2011 年 2 月通过的第 1970 号决议,对利比亚境内发生的严重违反国际法行为进行调查和起诉的。

第二,国际刑事司法机构管辖权的扩大,在不存在战争(武装冲突)或者未必出现大规模侵犯人权状况时强行介入主权国家国内事务。在这个方面,肯尼亚案就非常典型。2011 年 3 月 8 日,国际刑事法院预审分庭以两票对一票的结果,支持检察官奥坎波的要求,传讯 6 名肯尼亚政府高级官员,要求他们于 2011 年 4 月 7 日到海牙出庭,针对他们三年多前总统选举后出现的暴力中有可能犯下的危害人类罪行接受审判。这 6 人包括肯尼亚副总理兼财政部长肯雅塔、教育和科技部长、工业部长、内阁秘书、警务专员和一位广播电台台长。他们被指控在肯尼亚 2007 年底总统选举后出现的大规模骚乱中作为间接共犯或支持者犯下了谋杀、强迫转移和迫害等危害人类罪。肯尼亚在 2007 年 12 月举行了总统选举。当时任总统齐贝吉获胜的消息公布后,其竞争对手奥廷加及其支持者指责选举存在舞弊行为。双方的支持者及其所代表的不同族裔间也爆发了大规模的骚乱和暴力。由大选引发的暴力事件共造成 1 100 多人死亡,3 500 多人受伤,起码有超过 10 万座房屋被毁,还有 60 多万人流离失所。其后,在国际社会的调解下,齐贝吉与奥廷加达成了权力分享协议,并组建了联合政府,由齐贝吉担任总统,而奥廷加则出任总理。

第三,国际刑法"逾越"了一般国际法原则和其他部门法原则,追究现任国家领导人的刑事责任,这与现行国际法上的特权与豁免制度产生冲突,进一步加剧了国际法的"碎片化"程度。2008 年 7 月 14 日,国际刑事法院检察官奥坎波指控苏丹在任总统巴希尔在苏丹达尔富尔地区犯有战争罪行,并请求法庭向巴希尔发出逮捕令。奥坎波当天向国际刑事法院的一个预审分庭提交了相关证据,指控巴希尔在达尔富尔地区犯下了种族灭绝罪、反人类罪和战争罪等 10 项罪行。2010 年 7 月 12 日,国际刑事法院第一预审分庭又向苏丹在任总统巴希尔发出第二份逮捕令,认为有合理理由相信其应当对苏丹南部达尔富尔地区的富尔人(Fur)、马萨里特人(Masalit)和扎加瓦人(Zaghawa)等少数民族实施的灭绝种族罪承担责任,这些灭绝种族行为包括屠杀、造成精神和身体双重伤害以及故意摧残身体。在另一方面,2014 年 11 月 12 日,在由英国著名非政府组织"更安全世界"(Safer world)在北京主办的题为"中英两国加强合作预防冲突"的国际学术会议上,苏丹驻华大使公开批评西方国家的做法,称"利用国际刑法来解决苏丹问题,只能使苏丹问题更加复杂化和难以解决"。从法理上分析,现行国际法中有关外交特权与豁免的规定适用于国家元首、政府首脑和外交部长等具有官方身份的人,而通缉和逮捕上述人员的做法显然与外交特权与豁免制度产生激烈冲突,进一步加剧了国际法的"不成体系"的程度,在很大程度上削弱了国际法调整国际社会关系的积极作用,并在坚持不同法律观点的国家和国家集团之间形成对立。

第四,在"法律文化优越感"的驱动下,某些国家提出"超普遍管辖权"理论并付诸实践,使其国内法不断向国际法领域"溢出",对后冷战国际法律秩序产生了明显的负面影响。比利时在 1993 年曾通过一项立法,列举出立法机关授权比利时法院有权行使普遍管辖权的 20 项罪行,无论违法者和被害人具有何种国籍,也不论罪行发生在哪个国家的领土上。虽然比利时已经在国内立法中确立了"普遍管辖权",然而一旦付诸实施,还是遇到了很大的阻力。迫于外界的强大压力,比利时于 2003 年 4 月对这部法律进行了第一次修正,限制了"普遍管辖原则"在比利时的适用。近年来各国在对待普遍管辖权问题的立场上都有所调整。西班牙议会于 2009 年 10 月 15 日批准了一项法令,决定缩小跨国起诉的范围,规定只有西班牙本国居民为被害人或者罪犯处于西班牙境内时,西班牙检察官才能对行为人进行起诉。

（三）冷战结束后国际刑法迅速发展的主要原因

冷战结束后国际刑法进入了发展的快车道，其背后主要包括以下四个方面的原因。

首先，两极格局解体，国际政治对国际法的制约程度降低，在不涉及大国利益的问题上，大国之间容易达成一致。在联合国安全理事会表决成立国际刑事司法机构时，有时某些常任理事国可能会投弃权票，但是至少不会投反对票。

其次，受 20 世纪 80 年代以来经济全球化的推动，整个世界的全球化进程加快，保护人权的观念被大多数国家和人民接受。受法律文化发达国家向外输出其价值观的影响，涉及人权国际保护的国际公约得到越来越多的国家签署和批准，国际人权标准在较短时期内被各国接受。这一点突出表现在欧洲国家已经废除死刑并呼吁其他国家也效法欧洲国家废除死刑。如果说第二次世界大战结束时建立的两个国际军事法庭仍然适用死刑，那么今天的国际刑法中已经不存在死刑这一刑罚，各个国际刑事法庭或者法院对被告人判处的最重刑罚是终身监禁。

再次，受国际法人本化思潮影响，在国际法的两个重要分支——国际人权法和国际人道法中，个人在国际法一定范围内的主体地位得到了显著加强。突破了传统国际法理论窠臼，同时也促使国际法自身的发展能适应我们所处的这个不断变化的世界。最具有说服力的论据就是在人权保护方面联合国可以接受个人来文，欧洲人权法院直接受理欧洲联盟成员国公民针对本国政府提出的申诉案件。

最后，即借助《国际刑事法院规约》等国际司法机构的基本文件，"二战"审判后几十年来屡遭各方诟病的国际刑法"合法性"等问题得以解决。在 1945 年《欧洲国际军事法庭宪章》通过 53 年、1966 年《公民权利和政治权利公约》通过 32 年之后，1998 年 7 月 17 日罗马外交大会通过的《国际刑事法院罗马规约》第 22 - 24 条最终明确规定了"法无明文不为罪"（*Nullum crimen sine lege*）、"法无明文者不罚"（*Nulla poena sine lege*）和"对人不溯及既往"（*Non-retroactivity ratione personae*）等"刑法一般原则"（General Principles of Criminal Law），从根本上解决了国际刑法合法性问题，而德国学者认为"这些规范是与习惯性国际法相一致的"。

（四）国际刑法对国际法律秩序的积极影响

回顾最近 20 多年来国际刑法的发展过程，我们不难发现，作为当前全球治理的重大尝试，国际刑法在加强人权保护和推动国际法治建设方面至少产生了以下几个方面的积极影响。

第一，通过惩治犯罪行为，国际刑法在一定程度上减少了"有罪不罚"现象。国际刑法起到了震慑潜在的犯罪和严重侵犯人权行为的作用，为国际人权法和国际人道法的实施提供了强有力的支持与制度保障。1998 年 10 月 16 日，作为英国前首相撒切尔夫人的客人，智利前总统、终身参议员皮诺切特在伦敦治病期间被拘留。西班牙方面以皮诺切特在执政期间在智利迫害甚至杀害西班牙公民，犯有酷刑罪、灭绝种族罪和劫持人质罪为由，要求英国将皮诺切特引渡到西班牙受审。另外，提出引渡皮诺切特要求的还有瑞士、德国、比利时、法国和美国等国。智利政府对英国警方拘捕享有外交豁免权的皮诺切特提出抗议，反对将皮诺切特引渡到西班牙。智利主张如果皮诺切特一案处理不当，英国和智利之间的关系将会受到影响。在其后两年多的时间里，此案可谓一波三折，经过多次反复，最终时任英国内政大臣的杰克·斯特劳以"皮诺切特年事已高、不适合接受审判"为由驳回了有关国家引渡皮诺切特的请求,决定将皮诺切特遣返智利而不是引渡到西班牙等国接受反人类罪的审判。皮诺切特虽然没有被引渡和审判,但是皮诺切特一案对国际刑法以至整个国际法的影响都可谓极为深远,有的西方学者甚至大声疾呼,将皮诺切特案视为"有罪不罚"状态已经"终结"的标志性事件。以皮诺切特案为教训和警醒,现在的国家军政领导人在决策时,特别是决定使用武力时都会将是否违反国际人道法和国际人权法加以考虑。此外,他们退休之后是否能够出国活动而不必担心被起诉,也是一个需要认真对待的实际问题。

近年来国际刑法的发展速度明显加快,针对这种局面,有意大利学者认为,关于国际刑事各种责任方式的原则已得到很大发展,各种罪行的定义也得到逐步发展。例如,危害人类罪目前明确包括"广泛或系统地袭击平民人口"这一要件(《国际刑事法院规约》第 7 条)。规约载有新增的四种应予惩罚的危害人类罪行:酷刑、性犯罪、强迫失踪和种族隔离罪。尼泊尔在1996 到 2006 年的内战期间出现了大量严重侵犯人权的行为,内战期间至少有 13 000 多人被杀害,此外还有 1 300 多人失踪。为了调查十年内战期间的侵犯人权行为,尼泊尔政府在 2013 年3 月通过了一项法令,组建了一个"真相与和解委员会",但这项法令规定委员会有权赦免有严重侵犯人权行为的人。这种做法遭到了受害者团体和人权活动家的反对。为回应他们发起的法律程序,尼泊尔最高法院于 2014 年 1 月 2 日作出裁决,明确规定不可赦免十年内战期间犯下的严重侵犯人权行为。联合国人权高级专员皮莱对此表示欢迎。

2015 年 5 月 12 日,国际刑事法院检察官在向联合国安全理事会汇报利比亚局势时指出,利比亚安全局势不断恶化,对暴力给平民和国家机构所造成的影响深表关切。对暴力和侵权以及违反国际人道主义法的责任人实施问责至关重要。国际刑事法院正在积极考虑对其他案件进行调查并提起起诉,并采取必要措施,以结束利比亚有罪不罚现象。在另一方面,2015 年10 月 20 日,联合国安全理事会就中非共和国问题召开会议并通过一份主席声明。声明表示安全理事会对中非共和国境内的暴力行为和不稳定局势最近急剧升级表示深切关注,并强烈谴责包括所有针对平民、族群、妇女和儿童、人道主义人员的驻地和联合国维和人员在内的暴力袭击行为。安全理事会强调,其中一些袭击构成战争罪,必须对所有侵犯和违反人权行为和违反国际人道主义法的责任人追究责任。安理会重申将对这些暴力事件的负责人,包括实施者和参与者追究责任,并欢迎国际刑事法院对该国境内的犯罪行为进行调查。安全理事会呼吁中非共和国过渡当局在联合国中非稳定团的技术协助下,将犯罪责任人绳之以法。

第二,国际刑法正在不断影响国内法,并形成两者之间的双向互动。在对待国际刑法的立场和态度上,以往各国都是借助于加入条约或者发表声明表示接受国际刑法的原则规则,但是很少有通过国内立法的方式将其通过参加国际刑法条约承担的具体义务在国内法中规定下来。然而,冷战结束后这种局面发生了很大变化,国际刑法异军突起并在国际政治中发挥了非常明显的作用。在这个大背景下,有些国家甚至通过专门立法,规定了本国和国际刑事法院的关系,有的国家就通过制定或者修改国内法,将国际刑事法院管辖的四种"核心罪行"和其他严重违反国际人道法的行为规定为国内法上的犯罪,并将普遍管辖权作为本国与国际刑事法院等国际刑事司法机构进行合作的法律基础。日本制定了《对严重破坏国际人道法行为的处罚法》,德国《违反国际法的犯罪法典》第 1 条"适用范围"规定:"本法适用于所有违反本法指明的刑事犯罪和在其中指明的重罪,即使这种重罪是在国外实施的,并且与德国没有关系。"以往国家对某种犯罪行为实施管辖必须首先具备四种条件之一,包括属人管辖、属地管辖、保护性管辖和所谓普遍性管辖,而德国国内法上"并且与德国没有关系"的这种规定,无疑是对国际法的重大突破,这种法律现象恐怕值得我们密切关注。

第三,在更加广阔的范围内,国际刑法极大地促进了实现国际法治的进程。从积极方面来看,国际刑法可以通过司法审判惩治被告人和安抚被害人,借助于"过渡司法"等路径实现正义并在冲突对立各方之间重新建立谅解和信任,通过在战后进行司法审判实现正义也可以在一定程度上威慑潜在的犯罪并"慑止"新的战争爆发。因此,国际刑法将引领后冷战国际法律秩序的构建或者重构,在这个过程中发挥无法替代的作用。

2004 年 8 月 23 日,时任联合国秘书长的科菲·安南在联合国安全理事会所做的《关于冲突中和冲突后社会的法治和过渡司法的报告》指出:"法治概念要求采取措施来保证遵守以下原则:法律至高无上、法律面前人人平等、对法律负责、公正适用法律、三权分立、参与性决策、法律上的可靠性、避免任意性以及程序和法律透明。"在实现国际法治的过程中,在国际和国内两个层面通过惩治被告人和救济被害人,使国际法得以实施,使其调整国际社会关系的积极功能得以发挥,而国际社会向法治状态的努力就会取得点滴进步。换言之,如果国际刑法缺位,要实现国际法治显然是不可想象的。

(五) 国际刑法对国际法律秩序的消极影响

然而,不可否认的是,国际刑法对国际法律秩序的影响是多重的,因此在充分肯定国际刑法的积极作用的同时也必须清醒认识到其负面影响。在国际刑法对国际法律秩序的消极影响方面,主要包括:

第一,国际刑事司法机构强行介入国内管辖事务,对国家司法主权造成了销蚀,引起有关当事国的强烈反弹。2008 年 7 月 14 日,国际刑事法院检察官奥坎波请求法庭向巴希尔发出逮捕令时,苏丹政府一直以"苏丹不是《罗马规约》缔约国"为由拒绝执行逮捕令。联合国秘书长表示对苏丹总统巴希尔被起诉感到十分忧虑。此外,非洲联盟、阿拉伯国家联盟和伊斯兰大会也对奥坎波的言论表示担忧。2013 年 7 月 15 日,国际刑事法院第二预审分庭要求尼日利亚联邦共和国在苏丹总统巴希尔访问首都阿布贾时将其逮捕,并送交国际刑事法院。巴希尔面临应对发生在苏丹达尔富尔的战争罪、危害人类罪和灭绝种族罪行为负责的指控。预审分庭强调尼日利亚自 2001 年起就是规约缔约国,因此,有义务执行法院的命令。法庭同时指出,发生在达尔富尔的情势是由联合国安理会第 1593 号决议提交法院的,而根据规约第 87 条第 7 款的规定,"如果缔约国未按本规约的规定行事,不执行本法院的合作请求,致使本法院无法行使本规约规定的职能和权力,本法院可以在认定存在这一情况后将此事项提交缔约国大会,或在有关情势系由安全理事会提交本法院的情况下,提交安全理事会"。法庭要求书记官立即将这一决定送交尼日利亚政府,并向法庭提交一份关于巴希尔访问尼日利亚相关情况的报告。

2014 年 4 月 9 日,国际刑事法院第二预审分庭知会联合国安全理事会和规约缔约国大会,称"刚果民主共和国未能与国际刑事法院合作,将 2014 年 2 月 26—27 日对刚果民主共和国进行访问的苏丹总统巴希尔逮捕并移送国际刑事法院"。

2015 年 6 月 14 日,南非比勒陀利亚高等法院根据国际刑事法院的要求签署临时禁令,禁止前来参加第二十五届非盟峰会的苏丹总统巴希尔离开南非。但是南非方面回应说,他们对此事存在竞争性义务,也就是说,他们有履行国际刑事法院要求的义务,也有保护巴希尔的义务。苏丹外长易卜拉欣·甘杜尔表示,他们不会理会此项禁令,将按原计划回国。

第二,国际刑法原则规则逾越国际法一般原则,与其他部门法之间相冲突并产生的巨大张力,进一步加重了国际法"碎片化"的缺陷。2000年4月11日,比利时布鲁塞尔初审法院法官对时任刚果民主共和国外交部长阿布杜拉耶·耶罗迪亚·恩多贝西发出"缺席国际逮捕令",指控他作为主犯或共犯,犯有严重违反1949年日内瓦四公约及其附加议定书的罪行,并犯有危害人类罪。逮捕令通过国际刑警组织在国际上散发。比利时主张根据经1999年2月19日《关于惩治严重违反国际人道主义法的行为》的法律修正的、1993年6月16日《关于惩治严重违反1949年8月12日日内瓦国际公约及其1977年6月8日的第一和第二附加议定书的行为》的法律,对耶罗迪亚所指控的罪行应在比利时受到处罚。

2000年10月17日,刚果民主共和国向国际法院书记处提起诉讼,请求法院"宣布比利时王国应当撤销2000年4月11日国际逮捕令"。2002年2月14日,国际法院就"2000年4月11日逮捕令"一案以13票对3票作出裁决:对耶罗迪亚发布的署期为2000年4月11日的逮捕令以及逮捕令在国际上的散发,构成了比利时对刚果法律义务的违反,因为它们未能尊重刚果民主共和国现任外交部长依国际法享有的刑事管辖豁免权和不可侵犯性。

第三,国际刑事司法中存在比较严重的"选择性司法"现象,在一定程度上消解了国际刑法的正当性,妨碍各国在构建国际法律秩序问题上达成共识。受国际政治因素制约,国际刑法从产生之时就处于政治因素的限制和掣肘之中,生存空间颇为有限。在国际刑事司法实践中一直存在着严重的"选择性司法",具体形式包括但并不仅限于国际刑事司法机构对"当事国"的选择、对"属事"的选择、对"属人"的选择、对"证人"的选择和对"罪名"及"属时"的选择,等等。2013年10月31日,时任国际刑事法院院长宋现相法官在向联合国大会作工作汇报时称,目前国际刑事法院处理的9项"情势"所涉及的8个国家全部来自非洲,包括乌干达、刚果民主共和国、中非共和国、马里、肯尼亚、科特迪瓦、苏丹达尔富尔地区和利比亚。在2012年10月于埃塞俄比亚首都亚的斯亚贝巴和2013年10月于北京举行的连续两届"中非智库论坛会议"上,都有非洲国家代表在大会上发言,直言不讳地质疑国际刑事法院为何仅仅管辖涉及非洲国家的案件。毋庸讳言,"选择性司法"和"国际司法干预"等消极现象的长期存在,严重消解了后冷战时期国际法律秩序的正当性,因为它经不起更高层面国际政治伦理的拷问。如果无法做到所有国家和每个人在法律面前都一律平等,法律对同样的案件同一适用,那么这种国际法律秩序的正当性终究是大可质疑的。

(六)国际刑法影响后冷战国际法律秩序的几个特点

如果说国际法律秩序是在国际社会中由不同领域里的法律原则规则及其遵守和执行所形成的一种有序状态,那么涉及世界和平与国际安全领域的国际刑法在国际法律秩序形成中具有突出的重要地位。有学者认为,"世界的政治法律秩序集中体现于联合国的集体安全体制",而国际刑法就发端于战争。从实质上看,国际刑法的范围在缩小,现在仅限于通过国际刑事司法机构和国际合作惩治与战争有关的犯罪行为。2013年10月31日,国际刑事法院院长宋现相法官在向联合国大会作工作汇报时称,在未来的5年间,现有的许多国际刑事法院或者法庭将停止运作,而国际刑事法院在促进和平、安全和防止大规模暴行方面的作用将进一步加强。

另一方面,从进入 21 世纪以来国际关系的发展来观察,受国际刑法强势"外溢"的影响,在"人权本位"理念的主导下,国际刑法的作用日益凸显。在后冷战国际法律秩序重构的过程中,已经出现了以下几种较为明显的趋势,值得我们密切关注。

第一,国际刑法使国际法"硬法化"或者说"刚性化",出现了从"弱法"逐步向"强法"转变的势头,其结果是国际刑法加强了国际法的实效,在一定程度上改变了国际法的"弱法性",并促使国际法体系不断丰富和完善。以往学者批评国际法是"弱法",主要是因为在法律规范的逻辑结构中,国际法只有"假定"和"处理"两个部分,缺乏"制裁",而国际刑法的介入使这种状况发生了重大变化。

第二,国际刑法的"长矛"穿透了国家主权的坚固"城堡",直接为个人创设权利与义务,个人刑事责任制度进一步确立,使严重侵犯人权的行为受到了限制和制裁。意大利学者卡塞塞认为,"个人在国际层面承担刑事责任原则现已成为公认的国际刑法原则,而这一原则在当时标志着只有国家拥有权利和义务(即拥有国际法上的法律人格)的陈旧理论已不复存在"。联合国前秘书长安南也曾经指出,"15 年以前,任何领导人都不用担心会受到国际刑事起诉,今天,任何领导人都没把握可逃避罪责。这是在十分短暂的人类历史期间内取得的令人惊讶的进展"。

2011 年 10 月 3 日,国际刑事法院第三预审分庭批准了检察官办公室 2011 年 6 月提出的请求,对科特迪瓦总统大选后发生的战争罪和危害人类罪展开调查。检察官办公室当天发表声明表示,将秉持公正和独立性,开始案件的证据收集等调查工作,为受害者伸张正义,以防止今后侵权事件的发生。2011 年 6 月,应科特迪瓦总统瓦塔拉的要求,奥坎波向法院法官提出请求,要求法院授权对科特迪瓦选举后危机期间被指侵权行为进行调查。科特迪瓦不是《罗马规约》缔约国,因此这是首例非国际刑事法院规约缔约国主动接受该法院司法管辖的案例,也是国际刑事法院在非洲大陆开展的第七项调查。另一方面,马里情势是由马里于 2012 年 7 月 13 日主动向国际刑事法院提交的,主要涉及 2012 年初发生在马里北部的叛乱问题,特别是其间发生在马里境内的严重违反国际人道法的行为。

第三,大量国际刑法原则成为国际习惯法,而且某些国际刑法原则甚至有向"强行法"发展的势头。卡塞塞指出,"在'Eichman'一案中,以色列最高法院主张,大会第 95(1)号决议证明,纽伦堡原则构成国际习惯法的组成部分"。卡塞塞还主张,鉴于所有国家以及国际性法院和法庭均普遍承认"被告人获得公平审判"这一权利极为重要,而且不允许国家、国内和国际性法院克减或偏离这一权利,该权利获得了国际强行法的地位。

第四,国际刑法注重全方位保护人权,在保护被害人和保护被告人之间尽量保持平衡。在国际人权法的作用下,今天的国际刑法在维护被害人和被告人权利之间尽量保持平衡。关于这一点,卡塞塞指出,"《前南问题国际法庭规约》第 21 条、《卢旺达问题国际法庭规约》第 20 条和《国际刑事法院规约》第 67 条规定了获得公平审判的权利"。这个现象可视为国际人权法通过国际刑法对国际法律秩序施加影响的结果。2013 年 10 月 25 日,国际刑事法院上诉分庭第一次对《罗马规约》第 63 条第 1 款作出解释,法庭认为如果被告人明确表示放弃庭审时到场的权利,那么法院可以进行缺席审判。同时,上诉分庭认为,审判分庭基于《罗马规约》第 63 条第 1 款"审判时被告人应当在场"的规定,享有自行判断的权力。但该项权力是有限制的,而且在行使该项权力时应当慎重。

第五,国际刑法涉及各国重大利益,而各国之间在国际刑法问题上的分歧在某种程度上导致了国际社会的对立和分裂。2014 年 5 月 22 日，联合国安理会就将叙利亚问题提交国际刑事法院的有关决议草案举行投票，俄罗斯和中国投否决票，草案未获通过。这份由法国起草的决议草案谴责叙利亚当局及反政府武装践踏人权、违反国际人道主义法的行为，要求将叙利亚 2011 年 3 月爆发冲突后的局势提交国际刑事法院检察官审理。这是叙利亚内战爆发后，有关叙利亚问题的决议草案第四次在安理会被否决。2014 年 2 月 17 日，联合国人权理事会"朝鲜人权状况国际调查委员会"发布"朝鲜人权报告"，称朝鲜存在大规模侵犯人权的情况，调查委员会表示国际社会应立即采取行动，并呼吁联合国安全理事会将朝鲜人权问题移交国际刑事法院。2015 年 1 月，巴勒斯坦政府加入《国际刑事法院规约》，成为国际刑事法院规约当事国，国际刑事法院对其提出的调查请求有司法管辖权。以色列总理内塔尼亚胡曾多次呼吁国际刑事法院拒绝巴方加入申请，并表示将保护以军官兵免于遭到国际刑事法院起诉。国际刑事法院 2015 年 1 月 16 日发表公告称，将应巴勒斯坦要求启动对以色列可能存在的"战争罪行"的初步调查。以色列总理内塔尼亚胡 2015 年 1 月 17 日发表声明，称根据国际法和国际条约，"巴勒斯坦人根本没有国家"，巴勒斯坦人只能通过与以色列直接谈判来实现建国目标，而国际刑事法院却不顾这一事实，违反了自己制定的"不是国家就没有身份，也就不能立案"的原则，这是"荒谬的"。各国在国际刑法问题上的分歧和对立呈现出分散式分布的状态，在某些问题上一致，而在另外一些问题上对立，其结果是国际社会被国际刑法分裂成若干国家集团。从国际司法机构的国际刑法理论与实践入手，系统分析国际刑法的演变过程，特别是借助于实证分析的方法剖析各国对国际刑法的不同立场、观点及其产生原因（如美国、俄罗斯、中国和以色列在是否参加国际刑事法院问题上的态度），就会看到国际刑法影响后冷战时期"人权导向"国际法律秩序生成的模式和特点。

（七）冷静审慎因应国际刑法快速发展的势头

受国际刑法的强力推动，后冷战时期国际法律秩序重构过程中已经出现从"同意本位"模式向"制裁导向"模式过渡的端倪。从维护国家主权和促进国际法治等价值追求的角度确立立场并提出对策，无疑将具有十分重要的理论价值和实践意义。

第一，在"普遍管辖权"问题上仍应持谨慎的保留态度，不宜推动太快，因为它与现行的实在国际法尚有很大一段距离。国际法院 2002 年就"逮捕令案"所作的判决表明，按照目前的国际法，各国均有权对公海上发生的海盗行为行使普遍管辖权，但是除此之外各国对其他情形下是否可行使普遍管辖权存在明显分歧和争议，目前还没有形成被普遍接受的习惯国际法规则。值得注意的是，前些年特别积极地推动扩大"普遍管辖权"适用范围的一些国家（如比利时和西班牙）的立场也都有所后退，在"普遍管辖权"问题上出现了倾向于更加保守和审慎的变化。2009 年 10 月 15 日，西班牙议会批准一项法令，决定缩小跨国起诉范围，规定只有被害人是西班牙本国居民或者被通缉的罪犯处于西班牙境内时，西班牙检察官才能对行为人进行起诉。比利时于 2003 年 4 月修改法律，限制了普遍管辖原则在比利时的适用。新法规定，如果犯罪行为没有发生在比利时境内，或者被指控的犯罪者不是比利时公民或不在比利时领土上，或者被害人不是比利时公民或没有在比利时居住至少 3 年，则须由比利时的联邦检察官加以"斟酌"决定是否起诉。坦桑尼亚联合共和国常驻联合国代表曾经致函（A/63/237/Rev. 1）请求在联合国大会第 63 届会议议程上增列一个题为"普遍管辖权原则的范围和适用"的项目。第 63

届联合国大会于 2009 年 9 月 14 日通过了第 63//568 号决议,首次将"普遍管辖权"问题列入联合国大会议程。10 月,在第 64 届联合国大会法律委员会框架下,各国就普遍管辖权的含义、法律地位(在国际法中是否已经确定)、范围和适用条件以及其与主权豁免的关系等问题展开激烈辩论,无法达成一致意见,最终仅通过简短的程序性决议,请秘书长就"普遍管辖权的范围和适用"进一步征求各国意见和信息,在此基础上撰写报告向下届联合国大会提交。

然而,"普遍管辖权原则的范围和适用"仍然保留在 2013 年第 68 届联合国大会的议程单上。在这个问题上,中国的观点是引渡或起诉的义务仍是基于具体条约的义务,没有普遍的国际实践和法律确信证明其已经形成一项习惯国际法规则;起诉或引渡的义务与普遍管辖权没有必然联系。

第二,应当避免过分夸大国际刑法的功能,充分发挥"过渡司法"对于建设"积极和平"和化解民族种族冲突的重要作用。冲突之后如何使国家恢复到战前状态,是构建正常国际法律秩序的一大挑战。很多国家在武装冲突结束后,都面临一系列紧迫的任务,包括恢复社会秩序、恢复军警制度、恢复司法系统、追究个人刑事责任、惩治战争犯罪、追究领导人政治道义责任、对被害人进行救济、使权利得以回复、实现正义。在这个过程中,通过国际和国内两个层面进行刑事审判是重要的环节。然而,近几十年的实践表明,以往那种重在惩治和"冤冤相报"的模式存在不少缺陷,在冲突结束后的国家启动过渡司法机制,成立"真相与和解委员会"或者"真相委员会"或许更能够起到弥补和强化刑法调整社会关系的作用和效力,有助于营造良好的国内社会和解氛围。加害者"缄默就是言说",至少表明加害者不愿反思在以往的武装冲突和国内暴乱中所犯下的罪错和缺乏承担责任的勇气。从被害人角度来看,设立真相与和解委员会的宗旨和指导思想是"了解真相不在于报复而意在于给予宽恕",它拓展甚至超越了刑法的惩治、威慑和救济功能,其目的是在加害者和被害人之间实现真正的谅解与和解,在人际、族际、地区乃至国际层面实现和平,确保安全,从而防止冲突再次爆发并实现相对持久的和平与安全。

第三,应当倡导国际社会各国在接受采纳国际刑法合理内核的前提下,作出努力来消解其过分超前于国际社会关系现实的负面作用,尤其是应该妥善解决国际刑法与现行国际法其他部门法之间的冲突和龃龉。

从目前国际社会的现实来看,通过国际条约来解决这个问题似乎比较困难,比较可行的仍是通过国际司法判决或者国际法院的咨询意见来处理。针对是否可以起诉国家官员的争议,中国代表在联合国大会上指出:正如国际法院在"逮捕令案"中所提,可通过本国起诉、放弃豁免、卸任后起诉、国际刑事司法机构起诉等措施,在遵循豁免规则的前提下追究官员的刑事责任,因此豁免与"有罪不罚"没有必然联系。另外,当前国际社会虽将种族灭绝、种族清洗、危害人类罪等确定为严重国际罪行,但没有形成排除官员享有豁免的习惯国际法规则。

第四,各国应当拿出切实措施,尽力减少国际刑事司法中的"选择性司法"现象,以增强国际法律秩序的正当性。正如有的学者指出的那样,"在人定法无法再从'一种更高的法中获得自身的正当性'的今天,严格区分合法性与正当性至关重要"。

（八）结语

国际社会是多元的,因而法律思想也应该或者至少可以是多元的。然而正如澳大利亚学者所指出的那样,"反多元主义的思想决定着'法外国家'的存在。这种思想是根据主权国家的国内特性进行分类。国内特性包括宗教、政治、道德或法治等。最早期的标准是采取'基督教'的标准,把非基督教国家视为'法外国家'。到了19世纪中后期则采用'文明'的标准,把不文明的国家视为'法外国家'"。欧洲国家一向以废除死刑来标榜自己在人权保护方面领先于世界其他地区国家。但是对死刑的态度涉及较为复杂的刑法哲学问题,如"刑法的功能""刑罚的目的"和"刑法的价值取向",等等,恐怕不能简单地归纳出"保留死刑就证明人权保护不够充分"的结论。例如,美国有19个州先后废除了死刑,有31个州仍然保留死刑,为此就能说美国对人权保护不够充分吗? 恐怕不能这样看问题。然而,令人担忧的是,国际社会已经出现了这样一种现象,即以"文明""人权""法治"和"民主"等标准,甚至是以是否参加国际刑事法院为分野,人为地将国际社会分割成相互对立的国家或者国家集团。从本质上讲,世界是多元的,价值是多元的,法律理念也可以是多元的,这个所谓"欧洲标准"恐怕已经到了必须改变的时候,否则实现全球治理和国际法治状态的理想仍将遥遥无期。

目前的国际法体系仍然是以主权国家的"同意"为基础的,而不应以"强制"为导向。然而值得特别注意的是,在国际刑法的影响下国际法中已经出现了明显的强制倾向,而这显然与国际法的"应然"状态存在很大差距。当然,受国际政治的严重制约,特别是受涉及国际和平与安全的国际法的限制,国际刑法对国际法律秩序重构的影响相对而言还比较有限,这一点突出表现在美俄中等大国集团与其他支持国际刑事法院的国家之间,在国际刑事法院问题上的严重分歧。我们对国际刑法过度扩张的势头应当持冷静和审慎观察的立场,与此同时也应当积极主动倡导和引导建立包容各国、多元、平等和公正的后冷战国际法律秩序,发挥国际法律秩序促进维持国际和平与安全、保障各国社会经济可持续发展的积极作用,以最大限度地维护中国的国家利益。国际社会应当加强国内刑法在国际层面的作用,国际刑法不应取代国内刑法,只能是对刑法的补充和加强。从根本上讲,目前仍然必须以各国履行其通过签订条约所承担的义务为主,与其他国家和国际组织合作以通过刑法方法打击犯罪实现国际正义。我们也应当看到,与其他部门法相比,刑法最具有强制性,而且在一定程度上引领着法律秩序的生成。如果我们从宏观上分析国际刑法发展与后冷战国际法律秩序重构之间的互动关系,就会发现今天的国际刑法已经突破了国家主权的藩篱,无须借助国家这个"中介"就可以主动进入国内事务领域,并直接为个人施加义务和责任。当然,主权国家的国内法不应向外扩张和溢出并使其具有域外效力,否则对国际法的消极影响将会很大。因此,国际社会各国应当作出努力进一步充分发挥国际法的功能,共同促进世界和平、国际安全、社会发展和人权保护,并最终促进形成公正、和谐与稳定的后冷战国际法律秩序。

第四部分　习题自测

(一) 填空题

1. 正如《罗马规约》在序言中宣示的,国际刑事法院"认识到这种严重犯罪危及世界的和平、安全与福祉",因此其所管辖的罪行都是_____。

2. 国际刑法的目的是_____、_____,所以具有很强的制裁力。

3. 国际刑法由两方面的规则组成:一方面是_____,即与国际罪行有关的国际法规则,包括_____、_____以及_____;另一方面是_____,是关于_____。

4. 特设国际刑事法庭中"特设"一词,是从拉丁语_____翻译而来的,意思是_____。

5. 联合国前南斯拉夫与卢旺达两个国际刑事法庭与"二战"后成立的纽伦堡和远东国际军事法庭一样,其性质都是_____。

6. 1989 年 12 月,联合国大会应特立尼达和多巴哥共和国的请求,请_____重新就国际刑事法院的创设问题进行工作。1998 年 6 至 7 月在意大利罗马召开外交大会,并最后于 1998 年 7 月 17 日得以通过。此后,因为超过 60 个国家在 2002 年 4 月 11 日批准加入了该规约(又称《罗马规约》),国际刑事法院根据《罗马规约》第 126 条关于"生效"的规定,于_____年_____月_____日正式成立。

7. 根据《罗马规约》,如果对案件具有管辖权的国家正在对该案件进行调查或起诉,国际刑事法院就应_____,除非该国_____。

(二) 单项选择题

8. 以下主体可以被国际刑事法院审判的是( )。

A. 自然人　　　　　B. 法人　　　　　C. 国家　　　　　D. 非法人团体

9. 下列对国际刑法的描述,最准确的是( )。

A. 国际法的一部分

B. 国内刑法的域外延伸

C. 与国内刑法关联不大

D. 是国际法中刑法部分和刑法中国际法部分的结合

10. 以下罪行不属于国际刑事法院(ICC)对事管辖权的范畴的是( )。

A. 战争罪　　　　　B. 种族灭绝罪　　　　　C. 屠杀罪　　　　　D. 反人道罪

11. 关于纽伦堡和远东国际军事法庭,以下错误的是( )。

A. 纽伦堡和远东国际军事法庭成立的目的是惩治战争罪犯

B. 纽伦堡和远东国际军事法庭的法庭宪章将罪犯分为甲、乙、丙三级

C. 纽伦堡国际军事法庭的司法实践以 1945 年英、美、法、苏四国签订的"伦敦协定"和《国际军事法庭宪章》为基础

D. 远东国际军事法庭的司法实践以东京盟军最高统帅部颁布的设立远东军事法庭的通告和法庭宪章为基础

12. 以下国际刑事法庭兼具国际、国内混合性质的是( )。

A. 国际刑事法院　　　　　　　　B. 前南国际刑事法庭

C. 卢旺达国际刑事法庭　　　　　D. 黎巴嫩特别法庭

13. 以下混合型特别法庭中,第一个被设立的是( )。

A. 黎巴嫩特别法庭　　　　　　　B. 东帝汶严重犯罪特别法庭

C. 塞拉利昂特别法庭　　　　　　D. 柬埔寨特别法庭

14. 国际刑事法院和其他国际刑事法庭的区别在于( )。

A. 国际刑事法院是常设性国际司法机构

B. 国际刑事法院是联合国的司法机构

C. 国际刑事法院具有强制性管辖权

D. 联合国成员国自动获得国际刑事法院成员国的身份

15. 关于国际刑事法院的设立,正确的是(　　)。

A. 国际刑事法院是根据联合国大会决议设立的

B. 国际刑事法院是根据联合国安理会决议设立的

C. 国际刑事法院是根据多边条约设立的

D. 国际刑事法院是将国际法院中刑司司法职能分离后设立的

16. 当国内法庭的管辖权与前南国际刑事法庭、卢旺达国际刑事法庭管辖权相冲突时,处理方式是(　　)。

A. 前南国际刑事法庭、卢旺达国际刑事法庭管辖权优先

B. 国内法庭的管辖权优先

C. 二者组成特别审判庭共同处理

D. 提请联合国安理会决定

17. 国际刑事法院的管辖权原则是(　　)。

A. 补充性管辖权　　　　　　　　　B. 优先性管辖权

C. 强制性管辖权　　　　　　　　　D. 并行性管辖权

18. 根据《罗马规约》,以下不构成种族灭绝罪的是(　　)。

A. 蓄意消灭某一宗教团体的全体成员

B. 强制将某一族群的儿童转移到另一民族中

C. 故意使某一大学的所有师生遭受严重身心创伤

D. 故意将某部落的所有成员置于无法保障其生存的生活状况之下

19. 根据《罗马规约》,以下不构成反人道罪的是(　　)。

A. 因发生口角,以残忍手段杀害数人

B. 开设"血汗工厂",系统性地迫使大量工人高强度地劳动,并剥夺工人的自由、对工人进行买卖

C. 将军事占领区中所有被占领国的平民强制驱逐出境

D. 跨国犯罪组织系统性、广泛性地绑架、拐骗妇女,迫使其从事卖淫行为

20. 根据《罗马规约》,以下不构成战争罪的是(　　)。

A. 甲乙两国发生国际性武装冲突,甲国武装部队越境进攻乙国,遭遇乙国民众自发组成的民兵组织并将其歼灭

B. 丙国某团团长诱骗敌对武装力量投降后,将对方全部歼灭

C. 丁国武装部队以化学武器攻击敌对武装力量

D. 戊国为打击敌对武装部队的溃逃人员,对其藏匿的村落和建筑物进行攻击,造成大规模民众伤亡

（三）多项选择题

21. 自"二战"以来,国际性的刑事法庭及其司法实践在国际社会引起很大反响和讨

论,并产生深远的社会影响。以下哪些国家的前领导人曾被国际刑事裁判机构审判?
(   )

    A. 日本   B. 前南斯拉夫   C. 叙利亚   D. 苏丹

22.《罗马规约》中规定了以下哪些内容?(   )

    A. 各种具体犯罪的定义和构成要件

    B. 刑事责任的原则和规定

    C. 国际刑事法院的部门、人员组成和权限

    D. 国际刑事法院对国家刑事责任的管辖和制裁

23. 以下哪些机构是国际刑事裁判机构?(   )

    A. 前南国际刑事法庭   B. 卢旺达国际刑事法庭

    C. 塞拉利昂特别法庭   D. 东帝汶严重犯罪特别法庭

24. 关于国际刑事司法机构的论述,错误的是(   )。

    A. 所有国际刑事司法机构都是常设的

    B. 所有国际刑事司法机构都是特设的

    C. 所有国际刑事司法机构都是根据联合国大会决议设立的

    D. 所有国际刑事司法机构都是根据联合国安理会决议设立的

25. 国际刑事法院可以适用的法律包括(   )。

    A. 国际法的相关原则、规则   B. 罗马规约

    C. 国际法院的裁判、先例   D. 国际刑事法院的裁判、先例

26. 属于国际刑事法院对事管辖权范畴的国际罪行包括(   )。

    A. 反人道罪   B. 侵略罪   C. 战争罪   D. 种族灭绝罪

27. 根据《罗马规约》对犯罪要件的规定,以下哪些主体可以提出对犯罪要件的修正案?
(   )

    A. 以绝对多数行事的缔约国   B. 任何缔约国

    C. 以绝对多数行事的法官   D. 检察官

28. 哪些情况下国际刑事法院应当认定案件不可受理?(   )

    A. 犯罪嫌疑人已经由于作为控告理由的行为受到审判

    B. 犯罪嫌疑人的国籍国并非《罗马规约》的缔约国

    C. 犯罪嫌疑人以残忍手段杀害与自己存在矛盾的邻居

    D. 犯罪嫌疑人的国籍国是《罗马规约》的缔约国,该国司法机构对犯罪嫌疑人的调查处于
实质停滞状态

29.《罗马规约》确定的国际刑法一般原则包括(   )。

    A. 法无明文不为罪   B. 国际刑事法院高于国内法院

    C. 法无明文者不罚   D. 对人不溯及既往

30. 关于战争罪,下列论述正确的是(   )。

    A. 战争罪要由联合国安理会确认后才可被国际刑事法院受理和审判

    B. 战争罪是严重破坏 1949 年日内瓦公约的行为

    C. 战争罪在国际性武装冲突和非国际性武装冲突中都可以成立

D. 攻击平民即构成战争罪

（四）简答题

31. 简述国际刑法的概念。

32. 简述国际刑法的特征。

33. 列举五个以上的国际刑事法庭的名称。

34. 简述国际刑事法院管辖权的特征。

（五）论述题

35. 试论国际法、国际刑法和国内刑法的联系和区别。

36. 试论国际刑事法院的对事管辖权。

37. 试论国际刑事责任的原则。

第十八章　国际人道法

第一部分　学习目标

（一）熟悉

1. 国际人道法在调整对象上的特征。

2. 1949 年日内瓦四公约产生的由来。

3. 关于战争法的所有海牙公约中都包括的"连带条款"或"一般参加条款"的含义、意愿、现实教训（弊端）。

4. 对交战团体的承认的含义、原因、发展。

5. 1949 年日内瓦四公约分别是关于什么内容的？主要包括哪几方面的规定？

6. "比例原则"的含义、存在原因、表现。

7. 根据战争法规和一般军事规则,战俘承担什么义务？

8. 反恐战争中关于战俘待遇的国际人道法规则的适用。

（二）掌握

1. 国际人道法的概念。

2. 国际人道法保护的对象。

3. 从 1949 年日内瓦四公约来看,国际人道法在适用范围上有什么特点？

4. 国际人道法包括哪两大体系的规则？各自侧重点何在？

5. 按 1979 年红十字国际委员会专家小组的编纂,国际人道法的基本原则可以浓缩在哪几项要点上？

6. "区分原则"的含义、法律渊源、表现、基础地位。

7. "避免不必要痛苦原则"的含义、法律渊源、产生发展。

8. 根据国际人道法规则,战俘享有哪些基本权利？

（三）理解

1. 国际人道法的存在意义。

2. 战争法规则与习惯的产生渊源。

3. 1864 年《日内瓦公约》订立的历史背景。

4. 传统战争法规则适用上的"相互原则"和"普遍参加原则"。

5. 日内瓦四公约在什么条件下可对非缔约国适用？

6. 关于战斗员的定义和地位的国际人道法相关公约规定的发展。

7. 恐怖袭击提出的"不对称战争"的概念、表现、特征等问题。

（四）难点

1. 如何理解传统国际法上"国家诉诸战争权"的概念。
2. 国际人道法某些公约可对非缔约国适用,其原因何在?
3. "马尔顿条款"的含义和功能。
4. "比例原则"所涉及可能引起的平民损害仅包括直接损害,还是也包括间接损害?
5. 恐怖活动、反恐战争与传统战争的不同以及对传统人道法理论的冲击。

第二部分　知识结构图

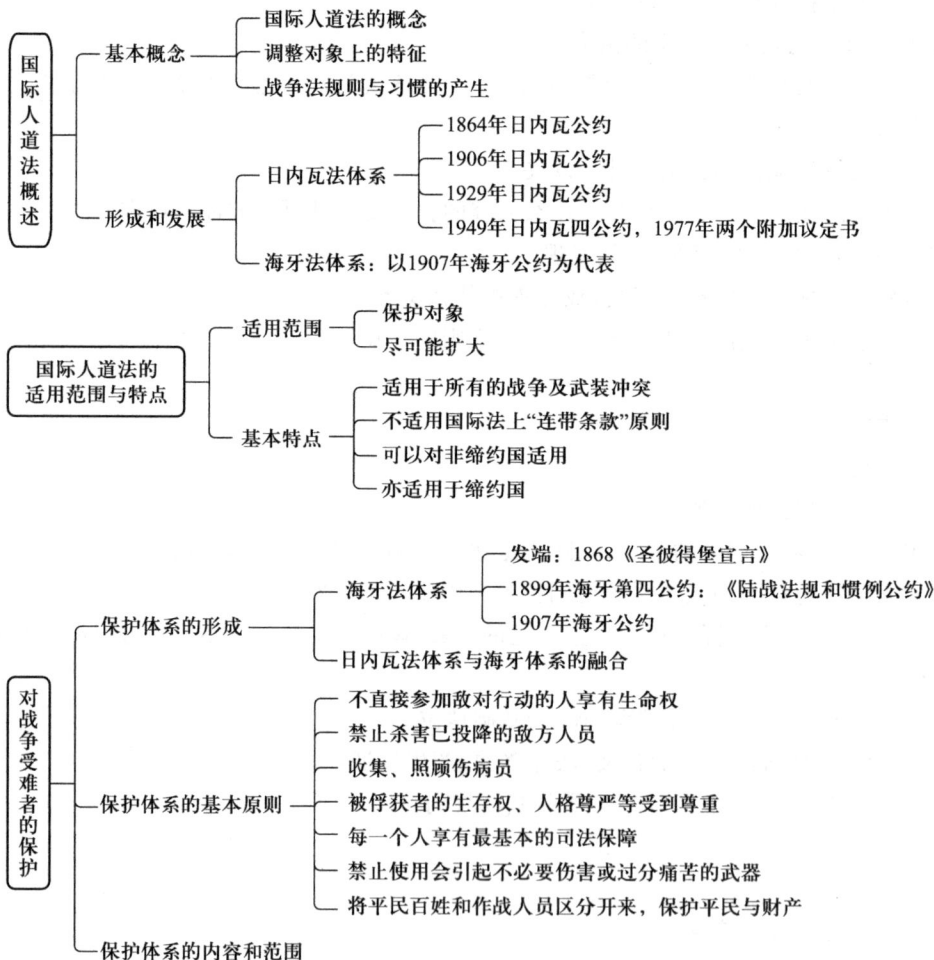

```
                    ┌─ 基本概念 ─┬─ 国际人道法的概念
                    │           ├─ 调整对象上的特征
                    │           └─ 战争法规则与习惯的产生
  国际                │
  人道                │                        ┌─ 1864年日内瓦公约
  法概 ─┤            │           ┌─ 日内瓦法体系 ┼─ 1906年日内瓦公约
  述                 │           │              ├─ 1929年日内瓦公约
                    └─ 形成和发展 ─┤              └─ 1949年日内瓦四公约,1977年两个附加议定书
                                │
                                └─ 海牙法体系:以1907年海牙公约为代表
```

```
                      ┌─ 适用范围 ─┬─ 保护对象
   国际人道法的          │          └─ 尽可能扩大
   适用范围与特点 ─┤
                      │          ┌─ 适用于所有的战争及武装冲突
                      │          ├─ 不适用国际法上"连带条款"原则
                      └─ 基本特点 ─┤
                                 ├─ 可以对非缔约国适用
                                 └─ 亦适用于缔约国
```

```
                                        ┌─ 发端:1868《圣彼得堡宣言》
                     ┌─ 保护体系的形成 ─┬─ 海牙法体系 ┼─ 1899年海牙第四公约:《陆战法规和惯例公约》
                     │                │            └─ 1907年海牙公约
                     │                └─ 日内瓦法体系与海牙体系的融合
   对                 │
   战                 │              ┌─ 不直接参加敌对行动的人享有生命权
   争                 │              ├─ 禁止杀害已投降的敌方人员
   受                 │              ├─ 收集、照顾伤病员
   难 ─┤             ├─ 保护体系的基本原则 ┼─ 被俘获者的生存权、人格尊严等受到尊重
   者                 │              ├─ 每一个人享有最基本的司法保障
   的                 │              ├─ 禁止使用会引起不必要伤害或过分痛苦的武器
   保                 │              └─ 将平民百姓和作战人员区分开来,保护平民与财产
   护                 │
                     └─ 保护体系的内容和范围
```

```
                            ┌── 含义
                ┌── 区分原则 ──┼── 法律渊源
                │            └── 表现和地位
  对作战手段和     │            ┌── 含义
  方法的限制 ─────┼── 避免不必要痛苦原则 ──┼── 法律渊源
                │            └── 产生由来
                │            ┌── 含义
                └── 比例原则 ──┤
                             └── 出现的原因

           ┌── 战斗地位的基本定义 ──┬── 1899和1907年两个海牙公约的相关规定
           │                   └── 日内瓦第三公约的相关规定
  战俘      │                   ┌── 权利:受尊重;人道对待
  待遇 ─────┼── 战俘的权利与义务 ──┤
           │                   └── 义务:提供姓名等
           │                   ┌── 恐怖事件所提出的问题:"不对称战争"
           └── 反恐及战俘的最新发展 ──┤
                                └── 反恐战争中关于保护战俘的规则:不应破坏
```

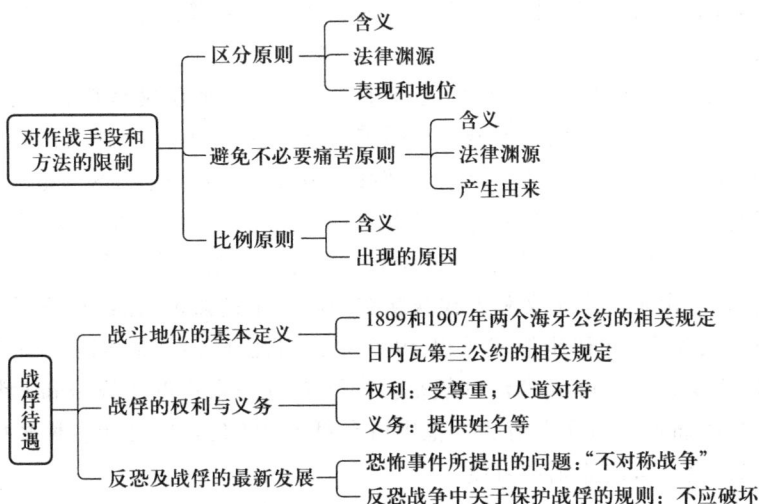

第三部分　重点难点解析

习惯国际人道法的成就与问题

（一）国家法禁止武力使用的困境和国际人道法的兴起

在传统国际法体系中,战争权被视为国家本身所具有的固有的权利。因而,长期以来,国家都有权以战争的形式来解决其与其他国家之间的争端。虽然 20 世纪后半叶乃至 21 世纪的世界整体上以和平与发展作为主导旋律,但是,局部战争和武装冲突仍无时不在。虽然国际社会在 20 世纪为了避免战争做出了大量的努力,但是,即使不说这些努力尽数付诸东流,至少也是收效甚微。虽然 1928 年 8 月 27 日由法、美、英、德、意、比、波、捷、日、印度等 15 国签订的、1929 年 7 月 25 日正式生效的《巴黎非战公约》有 64 个签字国,但仍未能阻止以后大规模战争的发生,国际联盟在日本侵略中国的"九一八"事变中的无力和对于第二次世界大战的无奈就充分证明了这一点。嗣后的国际社会在限制和禁止战争方面做出了努力,但是并不很成功。虽然《联合国宪章》第 2 条第 4 款明文普遍禁止了采用武力或者以武力相威胁,但是这一规定屡屡被违反,甚至有人认为这一规定已经被废弃了。继而,1970 年的《国际法原则宣言》进一步细化了禁止使用武力的原则,具体包括禁止在国际关系上首先使用武力;不得从事侵略战争和从事侵略战争之宣传;各国有义务避免使用威胁或武力以侵犯他国现有之国际疆界、解决国际争端、侵犯国际界限;各国有义务避免涉及使用武力报复行为;各国有义务避免组织或鼓励组织非正规军或武装团队侵入他国领土,或在他国发动、煽动、协助或参加内争或恐怖活动或默许在其本国境内从事此种活动;国家领土不得作为违背宪章规定使用武力而造成之军事占领之对象,亦不得成为他国的使用威胁或武力而取得之对象;所有国家应一秉诚意地从事谈判,努力采取缓和国际紧张局势及加强国际信心之适当措施;以及履行其依国际法所负维持国际和平及安全之责任等系列主张,但是由于这一宣言本身的号召性质,很难说其在何种意义上减缓或者遏制了此后世界上屡屡出现的武装冲突。20 世纪中叶以后的朝鲜战争,越南战争,两伊战争,北约攻打南联盟,美国攻打阿富汗、伊拉克等一系列的武装冲突都充分说明了,禁止使用武力的道路还十分漫长。

人类社会不应当一直为了一个不能达到的目标而奋斗。在永久和平仅仅是梦想、武装冲突实际存在而且也不可避免的前提下,人们就不能将目标定为制止武力使用,而必须针对战争做出实际的措施;在战争和武装冲突行为仍然是政治的延续的情况下,世界就需要一套明确具体的规范来约束此种敌对行为。实际上,考察近十年来国际法领域的发展,不难发现,关于武力使用的合法性及其规则问题始终是人们关注较多的领域。20 世纪,鉴于第一次世界大战的凶残和第二次世界大战的暴虐,由于人本主义和人权观念在国际法上的影响,已经形成了一套受到公众认可的战时人道主义观念,并初步形成了以 1949 年日内瓦四公约和 1977 年两个附加议定书为核心的、得到广泛支持的国际人道法的规范。国际人道法意味着在战争和武装冲突中采取各种手段限制人类的痛苦。国际人道法的范围既包括条约(其名称可能多种多样),也包括国际法律实践、国际社会认可的原则和习惯。

20 世纪后期,为了拓展国际人道法的范围、促进国际人道法的实施,国际社会在以下三个相互作用和影响的方面做出了重要的努力:第一,信息的全球性流传散布。媒体影响的范围日益扩大,伴随着交通通信的便利化,特别是全球电子计算机数据网络的普及,人们对战争与武装冲突中出现的情况日益有了清晰的了解,这种基于感性的了解进而在全球范围内要求对战争和武装冲突进行约束和规范。第二,全球人本主义观念的巩固。人类社会对于人本身的关注日益增多。作为人生哲学的形而上学和神学日益消退其光环,人本身的生存状态、心理状态受到了越来越多的关注,此种关注在某些情境下转化为存在主义哲学、人本主义教育心理学。在缺乏全面的哲学解释的时候,人们通过"共同的人性"或者"共同的尊严"这些传统的概念来进行表达。此种关注导致了人权法的全球性勃兴,当然也推动着作为其一部分的国际人道法的发展。战争这种表面上是国家之间的争端的内容却要用人与人之间的争端作为表达方式,最终使人受到了莫大的伤害,所以必须对之进行控制。第三,作为全球治理模式的一部分,非国家主体在国际事务中所占据的地位越来越重要,为了维护人权、促进人道、提升人的尊严与价值,一系列国际组织进行了重要的努力,联合国及其附属机构、红十字国际委员会均进行了很多工作,做出了重要的贡献。作为这些努力的一个方面,国际人道法也得到了迅速的发展。

(二)国际人道法编纂的努力

1. 法律编纂以及战争与武装冲突法律体系的形成

国际人道法的编纂是国际法编纂的一部分。国际社会在战争法律规范的编纂方面做出了重要的努力,取得了相当的成就。1864 年 8 月,16 个国家的代表在日内瓦举行外交会议,研究在各国建立伤兵救助委员会和救助团体,会议结束时,由 12 个国家签署了第一个日内瓦公约,即 1864 年日内瓦公约。以后在关于伤兵救护,改善战地武装部队伤病者境遇、战俘待遇、平民保护等方面,在日内瓦签订了一系列条约。1899 年,国际社会致力于以成文法的形式将散存于世的战争规则和惯例,较全面系统地加以编纂,形成了"海牙公约体系"。海牙诸公约和宣言至今在法律上仍有效力,对战争法的编纂和发展起了重要的推动作用,并产生深远的影响。1925 年 6 月 17 日,国际联盟在日内瓦召开了"管制武器、军火和战争工具国际贸易会议",会上,38

个国家签订了《禁止在战争中使用窒息性、毒性或其他气体和细菌作战方法的议定书》,简称1925年《日内瓦议定书》,该议定书至今仍是重要的、有法律效力的国际文件。1948年,第十七届国际红十字大会讨论通过、1949年8月由61个国家签署的"关于保护战争受难者的日内瓦四公约",于1950年10月21日生效。这一系列公约通过进一步的协议——关于保护武装冲突受难者的1977年两个《附加议定书》以及2005年关于新增特殊标志的《第三附加议定书》得到了补充与发展。

在海牙公约体系和日内瓦公约体系之外,还有一些单独的涉及战争与武装冲突规范的公约。主要有1954年《关于发生武装冲突情况下保护文化财产的公约》及其两个《议定书》、1972年《生物武器公约》、1980年《特定常规武器公约》及其5个《议定书》、1993年《化学武器公约》、1997年关于禁止杀伤人员地雷的《渥太华公约》、2000年《〈儿童权利公约〉关于儿童卷入武装冲突问题的任择议定书》。这些规范和"海牙公约体系""日内瓦公约体系"共同构成了当前国际社会较为认可的国际人道法规范体系。

2. 既有法律编纂的不成体系与红十字国际委员会的再度努力

至今已经形成的国际人道法运作机制并不令人满意。首先,从规则的层面上讲,海牙公约和日内瓦公约体系都不具备足够的约束力:条约参加国数量未能覆盖国际社会的所有成员,这就会使一些国家之间或者内部的武装冲突超出这些条约的调整范围。再加上国际条约本身所约束的范围的局限性,使得这些条约实际上不能囊括当今社会已经存在或者可能存在的武装冲突。这实际上是国际法不成体系的现状在武装冲突领域的表现。其次,从规范操作的角度讲,虽然《联合国宪章》确立了集体安全机制,但是这种安排具有明显的倾向性,而且并不总是能够发挥作用。在强国或者强大的国家集团欺凌弱小国家的时候,这种安全机制很多时候处于瘫痪状态。在第二次世界大战之后开启的纽伦堡审判和东京审判虽然试图为国际武装冲突规范的法治化做出贡献,但是相关规范的明晰阐述仍然需要进一步的阐释。

基于上述问题,为进一步促进国际人道法的实行,红十字国际委员会应第26届红十字与红新月国际大会委托,经过10年研究,于2005年出版了关于习惯国际人道法规则的报告,即《习惯国际人道法》。这套报告分为两卷,第一卷为"规则",600余页,共整理出161项适用于战争与武装冲突的规范,对于每一项规则,都给出了来源、适用范围的简洁以及比较详尽的解释,并伴有例证;第二卷为"实践",分为两册,共4 400余页,对于第一卷所属诸项规范在国际法、国内法上的实践情况作了尽管不是毫无遗漏,但也可以说是非常全面的总结和归纳。这份报告所涉及的规范既涉及国际武装冲突,也涉及非国际武装冲突;所考察的实践既包括既有的国际条约、国际司法机构的裁判文书,也包括国内立法和国家的作战指南。红十字国际委员会十分珍视这份重量级的作品,报告出版后,红十字国际委员会分别在欧、美、亚等地区召开圆桌会议,介绍、宣传研究成果并听取政府部门和学术界的意见。学者评论认为,这一努力恰逢其时,对于国际习惯人道法的确认、适用和法律效力问题进行了深入和全面的探索。

在红十字国际委员会的倡导和协助下,中国国际法教学和研究界对习惯国际人道法的编纂予以了初步的关注。2005年至今,已经召开了一系列的国内、国际研讨会,举办了国际人道法研修班,使得这种法律编纂活动受到了较为普遍的重视。数名学者将第一卷规则译为中文,这有可能加深国际人道法在中国的影响。

3.《习惯国际人道法》的成就

与此前被称为战争法、武装冲突法或者国际人道法的国际法律文献相比,这份报告有以下几个方面的特点和优点:

首先,涉及领域广泛。所涉及的规范既涉及国际武装冲突,也涉及非国际武装冲突;在该项报告确认的 161 项习惯国际法规则中,只有 12 项仅适用于国际性武装冲突,2 项具体针对非国际性武装冲突,余下的 147 项对国际性和非国际性武装冲突均适用。这一规范的总结对占据当今世界武装冲突 90% 的非国际性武装冲突而言,至关重要。由于日内瓦公约及其第二附加议定书中适用于非国际性武装冲突的条款仅为这些冲突的受难者提供了最低保护,而各国一直都不愿意在外交会议上承担适用于内战的法律义务,所以本报告的研究试图证明在实践中各国已经承担了更为广泛的义务。

其次,参考基础坚实。所考察的实践既包括既有的国际条约、国际司法机构的裁判文书,也包括 145 个国家的国内立法、军事手册、国家的正式声明(如抗议、宣言等)、各国在国际会议中所采取的立场、对战场行为的官方报告、国内法院的决议,作战指南。特别基于红十字国际委员会的档案,对近年来大约 40 场武装冲突的实践进行了研究。

最后,从目标上看,这部国际人道法的总结体现着国际人道法的普遍性。研究者不仅考虑到各大洲国家的实践,而且也表明全世界、所有文化和文明都对现代国际人道法的发展做出了贡献。虽然除《日内瓦公约》外,很多涉及战争与武装冲突的国际条约还没有得到全球通过,然而在该报告的编写者看来,这些规范中已经体现了在国际社会广为支持的原则和规则;与此同时,该报告试图表明,各国制定或接受了大量的相同的法律规则。

(三) 习惯国际人道法:编纂内容方面的问题

如果用国际法治的理念与标准来审视这部《习惯国际人道法》,不难发现,虽然研究者做了很多资料收集和整理的工作,进行了较为细致的梳理和编纂,但是相关的问题仍然存在,有一些是相当严重的。其中,从法律规范自身的角度看,关键的问题在于以下两个方面:

1. 收集习惯做法、总结惯例法与法典化之间的矛盾

《习惯国际人道法》作为国际法编纂的一项努力,在价值基点与取向上存在着一个难以化解的内在冲突,也就是一种"法典化期待"和"重述式表象"之间的冲突。如众所知,国际法的编纂有两种方式:一种是仅仅对原有规范进行整理(确定现行法);另外一种则是在整理和总结的基础上进行创新(制订拟议法),从而促进国际法的发展。前一种是重述的模式,需要尊重既有的实践,编纂者所做的仅仅是将这种现行有效的国际法规则,特别是不成文的实践归纳出来,述诸文字。如果做法本身之间不统一、不连贯、甚至彼此矛盾,则此种编纂必定会显示出这些特点,所以整体性和逻辑性不会很强。后一种则是发展的模式,可能会进一步法典化,即把正在形成中的国际法规则制定成规则,这会使得规范之间更注重逻辑性,总则和分则之间的功能区分更切实,基本原则和具体规范之间的呼应关系更紧密。由于在某一方面的行为经常会存在一些国家之间、地区之间或者不同时间之间的差异,所以这种编纂必须进行取舍,在此基础上有所发展、有所创新。但是,对于这些经过创新之后的更为体系化的规范,编纂者和其他支持者就不能理所当然地称之为"习惯",更不能以习惯的名义要求国际社会的成员普遍遵守;

而必须经过国际社会成员的商谈再决定是否可以接受。《联合国外交特权及豁免公约》《维也纳条约法公约》和《联合国海洋法公约》实际上都是这种编纂的结果。

以此为基点观察红十字国际委员会组织编纂的这部《习惯国际人道法》，就会发现它陷入到了"创新"与"收集"的夹缝之中。从文本上看，它试图使其所确立的每一项规则都是"收集"来的，正因为有了国际条约、国家的实践或者国内立法、某国军队的行为准则，所以才会有这样的规范，在第二卷中对这些来源进行了详细的说明；但是它所采取的整体形式却是法典式的，包括基本原则，每一领域的总则、分则，最终成为一个体系框架。虽然它并没有明确表示对于这些规则应当综合起来进行理解，但是对于一个具备基本法律知识的人，这些规则并不是彼此毫无联系、可以各自分别理解的简单列举，而是一个需要彼此参照进行理解的有机整体。但是，这些貌似共同构成一部法典的规范之间是否具有整体性？彼此之间是否存在矛盾？是否有重复和包含的可能？认真分析就会发现虽然不算漏洞百出，但问题着实不少。在这方面有两个例子可作为证明：

第一，关于作战方法的规则与武器的规则。这部《习惯国际人道法》规则在一开始，就规定了战争与武装冲突中的区分原则。其中比较详尽地涉及了区分平民与战斗员、区分民用物体与军事目标、禁止不分青红皂白的攻击、攻击中的比例性原则、攻击时的预防措施和防止攻击影响的预防措施等方面（规则 1-25）；接下来对于受保护的任何物体进行了具体列举（规则 25-45）；在涉及武器的方面，规定了禁止使用属于引起过分伤害或不必要痛苦的性质的作战方法和手段、禁止使用不分皂白性质的武器两项原则。（规则 70-71）值得思考的是：在已经规定了战争与武装冲突中的区分原则的前提下，还有必要规定使用武器方面的规范么？从逻辑上讲，禁止不分青红皂白的攻击、攻击中的比例性原则是不是应当已经涵盖了，禁止使用属于引起过分伤害或不必要痛苦的性质的作战方法和手段以及禁止使用不分青红皂白性质的武器？如果是一项制定的法典，这种逻辑关系应当是非常清楚的，但是在这种靠总结、归纳而得来的规范体系中，这种关系却显得含混，进而很难得出一个明确的结论；如果真的适用的话，会造成解释方面很大的麻烦。

第二，关于使用武器的规则方面的问题。正如前面已经谈到的，在武器这一部分的开端就确立了两项原则，即"禁止使用属于引起过分伤害或不必要痛苦的性质的作战方法和手段"和"禁止使用不分青红皂白性质的武器"。而在后面的规则中又提到了禁止使用毒物或有毒武器（规则 72）、禁止使用生物武器（规则 73）和禁止使用化学武器（规则 74）、禁止使用在人体内易于膨胀或者扁平的子弹（规则 75）等，虽然这些实际上仅仅是在重述原则而没有增加，但是仍然可以认为这些规范细化了原则中的内容。但是很多学者和实践者已经注意到了在后面的具体规范中对核武器的遗漏，这使得这套规则在逻辑上存在着很大的问题。虽然可以从两个方面对这个问题进行辩驳，即：其一，禁止使用核武器没有成为国际社会普遍接受的一条习惯规则；其二，使用武器的总体原则实际上已经包含了核武器这种不分青红皂白的武器。但是这两种辩驳都没有什么说服力。因为从整个《习惯国际人道法》的编纂上看，很多仅有地方性认可的规范也被收入，那么禁止核武器方面存在的国际规范已经达到了这一标准。而如果说总体原则部分说过的其他部分就不必再说的话，那么毒物、生物武器、化学武器这些方面也不必重申一遍了。这个问题还不是最棘手的，笔者认为最棘手的问题是关于地雷的规定。相关的规定是：

规则 81：当使用地雷时，须特别注意减轻其不分青红皂白的后果。［IAC/NIAC］①

规则 82：使用地雷的冲突方必须尽可能记录地雷的布设地点。［IAC/存疑 NIAC］

规则 83：在实际战事结束时，使用地雷的冲突方须移除其布设的地雷，或使其对平民无害，或为其扫除提供便利。［IAC/NIAC］

这几项规则的问题在于，从规则 82 提到的情况可以看出，使用地雷是被允许的，仅仅是在使用的时候要注意减轻其不分青红皂白的后果。那么，地雷是否属于不分青红皂白的武器呢？无论是基于日常对于地雷的理解、还是基于军事上对于地雷的理解，甚至基于这一规则的编纂者的理解，地雷都是不分青红皂白的武器。因为这里明确地说要"减轻其不分青红皂白的后果"，这就意味着不分青红皂白的后果是一定会发生的，无法避免，只能减轻。那么这就会与前面的原则相矛盾，因为前面已经明确禁止了不分青红皂白的武器。而且，从技术上讲，很难在战术上减轻不分青红皂白的后果。至于规则 82 和 83，都是在允许使用地雷的基础上进一步提出的要求，这些要求都不严格，允许遗漏；而武器使用中仅仅一丁点的遗漏也可能造成严重的后果。

从上述两例可以看出，这些规范对"习惯国际人道法"的总结存在着比较严重的缺陷。此种缺陷恰恰是这部《习惯国际人道法》在工作进行之初就没有充分考虑的方面。实际上，我们还可以进一步追问在这份报告中所收集的规则是不是已经到了"国际习惯"这个高度。因为国际习惯的形成需要一个过程，不能一蹴而就；更不能根据一项未被所有国家认可的条约或者一两个国家的国内立法或实践而确立。以此观之，这部《习惯国际人道法》中所建立的规范体系在何种程度上可以被认为达到了国际习惯的程度，恐怕是一个更为棘手的问题。美国政府对于该套编纂提出的质疑也主要体现在这一领域。由于这一问题有更大的理论争议和实践困难，我们无法在此对总结出的规范进行逐一分析，所以暂且假定其作为习惯的主张可以成立，但必须说明，这一点是非常值得怀疑的。

2. 国际人道法的法律责任方面的欠缺

被宣称为"习惯国际人道法"的规范被违背的时候，会产生什么后果呢？这才是法律的最本质问题，也是国际人道法最需要澄清的问题。国际人道法赋予被攻击、被俘虏和伤病人员以权利，相应地，则给从事战争的当事人施加了义务。从法律逻辑的角度讲，违背这些义务就会导致法律责任。国际法上的责任多种多样，但一般认为，基于国际人道法而产生的法律责任应当是国际刑事责任，而这种责任应当是主要由个人来承担的。那么这种责任应当由谁来确定、由谁来施加，这是法律由纸面走向操作的核心。如果说，此种责任只能由一些临时性的机构来确定并监督，则很难避免其歧视性，进而导致国际法治实现的艰难。如果说这一机构应当是常设的，那么 2002 年成立的国际刑事法院显然是一个很适合的机构。但是这一机构对于其所确定的刑事责任有着非常严格的限制：从所涉的国家的角度讲，法院只能对罗马规约缔约国内的犯罪行为、具有缔约国国籍的犯罪人行使管辖权，只有在某些情况下需要非缔约国接受法院的管辖权。从犯罪罪名的范围上讲，法院的管辖权限于整个国际社会关注的最严重犯罪。具体

---

① 后面方括号中的 IAC 是指该规范适用于"国际武装冲突"（international armed conflict）；NIAC 则是指该规范适用于"非国际武装冲突"（non-international armed conflict），而"存疑 NIAC"意味着在非国际武装冲突中是否适用还不能确定。这套规则整体上都作了这样的划分。

而言,法院仅对灭绝种族罪、危害人类罪、战争罪和侵略罪具有管辖权。从法院管辖的前提来讲,国际刑事法院强调对国内刑事管辖权所起的是补充作用,而绝不是替代作用。并且特别规定,在有管辖权的国家正在对案件进行调查或起诉、有管辖权的国家经调查决定不起诉、有关人员已经因作为控告理由的行为受到审判、案件不够严重的情况下法院应断定案件不可受理。而在可适用的法律方面,国际刑事法院确定了法院基本法律文件、其他国际法律文件、不违反国际法的国内法律和原则这样一个范围和顺位,这实际上看不出有对于"习惯国际人道法"的认真考虑。这些情况就致使那些被视为习惯国际人道法的规范不能从国际刑事机构的角度被认同和实施。这当然会使这些规范的约束力大为减弱。

进一步说,如果这些规范仅仅是由有关交战主体自己去主动遵守,或者仅仅被认定为违法而不能被归责、仅仅受到谴责而未受到制裁,那么此种法律实际上是不具有实质约束力的,仍然保持在规范的初级阶段,显然还是没有超越道德的程度。这样一来,红十字国际委员会的努力也可能仅仅具有一种学术上的贡献。

（四）习惯国际人道法:实施程序中的问题

国际法治的要求不仅包括良法,更要求善治。从这个角度分析,一个值得深入思考的问题是:习惯国际人道法真的能有效地规制战争吗？ 如果有作用的话,具体表现为那些作用？ 如何发挥其作用？ 实际上,讨论这一问题可以分为四个层次:(1)国际法有什么作用？ (2)国际习惯如何发生作用？ (3)关于禁止使用武力方面的国际法起了什么作用？ (4)习惯国际人道法会如何对战争和武装冲突发生作用？ 根据这一路径进行分析能得出较有逻辑性的结论。

1. 国际法的作用

国际法本身是否具有约束力是一个非常值得争论的问题。传统上,国际法仅仅是国际社会的实在道德,所以不会有真正的、人们所理解的法律约束力。正因为如此,国家在很大程度上号召他国遵守国际法、主张国际社会共同遵守国际法,但是对于国际法的解释却很可能五花八门、彼此矛盾。由于没有统一的机构进行解释和论证,所以其解决问题的实际效能很小。

这一情况由于一系列国际条约的签订而有所改观,但是放弃条约、违背条约的情况仍屡有出现,而因此受到法律制裁的情况却为数不多。另一项改变国际法地位、使之由无实际约束力的"道德"固化为可以追究法律责任的硬性规范的是一系列裁判机构的设立,其中包括在第一次世界大战之后设立的审理战争责任人员的法庭;但是引起广泛关注的当然是第二次世界大战之后设立的纽伦堡国际军事法庭和远东国际军事法庭。20世纪90年代设立的前南国际刑事法庭(ICTY)、卢旺达问题国际刑事法庭(ICTR)的约束力和管辖范围进一步扩大,不仅涉及国际武装冲突,而且对于国内武装冲突亦予以处理。但在这一时刻,仍然可以进一步追问:此种法庭比较明显的选择性是推进着国际社会的法治化,还是重复着国际社会强权政治的主题？ 2002年成立的国际刑事法院的运作有可能使这一状况得到改变,其在管辖权等问题上的态度使得国际法治由梦想走入现实。但是,一些大国、强国对这一体制的冷漠态度使得这种理想的实现大打折扣。从这个意义上讲,国际法的约束力虽然确实在增加,但是问题仍然存在,而且有一些仍然是非常关键性的。

2. 国际习惯法的功能

如果说,国际公约有可能在一定程度上构建起国际法律规范的骨架的话,那么,国际习惯在这个方面所处的地位仍然很含糊。虽然《国际法院规约》第 38 条非常明确地将国际习惯确立为国际法的渊源,但是究竟哪些行为实践和规范真正体现着国际习惯,标准难以确定,而这恰恰是这一问题的关键之处。根据国际法的一般学说,形成一项国际习惯需要反复的行为和心理的法律认同两个重要的条件,但是这两个条件都缺乏明确的界限。在什么程度上的实践才算是"反复"? 在什么意义上的表示或者行为才算是"心理认同"? 例如,在国际社会有三个国家采取某一种做法,此外的一个国家既未表示同意、也未表示反对,这种做法能否成为对于这个国家具有约束力的一项习惯? 进一步说,如果在国际社会有三个国家采取某种做法;而在这些国家之内的一个国家在其他类似情况下都没有采取此种做法,能否认为形成了一项对该国有约束力的习惯? 对于这些问题似乎仍没有形成一套共同接受的、普遍赞同的规则。所以,国际习惯法的约束力问题变成另外一个很难界定的问题,即什么才算是真正的国际习惯? 这个问题与国际强行法、对全世界的义务之类的问题一样,在原则上没有分歧,但一旦涉及具体问题,就争论不休了。

3. 战争与武装冲突国际法规范的演变及其功能

战争和武装冲突曾经是以往国际法和国际关系的重要方面。在很大程度上也可以说战争关系着人类社会的进步与发展。也有人认为战争本身是人类存在方式中不可或缺的一个部分。在历史上,战争曾经作为国际法实施的方式,后来演变成为国家政策的运作方式。但是,无论如何,20 世纪以后控制战争、试图消除战争成了国际社会的主流,从《巴黎非战公约》到《联合国宪章》,战争逐渐被驱逐出了国际社会允许解决问题的方式体系。"诉诸战争的权利"在现代国际法上已经被删除。特别是在《联合国宪章》之中,不仅要求成员国不得采取武力或者使用武力相威胁,而且在非成员国采用武力或以武力相威胁时,成员国还可以采取措施予以制止。这就意味着,禁止武力已经超出了条约规范仅仅约束缔约国的程度,而是可以约束非缔约国,使之遵守。正是基于这一点,一些国际社会的成员和国际法学者认为禁止武力已经获得了"强行法"的地位。

正像国内法的规范如能够得到遵守,国内的法庭、监狱、仲裁机构等就没有必要存在下去一样。国际法的软弱性并不体现在相关规则被违背,而是体现在这些规则被违背之后,没有一套行之有效的问责机制。这就导致了有些国家在违背规则之后迅速受到制裁,另外一些国家则始终逍遥法外。尽管国际舆论谴责,但这些国家仍然我行我素。在禁止战争、禁止使用武力的方面,相关的国际法规范,无论是条约规范还是意图成为强行法的规范,实际上都没有发挥充分的作用。那些意图进行武力攻击的国家未能受到制约,武力攻击之后也未能在比较同等对待的基础上受到制裁;而对于那些没有使用武力攻击的国家,似乎即使不存在这些禁止武力的规范,这些国家也不会贸然进行武力攻击。所以,这些禁止使用武力的规范,即使不算是形同虚设,也很难准确评估其效果,至少从实践上看,没有明显的约束。

4. 习惯国际人道法的作用

思考这个问题有两个逻辑上的关系需要预先理清:首先,在现代国际法的语境下,战争本身是非法的,那么,对于非法的行为有必要再订立规范予以约束吗? 其次,如果战争本身是非法的,在从事非法行为的情况下,还有可能遵守另外一套规范吗? 至今为止国际社会的共识是:现在看来全面禁止战争或者对于所有参战者、至少是主动挑起战争和武装冲突者进行法律制裁不可能,那么就只有首先承认此种战争和武装冲突的现实性。禁止战争与武装冲突的不可能致使国际社会认为关于战争和武装冲突的规范仍有用途,在现实存在的武装冲突中仍有必要存在,甚至进一步明确。与此同时,人们认为战争是政治的延伸,追求的是某种政治目的;那么在采取此种手段的过程中,一些可以为国际社会共同同意的价值和规范还是能够得到遵守的,所以相关的规范仍有其作用。如果说,经过国家正式签署、明确规定了国家权利和义务的战争和武装冲突方面的条约法都没有被国家所认真遵守的话,那么对于那些内容不很确定、规范比较含混,在是否存在这样的规范上还可以争论、此种规范有没有上升到国际习惯法的程度还有探讨余地的习惯国际人道法而言,其效力就更为薄弱了。国际法院 1996 年审理的"威胁或使用核武器的合法性问题"咨询案件的意见就很明显地体现出了习惯国际法的不确定性,特别是在战争与武装冲突领域此种规范的模糊性。

有的学者乐观地认为,当代战争是当代政治的表现,由于政治在很大程度上已经法律化,所以战争也在法律的规制之下。以往国际实践表明,国际人道法已经起到了一定的作用,也就是说,国际人道法是有实施力的。但是,学者同样认识到,这些法律规范的强制力具有局限性、内容滞后于高科技的迅速发展,更主要的是,这种约束力仅仅是相对的。由于战争是政治的延伸,或者说是政治的一种表达方式,而政治的精髓在于达到利益分配的目标,而对于采取的手段则可能考虑得较少,所以用于战争与武装冲突时期的人道法很可能被抛置不理;而最终如果达到了目标,成了战胜者,很可能利益和正义一起归到其名下,而是否违法,则可能无人能够真正审查和追究。这就是人道法本身存在的悖论:由结果的胜负去判断过程的合法性,而战胜者的非法行为经常被推到裁判者的视野之外。这样一来,人道法的适用也许经常会是选择性的,其真正的作用也经常会受到质疑。

总体看来,国际人道法为国际社会的文明与发展起到了重要的推动作用。然而,国际法体系的每一个进步都是与国际社会自身的力量对比相适应的。在国际法上,规则和社会的实际状况是一对互相牵引、但又不能距离太远的范畴。打一个比方,国际社会的文明程度就像前进的人一样,规范是一条腿,社会的实际状况是另外一条腿,它们彼此牵引、彼此联动,但绝对不能分离遥远,那样仅能导致整个身体的分解,而不会有很大的"跨越"。所以,编纂国际人道法的努力虽然对战争与武装冲突法律体系的发展具有很大的意义,但是试图在这一领域形成世界范围内公认并遵守和践行的规范体系,似乎为时尚早。

第四部分　习题自测

(一) 填空题

1. 关于武力使用的规则,即一个国家在什么时候可以采用武力手段,在传统国际法上称为_____,或称为_____。

2. 1928 年的_____,亦称《白里安—凯洛格公约》(Kellogg-Briand Pact),全称《关于废弃战争作为国家政策工具的一般条约》(General Treaty for Renunciation of War as an Instrument of National Policy),是国际社会第一次禁止以战争作为推行国家政策工具的法律文件。

3. 在以《联合国宪章》为核心的反映国际关系的国际法文献中,使用武力的权利被局限于以下两种情况:_____;_____。

4. 21世纪初,国际关系与国际法领域出现了保护的责任(Responsibility to Protect,简称R2P)的新理论。国家保护责任理论通过对安理会作用的扩张解释,赋予了国际社会_____的责任。

5. 战争与武装冲突法是关于战争或武装冲突中可接受行为的法律。传统的战争法可以分为两个部分:第一部分关于_____;第二部分关于_____。由于非战争的武装冲突没有法律上战争状态的存在,传统战争法规的第一部分内容,即关于宣战、媾和、中立等规则和制度,一般不能适用。传统战争法的第二部分内容,即对作战手段的限制规则以及对人员的保护规则,不但在法律上的战争状态中适用,而且一般也被适用于非战争的武装冲突中,其中有些内容甚至被适用于非国际性武装冲突中。

6. 一般而言,_____不是传统国际法的关注领域。国际法上的战争主要是在_____之间进行,也可能在国家和_____之间进行。

7. 战争和武装冲突中的敌对行动可因下列三种情况而停止:_____;_____;_____。

8. 单纯的敌对行动的终止并不等于法律意义上的战争状态的结束。结束战争状态的方式通常有以下三种:_____;_____;_____。

9. 在战争时期,中立国应保持不偏不倚的中立立场。任何违反行为都构成违反中立义务的行为,行为者应对此承担国际责任。中立国和交战国都承担着不作为、防止和容忍三种义务。具体而言,即:_____;_____;_____。

10. 国际人道法中的日内瓦体系由"日内瓦四公约"组成:_____;_____;_____;_____。

11. 综合有关的国际条约和惯例,禁止使用的战争手段主要有:_____;_____;_____;_____。

12. 核武器具有空前巨大的破坏力,并能造成不分国界的大范围的持久危害。因此,核军备控制被置于国际军备控制活动的首要地位而倍受重视。核军备限制和禁止的内容包括:_____;_____;_____;_____;_____。

(二) 单项选择题

13. 甲乙两国因历史遗留问题导致全面的战争,战争开始后,交战国之间的外交关系和领事关系会出现下列哪一种结果?( )

A. 甲乙两国之间的外交关系不一定断绝

B. 甲乙两国之间的外交关系和领事关系自动断绝

C. 甲乙两国之间的外交关系断绝,但领事关系保持

D. 甲乙两国之间的外交关系和领事关系仍然保持

14. 在现代国际法上,很多大规模杀伤性武器都被条约所禁止。针对以下哪一种武器的禁止活动被联合国安理会常任理事国集体反对?( )

A. 核武器   B. 生物武器

C. 毒气化学类武器   D. 射入人体后爆炸的达姆弹

15. 关于海上拿捕敌国船只和货物规则的表述,哪一项是不正确的?(　　)

A. 对于敌国商船、敌国国有船舶以及船上的敌国货物,可直接没收

B. 对于敌国商船、敌国国有船舶以及船上的敌国货物,可在保证船上人员安全的条件下当场予以破坏

C. 对于敌国船只上载运的中立国货物,应将捕获物带到军舰本国港口交由捕获法院审判,以确定拿捕是否合法,如合法方可没收

D. 对于中立国的船舶以及船只上载运的中立国货物,可视情况予以没收或销毁

16. 甲、乙两国由于边界纠纷引发武装冲突,进而彼此宣布对方为敌国。目前乙国军队已进入甲国境内,占领了甲国边境的桑诺地区。根据与武装冲突相关的国际法规则,下列哪个选项符合国际法?(　　)

A. 甲国对位于其境内的乙国国家财产,包括属于乙国驻甲国使馆的财产,不可予以没收

B. 甲国对位于其境内的乙国国民的私有财产,予以没收

C. 乙国对桑诺地区的甲国公民的私有财产,予以没收

D. 乙国强令位于其境内的甲国公民在规定时间内进行敌侨登记

17. 甲、乙两国发生战争,丙国发表声明表示恪守战时中立义务。对此,下列哪一做法不符合战争法?(　　)

A. 甲、乙战争开始后,除条约另有规定外,两国间商务条约停止效力

B. 甲、乙不得没收其境内敌国人民的私产

C. 甲、乙交战期间,丙可与其任一方保持正常外交和商务关系

D. 甲、乙交战期间,丙同意甲通过自己的领土过境运输军用装备

18. 甲国与乙国在一场武装冲突中各自俘获了数百名对方的战俘,甲、乙两国都是1949年关于对战时平民和战争受难者保护的日内瓦四公约的缔约国。根据日内瓦四公约中的有关规则,下列哪种行为不违背国际法?(　　)

A. 甲国拒绝战俘与其家庭通信或收发信件

B. 甲国把乙国的战俘作为战利品在电视中展示

C. 乙国没收了甲国战俘的所有贵重物品,上缴乙国国库

D. 乙国对被俘的甲国军官和甲国士兵给予不同的生活待遇

19. 武器的合法性问题一直被国际社会所关注。下列武器类型中哪一种被国际法院认为尚不能确定其是否在任何情况下使用都不符合国际法?(　　)

A. 核武器　　　　　B. 人体炸弹　　　　　C. 自主武器　　　　　D. 网络病毒

20. 甲、乙两国2006年发生边境武装冲突,随即先后宣布与对方进入战争状态。此前,甲、乙两国先后缔结了《和平友好条约》(1960年)、《边界条约》(1966年)、《建立外交关系的协定》(1980年)、《引渡协定》(1982年)等一系列条约。在此状态下,如果这些条约中不存在相关的特别约定,根据国际法的有关规则,下列哪一选项是正确的?(　　)

A. 两国间的《和平友好条约》自动废止

B. 两国间的《边界条约》暂停执行

C. 两国间的《建立外交关系的协定》自动废止

D. 两国间的《引渡协定》继续执行

21. 下列关于战争法的说法中错误的是(　　)。

A. 传统战争法只调整国家间的战争行为,现代战争法中的许多规则也被适用于非战争武装冲突

B. 传统战争法中,海牙体系主要是关于规范作战手段和方法的条约和惯例,日内瓦体系则主要是关于保护平民和战争受难者的条约和惯例

C. 由于国际法已经全面禁止武力使用,所以当代世界已经不存在武装冲突

D. 由于国际法已经全面禁止武力使用,中立制度面临着很大的挑战

22. 甲乙两国在其交界处发现一处跨国界的油气田 F(其中甲国部分为 F1),两国谈判共同开发未果。当甲国对 F1 地区独自进行开发时,乙国派军队进入 F1,并予以占领。由此,两国发生了大规模武装冲突。以下说法错误的是(　　)。

A. 乙国对于其境内的甲国国家财产,除属于使馆的财产档案等外,可予以没收

B. 乙国对 F1 地区内属军事性的甲国动产可以征用;对不动产可以使用,但不得拥有、变卖或作其他改变物权所有者的处置

C. 乙国对于 F1 地区具有军事性的不动产,如桥梁、要塞等可于必要时予以破坏

D. 乙国对于其境内的甲国人民的私产不仅可予以限制,如禁止转移、冻结或征用,而且可以没收

23. 甲国的种族隔离政策导致种族冲突,造成平民伤亡,联合国安理会经讨论决定制裁甲国,乙国是参与制裁的国家之一,甲国是 1949 年日内瓦四公约的当事国,乙国不是。依国际法的相关规则,下列哪一项是正确的?(　　)

A. 甲国对他国的制裁进行的反抗属于自卫,故不受日内瓦四公约的约束

B. 乙国的行为已经构成国际不法行为,应承担相应的国际法律责任

C. 乙国依安理会的决议制裁甲国不属于非法干涉内政

D. 对于从甲国涌入乙国的人民,乙国必须予以安置,而不能强行遣回甲国

(三)多项选择题

24. 2003 年,甲国以乙国拥有并扩散大规模杀伤性武器为由,对乙国宣战,正式发动战争。根据国际法中关于战争法的相关规则和实践,战争开始以后引起的法律后果有下列哪些?(　　　)

A. 两国的外交关系和领事关系立即断绝

B. 交战国与非交战国为当事国的有关卫生、医药的多边条约,不因战争开始而终止

C. 交战国人民之间的贸易和商务往来被禁止,包括废除已经履行的契约和已结算的债

D. 交战国对在海上遇到的敌国执行医务的船舶可以拿捕没收

25. 甲乙两国发生边境争议,引发了两国间的大规模武装冲突。甲国是 1949 年日内瓦四公约的缔约国,乙国不是。根据国际法的有关规则,下列判断错误的有哪些?(　　　)

A. 由于战场在甲国领土,甲国军队对乙国军队的作战不受战争法规则的拘束

B. 由于甲国作战是行使自卫权,甲国军队对乙国军队的作战不受战争法规则的拘束

C. 由于乙国不是日内瓦四公约的缔约国,甲国军队对乙国军队的作战不受该四公约的约束

D. 由于乙国不是日内瓦四公约的缔约国,乙国没有遵守战争法规则的法律义务

26. 1945 年 9 月,乙国在对甲国发动的侵略战争中战败,宣布无条件投降。1955 年 4 月,甲国单方面宣布结束战争。下列判断中正确的是哪几项?(　　　　　)

A. 乙国的无条件投降即意味着战争状态的结束

B. 自 1955 年 4 月起,甲乙两国之间的关系自然转为正式外交关系

C. 单方面宣布结束战争状态的主体只能是战胜国

D. 自 1945 年 9 月起,甲国即自动取消对乙国公民财产及其他权利的各项限制

27. 甲乙两国因边境冲突引发战争,甲国军队俘获数十名乙国战俘。依日内瓦公约,关于战俘待遇的规定,下列哪些选项是正确的?(　　　　　)

A. 乙国战俘应保有其被俘时所享有的民事权利

B. 战事停止后甲国可依乙国战俘的情形决定遣返或关押

C. 甲国不得将乙国战俘扣为人质

D. 甲国为使本国某地区免受乙国军事攻击可在该地区安置乙国战俘

28. 关于国际法基本原则,下列哪些选项是正确的?(　　　　　)

A. 国际法基本原则具有强行法性质

B. 不得使用威胁或武力原则,是指禁止除国家对侵略行为进行的自卫行动以外的一切武力的使用

C. 对于一国国内的民族分离主义活动,民族自决原则没有为其提供任何国际法根据

D. 和平解决国际争端原则是指国家间在发生争端时,各国都必须采取和平方式予以解决

29. 因种族冲突,甲乙两国爆发了战争。根据国际法关于战争法的一般规则,下列战争开始后引起的法律后果中,正确的是哪些?(　　　　　)

A. 交战是两国的国家行为,因此,私人之间的商业关系无须被废止

B. 两国间的互助条约立即废止,但两国参加的规定战争行为规范的条约自动生效

C. 两国可以对其境内对方政府的财产予以限制和没收

D. 交战国执行医院任务的船舶也在拿捕之列

(四) 简答题

30.《联合国宪章》中联合国安理会决定使用武力的具体程序。

31. 武装冲突与战争的区别是什么?

32. 战争开始的法律后果是什么?

33. 战争结束的法律后果是什么?

34. 战时中立国的权利有哪些?

35. 联合国《不扩散核武器条约》的主要内容是什么?

(五) 论述题

36. 论述预防性自卫的合法性。

37. 论述保护的责任。

附录　习题自测参考答案

绪　　论

（一）填空题

1. 调整国际关系;指引国家治国理政;促进人民生活及福祉

2. 全球治理;国际法治

3. 政治;经济;社会

4. 规制国际法主体行为的各种法律原则、规则、规章、制度和机制

5. "自然疆界论"

6. "文明国家"

7. 欺骗性;压迫性;反动性

8. 移植西方国际法学;逐步本土化

9. 不平等条约;领事裁判权

10. 外交政策;列宁和斯大林关于国际法的理论

（二）单项选择题

11. A　　12. C　　13. B　　14. A　　15. A　　16. B　　17. D

（三）多项选择题

18. BD　　19. ABCD　　20. BC　　21. ABD　　22. ACD　　23. BCD　　24. ABC

（四）简答题

25. （1）国际法的本质与基本特征;（2）国际法的地位与作用（或意义）;（3）国际法的形成与发展及其社会基础;（4）国际法与其他相邻学科（如国际关系、国际政治、国际经济、国际私法、国际经济法等）的关系;（5）国际法与国内法的交互关系;（6）国际法的编纂与国际法的渊源;（7）国际法的效力依据;（8）国际法基本原则和国际强行法在国际法体系中的地位;（9）各种国际法主体及其基本特征;（10）国家的构成要素和类型、国家的基本权利和义务;（11）国家及其政府的承认与继承;（12）国家的管辖与豁免。

26. （1）领土法;（2）海洋法;（3）极地法;（4）空气空间与外层空间法;（5）国际组织法;（6）国际法上的居民;（7）国际人权法;（8）条约法;（9）国际责任法;（10）外交关系与领事关系法;（11）国际人道法;（12）国际刑法;（13）国际争端解决法。此外,国际法研究的对象与范围还扩展到国际环境法、国际经济法、国际发展法等与国际公法学密切关联的领域。

27. 揭示了1815年会议及《维也纳条约》反动性的实质;鲜明地反对霸权主义和不平等条约;指出了殖民主义侵略战争的强盗性质;阐明了反对殖民统治的解放战争的正义性和合法性;提出了一系列国际法基本准则;创立了辩证唯物主义和历史唯物主义的国际法观和研究方法。

28. 马克思、恩格斯提出的国际法基本准则包括:正义原则;和平原则;殖民地人民和民族

独立与自决原则;和平解决国际争端原则。

29. 列宁的国际法立场:抨击秘密条约的反动性质,主张废除秘密条约;反对殖民主义统治,主张民族自决;揭示了战争的本质,提出了区分不同类型的战争;提出了"不割地、不赔款"的和约原则;首次提出了和平共处的国家间关系的准则。

30. (1) 鲜明提出的和平共处五项原则构成了现代国际法基本原则。

(2) 根据现代国际法的新特点,先后提出的国际合作和尊重基本人权构成现代国际法的基本原则,丰富了国际法基本原则。

(3) 以"三个世界划分理论"为指导,强调发展中国家对现代国际法发展的影响。

(4) 明确地提出现代国际法不仅与国内法相比具有不同的特性,而且与传统国际法相比呈现出一系列新的特点。

(5) 辩证地看待国际法上的强行法规则。

(6) 在国家主权豁免问题上,不盲从所谓的限制主义,而是站在发展中国家的立场上,主张在坚持国家主权豁免原则的基础上根据不同情况采取不同的处理方式。

(7) 根据第二次世界大战以来特别是冷战结束之后国际法的新情况,提出了现代国际法人本化的发展趋势。

(8) 创建中国特色的国际组织法学。

31. 应该遵循联合国宪章的宗旨和原则,恪守国际法和公认的国际关系准则,在国际关系中弘扬民主、和睦、协作、共赢精神。政治上相互尊重、平等协商,共同推进国际关系民主化;经济上相互合作、优势互补,共同推动经济全球化朝着均衡、普惠、共赢方向发展;文化上相互借鉴、求同存异,尊重世界多样性,共同促进人类文明繁荣进步;安全上相互信任、加强合作,坚持用和平方式而不是战争手段解决国际争端,共同维护世界和平稳定;环保上相互帮助、协力推进,共同呵护人类赖以生存的地球家园。"和谐世界"论的核心是"和谐共处"。与"和平共处"相比,"和谐共处"对国家间关系和人类社会关系要求的构建层次更高。它不仅要求维护和平,实现"和平共处",而且要求在和平的基础上,促进和睦、合作和共同繁荣,实现"和谐共处"。

（五）论述题

32. 与国内法相比,作为主要规制国家间关系的国际法在诸多方面具有特殊性。国际社会没有统一的立法、执法和司法体系;国际法渊源除了成文的条约之外,还有大量不成文的国际习惯;国际法除了硬法规范之外,更有大量的软法形式的渊源;等等。但是,国际法属于具有约束力和一定强制力的法,则是毋庸置疑的事实。

国际法,作为国际社会成员必须遵守的行为规范,在调整国际关系、指引国家治国理政和促进人民生活及福祉等方面发挥着不可或缺的重要作用:首先,国际法是国家自身生存与发展的需要;其次,国际法是全球治理与国际法治的需要;再次,国际法是个人(自然人)生活和福祉的需要;最后,国际法是法人经营活动的需要。国家和人类活动的各个领域都与国际法密切相连。国际法是辨别各种国际法主体的行为是否合法的标准,是国际正义的标志,它为建立国际秩序和开展各种国际交流与合作提供法律基础和框架,并为解决国际争端提供有效的法律依据、机制、程序和方法。可以说,国际法在当今和未来的生活中无处不在,无处不发挥应有的作用。国际法不仅是国家治国理政的需要,也是企业法人经营活动的需要,同时也是个人生活的需要。因此,国际法并不神秘,并非遥不可及。关键是我们如何去认识它、学习它、研究它,并充分利用它。

33. 学习和研究好国际法是运用好国际法的基础和前提,而要学习和研究好国际法必须树立科学的世界观和掌握正确的方法。我们学习和研究国际法,首先必须以马克思主义唯物史观和辩证法为理论指针和基本方法。根据马克思主义的唯物史观,包括国际法在内的世界一切事物都是物质的,国际法是国际社会的一种客观存在,而国际法学是国际法主体的一种意识,是国际法长期发展的产物,它依赖于国际法并反作用于国际法,促进着国际法的发展。

在此基础上,我们应该:

(1) 以专业素养为"本",学好国际法,并能运用国际法,最根本的是要通过系统地学习国际法课程、教材和辅助材料,全面掌握国际法的基本原理和部门国际法制度。

(2) 以法律基本知识和法理学(法哲学)为"基",虽然国际法与国内法相比有着比较明显的特殊性,但是它毕竟属于法的范畴,与国内法的法理基础一脉相通。法理学或法哲学的一般理论同样适用于国际法。

(3) 以通晓其他相邻学科为"面",正确认识这些问题,并合理地解决这些问题,需要相邻学科知识作支撑,甚至需要交叉学科的研究。因此,在学习国际法的同时,还须学习其他人文社会科学,甚至自然科学的知识,尤其是与国际法关系最密切的国际关系、国际政治、国际经济和科普知识。

(4) 及时跟踪国际时事政治和国际法发展及其研究的新动态,通过平时自觉地跟踪获取,丰富自己的国际法知识,不断提升自己运用国际法的水平。

(5) 掌握至少一门外文的能力。国际法是一门国际性的或涉外的学科。国际组织或国际会议通过的各种政治与法律文件最普遍的是英文版,其次分别为法文、西班牙文版本,国际会议和国际组织的官方语言或工作语言也大多如此。我们必须学好一至两门外语,并应首选英语和法语。

(6) 培养理论联系实际的学风。在学习过程中,有意识地将国际法基本理论和规则同相关的国际法案例、国际事件和中国对外关系的实践结合起来进行思考和分析,形成自己的看法、评价、意见或建议。

(7) 养成逻辑思维的习惯。国际法学的逻辑思维,是指对于国际法律现象(国际法事实、问题、规则等)通过细致的观察、认真的比较、缜密的分析和综合的推理,得出是与非的推断或合理的结论。

34. (1) 近代中国的国际法学。封建中国的大门被西方列强通过武力打开,国际法随之开始传入中国,近代中国国际法学得以诞生,并开始走上一条从移植西方国际法学到逐步本土化的发展道路。主要特点是:国际法的译著和编著占有较大的比重;从事国际法教学与研究者几乎全部都是法科留学归国人员;中国近代的国际法著述与译著涉及战时国际法的数量较多;中国近代国际法著述中聚焦较多的国际法问题是不平等条约和领事裁判权,体现了中国国际法学术界呼吁国家主权完整和民族平等的正义和爱国情怀。

(2) 中华民国时期的国际法学。进入中华民国时期以后,中国的国际法学界一方面继续大量翻译和引进西方国际法的著述,另一方面在移植西方国际法理论的基础上撰写和出版了一些国际法著作。此外,第二次世界大战结束后,中国也积极参与远东军事法庭的司法实践,在法庭上以大量的事实为依据,以国际法律为准则,义正词严,成功取得了对东条英机等 28 名日本甲级战犯进行审判的胜利,为国际法的实践做出了重大贡献。

(3)1949年以后的中国国际法学。新中国成立之初提出的一系列外交政策为我国在新时代国际法学的形成确立了指导方针。例如,在外交关系上,毛泽东提出的"另起炉灶"和"打扫干净屋子再请客"原则,为新中国独立和平等的国际法学提供了政治方向。与此同时,在毛泽东提出的"一边倒"原则的指引下,中国国际法学界将重心从过去移植西方的国际法著述转向注重引进苏联的国际法学。不过,这一时期也有为数不多的西方国际法著作的中译本出版。"文化大革命"十年期间,受法律虚无主义的影响,中国国际法学几乎陷入停滞的状态,但包括周鲠生先生在内的国际法学界宗师仍坚持研究。

(4)改革开放以来的中国国际法学。主要体现在:国际法教学在中国迅速恢复和蓬勃发展;国际法研究在中国日趋全面和深入;中国特色的国际法理论逐步形成;中国国际法学者的国际影响力不断提升。

21世纪以来,我国领导人先后在不同的国内和国际场合提出了一系列重要的新理念。这些新的理念,不仅是我国新时期外交的指导方针,而且为推进中国国际法学的发展,增强其在全球范围内国际法理论和实践中的话语权和影响力提供了新的引领方向和政治动力。包括:构建和谐世界;推动国际关系民主化、法治化和合理化;坚持正确的义利观;构建人类命运共同体;推动全球治理体制变革。

第一章　国际法的性质与发展

(一)单项选择题

1.C　2.A　3.A　4.B　5.B　6.C　7.C　8.A　9.D　10.D　11.C　12.C

(二)多项选择题

13.ABC　14.AC　15.BC　16.ABC　17.ABD　18.BCD　19.ABCD　20.ABCDE
21.ABC　22.BD　23.AB

(三)名词解释

24.万民法英文为 *jus gentium*,原为罗马法上的概念,指调整罗马公民与外邦人之间以及外邦人之间关系的法律,与只适用于罗马公民之间的市民法相对称。1625年,近代国际法的奠基人格劳秀斯在其著作《战争与和平法》中系统概述了"国家间的法律",为了指称这一新的法律体系,他最先借用了罗马法中"万民法"这一名称。此时的万民法已不是原来罗马国内意义上的万民法。

25.国际法,或称国际公法,是指调整国际法主体之间、主要是国家之间关系的,有法律拘束力的原则、规则和制度的总体。国际法主要调整各国之间的关系。国际关系的内容是多种多样的,包括政治、经济、军事、文化等方面的内容。国际关系的多样性也就决定了国际法的多部门性,如外交关系、海洋法、武装冲突等。

(四)简答题

26.国际法有一般法的共性,也有其特殊性,表现在它与国内法相比较有一系列特征:

(1)国际法的主体主要是国家。此外,还有政府间国际组织、特别是世界性的国际组织和民族解放运动组织。

(2)国际法的制定主要是通过国家之间的协议来实现的,国际社会没有专门的立法机关。

例如,第三次联合国海洋法会议制定了《联合国海洋法公约》;通过专门的外交会议制定了《维也纳外交关系公约》。

(3)国际法调整的对象是国际关系,主要是主权国家之间的关系。

(4)在强制措施方面,国际法也与国内法不同。在国内,国家有强大的执法手段,如法院、警察、军队、监狱等,保证国内法的实施。国际法则没有这样的居于国家之上的强制机关。联合国国际法院也没有强制管辖权。国际法的外在强制主要靠国家自己,按照国际法,采取个别或集体的行动,包括要求违背国际义务、违反国际法的国家承担国家责任,实行报复,进行自卫。当然,国际法的实施也并不单纯依靠外在的强制。一般而言,国家按照国际法行事,对自身也是有利的。

(五)论述题

27. 国际法的性质主要涉及法律性和普遍性这两个方面。就法律性来说,国际法是不是法律往往是引起疑问的问题。虽然如此,国际法是具有约束力的法律规则,而不是国际道德规范,是确定无疑的。20世纪,特别是联合国成立以来,国家间往往通过订立条约的方式确立相互间合作的规则。而且,《联合国宪章》所确立的国际法治的精神以及联合国对国际法的编纂,使国际法的法律性更加明确和清楚。许多国家在建立和完善法治国家的过程中,也通过宪法和其他国内法明确国际法的法律地位以及遵守国际法的决心。

就普遍性而言,现代国际法不再是以欧洲为中心的传统国际法,而是普遍适用于由所有国家组成的国际社会的法律,即普遍国际法。普遍国际法不仅是指在地理意义上,国际法平等地适用于国际社会中的所有国家,而且指国际法的有些规则对所有国家有约束力。但是,普遍国际法不排除特殊国际法的存在。《联合国宪章》第八章承认区域办法的存在及其重要性。特殊国际法有助于国际法的发展,但是不能取代普遍国际法;而且,特殊国际法是以存在对一切国家有约束力的国际法原则为前提的,并参照所有原则予以解释。

国际法的作用是多方面的:(1)国际法是国际正义和国际法治的基础。(2)国际法提供维持国际和平与安全的法律框架。(3)国际法有助于促进国际合作。(4)国际法有助于提高人民福祉、保护人权。(5)国际法有助于遏制战争,防止冲突恶化。(6)国际法服务于国家的对外政策。

28. 国际法是不是法律在理论和实践中有诸多争议。在历史上,曾有一些法学家对国际法的法律性持怀疑和否定态度。例如,19世纪英国法学家奥斯丁就认为,法律是主权者的命令,而国际法只是"实在的国际道德"。

人们否定国际法的法律性的原因是多方面的:第一,从历史上看,国内法形成在前,而国际法形成在后,国际法在形成之初的阶段,主要是国际习惯法,一些原则和规则的规定并不明确。第二,人们往往习惯用国内法的观点去判断和评价法律。由于国际法是不同于国内法的特殊法律体系,所以,如果以国内法的特点来看待国际法,往往就会得出国际法不是法的结论。第三,违反国际法的事件有时得不到纠正。

虽然如此,国际法是具有约束力的法律规则而不是国际道德规范,这是确定无疑的。20世纪,特别是联合国成立以来,国家间往往通过订立条约的方式确立相互间合作的规则。而且,《联合国宪章》所确立的国际法治的精神以及联合国对国际法的编纂,使得国际法的法律性更加明确和清楚。国家也通常通过宪法和其他国内法明确国际法的法律地位以及遵守国际法的决心。尽管存在违反国际法的行为不能得到矫正的情况,但是这与法的客观存在本身是两个不同的问题。其实,与各国的公民遵守国内法相比,国家遵守国际法的情况要远远多于违反国际法的情况。之所以如此,主要在于国家组成的国际社会需要国际法,而国际法的规则反映了各国间的"共同利益",国际法又主要是通过国家间的条约和习惯的方式形成"国际公认"而确立的。

此外,1969 年《维也纳条约法公约》明确提出了强行法规则的概念,而此后的国际法实践不断肯定了国际法中存在的强行法规则,因而,国际法不仅是法,而且其规则还可以分为强行法和任意法的观点逐渐得到认同。

第二章　国际法的渊源

(一)填空题

1. 国际法院规约

2. 国际习惯;国际条约

3. 19

(二)单项选择题

4. A　5. B　6. C　7. A　8. B　9. C　10. B　11. C　12. B

(三)多项选择题

13. CD　14. BE　15. ACDE　16. ABC　17. AB　18. ABCD　19. ACD　20. AB　21. ABCD
22. ABCD　23. ABC　24. ABC

(四)名词解释

25. 国际习惯是国际法的重要渊源,是指经接受为法律的一般实践、惯例或做法。

26. 国际惯例,是指在国际实践中反复使用形成的,具有固定内容的,未经立法程序制定的,如为一国所承认或当事人采用,就对其具有约束力的一种习惯做法或常例。

27. 强行法,也称绝对法、强制法,本为国内法的概念,意即必须绝对服从和执行的法律规范,并以此与任意法相区别。1969 年的《维也纳条约法公约》承认了一般国际法强制规范的存在。该公约第 53 条规定,"一般国际法强制规范指国家之国际社会全体接受并公认为不许损抑,且仅有以后具有同等性质之一般国际法规范始得更改之规范"。

28. 国际法的编纂,一般是指把国际法或国际法某一部门的规则(包括国际习惯和条约的规则),以类似法典的形式,更精确、系统地制定出来。从狭义来讲,它意味着把分散的法律加以法典化;从广义来理解,它包括以法典的形式来制订新法律。

29. 法律确信是惯例形成习惯的一种心理因素,指各国认为该惯例是国际法所必要的,因而相约接受它的约束。

(五)简答题

30. 作为国际法渊源的一般法律原则,包括以下三个方面:

第一,从法律逻辑的角度可以推出的一般思维原则,也就是法律生活中确立的基本原则,例如后法优于先法、特别法优于普通法。

第二,在各国国内法的实践过程中逐渐形成,并继而被其他法律文化甚至整个国际社会所普遍接受的原则,例如法无明文规定不为罪、一罪不二罚、一事不再理等。

第三,在国际交往的过程中,国家之间通过协商一致或者反复实践而形成的原则,也就是国际法领域的基本原则。例如主权平等、人民自决、禁止使用武力和以武力相威胁等。除了普遍适用于国际法各领域的共同原则,在一些具体的国际法事项领域也可能存在着一些基本原则,例如在武装冲突法中存在的区分原则、比例原则、不得使用滥杀滥伤的武器和不得采用不分青红皂白的作战方法和手段,在国际领土法中受到广泛认可的时际法原则,在国际环境法里有共同而有区别的责任等原则。

一些传统的中文教科书认为,国际法的基本原则可以构成强行法。这种观点至今还没有被国际司法和实践所支持,所以仅仅是一些学者的观点。

31. 国际法的基本原则主要有:

(1)国家主权平等原则,是指主权国家在国际法律关系中地位完全平等,相互无管辖和支配的权利。他们平等的承受国际法上的权利和义务,平等的承担国际法律责任。

(2)不侵犯原则,是指禁止使用威胁或武力或与联合国宗旨不符的方法侵犯别国的领土完整和政治独立,是维护国家主权平等独立的关键。

(3)不干涉内政原则。"内政"是指纯属一国主权管辖的,不涉及国际义务的事项;"干涉"是指一国或数国对别国的内政采取的专横干预行为,强制别国维持或改变某种情势。不干涉内政原则是不得干涉任何实质上属于一国国内管辖的事项,以维护国家的主权平等和独立。

(4)和平解决国际争端原则。和平解决国际争端是不侵犯原则的引申,是指国家遇有争端应以和平方式解决,而不得诉诸威胁或使用武力以及其他非和平的方法,以避免危及国际和平与安全。

(5)善意履行国际义务原则,是指各国必须自觉地、诚实地、严格地履行来自国际法上的法律义务,无论这些义务源于条约或是国际法其他渊源,并且在施用国际法的原则规则时自我约束。

32. 国际强行法是指国际社会全体接受并公认为不许损抑,且仅有以后具有同等性质之一般国际法规范始得更改之规范。它具有重要的理论和实践意义:进一步明确了国际社会共同利益的存在和对这种利益进行保护的必要性。进一步说明国际法规范具有不同的层次和效力,有助于加强国际法的地位和作用。

(六)论述题

33. 条约,是两个或两个以上国际法主体依据国际法确立其相互权利和义务而缔结的书面国际协议。由于条约的缔结、加入或批准基于国家的同意,只有接受条约方可受条约约束,因而条约原则上只拘束缔约国,也即条约相对效力原则。1969 年《维也纳条约法公约》规定,条约非经第三国同意,不为该国创设义务或权利;如果一个条约有意为第三国设定一项义务,应得到第三国书面明示接受。如果一个条约有意为第三国创设一项权利,也应得到第三国的同意,但在第三国无相反的表示时,应推定其同意。

国际习惯是各国在实践中通过重复类似的行为而形成的具有法律拘束力的行为规则。由于作为国际习惯的通例是各国重复的长期行为,是各国的长期实践,同时通例被各国接受为法律,具有法律义务的通例已形成具有法律拘束力的习惯,因而国际习惯是拘束所有国家的行为规范。但是,如果一个国家持续反对,国际习惯则对反对国没有约束力。

34. 禁止非法使用武力或以武力相威胁的概念主要来自《联合国宪章》。该宪章序言宣布,联合国组织的目的是"欲免后世再遭今代人类两度身历惨不堪言之战祸",因而为达此目的

"保证非为公共利益,不得使用武力"。宪章第 2 条第 4 款规定:"各会员国在其国际关系上不得使用武力或威胁使用武力,或以与联合国宗旨不符之其他方法,侵害任何会员国或国家之领土完整或政治独立。"该宪章禁止非法使用武力或以武力相威胁,是国际法在禁止战争方面的进一步发展。

禁止非法使用武力或以武力相威胁原则是一项国际法基本原则和国际习惯法原则,被一些学者视为具有强行法性质。这项原则包括如下内容:不得使用威胁或武力侵害任何国家领土完整或政治独立;侵略战争构成危害和平之罪行,在国际法上须负责任;各国不得从事侵略战争之宣传;各国不得使用武力侵犯他国现有国际疆界和国际界线;各国不得组织或鼓励组织非正规军或武装团队,包括佣兵在内,侵入他国领土;各国不得在他国发动、煽动、协助或参加内争或恐怖活动,或默许在其本国境内从事以犯此等行为为目的之有组织活动。

禁止非法使用武力或以武力相威胁原则并不排除合法使用武力。在自卫、联合国安理会授权或采取行动、争取民族独立的组织抵抗殖民主义镇压等情况下使用武力是合法的。

(七)案例分析

35.(1)B 国在 A 国境内的行动违反了禁止非法使用武力原则,构成对 A 国非法使用武力。

(2)B 国支持 A 国反政府武装是对 A 国内政的干涉,明显违反了不干涉原则。

(3)B 国对 A 国的行动违反了尊重国家主权原则。

(4)B 国支持和参与 A 国反政府武装成立临时中央政府,违反了人民自决原则。

第三章　国际法与国内法的关系

(一)填空题

1. 国际法优先说;国内法优先说

2. 狄骥;波利蒂斯;凯尔森;劳特派特

(二)单项选择题

3. C　4. B　5. B　6. C　7. A　8. B

(三)多项选择题

9. ABCD　10. ABC　11. ACD　12. ABCDE　13. ABD

(四)名词解释

14. 一元论认为国际法与国内法都从属于自然法,是一个法律体系。随着国际社会的发展,一元论逐步演变成两种理论观点:国内法优先说和国际法优先说。

15. 二元论是解释国际法与国内法的关系的一种学说,其主要观点是:国际法与国内法是两个互不相同、各自独立、平行运作的法律体系。

(五)简答题

16.(1)国际法与国内法的区别:首先,主体不同。国际法主要是规定国家行为的法律,除此之外还有正在争取独立的民族和政府间的国际组织;而国内法的主体主要是国家管理和支配之下的个人和法人。其次,制定主体不同。国际法的制定者主要是国家;国内法则是通过国家的权力机关制定的。最后,国际法的强制执行和国内法不同。国际法是通过国家单独或者集体采取措施予以保障的;而国内法的实施则是通过国家的强制机关如军队、警察、法院等来保障的。

（2）国际法与国内法的联系：首先表现在国家在处理两者的关系上的原则，是国内法应当最终体现国际法。因为，国家既制定国内法，又参加制定国际法，法律是政策的体现，国内法体现了国家的对内政策，国际法体现了国家的对外政策。就一个国家而言，国家参加制定国际法的制定当然考虑国内法的立场，通过制定国内法履行国际义务，不应当制定与国际法相违背的法律。由此可见，国际法与国内法的实质是国家严格履行国际义务，通过国内法执行国际法的问题。我国著名国际法学者周鲠生在其《国际法》一书中对此作了精辟论述，他说："可以断言，国际法与国内法按其实质来看，不应当由谁属优先的问题，也不能说是彼此对立。作为一个实际问题看，国际法和国内法的关系，归根到底，是国家如何在国内执行国际法的问题，也就是国家履行依国际法承担义务的问题……"

（3）国际法与国内法的关系还表现在两个法律体系的客观联系、相互影响和相互补充方面。从国际法的角度看，它的许多原则、规则源于国内法的实践，例如，政治犯不引渡的原则最初规定在欧洲一些国家的国内法中。从国内法的角度看，国家为了履行其国际义务，需要制定或者修改国内法，使得国内法增加新的部门或者新的内容。

17. 国际法优先说是关于国际法和国内法关系的一种理论，认为国际法和国内法不是不同法体系，而是同一法体系的不同部分。其中国际法是上位法，国内法是下位法，国际法优先于国内法，国内法的效力是国际法赋予的，而国际法的效力来自一个最高规范"约定必守原则"。代表人物是美国学者凯尔逊等人。国际法优先说是在批判二元论"平行说"的基础上发展起来的，是二战以后兴起的理论。

18. 国际法是在国际交往中形成的，用以调整国际关系的，有法律约束力的原则、规则和制度的总和。国际法是一个与国内法相对应的法律体系。国际法与国内法二者共同构成了当代人类社会完整的法律秩序。国际法作为调整国际关系的行为规则，其效力及于国际社会的所有成员，具有普遍的约束力。

首先，从国际法的角度出发，在国际关系中，国家既然依国际法承担了国际义务，就必须诚信地履行国际义务，不得以任何国内法为理由而否认国际义务。

其次，从国内法的角度看，国家如果依照国际法承担了相应的国际义务，就有责任使其国内法承担相应的国际义务，就有责任使其国内法与其国际义务保持一致。如果国际法与国内法发生抵触，虽然有关国内法院仍然可以根据其国内法的规定作出裁判，但由于该国违背国际义务，则必然会产生该国在国际法上的"国家责任"。

最后，国际司法机关对国际法的效力也多次强调，国家在国际关系中的权利和义务是由国际法规定的，国家不能利用国内法来改变国际法。国际法在国际关系中具有普遍效力。

19.（1）一元论。一元论认为，国际法与国内法都从属于自然法，是一个法律体系。随着国际社会的发展，一元论逐步演变成两种理论观点：国内法优先说和国际法优先说。国内法优先说认为国际法虽是法律，但却是次一级的法律，是从属于国内法的法律。国际法优先说认为在同一法律体系中，国际法的地位高于国内法。这种理论否认了制定国内法的国家主权这一客观事实。

（2）二元论。二元论主张，国际法和国内法是两种绝对不同的法律体系，两者的法律渊源，所调整的社会关系根本不同，因此两者完全分离，不相逾越，也无冲突的可能。二元论又被称为国际法和国内法平行说。这种理论认识到国际法和国内法是两个不同的法律体系，这是合理的。但是,二元论用静止的观点看待国际法与国内法之间的差异,将其绝对化,忽视并否认国际法和国内法的内在联系。

20. 对于条约在国内适用的途径,条约法并没有明确的规定。条约法所要求的只是条约必须遵守。至于国家以什么方式履行其条约义务,则取决于国家自己的决定。国家决定条约在国内适用的方式是法律。有的国家在宪法上规定条约在国内的适用方式,有的国家则在宪法以外的其他法律中予以规定。

一般来说,国内法规定条约的适用方式有两类:一是原则上作出规定,将条约作为国内法的一部分在国内法中直接予以适用,而不需制定新的国内法。这种方式也成为"并入"。二是制定新的国内法,赋予条约规则以国内法效力,使条约规则能够在国内适用。这种方式被称为"转化"。英国被认为是采取转化程序的典型国家,美国被认为是采取并入程序的国家。但是,美国在实践中对条约做了自动执行的条约与非自动执行的条约的区分。自动执行的条约可以由法院直接适用,非自动执行的条约则必须经过国内立法才能适用。

(六)论述题

21. 国际条约在国内的适用主要涉及两个方面,一是国际条约在国内法中的效力,二是国际条约与国内法的冲突的解决。

国际条约在国内具有法律效力并能适用,基本上是由国家的宪法规定的。这种规定大致可以分为两类:一类是原则上作出规定,将条约作为国内法的一部分在国内法中直接予以适用,而不需制定新的国内法。这种方式也被称为并入。另一类是制定新的国内法,赋予条约规则以国内法的效力,使条约规则能够在国内适用。这种方式被称为转化。

在处理国际条约与国内法的冲突方面,各国的规定主要分两类:一类是规定国际条约的地位优先于国内法,在冲突时优先适用国际条约。另一类规定国际条约的地位与国内法相等,在冲突时采取后法优于前法的原则,在国际条约与先前的国内法冲突时,适用国际条约;在国际条约与后制定的国内法冲突时,适用后制定的国内法。采取这种原则立场的国家较多,但具体实施情况并不完全相同。以美国为例,当条约与美国法律冲突时,根据美国最高法院的判决,以后法或者后来的条约优先,在现代国内法中,明确规定国内法优于国际条约的情况非常少见。

国际条约在我国有关法律领域内也存在转化和并入两种方式,转化体现在《香港特别行政区基本法》第39条,《澳门特别行政区基本法》第40条也有类似规定。并入方式有以下几种情况:直接适用国际条约;国际条约另有规定的,适用国际条约的规定;国际条约与相关国内法有不同规定的,适用国际条约的规定;国内法没有规定的,适用国际条约。

(七)案例分析

22. A国的做法不符合国际法。

(1)条约必须遵守是一项国际法原则,任何当事国不得以其国内法规定为理由而不履行条约义务。

(2)A国宪法关于条约在国内适用的规定是一个国内法问题,该国没有颁布实施通商航海条约的法令,不能成为A国法院行使管辖权的有效依据。而且,两国通商航海条约明确要求双方采取必要立法或其他措施来实施条约的规定。A国政府三权分立的主张同样不能免除它根据通商航海条约所承担的义务。

(3)B国邮船根据两国通商航海条约享有豁免权,A国不能对该船舶及其船长行使管辖权。A 国的做法违反了条约义务,侵犯了邮船的豁免权。

第四章　国际法基本原则

（一）单项选择题

1. A　2. D　3. C　4. C　5. C　6. D　7. C　8. D　9. C　10. A

（二）多项选择题

11. ABD　12. ABD　13. ABCD　14. BCD　15. ABCD　16. ABD　17. ABD　18. BCD
19. ACDE　20. ABDE　21. BCD

（三）简答题

22. 不干涉内政原则,是指国家在其相互关系中,不得以任何借口或任何方式直接或间接地干涉在本质上属于任何国家国内管辖之事件,也不得以任何手段强迫他国接受自己的意志、社会制度和意识形态。按照《国际法原则宣言》的规定,不干涉内政原则的含义包括以下几点:

（1）任何国家或国家集团均无权以任何理由直接或间接干涉任何其他国家之内政或外交事务。

（2）任何国家均不得使用或鼓励使用经济、政治或任何他种措施强迫另一国家,以取得该国主权权利行使上之屈从,并自该国获取任何种类之利益。

（3）任何国家均不得组织、协助、煽动、资助、鼓励或容许目的在于以暴力推翻一国政权之颠覆、恐怖或武装活动,或干预另一国之内政。

（4）使用武力剥夺各民族特性构成侵犯其不可转让之权利及不干涉原则之行为。

（5）每一国均有选择其政治、经济、社会及文化制度之不可移让之权利,不受他国任何形式之干涉。

（6）所有国家均应尊重各民族及国家之自决及独立权利,并应致力于各种形式与表现之种族歧视及殖民主义之彻底消除。

（四）论述题

23. 和平共处五项原则是在国际法原有进步和民主原则的基础上,根据变化了的国际形势和新的时代特点而提出的。事实上,和平共处五项原则的倡导和传播,不仅使《联合国宪章》宗旨的实现得到了更有力的保证,也使国际法的基本原则得到了新的发展,它既是国际法的新发展,又为国际法的进一步发展开辟了道路。这在国际法历史上是一个伟大的创举。它作为指导当代国际关系的完整的法律原则体系而提到世界面前,成为当代国际法的基础。

第二次世界大战之后国际关系的主要特征之一是独立国家的兴起,这对战后国际法的发展有着重要的影响。在新独立国家的要求下,产生了新的国际法原则、规则、规章和制度,既适应新的国际关系的需要,又对原来的国际法具有改造的作用。中华人民共和国和印度、缅甸首先倡议的互相尊重主权和领土完整、互不侵犯、互不干涉内政、平等互利、和平共处五项原则,既体现着联合国的宗旨和原则,又得到第三世界国家以及其他国家的赞同和承认,成为现代国际法的基本原则,就是一个显著的例子。

虽然和平共处五项原则都是国际法上早已存在的原则,但和平共处五项原则是在人类已经积累的经验的基础上,根据 20 世纪 50 年代国际形势新发展的需要,第一次作为一个不可分割的整体,一个指导当代国际关系的原则体系提到世界面前,而且被赋予新的时代含义,这就是对国际法的重大发展。如不干涉内政原则,是对传统国际法中的不干涉原则的发展,其含义是禁止国家采取任何借口和方式干预别国主权范围之内的事务。它的表现形式是:对别国内政施加压力,使用或威胁使用武力,直接或间接侵略、占领,公开或隐蔽地干预和干涉等,都侵害了被干涉国家的独立和主权。这无疑否定了关于"依据权利的干涉"和"人道主义的干涉"等主张。可见,和平共处五项原则不是对已有原则的简单重复和概括,而是对国际法基本原则的新发展。

同时,和平共处五项原则还科学地反映了国际关系的特点,坚持了国家权利和义务相一致的原则。由于国家是平等的,应当处于相同的法律地位,不能因为社会制度和意识形态上的不同而有任何差别,而和平共处五项原则最大的特点就是体现"互相"二字,它进一步确认了各国的权利和义务的一致性和统一性,这正是现代国际法与传统国际法的不同之处,也体现了国际法的发展趋势。当今的国际关系与第二次世界大战前已大相径庭,那时西方帝国主义大国决定世界的命运,国家之间的关系服从于强权原则,古老的东方国家和其他被压迫民族均是被掠夺的对象。现在,一大批民族独立国家和第三世界国家都奉行独立自主的外交政策,对国际事务自主地作出判断而不受其他国家的控制或干涉。和平共处五项原则中每一项原则都体现了"互相"和"共"字,这不是什么简单的重复,而正是科学地概括了国际关系的现状的具体表现,完全符合当代国际关系发展的趋势和要求,对保证国际法的进步发展具有十分重要的意义。

第五章　国际法的主体

(一) 单项选择题

1. D　2. A　3. A　4. C　5. D　6. A　7. D　8. A　9. A

(二) 多项选择题

10. ABC　11. BD　12. ACD　13. ABD　14. ACD　15. AB

(三) 名词解释

16. 国际法的主体,是指具有享受国际法上的权利和承担国际法上的义务的能力的国际法律关系的参加者。换句话说,就是指在国际关系中具有国际法上的权利能力和行为能力的实体,主要包括国家、国际组织以及正在争取独立的民族。这种权利能力和行为能力,可表现为与其他国际法主体建立外交关系、缔结条约、提出国际求偿等。

(四) 简答题

17. 国家是国际法的基本主体,是指国家在国际法律关系中处于一种主要的、基本的地位。具体来说,是由以下三种情况决定的:

(1) 国家在国际关系中始终处于最主要的地位和起着最重要的作用。

(2) 只有国家才拥有完全的法律行为能力和权利能力。即只有国家才具有直接承受国际法上的权利和义务的能力。

(3) 国际法的调整对象主要是国家之间的关系。

18. 国家主权是国家的根本属性,在国际法上是指国家有独立自主地处理其内外事务的权力。主权是每个国家所固有的,并非外国所赋予的。国家主权有两方面的特征:一是对内最高权,即国家对其领土内的一切人和物,以及领土外的本国人享有属地优越权和属人优越权;二是对外的独立权,即国家在国际关系上是自主和平等的。虽然自近代以来,对于主权有不同的理论解释,但各国在实践上都十分重视自己的主权。

（五）论述题

19. 关于个人是否具有国际法主体资格的问题,我国法学界一直存在争论。认为个人不具有国际法主体的观点,主要是基于以下理由:国际法主要是国家之间的法律,个人处于所属国家的管辖之下,不具有独立参与国际关系的能力,不具有直接承受国际法上权利和义务的能力。针对国际法有关惩处个人国际犯罪行为的规定,有的学者认为这表明个人是国际法的客体。

随着越来越多的国际公约明确规定个人的权利和义务,我国学者也逐渐接受个人在国际法的某些领域能够直接承受国际法的权利和义务,具有国际法主体资格。例如,李浩培教授曾指出,个人是国际法的部分主体;个人的部分国际法地位依赖于各主权国家的意志;一些主权国家以条约规定个人具有部分国际法主体地位,由此个人才取得这种地位。个人具有国际法主体资格的情况特别明显地表现在国际刑法领域。

个人是国际刑法的主体,而不是国际刑法的客体。这是因为国际刑法是以控制国际犯罪为主要任务的国际法律体系。国际犯罪离不开具体的个人,而现代国际社会控制国际犯罪又必须保障基本人权。因此,国际刑法就必须明确规定个人在国际刑事法律体系中的地位,规定个人的权利、义务和责任。现在许多国际刑法公约都对个人在国际刑事法律关系中的权利和义务予以明确规定。根据国际刑法公约的规定和国际实践,作为国际刑法主体的个人,不仅指自然人,还包括法人,但总的来说,即使承认个人在国际法的某些领域具有国际法主体资格,其范围也是很有限的。

第六章 国际法上的国家

（一）填空题

1. 定居的居民;确定的领土;政府;主权

2. 独立参与国际关系的资格;直接享有国际法上权利的能力;直接承担国际法上义务的能力

3. 属人管辖权;保护性管辖权

4. 管辖豁免;程序豁免

（二）单项选择题

5. B 6. D 7. B 8. B 9. D 10. C 11. D 12. A 13. A 14. A 15. D

（三）多项选择题

16. ABD 17. ABCED 18. ABD 19. ABCD 20. ABC 21. AB 22. CD 23. ABC
24. ABC 25. BCD 26. ABCD 27. ABCD 28. ABCD 29. BCD 30. ABCD

（四）简答题

31. 国家的要素一共有四个:

一是定居的居民,指居住于国家领土内的人口。有了一定数量的居民,才能形成社会,形成一定的经济和政治结构,组成国家。无论人口多少,在法律上都是国际社会平等的一员,是国际法的主体,享有国际法上的权利,承担国际法上的义务。

二是确定的领土。领土是国家赖以存在的物质基础,也是国家主权活动行使排他性权力的空间,包括领陆、领海和领空。

三是政权组织。政权组织是国家在政治上和组织上的体现,是执行国家职能的机构,是国家的代表。

四是主权。主权是一个国家独立自主处理对内对外事务的最高权力,是国家区别于地方政权的主要方面,是国家的固有属性。

32. 国家管辖权是国家对人、物和事行使管辖的权利。它是国家的基本权利之一,根据行使管辖权的依据的不同,可以分为属地管辖权、属人管辖权、保护性管辖权和普遍性管辖权。

属地管辖权是国家对其领域内的一切人、物和发生的事件行使管辖的权利。属人管辖权是国家对在其领域外的本国人行使管辖的权利。保护性管辖权是国家为了保护其本身及其公民的重大利益,对外国人在该国领域之外所犯罪行行使的管辖。普遍性管辖权是国家根据国际法的规定,对于危害国际和平与安全以及全人类利益的某些特定的国际罪行行使的管辖,而不论犯罪行为发生于何地和罪犯国籍如何。

属地管辖和属人管辖是主要的,保护性管辖和普遍性管辖是对传统国际法上国家管辖权的扩张。它们都必须依照国际法行使。

33. 国家豁免又称为国家主权豁免。通常指国家及其财产不受他国管辖的权利。这是一项普遍接受的习惯国际法规则,源自罗马法上"平等者之间无管辖权"的格言。国家主权平等、独立和尊严是国家豁免的基础。这种豁免的一般形式是一国法院不得对以外国国家为被告提起的诉讼行使管辖权和不得对外国国家财产采取强制措施。

国家是国际法上管辖豁免的当然享有者。行使国家主权权力的各种机关,经授权行使国家主权权利并以该身份行事或实际行使该权力的国家领土组成单位、国家机构、部门或其他实体,以及国家代表,都享有豁免权。

在国家豁免问题上,理论和实践曾有绝对豁免原则与相对豁免原则之分。前者是指不论所涉及外国国家的行为或财产的性质如何,一律豁免。后者则将国家行为分为主权行为和非主权行为,只有主权行为才享有豁免权。

国家可以通过明示或默示的方式放弃豁免。

(五)案例分析

34. (1)根据属人管辖权,甲有管辖权。依据属地管辖权,丁国有管辖权。根据保护性管辖权,乙国也具有管辖权。根据普遍性管辖权,各国均有权实行管辖。因此,甲乙丙丁四国对此案件都具有管辖权。

(2)虽然甲国对 A 有属人管辖权,但由于 A 在丁国,需要通过引渡或司法协助才能将其缉拿归案,所以甲国不能直接向丁国派遣警察缉拿 A。

第七章 国际组织法

(一)填空题

1. 国家(政府);条约

2. 一般性国际组织;专门性国际组织;全球性国际组织;区域性国际组织;开放性组织;封闭性组织

3. 私人;两个

（二）单项选择题

4．C　　5．B　　6．D　　7．B　　8．A　　9．C　　10．C　　11．A　　12．D　　13．C
14．D　　15．D　　16．C

（三）不定项选择题

17．ABD　　18．ABCD　　19．ABCDE　　20．ABCDE　　21．ABCD　　22．ABD　　23．ABD　　24．BD
25．BC　　26．ABCD　　27．ABD　　28．AB　　29．ABD　　30．ACD

（四）名词解释

31．政府间国际组织，是指政府（国家）为实现共同的目的，根据条约设立的，拥有常设机关并以其名义开展活动的国际性机构。

32．区域性国际组织，是指在相同的地域内的国家或者虽不在相同的地域内，但以维护区域性利益为目的的国家组成的国际组织与集团。

33．双重否决权，是指联合国安理会常任理事国对于非程序性事项的表决享有否决权，由于决定某个事项是否属于程序事项的问题也要由包括全体常任理事国同意票在内的9个理事国的投票决定，即其也享有否决权，因此，常任理事国就享有两次否决的权利。

34．加权表决制是指某些会员国在享有同样的表决票之外还增加一定的票数。这种表决制在带有股份制性质的国际金融组织中常常采用。

35．联合国专门机构，是指根据特别协定而同联合国建立关系的或根据联合国决议而创设的、对某一特定业务领域负有国际责任的政府间专门性国际组织。

（五）简答题

36．国际组织主要有以下几个特征：

（1）国际组织的成员主要是国家。虽然有时候国际组织也接纳非主权实体，如世贸组织允许一国境内的单独关税区（如香港、澳门）和欧洲联盟享有完全的成员资格，又如巴勒斯坦解放组织被吸纳为阿拉伯国家联盟的正式成员等，但国际组织的基本成员还是主权国家。

（2）国际组织的职权是成员国赋予的。建立在主权国家之间的国际组织不是凌驾于国家之上的世界政府，而是国家之间的组织，它不能违反国家主权原则去干涉本质上属于国家国内管辖的事项。它必须按照成员国在组织章程中的授权范围，去履行自己的职责。

（3）国际组织是根据成员国之间的多边条约建立的。建立国际组织的多边条约是国际组织的基本文件，一般包括了国际组织的目的和宗旨，国际组织的主要机构及其职权范围、议事程序，并对成员资格的取得、丧失，成员国的权利义务以及国际组织职员等事项作出规定。国际组织的建立和工作都以创建这个组织的国际条约为依据。

（4）国际组织是为了一定的宗旨和目的建立起来的。这是国际组织建立的初衷，即所有的国际组织都是为了在特定领域进行制度化合作、处理国际间的特定事务，国际组织的职能就是由不同的特定事务决定的。

（5）国际组织拥有常设机构。国际组织拥有常设机构处理日常事务以保障国际组织宗旨和目的的实现，这也是国际组织和国际会议最主要的区别之所在。

37．国际组织是现代国际生活中促进各国合作的一种法律形式。目前，国际组织数以百计，它们的活动不但扩大了国际法的主体范围，而且对国际法的发展作出了重要贡献：

（1）借助国际组织，国家间的国际合作机会大大增加。二战后，国际组织数量的激增就表明它很好地平衡了国际社会的两个端点:一端是各自独立的国家在主权之下,无法将其权力融为一体;另一端是国内管辖事项日益超出国界,需要国际协作。国际组织正是为满足国际协作的制度性保障。

(2)国际组织在保障人权和维护民族自决权方面的作用不可或缺。例如,在联合国的推动下,一批国际人权组织建立。

(3)国际组织在经济和社会发展的合作方面也发挥了决定性的作用。自由贸易区、关税同盟、多边发展援助、劳动者保护等,无一不是国际组织努力的结果。

(4)国际组织在制度上确保了国际法规范的实施,换句话说,有了国际组织,国际法规范得到落实的机会大大增加了。更为重要的是,国际组织可以在达成广泛共识的基础上采取措施与个别国家的违法行为做斗争,这与传统国际法的实施措施完全靠国家"对等报复"相比无疑更为合理。

(5)在国际组织的倡议以及辅助机构的帮助下,原有的国际法的许多不成文规范变成了成文规范,大大便利了国际法的适用与解释,进而推动了国际司法的强化。

38.《联合国宪章》第2条规定了联合国及其会员国应遵行的原则。主要包括:(1)各会员国主权平等;(2)各会员国应一秉善意,履行其依本宪章所担负义务;(3)各会员国应以和平方法解决其国际争端;(4)各会员国在其国际关系上不得使用威胁或武力,或以与联合国宗旨不符之任何其他方法,侵害任何会员国或国家之领土完整或政治独立;(5)各会员国对于联合国依本宪章规定而采取之行动,应尽力予以协助,联合国对于任何国家正在采取防止或执行行动时,各会员国对该国不得给予协助;(6)在维持国际和平及安全之必要范围内,应保证非联合国会员国遵行上述原则;(7)联合国不得干涉在本质上属于任何国家国内管辖之事件,但此项原则不妨碍第七章内执行办法的适用。

39. 第一,国际组织推动和促进了争端的和平解决。(1)两种相互竞争的利益促使争端当事国尽可能谋求争端的和平解决。这两种利益就是国际组织成员国所固有的共同利益与争端起因所包含的单独利益,为了尽可能实现这两种利益的相容,争端当事各方会倾向于利用国际组织争端解决机制解决争端。(2)确定了自由选择解决争端方法的制约性。国际组织要求成员国和平解决国际争端,但通常没有命令成员国采用某种具体的解决办法,这是争端各当事国的自由裁量权。(3)每个成员国通常都被要求以这样或那样的身份参与争端解决程序。国际组织中存在相互依存的利益关系,有的国家不是争端直接当事方,但却对争端的解决有利害关系。因此争端的继续存在及其所达成的解决办法,可能对其利益和他们作为成员国的国际组织的运作产生影响。所有成员国都有义务发起或参加争端解决程序。

第二,国际组织继承和发展了一般国际法的和平解决国际争端程序。国际组织使得一般国际法的和平解决国际争端的方法的适用更加系统、经常和有效。国际组织本身已经成为现代国际法一个崭新、利用率最高和最有潜力的和平解决国际争端手段。以国际组织和平解决国际争端的法律方法的发展为例:(1)国际组织为常设国际司法机关提供了赖以存在的组织基础。(2)国际组织为国际司法机关提供了制约因素:在国际组织中,必须存在各种关系赖以规范的各种明确具体的法律规则。(3)国际组织改进和加强了国际司法程序,加强了国际司法机关解决国家间争端的管辖权,拓宽了国际司法程序的适用范围。(4)国际组织创立了新的法律方法——咨询程序。(5)国际组织对国际仲裁程序也有进一步的发展:仲裁因其固有的自愿性、规范性和灵活性而被国际组织广泛用来解决各种争端。

（六）论述题

40. 中国在创建联合国的过程中发挥了非常积极的作用,中国是联合国的创始会员国,也是安理会五大常任理事国之一。中国之所以能够成为联合国创始会员国以及安理会常任理事国,是因为中国在第二次世界大战中的巨大牺牲,为维护世界和平发挥了巨大作用,得到国际社会的尊重与承认。

在联合国的创建过程中,中国积极参与,并且提出了很多建设性的意见。如在联合国宪章的制定过程中,中国代表提出:其一,联合国应该基于公平正义的原则;其二,要强调国际法的作用,反对那种藐视国际法的做法;其三,中国愿意促进各国间经济的合作,经济社会的发展也应该体现在联合国的发展过程中。中国的这些意见都被吸收到宪章中。作为旧金山会议的四大发起国,中国派遣 10 人组成的代表团出席了这次会议,并在宪章上签字,为联合国的创建作出了重要贡献。

战后不久,冷战格局形成。新中国成立后,由于美国执行敌视新中国的政策,中国在联合国的席位一直被台湾当局所窃踞。为恢复在联合国的合法地位,中华人民共和国政府作出了长期不懈的努力。1950 年 9 月,在美国操纵下,第 5 届联大否决了苏联和印度分别提出的恢复中华人民共和国在联合国合法权利的提案;1951 年,美国操纵第 6 届联大否决了苏联等国代表提出的将恢复中华人民共和国合法席位问题列入联大议程的提案,并通过了"延期审议"中国代表权问题的决议;1961 年,第 16 届联大决定将中国代表权问题列入联大议程;1971 年 10 月25 日,第 26 届联大以 59 票反对、55 票赞成、15 票弃权否决了所谓"重要问题"案。接着以 76票赞成、35 票反对、17 票弃权的压倒多数通过了阿尔巴尼亚、阿尔及利亚等 23 国的提案,决定恢复中华人民共和国在联合国的一切合法权利,这就是联合国历史上著名的联大 2758 号决议,它从政治上、法律上、程序上公正彻底地解决了中国在联合国的代表权问题。

从 1971 年恢复了中华人民共和国的合法席位后,中国对联合国事务的参与,经历了一个由陌生,到逐渐熟悉,再到不断深入的过程。当今中国在联合国的各项工作中发挥着越来越重要的作用,成为维护国际和平与安全、促进国际经济与社会发展、维护联合国宪章的宗旨与原则、坚持各国和平友好合作的负责任大国。中国是世界上最大的、联合国安理会常任理事国中唯一的发展中国家,因此在一些重大问题上,始终站在发展中国家一边,坚定地维护发展中国家的利益,从而使联合国更具民主性与普遍性。

（七）案例分析

41.（1）联合国大会和安理会都有维持国际和平与安全的职责。

联合国大会有维持国际和平与安全的职权。包括:第一,关于维持国际和平与安全的普遍原则,包括有关裁军和军备管制方面的原则,并提出有关建议;第二,会员国、安理会或非会员国在一定条件下提出的有关国际和平与安全的任何问题,除安理会正在处理者外,可提出建议;第三,对足以危及国际和平与安全的情势提请安理会注意。

安理会是联合国在维持国际和平与安全方面负有主要责任的机关。也是唯一有权采取行动的机关。其职权包括:第一,促使争端和平解决;第二,制止侵略行动;第三,负责拟订军备管制的方案,在属于战略性的地区行使联合国的托管职能等其他职权。

联合国大会讨论《联合国宪章》范围内的任何问题或事项并向会员国或安理会提出建议。

但当安全理事会执行《联合国宪章》所授予的职务时,非经安理会请求,不得提出任何建议。而安理会是唯一有权采取行动的机关,大会拥有的仅仅是一定的讨论和建议的职权。

（2）在本案中,虽然只有安理会有采取行动的权利,但是联合国大会有权在联合国会员国之间分配维持和平与安全所需的经费,经大会决议核准的1956年第一支联合国紧急部队和1960年联合国刚果行动的费用,应当由会员国分摊。

第八章 国际法上的个人

（一）单项选择题

1. B　2. C　3. B　4. D　5. A　6. C　7. D　8. D　9. D　10. A　11. A

（二）多项选择题

12. ABC　13. ACD　14. ABCD　15. ABC　16. AB　17. ABD　18. BCD　19. BD　20. AC
21. C　22. ABCD

（三）名词解释

23. 以下列表为基本内容:

类别 ＼ 概念	最惠国待遇	国民待遇
定义	一国(施惠国)给予另一国(受惠国)国民的待遇,不低于现时或将来给予任何第三国国民的待遇	国家在一定范围内给予外国人与本国公民同等的待遇
适用范围	经济和贸易方面	民事权利和诉讼权利
限制	给予邻国的优惠,关税同盟、自由贸易区或经济共同体内的优惠	政治权利
目的	外国人与外国人处于同等法律地位	外国人与本国人处于同等法律地位

24. 可引渡的犯罪是请求引渡国和被请求引渡国都认定为犯罪的行为,一般是普通刑事犯罪。双重犯罪可以是请求引渡国和被请求引渡国的法律将同一行为都规定为犯罪,而不论它们的法律是否将这种犯罪列入相同的犯罪类别或者是否使用相同的术语规定这种犯罪的名称。它也可以是双方共同参加的条约所规定的犯罪行为。

25. 一个人在同一时间内具有两个或两个以上的国籍,或者不具有任何国籍的法律状态。前者即双重或多重国籍的状态,称为国籍的积极抵触;后者即无国籍状态,称为国籍的消极抵触。国籍抵触是由各国法律在出生、婚姻、收养或认领、剥夺国籍等国籍的取得或丧失上的不同规定而产生的。

26. 庇护是领土保护,是指国家对于因政治原因而被外国追诉或受迫害而来避难的外国人,准其入境和居留,并给予保护。庇护是国家的权利,是国家主权行为。庇护的主要根据是国内法,其针对的对象是政治犯。

域外庇护是指国家的驻外使领馆庇护外国人,又称外交庇护。外交庇护没有被各国普遍接受,因而不是普遍适用的国际习惯法。

(四) 简答题

27. 外交保护是指一国针对其国民因另一国的国际不法行为而受的损害,以国家的名义为该国民采取外交行动或其他和平解决手段。外交保护是国家的权利,是否行使由国家自由决定。

国家行使外交保护有三个先决条件:第一,一国国民在外国受到的损害是由该外国的国际不法行为所致。第二,请求国能证明受害者为其本国国民。这在国际法上被称为"国籍持续原则",即受害人自受害之日起至求偿结束之日需要持续具有保护国国籍。第三,用尽当地救济,即国家在为受侵害的本国人提出外交保护之前,该受害人必须首先用尽所在国法律规定的一切救济方法,包括行政或司法救济手段,除非依条约的规定排除了当地救济。

28. 我国《国籍法》主要规定了如下制度:

(1) 在原始国籍赋予上采取双系血统主义和出生地主义相结合的原则。这具体体现在《国籍法》第4条、第5条和第6条的规定。

(2) 不承认双重国籍。《国籍法》第3条规定:"中华人民共和国不承认中国公民具有双重国籍。"第5条、第8条、第9条和第13条对这一原则作了具体规定。

(3) 防止和减少无国籍人。对此,《国籍法》从两个方面予以规定:一是对于无国籍或国籍不明并定居在中国的外国人,只要他们的子女出生在中国,其子女即具有中国国籍。二是对于无国籍人,只要他们愿意遵守中国的宪法和法律,并具备如下条件之一——中国人的近亲属;定居在中国;有其他正当理由——就可以经申请批准加入中国国籍。另外,我国《国籍法》不以任何理由剥夺我国公民的国籍。

29. 外交保护的具体方式有:

(1) 被捕侨民应有机会与本国外交代表或领事官员交谈。

(2) 审判外国被告时,应保证其国籍所属国外交代表(或派使馆人员)或领事官员有权旁听审判过程。

(3) 侨民的财产若被侨居国无偿征用,外交代表应建议他采取侨民国国内法律的补救方法,以求得一定的补偿。

(4) 本国侨民遭到侨居国的个人或组织的暴力攻击时,如果侨民国有关机关不尽力采取保护性措施,外交代表可向有关当局进行交涉,要求赔偿。

(5) 本国侨民如受到侨居国的歧视性待遇,遭驱赶或迫害时,外交代表应当提出抗议,要求侨居国立即停止此类行为,保证侨民正常的生活与工作,否则须对此产生的一切后果承担全部责任。

(五) 论述题

30. 国家给予外国人何种待遇,国际法上并无统一规定。在国际实践中,各国一般在互惠和不歧视的基础上,同时在不同领域分别采取国民待遇、最惠国待遇和差别待遇。

(1) 国民待遇。它是指国家在一定范围内给予外国人与本国公民同等的待遇,即在同等条件下,外国人享有与本国人相同的权利和义务。依此原则,一方面,国家给予外国人的待遇不低于本国人的待遇;另一方面,外国人不得要求任何高于本国人的待遇。国民待遇通常是国家在互惠原则的基础上互相给予。从国际实践来看,给予外国人以国民待遇,一般限于民事权利和诉讼权利方面。至于政治权利,如选举权和被选举权,外国人一般不能享有;即使在民事权利方面,也有一定限制。

(2)最惠国待遇。它是指一国(施惠国)给予另一国(受惠国)国民的待遇,不低于现时或将来给予任何第三国国民的待遇。最惠国待遇一般通过双边或多边条约适用于经济和贸易方面。目前,国际上普遍采用互惠的、无条件的和有限制的最惠国待遇。

根据国际实践,最惠国待遇不适用于以下情形:给予邻国的利益和特惠;关税同盟内的优惠;自由贸易区和优惠贸易区域内部的优惠;经济共同体内的优惠。

(3)差别待遇。它是指一国给予外国人不同于本国人的待遇,或对不同国籍的外国人给予不同的待遇。第一种情况如国民待遇中对外国人民事权利的一些限制,或者一国在某些领域或地区给予外国人特别优惠的待遇。第二种情况如最惠国待遇的例外情形,以及由于民族、历史、地理等原因,某些国家或国家集团的关系密切一些,从而相互给予对方国民而不给予第三国国民在某些事项上较优惠的待遇。国际法承认上述差别待遇,但是,如果因种族、宗教、政治等方面的原因实行差别待遇,则成为歧视待遇,就是违反国际法的。

31. 我国 2000 年《引渡法》规定了如下主要制度:

(1)引渡的原则。中外引渡合作应在平等互惠的基础上进行,并不得损害我国主权、安全和社会公共利益。中外引渡应通过外交途径联系。我国外交部为指定的进行引渡的联系机关。但是,如果引渡条约对联系机关有特别规定的,依照条约规定。

(2)外国向我国请求引渡。外国向我国提出的引渡请求,只有在同时符合下列两个条件时才准予引渡:第一,引渡请求所指的行为,按照我国法律和请求国法律均构成犯罪。第二,为提起刑事诉讼而请求引渡的,引渡请求所指控的犯罪必须依双方的法律均可判处 1 年以上有期徒刑或者其他更重的刑罚;为执行刑罚而请求引渡的,在提出引渡请求时,被请求引渡人尚未服完的刑期至少为 6 个月。

我国有关主管机关在审查引渡请求时,可基于法定情况拒绝引渡。这些情况有两类:第一类是"应当拒绝引渡"的情形;第二类是"可以拒绝引渡"的情形。前者包括:被请求引渡人具有我国国籍;政治犯或我国已给予受庇护权利的;军事犯罪;可能因种族、宗教、国籍、性别、政治见解或者身份等原因而被提起刑事诉讼或者执行刑罚的;我国已对指控的犯罪作出生效判决或者已经终止刑事诉讼程序;被指控犯罪已过追诉时效或被请求引渡人已被赦免;被请求引渡人曾经或可能遭受酷刑;以及根据缺席判决提出引渡请求等。后者包括:我国对引渡请求所指控的犯罪具有刑事管辖权,并且正在进行刑事诉讼或者准备提起刑事诉讼;由于被请求引渡人的年龄、健康等原因,根据人道主义原则不宜引渡的。

请求国请求引渡必须出具请求书,并提供逮捕证或生效法律判决书或裁定书的副本以及必要的犯罪证据或者证据材料。而且,请求国还须保证:第一,不对被引渡人在引渡前实施的其他未准予引渡的犯罪追究刑事责任,也不将该人再引渡给第三国。第二,承担因撤销、放弃引渡请求或引渡请求错误而给被请求引渡人造成损害的责任。如果两个以上国家就同一行为或者不同行为请求引渡同一人,应当综合考虑我国收到引渡请求的先后、我国与请求国是否存在引渡条约关系等因素,确定接受引渡请求的优先顺序。

引渡审查由外交部、最高人民法院和国务院进行。外交部在收到请求国提出的引渡请求后,对引渡请求书及其所附文件、材料是否符合《引渡法》和引渡条约的规定进行形式审查。如果符合规定,外交部则将引渡请求书及其所附文件和材料转交最高人民法院。最高人民法院指定高级人民法院对引渡请求是否符合《引渡法》和引渡条约关于引渡条件等规定进行审查并作出裁定,最后由最高人民法院复核。最高人民法院裁定符合引渡条件的,由外交部报送国务院决定。国务院在必要时,可授权国务院有关部门决定。引渡拘留、引渡逮捕、引渡监视居住和引渡执行等由公安机关进行。

（3）我国向外国请求引渡。我国向外国请求引渡通过我国外交部进行。在紧急情况下,在向外国正式提出引渡请求前,可以通过外交途径或者被请求国同意的其他途径,请求外国对有关人员先行采取强制措施。引渡、引渡过境或者采取强制措施的请求所需的文书、文件和材料,应当依照引渡条约的规定提出;在没有引渡条约或者引渡条约没有规定时,可依《引渡法》有关规定提出;被请求国有特殊要求的,在不违反我国法律的基本原则的情况下,可以按照被请求国的特殊要求提出。如果被请求国就准予引渡附加条件,对于不损害我国主权、国家利益和公共利益的,可以由外交部代表我国政府向被请求国作出承诺;对于限制追诉的承诺,由最高人民检察院决定;对于量刑的承诺,由最高人民法院决定。

32. 外交保护是指一国针对其国民因另一国的国际不法行为而受的损害,以国家的名义为该国民采取外交行动或其他和平解决手段。外交保护是国家的权利。但是,国家行使外交保护必须满足用尽当地救济的条件,也就是国家在为受侵害的本国人提出外交保护之前,该受害人必须首先用尽所在国法律规定的一切救济方法,包括行政或司法救济手段,除非依条约的规定排除了当地救济。之所以如此,是由于主权国家有独立权、管辖权,可以按照自己的意志处理本国事务而不受外来控制和干涉。外交保护与尊重国家主权都是国际法的重要原则,当本国人在外国遭受损害时,首先应尊重该国家主权,在该外国寻求帮助,只有在用尽当地救济仍无法保护本国人权益时,本国才能够通过外交保护予以救济。只有这样才能在保护本国人的同时最低程度地干涉外国国家主权。

33. "或引渡或起诉",即发现嫌疑犯的国家如不将其引渡给有管辖权的国家,则不论罪行是否在其境内发生,一律将案件提交其主管当局,以便起诉。该主管当局应按照本国法律,以对待任何严重性质的普通罪行案件的同样方式予以判决。这是国际承认的引渡的一项基本原则。

"或引渡或起诉"原则一般被理解为普遍性管辖权的实现方式,但是,两者在适用范围上存在着交叉。国际刑法公约中关于引渡的共同性条款对"或引渡或起诉"原则起到补充性作用。"或引渡或起诉"原则在条约中体现为在缔约国之间实行普遍管辖,其最终目的在于赋予犯罪人所在国以设定管辖权的义务。

根据《关于防止和惩处侵害应受国际保护人员包括外交代表的罪行的公约》,缔约国于嫌疑犯在其领土内时,如不予以引渡,则应毫无例外,并不得不当稽延,将案件交付主管当局,以便依照本国法律规定的程序提起刑事诉讼。该公约还规定,嫌疑犯所在地的缔约国确信情况有此需要时,应采取其国内法所规定的适当措施保证嫌疑犯留在其领土内,以便进行起诉或引渡。

各国应在对侵害应受国际保护人员罪引渡方面依法进行合作。侵害应受国际保护人员的罪行应视为应该引渡的罪行。缔约国承允将来彼此间所订的每一引渡条约中都将这些罪行列为应该引渡的罪行。以订有条约为引渡条件的缔约国从未与该缔约国订立引渡条约的另一缔约国接到引渡要求时,如果决定引渡,得视本公约为对这些罪行进行引渡的法律根据。引渡须依照被要求国法律所规定的程序和其他条件办理。不以订有条约为引渡条件的缔约国应承认这些罪行为彼此间应该引渡的罪行,但须依照被要求国法律所规定的程序和其他条件办理。

34. 跨国公司在国际法上的地位是有争议的。晚近,公司和其他实体的国际法主体地位正在逐渐得到承认。

美国法学会 1987 年《第三次对外关系法重述》指出,"在过去,个人、团体、公司或其他依据国内法创设的法人一般被认为不是国际法上的人或者主体。然而,原则上,个人和各种私人法律实体可以拥有国际法或国际协定所赋予的任何地位、能力、权利或义务,而且个人和私人实体已经越来越多地在不同程度上被赋予此种人格"。"尽管个人和团体具有国际法上的人的某种独立地位,但是个人和国际法之间的主要关系仍然通过国家维系,其在国际生活中的地位主要取决于其作为各国国民的身份。"这实际上就是承认了公司和其他私人实体完全可以而且实际已经具有了不同程度的国际法主体地位。

公司和其他私人实体具有国际法上的主体地位并不意味着跨国公司也具有国际法上的主体地位。美国法学会 1987 年《第三次对外关系法重述》指出,跨国公司是国际经济生活的显著特征,但是跨国公司并没有取得国际法或各国法律体系上的特殊地位。跨国公司是由多个不同法律实体组成的,一般不能笼统地说跨国公司整体在国内法和国际法上的地位,而应具体地说跨国公司各个组成实体在国内法和国际法上的地位。在国内法上,"揭开公司面纱""单一实体责任"等只有在极其严格的例外情形下才可能得到适用。在国际法上,只有少数国际软法文件规定了跨国公司各个组成部分相互合作履行的义务。因此,跨国公司不具有国际法上的主体地位,而跨国公司各个组成实体则具有不同程度的国际法主体地位。

公司和其他私人实体已经具有了国际法主体的地位。首先,公司和其他私人组织可以与其他国家政府缔结特许协议或称经济开发协议,约定适用国际公法原则或一般法律原则,约定专设或常设国际仲裁庭解决争议。这种国际协议只是国际契约而不是国际条约,也不受条约法调整,但是,公司和其他私人组织直接依据国际法享有权利,可以在国际层面独立提出索赔请求,具有了有限的国际法上的人格、地位和能力。其次,公司和其他私人组织可以根据专门的国际混合仲裁条约享有提出国际赔偿请求能力。例如,根据 1965 年《解决国家和他国国民之间投资争议的公约》第 25 条第 1 款和第 42 条第 1 款,一缔约国投资者与另一缔约国可以根据书面仲裁协议,将其投资争端提交国际投资争端解决中心,进而可能适用国际法解决投资争端。公司和其他私人组织具有独立提出国际请求的能力,甚至可以直接依据国际法享有权利。最后,公司和其他私人组织可以依据双边投资条约、自由贸易协定投资专章的规定,直接依据条约提起国际仲裁和索赔请求,有权援引投资条约赋予的诸如国民待遇、最惠国待遇、公平与公正待遇、充分保护与安全、征收与补偿等实体待遇保护,具有比较稳定的国际法主体地位。

(六)案例分析

35. A 国的主张不正确。理由是:

(1)甲是中国人。甲出生在香港,其父母是中国人。根据《关于〈中华人民共和国国籍法〉在香港特别行政区实施的几个问题的解释》(以下简称《解释》),甲是中国人。

(2)甲的中国人身份不因他持"英国国民(海外)护照"而受影响。《解释》规定,所有香港中国同胞,不论其是否持有"英国国民(海外)护照",都是中国公民。

（3）保护海外侨民是国家的责任。甲是中国人，中国驻 A 国大使馆对他在 A 国遭受的不法侵害表示关切，是履行其护侨的职责；要求 A 国依法惩处肇事者，是尊重 A 国的主权，不存在干涉其内政的问题。

36.（1）A 国拒绝引渡的理由不充分：第一，引渡通常是国家依条约承担的义务。在没有条约义务时，一国是否接受他国的引渡请求，由该国自行决定。中国与 A 国不存在有关引渡的条约，而且其国内法规定死刑不引渡，所以，A 国拒绝引渡请求本无可厚非。但 A 国国内法无贪污罪名的理由不充分。因为双重犯罪原则不取决于请求引渡国和被请求引渡国的法律是否将同一犯罪行为列入相同的犯罪类别，或者是否使用相同的术语规定这种犯罪的名称。第二，A 国庇护甲的做法不正确。庇护是一国对基于政治原因而被外国追诉或受迫害的外国人给予保护。甲曾经与其上级领导在管理方面的意见分歧不属于政治原因，甲未得晋升不属于政治迫害。依照中国法律，甲的贪污行为是应该受到惩罚的犯罪行为，不是政治犯罪。

（2）中国可以向 A 国作出不判处甲死刑的承诺。我国《引渡法》规定，如果被请求国就准予引渡附加条件的，对于不损害我国主权、国家公共利益的，可以由外交部代表我国政府向被请求国作出承诺。对于量刑的承诺，由最高人民法院决定。

第九章　国际人权法

（一）填空题

1. 托管理事会；促进国际和平及安全

2. 秘书处；秘书长；安理会；5

3. 各民族获得最高可能水平的健康

（二）单项选择题

4. B　　5. A　　6. C　　7. C　　8. B　　9. C　　10. B　　11. A　　12. C　　13. D　　14. C　　15. C　16. C

（三）多项选择题

17. BCD　　18. ABC　　19. ABCD　　20. ABD　　21. AB　　22. ABCD　　23. ABCD　　24. BC　25. ABCD　　26. ADE　　27. ABCE　　28. ABCE　　29. ACD

（四）不定项选择题

30. D　　31. ACD　　32. BCD　　33. C

（五）名词解释

34. 国际法上的人权，是指经国际人权条约规定或联合国大会决议所宣示予以保护的基本权利。这种人权具有普遍性和平等性、相对性、特殊性与渐进性的性质。

35. 集体人权，是指人民、团体、群体或组织以集体名义享有的权利，通常与个人人权相对。集体人权包括自决权、发展权和环境权等。集体人权概念的提出对促进发展中国家的独立和发展有积极意义。

36. 普遍定期审议，是人权理事会根据联合国大会第 60/251 号决议的授权，通过第 5/1 号决议——《联合国人权理事会的体制建设》建立的，一种以确保普遍性尊重的平等对待所有国家的方式，定期普遍审议每个国家履行人权义务和承诺情况的合作性机制。它是人权理事会确保人们普遍享有人权的一个主要支柱，是其他人权机制的补充而不是重复。

37. 公约对"种族歧视"的定义是：基于种族肤色、世系或民族或人种的任何区别、排斥、限制或优惠，其目的或效果为取消或损害政治、经济、社会、文化或公共生活任何其他方面人权及基本自由在平等地位上的承认、享受或行使。

（六）简答题

38. （1）联合国保护和促进人权系统由两种主要类型的机构组成：依《联合国宪章》创立的机构和根据国际人权条约创立的机构。

关于宪章机构。依《联合国宪章》设立的人权机构有一般性和专职性两类。在前者，保护和促进人权只是其职能之一。这类机构有联合国大会及其第三委员会、经济及社会理事会和国际法院。此外，涉及人权保护和促进的许多联合国专门机构和伙伴也属于这种性质的机构，如国际劳工组织、世界卫生组织和联合国粮农组织等。

联合国人权理事会是联合国系统内负责处理人权问题的主要专门机构，由联合国大会于2006年3月通过决议设立。它的前身是联合国人权委员会。理事会的附属机关是人权理事会咨询委员会。联合国人权事务高级专员办事处行使人权理事会及人权条约机构秘书处的职能。

关于人权条约机构。这是根据有关核心国际人权公约设立的、负责监督公约缔约国履行公约义务状况的专家委员会。这类已设立的机构有人权事务委员会，经济、社会和文化权利委员会，禁止酷刑委员会及预防酷刑小组委员会，以及儿童权利委员会等10个。

此外，人权条约机构还包括根据《禁止并惩治种族隔离罪行国际公约》设立的三人小组。

（2）特点。

第一，宪章机构的成员国家代表，其职能所及人权领域广泛，包括制定有关促进、保护人权的公约、宣言、指南、准则或进行调查或报告等。

第二，人权条约机构的委员是经选举的独立专家，以个人身份任职，不是政府的代表。各人权条约机构的职能及于所负责的人权领域，而且主要职能是监督缔约国履行公约义务，在一定意义上具有"准司法"性质。

39. （1）人权的国际保护实施机制是指国际法提供的促进国家尊重、保护人权的制度或程序，包括报告制度、国家间指控制度、个人申诉制度、调查程序、紧急行动程序、普遍定期审议和人权理事会申诉程序。

（2）报告制度是国际人权条约广泛采用的监督缔约国履行义务的程序，它无须缔约国的特别批准而自动适用。根据这一程序，缔约国有义务向条约监督机构提交报告，陈述它们在履行条约义务、保障条约所确认的权利方面所采取的措施和取得的进展以及遇到的问题。缔约国提交的报告可分为初次报告、定期报告和其他报告。报告的实质是条约机构与缔约国之间就履约情况进行对话，目的在于"帮助缔约国完成其执行公约的义务"。

（3）国家间指控制度是一些人权条约规定的一种监督程序，适用于接受条约监督机构有权受理并审议国家间指控来文的缔约国。这种程序通常建立在任择性基础上，即缔约国得随时声明条约监督机构对国家间指控来文有管辖权。《公民权利和政治权利国际公约》是这方面的典型。

（4）个人申诉制度，是处于一国管辖下的受害个人或其代表对该国侵害有关人权公约所载权利，而向相关条约监督机构控诉的制度，它适用于承认条约监督机构有权接受并审查个人控诉来文的缔约国。多数核心人权条约建立了个人申诉制度。这种制度以有关公约的任择议定书或任择性条款为基础,而且以用尽国内救济办法为受理个人来文的前提条件。

（5）调查程序是几个人权条约建立的一种监督程序。除非缔约国声明不承认有关人权条约机构的这一职权,该机构可按照相关条约的规定自行决定对缔约国违反公约的情况进行调查,包括对其领土的访问。《禁止酷刑和其他残忍、不人道或有辱人格的待遇或处罚公约》是第一个设立这种程序的人权条约。

（6）紧急行动程序是《保护所有人免遭强迫失踪国际公约》新建立的一种处理紧急事项的程序。按照这种程序,失踪者的亲属及其他相关人员,均可以失踪为紧急事项,向强迫失踪问题委员会提出查找失踪者的请求,缔约国应将其采取措施的情况向委员会报告。如果委员会有确凿的证据证明强迫失踪现象正大规模地或有系统地发生在一缔约国管辖的领土上,它可以通过联合国秘书长,紧急提请联合国大会注意这一事项。

（7）普遍定期审议和人权理事会申诉程序是人权理事会根据联合国大会决议的授权,通过《联合国人权理事会的体制建设》决议建立的非条约机制。前者是人权理事会依据平等的通用参数及适用标准,定期公平地审查所有联合国会员国的人权记录。后者是人权理事会受理个人或非政府组织的申诉来文,以处理在世界上任何地方和任何情况下发生的,经证明确系一贯和严重地侵犯所有人权和基本自由的情势。

（8）由此可见,人权的国际保护实施机制实质在于国际监督与国际合作,在促进和保护人权上主要发挥辅助或补充的作用。

40. 人权理事会是联合国系统内负责处理人权问题的主要专门机构,由 2006 年联合国大会第 60/251 号决议设立,是大会的附属机构。它的职责主要是:促进对所有人的所有人权和基本自由的普遍尊重;处理侵犯人权局势,包括严重和有计划的侵犯行为,并就此提出建议;通过对话、能力建设和技术援助,帮助会员国遵守人权义务;充当联合国关于人权问题对话与合作的主要论坛;向大会提出关于进一步发展人权领域国际法的建议;平等地定期普遍审议每个国家履行人权义务和承诺的情况;提出促进和保护人权的建议。

41. 不可克减条款即《公民权利和政治权利国际公约》第 4 条,它是指在社会紧急状态威胁到国家的生存时,该公约缔约国可以采取措施克减其依该公约所承担的义务。但是,缔约国行使克减权受如下限制:（1）社会紧急状态威胁到国家的生存;（2）必须经正式宣布;（3）克减的程度以危急情势所绝对必要为限;（4）克减措施不得与它根据国际法所负的其他义务相抵触,并不得包含纯粹基于种族、肤色、性别、语言、宗教或社会出身的理由的歧视;（5）克减的条款及其理由应立即经由联合国秘书长转告该公约其他缔约国。但是,该公约规定的下列权利不得克减:生命权,免于酷刑、残忍和不人道待遇的自由,免于奴役和强迫劳动的自由,免于因债务而被监禁的自由,禁止刑法的溯及效力,法律人格权,思想、良心和宗教自由等。

（七）论述题

42. （1）这个问题在理论上是有争议的。一种观点认为,国际人权法规定人权的享受者主要是个人,国家并不像在其他国际条约中那样成为国际人权法上权利的直接受益者,而主要是义务承担者,即国家在国际法上承担承认、尊重、促进并保护法定人权和基本自由的义务和责任。正是这个缘故,按照亨金的说法,个人只是国际人权公约的缔约国之间的权利和义务的"偶然受益者"。

另一种观点认为,有关国际人权条约中规定了个人依国际人权条约,在其权利受到侵犯时的申诉制度,因此个人直接享有了国际人权法上的权利,故在一定意义上可以成为国际人权法的主体。

（2）国际人权公约规定的主要是人权,而人权的权利主体主要是个人,但不能因此而认为个人是国际人权法的主体。国际人权公约和有关人权机构的参加者是国家,而非个人。国际人权实施措施是国家承担的履行有关人权公约的义务。有关人权条约个人申诉制度的实施以任择条款或任择议定书为基础,表明如果有关国家没有接受相关公约的任择条款或任择议定书,在这类国家管辖下的个人就没有向有关条约监督机构申诉的资格。

43.（1）主权原则是处理国际关系最基本的原则,自然也是国际人权保护应遵守的原则。国际人权保护实际上是国家和国际组织根据国际人权条约,为实现基本人权的某些方面承担特定的或普遍的国际合作义务,并对违反人权条约义务、侵犯人权的行为加以防止和惩治。人权在本质上属于一国主权范围内的问题。个人的权利主要通过国家来保障和实现,亦即保护人权的主要责任在于主权国家。各主权国家有权根据本国国情选择人权的实现模式和发展道路。国际人权保护的实质在于国际法提供国家尊重、促进和保护人权的合作机制与程序。离开国家,不可能解决任何人权问题。没有国家之间的合作,人权的促进和保护也就无从谈起。因此,没有国家主权,人权也就无法得到切实保障和实现。所以,国际法上人权原则的确立绝不意味着人权高于主权。任何国家不得利用人权问题干涉他国内政,强行推行自己的社会、政治制度,发展模式和价值标准。许多国际文件一再重申,任何国家或国家集团均无权以任何理由直接或间接干涉任何其他国家的内政或外交事务。"人权无国界"或"人权高于主权"的理论混淆了人权的本质,夸大了二者的对立,实际上是为干涉政策服务的理论工具。

（2）人权具有一定的国际性,主权不能成为国家无视国际人权义务、侵犯人权的盾牌。对于一国境内发生的系统地、大规模地侵犯人权事件,国际社会不应置若罔闻,而应予以积极关注。国际人权保护不仅包括在实现基本人权方面进行合作与保证,而且包括对侵犯人权的行为加以防止与惩治。人权在本质上属于国内管辖之事项,这不意味着人权完全排除了国际法的关注。《联合国宪章》第2条第7款明确规定了不干涉原则的例外,即当国内管辖之事件危及国际和平与安全时,安理会可依宪章第七章采取执行办法。而危及国际和平与安全可能与严重侵犯人权密切相关,如种族隔离、种族灭绝或种族清洗等。国际社会对一国境内的这类人道灾难进行的交涉或干涉,不应视为对该国内政的干涉,该国不得以内政为借口来抵制国际人权保护机制的实施,以及逃避因严重侵犯人权所必须承担的国际责任。

因此,国际人权保护与主权原则、不干涉内政原则是辩证统一、密切联系的,不是截然对立的:一方面,主权原则和不干涉内政原则是国际人权事业健康发展、人权保护切实有效的基础;另一方面,主权原则和不干涉内政原则不能成为对抗国际人权保护措施的依据。

44. 我国先后批准或加入了包括《经济、社会及文化权利国际公约》和《残疾人权利公约》在内的20多项国际人权条约。2004年宪法修正案首次引入"人权"概念,明确规定"国家尊重和保障人权"。但是,人权条约在我国国内法中没有明确的地位。我国宪法没有规定国内法接受国际条约的方式,而只是由相关部门法具体规定的,因此,人权条约在我国国内法中的地位需具体情况具体分析。

我国法律对国际条约的处理基本上有两种方式:一是有关法律作了明文规定。这种规定有三种表现方式:第一,所涉机关就有关问题应按照相关国际条约办理;第二,国际条约同我国有关法律有不同规定的,适用国际条约的规定,但我国声明保留的条款除外;第三,有关国内法没有规定的,按照相关国际条约办理。二是法律没有规定。因此,在有明文法律规定的范围内,有关条约可在我国适用,反之,则不能适用。

按照我国刑法的规定,涉及刑事管辖权的人权条约在我国直接适用。而涉及人权标准的条约由于没有一个国内法作出明文规定,所以,这类条约在我国不能直接适用,必须转化适用。对于不能直接适用的人权条约,中国政府都认真履行公约所规定的义务,通过立法、司法、行政等措施严格执行公约的规定,并按时提交有关公约执行情况的报告。

(八) 案例分析

45.(1) 自决权是殖民地人民和其他被压迫民族享有的一项国际法权利。B1 是土著部族,不是殖民地人民或其他被压迫民族,因而不享有自决权。

(2) 自决权是"人民"或"民族"的权利,而且是整个人民而非构成人民或民族的部分人的权利。B1 部族是 A 国人民的一部分,因此它不属于《公民权利和政治权利国际公约》(以下简称《公约》)第 1 条意义上的"人民"。

(3)《公约》第一部分规定的人民自决权与《公约》第三部分规定的其他权利不同,属于只有人民才能享有的集体权利,也就是说,该项权利只是赋予人民本身的权利。而根据《公约》第一任择议定书第 1 条的规定,人权事务委员会只能受理声称个人权利受到侵害而成为受害者的个人的来文,而不能受理声称被赋予人民的集体权利受到侵犯的来文。因此,B1 部族酋长不能根据任择议定书声称自己是该项集体权利受到侵害的受害者。

(4) B1 部族酋长没有利用国内救济。

因此,人权事务委员会不能受理 B1 部族酋长关于自决权受到侵害的来文。

46.(1) 个人申诉制度。个人申诉是处于一国管辖下的受害个人或其代表对于该国侵害有关人权公约所载权利而向相关条约监督机构控诉的制度,它适用于承认条约监督机构有权接受并审查个人控诉来文的缔约国。这种制度是以有关公约的任择议定书或任择性条款为基础的,而且以用尽国内救济办法为受理个人来文的前提条件。

(2) 1966 年《公民权利和政治权利国际公约任择议定书》。该议定书规定,人权事务委员会有权受理并审查接受议定书的缔约国管辖下的个人,声称是该公约中任何一项权利受到侵犯的受害者的来文,并将处理意见送交有关缔约国和个人。在本案中,被枪杀的 B1 是在 A 国管辖下的外国人,B1 妻子是 B1 的代表,A 国是《公民权利和政治权利国际公约》的缔约国。B1 妻子的申诉被人权事务委员会接受并作出审议,表明 A 国是公约任择议定书的缔约国,并断定 B1 妻子用尽了 A 国的国内救济办法。

第十章　国家领土法

(一) 填空题

1. 内水;领海

2. 地下水;一切自然资源

3. 时间;不同法律规则;当时有效

4. 所有权;占有;使用;收益;处分

5. 先占;时效;添附;割让;征服

6. 全民投票;人民自决;交换领土;收复失地

7. 禁止反言

8. 传统习惯;条约

9. 承认

（二）单项选择题

10. C　　11. A　　12. C　　13. A　　14. B　　15. B　　16. B　　17. B　　18. B　　19. D　　20. D

（三）多项选择题

21. ABCD　　22. ABC　　23. AC　　24. AD　　25. ABCD　　26. ABC　　27. ABC　　28. AC　　29. CD

30. ABD

（四）简答题

31. （1）现代国际法允许的领土变更方式包括全民投票、人民自决、交换领土和收复失地四种。

（2）全民投票,又称为全民公投,是指由某一领土上的居民自主地参加投票来决定领土的归属。据国际实践,作为领土变更方式的全民投票应具备三个条件:第一,有合法和正当的理由;第二,没有外国的干涉、威胁和操纵,当地居民能够自由表达意志;第三,应由联合国监督投票。这三个条件应当同时满足,缺一不可。

（3）人民自决是指一个殖民地或其他非自治领土,从殖民地或宗主国脱离出来成立独立国家或加入其他国家而发生的领土变更。人民自决的形式多种多样,包括政治斗争、公民投票、宪政发展,甚至是武装斗争。

（4）交换领土是指相邻国家之间为发展睦邻友好关系,依据平等自愿原则,在协议的基础上交换部分领土。

（5）收复失地是指一个国家为恢复其历史性权利而收复先前被别国侵占的领土。收复失地一般采取两种方式:一种是和平方式,即通过谈判并签订条约的方式收复失地;一种是武装斗争的方式,即通过武装斗争的方式夺回失地,但国际法原则上禁止使用武力收复失地。

32. （1）时效是指在足够长的一个时期内对于一块土地连续地和不受干扰地行使主权,以致在历史发展的影响下造成一种一般信念,认为事物现状是符合国际秩序的,因而取得该土地的主权。先占是一个国家的占领行为,通过这种行为,该国有意识地取得当时不在其他国家主权之下的土地的主权。

（2）时效和先占制度的客体不同。时效的客体是别国的领土;先占的客体是无主地。所谓"无主地"是指不属于任何国家的土地,这种土地或者完全没有人居住,或者虽然有土著居民,但该土著社会不被认为是一个国家;另外一块土地曾经一度属于一个国家而后来被放弃,它就成为其他国家占领的客体。

（3）时效和先占有效的方式不同。先占国必须对无主地实施有效占领,才能够取得主权。有效占领包括两个要素:其一,先占国必须明确表示将某个无主地置于其主权之下,这种意思表示可以在国家的公开声明或国家的外交文件中作出;其二,先占国在无主地上实行有效的占领和行政管理,即国家对无主地行使主权,并要求这种主权的行使在发生争端时能保持。而通过时效取得领土要求国家对他国领土的占有是没有受到干扰的,即他国对这一占有予以默认或不提出抗议,且国家对他国领土的占有需要持续一定的时期。

33.（1）边界标志是国家主权的象征,侵犯一国边界标志是侵犯国家主权和领土完整的严重国际不法行为。

（2）在已设标边界线上,相邻国家对界标的维护负有共同责任。应使界标的位置、形状、型号和颜色符合边界文件中规定的一切要求。陆地上的界标和边界线应保持在易于辨认的状态。

（3）双方都应采取必要措施防止界标被移动、损坏或灭失。若一方发现界标出现上述情况,应尽速通知另一方,在双方代表在场的情况下修复或重建。国家有责任对移动、损坏或毁灭界标的行为给予严厉惩罚。

34.（1）国家领土包括国家主权管辖下的领陆,领水,领陆、领水下的底土以及领陆和领水之上的领空。

（2）领陆指国家主权管辖下的地球表面的陆地部分,包括岛屿。领陆是领土最基本的部分,是领土其他部分的依附。世界上不存在没有领陆的国家。领陆因调整边界、买卖、交换或其他原因发生变更,附属于领陆的领水、领空及底土都会随之变化。

（3）领水是国家主权管辖下的全部水域,包括内水和领海。内水包括国家领陆内的水域（或称内陆水）和沿国家海岸的内海（领海基线向陆地一侧的海域,又称为内海水）。内水和领海同为国家领土的组成部分,但二者的法律地位有所不同。内水的法律地位与领陆完全相同,国家原则上可以无条件地对其内水行使主权,而领海则不然,国家在领海上行使主权需要受到一定的限制,即外国船舶未经允许不得进入内水,但可以在领海中享有无害通过权。

（4）领空是领陆和领水上方一定高度的空间。领空是一国领土不可分割的组成部分,完全受国家主权的支配。

（5）底土是领陆和领水下面的部分,包括地下水和一切自然资源。普遍接受的规则是,底土属于对其表面领土拥有主权的国家,受国家主权的完全和排他的管辖,国家对底土及其中的自然资源拥有完全主权。

35.（1）承认是一国接受某一特定局势的积极行为,它的表现形式既可以是公开发表单边宣言,也可以是能够证明是否存在根据协议进行领土割让的条约。

（2）默认与承认具有同样的效力,只不过默认的表现形式主要是行为,它可以是默许的或暗含的同意,即当一个国家有义务做出某种行为时,它却沉默了,这种沉默暗示它同意了某种情形或放弃了自己的权利。

（3）承认或默认在实践中会产生禁止反言的效果。禁止反言是指如果一方作出了某种表示或对其表示同意,且另一方在随后的行为中依赖该表示行事从而导致其受损而他方获利,那么作出该表示的一方就不能再改变其立场。

（五）案例分析

36.（1）B国有权收回租借地。租借是指一国根据条约将其部分领土出租给另一国。租借所转让的不是领土主权,而是使用权和管辖权。无论租借是否有期限,租让国都有权收回。在本案中,虽然A国通过与B国旧政府的条约取得永久租借权,而且,B国新政府没有义务继承其前政府与A国的租借条约。因为租借条约是与B国旧政府的代表身份有关的。

（2）B国应暂停填海工程。添附是现代国际法承认的一种领土取得方式。添附有自然添附和人工添附两种。诸如围海造田之类的人工添附如果涉及其他国家的利益,在为与有关利害国达成协议之前,不能进行这种添附。任何国家不得通过改变其本国领土的自然状态,而使邻国领土的自然状态遭到不利。本案中 A、B 两国是隔海峡相望的邻国,B 国进行的填海工程遭到 A 国抗议,表明了该工程与 A 国利益的相关性。

37.(1)先占是一个国家的占领行为,通过这种行为,该国有意识地取得当时不在其他国家主权之下的土地的主权。先占的客体是无主地,主体是国家,且先占必须是有效的占领。有效占领包括两个要素:第一,先占国必须明确表示将某个无主地置于其主权之下,这种意思表示可以在国家的公开声明或国家的外交文件中作出。第二,先占国在无主地上实行有效的占领和行政管理,即国家对无主地行使主权,并要求这种主权的行使在发生争端时能保持。

(2)A 国没有取得明月岛的主权。第一,C 国没有通过发现取得该岛的主权。虽然 C 国的航海家比 D 国较早发现该岛,并冠以名称,但 C 国的航海家的行为不是 C 国的国家行为,而且在合理期限内,C 国没有进行有效占领。相反,D 国军官登岛、宣示主权和记录的行为是国家行为。明月岛是无主地,D 国实行了有效占领,因此 D 构成对明月岛的先占,取得明月岛的领土主权。第二,C 国无权在和平条约中将岛屿割让给 A 国,A 国不能以 C 国继承者的名义取得对该岛的主权。因为在 C、A 两国签订条约时,该岛一直是 D 国的领土。C 国无权把它所没有的权利割让给 A 国。两国的条约对 D 国没有约束力。而且,D 国对 C、A 两国的行为提出了强烈抗议。第三,A 国控制岛屿 50 年不能给它产生任何法律权利。因为国际法上的时效没有如 50 年那样的统一规则,它本身不是一项独立的取得或丧失领土的方式,而通常是与默许、禁止反言以及抗议或不抗议的效果联系在一起发挥作用的。在 A 国控制该岛的 50 年间,D 国从未放弃对该岛的主权,它持续反对 A 国强化控制活动。所以,综上,A 国没有取得明月岛的主权。

38. A 国的行为不符合国际法。(1)A 国无权在占领领土上修建“隔离墙”。A 国在边界冲突中占领 B 国领土属于征服,依据传统国际法,有效的征服须满足两个条件:第一,征服国有兼并战败国领土的正式表示,如宣告;第二,战败国放弃收复失地的企图,或战败国及其盟国表示屈服并放弃一切抵抗。征服是以战争的合法性为基础的,现代国际法显然是不认可征服这一取得领土的方式的。《联合国宪章》明确禁止以武力破坏国家领土完整,A 国的占领并没有使它成为占领领土的主权者,所以 A 国无权在占领领土上修建“隔离墙”。

(2)A 国无权与 C 国签订协议,无权允许 C 国在“隔离墙”一侧 A 国占领领土上 B 国的一个港口设立海关,C 国不能取得这种权利。A 国的占领并没有使它成为占领领土的主权者,它无权把它所没有的权利让给另一国家。

39.(1)全民投票应具备三个条件:第一,有合法和正当的理由;第二,没有外国的干涉、威胁和操纵,当地居民能够自由表达意志;第三,应由联合国监督投票。这三个条件应当同时满足,缺一不可。

(2)A 地区政府发起的全民公投不符合以上条件。其一,A 地区政府可能受到 C 国影响,不符合第二条;其二,A 地区政府发起的全民公投没有联合国的监督,不满足第三条,所以,A 地区政府发起的全民公投不符合以上条件,投票结果可能被取消。

40.(1)日本政府的“购买”行为不符合国际法。根据国际法,现代领土变更方式有全民投票、人民自决、交换领土和收复失地,并不包括“购买”这一形式,所以日本政府宣布“购买”

钓鱼岛及其附属岛屿的行为不构成领土变更这一行为也是不符合国际法的。

（2）首先，中国最先发现、命名和利用钓鱼岛。早在 14、15 世纪中国就已经发现并命名了钓鱼岛。其次，中国对钓鱼岛实行了长期管辖。早在明朝初期，为防御东南沿海的倭寇，中国就将钓鱼岛列入防区。清朝不仅沿袭了明朝的做法，继续将钓鱼岛等岛屿列入中国海防范围内，而且明确将其置于台湾地方政府的行政管辖之下。最后，中外地图都标绘钓鱼岛属于中国。所以，钓鱼岛是中国的固有领土。

第十一章　国际海洋法

（一）填空题

1. 正常基线；直线基线；混合基线

2. 内海湾；多国海湾；历史性海湾

3. 浮出水面；展示船旗

4. 全部自然延伸；海床和底土；200 海里；200 海里；200 海里；从领海基线量起 350 海里；2 500公尺等深线 100 海里

5. 平行开发制；管理局企业部；管理局；合作

（二）单项选择题

6. B　7. A　8. C　9. D　10. D　11. A　12. A　13. B　14. A

（三）多项选择题

15. ACD　16. ABD　17. ABCD　18. ABCD　19. ABCD　20. CD　21. ACD　22. ABCD
23. ABD　24. AC　25. AB　26. BCD　27. BC　28. BD

（四）简答题

29.（1）海峡位于一国领海基线以内，这种海峡叫做内海海峡。其法律地位等同于内水，外国船舶未经允许不得航行，如我国的琼州海峡。

（2）海峡的宽度不超过领海宽度两倍，如果海峡两岸属于同一国家，则这种海峡叫做领海海峡，简称领峡，适用沿岸国的领海制度。如果海峡两岸分属不同国家，则海峡的法律地位通常由沿岸国依据条约解决；如无条约，则海峡分属沿岸国领海，一般以海峡中间线为界。

（3）海峡宽度超过两岸领海宽度之和，这种海峡叫做非领海海峡。这种海峡在领海外部界限以内，适用领海制度；领海范围外，外国享有自由航行与飞越权，如我国的台湾海峡。

30.（1）国际法上的大陆架是指其领海以外依其陆地领土的全部自然延伸，扩展到大陆边外缘的海底区域的海床和底土。如果从领海基线量起到大陆边外缘的距离不足 200 海里，则扩展至 200 海里；如果超过 200 海里，则不得超出从领海基线量起 350 海里，或不超出 2 500 公尺等深线 100 海里。在大陆边从测算领海宽度的基线量起超过 200 海里的任何情形下，沿岸国应以下列两种方式之一，划定大陆边的外缘：以最外各定点为准划定界线，每一定点上沉积岩厚度至少为从该点至大陆坡脚最短距离的 1%；以离大陆坡脚的距离不超过 60 海里的各定点为准划定界线。在没有相反证明的情形下，大陆坡脚应定为大陆坡底坡度变动最大之点。

（2）大陆架不是沿海国领土，但是作为沿海国陆地领土在海面以下的自然延伸，属于国家管辖范围之内的海底区域，国家在此享有某些排他性的主权权利。沿海国对大陆架的主权权利是固有的，"不取决于有效或象征的占领或任何明文公告"。对大陆架的权利不影响其上覆水域或水域上空的法律地位。

31.（1）在联合国第一次海洋法会议到第三次海洋法会议期间,国际社会采取 12 海里领海宽度的国家越来越多,使得窄于 24 海里、过去用于国际航行的海峡成为沿海国的领海,影响航行,而符合这种条件的海峡在世界上有 116 个,其中经常用于国际航行的就有 30 多个。因此,在第三次海洋法会议上,以美国为代表的海洋大国主张这类海峡适用自由航行制度,而广大发展中国家则坚持这类海峡适用无害通过制度。经过反复协商,《公约》最后纳入了英国提出的折中案文,即过境通行制度。

（2）《联合国海洋法公约》第 38 条对过境通行制度加以专门规定。主要内容包括:① 所有国家的船舶和飞机在公海和专属经济区一部分和公海及专属经济区另一部分之间的国际航行海峡中,都享有过境通行的权利。② 过境通行是专为连续不停和迅速通过目的而进行的自由航行和飞越,也包括以合法地自海峡沿岸国驶入驶出为目的的通过。③ 过境通行应毫不迟疑地迅速通过;禁止非法使用武力或威胁;除因不可抗力或遇难外,不得从事其通过所通常附带发生活动以外的任何活动;不得进行任何研究或测量活动;并应遵守船舶、航空及无线电有关的国际规则,遵守沿岸国有关防止捕鱼、防污、航行安全、海关、财政、移民、卫生等法律和规章。

（3）海峡的过境通行制度是对有关沿岸国主权的某种限制,但它不改变海峡水域的法律地位,不影响沿岸国其他方面的任何权利。

32.“人类共同继承财产”是对“国际海底区域”法律地位的最简要的概括。它并不是一个空洞的政治概念,更不是一个单纯的政治口号。它是一个法律概念,包含着特定的法律原则和规则,在海洋法上成为新的法律制度的基础。就概念本身而言,它以人类为主体,以财产为目标,然后强调了“共同”这一点。正如著名的斯里兰卡海洋专家平托大使所指出的:“人类的共同继承财产就是人类的共同财产。‘共同继承财产’的共同性就是所有权和利益的共同性。”

《联合国海洋法公约》关于“区域”的第十一部分中有专门一节规定“支配区域的原则”,共 14 条。其主要内容概括如下:

（1）“区域”及其自然资源是人类共同继承财产,任何国家不得对“区域”或其任何部分主张主权或行使主权权利,任何人不能将“区域”或其资源的任何部分据为己有。“区域”内一切资源属于全人类,由国际海底管理局代表全人类加以管理,该管理局在不歧视的基础上,公平分配从“区域”内活动取得的财政及其他经济利益。

（2）各国对于“区域”的一般行为,应按照本部分的规定,《联合国宪章》所载原则,以及其他国际法规则,以利维持和平与安全,促进国际合作和相互了解。

（3）“区域”内的活动应为全体人类的利益而进行,不论各国的地理位置如何,也不论是沿海国还是内陆国,并特别考虑到发展中国家和未取得完全独立或其他自治地位的人民利益的需要。

（4）“区域”对所有国家开放,无论是内陆国还是沿海国,各国都可以为和平的目的加以利用。区域内的活动应切实保护海洋环境。

（5）区域内发现的考古和历史文物,应为全人类的利益予以保存或处置,但应特别顾及来源国,或文化上的发源国,或历史和考古上的来源国的优先权利。

33.《联合国海洋法公约》的正文共有 320 条,分为 17 个部分,并附有 9 个附件。第一部分界定公约中几个用语的概念,如"区域""管理局""区域内的活动""海洋环境的法律""倾倒"等用语的概念;第二到第十一部分规定各海区的法律地位和法律制度;第十二到第十五部分对海洋环境保护、海洋科学研究、海洋技术的发展与转让、海洋争端的解决等专门领域设置规则和制度;第十六和第十七部分是公约的一般规定和最后条款。公约的主要内容有:

(1) 内水、领海、毗连区、专属经济区、大陆架、公海、用于国际航行海峡、群岛水域和国际海底区域等九个海域的概念和法律地位。

(2) 海洋上的通行制度:领海的无害通过,用于国际航行海峡的过境通行,群岛海洋的通过,专属经济区和公海的航行自由等制度。

(3) 海洋生物资源和水生物资源的开发、利用、养护和管理制度。沿海国对专属经济区和大陆架上的资源享有排他性的主权权利。公海的资源对所有国家开放,但开发和利用必须根据国际规章进行。"区域"的资源由国际海底管理局管理,采用平行开发制进行开发。

(4) 海洋环境保护的法律制度,包括海洋环境保护的规章、管辖权、执行等方面的规则和制度。

(5) 海洋科学研究与海洋技术发展和转让方面的法律制度,包含有关的原则和规则、国际合作、国际责任等方面的原则和规则。

(6) 海洋争端的解决方式和程序,包括方式和程序的选择、法律适用、管辖权等方面的法律规则。

34. 群岛水域是群岛国的群岛基线所包围的内水之外的海域。群岛国可以连接群岛最外缘各岛和各干礁的最外缘各点构成直线群岛基线。群岛基线的确定需要满足《联合国海洋法公约》第 47 条规定的条件:(1) 基线应包括主要岛屿和一个区域;(2) 基线范围内包括环礁在内的陆地面积与水域面积之比应在 1:1 到 1:9 之间;(3) 基线超过 100 海里的线段最多不能超过基线总数的 3%;(4) 基线不能明显偏离群岛轮廓;不能将其他国家的领海与公海或专属经济区隔断。

群岛水域的划定不妨碍群岛国可以按照《联合国海洋法公约》划定内水,及在基线之外划定领海、毗连区、专属经济区和大陆架。

群岛国对其群岛水域,包括其上空和底土,拥有主权,同时作为《联合国海洋法公约》规定的一个特定区域,群岛国应尊重与其他国家间的现有协定,以及其他有关国家在该区域内的传统合法权益或现有情况。

群岛水域的航行分为无害通过和群岛海道通过两种情况:前一种是所有国家的船舶享有通过除群岛国内水以外的群岛水域的无害通过权;后一种是指群岛国可以指定适当的海道和其上的空中通道,以便其他国家的船舶或飞机连续不停地迅速通过或飞越其群岛水域及其邻接的领海。所有国家都享有这种群岛通道通过权。关于群岛国与其他国家在群岛通道航行中的权利义务,应比照适用国际航行海峡的过境通行制度的有关规定。

(五)论述题

35. 第一,领海是国家领土的组成部分,国家在领海上享有主权。除了受《联合国海洋法公约》和其他国际法规则的限制外,国家对领海行使主权如同对本国陆地领土行使主权一样。此项主权及于领海的上空及其海床和底土。但是沿海国的权利受到"无害通过权"的限制。

第二,沿海国享有的权利包括:

（1）沿海国对领海内自然资源的所有权。沿海国对从事开发、利用领海的一切资源，包括水域、海床和底土内的各种资源，均享有排他的权利。任何外国自然人、法人未经沿海国许可，不得在该国领海内从事捕鱼以及其他资源的勘探和开发活动。沿海国可以指定相应的法律和规章，对这些开发利用活动进行管理和控制。

（2）沿海国独占行使沿海航运权。只有本国船舶有权从事本国港口之间的国内航运和贸易，除非与他国订有协议。

（3）沿海国有权在领海内采取国防安全措施，例如，建造防御工事、划定禁航区或水上防卫区、监督无线电使用等。

（4）沿海国有对相关制度的立法权。沿海国在领海内有权制定有关海洋科研、环保、海底电缆铺设、关税、卫生、移民等的法律、规章，并具有采取相应措施的权利。

（5）沿海国在领海享有管辖权。根据国家主权原则，国家对领海中航行的外国船舶拥有管辖权。国际实践中，除非特殊情形，国家此时一般不对外国船舶上人员的船上行为行使管辖权。

第三，无害通过权。沿海国以外的国家在沿海国的领海享有的唯一的权利就是无害通过权。根据《联合国海洋法公约》第 18 条，无害通过权是指外国船舶在不损害沿海国和平安宁和正常秩序的条件下，拥有无须事先通知或征得沿海国许可而连续不断地通过其领海的航行权利。"无害"是指不损害沿海国和平安宁和正常秩序；"通过"是指为了驶入驶出内水的航行，也可以仅是穿越领海而不驶入内水，但航行必须是连续不停和迅速进行，不得停泊和下锚，除非不可抗力、遇难和救助。

外国商船通过沿海国领海时，有下列行为之一的即为有害：（1）对沿海国的主权、领土完整或政治独立进行任何武力威胁或使用武力，或以任何违反联合国宪章所体现的国际法原则的方式进行武力威胁或使用武力；（2）以任何种类的武器进行任何操练或演习；（3）任何目的在于搜集情报使沿海国的国防或安全受损害的行为；（4）任何目的在于影响沿海国防务或安全的宣传行为；（5）在船上起落或接载任何飞机；（6）在船上发射降落或接载任何军事装置；（7）违反沿海国海关卫生财政移民的法律和规章，以及上下任何商品、货币或人员；（8）任何故意和严重的污染行为；（9）任何捕鱼活动；（10）进行研究或测量活动；（11）任何目的在于干扰沿海国通信系统或其他任何设施或设备的行为；（12）与通过没有关系的其他任何行动（《联合国海洋法公约》第 19 条）。

此外，潜水艇或其他潜水器通过领海须浮出水面并展示其船旗（《联合国海洋法公约》第 20 条）。

沿海国不应对无害通过进行妨碍。根据《联合国海洋法公约》第 24 条和第 26 条，一国不得强加实际后果等于取消或损害无害通过的要求；不应对各国船舶有所歧视；不得仅以通过领海为由向外国船舶征收费用；对航行危险的情况应妥为公布。同时，沿海国为了维护其秩序及权益，保证无害通过的顺利进行，可以制定有关无害通过的相关法规；可以规定海道，包括对油轮、核动力船等船舶实行分道航行制；为国家安全在必不可少时可在特定水域暂停无害通过（《联合国海洋法公约》第 21 条、第 22 条和第 25 条）。

对于军用船舶是否享有无害通过权，一直以来存在争议，各国的实践也并不一致。在第三次海洋法会议上，海洋大国一直主张军舰和商船一样，有无害通过权。但是另一些国家，主要是社会主义国家和绝大多数发展中国家主张军舰经过一国领海要事先通知并获得批准。例如,中国和其他 20 多个发展中国家一再联合提出提案,建议增加有关要求外国军舰通过领海时应事先获得批准或予以通知的规定。但这些提议未被采纳。最后,《联合国海洋法公约》采取了模糊措辞回避了争议的焦点,事实上有利于海洋大国。第 17 条规定,所有国家,不论为沿海国或内陆国,其船舶均享有无害通过领海的权利。

我国政府在 1958 年的领海声明中指出,一切外国军用船舶未经我国许可,不得进入我国领海。1992 年《中华人民共和国领海及毗连区法》第 6 条规定,外国非军用船舶,享有依法无害通过中华人民共和国领海的权利。另外,我国在 1996 年批准《联合国海洋法公约》时声明,"《联合国海洋法公约》有关领海内无害通过的规定,不妨碍沿海国按其法律规章要求外国军舰通过领海必须事先得到该国许可或通知该国的权利。"

36.(1)大陆架与专属经济区的关系,在第三次海洋法会议上曾是一个引起争议的问题。有代表认为专属经济区制度已经吸收了大陆架制度,因此建议取消大陆架制度。但多数与会代表依然肯定大陆架制度作为一个独立的法律制度存在的必要。另外,国际法协会在 1986 年的年度报告中指出,虽然 200 海里内的大陆架最终有可能被专属经济区包含,但现阶段还不能断定并认为该现象已经发生。国际法院在 1985 年利比亚/马耳他大陆架案的判决中也指出,大陆架概念并未被专属经济区概念所吸收,二者既有联系又有区别。

(2)大陆架制度与专属经济区制度具有很多共同点:首先,沿海国对大陆架和专属经济区都享有主权权利和相关管辖权;其次,大陆架与专属经济区在 200 海里内地理区域重合;最后,《联合国海洋法公约》第 74 条和第 83 条关于专属经济区和大陆架划界的问题基本上采取了相同的表述方式。

(3)作为独立的法律制度,二者的区别是明显的。第一,二者权利来源不同。沿海国对大陆架的权利是固有的,不取决于有效或象征的占领或任何明文公告;而专属经济区不是本身自然存在的权利,需要沿海国以某种形式宣布建立并说明其宽度。

第二,沿海国主张权利的外部界限不同。确定专属经济区的范围只有一个距离标准,即其范围为从领海基线量起不得超过 200 海里。而确定大陆架的范围有两个标准——自然延伸标准和距离标准,即大陆架是其领海以外依其陆地领土的全部自然延伸,扩展到大陆边外缘的海底区域的海床和底土;如果从领海基线量起到大陆边外缘的距离不足 200 海里,则扩展至 200 海里;如果超过 200 海里,则不得超出从领海基线量起 350 海里。

第三,沿海国享有的权利内容不同。沿海国在专属经济区内的权利包括所有的自然资源,即生物资源和非生物资源;而沿海国在大陆架上的权利主要针对非生物资源和定居物种的生物资源。

37. 作为国际习惯法规则的公海自由原则是构成公海法律制度的基础。《联合国海洋法公约》规定公海自由包括 6 项,即航行自由、飞越自由、铺设海底电缆和管道自由、捕鱼自由、建造人工岛屿和设施自由以及科学研究自由。

公海自由不意味着毫无限制或公海处于没有法律的状态。在公海自由原则的基础上,国际社会形成了一套关于公海的制度,主要内容包括:

(1)航行和飞越制度。任何国家的船舶和航空器都享有在公海中和公海上空航行和飞越的自由。《联合国海洋法公约》主要规定了航行制度。任何国家不得对在公海中合法航行的别国船舶加以阻碍。在公海中航行的船舶必须在一国进行登记并悬挂该国国旗,登记国称为该船的国籍国或船旗国。在公海航行的船舶必须并且只能悬挂一国旗帜,悬挂两国或两国以上旗帜航行或视方便而换用旗帜的,可视为无国籍船舶。船旗国应与船舶有真正的联系,并向依其国内法进行登记因而悬挂其国旗的船舶发放船籍文件。对悬挂其国旗的船舶在公海上对其他国家公民、船舶、设施或环境造成的损害,应与有关国家合作调查;还应责成船长对碰船、海难等有关情况按照国际章程进行救助。

(2)捕鱼制度。各国都有权由其公民在公海中捕鱼,在捕鱼中应遵守本国根据有关条约和协议就鱼种、数量、方法、区域等方面承担的义务。目前这类条约除《联合国海洋法公约》外,主要是双边、区域性或就某个种群订立的条约,如《北太平洋海豹保护办法公约》《关于管理捕鲸公约》《捕鱼与养护公海资源公约》等。

(3)铺设海底电缆和管道制度。所有国家都有权在公海铺设海底电缆和管道。在铺设时,不应影响其他国家已铺设的电缆和管道,包括其正常使用和维修。如果因铺设海底电缆或管道使他国的电缆或管道受到损害,则应承担赔偿责任。

(4)建造人工岛屿和设施制度。各国有权在公海建造人工岛屿或设施。这种设施的设置应符合国际法的其他规则,包括不得设置于航道,设置物应符合有关的国际标准等。这种人工设施不具有自然岛屿的地位,但可以在其周围划定宽度不超过 500 米的安全地带。

(5)科学研究制度。《联合国海洋法公约》明确规定了所有国家都有科学研究的自由,但这种自由并不是绝对的,是在《联合国海洋法公约》和其他国际法规则所规定的条件下行使的。行使科学研究的自由还应受到第六部分和第十三部分的限制。"应受第六部分的限制"是指不应损害公约关于大陆架的规定,特别考虑到大陆架上覆水域的法律地位不受沿岸国对大陆架权利的影响。此外,《联合国海洋法公约》第 257 条明文规定,所有国家,不论其地理位置如何,和各主管国际组织均有权依本公约在专属经济区范围以外的水体内进行海洋科学研究。这里所说的"应受第十三部分的限制",主要是指该部分关于一般原则和国际合作的规定。

38. 公海不属于任何国家的领土,国家不得对公海本身行使管辖权或在公海范围内行使属地管辖权。国家对公海上有关的船舶、人、物或事件进行管辖是基于国际法中其他管辖规则和相关连接点,其中最主要是船旗国管辖和普遍性管辖两种。

(1)船旗国管辖

船旗国管辖是指国家对于公海上悬挂其旗帜的船舶以及船舶上的人、物、事件的管辖。《联合国海洋法公约》第 92 条第 1 款规定,除国际条约或本公约明文规定的例外情况,在公海上的船舶受其船旗国的专属管辖。这表明船舶内部事务,一般应遵行船旗国国内法。

对于可能涉及两个或两个以上国家船舶的公海碰船或其他航行事故的刑事管辖,《联合国海洋法公约》第 97 条作出三项规定:第一,公海上碰船或其他事故涉及船长或船员的刑事或纪律责任时,对所涉人员的刑事诉讼或纪律程序,仅可以向船旗国或人员国籍国提出;第二,在纪律事项上,对于船长证书或驾驶执照只有其颁发国家才有权经过正当程序予以撤销,而不论证书持有人的国籍;第三,船旗国以外的任何当局,即使作为一种调查措施,也不得命令逮捕或扣押船舶。

(2)普遍管辖

公海上的普遍管辖权是指各国对发生在公海的,对被国际法认为是普遍管辖权对象的特定国际罪行或违反国际法的行为行使的管辖权。这类罪行或不法行为包括：

第一，海盗行为。根据《联合国海洋法公约》第 101 条，海盗行为是指私人船舶或飞机的船员或机组人员或乘客，为私人目的，在公海上或任何国家管辖范围以外的地方，对另一船舶或飞机，或对另一船舶或飞机上的人或财物，从事任何非法暴力或扣留行为，或任何掠夺行为。如果居于主要控制地位的人员，意图利用船舶或飞机从事上述海盗行为，则该船舶或飞机视为海盗船或海盗飞机。军舰、政府船舶或政府飞机由于其上述人员发生叛变并控制船舶或飞机从事海盗行为的，视同私人船舶或飞机的行为。海盗是人类公敌，各国均有权将海盗拿捕，交付本国法院审判处理。对于海盗船舶或飞机及其上财产，可扣押并决定处理。

第二，非法广播。根据《联合国海洋法公约》第 109 条，非法广播或未经许可的广播，是指船舶或设施违反无线电有关的国际章程在公海上播送旨在使公众收听或收看的无线电信息。所有国家应进行合作，制止这种未经许可的广播。对于从事非法广播的任何人，船旗国或设施登记国或其所属国．或可以收到广播及其正常讯号受到干扰的任何国家都拥有管辖权，可以对该行为人及船舶加以逮捕，并扣押广播器材。

第三，贩运奴隶。贩卖奴隶是严重践踏人权的行为，已为习惯国际法所禁止。《联合国海洋法公约》重申了这一习惯国际法规则，其第 99 条规定，每个国家应采取有效措施，防止和惩罚准予悬挂该国旗帜的船舶贩运奴隶，并防止为此目的而非法使用其旗帜。在任何船舶上避难的任何奴隶、不论该船悬挂何国旗帜，均当然获得自由。

第四，贩运毒品。根据《联合国海洋法公约》第 108 条，所有国家应进行合作，以制止船舶违反国际公约在海上从事非法贩运麻醉药品和精神调理物质。任何国家如有合理根据认为一艘悬挂其旗帜的船舶从事非法贩运麻醉药品或精神调理物质，可要求其他国家合作，制止这种贩运。

39. 首先，从领海毗连区的角度来看，虽然在毗连区之内中国不享有主权，但是，在领海毗连区的范围内中国享有专属的管辖权，对那些违反海关、财政、移民和卫生法律的行为，中国政府可以依法在领海毗连区的范围内行使自己的管辖权。按照《联合国海洋法公约》以及《领海及毗连区法》，中国毗连区宽度自领海基线算起 24 海里，换句话说，中国除了享有 12 海里的领海之外，还享有 12 海里的领海毗连区。

其次，从专属经济区的角度来看，《联合国海洋法公约》规定专属经济区从测算领海宽度的基线量起，不应超过 200 海里。在专属经济区内，可以勘探和开发、养护、管理海床上水域和专属经济区内底土的自然资源，可以建造人工岛屿设施，可以开展海洋科学研究以及从事海洋环境保护工作。

最后，从大陆架的角度来看，《联合国海洋法公约》规定沿海国的大陆架包括领海以外依照其陆地领土的全部自然延伸，从测算领海宽度的基线量起，到大陆边的外缘距离不到 200 海里则扩展到 200 海里的距离。但如果大陆架超过 200 海里，则可以拓展到 350 海里，沿海国应将200 海里以外大陆架界限的情报提交大陆架界限委员会，委员会应当就划定大陆架外部界限的事项向沿海国提出建议，沿海国在这些建议的基础上划定大陆架界限应有确定性和拘束力。沿海国对大陆架资源的勘探开发享有专属性的权利，任何人未经沿海国明确同意，不得从事勘探开发活动。现在，中国海洋管理部门正在根据《联合国海洋法公约》的要求，向联合国有关部门提交中国关于延伸大陆架的有关法律文件，联合国大陆架界限委员会将会根据中国政府提交的有关文件,进一步确定中国在大陆架上的基本权利。

40.(1)无害通过是指不损害沿海国的和平、良好秩序或安全的通过。通过是为了穿过领海但不进入内水,或为了驶入或驶出内水而通过领海的航行,无须事先通知或取得沿海国的许可。这种航行应持续不断和迅速进行,只有在遇到不可抗力或为救助遇难船舶等情况下才能停船或下锚。潜水艇或其他潜水器通过领海时,须在海面上航行并展示其旗帜。无害通过是任何国家都拥有的一项权利,沿海国不应对此进行妨碍。沿海国不得强加实际后果等于取消或损害无害通过的要求;不应对各国船舶有所歧视;不得仅以通过领海为由向外国船舶征收费用。同时,沿海国为了维护其秩序及权益,保证无害通过的顺利进行,可以制定有关无害通过的相关法规,可以规定海道,包括对油轮、核动力船等船舶实行分道航行制;为国家安全在必不可少时可在特定水域暂停无害通过。对于军用船舶是否享有无害通过权,各国的时间并不一致。

(2)过境通行是指外国船舶在不损害沿海国安全和良好秩序的条件下,迅速地连续不断地通过专属经济区而无须事先通知或取得沿海国的许可。过境通行制度由《联合国海洋法公约》加以专门规定,主要内容包括:所有国家的船舶和飞机在公海和专属经济区一部分和公海及专属经济区另一部分之间的国际航行海峡中,都享有过境通行的权利。过境通行是专为连续不停和迅速通过目的而进行的自由航行和飞越,也包括以合法地由海峡沿岸国驶入驶出为目的的通过。过境通行应毫不迟疑地迅速通过;禁止非法使用武力或威胁;除因不可抗力或遇难外,不得从事其通过所通常附带发生活动以外的任何活动;不得进行任何研究或测量活动;并应遵守船舶、航空及无线电有关的国际规则,遵守沿岸国有关防止捕鱼、防污、航行安全、海关、财政、移民、卫生等法律和规章。海峡的过境通行制度是对有关沿岸国主权的某种限制,但它不改变海峡水域的法律地位,不影响沿岸国其他方面的任何权利。

(3)无害通过制度与过境通行制度的区别主要有以下三个方面:

第一,航行主体,无害通过的航行主体仅限于外国非军用船舶,而过境通行适用于外国船舶、飞行器,允许其自由飞过而无须批准。

第二,航行方式,无害通过只限于水面上的船舶通行;潜艇通过时要浮出水面,并悬挂国旗明示其所属国家。过境通行权包括上空、水面和水面下,是无条件的开放使用,潜艇可以潜航。当满足暂时的、非歧视性的、有特定区域的、经正式公布的条件时,沿海国有停止无害通过的权力;而过境通行权不能停止。

第三,航行领域,无害通过仅限于水域,而过境通行不仅涉及水域部分,也涉及专属经济区上空。过境通行制度和无害通过制度适用的海峡所处的地理位置不同。前者指所有外国船舶或飞机在公海或专属经济区之间的用于货机航行的海峡,以继续不停和迅速过境为目的而行使的航行和飞越自由。后者应适用于下列国际航行的海峡:该海峡是位于公海或专属经济区的一部分和外国领海之间的,或者该海峡是由沿岸国的一个岛屿和该国大陆形成的,而该岛向海一面有在航行和水文特征方面同样方便的穿过公海或专属经济区的航道。

(六)案例分析

41.(1)A 国军舰享有无害通过权。X 海峡位于 BC 两国领土之间,且最大宽度不足 24 海里,所以它是外国领海相连接的用于国际航行的领海海峡。在这种海峡中,外国船舶享有无害通过权。在适用无害通过制度的用于国际航行的海峡中,军舰通过无须事先通知并取得许可。

国际法院在"科孚海峡案"中指出,外国军舰在用于国际航行的海峡中享有无害通过的权利,沿岸国不得禁止这种通过。B国关于军舰通过需要得到许可的主张与国际法不符。

（2）A国在X海峡中、B国与C国之间的北部区域扫雷不符合国际法。《联合国海洋法公约》规定,用于国际航行的海峡的通过制度,不应在其他方面影响构成这种海峡的水域的法律地位,或影响海峡沿岸国对这种水域及其上空、海床和底土行使主权或管辖权。X海峡是领海海峡,沿海国对其享有主权。所以,A国在X海峡享有的无害通过权并不影响B国对其领海的主权。扫雷不属于无害通过的一部分。A国未经B过同意在X海峡北部的扫雷活动,侵犯了B国的主权。

42. C国的做法不正确。理由是：

（1）船旗国对其在公海上航行的船舶具有专属管辖权。A国货轮在公海上发生的杀害事件应由A国管辖。

（2）对于来自外国港口仅通过领海而不进入内水的外国船舶,沿海国不得在通过领海的该船舶上采取任何步骤,以逮捕与该船舶驶进领海前所犯任何罪行有关的任何人或进行与该罪行有关的调查。A国货轮是从本国港口出发,驶往目的地D国港口,它仅仅通过C国领海而不进入其内水,且杀害事件是驶入其领海前发生的。

第十二章　空　间　法

（一）填空题

1. 本国;联合国秘书长

2. 共同决定

3. 所有权;管辖权

4. 联合国秘书长

5. 缔约国和本国国民

6. 离去;迫降

7. 或起诉或引渡

（二）单项选择题

8. A　9. C　10. A　11. B　12. C　13. A　14. D　15. B　16. A　17. D

（三）多项选择题

18. BC　19. CD　20. ABCD　21. BC　22. ABCDE　23. ABCE　24. ACD　25. BD

（四）简答题

26. 月球及其自然资源均为人类的共同财产,任何国家不得通过对月球的利用、占领或任何其他方法提出主权要求或据为己有。

一旦月球自然资源的开发即将可行时,应建立指导此种开发的国际制度。

月球应供各国专为和平目的而使用。

月球及天体环境不应遭到破坏。

月球的探索和利用应为全人类谋福利。

应将探测、利用月球的活动尽可能通知联合国秘书长。

各国对其在月球上的人员、运载器、站、所保有管辖权和控制权。

各国对其在月球上的活动负有国际责任。

上述规定适用于其他天体。

27. 外层空间是指地球上空空气空间以外的空间。外层空间不属于地面国主权管辖范围。其地位是:外层空间不得据为己有,外层空间供各国和平探索和利用,对外层空间的探索和利用应为所有国家谋福利和利益。

28. 外层空间的法律原则包括:共同利益原则;自由探索和利用原则;不得据为己有原则;非军事化原则;援救宇航员原则;国家责任和赔偿责任原则;对空间物体的管辖权和所有权原则;空间物体登记原则;保护空间环境原则;国际合作与互助原则。

(五) 案例分析

29. A 国的主张不符合国际法。

(1) B 国专属经济区上空不是国际空域。A 国军用飞机是在 B 国享有主权权利的专属经济区上空飞行。根据上空与地面法律地位一致的原则,B 国在其专属经济区的权利必然相应地延伸到该区域的上空。

(2) A 国在 B 国专属经济区上空享有的飞越自由不同于公海上空的飞越自由,要受"本公约有关规定的限制"。按照《联合国海洋法公约》,这些限制包括:第一,适当顾及沿海国的权利,遵守沿海国的法律和其他国际法规则;第二,不得进行任何目的在于搜集情报使沿海国的防务或安全受到损害的活动;第三,不得对任何国家的领土完整或政治独立进行任何武力威胁或使用武力,或以任何其他与《联合国宪章》所载国际法原则不符的方式进行武力威胁或使用武力。A 国的军用飞机侦察飞行无视 B 国在其专属经济区的权利,不是行使正常的飞越自由,而是利用飞越自由搜集 B 国的情报,是对飞越自由的滥用。

(3) A 国军用飞机进入 B 国领空、降落 B 国机场侵犯了 B 国主权。紧急情况不免除 A 国军用飞机进入和降落的非法性。因为根据《国际民用航空公约》,紧急降落只适用于民用航空器,不适用于国家航空器。因此 A 国侦察机不享有紧急降落权。而且,《国际民用航空公约》规定,一缔约国的军用航空器未经特别协定或其他方式的许可,不得在另一缔约国领土上空飞行或在此领土上降落。而且,A 国飞机的紧急情况是由其本身违反飞行规则所造成的。

(4) A 国飞机不享有主权豁免,它与依法受到保护的航空器在性质上完全不同。

30. (1) A 国和 D 国有管辖权。根据《关于制止非法劫持航空器的公约》第 4 条的规定,劫持事件是在 A 国登记的民航飞机内发生的,D 国是劫持者 C1 所在地国,而该国没有引渡地。

(2) D 国的做法不正确。理由:其一,劫持民用飞机是《关于制止非法劫持航空器的公约》的缔约国防止和惩罚的犯罪行为。C1 虽是 C 国反政府游击队的成员,但其劫持行为不属于政治犯罪,因此 D 国不能提供庇护。其二,D 国虽没有引渡的义务,但根据公约第 7 条,D 国有义务依其法律对 C1 进行起诉和审判。其三,D 国的做法违反了它依公约承担的国际义务。

31. B 国应该撤销"月球大使馆"分公司的登记,禁止其销售月球土地,认定代理销售协议和出售的月球土地所有权无效。

(1) 包括月球和其他天体在内的外层空间不能据为己有是外层空间法的一项基本原则。1967 年《外层空间条约》第 2 条规定,1979 年《指导各国在月球和其他天体上活动的协定》第 11 条规定,月球及其自然资源均为全体人类的共同财产,月球不得由国家依据主权要求,通过利用或占领,或以任何其他方法据为己有。该条第 3 款还明确规定了私人的责任,月球的表面或表面下层或其任何部分或其中的自然资源均不应成为任何国家、政府间或非政府国际组织、国家组织或非政府实体或任何自然人的财产。

（2）B 国是《月球协定》的缔约国，有责任使其承担的国际义务在国内得到落实。

32.（1）A 国对"天眼号"卫星保持管辖权和控制权。

（2）C 国搜集和处理放射性碎片的费用不能获得赔偿。根据 1972 年《国际责任公约》，发射国所赔偿的"损失"是指生命丧失，身体受伤或健康的其他损害；国家或自然人或法人的财产，或政府间组织的财产受损失后的损害。

（3）C 国可单独或共同向 AB 两国提出损害赔偿要求，这种要求应通过外交途径提出。如果 C 国与 A、B 两国无外交关系，可请另一国代其向 A 国或 B 国提出。也可以通过联合国秘书长提出，只要它们都是联合国会员国。C 国损害赔偿的要求应于损害发生之日起，或查明应负责任的 A 国或 B 国之日起 1 年内，通过外交谈判解决，如仍未能解决赔偿要求，经任何一方请求，应成立赔偿要求委员会，如果各方同意，委员会的决定应是最终的，并具有拘束力；否则委员会提出最终的建议性裁决。

（六）论述题

33. 危害国际航空罪是国际法关于危害国际航空安全的犯罪行为的总称，指行为人非法故意从事国际法所禁止的危害国际民用航空安全的任一犯罪行为。根据 1963 年《东京条约》、1970 年《海牙公约》、1971 年《蒙特利尔公约》及其 1988 年补充协议书，控制危害国际航空罪的法律措施主要有：

第一，将危害国际民用航空安全的行为规定为犯罪行为。

1970 年《海牙公约》第 1 条规定，凡在飞行中的航空器内的任何人：（1）用暴力或用暴力威胁，或用任何其他恐吓方式，非法劫持或控制该航空器，或企图从事任何这种行为；或（2）是从事或企图从事任何这种行为的人的同犯，即是犯有罪行。1971 年《蒙特利尔公约》第 1 条第 1 款规定，任何人如果非法地和故意地从事下述行为，既是犯有罪行：（1）对飞行中的航空器内的人从事暴力行为，如该行为将会危及该航空器的安全；或（2）破坏使用中的航空器或对该航空器造成损坏，使其不能飞行或将会危及飞行安全；或（3）用任何方式在使用中的航空器内放置或使别人放置一种将会破坏该航空器，或对其造成损坏使其不能飞行，或对其造成损坏而将会危及其飞行安全的装置或物品；或（4）破坏或损坏航行设备或妨碍其工作，如任何此种行为将会危及飞行中航空器的安全；或（5）传送他明知是虚假的情报，从而危及飞行中的航空器的安全。1988 年补充《蒙特利尔公约》议定书第 2 条第 1 款还规定，任何人使用一种装置、物质或武器，非法地和故意地实施下列行为，即为犯罪：（1）在用于国际民用航空的机场内对人实施暴力行为，造成或足以造成重伤或死亡的；或者（2）破坏或严重损坏用于国际民用航空的机场的设备或停在机场上未使用的航空器，或者中断机场服务危及或足以危及该机场的安全。

第二，国家应通过国内法将被禁止的行为定性为刑事犯罪并予以严厉惩罚。1970 年《海牙公约》和 1971 年《蒙特利尔公约》明确规定，各缔约国承允对公约所规定的罪行给予严厉惩罚。

第三，国家应在国内法中确立对危害国际航空罪的管辖权。根据《海牙公约》第 4 条，《蒙特利尔公约》第 5 条的有关规定，在下列情况下，各缔约国应采取必要措施，对罪行实施管辖权：（1）罪行是在该领土内发生的；（2）罪行是针对该国登记的航空器，或在该航空器内发生的;(3) 在其内发生犯罪行为的而航空器在该国降落时被指称的罪犯仍在航空器内;(4) 罪行是针对租来时不带机组的航空器,或是在该航空器内发生的,而承租人的主要营业地,或如承租人没有这种营业地,则其永久居所是在该国;(5) 当被指称的罪犯在缔约国领土内,而该国未将此人引渡时。公约还不排斥缔约国根据本国法行使任何刑事管辖权。

第四,各国应遵循"或起诉或引渡"原则,即在其境内发现被指称是罪犯的缔约国,如不将此人引渡,则不论罪行是否在其境内发生,应无例外地将此案件提交其主管当局以便起诉。该当局应按照本国法律,以对待任何严重性质的普通罪行案件的同样方式作出决定。

第五,国家应采取有效措施合作防止发生危害国际航空罪行。1970 年《海牙公约》和 1971 年《蒙特利尔公约》明确规定:缔约各国应根据国际法和本国法,努力采取一切可能的措施,以防止发生公约所指的罪行;罪犯或被指称的罪犯所在的任一缔约国在判明情况有此需要时,应将该人拘留或采取其他措施以保证该人留在境内;任何缔约国如有理由相信将要发生公约所指的罪行,应遵照其本国法向有关国家提供其所掌握的任何有关情况。

第十三章　国际条约法

（一）填空题

1. 《维也纳条约法公约》

2. 全国人民代表大会常务委员会(全国人大常委会);中华人民共和国主席(国家主席);国务院

3. 谈判;签署;批准

4. 条约的有效期;回溯性

5. 有效解释规则

6. 条约修正;条约修订

7. 全体一致规则;协商一致;多数通过规则

8. 缔约方;当事方;国际组织的成员方

9. 缔约权限;显明

10. 一般国际法强行规范

（二）单项选择题

11. A　12. B　13. D　14. B　15. B　16. C　17. A　18. C　19. A　20. B　21. B　22. B 23. A　24. D　25. D　26. C　27. A　28. A　29. A　30. C　31. D　32. C　33. B　34. C 35. C　36. B　37. C　38. B

（三）多项选择题

39. ABD　40. AB　41. BC　42. ABCD　43. ABCD　44. BC　45. ACD　46. ABCD 47. BC　48. ACD　49. BC　50. AD　51. ABCD　52. AC

（四）简答题

53. 判断一项协议是否是条约要审查协议是否符合条约的概念。条约是指两个或两个以上国际法主体旨在以国际法为准,产生、改变或废止相互间权利和义务的一致的书面意思表示。具体而言:一是条约以国家和国际组织为主体。条约的缔结主体是私人以外的国际法主体,国家是最主要、最大量的条约缔结主体。二是条约以国际法为依据。"以国际法为准"是指该协议必须是受国际法调整的,不受国际法调整的任何协议都不是条约;也是指该协议的当事方意在创设具有约束力的、作为法律而被遵守的国际法上的权利、义务或法律关系,不包含创设国际法上有拘束力的权利、义务或法律关系的意向的任何协议,都不是条约。三是条约为当事方之间一致的书面意思表示。达成意思表示一致可以是在两个国家主体之间,也可以是在三个或三个以上国际法主体之间。书面,既可以是传统的纸质文件,也可以是电子文档。

54. 缔约能力是指国际法主体依据国际法在国际层面缔结条约的一般能力。缔约权是指国际法主体依据其内部法对外缔结条约的具体权利或权限,主要涉及缔约权的范围和缔约权在有关国际法主体内部不同机关或个人之间的权限划分问题。国家和国际组织的缔约能力是其依据一般国际法所享有的,是其作为国际人格者所固有的属性。每一国家皆有缔结条约之能力。国际组织拥有为履行其职能和实现其目的所必要的缔结条约的能力。不同国家在国际法上都同样具有的缔结条约的能力,但各国具体如何划分对外缔约权限,在各自国内法上可能存在一定的差别。具有独立人格的国际组织在国际法上都同样具有缔约能力,但是不同的国际组织的缔约权限范围和划分在各国际组织的内部法上却存在很大差别。国际组织内部关于缔约权的范围和划分一般规定在其宪章性条约之中,这既包括宪章性条约明确规定和授予的缔约权,也包括为实现该组织的目的和宗旨所必要的暗含的缔约权。

55. 不平等条约,是指国家间在不平等基础上订立的彼此权利、义务不对等的契约性协定。具体而言:(1)现实中,缔约方地位不平等、条约内容不对等的情形并不少见,而且,有时即使形式上对等,但实质上也可能是不对等的。但是,条约订立基础不平等、条约内容不对等本身并不是条约无效的正当理由。《维也纳条约法公约》也没有将不平等条约作为无效的理由。(2)不平等条约制度的主要特色是武力和不平等。条约是武力所迫订立的或是在武力威胁下所订的,目的在于为外国人及其国家勒索权力和特权,公然侵犯一国的主权和独立,而完全否定了平等概念。不平等条约往往违反了国家主权原则、平等原则、独立原则等国际法基本原则。新政府或新国家往往对历史上的不平等条约采取不承认、修改或废除的立场和实践。(3)中华人民共和国政府对不平等条约的态度是:第一,不平等条约是使用武力或武力胁迫强加的,违反了国家主权和平等原则;第二,由于这类条约违反国际法,它们自始至终都是绝对无效的;第三,由于历史原因,这类条约在涉及领土问题时,暂时维持现状,以后通过有关当事方谈判,以适当形式予以解决。

（五）案例分析

56. （1）B 国的主张不成立。因为:关于签署条约的权限的宪法规则是具有根本重要性的国内法规则,然而,除非被适当地公布,否则,对于国家元首权限的限制却不是显明的,尤其是根据习惯国际法,国家元首因其职能而具有代表国家的能力且不必出具全权证书,而且,各国没有一般法律义务来了解其他国家对其国际关系重要或可能变得重要的立法和宪法的发展。

（2）仲裁庭在这里采用了善意解释、目的和宗旨解释、字面通常含义解释、动态演进解释等条约解释方法。

第十四章　外交与领事关系法

（一）填空题

1. 政治、经济、文化;商贸往来与侨民权益维护;接受国全境;其辖区;中央;地方

2. 国家元首；政府首脑和外交部门；一国派驻外国的使馆；向国际组织派遣的常驻使团；特别使团

3. 派遣国通知接受国其外交代表职务因任期届满或其他原因业已终止，该人员由派遣国召回；接受国要求召回，接受国通知派遣国称该国拒绝承认该外交代表为使馆人员；派遣国与接受国外交关系断绝，派遣国与接受国断绝外交关系或暂时中断外交关系；派遣国或接受国主体资格灭失；因派遣国或接受国发生革命产生新政府等原因也会带来外交代表职务的终止

（二）单项选择题

4. C　5. B　6. A　7. C　8. A　9. C　10. C　11. D　12. D　13. C　14. C　15. C　16. A

（三）多项选择题

17. BC　18. ABC　19. ABC　20. AD　21. AC　22. CD　23. AD　24. BD　25. ABC 26. AB　27. ABC　28. BC　29. BD　30. BD

（四）简答题

31. 领事特权与豁免、外交特权与豁免比较，前者比后者的范围要窄些。主要区别有：

（1）领馆馆舍不得侵犯是在一定限度内的，使馆馆舍不得侵犯无此限制。具体表现在以下三点：第一，接受国官员未经同意不得进入领馆馆舍中专供领馆工作之用的部分，馆舍的其余部分不包括在内；而使馆则是规定不得进入使馆馆舍。第二，领馆如遇火灾或其他灾害须迅速采取救护行动时，得推定领馆馆长已表示同意从而进入领馆；而使馆无此规定。第三，领馆馆舍、馆舍设备以及领馆之财产与交通工具应免受征用，但确有必要，仍可征用；而使馆无这种例外的规定。

（2）领事官员人身不可侵犯受到一定限制；而外交人员人身不可侵犯不受此种限制。如当领事官员犯有严重罪行时，依当地司法机关裁判，可予以逮捕或拘押。为了执行有效的司法裁决，可施以监禁或对其人身自由加以拘束。如对领事官员提起刑事诉讼，该员须出庭应诉。对外交人员的犯罪行为，接受国不能对其提起刑事诉讼，只能通过外交途径解决。

（3）领事官员作证义务的免除，与外交人员相比，领事官员作证义务的免除是有一定限度的，领事官员就其执行职务所涉事项，无担任作证或提供有关来往公文及文件的义务。但领馆人员得被请求在司法或行政程序中到场作证，除其执行职务所涉事项外，不得拒绝作证。而外交人员无任何作证的义务。

第十五章　国际责任法

（一）填空题

1. 国家责任；国家赔偿责任；国际民事责任

2. 财政担保机制；建立补充基金

3. 国家赔偿责任；国际民事赔偿责任

（二）单项选择题

4. B　5. D　6. D　7. D　8. D　9. B　10. C　11. C　12. B　13. C　14. C　15. C 16. C

（三）多项选择题

17. ABCD　18. BCD　19. ABD　20. ABCD　21. ABCD　22. BCD　23. ABCD　24. BCD

25. AB

（四）名词解释

26. 国家责任,是因国家未能履行其国际法义务或侵犯其他国际法行为体的国际法权利而产生的国际责任。其作用主要表现在三个方面:第一,追究国家责任以限制国家的不法行为;第二,维持正常的国际关系秩序;第三,追究行为国的国家责任使受害国的损害得到合理的赔偿。

（五）简答题

27. 国际赔偿责任的构成要件包括:

（1）国家责任或称国家的国际责任,是指国家违反其国际义务而应承担的法律责任。它不同于一国对另一国的不礼貌或不友好行为引起的政治责任或道义责任,也不同于国际法不加禁止的行为产生损害性后果的国际责任。

（2）引起国家责任必须满足两个基本要素:第一,行为依国际法可归于国家;第二,该行为违背该国的国际义务。这两个要素是密切联系的,意味着只有违背国际义务并且根据国际法可归于国家的行为才产生国家责任。这里的行为包括作为和不作为。

在现代国际法上,损害已不再被认为是引起国家责任的构成要素,尽管它是国际不法行为的一个可能的后果。可归于国家的违反国际义务的行为就足以确立其国际责任。违反国际义务本身就是"损害"。过失也不是国家责任的一个构成要素。在引起国家责任方面,不存在对心理要素的任何特殊要求,与此有关的只是一国的行为,而不是任何意图。

28. 国家责任的形式主要包括:

（1）限制主权,这是最严重的一种国家责任形式。限制主权包括:暂时对国家实行军事占领和军事管制;限制责任国的武装力量和军事装备。

（2）恢复原状,是责任国将其所损害的事物恢复到发生不法行为以前的状态。

（3）赔偿,这是最经常最普遍采用的一种责任形式。它是指对受害国的物质损失等付给相应的货币或物质赔偿。

（4）道歉,这是不法行为国向受害国承认错误、给以精神上的满足的一种责任形式。

第十六章 国际争端解决法

（一）填空题

1. 法律;诉求或主张

2. 强制性;非强制性

3. 反报;报复;平时封锁

4. 谈判;调解;仲裁

5. 独立第三方;法律

6. 自愿;临时;常设

（二）单项选择题

7. B 8. C 9. A 10. D 11. D 12. B 13. C 14. D

（三）多项选择题

15. BC 16. BCD 17. ABCD 18. AB 19. ABC 20. CD 21. BCD 22. ABCD 23. AC

24. ABC　25. AB　26. ABCD　27. ABD　28. BC　29. ABCD　30. ABC

（四）名词解释

31. 和平解决国际争端已成为现代国际法的一项基本原则。《联合国宪章》对和平解决国际争端有明确的规定。联合国通过的一系列重要的决议和宣言中都重申和确认了和平解决国际争端的原则。许多重要的专门性国际组织、区域性国际组织的章程和多边条约、区域性条约都规定了以和平的方法解决成员国或缔约国之间的争端的义务。和平解决国际争端原则与其他国际关系基本准则、国际法基本原则密切相关，共同构成国际关系和国际法的基础。

32. 斡旋是在争端当事国未能以谈判与协商解决争端的情况下由第三方进行干预促使当事国进行谈判并协助其解决争端的一种方法。

33. 反报，一般是指一国针对另一国合法但造成伤害的某种不礼貌、不善良、不公平或不适当行为，采取的同样合法但造成伤害的行为，即以一个有害行为反击另一个有害行为。反报的主要形式包括断绝外交关系、禁止外国人入境、驱逐或对外国人严加控制、停止或撤回无偿援助以及施加各种经济和旅行限制等。

34. 报复，是指一国在另一国对本国采取有害行为或其他国际不法行为的情况下，受侵犯的国家可以例外地采取某些不法行动，以迫使后者同意接受由其自己的国际不法行为所产生争端的满意解决。

35. 平时封锁主要是指一国在和平时期，以军事力量阻止船舶进出另一国的港口或海岸区域，迫使另一国同意作出或停止某种行为。

36. 干涉是指一国用强制性的方法，特别是以武力手段介入或干预他国内部事务或者两国之间的争端的处理，以迫使争端当事国按照干涉国所要求的方式解决争端。

37. 调查是指在仅涉及事实问题的争端中，在未能通过谈判和协商解决争议的情况下，争端当事方同意成立国际调查委员会，通过调查，查明事实，从而促成争端解决。

38. 调解，又称和解，是将争端提交给一个由若干委员组成的委员会，并由委员会查明事实提出报告和建议，促使当事国达成协议解决争端。

39. 仲裁条款，是指缔约国在各种双边或多边实体条约中规定，将其相互之间的争端提交仲裁解决的条约条款。

40. 任择性强制管辖，是指国际法院对于国家事先声明接受国际法院管辖之一切法律争端具有强制性管辖权。

41. 临时保全措施是指在国际法院的诉讼中，一方当事国为防止另一方当事国采取单方面行动而使法院的判决失去意义，得请求国际法院以命令指示临时保全措施。

（五）简答题

42. 斡旋和调停是指在争端当事国不能通过直接谈判或协商解决争端时，由第三方介入协助和促使当事国谈判解决争端的方法。斡旋和调停的区别在于介入程度的不同。其中，斡旋只是作为中间人对双方施加影响，打破双方谈判僵局，劝说双方恢复谈判，帮助双方传递信息，而斡旋者本身并不参与谈判。调停则是进一步调查争端情况，直接参与双方的谈判，主持双方谈判会议，提出正式的解决建议，帮助双方达成满意的解决。但是，在实践中，有时很难区分斡旋和调停，有时最初可能是斡旋但后来发展成为调停。

43. 仲裁与法院诉讼的共同点：(1) 二者都属于国际争端的司法解决方式；(2) 都是以争

端各当事国同意作为管辖基础;(3) 都是将争端交由第三方依据法律进行裁判,而且其裁决对当事国具有法律约束力。

仲裁与法院诉讼的区别:(1) 仲裁庭是经由争端当事国选定的仲裁员基于个案临时组成的;而法院或法庭则是由任期固定的法官组成的、争端当事国无权在个案中选择法官。(2) 仲裁庭适用的法律一般首先是由争端当事国协议选择的法律;而法院或法庭适用的法律一般是由法院或法庭规约所规定的。(3) 仲裁庭的程序一般都允许争端当事国协议制定;而法院或法庭的程序则是由法院或法庭规约和法院或法庭程序规则确定的。(4) 与司法诉讼相比,仲裁一般更具有专业性、技术性、灵活性、效率和保密性。

44. 国际法院的诉讼管辖权包括"对人管辖"和"对事管辖"。

"对人管辖"是指谁可以成为国际法院的诉讼当事方。根据《国际法院规约》第 34 条的规定,争讼案件的提起,仅限于主权国家,而不包括任何国际组织、私人(自然人和法人)和团体、地方政府及非主权的政治实体或者其他主体。可以在法院进行诉讼的当事国包括:(1) 联合国会员国,即《国际法院规约》的当然当事国者;(2) 非联合国会员国但依宪章第 93 条之规定而成为规约当事国者;(3) 既非联合国会员国亦非规约当事国,但依规约第 35 条第 2 款之规定而成为诉讼当事国者。

"对事管辖"是指什么事项可以成为国际法院管辖的对象。根据《国际法院规约》第 36 条,国际法院管辖三类案件:争端当事国提交的一切案件;《联合国宪章》或其他现行条约所特定的一切事件;国家事先声明接受国际法院管辖的一切争端。

45. 和平解决国际争端,应当严格遵守《联合国宪章》的宗旨和原则,不得违背国际关系的基本原则,这样才能保证国际争端的解决既是和平的,又是合理的。

和平解决争端的方法可以分为政治的方法和法律的方法。政治方法包括谈判、调查、调停和调解等,法律方法包括仲裁和司法方法。

所谓政治方法(又称外交方法或非司法方法),是指争端当事方自行或在其他实体的协助下通过采取讨论和事实调查手段解决分歧的方法。政治方法的特点是:不拘泥于法律规定,而是努力澄清事实,充分表达观点,尽量达成争端当事方都能接受的妥协解决方案,具有很大的灵活性;从争端解决的发起直到争端解决的结束乃至争端解决结果的执行,自始至终都充分尊重争端当事方的意思和愿望,不具有强制性。

所谓法律方法(又称裁判方法或司法方法),是指当事方将其争端交由独立第三方仲裁或司法机构依据法律和事实作出有约束力的决定。法律方法的特点是:虽然仲裁或司法解决首先必须基于争端当事方的同意,但是,一经同意,则由独立的第三方仲裁或司法机构主导争端解决进程,一般依据比较严格的法律规定和程序规则,通过举证和认定事实、解释和适用法律,确定当事方的权利、义务和责任;最终作出的裁决或判决对争端当事方具有约束力,不履行裁决或判决构成违反国际法。

46. 根据《国际法院规约》第 38 条第 1 款,国际法院适用的法律包括以下几项:(1) 国际条约,不论普遍或特别国际协定,确立诉讼当事国明白承认之规条者;(2) 国际习惯,即作为通例之证明而经接受为法律者;(3) 文明各国承认的一般法律原则;(4) 作为确定法律原则补充资料的司法判例及权威最高的公法学家学说。另外,在诉讼当事国同意的基础上,法院也可以适用"公允及善良"原则裁决案件。在国际法院的实践中,适用的法律多是国际条约和国际习惯,很少适用一般法律原则和规则。至于"公允及善良"原则,迄今为止尚未适用过。

47. 国际法院的判决是终审判决,不得上诉。判决对各个争端当事国均有约束力。根据《联合国宪章》第 94 条,如果任何争端当事国不履行依照法院判决所承担的义务时,其他当事国可以向联合国安理会提出申诉;安理会在认为必要时,可以提出建议或决定应采取的方法,以执行国际法院的判决。虽然国际法院的判决是最终判决,但争端当事国可以在两种情况下请求国际法院作出解释或申请复核:一是由于对判决的含义或范围发生争端,可以请求国际法院进行解释;二是由于发现在判决宣告时所不知道的且有决定意义的新事实时,可以请求法院对案件复核。

48. 国际法院不是超越于国家之上的司法机构,因此并不像国内法院那样具有强制管辖权。国际法院的诉讼管辖权是建立在国家同意基础之上的。具体来说有以下四种方式:

(1)自愿管辖,当事国双方可以在它们之间发生争端之后达成特别协议,将争端提交法院审判。

(2)协定管辖,国家在它们之间的现行条约或协定中规定,关于条约的解释及其他特定事项发生争议由法院审判。

(3)任意强制管辖,即法院对事先声明接受《国际法院规约》第 36 条第 2 款并承担同样义务的国家间诉讼案件进行管辖。

(4)争端发生后,当事国以应诉等默示同意的方式允许国际法院行使管辖权。

49.《国际法院规约》第 65 条规定:"法院于任何法律问题如经任何团体由联合国宪章授权而请求或依照联合国宪章而请求时,得发表咨询意见。"咨询管辖的目的,主要是法院作为联合国之司法机关对于法律问题提供权威性的参考意见,以便帮助联合国机构更好地遵照宪章进行活动。根据《联合国宪章》第 96 条的规定,大会或安理会对于任何法律问题得请求国际法院发表咨询意见。联合国其他机关及各种专门机关,对于其工作范围内的任何法律问题,得随时以大会的授权,请求国际法院发表咨询意见。

咨询意见不具有法律效力,不需要征得有关国家的同意。

(六)案例题

50.(1)仲裁和司法解决。

(2)联合国主要的司法机关,《国际法院规约》构成《联合国宪章》的组成部分,联合国会员国是《国际法院规约》当然的缔约国。

(3)国际法院由 15 名法官组成,法官应品格高尚并在本国具有最高司法职位任命资格或为公认的国际法学家,由联合国大会和安理会平行选举产生。

(4)自愿管辖、协议管辖和任择强制管辖,本案为自愿管辖。

(5)根据《国际法院规约》第 38 条的规定,国际法院裁判案件时适用的法源包括条约、习惯、一般法律原则,辅助法源包括司法判例和学说。

第十七章 国 际 刑 法

(一)填空题

1. 对整个国际社会具有严重危害性的最严重犯罪

2. 维护国际社会的共同利益;对国际罪行予以惩治

3. 实体法规范;国际犯罪的定义;构成要件;在何种情况下国家有对这些罪行进行起诉和惩罚的义务;程序和证据规则;对犯有国际罪行的被告提起公诉或审判所必须遵守的程序规则

4. *ad hoc*;一事一理

5. "特设"性质

6. 国际法委员会;2002;7;1

7. 断定案件不可受理;不愿意或不能够切实进行调查或起诉

（二）单项选择题

8. A　9. D　10. C　11. B　12. D　13. B　14. A　15. C　16. A　17. A　18. C　19. A　20. A

（三）多项选择题

21. ABD　22. ABC　23. ABCD　24. ABCD　25. ABD　26. ABCD　27. BCD　28. AC　29. ACD　30. BC

（四）简答题

31. 国际刑法是对国际罪行进行界定,并要求主权国家对一些严重国际罪行进行起诉和惩罚的国际法律规范。这些法律规范同时也包括对犯有国际罪行的人如何提起公诉及如何进行审判的程序规则。所以说,国际刑法既是国际法的一个分支,同时也属于刑法的一个部分。

32. 国际刑法的特征:国际刑法的目的是维护整个国际社会的共同利益;是国际公法的组成部分,具有很强的制裁力;惩治特别严重的国际罪行;含有实体法和程序法两个部分。

33. 国际刑事法庭主要包括:纽伦堡国际军事法庭;远东国际军事法庭;前南斯拉夫国际刑事法庭;卢旺达国际刑事法庭;黎巴嫩特别法庭;东帝汶严重犯罪特别法庭;塞拉利昂特别法庭;柬埔寨特别法庭;非洲特别法庭;国际刑事法院。

34. 国际刑事法院管辖权的特征包括:国际刑事法院建立在缔约国自愿的基础之上,在管辖权方面具有普遍性,对其管辖权范围内的犯罪行动可以启动诉讼程序,不一定非要联合国安全理事会或任何其他国家的特别授权。国际刑事法院对个人行使其管辖权,并对国家刑事管辖权起补充作用,只有当一国的国内法院不愿意或不能够时,国际刑事法院才可以行使管辖权。

（五）论述题

35. 国际刑法是国际法里的刑法部分与刑法里的国际法部分的结合。国际法的刑事方面包括国际犯罪,国际刑事责任方面的要素,国际刑法直接实施体制的程序方面,以及国际刑法非直接实施体制的实施方法的某些特定方面。国际法这些刑事方面的范围已经有所扩展,从而引起了与国内刑事(法律)国际法方面的重叠。

国际刑法在国际法方面,含有国际人道法、国际人权法的基本原则以及国际法下的国际罪行部分(如侵略罪、反人道罪、战争罪和种族灭绝罪等)。而在国际刑法的刑法方面,除了刑法的实体法和诉讼法以外,还涉及各国的司法制度等。因此,国际刑法是对国际罪行进行界定,并要求主权国家对一些严重国际罪行进行起诉和惩罚的国际法律规范。这些法律规范同时也包括对犯有国际罪行的人如何提起公诉及如何进行审判的程序规则。所以说,国际刑法既是国际法的一个分支,同时也是刑法的一个部分。

36. 由于国家政治态度和资源有限等原因,只有少数最严重的国际罪行才会被起诉和被惩治,包括种族灭绝罪、反人道罪、战争罪和侵略罪等。

（1）种族灭绝罪,是指蓄意全部或局部消灭某一民族、族裔、种族或宗教团体而实施的下列任何一种行为:杀害该团体的成员;致使该团体的成员在身体上或精神上遭受严重伤害;故意使该团体处于某种生活状况下,毁灭其全部或局部的生命;强制施行办法,意图防止该团体内的生育;强迫转移该团体的儿童至另一团体。

（2）反人道罪,是指在广泛或有系统地针对任何平民人口进行的攻击中,在明知这一攻击的情况下,作为攻击的一部分而实施的下列任何一种行为:谋杀,灭绝,奴役,驱逐出境或强行迁移人口,监禁或以其他方式严重剥夺人身自由,酷刑,强奸、性奴役、强迫卖淫、强迫怀孕、强迫绝育或严重程度相当的任何其他形式的性暴力,基于政治、种族、民族、族裔、文化、宗教、性别等理由对任何可以识别的团体或集体进行迫害,强迫人员失踪,种族隔离罪,其他性质相同的不人道行为。

（3）战争罪,既有"严重违反国际法既定范围内适用于国际武装冲突的法规和惯例的其他行为"等,同时也有"在非国际性武装冲突中,严重违反 1949 年 8 月 12 日四项日内瓦公约共同第 3 条的行为,即对不实际参加敌对行动的人,包括已经放下武器的武装部队人员,及因病、伤、拘留或任何其他原因而失去战斗力的人员"的行为。

（4）侵略罪,是指能够有效控制或指挥一个国家的政治或军事行为的人,策划、准备、发动或实施一项侵略行为,此种侵略行为依其性质、严重性和规模,构成对《联合国宪章》的明显违反。侵略行为是指一国使用武力侵犯另一国家的主权、领土完整或政治独立,或以与《联合国宪章》不符的任何其他方式使用武力的行为。

37. 国际刑事责任原则包括对个人刑事责任的追究、官方身份不免责以及在国际刑事诉讼过程中对基本人权的保障措施。

（1）个人刑事责任。对破坏国际法的个人是可以处罚的。因为违反国际法的罪行是个人做出来的,而不是抽象的集体（国家）做出来的。只有处罚犯有这些罪行的个人,才能使国际法的规定有效实施。任何人实施构成国际法下一项犯罪的行为都应负责并受到惩罚。

（2）指挥官责任。国际法上的指挥官刑事责任,既包括军事指挥官也包括其他上级因为下级实施了犯罪而应当承担的刑事责任。军事指挥官如果"知道或者由于当时的情况理应知道"其部队正在实施或即将实施犯罪行为,以及该军事指挥官没有采取在其权力范围内的"必要而合理的措施"以防止或制止这些犯罪行为的实施,那么指挥官也应对这些犯罪行为负刑事责任。对于非军事指挥官,也就是政府官员或上级,如果在下级人员正在实施或即将实施这些犯罪时,"故意不理会"明确反映这一情况的情报,或者没有"采取在其权力范围内的一切必要而合理的措施",防止或制止这些犯罪的实施,或者也没有"报请主管当局就此事进行调查和起诉",那么上级也应对这些犯罪行为负刑事责任。

（3）官方身份不免责。依照传统国际法,国家元首和外交代表就刑事诉讼享有完全豁免。犯有国际法下严重罪行的人在为犯罪行为时,其作为国家元首或负责的政府官员的事实不能免除其在国际法下的刑事责任。任何人,其中包括国家官员,如果犯有严重国际不法行为,也将被追究其个人的刑事责任。即便是国家领导人,其官方身份也不能成为免除其应对其犯下的国际罪行负个人刑事责任的抗辩理由。

（4）执行命令引起的刑事责任。执行上级命令不再被作为免除刑事责任的辩护理由,并逐渐单独构成国际刑法的一项重要原则。执行上级命令者之所以被认定犯罪,主要原因不在于上级命令的违法性,而在于执行行为本身构成了战争罪等罪行,因此它主要是追究作为行为的刑事责任。

第十八章　国际人道法

（一）填空题

1. 战争权;诉诸战争权

2.《巴黎非战公约》

3. 自卫;集体安全体系

4. 解决人道主义危机

5. 战争的开始和结束;作战中的规则

6. 内战;国家;国际法其他主体

7. 停火与休战;停战;无条件投降

8. 缔结和平条约;由交战双方发表联合声明,宣布结束战争状态;单方面宣布结束战争

9. 自我约束(不作为)的义务;防止的义务;容忍的义务

10.《改善战地武装部队伤者病者境遇的日内瓦公约》(第1公约);《改善海上武装部队伤者病者及遇船难者境遇的日内瓦公约》(第2公约)《关于战俘待遇的日内瓦公约》(第3公约);《关于战时保护平民的日内瓦公约》(第4公约)

11. 具有过分伤害和滥杀滥伤作用的武器;不分青红皂白的战争手段和作战方法;改变环境的作战手段和方法;背信弃义的作战手段和方法。

12. 禁止核武器的使用;限制和裁减核力量;禁止核试验;防止核武器扩散;禁止生产和控制核武器用裂变材料

（二）单项选择题

13. B　14. A　15. D　16. D　17. D　18. D　19. A　20. A　21. C　22. D　23. C

（三）多项选择题

24. AB　25. ABCD　26. AC　27. AC　28. ACD　29. BC

（四）简答题

30. 根据《联合国宪章》的规定,联合国安理会决定使用武力的具体程序是:

（1）情势认定。第39条规定,安理会有权断定"任何对和平之威胁、和平之破坏或侵略行为"是否存在,并可采取三项不同做法:一是对于会员国或当事国的"建议",这项建议对于会员国的拘束力不具有强制性;二是作成建议或"决定",依第41条采取非军事性的制裁行动;三是决定依第42条采取军事性行动。

（2）临时措施。第40条规定:在安理会能够依据第39条作成建议或决定办法之前,为避免情势恶化,可以对当事国作成安理会认为合适的"临时办法"(provisional measures)。

（3）非军事行动。安理会在认定情势为影响国际和平与安全后,可依第41条决定采取武力之外的办法,这些办法可以包括局部或全部停止"经济关系、铁路、海运、航空、邮、电、无线电及其他交通工具,以及外交关系的断绝"。宪章起草人士希望能够以非军事行动阻止情势的发展,而这些非军事制裁手段中,经济制裁和武器禁运是最常被使用的方法。

（4）军事行动。第 42 条赋予安理会采取必要的陆海空军行动的权利,包括示威、封锁以及其他军事行动。第 42 条明文指出,如安理会认为第 41 条所规定之办法为不足或已经证明为不足时,可采取军事行动,因而此项行动并不必然与第 41 条的非军事行动有次序上的关系。但在依据第 42 条采取联合军事行动前,安理会必须先与各会员国协商成立联合国编制部队。

（5）联合国编制部队。为了执行第 42 条的军事行动,第 43 条规定,会员国与安理会应签订特别协议（special agreements）,供给为维持国际和平及安全时所必需的军队和协助。因此,基于这些条约,当安理会决定依据第 42 条采取军事行动时,安理会可直接动员指挥这些军队,而不需要再获得会员国的同意。但是,除了在联合国刚成立的最初两年,安理会曾尝试与会员国沟通如何签订此类特别协议,但因为美国与苏联彼此对于部队的数量和部署的争执,使得磋商在 1947 年终止之外,至今尚未有任何此类的协议产生。联合国永久部队（Permanent United Nations Force）,仅处于想象阶段,因而联合国安理会尚无法依据第 42 条采取军事行动。

（6）军事参谋团。第 47 条筹划设立军事参谋团（Military Staff Committee）协助安理会处理军事需要问题、对于受该会所支配军队之使用及统率问题、对于军备之管制及可能的裁军问题,或提供意见。军事参谋团虽然成立了,但并没有有效地发挥功能。

（7）成员国义务。第 48 条规定,安理会基于第 41 条和第 42 条所作的决定办法,对于成员国均有拘束力,全体成员国应以行动遵行。

31. 武装冲突与战争的区别是:

（1）战争的主体主要是国家;而武装冲突则不限于国家,还包括民族、宗教团体和叛乱团体。

（2）战争是由武装冲突造成的法律状态;武装冲突只是由于使用武力而产生的事实状态。

（3）战争中交战双方与第三国存在明显的中立关系,适用中立法;但武装冲突双方与第三国的关系不是明确的,中立法不一定能够适用。

32. 战争开始的法律后果是:

（1）外交与领事关系的断绝。

（2）条约关系的变化。

（3）民间的经济贸易关系的中断。

（4）战争开始后,交战国对敌国财产可以根据不同性质和不同类型加以没收、扣押、征用。

（5）战争开始以后,一般允许处于敌国领土上的交战国人民在一定期限内离境,或被允许继续居留。

33. 战争结束的法律后果是:

（1）外交关系恢复。两国派遣外交代表,恢复正常的外交关系。

（2）条约关系恢复。战争发生后,两国的政治、经济条约失效或终止。战争结束后,政治性条约可能经重订而恢复效力,经济性条约可能恢复效力。原交战双方所参加的多边条约又重新对它们发生效力。同时,双方还可能在正常的外交关系上签订新的条约。

（3）国际交往全面恢复。战争时期,交战国间的政治、经济、文化、军事等联系已中断了,随着战争状态的结束,这些关系又重新恢复。

34. 战时中立国的权利包括:

（1）战时中立的主权应获得尊重。交战国必须自我约束（不作为）,不得侵犯战时中立国领土,破坏中立。交战国不得在战时中立国的领土及其管辖区域内进行战斗行动,不得在上述区域建立军事基地、设置通信设备,交战国军队或其供给品运输不得通过战时中立国领土。交战国不得在战时中立国领土、领水内改装商船为军舰或武装商船,不得在战时中立国的领水内捕获敌船。

（2）中立国人员的权益应得到保护,交战国有义务采取一切措施,防止虐待其占领区内的战时中立国的使节和侨民,防止其军队和人民从事任何侵犯战时中立国及其人民的合法权益的行为。

（3）中立国与交战国任一方有权保持正常外交和商务关系,交战国应该容忍,并容忍其他不违背战时中立法的行为。

35.《不扩散核武器条约》的主要内容是:有核国家不得向任何无核国家直接或间接转让核武器或核爆炸装置,不帮助无核国家制造核武器;无核国保证不研制、不接受和不谋求获取核武器;停止核军备竞赛,推动核裁军;把和平核设施置于国际原子能机构的国际保障之下,并在和平使用核能方面提供技术合作。

（五）论述题

36. 根据《联合国宪章》第51条,当一国或一些国家受到了另一国或另一些国家的武力侵犯时,有单独或集体自卫的权利。值得注意的是,宪章明确界定,自卫不是由国际法所赋予的,而是国家所具有的天然、固有权利,实际上也就是在国际社会没有提供公力救济的状态下的必要权利。自卫的前提条件必须是面临迫在眉睫、压倒一切、没有其他选择办法和没有时间考虑的情形。

关于"先发制人"的自卫(preemptive self-defense,或称预防性自卫)的合法性问题,是晚近以来国际社会非常关注的一个问题。其中的典型实例是2003年美国对伊拉克发动的先发制人的军事打击。这场战争是新世纪美国首次绕开安理会,以所谓的"大规模杀伤性武器"为由对另一主权国家使用武力的事件,在国际上激起了强烈的反对。从国际法的现有规则看,它并没有禁止预防性自卫;从现代武器的实际力量看,从当代恐怖主义发展的情势看,完全否定预防性自卫的合理性也是不妥当的。但是,预防性自卫必须在具有充分可靠证据的前提下采取,必须以正当的程序实施。如《联合国宪章》51条所言,需要立即向安理会报告,且不影响安理会采取的必要行动。从这个意义上讲,美国对伊拉克的打击,主要错误不在于预防性自卫,而在于没有任何可靠的证据。

37. 21世纪初,国际关系与国际法领域出现了保护的责任(Responsibility to Protect,简称R2P)的新理论。国家保护责任理论通过对安理会作用的扩张解释,赋予了国际社会解决人道主义危机的责任。R2P是国际社会针对类似索马里、卢旺达、波黑、科索沃、达尔富尔、苏丹等地的种族灭绝和种族清洗事件,对国际法既有制度和观念进行反思而出现的理论。早在1996年,联合国就已经提出了将主权看作是对人民承担的义务的观点。2000年成立的"干预和国家主权国际委员会"(International Commission on Intervention and State Sovereignty)提出了《保护的责任》的报告,将国家主权理解为保护人民的责任,国际社会可以在国家怠于保护之时进行替代的观念。2004年12月,联合国秘书长安南任命的"威胁挑战和改革问题高级别小组"向第59届联大提交名为《一个更安全的世界:我们的共同责任》的报告,接受和确认了R2P这一概念。2005年3月,联合国秘书长的报告《大自由:实现人人共享的发展、安全与人权》重申了主权国家所具有的保护公民权利、使其免受暴力和侵略危害的责任,以及集体所负有的提供保护的道义与政治责任。2005 年 9 月的世界首脑会议成果则进一步提出,R2P 原则对于促使国家履行保护人民免遭灭绝种族、战争罪、族裔清洗和危害人类罪之害的责任,促使国际社会履行国际援助并且及时果断反应的责任,提供了重要的依据。继而,联合国秘书长通过《履行保护的责任》《预警、评估及保护的责任》《区域与次区域安排对履行保护的责任的作用》和《保护责任:及时果断的反应》等一系列报告,使保护责任的内容渐趋丰富和充实。

R2P 的含义是,国家有责任保护本国国民免受可以避免的大规模屠杀、强奸、饥馑等灾难,如果这个国家没有能力或者不愿意履行它的这种责任,那么国际社会就应当对此进行干预,从而代替这个国家向处在危险中的人民提供生命支持保护及援助,履行预防责任、做出反应责任以及重建责任。据此,R2P 有三个支柱:(1) 每一国家都具有保护其人民免受种族灭绝、战争犯罪、族裔清洗和反人类罪侵害之责任;(2) 国际共同体应当援助有关国家保护其人民免受上述犯罪侵害,包括援助那些处于压力之中、危机出现或冲突爆发之前的国家;(3) 如果和平手段不敷使用,国内当局明显不能保护其人民免受种族灭绝、战争犯罪、祖裔清洗和反人类罪侵害,则可通过安理会、根据《联合国宪章》,包括其第七章,以具体问题具体对待的方式与适当的区域组织合作,采取及时而决断的集体行动。也即国家的保护责任、国际援助和能力建设、及时果断的反应。R2P 体现了国际法向国内事务的渗透,体现了对于各国境内人道问题的关注,但在目前的实践中,由于国际程序机制的欠缺,保护的责任很容易落入大国霸权的陷阱。

后　记

马克思主义理论研究和建设工程法学类专业核心课重点教材《国际公法学》第二版出版过程中,我们按照教材的基本格局和体例准备了这一学习参考书。

本书着眼于使同学对于国际公法产生更为浓厚的兴趣,并对国际公法的相关知识和方法有更加熟练的掌握。因此,我们在重点难点解析部分在教材基础上略做拓展,以期对国际法的发展情况有着更宽阔的视野。

本书由《国际公法学》学习指南和习题集编写委员会完成编写工作,何志鹏(2011 计划·司法文明协同创新中心、吉林大学法学院教授)负责编写委员会的召集和协调工作。其中,学习目标和知识结构图部分由孙璐(吉林省社会科学院副研究员)完成。重点难点解析部分由何志鹏、王彦志(吉林大学法学院副教授)和姚莹(吉林大学法学院副教授)负责,其中王彦志负责"国际组织法""国际条约法""国际争端解决法"部分;姚莹负责"国际法上的国家""国家领土法""国际海洋法""空间法"部分;何志鹏负责其他章节。习题自测部分由王菲(吉林大学法学院博士研究生)、都青(吉林大学法学院博士研究生)、魏晓旭(吉林大学法学院博士研究生)、白晓航(任职于中华人民共和国外交部)、林小雅(中国政法大学硕士研究生)、杨秋奕(吉林大学法学院硕士研究生)、侯婉秋(吉林大学法学院硕士研究生)、唐超(吉林大学法学院硕士研究生)负责整理。书中部分章节的"重点难点解析"选取了国内学者的著述,均已在相应部分注明并获得了作者的慨允授权,特致谢意。

虽然我们对这本书倾注了很多心血,做出了不少努力,但缺点错误在所难免,期待亲爱的读者予以指正。有任何问题和建议,可以联系高等教育出版社或者本书编写委员会(hezp@jlu.edu.cn),不胜欢迎。

何志鹏
2018 年 8 月 9 日于吉林大学

郑重声明

高等教育出版社依法对本书享有专有出版权。任何未经许可的复制、销售行为均违反《中华人民共和国著作权法》,其行为人将承担相应的民事责任和行政责任;构成犯罪的,将被依法追究刑事责任。为了维护市场秩序,保护读者的合法权益,避免读者误用盗版书造成不良后果,我社将配合行政执法部门和司法机关对违法犯罪的单位和个人进行严厉打击。社会各界人士如发现上述侵权行为,希望及时举报,我社将奖励举报有功人员。

反盗版举报电话　(010)58581999　58582371

反盗版举报邮箱　dd@hep.com.cn

通信地址　北京市西城区德外大街4号
　　　　　高等教育出版社知识产权与法律事务部

邮政编码　100120

读者意见反馈

为收集对教材的意见建议,进一步完善教材编写并做好服务工作,读者可将对本教材的意见建议通过如下渠道反馈至我社。

咨询电话　400-810-0598

反馈邮箱　gjdzfwb@pub.hep.cn

通信地址　北京市朝阳区惠新东街4号富盛大厦1座
　　　　　高等教育出版社总编辑办公室

邮政编码　100029